灵武年鉴

2018

《灵武年鉴》编纂委员会 编

黄河出版传媒集团
宁夏人民出版社

图书在版编目（CIP）数据

灵武年鉴. 2018 /《灵武年鉴》编纂委员会编.--
银川：宁夏人民出版社，2019. 8
ISBN 978-7-227-07079-5

I. ①灵… II. ①灵… III. ①灵武—2018—年鉴
IV. ① Z524. 34

中国版本图书馆 CIP 数据核字(2019)第 206838 号

灵武年鉴 2018 《灵武年鉴》编纂委员会 编

责任编辑 闫金萍 赵学佳
责任校对 陈 晶
封面设计 马伟东 王 丽
责任印制 肖 艳

黄河出版传媒集团
宁夏人民出版社 出版发行

出 版 人 薛文斌
地 址 宁夏银川市北京东路 139 号出版大厦(750001)
网 址 http://www.yrpubm.com
网上书店 http://www.hh-book.com
电子信箱 nxrmcbs@126.com
邮购电话 0951—5052104 5052106
经 销 全国新华书店
印刷装订 宁夏凤鸣彩印广告有限公司
印刷委托书号 （宁）0014697

开 本 880 mm × 1230 mm 1/16
印 张 28.75 字 数 770 千字
版 次 2019 年 10 月第 1 版
印 次 2019 年 10 月第 1 次印刷
书 号 ISBN 978-7-227-07079-5
定 价 298.00 元

2017年城市荣誉

●国家防沙治沙先进单位

●国家小型微型企业创业创新示范基地

●2017年中国国际商标品牌节金奖

●全国妇联首个巾帼巧手致富示范基地

●再生资源转型升级示范单位

●第七批全国民族团结进步创建活动示范单位

●全国第二批基本实现主要农作物生产全程机械化示范县

●2017年第一批全国绿色制造体系绿色园区

●中国特色小镇之最佳特色物产奖

●全国妇女新闻宣传阵地建设先进单位

●灵武市长枣保护与传承项目获2017亚洲都市景观奖

●灵武——长枣景观获城市文化复兴优胜奖第一名

●灵武市生态绿色经济发展项目获城市有机更新优胜奖第二名

灵州大道 （陈涵　摄）

灵武冬日日出 （陈涵　摄）

大漠中的明镜 （陈涵　摄）

长流水瀑布 （汪发 摄）

古城春早 （马福成　摄）

镇河塔的晨光夕照 （王杨　摄）

长流水的杏子 （霍晓刚 摄）

丰收的灵武长枣
（李永波 摄）

灵武新区晚霞
（孙卫羽 摄）

枣博园二期跃动园(林业局　供图)

2017 年 12 月 21 日，中国共产党灵武市第五届委员会第五次全体会议 （马伟东 摄）

2017 年 12 月 21 日，中国人民政治协商会议灵武市第十二届委员会第二次会议开幕 （马伟东 摄）

2017 年 12 月 22 日，灵武市第十七届人民代表大会第二次会议（　马伟东　摄）

2017 年 2 月 15 日，中共灵武市第五届纪律检查委员会第三次全体会议（马伟东　摄）

2017 年 4 月 1 日，召开全市创建全国文明城市推动移风易俗暨环境综合治理大会 （马伟东　摄）

2017 年 6 月 2 日，召开灵武市"两学一做"学习教育常态化制度化暨群众评议机关作风活动推进会 （马伟东　摄）

2017 年 6 月 12 日，自治区脱贫攻坚专项督察汇报会 （马伟东 摄）

2017 年 6 月 12 日，灵武市学习贯彻自治区第十二次党代会精神领导干部大会 （马伟东 摄）

2017 年 2 月 16 日农牧局召开草畜产业技术培训 （农牧局 供图）

2017 年 9 月 30 日，灵武市举办秋季农业嘉年华长枣采摘节 （农牧局 供图）

设施休闲农业旅游项目 （农牧局 供图）

参加中阿论坛农业展的灵武农产品 （农牧局 供图）

首届宁夏红枣评比大赛暨灵武长枣 2017 秋季推介订货会　（马伟东　摄）

±800 千伏特高压直流输电灵武换流站

亚麻织品材料

达源公司废旧家电拆解生产线

亚麻纺纱

临胜公司再生铜项目

兴唐米业生产线

众源建材铝型材生产线 1

2017 年 3 月 22 日，灵武劳务市场召开"春风行动"招聘会 （就业局 供稿）

泾灵村扶贫工厂 （扶贫办 供搞）

2017年4月25日，市人大常委会组织部分政协委员、人大代表对贯彻落实《食品安全法》进行执法检查（人大办　供图）

2017年10月23日，召开灵武市脱贫攻坚工作推进会（唐尾玲　摄）

“丝路古驿　羊绒之都”中国·宁夏(灵武)热气球节在白芨滩国家沙漠公园开幕　（马伟东　摄）

热气球光雕表演　（白芨滩　供图）

2017年9月18日，灵武市首次举办国际亚太大学生足球、啦啦操锦标赛（王波　摄）

亚太地区五人制足球赛集锦

自 2017 年 4 月起，灵武市在各乡镇举办“移风易俗　文明乡风”专场演出，共演出 25 场次

（张晨曦　摄）

2017 年 7 月 19 日在灵州广场举办“灵武农商行杯”广场舞王争霸赛，有 14 支队伍参赛

（张晨曦　摄）

2017 年 6 月 29 日，档案局职工爱心奉献日活动

2017 年 4 月 20 日，银川市档案局到灵武市调研档案市志工作

档案数字化处理工作

2017 年 6 月，建设中的灵武档案馆

目 录

特 载

专 载

组织机构及负责人

大事记

灵武综览

民主党派

中国共产党灵武市纪律检查委员会

人民团体

灵武市残疾人联合会

灵武市工商联

灵武市科学技术协会

灵武市文学艺术联合会

灵武市伊斯兰教协会

法治建设

公安

检察

农林场

城乡建设

环境保护

行政与社会管理

教育 体育

街道 乡镇

荣　誉

文献选编

特 载

神华·灵武大物流通道正式开通

1月4日，首趟满载矿石的货运专列从天津港抵达灵武东站，标志着神华·灵武大物流通道正式开通，每年货运量将超百万吨，大大降低了宁夏及周边地区客商的物流成本。

过去，宁夏回族自治区与天津港、黄骅港之间经铁路运输货物，主要通过包兰铁路、太中银铁路，运距都比神华集团铁路专用线长。灵武市积极加强与神华集团的对接合作，共同建设具备大通关功能的海铁、公铁多式联运的神华·灵武大物流通道和内陆港操作平台。在神华铁路辐射范围内，共同规划建设神华·灵武西部大物流产业基地，将天津港、黄骅港的西部流向货物经神华铁路专线直达西部物流园区，形成“无水港＋神华专用线＋港口”的路港合作创新模式。努力建成向东到沿海，向西到新疆及中亚、欧洲的货运中转基地，向北通过甘其毛道口岸打通蒙古国到北欧的通道，在灵武打造西部物流集散中心、分拨中心及货物交割中心，辐射周边500公里至1000公里。同时，重点合作发展东西部非煤运输双向物流业务和货运代理业务，开通中蒙国际集装箱班列，开通天津港、黄骅港经神华铁路至宁夏、新疆及中亚双向快捷高效的铁路大通道，实现海铁联运。

灵武市“准备之冬”项目集中签约

1月12日，灵武市举行2017年度“准备之冬”招商引资项目集中签约仪式，分别与北京泛华集团、沈阳弘曲棉纺织有限公司、上海倩姿语服饰有限公司、山东巨皇集团签订11个项目总投资额51.04亿元。自治区党委常委、银川市委书记徐广国出席签约仪式。

当天，灵武市还与相关企业签署合作协议，筛选确定2017年计划实施项目112个，总投资242.05亿元、年度计划投资121.74亿元。投资过亿元项目27个，投资过10亿元项目5个。2017年一季度拟开工项目72个、总投资128.2亿元。

由宁夏达源再生资源有限公司与宁夏亿能橡塑有限公司合作，计划共同投资3亿元建设的年无害化处理10万吨废旧轮胎项目，达产后可实现年产值1.8亿元，利税6500万元。北京东旭集团计划投资7000万元，建设年产10亿米内向贴片式滴灌管生产线，达产后可实现年产值4亿元。宁夏东梦科技环保有限公司计划投资6亿元，建设东梦能源公司灵武基地项目，对原宁电硅业实行整体并购，建设年产1万吨多晶硅、20万平方米纳晶玉石、5兆瓦分布式光伏发电项目，达产后可实现年产值10亿元，利税1亿元。

王和山到灵武走访慰问

1月23日，在春节来临之际，自治区副主席王和山到灵武市进行走访慰问，先后看望了五保老人、退休老干部、困难职工和老党员，向他们送去党和政府的关怀与温暖。

在灵武市中心养老院，王和山询问了老人们的生活情况并给予新春祝福。王和山说，尊老爱老是中华民族的传统美德，各级各部门要积极支持和参与养老事业发展，加快推进养老服务社会化、专业化、标准化建设。

家住水木灵州木华苑小区的吕伟是灵新矿的职工，因妻子常年患病，家中生活困难。王和山给吕伟一家送上慰问金，并鼓励他勇敢面对生活。叮嘱相关部门和社区干部要多关心、帮助困难家庭，了解他们的困难和需求，切实帮助他们改善生活条件，把党和政府的温暖送到千家万户。

王和山还慰问了部分退休专家、困难老党员、退役军人及村委会干部等，向他们送去了新春祝福。

国家能源局调研灵武市市区环境保护能源综合利用项目

2月8日，国家能源局总工程师韩水一行对灵武市市区环境保护热能综合利用项目进行调研。自治区发改委副主任、能源局局长马坚，灵武市市长马自忠、副市长朱立峰陪同调研。

韩水一行实地调研查看了华电灵武电厂改造供热项目高温水换热站，市区宁安换热站，详细了解项目实施及运行情况，并深入居民家中实地察看项目实施效果。

灵武市市区环境保护热能综合利用项目是落实国家资源节约型、环境友好型社会建设的一项民生工程，总投资达4.8亿元，计划2017年全部完成，规划供热能力600万平方米，工程建成后将大大提高社会能源的综合利用率，可年节约标煤18万吨，节约用电300万度，直接减少氮氧化物排放量900吨、二氧化硫1188吨、烟尘810吨，减少灰渣排放量5.4万吨、废水排放量0.54万吨。项目自2015年开工建设以来，截至2017年2月，已完成一期、二期工程建设，实现热覆盖450万平方米，2017年计划实施三期工程，供热面积预计增加120万平方米。

调研中，韩水对灵武市实施市区环境保护热能综合利用项目给予高度肯定，指出该项目符合国家产业政策，切合实际地推动了节能减排工作，降低了污染物排放，对于灵武社会经济的发展、保护周边生态环境、提高居民生活质量，对城市大气污染的防治、提高能源利用效率等都具有重要意义。

马廷礼调研灵武市统战工作

2月14日，自治区党委常委、统战部长马廷礼一行到灵武市实地走访调研。围绕全区宗教工作会议精神贯彻落实、迎接全国工商联十一届十次常委会暨民营企业助推宁夏创新发展大会在宁召开、基层统战工作存在的问题等，通过实地查看、召开座谈会等形式开展调研。银川市领导白尚成、杨有贤及灵武市领导夏斌、郑学文、马自忠、杨文炯等陪同调研。在郝家桥镇关渠清真寺，马廷礼详细了解了灵武市开展的国旗进清真寺、法律法规进清真寺、科学文化进清真寺、党的政策进清真寺、社会主义核心价值观进清真寺“五进”活动，并与各级干部群众交谈。在市区高庙，马廷礼了解了宗教场所管理等情况，并就灵武市落实全区宗教会议精神与宗教人士进行了交谈。

调研中，马廷礼对灵武统一战线工作给予充分肯定，认为灵武市经济社会发展基础好、方向明、潜力大，灵武所处的地理位置和自身发展可以成为银川乃至自治区发展的新引擎。马廷礼要求灵武，要务实推进全区宗教工作会议精神的落实，要在宗教人士、各级干部中分层次抓落实，尤其是领导干部要深化认识，特别是对构建统战工作大格局的认识，对宗教工作重要性的认识，对民营企业的认识。要充分发挥统一战线凝聚人心、凝聚力量的作用，高度重视民营经济、民营企业家的健康发展。要抢抓全国工商联十一届十次常委会暨民营企业助推宁夏创新发展大会召开的契机，抓紧和与会民营企业对接，推进招商工作；要从提升认识、压实责任、解决问题、创新机制、培养人才等方面，着力构建“亲”“清”政商关系，鼓励、支持、引导非公有制经济发展壮大；要加强对统战系统干部的培训学习，解决“本领恐慌”问题，夯实统战工作基础。

徐广国调研灵武市“建设之春”各项工作

3月8日，自治区党委常委、银川市委书记徐广国在银川市委副书记周永峰、灵武市领导夏斌、马自忠的陪同下，先后来到灵武市“快速通道”与滨河新区连接线项目现场、宁夏东梦能源公司灵武建设基地、东湖建设及周边环境整治等项目规划、建设现场，他进工地、看项目、听进度，对灵武市“建设之春”各项工作进行调研。

徐广国调研“建设之春”各项工作时指出，全市上下要像灵武市那样全面启动“建设之春”各项工作，以大项目建设助推2017年首季开门红，力争实现全年各项目标。

在随后召开的调研座谈会上，徐广国在认真听取了灵武市对2017年“建设之春”特别是重点项目建设工作的情况汇报后指出，全市上下要抢抓时间，积极行动起来，全面投入到“建设之春”热潮中，从而才能巩固灵武开展的“准备之冬”活动各项成果。徐广国说，从灵武市一季度各项工作开展情况和数据来看，前期准备充足、较建设起步早、发展势头良好，有望能够实现首季度开门红。希望灵武市在项目建设上要继续鼓劲加压，对已开工、拟开工和未开工建设项目要分别采取针对性措施，把握节点、倒排工期、挂图作战，全面推进“建设之春”各项工作。

徐广国强调，在“建设之春”活动中，灵武市不仅要在全银川市走在前、做表率，更要在全区走在前、做表率，做出更大贡献。徐广国说，灵武市是自治区首家进入全国综合实力百强县阵营的县市，这说明灵武市有基础、有实力。如何进一步发掘广大干部职工和群众的潜力，激发他们对工作的热情和激情，让灵武在百强县阵营中经济实力排名实现再次提升，这是大家工作的目标和发展的动力。为此，大家要按照习近平总书记的要求，撸起袖子加油干、扑下身子抓落实；抢抓机遇、抢占制高点，能发展多快就发展多快。灵武市一定要以一个自我独立的版块来发展经济，在加大加快发展地方经济中，不仅要实现2017年首季度全市经济发展开门红，更要以全面完成年终目标任务，高标准、高起点建设美丽新灵武，与全国同步进入小康社会为最终目标。

马力调研灵武市卫生计生工作

4月5日，自治区副主席马力带领自治区卫计委、编办、财政厅、人社厅、扶贫办相关负责人，对灵武市卫生和计划生育工作进行调研。他强调，医疗卫生事业关系人民群众的健康，关系千家万户的幸福，要进一步深化医改工作，让百姓享受到更多的医疗卫生服务，不断提高群众的健康指数。

马力一行在市委书记夏斌、市长马自忠、副市长马波陪同下，先后到灵武市妇幼保健院、谢家井社区卫生服务站、白土岗乡卫生院、泾兴村卫生室和市人民医院，详细了解了灵武市推进县级公立医院改革、健康扶贫、基本公共卫生服务等情况，指导推动医疗精准扶贫工作，并对灵武市卫生计生工作取得的成绩给予充分肯定。

2016年，灵武市委、市政府投入400万元，免费为符合生育政策的孕产妇进行12次产前检查，人均费用987元，全年共检查17000人次，孕产妇产检率与2015年相比提高113.45%，出生缺陷率降低17.65%。在市妇幼保健院，马力听取医院负责人就该院大力实施自治区妇幼卫生“七免一救助”和孕妇产前免费检查等的汇报，对灵武市创新开展孕产妇产前免费检查工作给予充分肯定，他强调，要认真落实好“七免一救助”及孕产妇产前检查等各项为民办实事工作，让群众成为最大受益者；要完善卫生计生制度建设，提高卫生计生人才待遇，积极探索机构改革下的卫生计生工作，全力打造惠民便民服务新体系。

在谢家井社区卫生服务站，马力听取卫生站开展家庭医生签约服务、慢性病管理、公共卫生等工作实施情况的汇报，并与就诊的慢性病患者进行交谈，希望社区卫生服务站要努力提高自身服务工作的质量，加强对老年人、慢病患者等重点人群的服务力度，让更多的居民享受免费的基本公共卫生服务，让社区卫生服务更多地惠及人民群众。

结合自治区“千名医师下基层”对口支援活动，灵武市共下派103名医务人员支援基层医疗卫生机构，解决了乡镇卫生院人才极度匮乏和乡镇老百姓看病贵的问题，提升基层服务能力。在白土岗乡卫生院，马力与市医院下派医务人员和就诊群众进行交谈，并实地察看了该卫生院基础医疗设施配置以及医护人员配备等情况，马力强调：要落实公立医院改革政策，着力推进分级诊疗服务工作，加快区域医疗联合体建设，推进县乡医疗服务一体化管理，让农村群众能够就近得到及时便捷的基本医疗和基本公共卫生服务，让群众看病更放心、看病少花钱；要积极探索医疗服务新模式，让人民群众享受到更好的基本医疗服务。

在白土岗乡泾兴村，马力走进村卫生室，查看科室设置，详细了解卫生室人员配置、村医收入和为健康扶贫工作开展的情况，并走访部分因病致贫的建档立卡户家庭，当了解到灵武市为郝家桥、白土岗因病致贫35人建立一对一诊疗方案，2017年4月，全部移交到市人民医院，计划在4月份开展精准诊治时，马力强调，要进一步完善建档立卡贫困人口的基本信息、致贫原因等，确保对象精准、措施精准、务求实效；要加强健康扶贫工作力度，采取切实措施，防止因病致贫、因病返贫。

在市人民医院，马力一行详细听取了医院重点工作开展情况，了解了120急救指挥、远程诊疗中心等诊疗服务模式开展情况，以及灵武市卫生计生经费投入、人员配备及公立医院改革落实等情况。马力指出，要加强协同，统筹推进公立医院综合改革，在医保支付方式、人事薪酬、价格改革等方面，加强上下协调、区域联动，增强改革的整体性和协调性；要加强医疗卫生服务体系建设，强化医疗人才综合培养，更好地提供给群众最便捷的医疗服务；要切实做到以民为本，提高服务质量，创建能让百姓信赖的医疗服务机构，切实服务当地群众。

咸辉调研民族团结进步工作

5月25日，自治区党委常委、自治区主席咸辉到灵武市部分社区、学校、农村，对民族团结进步工作进行专题调研。咸辉强调，要深刻学习领会习近平总书记关于加强民族团结进步的一系列重要讲话和指示精神，像爱护自己的眼睛一样爱护民族团结，像珍视自己的生命一样珍视民族团结，促进各民族的交往交流交融，让民族团结之花常开长盛。

在灵武市郝家桥镇王家嘴村村委会和村民杨学义家中，咸辉与基层干部群众围坐在一起，其乐融融，共话团结进步、和谐发展。咸辉说，宁夏是民族地区、欠发达地区，发展是解决一切问题的金钥匙，民族团结是发展的根本基石，要倡导民族团结一家亲、和谐发展一条心，促进各民族共同团结奋斗，共同繁荣发展，为实现习近平总书记提出的“经济繁荣、民族团结、环境优美、人民富裕，确保与全国同步建成全面小康社会”的目标一道努力，共同把中国梦变成现实。自治区副主席马力，政府秘书长参加调研。

姜志刚调研灵武市经济社会发展工作

7月1号，自治区党委副书记、银川市委书记姜志刚在灵武市调研经济社会发展工作时强调，要认真学习自治区第十二次党代会精神，进一步解放思想、创新理念，在贯彻落实自治区第十二次党代会精神中走在前、做表率，为全面实现党代会确定的宏伟蓝图不懈奋斗。银川市委副书记周云峰，银川市委常委、副市长杨有贤，灵武市委书记夏斌、市人大常委会主任郑学文、市长马自忠、政协主席杨文炯参加调研。

姜志刚一行先后深入灵武市再生资源循环经济示范区、枣博园续建项目、兴唐米业集团、宁夏现代纺织产业示范园灵武园区、白芨滩国家沙漠公园、宁夏银湖农林牧开发有限公司、泾灵村“扶贫车间”、灵武市兴源达奶牛养殖牧场等地，进工厂车间、到田间地头，看项目，察生态，问民生，话建设，谈发展，深入调研了解灵武市经济社会发展情况，为灵武市加快发展增添了动力。

在再生资源循环经济示范区，姜志刚视察了瑞银、众源、达源三家企业，走进企业的生产车间，与企业负责人进行交谈，详细了解企业生产工艺、再生资源回收拆解和市场销售情况，鼓励企业要继续加大项目技术、人才、资金等要素投入，提高装备和产品科技含量，不断延伸产业链，在做好环保工作的同时，提高企业核心竞争力。姜志刚指出：再生资源是利国利民的朝阳产业，发展潜力大，希望各级各部门加大对行业和企业的支持力度，加快再生产品的发展和推广，促进节能环保，为打造良好环境作出更大贡献。

在世界枣树博览园，姜志刚听取灵武市长枣产业发展和枣博园建设情况，对枣博园的规划建设给予肯定。姜志刚指出，枣博园两期工程全部建成后，将进一步方便老百姓健身、娱乐、休闲，是能够增强城市功能的惠民工程，要加快项目的建设速度，争取让老百姓早日享受实惠。

2017年，灵武市形成了以梧桐树乡、崇兴镇、郝家桥镇为主的优质粮食产业带，全市78家粮食加工企业年设计加工能力达到90万吨，年产值22亿元，灵武市已成为西北最大的优质粮食加工基地。来到国家级农业产业化重点龙头企业，中国大米加工50强企业的宁夏兴唐米业公司，姜志刚鼓励企业要注重大米从种植、收购、生产、加工等全过程质量监管，引导农户按照标准要求种植水稻，把好各个环节，同时要发挥优势，打造品牌，升级发展。灵武市委、市政府要坚持“两个毫不动摇”，鼓励、支持、引导非公有制经济健康发展。

在宁夏现代纺织产业示范园灵武园区，姜志刚走进中银绒业公司产品展厅和年产500万件羊绒衫项目车间，听取企业负责人的介绍，详细了解设备运行、技术创新和产品销售情况，鼓励企业要充分发挥优势，围绕自治区党代会提出的创新驱动战略，持续推动产业升级发展。

在白芨滩国家沙漠公园，姜志刚等领导登高远望，详细了解沙漠公园生态建设情况。阳光下，昔日的沙丘如今已被郁郁葱葱的绿色覆盖。随后又到习近平总书记亲植枣树旁，重温习总书记重要讲话精神，姜志刚指出，治沙是一项伟大的事业，功在当代，利在千秋，要坚持发扬人进沙退的白芨滩治沙精神，加快推进生态建设，提高科学治沙的水平，让治沙效果更好。姜志刚说，治沙到了一定阶段以后，要作为一种产业来发展，通过种植经济作物、开发沙漠旅游等，实现生态效益和经济效益双丰收。灵武市要把沙漠治理坚持下去，在有能力的情况下，把防沙工程扩大到周边更多的沙漠。

在灵武市银湖公司的设施温棚内，颗颗长枣挂满枝头，一派欣欣向荣的景象。姜志刚指出，灵武市在长枣产业发展上，要加强科研投入，研究长枣种植的科学方法，提高产量，提高品质，同时要创新完善订单式生产销售等模式，把市场做好，把灵武长枣品牌树立好。

生态移民的脱贫是灵武市脱贫攻坚工作的重中之重，在推进精准产业扶贫工作中，2017年灵武市“村口建厂”，创新建立全国首个“巾帼扶贫工厂”，2017年带动100余名贫困妇女就近就业实现脱贫。在泾灵村中银绒业公司狼皮子梁针织厂和宁夏帼彩服饰公司扶贫工厂，在听取企业负责人的情况介绍后，姜志刚对群众家门口就近务工给予肯定，他强调，自治区第十二次党代会确定了实施脱贫富民战略，要统筹各方力量，精准发力，精准施策，稳扎稳打、有序推进，核心是让老百姓过上好日子，都能富起来，高质量完成脱贫攻坚任务，不能让一个村、一户群众在小康路上掉队，要坚决打赢脱贫攻坚战，真正让老百姓过上更加殷实富裕的生活。

自治区创建文明城市工作推进会与会人员到灵武市观摩

7月26日，自治区党委常委、宣传部部长赵永清带领自治区创建文明城市工作推进会的参会人员，到灵武市参观考察全国文明城市创建工作。市委书记夏斌，市长马自忠，市委常委、宣传部部长韩蕃璠参加观摩活动。

自2015年启动全国文明城市创建工作以来，灵武市在抓好经济建设的同时，高度重视精神文明建设工作，于2015年被提名为全国文明城市创建单位，在创建过程中，围绕“11281”目标任务，即紧扣“创建全国文明城市、建成美好灵武”这一主题，抓好“培育和践行社会主义核心价值观”这个关键，突出“提高城市文明程度、提高市民文明素质”这两个重点，建设政务、法治等八大环境，创建为民，创建惠民，最终实现让人民群众满意这一目标。通过持续创建，不断推动城市文明程度向更深层次、更广范围、更高水平迈进。

2016 年以来，灵武市结合创建全国文明城市工作，实施了枣树博览园二期建设工程，依托保护灵武长枣资源和旧城改造，形成了 1820 亩“城市绿肺”、生态屏障，同时增添大量文化景观，将人文灵武、文明灵武、生态灵武相结合，打造文化厚重、崇德向善、和谐宜居的城市特色，切实提升城市文化品位和城市文明程度，提高市民文明素质和群众生活质量，为创建全国文明城市奠定了良好基础。

赵永清对灵武市扎实开展全国文明城市创建工作给予肯定，他强调，灵武要坚持以社会主义核心价值观为引领，增强市民文明意识，规范市民文明行为，进一步提高群众对文明城市创建的知晓率；要进一步加大文明城市创建推进力度，切实做到从细处入手，强化文明旅游和文明交通工作，确保各项工作落到实处；要加大对不文明行为的曝光力度，确保问题发现及时、整改到位、杜绝反复，不断提升精准创建水平，推动文明城市工作创建工作不断迈上新台阶。

银川市县域经济视察调研团到灵武观摩

7 月 27 日，自治区党委常委、统战部部长、银川市市长白尚成、银川市政协主席马凯，带领由 60 多位各级领导组成的 2017 年上半年项目观摩暨经济形势分析会的县域经济视察调研团，先后到宁夏中玺枣业股份有限公司、灵武市枣博园二期项目进行实地调研。

在宁夏中玺枣业股份有限公司，由公司董事长张宇峥和总经理朱刚陪同，引导调研团在中玺枣业食品加工中心、果蔬冷链中心及果蔬干燥技术中心，进行了现场总体发展汇报，向调研团成员详细介绍了宁夏中玺枣业股份有限公司引领产业，科技创新发展、安全生产、产品质量及工艺流程等情况。随后，观摩团观摩了灵武市枣博园二期项目的建设情况。位于灵州大道北侧枣博园二期项目，概算总投资 7865 万元，占地 735 亩，秉承枣博园一期建设风格，在充分利用现有树种、环境资源的前提下，修筑园路、枣博馆、露天剧场、文化小品、茶社等游赏教育场所和配套基础设施，进一步彰显灵武市“国家园林城市”的魅力。该项目成功入围 2017 年亚洲都市景观奖“城市文化复兴优胜奖”候选名单，对于提升灵武市城市文化内涵、扩大灵武知名度和影响力、塑造城市新形象具有重要意义。

中国·宁夏（灵武）热气球节拉开帷幕

7 月 31 日，为期 7 天的“丝路古驿·羊绒之都”中国·宁夏（灵武）热气球节在宁夏银川灵武市白芨滩国家沙漠公园正式拉开帷幕。热气球节主题为“观治沙奇迹，学劳模精神，看空中盛花，赏大漠星空”，共吸引全国 32 只热气球（含 18 只造型热气球）、6 架三角翼、6 位全国热气球锦标赛冠军及 100 余名飞行员参会。

热气球作为“航空体育 + 旅游产业”融合发展项目，有很强的观赏性和良好的体验性。中体飞行（北京）体育产业发展有限公司首席执行官赵磊明说，位于毛乌素沙地西南边缘的宁夏白芨滩国家沙漠公园常年干旱少雨，地势开阔，风速适中，在举办热气球活动方面具有得天独厚的条件，这片地区既有成片的流动沙丘又有大面积的人工绿洲。热气球飞起来，不管从地面还是空中来看，整个景色都非常好。

宁夏灵武市副市长马波表示，灵武市将以此次活动为契机，努力将白芨滩打造成中国重要的航空体育旅游目的地，灵武市将通过引进和培育热气球相关体育产业生产线、组建俱乐部、建立永久营地等方式促进热气球节会经济、航空体育与低空旅游融合协调发展。

灵武市白芨滩国家级自然保护区管理局局长王兴东说，作为热气球节主办地，白芨滩三代治沙人先后完成治沙造林 63 万亩，控制流沙面积近 100 万亩，森林覆盖率达 40.6%，在毛乌素沙地西南边缘营造了一条绿色屏障。

马顺清调研灵武市林业工作

8 月 3 日，自治区党委常

委、自治区副主席马顺清到灵武市调研林业工作。国家林业局三北防护林建设局局长张炜,自治区林业厅厅长马金元,灵武市委书记夏斌、市长马自忠、副市长陈玉贤陪同调研。

马顺清一行先后到灵武市灵河生态公园、滨河大道景观提升工程、枣博园二期、白芨滩防沙治沙基地、治沙博物馆、宁夏沙漠绿化与沙产业发展基金会等地,详细了解了灵武市林业生态建设和防沙治沙情况。

在灵河生态公园,马顺清希望公园建设一定要亲近自然、尊重自然、顺应自然、融入自然。对滨河大道沿线景观提升工程,马顺清希望按照城市公园理念,按照时间节点要求,快速推进景观打造,真正将自然景观与道路交通融为一体,确保整体效果。在枣博园二期项目现场,马顺清乘坐公园观光车对跃动园、文博园进行了参观,希望在文化元素升华上下功夫,进一步提升枣博园的历史文化品位和文化内涵。

在白芨滩防沙治沙基地,看到经过多年治理,昔日荒漠已经变成了绿洲,肆虐的黄沙被各类沙生植物牢牢地控制,马顺清对白芨滩全体人员自力更生、艰苦奋斗的实干精神表示肯定,希望要持之以恒,不断加大防沙治沙力度,努力把防沙治沙这项事业做好做持久。在白芨滩自然保护区马鞍山管护站,马顺清看望慰问了全国治沙英雄王有德,听取了宁夏沙漠绿化与沙产业发展基金会运转情况的汇报,希望基金会要管好用好每一笔治沙基金,确保基金发挥应有的效应。

调研中,马顺清对灵武市林业生态建设工作表示肯定,他强调,建设生态文明是关系人民福祉,关乎民族未来的大计。灵武市要按照自治区第十二次党代会中提出的“生态立区”战略,深入推进绿色发展,既要保护好存量,更重要的是发展增量;要发动全社会向劳模学习,传承劳模精神,开展大规模的植树造林、防沙治沙和湿地保护工作,同时吸引更多的社会力量投身于治沙造林,让宁夏大地天更蓝、山更绿、水更清、环境更优美,为建设生态文明和美丽中国贡献力量。

水利部黄河水利委员到灵武市督导检查河长制工作

2017年8月23日,水利部黄河水利委员会水资源调度局局长乔西现带领督导检查组对灵武市全面推行河长制工作进展情况进行督察。自治区水利厅副厅长麦山,灵武市委书记、市总河长夏斌,灵武市副市长陈玉贤陪同督察。

督察组先后查看了黄河临河镇段、排水总干沟、大河子沟东段、新区景观桥等地水环境保护情况,对灵武市河长制工作方案制定总体情况、河长制实施范围、组织体系建设和水资源保护、水污染防治、水环境治理、水生态修复等河长制主要任务落实情况进行检查。

灵武市“河长制”工作自2017年6月启动以来,市委、市政府高度重视,出台《灵武市全面推行河长制实施方案》,建立市、乡(镇)、村三级河长管理体系,设立“河长制”办公室、建立“河长制”联席会议、建立河库管理保护信息发布平台。在河库岸边显著位置竖立“河长公示牌”,标明河长职责、沟道概况、管护目标、监督电话等内容。2017年8月,全市85条478公里支斗级以上沟道(其中,市级沟道12条291公里,乡镇级支斗沟73条187公里)、10座水库全部实行了河长制。同时,灵武市制定“一河一策”治理方案,列出工作计划,明确各阶段重点任务,确定牵头单位、责任人和完成时间,全力推进河长制各项工作落实。

督察组对灵武市全面推行河长制工作进展情况和取得的阶段性成效给予肯定,认为灵武市高度重视全面落实河长制工作,详细摸底每条河沟情况,为全区推进河长制工作树立了良好榜样。下一步要对全面推进河长制工作经验进行提炼总结,当好全区标杆。同时,要进一步创新工作方法,建立管理长效机制,推进河长制工作再上新台阶。

咸辉督察调研“放管服”改革工作

8月27日,自治区党委常委、自治区主席咸辉到灵武市督察调研“放管服”改革工作落实情况。咸辉先后到灵武市梧桐树乡便民服务中心、银川高新技术产业开发区企业办事服务站，详细了解农民办事不出村、居民办事不出社区、企业办事不出园区和社会投资项目网上审批规程等改革试点工作，与服务中心工作人员进行深入交流，询问正在办事群众的感受、意见、建议。

咸辉指出，要把“放管服”改革作为供给侧结构性改革的重要内容、加快转变政府职能的重要抓手、服务企业群众的重要举措，持之以恒地向纵深推进。要更加彻底地“放”，更加有效地“管”，更加优质地“服”。要严格秩序规范，加强业务培训，保障信息安全，努力缩短办理时限、降低办事成本、提升群众满意度，让群众和企业享受更多更大改革红利。

咸辉要求，要针对试点推进过程中出现的新情况、新问题，找准“堵点”“痛点”“难点”，深入研究、对症开方，不断完善顶层设计、优化审批流程、减少审批环节、提高工作效率，创造更多可复制、可推广的好经验、好做法，进一步释放市场活力、激发社会创造力。自治区党委常委、自治区常务副主席张超超参加调研。

宁夏灵武长枣首次进入上海市场

2017 年 9 月 15 日，淘菜猫“天赋宁夏 聚力中国”——上海·宁夏灵武长枣上市推介会，在上海农产品中心批发市场成功落幕。会上，宁夏回族自治区灵武市人民政府、上海果品商业行业协会与淘菜猫达成战略合作，并与上海多家渠道商、批发商达成初步合作意向，依托中信信息发展食安产业链和上海果品商业行业协会的平台和资源优势，首次将灵武长枣全面引入上海市，为上海市民带来全新的鲜枣盛宴，同时将立足上海，辐射全国市场。

根据战略合作协议，宁夏回族自治区灵武市人民政府、上海果品行业协会、淘菜猫信息发展股份有限公司三方未来将有一系列营销举措，开展以灵武长枣为特色的灵武市名特优农产品进入上海市场、搞活流通，推进果品基地、合作社与本地批发市场渠道企业联合实现产销对接。组织名特优新产品的各类果蔬会展推介活动，实施品牌战略，促进果品质量的提高；提升灵武长枣等灵武市名特优农产品的影响力与知名度，提高名特优果品产地的经济效益和食品安全水平、供应链效率，发挥双方各自优势资源，创新合作模式，共同发展。

2017 中国(银川)景观大赛灵武获奖

2017 年 9 月 28 日，“2017 中国（银川）都市景观大赛”在宁夏银川举行。经过合计专家评审分和网络计票，共有 15 个优秀项目入选，分别获得本次大赛各单项的一至三名奖。其中，灵武——长枣景观的都市获得城市文化复兴优胜奖第一名；宁夏灵武市生态绿色经济发展项目获得城市有机更新优胜奖第二名。本次大赛由银川市人民政府协同亚洲人居环境协会共同组织。

该活动于 2017 年 5 月在全国范围启动，得到社会各界广泛关注和积极参与。组委会共收到 35 个申报项目，分别来自吉林、辽宁、广东、云南、陕西、宁夏、重庆、安徽、贵州、海南等 10 个省、自治区、直辖市。“中国(银川)都市景观大赛”是“亚洲都市景观奖”在中国唯一指定的评选活动，该活动旨在交流和推广中国在可持续发展方面的宝贵经验和成果，表彰人与自然和谐共生、人居环境建设、历史文化传承，尤其在城乡可持续发展与建设方面具有良好探索、积极影响。

2017 年 9 月 28 日下午，“2017 亚洲都市景观奖”颁奖仪式在银川市国际交流中心举行，会上公布了 13 个获奖项目及城市名单。联合国人居署亚太办事处主任是泽优、亚洲人居环境协会主席刘兴达、福冈亚洲都市研究所副理事长中泽浩为获奖项目颁奖。

灵武市长枣保护与传承成功获奖，让宁夏再次备受瞩目，从保护当地长枣到建立世界首个“枣类物种城市中心生态保护区(世界枣树博览园)”，不仅为全球枣类物种建立了基因库，更用智慧和汗水创建了一种绿色发展的新模式。

三北工程精准治沙和灌木平茬复壮试点工作现场会在灵武召开

2017 年 10 月 10 日，国家

林业局三北工程精准治沙和灌木平茬复壮试点工作现场会在灵武市召开，国家林业局副局长刘东生，自治区副主席王和山出席会议并讲话，自治区政府副秘书长刘长青、国家林业局三北局局长张炜、国家林业局防沙治沙办公室主任潘迎珍、自治区林业厅厅长马金元、灵武市市长马自忠、灵武市副市长陈玉贤参加会议。

自治区副主席王和山在致辞中指出，自治区党委、政府历来高度重视生态建设，始终牢固树立抓生态就是抓发展的理念，全力推进生态文明和美丽宁夏建设。2016年，宁夏森林覆盖率达到13.3%，较“十一五”末提升1.41个百分点，沙化土地面积由20世纪70年代的2400多万亩减少到1600多万亩，连续12年实现沙化、荒漠化土地“双缩减”，宁夏成为全国唯一的省级防沙治沙综合示范区，率先在全国实现了沙漠化逆转。近年来，自治区坚持防沙治沙用沙结合，大力培育壮大沙产业，以产业发展带动防沙治沙和区域经济发展，特别是通过三北防护林工程项目带动，精准施策，精准治沙，努力探索总结出沙区灌木资源开发利用——柠条等灌木平茬复壮、延伸柠条产业链、提高附加值的成功经验和做法，实现了柠条灌木林功能不减、效益递增、永续利用、可持续发展，走出了一条精准治沙和精准扶贫双赢的路子。

市长马自忠在现场会上作了《人进沙退促发展　灵武攻坚克难防沙治沙 实现多赢》的主题发言。马自忠说，自1978年灵武全境纳入三北防护林体系建设以来，灵武市坚持示范引领带动，艰苦奋斗打赢人进沙退攻坚战、坚持治沙用沙结合，立足实际推广“六位一体”治沙新模式、坚持绿色发展理念，统筹城乡构筑产业发展生态屏障。全市累计治理沙化土地14.8万公顷，在引黄灌区边缘使沙漠后退20多公里，筑起黄河东岸绿色长城，创造了人进沙退的中国创举、世界奇迹。从被动防沙到主动治沙、用沙，40年治沙历程促进了人沙和谐共生、沙城有机融合，实现了治沙、致富、发展的共赢。

内蒙古自治区林业厅、黑龙江省林业厅、新疆维吾尔自治区林业厅、内蒙古自治区杭锦旗人民政府、陕西省榆林市榆阳区人民政府、陕西省神木市生态保护建设协会及宁夏回族自治区盐池县政府在现场会上也分别作了典型发言。

国家林业局防沙治沙办公室主任潘迎珍传达了习近平总书记致第六届库布齐沙漠国际论坛、《联合国防治荒漠化公约》第十三次缔约方大会的贺信和对防沙治沙工作的重要批示精神。

国家林业局副局长刘东生在会上讲话时指出，宁夏作为三北地区唯一全境列入三北工程的省区，自治区党委、政府高度重视防沙治沙工作，牢固树立“美丽宁夏，生态立区”的发展理念，抓实抓细防沙治沙工作，宁夏许多重点治理区已经逐步走上了人沙和谐相处、生态与经济协调发展的路子，形成了宁夏特色治沙模式，为全国乃至全球防沙治沙树立了样板、做出了示范，很多防沙治沙经验值得其他省区学习和借鉴。刘东生强调，要在今后的防沙治沙工作中，紧紧围绕习近平总书记提出的“绿水青山就是金山银山”的发展理念，坚持政府主导、项目带动、全社会参与的防沙治沙格局，突出精准分类、精准方案、精准政策、精准技术、精准管理、精准考核等“六个精准”，抓实抓细三北工程，为推动新阶段全国防沙治沙工作实现更高水平、更优质量、更大后劲，为维护北方生态安全作出新贡献。

国家工信部对灵武市羊绒产品绿色设计平台项目进行调研

2017年11月11日，国家工信部节能与综合利用司巡视员李力带领检查组，对灵武市荣昌绒业集团公司开展的羊绒产品绿色设计平台项目实施情况进行调研。银川市委常委、副市长毕俊生，灵武市委书记夏斌陪同调研。

在荣昌绒业集团公司生产加工车间，李力一行参观了羊绒分梳、纺纱、染色、针织、检验的整套生产流程，详细了解了绿色设计平台项目在羊绒产品生产研发领域中的有效应用，特别是绿色制造机制在羊绒产品生产加工领域实现了有效的模式创新等情况。

李力指出，在羊绒生产加工领域实施绿色设计平台项目,在国内乃至世界都是首次，在这方面没有成功的范例和技术提供借鉴。项目在荣昌绒业集团公司开展实施一年多以来,各联合体单位整合资源、各负其责、共同推进落实项目各项任务。特别是荣昌绒业集团公司在实施项目中还加大了与四川大学、北京科技信息大学等科研院校的联系合作,保证了项目的顺利实施。希望荣昌绒业集团公司继续加大在绿色制造领域中机制模式的创新，进一步探索和完善各个环节，让绿色设计平台项目在羊绒生产加工领域结出更大的科研硕果。

江苏省南通市考察灵武市羊绒产业

2017 年 11 月 19 日，江苏省南通市委副书记、市长韩立明等一行到灵武市考察羊绒产业发展情况,市委书记夏斌、市长马自忠、银川高新区管委会副主任赵灵平陪同考察。

韩立明一行先后对宁夏生态纺织产业示范园灵武园区年产 500 万件羊绒衫项目、20 梳 20 纺羊绒纱线项目、3 万锭高支精纺亚麻纱线项目和中银绒业公司展厅进行实地参观,在听取灵武市羊绒产业发展情况介绍后，韩立明对灵武市羊绒产业发展给予高度评价，并表示将以此次考察为契机，发挥好牵线搭桥作用，进一步加强南通市纺织企业与灵武市羊绒企业的交流合作力度，促进双方互利共赢。

市委书记夏斌对南通市政府考察团来灵武市考察指导表示欢迎，并简要介绍了灵武市历史文化、产业发展、资源禀赋和经济社会发展情况。夏斌说,南通纺织行业发展历史悠久，在中国纺织发展史上有着重要地位,考察团此次到灵武考察，是向灵武市传经送宝，为灵武市提供了一个非常好的学习机会,下一步,灵武市将进一步加强与南通纺织行业的合作交流，共同推动两市经济社会又好又快发展。

自治区纪委调研灵武市党风廉政建设及防腐败工作

2017 年 11 月 29 日，自治区纪委副书记、监察厅厅长,自治区预防腐败局局长郑震一行对灵武市党风廉政建设及防腐败工作进行调研。市长马自忠,市委常委、纪委书记陈文宁陪同调研。

郑震一行实地对梧桐树乡民生服务大厅“三化一满意”平台、乡镇纪委规范化阵地建设、执纪审查办案点、纪委谈话工作点等进行查看，详细了解了灵武市纪委人员配置、巡察监督、工作开展等方面的情况。

在市纪委，郑震一行观看了灵武市党风廉政建设专题片，对灵武市纪检监察工作给予肯定，希望灵武市要进一步加强组织领导,层层传导压力，强化考核问责，推动全市党风廉政建设和反腐败斗争不断取得新成效。

在随后召开的座谈会上，郑震听取了灵武市监察体制改革试点推进情况的汇报，要求灵武市要按照中纪委和自治区纪委的要求,要坚持问题导向，强化责任担当，结合灵武市实际,发现问题,分析问题,解决问题，确保圆满完成监察体制改革试点工作，进一步把工作做实做细，在推进全面从严治党向纵深发展的征程中，不断取得新的更大成效。

自治区工商联到灵武市调研

2017 年 12 月12 日,自治区工商联主席何晓勇一行到灵武市调研工商联工作。市委书记夏斌,市委常委、统战部部长马利剑,副市长张韧刚陪同调研。

调研中，何晓勇一行走访查看了市工商联机关办公环境,听取了市工商联工作汇报，并先后走访调研了荣昌绒业、昊王米业、白土岗乡兴源达农牧科技有限公司等三家非公有制企业，详细了解了企业生产经营情况，征求了大家对自治区工商联工作和非公有制企业发展的意见和建议。

何晓勇对灵武市委、政府大力支持工商联工作和灵武市工商联工作取得的成绩表示肯定。他说,工商联是民营企业的“娘家”,最大的优势就是“联”，要发挥好平台作用，抓好精准服务,加大对外对内、对上对下经济联络工作,服务好党委、政府,服务好非公经济企业,竭力联系企业、宣传企业,加大培训力度,带领企业走出去,多为企业转型升级理思路、出主意,帮助解决实际问题，不断提高工商联的凝聚力、号召力。希望灵武市要以认真学习贯彻党的十九大和自治区第十二次党代会精神为契机，借助全区民营经济发展推进会的东风，结合市情实际,弘扬企业家精神,支持企业家创新创业，发挥好联系桥梁纽带作用，主动为民营企业发展搞好服务，让民营企业平等受益、公平竞争、更加有获得感。市工商联要加强和各地工商联部门的联系对接工作,建立友好关系,增强信息互动,结合当地产业实际，开展产业招商、精准招商;要着力提升干部能力素质，培养一批优秀人才,更好地服务非公经济发展。

专　载

振奋精神　实干兴灵
为率先全面建成小康社会
率先开启全面建设社会主义现代化新征程不懈奋斗

——市委五届五次全体会议工作报告

（2017 年 12 月 20 日）

灵武市委书记　夏　斌

各位委员、同志们：

现在，我代表常委会，向全委会报告一年来的工作。

2017 年，是新一届市委工作的开局之年。一年来，在自治区党委、银川市委坚强领导下，市委团结带领全市广大党员干部群众，深入学习贯彻党的十九大和自治区第十二次党代会精神，积极践行新发展理念，扎实推进"两学一做"学习教育常态化制度化，转作风、抓发展，促改革、调结构，保增长、惠民生，全市经济社会发展取得新成绩。

一、干字当先，精准发力，县域经济发展迈出新步伐

常委会始终扭住发展第一要务不松劲，把解放思想作为转型发展的动力源泉，紧密结合上级部署，再审视、再谋划、再定位，引导广大党员干部振奋精神、实干兴灵，真正把学习贯彻上级精神落实和展现在争先进位、跨越发展的实践中。

坚持把学习宣传贯彻党的十九大和自治区第十二次党代会精神作为首要政治任务抓实抓紧抓好。先后召开全市领导干部大会、中心组学习会议、常委(扩大)会议学习传达，邀请自治区讲师团、党的十九大代表为全市干部作专题报告。创新开展百场党课下基层活动，采取基层党支部"预约点单"方式授课，各级党员领导干部深入基层讲党课 310 余场次，开展专题学习讨论 2500 场次。举办学习贯彻十九大精神暨干部素质能力提升班，对全市 471 个党支部、11250 名党员进行集中培训，迅速掀起学习宣传贯彻党的十九大精神热潮。注重超前谋划、科学定位、战略布局，召开市委五届四次全体会议，研究制定《中共灵武市委员会关于深入学习宣传贯彻党的十九大精神的意见》，提出"1234"工作思路，确定"两个率先"奋斗目标，制定 10 个方面 39 项具体工作措施，确保贯彻落实党的十九大精神不打折扣、不留空白、不留死角。

坚持把优化发展环境作为提升发展能力的重要抓手。深化行政审批制度改革，实行"不见面、马上办"审批服务模式，创新建设项目施工许可规程，实现企业办事不出园区。开展"百名干部进百企"活动，点对点精准对接，解决企业发展难题，以服务提升促进发展提速。全市新增规模以上企业6家，5家企业入选宁夏百强企业。突出政策引导，严格落实促转型降成本各项政策，出台《关于推进农业供给侧结构性改革 加快培育农业发展新动能的实施意见》，设立产业发展基金4.5亿元，助力企业转型发展。积极争取电力直接交易试点，中银绒业、东义镁业获批第一批电力直接交易。

始终把项目作为县域经济发展的引擎，牢牢把握经济工作项目化要领，千方百计谋项目、不遗余力争项目、上下一心抓项目，确定实施总投资262.8亿元的139个项目顺利推进，落实项目融资20亿元，完成上争资金30亿元。突出精准招商、产业链招商，四套班子领导挂帅，先后“走出去”对接项目16批次，实施招商引资项目18个，到位资金94亿元。坚持以投资结构优化推进产业结构、经济结构优化，谋划储备2018年项目163个，形成项目接续、发展接力的格局。银川市项目谋划推进会议在全市召开，对全市项目工作给予充分肯定。

坚持问题导向，扎实开展“大干实干100天 誓保完成全年目标任务”活动，健全领导干部联系乡镇、帮扶企业、包抓项目责任制，建立“固定资产投资差额清单”和“项目建设问题清单”，对照数据找差距、对照差距找问题、对照问题谋措施，以钉钉子精神抓落实，用发展的实际成果检验和展示“两学一做”学习教育成效。全年预计实现地区生产总值465亿元，同比增长10.4%；市属固定资产投资137亿元，同比增长10%；规模以上工业增加值385亿元，同比增长14%；地方一般公共预算收入30.1亿元，同口径增长33%（其中市属9.2亿元，同口径增长9.1%）；社会消费品零售总额17.3亿元，同比增长9.7%；城乡居民人均可支配收入分别达3.06万元、1.37万元，同比增长8%和9%。全国综合实力百强县排名跃升至第85位、全国工业百强排名第81位、全国中小城市投资潜力百强排名第34位。

二、借力整合，转型升级，产业支撑能力更加强劲

常委会从推进供给侧结构性改革的关键点发力，优势再认识、潜力再挖掘，借助优质资源、先进经验、社会资本、专业人才，推进传统产业转型发展，积极培育新的经济增长极，加速产业提质升级。

现代纺织产业重组升级取得关键性进展。加快推进中银绒业并购重组，组建宁夏绒都国际羊绒制品有限公司和羊绒原料公司，设立羊绒产业发展基金，积极破解制约产业发展难题。整合园区闲置资产建设浙商产业园，引进服装生产设计、品牌运营、高档包装等项目14个，3万锭高支精纺特种亚麻纱线和1300万码亚麻面料项目达产达效，现代纺织产业链进一步延伸。大力创建全国知名品牌示范区，“灵州雪”被评为“中国驰名商标”，“灵武精品羊绒”入选最具潜力区域品牌30强，品牌价值70亿元。“智慧园区”建设加快推进，高新区获评国家首批“绿色园区”，培育国家高新技术企业2家、国家重点实验室3个、自治区企业技术中心7家。再生资源产业整合发展加速推进。通过联营、合资、入股等方式，引入行业领军企业开展项目合作，实现强强联合、优势互补，12万吨再生铝棒及铝型材等9个项目加快建设，6万吨再生铜杆等6个项目建成投产。《扶持壮大再生资源循环经济示范区实体企业发展政策》试点工作稳步推进，完成国家“城市矿产”示范基地项目验收，再生园区进入中国产业园区成长力百强。临港产业加速开放发展。园区总体规划和各专项规划全部完成，基础设施PPP项目加快建设。健全园区招商引资机制，泓源新能源汽车制造、浩谷生物质能源综合利用、超高倍反射聚光光伏发电装备等高新技术项目签约落地，与30家区内外企业达成合作意向，开放型经济发展的潜能和优势逐步显现。

坚持把解决好“三农”问题作为全市工作的重中之重。围绕农业增效、农民增收，推进全程机械化、生产标准化、服务社会化，着力构建现代农业产业体系、生产体系、经营体系。粮食生产加工业突出做精增效。引导农民依法有序流转土地超过10万亩，巩固有机富硒稻生产基地6万亩，5万吨富硒大米加工技改、10万吨大米加工扩建项目建成投产，兴唐米业粮食银行挂牌运营，昊王大米、兴唐香米荣获中国绿色食品博览会金奖，昊王米业荣获中国大米加工企业50强。粮食生产加工业实现产值23亿元。长枣产业突出保质提值。组建“宁夏灵武长枣研究院”，获得长枣贮藏保鲜、智能化分级分选等重大科技专利11项，长枣保鲜、贮运和深加工项目投产运行。新修订灵武长枣产业扶持政策，拓宽鲜枣销售渠道，实现在上海等一线城市市场冷链直送，灵武长枣品牌价值4.89亿元。草畜产业突出提质增效。完成10万亩养殖园区规划布局，实施优质奶源基地提升工程，亿美日加工450吨山羊奶项目建成投产，积极培育自繁自育科技示范户、节本增效示范点，新建千头奶牛牧场2个，盘活5个万只肉羊养殖园区，羊饲养量达360万只，伊诺牌宁夏滩羊荣获“国家生态原产地保护产品”标志。做亮以“上滩韭菜”为主的设施蔬菜品牌，瓜菜种植面积达到7万亩，以区外市场为主的外销体系初步形成，促农增收带动力更加强劲。

坚持把发展新产业、新业态作为转方式、调结构的新动能。加快推进全域旅游发展三年行动计划，建成二道沟、胡家堡特色旅游示范村，东沙窝旅游基础设施全面竣工，银湖有机生态文化创意旅游产业园投入运营。创新“运动休闲+旅游文化+经贸合作”模式，成功举办中国宁夏(灵武)热气球节、亚太大学生五人制足球赛等活动，美丽灵武的知名度和吸引力显著提升，全年接待区内外游客188万人次，实现旅游收入1.6亿元。电子商务进农村综合示范县项目加快推进，电商产业园入驻企业52家，网上交易额突破5.2亿元。

三、绿色引领，建管并重，美丽灵武形象日益彰显

常委会坚持把优美的人居环境作为新的发展优势。以绿色发展引领城市建设，突出“丝路古驿、唐韵古城、长枣之乡、羊绒之都”城市特色，着力构建城市、产业和生态环境相互融合、互为促进的发展格局。

开展生态绿化品质提升行动，枣博园续建、灵河生态公园等项目建成投用，主干道路、居民小区、小微公园绿化档次显著提升，城市绿化率达到33.6%。推广“六位一体”防沙治沙模式，世行贷款宁夏黄河东岸防沙治沙、白芨滩自然保护区三期、第一批森林植被恢复等重点生态项目完成建设。国家三北工程精准治沙现场会在灵武召开，“灵武——长枣景观的都市”项目荣获亚洲都市景观奖，“人沙和谐·沙城融合”项目荣获城市有机更新优胜奖。提升城市功能品位，完善城市设施配套，生态纺织园产业工人保障房、劳务移民周转房建成入住，档案馆、图书馆、中心城市基础网络、棚户区改造等重点工程完成建设，智慧城市管理指挥中心建成运行。主动融入大银川都市圈，推动区域互联互通，黄河大桥连接线竣工通车，国道307西段拓宽、下白路南段拓宽等工程完成建设。深入开展城乡环境综合治理专项行动，实行“以克论净、深度保洁”模式，城区主干道路和公共广场机械化保洁率达67%。加快推进新型城镇化，完成马家滩美丽小城镇建设，建设美丽村庄14个，完成1.2万户农村污水无害化处理及改厕，临河镇二道沟村获评全国第四批美丽宜居示范村庄，全区农村人居环境综合整治现场推进会在灵武市召开，灵武市进入全国新型城镇化质量百强列97位。巩固中央环保督察组反馈问题整改成果，保护好群众生产生活环境，“智慧环保”物联网监测系统投入运行，开展非煤矿山整治“零点行动”，盗采资源、破坏环境等违法行为得到有效遏制。灵武市空气质量优良率88.5%，位居银川市第一。“市乡(镇)村”三级河长制工作实现全覆盖，自治区全面推行河长制工作现场会在灵武市召开。

以创建全国文明城市为抓手，积极开展群众性文明创建活动，引导党员干部带头移风易俗，完善村规民约，实现村级“红白理事会”全覆盖，崇兴镇中北村被评为全国文明村镇，郝家桥镇王家嘴村被评为自治区美丽乡村文明创建工程示范村，自治区创建文明城市现场经验交流会到灵武市观摩。深化“美丽灵武人”塑造行动，扎实开展文化惠民行动，创建银川市公共文化服务示范乡镇2个，“灵武好声音”“灵武好味道”等文化活动深受群众喜爱。加强文化遗产保护利用和地方志历史文化资源开发，“千年古县”申报工作顺利推进。全民健身蔚然成风，农民运动会、广场舞健身大赛等活动广受群众欢迎，被国家体育总局授予群众体育先进单位。校园足球长足发展，成立足球运动发展管理中心，成功承办全国青少年校园足球联赛高中组（西北区）决赛，灵武市被确定为全国青少年校园足球试点县。

四、创新服务，改善民生，社会事业发展取得新进步

常委会坚持把人民对美好生活的向往作为工作的出发点和落脚点，将市财政预算支出的80%以上投入民生事业，让改革发展成果更多更公平惠及广大群众。

把脱贫攻坚作为第一民生工程，实施脱贫攻坚九项行动，创新“村头建厂、家门口就业”“企业+基地+农民”“入股分红+就业”扶贫模式，建立首个“全国巾帼巧手致富示范基地”，奶牛托管、特色种植、设施农业等扶贫产业加快发展，整合设立担保基金为建档立卡户发放创业贷款3440万元，完成脱贫能力素质提升培训4380人，预计移民人均可支配收入同比增长11%，完成建档立卡贫困人口脱贫1780人，“十三五”移民安置房建设任务全面完成。出台鼓励农村家庭“户均一人进厂务工”政策，为外出务工城乡家庭购买意外伤害保险，城镇新增就业3557人，转移农村劳动力2.6万人次，灵武市位列全国“双创”百强第93位。深入开展教育教学质量提升行动，出台《关于促进民办教育发展的意见》，健全中小学教学科研成果奖励、名师及骨干教师考核办法，完成21所义务教育阶段薄弱学校改造。全面推行“双元制”职业教育模式，职教中心迁扩建工程加快推进，与北京职业学校开展合作，着力打造职业教育协同发展“新样板”。医药卫生体制改革稳步推进，市医院迁扩建项目加快建设，3个医疗特色专科建设启动实施。家庭医生签约服务有序开展，基层诊疗质量和效率稳步提升。养老保险和失业保险参保扩面任务全面完成，城乡居民养老、医疗保险参保率98%以上，为50岁以上城乡居民和在岗干部职工进行普惠性健康体检，老年活动中心和第二敬老院配套工程建成投用。

常委会始终把群众呼声作为第一信号。深化“三化一满意”为民服务机制，31项便民服务事项实现网上申报受理审批，服务效率进一步提升。加快依法治市步伐，建立“权力清单”和“负面清单”，完善公职律师制度，扎实开展“七五普法”，深化“法律十进”活动，法制宣传教育覆盖面达到95%以上。实施社会治理服务体系“灵盾工程”，建成社会治安立体防控系统，市矛盾纠纷调处中心投入运行，实现三级综治中心、综治工作站全覆盖。构建多元化矛盾纠纷调处体系，设置人民法院巡回法庭、公共法律服务中心，成立交通事故、土地纠纷、医患纠纷等9个专业性调解委员会，严格落实市级领导接访和包案化解制度，实现信访案件增量下降、总量减少。巩固“双拥共建”成果，推进军民融合式发展，人民武装部被宁夏军区评为军事训练先进单位。民族团结进步、和谐寺观教堂创建等活动扎实推进，唱响“各族人民是一家”主旋律，民族和睦、宗教和顺、社会和谐大好局面进一步巩固。

五、坚持全面从严治党，党的建设工作水平有力提升

常委会切实把管党治党责任牢牢扛在肩上，着力打造富裕团结安定一方的战斗堡垒，营造风清气正的政治生态。

高度重视思想政治建设，扎实推进“两学一做”学习教育常态化制度化，分领域建立“支部主题党日”活动台账，不断丰富学做结合实践载体。常委会班子以身作则、率先垂范、层层带动，扎实开展专题学习讨论，带头讲党课、带头对照检查，高质量开好民主生活会和组织生活会，抓好党委（党组）中心组学习、干部专题培训等集中教育，引导广大党员自觉践行“四讲四有”标准，切实增强“四个意识”，树立“四个自信”。

着力强基层、打基础，深入推进基层服务型党组织建设，全面推行基层党建“六化两提升”工作机制，实施创新党建项目25个，建成党群活动服务中心（站）91个。扎实开展“三大三强”行动，推广“两个带头人”工程经验，创新设立为民服务“聚力工程”担保基金1580万元，实现农户和村集体“双增收”。规范设立政府部门、人民团体党组，全市村“两委”、机关党组织换届选举工作圆满完成。集中开展新一轮相对后进党组织集中整顿转化工作，新选派第一书记40名，83个后进党组织实现整顿转化、晋位升级。积极探索发挥党代表作用的途径和方法，1345名党代表进入工作室紧贴群众开展服务，为群众办实事1200余件。

坚持好干部标准，为事业发展选干部配班子，加大年轻干部、妇女干部、党外干部培养选拔使用力度，交流调整干部6批302人次，提拔156人。干部队伍质量和结构进一步优化。推动领导干部能上能下，将7名不能正常履职的领导干部改任非领导职务。坚持党管人才原则，以项目引进带动人才引进，以项目开发促进人才开发，实施人才项目35个，组建各类研发机构（平台）11个、引进科技创新团队10个、各类专家教授30余人、高层次急需紧缺人才100余人，为特色产业发展提供智力支撑。

出台《关于推进全面从严治党的实施意见》，严格落实《关于不履行党风廉政建设主体责任和监督责任追究办法》，创新执纪审查“6+4”模式。全面推进乡镇纪委规范化建设，实现所有乡镇纪委自办案件“零突破”。监察体制改革试点工作扎实推进，完成监委会办公场所搬迁，人员转隶顺利推进，编制机构完成划定，工作成效得到中央纪委充分肯定。成立市委巡察办，制定《巡察工作实施办法》，先后组织开展中央八项规定精神“回头看”、党风廉政制度执行“回头看”等专项巡察和涉农扶贫领域腐败问题专项行动，移交问题线索16个，立案36件。深化“守纪律、敢担当、有作为”作风建设活动，积极发挥“电视问政”作用，常态化开展明察暗访，严查“庸懒散软拖”和不履职、不担当、不作为等典型问题，问责186人，一大批民生问题得到快速有效解决，得到群众广泛好评。

各位委员、同志们，回首一年工作，我们有奋斗的艰辛，也有收获的喜悦，在奋进的道路上，我们累积了一些有益经验，这是发展实践中形成的共识，更是指导今后工作的宝贵财富。

——必须坚持提高政治站位，把上级精神与灵武实际紧密结合，在发展大格局中找准定位，引领各项事业沿着正确方向前进。

——必须坚持解放思想，不断深化市情认识，在发展实践中完善思路、更新观念，顺应大势，超前谋划。

——必须坚持经济工作项目化，压实责任，创新模式，集中力量抓大事，争先进位促跨越。

——必须坚持以人民为中心的发展思想，不断在发展中保障和改善民生，把发展成果体现在满足人民日益增长的美好生活需要上。

——必须坚持党要管党、从严治党，严守规矩，崇尚实干，锻造忠诚、干净、担当的干部队伍，形成万众一心干事创业的生动局面。

各位委员、同志们，一年的奋斗历程极不平凡，广大党员干部群众自觉服从服务于全市发展大局，以忘我的精神投身重点项目、工作一线，用心血和汗水赢得一项又一项瞩目成绩，推动灵武发展迈上新阶段，展现了灵武儿女创新苦干、激情跨越的时代风貌，印证了大家不愧为全国百强县的栋梁之才，是能担重任、甘于奉献的中坚骨干。对大家的工作，市委是充分肯定的，灵武人民是满意的，上级组织和领导是高度认可的。

发展成绩来之不易，这是上级党委正确领导的结果，是全市广大党员干部群众奋力拼搏、苦干实干的结果，是在历届班子打下的良好基础上，全市各级党组织、广大党员干部群众顽强拼搏、共同奋斗的结果，是各民主党派、工商联、无党派人士和社会各界共同努力的结果，是驻灵部队、武警官兵、驻灵各单位和离退休老同志鼎力支持的结果。在此，我代表中共灵武市第五届委员会，向全市广大党员干部群众及关心、支持灵武发展的各界人士表示衷心的感谢！

在肯定成绩的同时，我们也清醒地认识到，进入新时代，我们的工作还存在很多问题，与人民对美好生活的向往还有差距：面对县域经济竞相发展态势，发展不足、质量不高、结构不优仍是我们面临的主要问题；城乡发展不平衡，城乡居民文明素质与经济发展水平不协调，移民群众收入与城乡居民收入差距较大，脱贫攻坚任务还很艰巨;能源利用低效、资源约束趋紧、环境生态压力加大的矛盾仍然突出;党的建设存在薄弱环节,少数党员干部能力不足、担当意识不强,“四风”和腐败问题依然存在,等等。这些问题我们要高度重视,采取有力措施,认真研究解决。

下面,我受常委会委托,就2018年主要工作讲几点意见。

党的十九大作出了中国特色社会主义进入新时代的重大判断。进入新时代,发展环境和社会主要矛盾发生了新变化,对我们的工作提出了许多新要求。谋划新时代灵武发展,必须科学研判灵武发展的新方位,在继续推动发展的基础上,着力解决好发展不平衡不充分的问题,切实提升发展质量和效益,更好满足人民群众日益增长的美好生活需要。

进入新时代,我们应该怎么看?眼界决定境界,思路决定出路。进入新时代,我们要更加清晰地认识所处的发展环境,用时代的眼光、全局的思维、发展的观点分析思考问题。从当前形势来看,全球经济缓慢复苏,我国经济转型持续深化,全国各地加快动能转换,对项目、资金、人才等要素的争夺日趋激烈,我们面临着既要“转型”更要“赶超”的双重任务,承受着既要“扩量”更要“提质”的双重压力。但综合分析,我们仍处于大有可为的重要战略机遇期。从全国来看:我国经济已由高速增长阶段转向高质量发展阶段,成为世界经济增长的主要动力源和稳定器。党的十九大作出实施区域发展战略,大力支持民族地区、贫困地区加快发展,推进西部大开发形成新格局等重大举措,随着各项战略的推进,必将释放出更多的政策利好,为我们带来前所未有的重大发展机遇。从自治区和银川市来看:自治区“三大战略”的深入实施,全力支持银川都市圈、沿黄生态经济带建设等决策部署,使首府银川在全区发展的核心支撑作用更加凸显,为我们发展开辟了更广空间,注入了更强动力。从灵武自身来看:作为全区唯一的全国百强县、自治区工业经济主战场、沿黄生态经济带和银川都市圈的重要城市,我们在自治区和银川市经济发展中的地位越来越重要。经过多年发展,我们的综合实力显著增强,工业对农业反哺能力、工业化对城镇化的支撑能力、宜居宜业的环境竞争力不断提升,党的建设、社会治理、为民服务等方面创造的经验成绩不断巩固,区位、产业、生态、空间、交通等方面优势更加明显,财税收入较高、政府负债较少、政务服务环境较优、应对风险能力较强、项目建设用地较多等比较优势更加突出,必将成为国家重点工程、自治区重大项目和行业领军企业投资建设的热土。我们在一系列重大任务攻坚中锻造了一批勇于担当、能打胜仗的优秀干部,各级干部应对挑战、破解难题的信心有增无减,抓发展、干事业的劲头有增无减,为灵武在新一轮的竞争中实现跨越赶超积蓄了力量。这都是我们的现实优势和潜力所在。

进入新时代,我们应该怎么干?习近平总书记视察宁夏时发出“社会主义是干出来的”伟大号召。进入新时代,我们要用改革的精神、创新的办法、科学的态度研究解决问题,以实干推动发展,以实干赢得未来。2018年,是贯彻落实党的十九大精神的开局之年、改革开放40周年、自治区成立60周年,也是决胜全面建成小康社会、实施“十三五”规划承上启下的关键之年,做好全年工作意义重大。全市工作总体要求是:全面贯彻党的十九大精神,以习近平新时代中国特色社会主义思想为指导,遵照自治区第十二次党代会和银川市委各项决策部署,按照“1234”工作思路,紧紧围绕“两个率先”奋斗目标,坚持稳中求进工作总基调,践行“绿色高端和谐宜居”城市发展理念,深入实施创新驱动、生态立市、乡村振兴、脱贫富民四大战略,把握优势、突出特色、率先示范,统筹推进经济、政治、文化、社会、生态文明和党的建设,在全国百强县中争先进位,以新时代的新气象新作为,奋力开创率先全面建成小康社会、率先开启全面建设社会主义现代化新征程的新局面,以优异的成绩迎接自治区成立60周年。经济发展主要预期目标是:地区生产总值增长9%,规上工业增加值增长10%(市属增长8.5%),地方一般公共预算收入增长9%,市属固定资产投资增长9%,社会消费品零售总额增长9%,城乡居民人均可支配收入增长 8%和 8.5%。主要约束性指标完成上级下达任务。

一、以解放思想引领改革开放，增强实现"两个率先"的内生动力

坚持以思想解放为先导、以改革创新为动力，坚定自觉用习近平新时代中国特色社会主义思想武装头脑、指导实践、推动工作，着力打造优质发展环境，构建有利于长远发展的开放格局，增强经济社会发展活力。

一要深入学习宣传贯彻党的十九大精神。全面落实《中共灵武市委员会关于深入学习宣传贯彻党的十九大精神的意见》，大力弘扬理论联系实际的学风，聚焦落实党的十九大提出的新目标、新要求、新思路、新举措，围绕事关全市改革发展稳定的全局性、战略性和前瞻性问题，扑下身子、沉到一线，听实话、察实情，切实找准灵武新时代发展的立足点和发力点，进一步细化制定贯彻落实的思路举措、行动计划，把全市上下的力量凝聚起来，把各方面的积极性调动起来，凝心聚力投身实现"两个率先"宏伟目标上。

二要扎实开展改革攻坚行动。要纵深推进"放管服"改革，再取消和调整一批束缚企业发展的行政审批事项和涉企收费。大力推进"互联网＋政务"，全面推行"不见面、马上办"审批服务模式，设立行政审批中心，探索多图联审、多评合一、多规合一、全程代办等审批机制。持续开展"减证便民"行动，凡没有法律法规依据的一律取消。要认真落实"三去一降一补"政策措施，坚决清理"僵尸企业"，淘汰落后产能。创新政策引领，严格落实工业 41 条等支持企业稳发展促转型相关政策，做实"一企一策"助企帮扶措施。要支持灵武农场改革发展，做好社会事务移交、环境综合治理、房产确权颁证等工作。继续深化供销社改革、国有林场改革，协调推进城镇化、农村、社会保障、文化体制和党建制度等领域改革，以改革激发活力、释放红利。

三要加快开放型经济发展步伐。要主动融入"一带一路"和"两区建设"，全力推进内陆口岸、神华·灵武大物流通道、银西高铁灵武段、灵武至宁东轻轨等开放通道建设。力争宁夏煤炭交易中心落地建设，力促陆港物流中心显效发力。要发扬"店小二"精神，出台支持"引进来""走出去"政策措施，深化对外合作，精心谋划引进一批打基础、利长远的重大项目，跟踪对接中阿博览会、全国工商联会议签约项目落地开工，形成策划一批、储备一批、申报一批和落地一批的滚动式项目工作机制，力争 2018 年落实招商引资到位资金 100 亿元以上，上争项目资金 10 亿元以上。

四要实施金融兴市工程。深化投融资制度改革，积极对接"引金入宁"计划，发挥好产业基金和融资贷款担保平台作用，提高金融服务实体经济的效率和水平。创新金融服务模式，引进培育各类金融主体，建立多层次金融体系。主动防范化解系统性金融风险，建立风险防控处置协调机制，开展金融秩序专项整治行动，严厉打击恶意逃废银行债务行为，营造良好金融生态环境。

二、深入实施创新驱动战略，在高端现代经济发展上实现新突破

以供给侧结构性改革为主线，坚持创新驱动，围绕发展"新技术、新产业、新业态、新模式"，推动经济发展质量变革、效率变革、动力变革，加快产业高端和高端产业发展。

一要转型升级打造现代工业强市。我们经济工作面临的主要问题在工业，发展的优势也在工业。要推进羊绒企业并购重组，有效防范和解决羊绒产业系统性风险，破解羊绒产业转型发展的瓶颈问题。加快"腾笼换鸟"，力促浙商服装产业园 14 个配套项目建成投产，启动建设集创意设计、品牌工厂、电子商务、旅游驱动、个性定制、时尚发布为一体的中国羊绒时尚小镇，推进现代纺织全产业链发展。加强自主品牌建设，组建羊绒产业研究院等产学研平台，制定羊绒行业标准，推行"互联网＋羊绒"定制化销售新模式，"两端发力"夺取羊绒行业话语权。要加快再生资源产业整合提升，加快实施"城市矿山"稀贵金属提纯、1 万吨多晶硅、再生资源环保产业园等 21 个项目。设立再生资源产品研发与技术创新基金，建立再制造产业研究院，逐步升级产品工艺，推动产业由回收分解粗加工向精深加工再制造发展。要规划建设以马家滩、白土岗为中心的能源化工产业基地,大力发展新能源产业,积极承接宁东能源化工基地下游产业链,突出发展精细化工,着力构建可持续发展的能源化工产业集群。要放大临港产业园毗邻综保区、银川航空口岸的开放优势,加快推进基础设施PPP项目,力促泓源新能源汽车、浩谷生物质能源综合利用、超高倍反射聚光光伏发电装备项目落地开工,加快引进高端装备制造、丝路科技、现代物流等新兴产业入驻,努力把临港园区打造成为内陆开放型经济高地。

二要实施现代服务业提档工程。服务业既是短板,也是增长极。要以创建全域旅游示范市为抓手,按照“全景、全业、全时、全民”布局,大力发展生态观光游、黄河风情游、历史文化游、新型工业观光游等特色旅游,实施一批特色突出、内涵丰富、服务优良的旅游基地和景区建设项目,加强各类文化旅游资源和线路整合。积极对外宣传推介,力争一批灵武本土商品成为全国知名旅游产品,打响“古灵州·新灵武”旅游品牌。要推进发展体育产业,规划建设体育运动城,引进发展橄榄球、极限运动等项目,推动热气球运动、越野拉力赛国际化,提升节庆赛事影响力。要积极培育“互联网+”新业态,促进电商产业与特色产业融合发展,加快建设电商进农村综合示范县项目,力促电商汽车物流园建成运营。要推动生产性服务业向专业化和价值链高端延伸、生活性服务业向精细化和高品质升级,积极发展旅游服务、餐饮服务、商务服务、健康服务、社区服务,建设一批集购物餐饮、休闲娱乐、文化旅游等功能于一体的特色街区。

三要加强科技创新和人才聚集。抢抓沿黄科技创新示范区建设机遇,建设国家创新试点城市。要加大科技创新投入力度,与高校和科研院所搭建产业协同创新平台,全面提升现有平台的运行和管理水平,促进技术创新成果转移转化,力争年内全市R&D强度达1.6%以上,科技对经济增长的贡献率达55%。要推进各园区实施低成本化改造,引导园区和企业建立健全绿色、低碳、循环发展的经济体系,再造产业发展新优势。要积极培育军民融合产业基地,增加军转民科研成果,增强参与军品生产市场竞争的实力。要健全人才工作项目化机制,引进和培育一批突破关键技术、引领学科发展、带动产业转型的领军人才和学术技术带头人,培育一批科技型中小企业和高新技术企业,建成一批自治区级企业技术中心和技术创新中心。

三、大力实施生态立市战略,在绿色发展上厚植新优势

牢固树立绿水青山就是金山银山的理念,推进绿色低碳发展,加强环境综合治理,着力解决环境突出问题,让天蓝、地绿、水美的生态名片更加亮丽。

一要加强生态文明制度建设。要制定和落实《生态立市·美丽灵武三年行动计划》,建立健全资源节约生态补偿、生态文明考核评价、生态环境损害责任追究等制度,着力构建产权清晰、多元参与、激励约束并重、系统完整的生态文明制度体系。要倡导绿色生产方式和生活方式,开展绿色机关、绿色学校、绿色社区、绿色企业创建活动。要建立健全绿色低碳循环发展的经济体系,积极发展环保产业,支持环保技术产品开发。

二要坚决打赢污染防治攻坚战。要做好中央环保督察组转办事项“回头看”突出问题整改工作,开展污染防治十大专项行动,严格落实重大环境污染事故责任追究制度,健全生态环境风险应急处置防控体系,严格控制建设项目环境准入标准。要持续推进“蓝天工程”,强化大气污染联防联控,加快推进华电向银川供热项目建设,彻底淘汰20蒸吨以下燃煤锅炉,持续清理“小散乱污”企业,实现30万千瓦以上燃煤发电机组超低排放,确保全市空气质量优良率达到80%以上。要加快实施“碧水工程”,深化“市乡(镇)村”三级河长制工作,加快推进污水处理厂建设和提标改造工程,全面消除城市黑臭水体,年内污水处理厂出水水质全部达到一级A排放标准、重点入黄排水沟达到Ⅳ类水质标准。要稳步开展“净土工程”,按照减少20%的标准降低化肥、农药、除草剂使用量,推进农业种养业废弃物无害化处置、资源化利用,加大固废处置力度,持续改善土壤环境。

三要加大生态建设力度。要巩固国家园林城市创建成果，加快建设国家防沙治沙样板区、大河子沟湿地公园、东沟人工湿地水质净化等重点生态项目。要坚持“绿色＋产业＋效益”的可持续生态建设路子，推广白芨滩“六位一体”沙漠治理模式，提升治沙科学化水平，高标准推进三年造林10万亩绿化任务。要扎实开展“绿盾行动”，依法加强白芨滩自然保护区管理和草原、湿地保护，推进马家滩、白土岗等荒漠治理，建设全国防沙治沙示范区。要实施枣博园一期提升工程，完成主干道路、小微公园、渠系林带、环城环村环工业园区和各乡镇补植补造。

四、加快实施乡村振兴战略，在宜居宜业上打造新亮点

坚持农业农村优先发展，按照产业兴旺、生态宜居、乡风文明、治理有效、生活富裕的总要求，加快推动农业农村现代化，让农业成为有奔头的产业，让农村成为安居乐业的家园，让农民成为有吸引力的职业。

一要加快农业农村改革发展。要贯彻落实农村土地“三权分置”办法，全面落实土地承包关系稳定并长久不变的政策，加快放活土地经营权，稳定农户和经营者预期收益。深化农村集体产权制度改革，开展农村土地经营权抵押贷款试点，鼓励新型农业主体开展适度规模经营。要鼓励支持农业产业化龙头企业带动“一乡一业、一村一品”生产，推广“保底收益＋分红收益”等模式，完善新型农业经营主体与农户的利益联结分享机制。要全面加强乡镇服务体系建设，推动基本公共服务向农村科学配置。

二要构建现代农业产业体系。以争创国家级现代农业产业示范园为抓手，建设银川市郊粮食生产功能区和特色农产品优势区，着力打造“五大”现代农业基地。要以梧桐树乡、崇兴镇为重点打造现代农业科技示范基地，建设现代农业示范园区、粮食银行结算交易中心等项目。要以临河镇、东塔镇及各园林场为重点打造设施林果产业基地，建设灵武长枣观光采摘林场综合交易中心、大泉林场千亩设施果蔬基地等项目。要以郝家桥镇为重点，打造设施农业示范基地，实施生态循环农业项目。要以白土岗乡、马家滩镇为重点，打造10万亩草畜产业示范基地，加快推进清真牛羊肉屠宰场及牛羊肉工业化加工项目。要以郝家桥镇、白土岗乡为重点，打造移民增收示范基地，建设泾灵村、泾兴村两个现代农业示范园区。

三要做精做强做大农业品牌。要实施特色产业增效、农业园区提升、龙头企业升级、品牌创优、智慧农业示范、新农民培育“六大工程”，培优壮大优质粮食、灵武长枣、灵武山草羊、设施蔬菜、特色深加工产品等一批质量上乘、技术含量高、市场容量大的特色产品品牌。要积极促进传统农业向生产、生活、生态功能融合的都市型现代农业发展，实施枸杞酵素生产基地、都市农业产业孵化园等项目，大力发展休闲观光农业。

四要实施美丽乡村建设工程。要修编完善乡镇控制性详细规划和各区域内中心村规划，加快推进美丽小城镇建设，重点打造临河航空旅游小镇、新华桥特色产业小镇、崇兴商贸物流特色小镇、马家滩新能源小镇、白土岗草畜产业小镇等一批特色突出、产业聚集的现代活力城镇。要大力提升农村人居环境，带动建设一批美丽村庄，打造具有鲜明特色的新型农村民居典范，年内完成30%庄点改造提升。要健全城乡卫生一体化管理机制，实施农村公路养护改造、农业废弃物规模化综合利用、镇村盐碱地改良排水等工程，完善农村基础设施建设，全面推进城乡“厕所革命”，完成农村改厕1万户、30%以上农村天然气布局及“非煤化”改造，进一步改善农村生产生活条件。

五、全面提升城市发展水平，在品位品质上展现新面貌

顺应以城市群为主体形态推进城市化的大趋势，树立精明增长理念，尊重城市发展规律，创新城市治理方式，全面提高城市规划建设管理水平。

一要主动融入银川都市圈建设。大力实施“北扩西移、南部改造、东西连接、城市提升”工程，加速与宁东基地、综保区、滨河新区联动融合发展，促进基础设施互联互通、产业发展政策协作互补、生产要素统筹配置、公共服务共建共享，构建城市建成区为主体，小城镇产业突出、协调发展、互相补充的新城镇格局，打造银川都市圈重要城市。

二要完善城市基础设施建设。要突出“丝路古驿、唐韵古城、长枣之乡、羊绒之都”特色，加强街区街景规划建设和建筑风格设计，抓好古城遗址恢复、灵州文化广场、三纵四横7个特色街区改造、城市集中供热、居民小区提升等工程，做优新型城市主体功能区和现代服务区，改善人居环境，提升城市品位。要完善道路交通体系建设，规划建设双河大道，加快实施国道307东段、灵白路、灵胡路、新杜路拓宽等工程。加速推进优质便民的公交服务体系建设，规范提升城市客运管理。加强城区和居民区停车位规划建设，切实解决停车难问题。

三要加强城市精细化管理。要深化城市管理和执法体制改革，构建权责明晰、服务为先、管理优化、执法规范、安全有序的新型城市管理体制。要加快智慧城市建设，打通城市管理“信息孤岛”，形成综合治理、综合管理、综合服务“三位一体”的信息化城市治理格局。要推动“以克论净、深度保洁”管理向背街小巷、老旧小区、城乡结合部延伸，提升城市净化、美化、绿化、亮化档次。要创新社会资本参与市政基础设施建设运营机制，推行政府购买社区公共服务，提升小区物业服务管理水平。

六、全面实施脱贫富民战略，在和谐发展上取得新进步

坚持以人民为中心的发展思想，切实增强人民群众获得感、幸福感，把脱贫富民作为重要政治任务，确保小康路上不让一人掉队。

一要全力打赢精准脱贫攻坚战。要全面落实精准扶贫、精准脱贫工作任务，健全精准脱贫帮扶机制、投入保障机制，实行最严格的督查考核和脱贫攻坚一票否决制，推进扶贫攻坚与低保制度有效衔接。要全面推行“村头建厂、家门口就业”“企业＋基地＋农民”“入股分红＋就业”的扶贫模式，加快各类扶贫项目建设，积极引进种养大户、龙头企业发展特色农业，夯实脱贫增收产业基础。要围绕东西扶贫协作，挖掘和发展本地特色产业，引进一批“短平快”、吸纳就业能力强的项目，拓展移民就业渠道，稳步增加贫困群众收入。力争年内完成1532名建档立卡贫困人口脱贫，移民人均可支配收入增长12%以上，全面完成“十三五”易地扶贫搬迁任务。

二要大力实施富民工程。要健全创业扶持政策和服务体系，进一步整合资源，健全创业孵化制度，建立面向人人的创业服务平台，建设农民工返乡创业园，培育“创业创新”示范点。要探索建立“创业担保＋商业贷款”新模式，鼓励各类金融机构创新支农服务模式，带动更多人实现创业致富。要持续实施城乡居民收入倍增计划、新生代农民工职业提升计划，开展就业援助行动，重点解决好农村剩余劳动力、城镇就业困难家庭、残疾人、大学生、退伍军人等重点群体的就业问题。持续推进“户均一人进厂务工”行动，确保“零就业”家庭保持动态清零，新增城镇就业2700人，转移农村劳动力2.6万人。要进一步扩大中等收入群体，完善工资水平正常增长和支付保障机制。摸清低收入家庭底数，出台低收入家庭临时救助办法，保障低收入家庭收入。

三要提高保障和改善民生水平。要认真落实立德树人根本任务，统筹城乡教育一体化发展，开展区域名师培育、名校建设工程，推行名校名师骨干引领和考核激励机制，持续实施校园标准化建设、改薄等教育重点工程，加强校园安全管理，进一步优化教育环境。推行“双元制”职业教育模式，加快推进职业教育中心迁建项目，加强与优质资源协作发展，建立现代职业教育体系。要深化医药卫生体制改革、公立医院综合改革，加快推进市人民医院、中医院迁扩建及特色专科等项目建设，扎实推进家庭医生签约服务，全面取消门诊挂号费、出诊费、住院押金，实施药品采购“两票制”改革，破除“以药养医”。建立电子病历、全民电子健康档案及综合管理资源数据库，加快实现各级各类卫生计生机构业务信息、人口健康信息互联互通、业务协同。要实施全民参保计划，推进城乡居民大病保险全覆盖，提高城乡居民基础养老金和医保补助标准，接轨全国城乡居民异地就医直接结算。创新完善住房供应制度，加快发展养老产业，完善社会救助、社会福利、慈善事业、优抚安置、扶残助残服务体系，健全妇女、农村留守儿童和老年人关爱体系。

四要实施精神文明提升工程。要以创建全国文明城市为抓手，做好自治区文明城市复验工作，加强市民素质教育提升，深入开展各类群众性文明创建和志愿服务活动，推进文明城市建设常态化长效化。要持续深化“美丽灵武人”塑造行动，大力倡导移风易俗，做好网上走群众路线和网络舆情引导工作，充分利用“美丽灵武”微信平台，唱响主旋律、传播正能量。要加快推进社会诚信体系建设，构建政府、社会共同参与的跨部门、跨领域的守信联合激励和失信联合惩戒机制。要弘扬劳模精神和工匠精神，激发和保护企业家精神，组织开展优秀职工、企业家塑造表彰活动，营造劳动光荣的社会风尚和精益求精的敬业风气。要深入推进文化惠民工程，完善三级公共文化服务网络，鼓励创作反映时代特点、地方特色的优秀文化作品。加强非物质文化遗产挖掘传承保护，积极创建自治区级文化产业示范基地，让历史文化和现代文明走进市民生活。

五要加强和创新社会治理。要深入实施社会治理服务体系“灵盾工程”，纵深推进“智慧综治”建设，加快建成“指挥高效、多元联动、智能防控、保障有力”的社会治理服务体系。要加快依法治市进程，扎实开展“七五”普法，推行“互联网+法律服务”模式，构建“城市一刻钟，乡村半小时”法律服务圈。要深化公安改革，推进“交巡合一”警务机制改革，深化“一村(社区)双警”警务工作模式，深入实施“雪亮工程”，加大对各类违法犯罪行为打击力度，营造平安社会环境。要坚持以群众工作统揽信访工作，完善矛盾纠纷多元化解机制，健全涉法涉诉信访依法终结制度，有效化解信访积案，依法打击缠访闹访。要毫不放松地抓好安全生产，健全安全生产责任制，坚决遏制重特大安全生产事故发生。加强公共安全体系建设，提升防灾减灾救灾能力，筑牢和谐发展的安全基石。要以创建全国民族团结进步模范市为抓手，全面推进“585”创建模式，深入开展“中华民族一家亲，同心共筑中国梦”为主题的民族团结进步创建活动。要依法依规管理宗教事务，引导宗教与社会主义社会相适应，发挥宗教人士积极作用，为改革发展稳定凝聚合力。

七、坚定不移全面从严治党，不断提高党的执政能力和执政水平

进行伟大斗争、建设伟大工程、推进伟大事业、实现伟大梦想，关键在党的领导，关键在党要管党、从严治党。要以更大的决心、更大的气力、更大的勇气，不断提升党的建设质量。

一要全面加强党的政治建设。坚定执行党的政治路线，严格遵守政治纪律和政治规矩，在政治立场、政治方向、政治原则、政治道路上同党中央保持高度一致。要严格执行民主集中制为核心的党内制度，严格市委常委会议事规则和决策程序，发挥好市委总揽全局、协调各方的作用。要支持市人大及其常委会依法履职，加强对“一府一委两院”监督，健全人大讨论决定重大事项程序和制度，提高政府依法行政能力，充分发挥市政协政治协商、民主监督、参政议政作用，强化监察委员会执纪监督职能。要扎实推进司法体制建设，保证法院、检察院独立行使审判权、检察权。要巩固和发展爱国统一战线，加强党管武装工作，加强和改进工青妇等群团组织领导，强化离退休党组织建设，推进党校办学体制和教学改革。要完善村党组织领导下的村民自治机制，加强村级民主管理和监督，发挥好村务监督委员会作用。

二要抓实抓好思想理论武装。要坚持用习近平新时代中国特色社会主义思想武装头脑，扎实推进“两学一做”学习教育常态化制度化，教育引导广大党员干部牢记党的宗旨，牢固树立“四个意识”，坚定自觉地把上级决策部署落到实处。要以全市县处级以上领导干部为重点，认真开展“不忘初心、牢记使命”主题教育，实施“红色教育提升计划”，加强党员干部理想信念教育、党性教育、道德教育。

三要建设高素质专业化干部队伍。要坚持正确选人用人导向，全面落实好干部标准，按照“五个注重”“两个倾斜”的要求选准用顺干部，选优配强各级领导班子。统筹做好培养选拔女干部、少数民族干部和党外干部工作，做好年轻干部储备工作。要健全《科级领导班子实绩考核办法》，推进领导干部能上能下，着力解决为官不正、为官不为、为官乱为等问题。要认真落实《党政领导干部容错纠错实施细则》《关于激励干部想干事能干事干成事的实施意见》，为敢于担当的干部担当，为敢于负责的干部负责，激励党员干部担当尽责，推动形成勇于干事创业的良好局面。

四要加强基层党组织建设。要深入开展“三大三强”行动，抓实“六化两提升”“五强五过硬”党建工程，切实把基层党组织和广大党员的工作重心转移到服务发展、服务民生、服务群众上来。要推广“两个带头人”工程经验，深化村级后备干部“青苗工程”，选优配强农村党组织带头人。要探索基层党组织书记抓党建述职考核评议新机制，建立承诺、述职、评议、考核、问责“五位一体”的基层党建工作体系。要完善党员干部直接联系和服务群众制度，大力发扬“领导苦抓、干部苦帮、群众苦干”的“三苦”作风，努力实现群众诉求“月月清”。要深化“双增双减双富”专项行动，健全为民服务“聚力工程”担保基金运行机制，发展壮大村集体经济。

五要驰而不息正风肃纪。要深化党章党规党纪教育，开展“学、查、改”干部作风整治活动，建立党员干部作风状况定期分析研判机制，对出现“四风”问题反弹和新的作风问题典型，集中开展专项整治，下大力气解决作风漂浮、工作不实，文山会海、表面文章等问题。要运用监督执纪“四种形态”，抓早抓小、防微杜渐，让党员干部知敬畏、存戒惧、守底线，习惯在监督和约束的环境中工作生活。要深化群众评议机关和干部作风工作，发挥好“灵武问政”作用，健全机关效能建设公开承诺机制，以良好的党风带政风促民风。

六要保持反腐败高压态势。要狠抓以党委（党组）主体责任、纪委监督责任、领导干部“一岗双责”为核心的党风廉政建设责任制落实，坚持有案必查、有腐必惩，做到无禁区、零容忍、全覆盖。要推进监察体制改革，完成市监察委员会组建各项工作，实现对所有行使公权力的公职人员监察全覆盖。要推动巡察工作规范有序开展，形成巡视巡察上下联动格局，构建党统一指挥、全面覆盖、权威高效的监督体系。要强化扶贫领域监督执纪，深入整治和查处侵害群众利益的不正之风和腐败问题，不断提升群众对正风反腐的获得感，营造山清水秀的政治生态。

同志们，使命呼唤担当，目标催人奋进。灵武发展已经站在新的历史起点上，上级组织对我们寄予厚望，全市人民对我们充满期待。我们要更加紧密地团结在以习近平同志为核心的党中央周围，不忘初心、牢记使命，振奋精神、实干兴灵，向着率先全面建成小康社会、率先开启全面建设社会主义现代化新征程目标奋勇前进，谱写中华民族伟大复兴的灵武篇章！

相关术语解释：

1.“三大战略”“五个扎实推进”：大力实施创新驱动战略、脱贫富民战略、生态立区战略，扎实推进民主法治建设，扎实推进民族宗教工作，扎实推进文化繁荣发展，扎实推进改革开放，扎实推进全面从严治党。

2.“1234”思路：即坚持“一个路子”：绿色高端和谐宜居的发展路子；实现“两个率先”：率先全面建成小康社会，率先开启全面建设社会主义现代化新征程；把握“三个着力”：着力提高发展质量和效益、着力保障和改善民生、着力加强和改善党的领导；实施“四大战略”：大力实施创新驱动、乡村振兴、生态立市、脱贫富民战略，奋力建成美好新灵武，在县域经济发展中走在前、作表率。

3.“不见面、马上办”审批服务模式：建设“一网通办、一门对外、一号服务、一端在手、一码认证、一库共享”线上线下一体化政务服务平台，除法律规定和暂不具备网上办理的事项外，均按照“外网受理、内网办理、全程公开、快递送达、网段推送、无偿代办”方式办理，企业和群众只需上网登录，就能申请办理相关政务服务事项，无需见面和跑路，就能拿到审批结果。

4. 一带一路：“丝绸之路经济带”和“21世纪海上丝绸之路”的简称。

5.“两区”建设：宁夏内陆开

放型经济试验区和银川综合保税区建设。

6.R&D：指科技研发投入占地区生产总值的比重。

7.以克论净、深度保洁：重点区域地面道路浮尘每平方米不超过5克，垃圾落地停留时间不超过5分钟。

8.三化一满意：信息化支撑、网格化管理、全程化服务，群众满意。

9."双元制"职业教育：由企业和学校共同担负培养职业人才的模式。

10."放管服"：简政放权、放管结合、优化服务。

11.污染防治十大专项行动：工业企业污染排查整治、农业面源污染防治、秸秆禁烧、餐厨和羊杂碎加工污染防治、建筑工地扬尘和农村人居环境整治、高污染车辆治理、城乡环境卫生整治、裸露土地整治、非煤矿山整治、居民小区环境综合整治10个专项行动

12."灵盾工程"：指以综治信息化为引领，以基层基础建设为支撑，突出问题治理，坚持专项治理与系统治理、综合治理、依法治理、源头治理相结合。力争2019年，实现社会治理手段更加先进，社会治理基础更加扎实，社会治理机制更加完善，社会服务水平更加提升，铸就维护灵武社会稳定的平安之盾。

13.法律十进：送法律进机关、进社区、进学校、进企业、进单位、进乡村、进市场、进工地、进军营、进宗教场所。

14."城市一刻钟，乡村半小时"法律援助服务圈：让城区困难群众在一刻钟内就能找到法律援助机构，并办理相关业务；乡村困难群众在半个小时内就能找到法律援助机构，并办理相关业务的法律援助体系。

15.一村（社区）双警：每个村（社区）设立警务工作站，配备1名协勤驻村，另选聘1名警务助理员。

16.六化两提升：阵地建设标准化、规章制度长效化、特色项目常态化、平台搭建信息化、工作流程规范化、作用发挥模范化，提升基层党组织服务水平，提升广大人民群众满意度。

17.三大三强：加大投入力度，强化基本保障；加大培训力度，增强能力素质；加大选拔力度，选优配强基层党组织。

18."两个带头人"工程：农村党组织带头人和致富带头人。

19.三权分置：所有权、承包权、经营权三权分置。

20.五送两带一帮：送政策、送规矩、送文化、送服务、送温暖，把群众对各级党政组织和干部的意见建议和企业对市委、政府工作的意见和建议带上来；把群众生产生活和企业生产经营中需要帮助解决的困难与问题带上来；帮助基层群众、企业解决改革发展、和谐发展中出现的困难和问题及基层健全完善村民（居民）代表会议、职工代表会议、"三化一满意"、党代表工作室等民主管理和民生服务制度。

21.五个注重：忠诚、干净、担当、基层、口碑"五个注重"导向。

22.两个倾斜：向基层、向急难险重岗位倾斜。

23.五强五过硬：强功能，作用发挥过硬、强基础，服务保障过硬、强本领，能力素质过硬、强机制，民主治理过硬、强责任，担当履职过硬。

24.六沟同治：大河子沟、东大沟、南干沟、西大沟、排水总干沟、苦水河（灵武段）整治工程。

25.三条红线：实行最严格的水资源管理制度，划定用水总量、用水效率和水功能区限制纳污"三条红线"。

26."六位一体"防沙治沙模式：在沙漠外围营造大面积以灌木为主的防风固沙林，把流沙固定下来，形成第一道生态防线；围绕干渠、公路周围建设多树种、高密度、宽林带、乔灌结合、针阔混交的大型骨干林带，把风势减缓下来，构成第二道生态防线；在两道生态防线的保护下，内部引水推沙造田；培肥土壤，发展经果林、苗圃和设施农业；在田间及空地种植畜草，发展养殖业，为经果林、生态林提供有机肥，形成农业循环经济；整合生态资源、休闲农业、防沙治沙基地、沙漠公园等发展旅游业。

27.都市型现代农业：指靠近都市，在城乡边界模糊地区发展起来的，可为都市居民提供优良农副产品和优美生态环境的高集约化、多功能的农业。

28.厕所革命：指对发展中国家的厕所进行改造的一项举措，当前主要工作为农村改水、改厕、健康教育。

29."585"创建模式：围绕"五大目标"，即中华民族共同

体意识进一步增强、各族群众交往交流交融进一步深入、民族团结宣传教育水平进一步提高、民族团结进步创建活动的覆盖面和影响力进一步扩大、先进典型的示范引领作用进一步增强;实施“八项工程”,即学校民族团结育苗工程、幸福社区共建共享工程、乡村和谐发展工程、党政干部民族工作能力建设工程、企业民族团结互助共赢工程、军民互学共建工程、和谐寺观教堂创建工程、民族团结进步舆论引导工程;建立健全“五项机制”,即组织领导机制、考核评价机制、督促检查机制、典型引导机制、政策保障机制。

30.四个意识:政治意识、大局意识、核心意识、看齐意识。

31.四个自信:社会主义道路自信、理论自信、制度自信、文化自信。

32.“四重一大”事项集体决策制度:重大事项决策、重要干部任免、重大工程项目建设、重大突发事件处置、大额资金的使用,必须经集体讨论做出决定。

33.“双增双减双富”:增加农民收入、增加村集体收入,减少群体性信访事件、减少刑事(治安)案件增幅,富口袋、富脑袋。

34.监督执纪“四种形态”:党内关系要正常化,批评和自我批评要经常开展,让咬耳扯袖、红脸出汗成为常态;党纪轻处分和组织处理要成为大多数;对严重违纪的重处分、作出重大职务调整应当是少数;严重违纪涉嫌违法立案审查的只能是极极少数。

35.“一案双查”制度:纪检监察机关在查处案件时,既要查清当事人的违纪问题,又要查清主管领导或分管领导的责任。

政府工作报告

——2017年12月22日在灵武市第十七届人民代表大会第二次会议

灵武市市长　马自忠

各位代表：

现在，我代表市人民政府向大会报告工作，请予审议，并请政协委员和其他列席人员提出意见。

2017年工作回顾

2017年，在自治区、银川市党委、政府和市委的坚强领导下，市政府凝聚全市人民智慧和力量，积极应对经济发展新常态，紧紧围绕“建成美好新灵武、率先全面建成小康社会”目标，坚持稳中求进工作总基调，深入推进兴工强市、金融兴市、特色优势产业带动和全面发展战略，经济社会各项事业取得新成就，全面完成了市十七届人大一次会议确定的各项目标任务，实现了新一届政府的良好开局。

综合实力争先竞位，灵武能量持续迸发。全年预计实现地区生产总值465亿元，同比增长10.4%；市属固定资产投资137亿元，同比增长10%；规模以上工业增加值385亿元，同比增长14%；地方一般公共预算收入30.1亿元，同口径增长33%（市属9.2亿元，同口径增长9.1%）；社会消费品零售总额17.3亿元，同比增长9.7%；城乡居民人均可支配收入分别达3.06万元、1.37万元，同比增长8%和9%。全国综合实力百强排名跃升至85位，跻身全国中小城市投资潜力百强、列34位。

项目建设攻坚发力，灵武优势更加明显。严格落实领导包抓项目责任制，建立固定资产投资差额清单和项目建设问题清单。坚持“一线工作法”，规范项目管理规程，创新EPC、“PPP+招商”模式，聘请专业公司全过程托管，出台项目推进考核办法、失信企业“黑名单”管理办法。实行建设项目施工许可审批规程，设立园区企业办事服务站，全面推行“不见面、马上办”审批模式。成立重点项目督查组，周督查调度，月考核奖惩，总投资262.8亿元的139个项目全部开工，3000吨健康环保新型材料等86个项目完工投用，亿美乳制品深加工等17个工业项目达产达效。超前谋划2018年项目，项目库常年保有量120个以上，全年上争各类资金30亿元。发扬“店小二”精神，实行小分队招商、点对点招商、产业链招商，定向发力、精准对接，实施招商引资项目18个，到位资金94亿元，超额完成年度任务。

产业转型稳中有进，灵武活力不断释放。工业经济破题突围。高新区入围全国首批绿色园区，再生园区顺利通过国家“城市矿产”示范基地中期验收，跻身中国产业园区成长力百强。开展“百名干部进百企稳增长促转型”活动，设立产业发展基金4.5亿元，兑现扶持奖补资金1.3亿元。荣昌绒业等5家企业入围“宁夏百强”，中银绒业、瑞银公司2项生产工艺获国家发明专利，全年新增规模以上企业6家、高新技术企业2家、科技型中小企业8家。羊绒企业整合重组稳步推进，“腾笼换鸟”建设浙商服装产业园，年产3.5万锭涤纶缝纫线等项目试车，“灵州雪”荣获中国驰名商标，“灵武精品羊绒”区域品牌价值达70亿元。出台扶持壮大再生园区实体企业发展政策，引进大企业、大集团加快产业整合。年产12万吨再生铝棒（锭）及铝型材生产线等9个项目开工建设，6万吨再生铜杆等6个项目建成投产，再生资源产业专家服务团荣获银川市优秀科技创新团队奖。现代农业提质增效。坚持用工业理念发展现代农业,深化农业农村改革,农村土地承包经营权确权登记颁证基本完成,抵押贷款试点启动运行。加大农田水利基本建设和农业综合开发力度,建设高标准农田13.2万亩,发展节水灌溉4万亩,巩固富硒有机稻生产基地6万亩、瓜菜种植面积7万亩,粮食总产量实现“十四连增”。年产5万吨富硒大米加工技改、10万吨大米加工扩建项目建成投产,昊王米业荣获中国大米加工企业50强,粮食加工业实现产值23亿元。灵武长枣、兴唐香米、昊王大米荣获中国绿色食品博览会金奖。承办首届宁夏红枣大赛,成立灵武长枣研究院,长枣保鲜、智能化分级分选等11项技术获国家授权专利。设施长枣扩量提质,打通上海、深圳等大中城市冷链配送“直通车”,长枣销售量达2300万公斤,产值过亿元。在山区规划布局10万亩养殖基地,牛、羊、生猪饲养量分别达6.3万头、360万只和26万头。现代服务业提速显效。荣获全国生态特色旅游县(市)。编制完成全域旅游规划及三年行动计划,提升改造10个景点,建成二道沟、胡家堡特色旅游示范村,“一核三带一廊六线多景”全域旅游格局初步形成。中国·宁夏(灵武)热气球节、亚太大学生五人制足球赛成功举办,国家低空飞行营地、“丝绸之路”中国越野拉力赛培训基地永久落户,接待区内外游客188万人次,实现综合性收入1.6亿元。供销社改革基本完成,服务职能进一步强化。农村电子商务示范县创建稳步推进,建设电商服务站19个,从业人员达1200人,网上交易额同比翻一番、达5.2亿元。三大国有公司启动运营,参与推动新业态、新产业发展,累计为147家企业担保贷款2.4亿元。

城乡环境持续优化,灵武名片更加亮丽。城市品位不断提升。突出“丝路古驿、唐韵古城、长枣之乡、羊绒之都”城市特色,主动融入银川都市圈,黄河大桥连接线竣工通车,银西高铁灵武段稳步推进,307西段拓宽等工程顺利完工。西昌街等7条街道集污管网、350套棚户区改造任务全面完成。实施枣博园二期、兴唐苑等重点景观绿化亮化提升,城市绿化率达33.6%。加大国土规划执法力度,违法占地、用地整改基本完成。建设美丽村庄14个,行政村全部通光纤,10个村接入天然气,完成农村改厕及污水处理1.2万户,新修改造农村公路30公里,建成滨河大道等沿线自行车道32公里。推行城乡环卫一体化,实现网格化保洁、精细化管理、常态化考核。“灵武长枣景观都市”项目获亚洲都市景观奖,“人沙和谐·沙城融合”项目获城市有机更新优胜奖,成功跨入全国新型城镇化质量百强县(市)。生态建设深入推进。国有林场改革基本完成。全国三北工程精准治沙和灌木平茬复壮试点现场会、全区河长制现场会、全区农村人居环境综合整治推进会先后在我市召开。牢固树立绿色、低碳理念,实施“碧水蓝天·美丽城乡”、自然保护区“绿盾2017”、非煤矿山整治“零点行动”及污染防治十大专项行动,加大农村面源污染、秸秆焚烧等整治力度,取缔非法盗采、越界开采非煤矿山20家,拆除建成区燃煤锅炉142台,停产限产企业5家,中央环保督察24个转办件全部销号。截至12月19日,全市空气质量优良天数312天,优良率达88.9%,比去年增加41天,提高11.2%(其中:PM10平均浓度每立方米81.7微克,同比下降13.9%;PM2.5平均浓度每立方米32.6微克,同比下降12.3%;二氧化硫平均浓度每立方米17微克,同比下降50.8%;二氧化氮平均浓度每立方米12.2微克,同比下降46%),在银川市前三季度生态综合考核中均排名第一,共获得环境空气质量生态补偿金640万元。率先启动“河长制”工作,全市沟道、水库实现管理全覆盖,治理骨干沟道115公里,砌护渠道87公里,农村改厕及污水处理与“河长制”工作分别被央视专题报道。实施东湖及周边环境整治提升、世行贷款等项目,建成灵河生态公园,营造生态林4万亩,治理水土流失面积38.3万亩。全国首家防沙治沙展览馆建成开放,“六位一体”治沙模式全面推广。

民生事业整体推进,灵武温度不断提升。脱贫攻坚精准发力。坚持领导包村、干部包户、“第一书记”和驻村工作队三级帮扶机制，扎实开展“周四扶贫工作日”，建档立卡户实行动态管理。移民村防洪工程、商业街、“十三五”移民安置房投入使用，1460人搬迁入住。突出产业扶贫、劳务扶贫，泾灵村扶贫工厂成为全国首批巾帼脱贫示范基地，建档立卡户脱贫攻坚连心卡智慧扶贫典型经验在全区推广。建设千头奶牛养殖场5个、高标准设施温棚64栋，种植黄花菜、甘草茶4000亩，劳务输出4300人。创新“村头建厂、家门口就业”“企业+基地+农民”“托管经营+就业”扶贫模式，移民地区人均可支配收入同比增长10%。民生保障更加有力。市财政支出的80%以上用于改善民生，16件民生实事顺利完成。出台鼓励农民进城购房、城乡居民户均一人进厂务工政策，全市2.7万户外出务工家庭享受意外伤害保险，全年新增城镇就业3557人，转移农村劳动力2.6万人，劳务收入超过2亿元，位列全国“双创”百强93位。强化基层民政服务能力建设，全区民政工作现场会在我市召开，全年发放各类救助资金1.46亿元。国道307收费站撤销，公交车回购工作正在推进。健全公共文化服务体系，10个综合文化中心、梧桐树民俗文化博物馆建成投用。“千年古县”申报评审工作顺利通过，美丽灵武人、少年·国学派、寻找笑脸餐厅、“花开四季·美好灵武”等一批文化活动品牌广受追捧。全区首家老年消费维权教育服务站成立，儿童福利院、广播电视塔、档案馆、图书馆基本建成，体育公园、体育馆免费开放，荣获全国群众体育先进单位。深化教育质量提升年行动，出台促进民办教育发展意见、教学教研成果奖励办法、加快发展青少年校园足球实施意见，评选表彰10大名师、10名骨干教师、100个助教家庭、1000名优秀学生，重教育、抓质量、创名校的氛围日益浓厚。完成21所义务教育阶段薄弱学校改造，职教中心迁扩建工程加快推进，与北京职业学校开展合作。市二中入选全国体育事业突出贡献单位，二中男子足球队、一中女子足球队分别获得全区青少年校园足球联赛冠军。加快健康灵武建设，深化医药卫生体制改革，积极引进眼科、康养等特色专科，医疗联合体、家庭医生签约服务等工作有序推进，50岁以上城乡居民和在职在岗干部职工享受免费健康体检，“五险合一”扩面工作全面完成，养老保险、医疗保险参保率达98%以上。“平安灵武”建设成效突出。实施社会治理服务体系“灵盾工程”，“一村双警”“交巡警合一”警务模式全面推行，“智慧城市”管理指挥中心建成投用。持续开展13个重点领域安全生产检查，未发生重特大安全事故。民族团结进步创建深入开展，社会大局和谐稳定。

*行政效能不断提高，灵武形象持续彰显。*深入推进“两学一做”学习教育，严格执行中央“八项规定”精神和区市若干规定，狠抓廉政建设和机关效能建设。依法接受人大法律监督、工作监督和政协民主监督，全年办理各级人大议案10件、代表建议53件、政协提案81件，办复率达100%。落实“123”信访工作要求，35件信访积案妥善化解。“三化一满意”为民服务机制不断深化，31项便民服务事项实现不出村（社区）办理。推进依法行政，扎实开展“七五”普法。完善项目招投标管理、资金审批拨付等制度，各级干部依法依规、按程序办的意识和能力明显增强。公车改革全面完成。大力推进政务公开、政府信息公开，电视问政、“12345一号通”成为政府听民声、解民忧、汇民智的有效平台。严厉整治不履职、不担当、不作为，庸政、懒政、怠政等行为，政府执行力、公信力显著提升。

一年来，金融、税务、邮政、保险、电力、通信及住房公积金服务地方经济发展的能力进一步增强，重点领域改革深入推进，儿童、老龄、工青妇、残联、工商联、外事、档案等事业有了新进步，国防教育、人民防空、防震减灾、市场监管、气象预报等工作取得新进展。

面对经济发展进入新常态、产业转型压力加大、金融风险凸现、城乡建设任务繁重的多重考验，我们在困难中逆势突破，在挑战中奋勇争先，在转型中善谋善抓，取得了灵武跨越发展的新成绩。这些成绩的取得，是上级党委、政府和市委科学决策、坚强领导的结果，是人大、政协和社会各界监督支持、鼎力协作的结果，更是全市广大干部群众同心同德、苦干实干的结果。在此,我代表市人民政府向各位代表、各位委员、离退休老干部,向全市人民以及所有关心、支持和参与灵武建设与发展的同志们、朋友们表示崇高的敬意和衷心的感谢!

我们也清醒地认识到,在前进的道路上还存在一些不足和薄弱环节,主要是:经济发展质量和效益不高,产业结构不优,创新能力不足,融资难度加大,转型发展压力依然存在;土地资源约束趋紧,生态环保任务繁重;干部思想站位不高,依法行政能力有待加强;发展不充分、不均衡问题仍比较突出,影响社会稳定的新旧矛盾交织并存,移民增收步伐不快,民生领域还有一些短板。对此,我们将始终坚持问题导向、正视差距,对症下药、精准发力,切实予以解决。

2018年工作总体安排

2018年,是贯彻落实党的十九大精神的开局之年,是深化供给侧改革、加快产业转型的重要一年,是践行新发展理念、决胜全面小康的关键一年,也是落实市委"1234"工作部署的攻坚之年。我们必须抢抓党的十九大、自治区第十二次党代会叠加释放改革红利、创新活力、发展潜力的大好机遇,振奋精神、实干兴灵,继续在全区县域经济发展中走在前、作表率。

根据市委五届五次全体扩大会议精神,2018年政府工作的总体要求是:全面贯彻党的十九大精神,深入学习领会习近平新时代中国特色社会主义思想,遵照中央和自治区、银川市党委、政府各项工作部署,以提高发展质量和效益为中心,围绕创新驱动、乡村振兴、生态立市、脱贫富民,抓产业转型强优势,抓项目建设增后劲,抓城乡一体显特色,抓生态建设优环境,抓移民增收补短板,抓民生改善促和谐,抓社会治理保稳定,不断开创经济社会发展新局面,建设"绿色高端和谐宜居"新灵武。

经济社会发展的主要预期目标是:地区生产总值增长9%,规上工业增加值增长10%(市属增长8.5%),地方一般公共预算收入增长9%,市属固定资产投资增长9%,社会消费品零售总额增长9%,城乡居民人均可支配收入分别增长8%、8.5%,主要约束性指标完成上级下达任务。

各位代表,中国特色社会主义进入新时代,建设社会主义现代化强国的蓝图已经绘就,决胜全面小康的号角已经吹响。新时代要有新气象,更要有新作为。有着千年历史的丰富滋养、全国百强的丰厚积淀,今天的灵武更加坚定自信、勇往直前,灵武人民更加勤劳智慧、意气风发,在习近平新时代中国特色社会主义思想指引下,一定能创造出无愧于时代的新业绩!

一、创新驱动加快高端发展,打造西部地区转型发展先行市

完善创新体制机制,大力发展新技术、新产业、新业态、新模式,推进产业高端和高端产业发展,形成独具灵武特色的现代产业体系,营造风生水起的创新生态。

拓平台、激活力,培育发展新引擎。以科技创新带动全面创新,着力解决创新投入不足、活力不强、人才缺乏等问题。结合产业转型升级和企业发展需要,强化政策引才、平台聚才、待遇留才,柔性引进人才,提高薪酬奖励标准,在住房就医、子女入学、办事服务等方面出台特殊优惠政策,吸引全国各地科研专业人员来灵"兼职兼薪"。深化"放管服"改革,开展"区域评"试点,大力推进多图联审、多评合一、多规合一、全程代办等审批机制,持续释放改革红利。加强产学研协同创新、集成创新,拓展与天津滨海新区、河北雄安新区、苏州工业园区合作领域,深化与北方民族大学、西安工程大学、中科院纳米研究所等知名院所产学研合作,推动新材料、环保技术等产品研发和成果转化。加快灵武长枣、再生资源再制造、羊绒产业研究院及五大专家服务团建设,全面开展技术研究、项目攻关,申报设立院士工作站2家、博士工作站3家,培育高新技术企业3家、"小巨人"企业2家、科技型中小微企业8家。建立稳定支持科技创新财政投入增长机制,力争科技研发投入占GDP的比重(R&D)达1.6%,科技对经济增长的贡献率达55%。

重质量、强投资,聚集发展新动能。深化"项目建设攻坚年",全力推动项目再提质、建设再提速、服务再提效。严格落实领导包抓项目责任制，完善项目预警退出机制，择优扶持、规范管理，把有限的土地用在大项目、好项目上。实行“六个一批”，建立项目责任清单、任务清单，倒排工期、跟踪问效，力促36个项目冬季开工，83个项目春季开工，所有项目上半年全部开工，确保恐龙化石遗址保护馆、铝型材加工等项目完工投用，京能五期风电、亿能废旧轮胎综合利用等项目投产达效，力争完成固定资产投资150亿元以上。聚焦补齐产业短板，整合招商力量，抢抓改革开放40周年、自治区60大庆、中东部地区产业转移等机遇，招大引强、招新引高，积极引进一批科技含量高、产业链条长、带动作用强的高新特优项目。紧盯已签约项目抓服务、抓落地、抓开工，力争招商引资到位资金突破100亿元。紧扣国家政策走向和投资导向，精心谋划储备一批重大基础设施、产业发展、公共服务、生态环保项目，上争项目资金完成10亿元以上。

*优结构、稳增长，加快转型新跨越。*积极落实《中国制造2025》，跳出灵武、立足宁夏、面向全国，以更加开放的胸怀和胆识，加强与大企业战略合作，优化提升传统产业，培育引进新兴产业，建设特色化、专业化、集聚化的产业园区，强化对经济发展的支撑力。推进现代纺织产业高端化、品牌化、国际化发展。完成羊绒企业整合重组，主动承接沿海地区纺织服装产业转移，大力引进高档服饰加工生产线，依托国家级羊绒检测中心，制定灵武羊绒行业标准，鼓励推广时尚品牌设计发布展示、个性化订制、以销定产。整合中国羊绒馆、羊绒展示中心等资源，建设羊绒时尚小镇，全面掌控羊绒产业国际话语权。放大浙商服装产业园规模效益，开工建设8000吨雪尼尔纱线等项目，力促高端包装设计印刷生产等14个项目建成投产。放大临港产业园优势，加快园区基础设施建设，引进装备制造、生物科技、现代物流等产业，实施新能源汽车、生物质能源综合利用、屋顶分布式光伏发电等项目，把临港园区打造成为与综保区、滨河新区、宁东基地相互配套、相互依托、融合发展的重要平台。力争高新区产值增长10%以上。推进再生资源产业整合提升，向精深加工再制造发展。打好环保牌、技术牌、实力牌，瞄准国内优势企业，筑巢引凤、招大引强，建设稀贵金属提纯、装配式建筑、新型环保材料等项目，加快“五大产业”整合，培育一批行业重点骨干企业、科技创新型企业。发挥再生资源产品研发与技术创新基金平台作用，建设再制造产业技术研究院、环保科技产业园，成立废旧汽车购销公司，打造西部一流的“城市矿产”示范基地。力争再生园区产值增长15%。推进现代能源化工产业集群化发展。利用宁东基地“苯烯烃”等原料优势，以马家滩、白土岗为中心，发展煤化工下游产业，引入一批节能环保、新材料等项目，加快超高倍反射聚光光伏发电装备生产基地、隆基150兆瓦光伏等项目建设，建设新能源化工基地。

*扩规模、提档次，激发发展新活力。*培育壮大现代金融、电子商务等生产性服务业，提升发展文化旅游、健康养老等生活性服务业。深化投融资体制改革，储备实施一批带动力强的PPP项目。支持保险、证券、基金等各类金融机构在我市设立分支机构，做大做强产业基金和融资贷款担保平台，推动建立农村综合产权、林权、金融资本等权益类交易市场。开展金融秩序专项整治，积极防范化解系统性金融风险。推进电子商务进农村综合示范县项目，力促电商汽车物流园建成运营。打造灵州古城旅游区，加快建设灵州文化广场、古灵州文化旅游美食街、枣园商业街、新区台湾商业街。拓展神华物流大通道平台作用，规划建设神华·灵武西部大物流产业基地。新建新华桥粮食食品交易结算中心，规范提升东塔、崇兴农贸市场。开展“放心消费在灵武”活动，创建放心市场、放心餐饮、放心网店。做大旅游消费经济。发展休闲农业和乡村旅游业，做亮以二道沟、梧桐湖为节点的滨河文化旅游产业带，以白芨滩、银湖、长流水为节点的沿山沙漠风情观光带。突出“一村一景、一村一特”，发展垂钓采摘、生态观光、民俗展示、康养运动，打造1个足球运动小镇、2个特色旅游村和7个休

闲农庄。规划建设黄河农耕文化园、体育运动城，引进开发极限运动、橄榄球、低空飞行、沙漠运动、汽摩拉力赛等项目，举办沙漠体育旅游节、中国大越野拉力赛、热气球节，承办全国青年篮球锦标赛、青少年校园足球联赛，打响"贺兰山下果园成、塞北江南旧有名，古灵州·新灵武"旅游品牌，争创国家全域旅游示范市。全年接待游客突破200万人次，旅游综合性收入达到2亿元以上。

二、乡村振兴推动宜居宜业，打造美好新灵武

坚持农业农村优先发展，建立健全城乡融合发展体制机制，巩固发展现代农业产业体系、生产体系、经营体系，实现产业兴旺、生态宜居、乡风文明、治理有效、生活富裕。

做亮做响现代农业品牌。优化农业功能布局，实施"六大工程"，打造现代农业"五大基地"，创建全国农产品质量安全县。以梧桐树乡、崇兴镇为重点，打造现代农业科技示范基地，开展土地经营权流转，鼓励家庭农场、专业大户通过转包、入股、租赁、托管等方式，建设富硒农产品、稻渔稻蟹等特色产业园区；以郝家桥镇为重点，打造设施蔬菜示范基地，开展全程社会化服务，健全信息化质量追溯体系，打响"尚品上滩"品牌，服务面积达到2.3万亩，争创国家级现代农业产业示范园；以白土岗乡、马家滩镇为重点，打造草畜产业示范基地，引导养殖业"上山入园"，新建奶牛、肉牛、肉羊、奶山羊、生猪规模化养殖场9个；以东塔镇、临河镇及各园林场为重点，打造设施林果产业基地，完善标准化林果生产体系，发展设施长枣3000亩、特色经果林1000亩。加快发展灵武长枣冷链物流，年深加工枣产品5万吨。以郝家桥镇、白土岗乡为重点，打造移民增收示范基地，实现移民地区奶牛养殖园、设施瓜菜园、特色种植园托管经营全覆盖，创建移民增收致富样板区。完成湿地确权登记，加大农村产权制度改革力度，全市土地流转率达到50%以上。通过"龙头企业＋基地"等方式，引导优势农产品向优势产业带集中，土地经营权向优势特色产业和新型农业经营主体流转，培养造就一支懂农业、爱农村、爱农民的"三农"工作队伍。大力发展都市型现代农业，推进都市农业与旅游、体育、文化、健康养老等产业深度融合，发展休闲观光、体验采摘、会展农业、景观农业等新业态，引进实施海峡两岸农业科技创新园和酵素生产等一批特色高端项目，提升现代农业发展水平。

做精做特力推城乡一体。坚持山川共济、城乡统筹，全面完成空间规划编制，完善城乡规划体系，争取设立新华桥镇、兴灵乡。加强与宁东、滨河新区、综保区互联互通，加快河东机场交通枢纽、银昆高速、双河大道建设，推动与宁东、滨河新区、综保区协同融合发展，协调做好灵武农场社会事务移交、环境综合治理、房产确权颁证等工作。实施古城遗址恢复、集中供热改造续建、"三纵四横"重点街道改造、小区物业管理及枣博园一期提升等项目，实现全市居民小区监控设施全覆盖。建设城市集污管网6.4公里，城区集中供热覆盖率达到65%。深化城市管理综合执法体制改革，提高城乡环卫一体化运行质量，为全市居民小区配备保洁车100辆、垃圾箱1000个。推行"以克论净、深度保洁"模式，开展背街小巷、老旧小区、城乡结合部生态环境整治，全面提升城市精细化管理水平。启动实施农村人居环境整治，引导农民有序转变为城镇居民，加快农民工市民化进程。纵深推进城乡环境综合治理九大专项行动，开展汽车维修销售、洗车等行业专项整治。理顺城乡公交运营体制，更新公交车辆，优化运营线路，规范客运市场秩序。加快公共服务向乡（镇）村延伸，完善配套基础设施，提高农村公共管理水平。重点建设一批功能齐全、特色突出的产业重镇、商贸强镇和旅游名镇，完善供热、供电、供气、给排水、污水处理等市政基础设施。规划建设临河航空旅游、崇兴商贸物流、新华桥特色产业、白芨滩运动休闲、马家滩新能源、白土岗草畜产业等一批特色鲜明、产城融合的魅力小镇。加快推进灵白路、灵胡路、新杜路拓宽等工程，全面维修乡村破损道路，对20个村庄巷道进行硬化，新修改造农村公路30公里，亮化村庄道路30公里。实施城市基础设施网络完善工程和宽带乡村工程，实现市乡村宽带全覆盖。全面推进农村天然气入户、“厕所革命”,完成农村改厕及污水无害化处理1万户,建成20个田园美、村庄美、生活美、风尚美的美丽村庄。

三、生态立市加快绿色发展,打造生态文明示范市

要恢复绿水青山,因为绿水青山就是金山银山。坚持尊重自然、顺应自然、保护自然,落实生态保护红线、环境质量底线、资源利用上线,严格环境准入负面清单约束管理,实行环保“黑名单”,构建政府为主导、企业为主体、社会组织和公众共同参与的环境治理体系,节约资源和保护环境的空间格局、产业结构、生产方式、生活方式。持续推进污染防治十大专项行动,让灵武的天更蓝、地更绿、水更清、空气更清新。

铁腕“治气”。严格实行重大环境污染事故责任追究制度,开展第二次全国污染源普查,巩固中央环保督察反馈问题整改成果,保持环境执法高压态势。加快推进灵武至银川“东热西送”,实施餐饮、商业、服务业及农村中小学、公办幼儿园、卫生院“煤改气”“煤改电”供热改造,建成清洁煤生产配送中心,实现清洁煤替代全覆盖,全面取缔建成区燃煤锅炉、“小散乱污”企业。加大机动车污染整治,实现“黄标车”动态清零。强化大气污染联防联治联控,从严落实建筑工地“六个100%”防尘抑尘措施,全面治理裸露土地、餐饮油烟、露天烧烤污染、秸秆焚烧,空气质量持续好转,优良天数达到80%以上。

综合“治水”。全面落实河长制,市乡村队四级协同发力,山水林田湖草统筹共治,实施排污口封堵、污水管网收集、污水处理厂提标和人工湿地等综合治理,建设河长制综合信息平台,系统推进流域水污染防治、水生态保护和水资源管理。完成黄河二期防洪工程,实施再生园区防洪工程,增强园区防洪防涝能力。加快东沟人工湿地水质净化、大河子沟生态治理工程,完成全市所有主干沟道综合治理。严控工业废水排放,启动建设临港产业园污水处理厂,确保第二污水处理厂、再生园区综合污水处理厂稳定运行,入黄水质达到Ⅳ类。实施农村饮水安全巩固提升工程,加强饮用水水源地保护,建设城乡供水一体化工程(第二水厂),全面取缔城区自备井及水源地保护区内违法建筑和排污口。实施生态循环农业、畜禽粪污资源化利用整县推进项目,规模养殖场粪污设施配套率达90%,打造一批河长制示范沟道,实现河畅、水清、岸绿、景美。

重拳“净土”。落实最严格的土地管理制度,实施土壤污染防治行动计划。扎实开展“绿盾”行动,依法加强白芨滩自然保护区管理和草原湿地保护,完成非煤矿山生态修复,重拳打击国土资源盗采行为。加强农业面源污染防治,引进生活垃圾、建筑垃圾、餐厨垃圾等分类处理综合利用项目,农作物秸秆利用率、畜禽粪便资源化利用率和农用残膜回收利用率分别达85%、80%和75%。加大固废治理,城乡废旧收购点全部进入园区。加强医疗废物、危险化学品专业化处置和病死动物无害化处理。深入实施测土配方施肥、农药精准施用等措施,确保化肥、农药使用“负增长”。

强力“植绿”。巩固国家园林城市创建成果,争创全国森林城市。实施造林绿化三年行动,提升城乡生态绿化规模和档次,构建绿色空间相隔、组团发展、点状布局、带片网点相结合的绿色生态圈。推进防沙固沙生态林、美丽乡村绿化、农田林网建设、滨河大道等主干道路景观提升、现有林带补植增绿等工程,开展临港产业园、河东机场周边大绿化、大整治,实施天然林保护、三北防沙治沙样板区等项目,建设全国防沙治沙示范区。全年营造林4.3万亩,构建银川东部生态绿色屏障。

四、多措并举推动和谐发展,打造脱贫富民先行市

按照全领域、全人口、全区域覆盖的要求,注重精准扶贫补短板、优化公共服务增福祉、强化民生保障促和谐,不断提升人民群众获得感、幸福感、安全感。

打赢精准脱贫攻坚战。坚持脱真贫、真脱贫,以补短板、强弱项为突破口,输血造血并举,富民兜底并重,落实移民幼儿免费入托等措施,做实产业扶贫、劳务扶贫、教育扶贫、健康扶贫、金融扶贫与政策扶贫。开展订单农业、养殖托管、土地流转、股份合作、产销对接，实现建档立卡户园区托管分红全覆盖。推进贫困村道路提升、饮水安全、高效节水改造等基础设施建设，全面消除贫困村断头路，自来水普及率达100%。大力推行“村头建厂、家门口就业”“企业+基地+农民”扶贫模式，实施年产2000万双袜子生产基地项目，建设生态移民农业实用技术培训基地，完成移民技能培训1800人次。积极引进种养大户、龙头企业，发展特色种植5000亩，建设设施温棚268栋。落实低保兜底“两线合一”，确保贫困群众全部纳入社会保障，1566人顺利脱贫。移民人均可支配收入增长12%以上，与全市农民收入差距进一步缩小。

着力保障和改善民生。切实办好民生实事。安排资金1.5亿元，围绕群众关心的教育、医疗、文化、城乡建设等领域，全力办好12件民生实事。促进充分就业。解决结构性就业矛盾，完善城乡就业服务体系，落实小额担保贷款、公益性岗位补贴、援企稳岗、进城务工人员居住等政策，支持高校毕业生、城乡困难群体积极创业、灵活就业。继续为城乡外出务工家庭购买意外伤害保险，新增城镇就业2700人，转移农村劳动力2.6万人。推动教育振兴。加强师德师风和教师队伍建设，强化质量意识，深化家校合作。探索集团化办学模式，远接北京开展教育合作、近联唐徕中学等区内名校开展结对共建，发挥名校长、名师、骨干教师引领和考核激励作用，建设区域名校。优化学校布局，改善办学条件，新建九小、十小，扩建三小、七小。完善农村户籍学生中考鼓励政策，为农村中小学生免费配送“温馨”营养午餐。扩大高考入学贫困学生资助范围，提高资助标准，实现一二三本及预科学生全覆盖。推进义务教育均衡化、学前教育规范化、高中教育优质化，支持、规范民办教育发展，加快推进职教中心迁扩建工程，着力打造西部领先、国内一流的现代职业教育高地。建设健康灵武。深化医药卫生体制改革，加快市医院、中医院迁扩建等项目建设。加强与宁医大总院、北京石景山医院、福建莆田医院对接合作，多渠道引进优质医疗资源，探索建立紧密型医疗联合体，建成中国中医科学院宁夏眼科中心等3个特色专科。加大全科医生培养力度，做实家庭医生签约服务，设立就医困难基金，免收公立医院一般门诊挂号费和120急救车辆出诊费。建立全民电子健康档案，创建健康社区、健康村镇、健康家庭。全面实施城乡居民大病保险制度，为老年人购买意外伤害保险。改善老年大学办学和活动场地条件，确保儿童福利院、老年养护院稳定运行。出台城乡低收入家庭临时救助办法，实现全面兜底保障。建设“书香灵武”。完善三级公共文化服务网络，提升乡村文化站和文化服务中心服务功能，推动市乡村文化设施全覆盖、管理运行规范化。开展“书香校园”“书香社区”创建活动，统筹建设社区阅读中心并配置公共数字阅读终端，促进公共优质文化资源向基层延伸。在市区打造“15分钟阅读圈”，在乡镇（街道）村（社区）便民服务中心（服务点）、农村电商服务站建设“智慧书屋”。开展全民科学素质提升行动，深入推进新时代中国特色社会主义思想和“中国梦”宣传教育，积极创建全国文明城市。恢复西夏瓷窑，布设《跨越灵州》地方志展厅，建成灵州府影视基地，支持完成《灵州盛会》影视剧拍摄。广泛开展“日行一善”、广场舞大赛等活动，加强非物质文化遗产挖掘传承保护，创建自治区文化产业示范基地。

加强社会治理。严格落实“123”信访工作要求，完善矛盾纠纷多元化解机制，健全信访案件依法终结制度，有效化解信访积案。加快推进风险分级管控、隐患排查治理体系建设，坚决守住安全“红线”。深化公安改革，推动警力下沉，实现“一村（社区）双警”全覆盖。加强乡镇综合执法力量建设，完善突发事件应急管理机制。理顺与宁东管委会安全生产管辖职责及范围，持续开展13个领域安全生产专项整治行动，坚决遏制重特大安全事故。扎实推进“七五”普法，营造全民尊法、学法、守法、用法良好氛围。创建全国民族团结进步示范市，依法管理宗教事务，发挥宗教人士积极作用，凝聚改革发展合力，维护民族团结和谐大局。

五、奋勇争先展现责任担

当，切实加强政府自身建设

新时代开启新征程，新使命要有新作为。带领人民创造美好生活，是我们矢志不渝的奋斗目标。我们要提高政治站位，始终坚持“以人民为中心”的发展思想，牢牢把发展的责任扛在肩上，把群众的冷暖放在心上，以锲而不舍的精神促发展，以攻营拔寨的魄力抓落实，努力开创政府工作新局面。

政治过硬，建设忠诚政府。始终将政治建设放在首位，旗帜鲜明讲政治，深入学习贯彻习近平新时代中国特色社会主义思想和党的十九大精神，树牢“四个意识”，坚定“四个自信”，坚决维护党中央绝对权威和集中统一领导，在思想上政治上行动上同以习近平同志为核心的党中央保持高度一致。严守政治纪律，坚定政治信仰，增强政治担当，坚决执行党的理论路线和方针政策，坚决贯彻党中央、国务院决策部署，坚决落实自治区、银川市党委、政府和市委工作部署，全面提升政治执行力。严格执行民主集中制等各项制度，把党领导一切贯穿于政府工作的全过程、各方面。

依法行政，建设法治政府。全面落实法治政府建设实施方案（2016—2020 年），忠实履行宪法和法律赋予的职责。推进依法科学民主决策，完善法律顾问制度，实现重大事项合法性审查机制全覆盖。严格执行重大行政决策程序规定、重大决策出台前向同级人大报告制度，自觉接受人大法律监督、工作监督和政协民主监督，提高人大议案、政协提案办理质量，主动接受社会公众监督和舆论监督。稳步推进综合执法，充实执法力量，强化人员培训，实行行政执法公示、执法全过程纪录、重大执法决定法制审核，切实提高规范执法、文明执法水平。

开拓奋进，建设有为政府。敢于直面矛盾、勇于应对风险，提振精气神、聚集正能量，在落实上下功夫、看本领、见高低。只要是市委定下的事，不讲理由、不打折扣，撸起袖子加油干，振奋精神拼搏干，努力干成几件响当当、硬邦邦的大事、实事。坚持高标准、严要求，盯住先进找差距，敢与强手比高低，各项工作都要创出经验、突出亮点、彰显特色。始终把人民对美好生活的向往作为我们的奋斗目标，及时回应社会关切和百姓诉求，办好“12345 一号通”、电视问政，全面兑现民生承诺，以重诚信、重实干的过硬作风，使人民获得感、幸福感、安全感更加充实、更有保障、更可持续。

立说立行，建设高效政府。重大任务明确分工、重点工作严格时限、决策部署督查落实、懒政怠政严肃问责，以上率下、层层传导，每一项重点工作、重要任务，立下“军令状”、绘好路线图、定好时间表，定一条抓一条，条条兑现，做一件成一件，件件落实。推行完善容错纠错机制，鼓励探索、宽容失败，旗帜鲜明地为担当者担当、为负责者负责，大力营造想干事、能干事、干成事的浓厚氛围。

从严执政，建设清廉政府。认真落实党风廉政建设主体责任，严格执行中央“八项规定”精神和领导干部廉洁从政各项规定。扎实开展“学查改”干部作风整治活动，坚决纠正“四风”。深入推进“两学一做”教育常态化、制度化，开展“不忘初心、牢记使命”主题教育实践活动，着力解决“三怕三缺三弱”问题。加强领导干部经济责任审计，全面规范工程招投标、政府采购、扶贫资金使用管理，以“零容忍”态度纠正损害群众利益的不正之风，让忠诚干净、担当务实的干部有舞台，让不守规矩、不干实事的干部没有空间。坚决落实国家监察体制改革要求，实现对所有行使公权力的公职人员监察全覆盖。牢固树立过“紧日子”思想，严格控制“三公”经费，把更多财力用在加快发展、改善民生上。

各位代表，今天的灵武，天时、地利、人和，万事俱备；今天的灵武，心齐、气顺、劲足，蓄势待发！我们将不负人民重托，无愧历史选择，紧密团结在以习近平同志为核心的党中央周围，以党的十九大精神为指引，高举新时代中国特色社会主义伟大旗帜，在市委的坚强领导下，不忘初心、牢记使命，以永不懈怠的精神状态和一往无前的奋斗姿态，振奋精神、实干兴灵，为率先全面建成小康社会、率先开启全面建设社会主义现代化新征程不懈奋斗！

2018年拟实施民生实事

1.维修全市所有村庄破损道路，硬化20个村庄巷道，亮化村庄道路30公里。

2.建设第十小学，解决市区南部无小学，居民子女上学不方便问题。

3.实施监控设施进小区工程，实现城区所有居民小区安全监控设施全覆盖，提升居民安全感。

4.在市区打造“15分钟阅读圈”，建设20个电子书屏、20个电子阅读书屋；在农村电商服务站、乡镇（街道）村（社区）便民服务中心（服务点）建设“智慧书屋”。

5.为城乡外出务工人员购买意外伤害保险。

6.为全市居民小区配备保洁车100辆、垃圾箱1000个。

7.优化城乡公交线路，更新公交车辆，方便城乡居民出行。

8.免收公立医院一般门诊挂号费和120急救车辆出诊费。

9.实施农村中小学、公办幼儿园、卫生院供热改造，改善农村医疗、教育条件。

10.制定城乡低收入家庭临时救助政策，实现全面兜底保障。

11.免费为农村中小学学生配送“温馨”营养午餐。

12.扩大高考入学贫困学生资助范围，提高资助标准，实现一本、二本、三本及预科全覆盖。

13.建设古灵州文化旅游美食街。

注解：

1.EPC模式：指项目中标单位受项目实施单位委托，按照合同约定对工程建设项目的设计、采购、施工、试运行等实行全过程或若干阶段的承包。

2.PPP模式：指政府与私人组织之间，为合作建设城市基础设施项目，或为提供某种公共物品和服务，以特许权协议为基础，彼此之间形成一种伙伴式的合作关系，并通过签署合同来明确双方权利和义务，以确保合作顺利完成，最终使合作各方达到比预期单独行动更为有利的结果。

3.“不见面、马上办”审批服务模式：建设“一网通办、一门对外、一号服务、一端在手、一码认证、一库共享”线上线下一体化政务服务平台，除法律规定和暂不具备网上办理的事项外，均按照“外网受理、内网办理、全程公开、快递送达、网段推送、无偿代办”方式办理，企业和群众只需上网登录，就能申请办理相关政务服务事项，无需见面和跑路，就能拿到审批结果。

4.“一核三带一廊六线多景”：“一核”，以现代城市与历史文化相融合的城市中心体验区；“三带”，黄河风情休闲农业观光带、沿山生态沙漠旅游产业带、乡村旅游带；“一廊”，丝路人文历史体验长廊；“六线”，精品丝路线、黄河金岸风情线、水洞沟遗址寻根线、回族风情线、灵州会盟人文线、生态沙漠休闲旅游线；“多景”，建设水洞沟、长流水、恐龙地质公园、大海子、灵州古城、西夏瓷窑遗址、高庙、世界枣树博览园、灵州兴唐苑、水车博览园、鄂尔多斯草原风光、沙生植物园、沙漠公园等13个景区。

5.污染防治十大专项行动：指工业企业污染排查整治、农业面源污染防治、秸秆禁烧、餐厨和羊杂碎加工污染防治、建筑工地扬尘和农村人居环境整治、高污染车辆治理、城乡环境卫生整治、裸露土地整治、非煤矿山整治、居民小区环境综合整治等10个专项行动。

6.“六位一体”防沙治沙模式：在沙漠外围营造大面积以灌木为主的防风固沙林，把流沙固定下来，形成第一道生态防线；围绕干渠、公路周围建设多树种、高密度、宽林带、乔灌结合、针阔混交的大型骨干林带，把风势减缓下来，构成第二道生态防线；在两道生态防线的保护下，内部引水推沙造田；培肥土壤，发展经果林、苗圃和设施农业；在田间及空地种植畜草，发展养殖业，为经果林、生态林提供有机肥，形成农业循环经济；整合生态资源、休闲农业、防沙治沙基地、沙漠公园等发展旅游业。

7.“双创”：即大众创业、万众创新。

8.“五险合一”：指城镇职工基本养老、城镇职工医疗、失业、工伤和生育五项社会保险实行统一登记、统一基数、统一征缴和统一稽核。

9.“灵盾工程”：指以综治信息化为引领，以基层基础建设为支撑，突出问题治理，坚持专项治理与系统治理、综合治理、依法治理、源头治理相结合。力争2019年，实现社会治理手段更加先进，社会治理基础更加扎实，社会治理机制更加完善，社会服务水平更加提升，铸就维护灵武社会稳定的平安之盾。

10.“一村双警”：每个村设立警务工作站，配备 1 名协勤驻村，另选聘 1 名警务助理员。

11.“交巡警合一”：将交警与街面治安巡逻力量进行合并，破除交警、治安警各管一面，最大限度将警力摆在街面，实现“一警多用，一警多能”，充分发挥出 1+1>2 的警务效能。

12.“12345 一号通”：依托大数据等信息技术，打造集“便民服务、社会综合治理、应急事件指挥”于一体的智慧管理平台，实现一号申请、一网通办。

13.“123”信访工作要求：“一坚持”，坚持市级领导接访和包案化解责任制；“二强制”，在党政大楼门口非法聚集扰乱正常办公秩序不听劝解的强制带离，在接访现场无理闹访扰乱正常接访秩序的强制带离；“三追责”，责任单位主要负责人未及时到现场接访的追责、到场不给予明确答复的追责、在规定期限内未按要求解决的追责。

14.“两学一做”学习教育：指“学党章党规、学系列讲话，做合格党员”学习教育。

15.“三化一满意”：信息化支撑、网格化管理、全程化服务，群众满意。

16.“1234”思路：即坚持“一个路子”：绿色高端和谐宜居的发展路子；实现“两个率先”：率先全面建成小康社会，率先开启全面建设社会主义现代化新征程；把握“三个着力”：着力提高发展质量和效益、着力保障和改善民生、着力加强和改善党的领导；实施“四大战略”：大力实施创新驱动、乡村振兴、生态立市、脱贫富民战略，奋力建成美好新灵武，在县域经济发展中走在前、作表率。

17.“放管服”：简政放权、放管结合、优化服务。

18.“区域评”：指在特定区域范围内，提前完成建设项目审批过程中涉及的评估评审工作，形成整体性、区域性评估评审结果，提供给该区域的建设项目免费试用。

19.R&D：指科技研发投入占地区生产总值的比重。

20.“六个一批”：专指项目工作，即冬季开工一批、春季开工一批、上半年开工一批、做实前期一批、研究论证一批、争取上报一批。

21.“以销定产”：即按照市场的需要组织生产。

22.“五大产业”：指废铅酸蓄电池、报废汽车拆解、废旧家电、有色金属、废旧轮胎综合利用等 5 大产业。

23.“六大工程”：即特色产业增效、农业园区提升、龙头企业升级、品牌创优、智慧农业示范、新农民培育等工程。

24.“三纵四横”：“三纵”指东盛街、中兴街、嘉源街，“四横”指朔方路、灵州大道、西平路、南薰路。

25.“以克论净、深度保洁”：道路浮尘每平方米不超过 5 克，垃圾落地停留时间不超过 5 分钟。

26.“厕所革命”：指对发展中国家的厕所进行改造的一项举措，当前主要工作为农村改水、改厕、健康教育。

27.城乡环境综合整治九大专项行动：指市容市貌环境治理、农村环境治理、大气污染治理、绿化美化城乡、水环境治理、公共交通综合治理、智慧灵武建设、文明城市提升、中央环保督查问题整改等 9 个专项行动。

28.“小散乱污”企业：指不符合产业政策的小企业，不符合当地产业布局规划和不在工业聚集区的“散乱”企业，超标排放的“污”企业。

29.“黄标车”：即排放水平低于国Ⅰ排放标准汽油车和国Ⅲ排放标准柴油车的统称。

30.“六个 100%”：指建筑工地现场封闭管理 100%、场区道路硬化 100%、渣土物料篷盖 100%、洒水清扫保洁 100%、物料密闭运输 100%、出入车辆清洗 100%。

31.“两线合一”：即农村居民最低生活保障标准与农村困难群众扶贫标准合一。

32.“四个意识”：即政治意识、大局意识、核心意识、看齐意识。

33.“四个自信”：即道路自信、理论自信、制度自信、文化自信。

34.“三怕三缺三弱”：“三怕”，怕碰矛盾、怕担风险、怕担责任；“三缺”，缺乏政策水平、缺乏纪律观念、缺乏敬业精神；“三弱”，大局意识弱、服务意识弱、法治意识弱问题。

35.“三公”经费：指财政拨款支出安排的出国（境）费、车辆购置及运行费、公务接待费这三项经费。

灵武市2017年国民经济和社会发展统计公报

灵武市统计局
灵武市社会经济调查队

2017年，灵武市凝聚全市各族人民智慧和力量，积极应对经济发展新常态，紧紧围绕“建成美好新灵武、率先全面建成小康社会”目标，坚持稳中求进工作总基调，深入推进兴工强市、金融兴市、特色优势产业带动和全面发展战略，经济社会各项事业取得新成就。

一、综合

初步核算，2017年全市实现地区生产总值435.7亿元，按可比价格计算，同比增长11.2%。分产业看，第一产业实现增加值10.3亿元，同比增长4.4%；第二产业实现增加值375.5亿元，同比增长11.9%；第三产业实现增加值49.9亿元，同比增长7.1%。按常住人口计算，人均地区生产总值149062元，同比增长12.2%。三次产业结构为2.4：86.1：11.5。

表1　2010—2017年地区生产总值及其构成

（单位：万元）

年　份	地区生产总值	第一产业	第二产业	第三产业	人均地区生产总值(元)
2010	1568801	69218	1280070	219513	62993
2011	2236446	82010	1894627	259809	84748
2012	2504895	88019	2136783	280093	93880
2013	2881857	96501	2472603	312753	106617
2014	3252567	92034	2838981	321552	118598
2015	3574542	99458	3042911	432173	126730
2016	3846221	99624	32921471	454450	132875
2017	4356695	103154	3754252	499289	149062

表2　2010—2017年地区生产总值及其构成增长速度

（单位：%）

年　份	地区生产总值	第一产业	第二产业	第三产业
2010	16.7	7.6	18.4	11.0
2011	18.1	5.1	20.9	5.5
2012	14.1	4.9	15.6	7.0
2013	11.3	4.5	12.2	6.5
2014	11.9	4.9	13.3	3.6
2015	9.1	4.5	9.5	7.5
2016	8.4	5.0	9.1	3.6
2017	11.2	4.4	11.9	7.1

年末全市常住总人口 29.3 万人，同比增长 0.8%。其中汉族人口 13.6 万人，占总人口 46.5%。城镇人口 16.7 万人，乡村人口 12.7 万人，城镇化率 56.9%；男性 15.0 万人，女性 14.3 万人，男女性别比 105：100。人口出生率为 11.7‰，人口自然增长率为 8.0‰。

表 3　2010—2017 年人口数及其构成

（单位：人）

年　份	年末总人数	城镇人数	乡村人数	汉族人数	回族人数	其他民族人数	男性人数	女性人数	人口出生率‰	人口自然增长率‰
2011	265242	133674	131568	138739	125367	1136	142286	122956	13.71	9.48
2012	268393	137345	131048	140034	127124	1235	138247	130146	13.65	8.51
2013	272205	140553	131652	141609	129360	1236	141138	131067	13.56	10.12
2014	276299	147861	128438	136741	138508	1050	142677	133622	13.51	8.44
2015	287820	157869	129951	134513	152246	1061	149436	138384	13.40	9.24
2016	291103	162261	128842	135692	154371	1040	149262	141841	13.64	8.43
2017	293447	166883	126564	136373	156035	1038	150321	143126	11.71	8.02

全年居民消费价格比上年上涨 1.7%，其中其他用品和服务上涨 2.7%，衣着类上涨 2.6%，医疗保健上涨 2.4%，教育文化和娱乐类上涨 1.1%，居住类和生活用品及服务类均上涨 0.7%，交通和通信类下降 0.9%。工业生产者出厂价格指数下降 0.9%，工业生产者购进价格指数下降 3.1%，新建住宅价格指数下降 0.2%，商品零售价格指数上涨 0.8%。

表 4　2010—2017 年价格涨跌幅度

（单位：%）

年　份	居民消费价格指数	工业品出厂价格指数
2010	3.8	8.8
2011	5.5	9.5
2012	2.6	-2.6
2013	3.5	-4.0
2014	2.1	-3.7
2015	1.6	-6.3
2016	1.7	-0.9
2017	1.7	-0.9

全年完成地方财政收入 35.8 亿元，同比增长 18.1%。公共财政预算收入 30.3 亿元，同比增长 29.3%，其中税收收入 25.1 亿元，同比增长 30.7%，税收占公共财政预算收入的比重为 82.7%，比上年提高了 0.8 百分点。全年完成地方财政支出 65.5 亿元，同比增长 7.4%。公共财政预算支出 59.8 亿元，同比增长 13.9%。其中八大项支出情况为：一般公共服务支出 3.0 亿元，同比增长 35.6%；公共安全支出 1.2 亿元，同比下降 22.1%；教育支出 6.3 亿元，同比增长 42.2%；科学技术支出 0.9 亿元，同比增长 0.1%；社会保障和就业支出 7.2 亿元，同比增长 52.2%；医疗卫生与计划生育支出 2.7 亿元，同比增长 54.9%；节能环保支出 3.1 亿元，同比增长 9.3%；城乡社区支出 13.7 亿元，同比下降 1.8%。

表 5 2010—2017 年财政一般公共预算收入和支出及其增长速度

年 份	公共财政预算收入（万元）	公共财政预算收入增长速度(%)	公共财政预算支出（万元）	公共财政预算支出增长速度(%)
2010	103414	64.1	217375	49.0
2011	141809	37.1	253272	16.5
2012	137667	-2.9	346044	36.6
2013	157766	14.6	393173	13.6
2014	181635	15.1	452049	15.0
2015	186642	2.8	434581	-3.9
2016	234335	25.6	525174	20.8
2017	303082	29.3	598100	13.9

二、农业

全年完成农林牧渔业总产值 21.3 亿元，按可比价格计算，同比增长 4.4%。其中农业产值 11.4 亿元，增长 4.4%；林业产值 0.3 亿元，增长 -10.6%；畜牧业产值 7.7 亿元，增长 4.9%；渔业产值 0.7 亿元，增长 6.1%；农林牧渔服务业产值 1.2 亿元，增长 5.8%。

全年粮食作物播种面积 20489 公顷，同比增长 4.6%。其中小麦播种面积 816 公顷，同比下降 25.5%；稻谷播种面积 9300 公顷，同比增长 12.7%；玉米播种面积 8702 公顷，同比下降 5.9%。蔬菜播种面积 1896 公顷，园林水果播种面积 10109 公顷。全年粮食产量 159819 吨，同比增长 7.9%。其中小麦产量 4059 吨，同比下降 30.9%；稻谷产量 77153 吨，同比增长 12.5%；玉米产量 77646 吨，同比下降 7.1%。蔬菜产量 84152 吨，同比增长 10.3%；园林水果 104178 吨，同比增长 9.4%。肉类产量 19241 吨，同比增长 2.4%，其中猪肉产量 7049 吨，同比增长 3.4%；牛肉产量 3133 吨，同比增长 2.1%；羊肉产量 8145 吨，同比下降 0.7%。年末大牲畜存栏 25040 头，生猪存栏 83953 头，羊只存栏数 312420 只，家禽数 42.81 万只。禽蛋产量 1310 吨，同比下降 19.2%；牛奶产量 59704 吨，同比下降 8.1%；水产品产量 5645 吨，同比增长 2.2%。

2017 年农村用电量 9013 万千瓦小时，同比增长 0.4%；农用化肥施用量（按实物量计算）40301 吨，同比下降 4.5%。

表 6 2010—2017 年农业主要指标表

年 份	农业总产值(万元)	增长速度(%)	粮食产量(万吨)	增长速度(%)
2010	131400	8.2	17.64	-9.7
2011	156973	5.8	16.86	-4.4
2012	171620	6.8	16.73	-0.7
2013	189942	5.6	17.01	1.7
2014	191146	4.4	16.56	-2.7
2015	204135	4.0	16.74	1.1
2016	205378	4.3	15.85	-5.3
2017	212727	4.4	15.98	7.9

三、工业和建筑业

2017 年全市规模以上工业实现增加值 349.03 亿元,同比增长 16.4%;全市规模以上工业大中型企业完成增加值 312.78 亿元，同比增长 12.5%。按轻重工业分,轻工业完成增加值 31.72 亿元，同比下降 1.6%；重工业完成增加值 317.3 亿元,同比增长 19.1%。按经济类型分,国有及国有控股企业完成增加值 232.08 亿元，同比增长 55.8%;股份制企业完成增加值 273.7 亿元,同比增长 22.5%；外商及港澳台商投资企业完成增加值 54.6 亿元,同比下降 10.6%。

按行业分,电力、热力的生产和供应业完成增加值 58.2 亿元,同比增长 17.6%;石油加工、炼焦业完成增加值 56.9 亿元，同比增长 63.9%;煤炭开采和洗选业完成增加值 67.4 亿元,同比增长 9.5%；化学原料及化学制品制造业完成增加值 63.1 亿元，同比增长 2.6%；纺织业完成增加值 13.4 亿元,同比下降 11.4%。全市规模以上非公有制工业企业完成增加值 71.8 亿元，同比下降 2.8%。

2017 年规模以上工业企业实现销售产值 1147.8 亿元,同比增长 33.9%,工业产品销售率为 95.5%;工业企业主营业务收入 1079.3 亿元,同比增长 30.5%;主营业务成本 893.5 亿元,同比增长 27.3%。工业企业利税总额 61.9 亿元，同比增长 23.8%;利润总额 2.5 亿元,同比下降 88.3%。工业品出口交货值 30 亿元,亏损企业亏损 74.6 亿元,企业亏损面 27.1%,应收账款净额 128.9 亿元,资产负债率 72.4%。

表 7 2010—2017 年全部工业总产值及增长速度

年份	全部工业增加值（亿元）	全部工业增加值增长速度(%)	规模以上总产值（亿元）	规模以上总产值增长速度(%)	规模以下总产值（亿元）	规模以下总产值增长速度(%)
2010	114.3	21.0	309.9	51.4	3.6	9.9
2011	174.1	23.6	469.3	46.9	3.7	3.7
2012	196.5	15.9	604.6	32.4	4.0	7.4
2013	231.1	14.0	724.4	19.9	4.8	19.7
2014	264.4	12.8	920.1	15.8	8.8	84.1
2015	279.7	9.4	972.6	4.2	3.5	-60.3
2016	305.1	10.1	1026	4.3	3.5	1.1
2017	353.2	14.0	1202	32.4	3.2	-8.0

表 8 2017 年工业产品产量及其增长速度

产品名称	计量单位	2017 年	2016 年	增长速度(%)
家具	件	21198.00	62899	-66.30
其中:木质家具	件	21198.00	62899	-66.30
毛纱	吨	12494.37	17985	-30.53
大米	吨	266845.67	402169	-33.65
纱	吨	13555.00	13041	3.94
其中:棉纱	吨	13555.00	13041	3.94
服装	万件	1171.00	1209	-3.14

产品名称	计量单位	2017年	2016年	增长速度(%)
其中:针织服装	万件	1171.00	1209	-3.14
精制食用植物油	吨	9587.64	8618	11.25
硫酸(折100%)	吨	24859.00	11783	110.97
碳化钙(电石,折300升/千克)	吨	526153.00	346449	51.87
精甲醇	吨	6441899.85	5396248	19.38
冰乙酸(冰醋酸)	吨	273357.00	147464	85.37
合成纤维聚合物	吨	59251.00	19770	199.70
硅酸盐水泥熟料	吨	627924.00	344970	82.02
其中:窑外分解窑水泥熟料	吨	627924.00	344970	82.02
水泥	吨	834251.48	586792	42.17
其中:强度等级42.5水泥(含R型)	吨	818324.32	555752	47.25
石灰	吨	554609.00	301985	83.65
电动自行车	辆	0.00	11793	-100.00
商品混凝土	立方米	727968.54	645896	12.71
铝材	吨	260192.16	258223	0.76
鲜、冷藏肉	吨	4775.00	3532	35.19
纸制品	吨	9203.00	8171	12.63
其中:卫生用纸制品	吨	9203.00	8171	12.63
铁合金	吨	26175.56	20745	26.18
速冻食品	吨	2410.40	6966	-65.40
其中:速冻米面食品	吨	2410.40	6966	-65.40
饲料	吨	63964.00	41853	52.83
其中:混合饲料	吨	61438.00	41853	46.79
十种有色金属	吨	464261.00	400077	16.04
其中:铅	吨	890.00	25544	-96.52
黄金	千克	0.00	0	0.00
白银(银锭)	千克	2965.00	101375	-97.08
农用氮、磷、钾化学肥料(折纯)	吨	142758.69	172488	-17.24
其中:氮肥(折含氮100%)	吨	142758.69	172488	-17.24
饮料酒	千升	1057.03	456	131.80
其中:白酒(折65度,商品量)	千升	405.00	456	-11.18
自来水生产量	万立方米	19239.44	12828	49.98

产品名称	计量单位	2017 年	2016 年	增长速度(%)
小麦粉	吨	20906.00	72946	-71.34
乳制品	吨	6208.00	5223	18.86
其中:固体及半固体乳制王品	吨	6208.00	5223	18.86
初级形态塑料	吨	351224.00	598301	-41.30
线型低密度聚乙烯树脂(LLDPE)	吨	1713324.90	303636	464.27
聚丙烯树脂	吨	1284966.00	294665	336.08
铜材	吨	87125.40	3490	2396.43
原铝(电解铝)	吨	463371.00	374533	23.72

全年全市具有资质等级建筑业企业 22 个，实现建筑业总产值 8.1 亿元,同比下降 13.5%。房屋建筑施工面积 57.5 万平方米，同比下降 25.3%;房屋建筑竣工面积 16.4 万平方米,同比下降 44.4%。

四、固定资产投资

全年完成固定资产投资 517.4 亿元，同比下降 5.1%,其中建安投资完成 257.8 亿元,同比上升 14.7%。分产业投资,第一产业完成投资 5.0 亿元，同比增加 1.2 倍，所占比重由上年同期的 0.4%升至 2.0%；第二产业完成投资 360.7 亿元，同比下降 28.8%，所占比重由上年同期的 88.4%下降至 69.7%;第三产业完成投资 151.7 亿元,同比增长 1.3 倍，所占比重由上年同期的 11.3%升至 29.3%。分行业投资，完成工业投资 360.7 亿元,同比下降 32.3%。其中:采矿业完成投资 96.8 亿元,同比增长 9.3 倍,占工业投资比重由上年同期的 1.8%升至 28.2%；制造业完成投资 199.4 亿元,同比下降 24.6%,占工业投资比重由上年同期的 52.2%升至 58.1%;电力、热力及水的生产和供应业完成投资 64.5 亿元,同比下降 71.9%,占工业投资比重由上年同期的 45.3%降至 18.8%。分经济类型投资，国有及国有经济控股投资完成 317.0 亿元,同比下降 15.7%,占固定资产投资的比重由上年同期的 65.6%降至 61.3%；民间投资完成 200.4 亿元,同比上升 21.5%,占固定资产投资比重由上年的 28.7%上升至 38.7%。

全年完成房地产开发投资 15.52 亿元，同比下降 1.83%。其中住宅开发投资 11.58 亿元,同比增长 28.67%；办公楼投资 0.06 亿元，同比下降 32.27%;商业营业用房投资 2.60 亿元,同比下降 53.41%;其他投资 1.33 亿元,同比增长 17.71%。

表 9　2010–2017 年固定资产投资增长情况

年　份	固定资产投资额(万元)	增长速度(%)	房地产投资额(万元)	增长速度(%)	建筑业总产值(万元)	增长速度(%)
2010 年	2247164	-14.01	111188		159270	
2011 年	2577255	14.7	113078	1.7	168667	5.9
2012 年	3225913	25.2	121863	7.8	194965	15.6
2013 年	3936558	22.0	158011	29.7	212343	8.9
2014 年	4659609	18.4	109580	-30.7	227757	7.3
2015 年	4884051	4.8	160549	46.5	157263	-31.0
2016 年	5735200	17.4	158075	-1.4	93255	-40.6
2017 年	5174238	-5.1	155215	-1.8	80695	-13.5

五、国内贸易

全年实现社会消费品零售总额17.3亿元，同比增长9.9%。分城乡看，城镇消费品零售额14.6亿元，同比增长11.4%；乡村消费品零售额2.8亿元，同比增长2.4%。分行业看，批发业零售额3.43亿元，同比增长18.6%；零售业零售额11.4亿元，同比增长7.2%；住宿业零售额0.1亿元，同比增长12.2%；餐饮业零售额2.39亿元，同比增长11.4%。

六、金融、交通和旅游

全年航空周转量增长34.9%，铁路周转量增长1.8%，公路周转量下降8.9%。年末公交车路数8路，公交车营运车辆数250辆。实有出租汽车数741辆。旅游景点3个，其中5A级景点1个、2A级及以下2个。

年末全市金融机构各项存款余额175.4亿元，同比下降2.4%，其中，住户存款110.4亿元，同比增长1.3%。金融机构各项贷款余额209.6亿元，同比下降4.4%。

七、教育、文化和卫生

年末全市共有90所学校，其中中等职业学校1所，普通高中学校9所，小学学校32所，幼儿园46所。全市共有教职工数3482人，其中中等职业学校教职工数126人，普通中学专任教师986人，小学专任教师1218人，幼儿园教职工数1067人。全市学生数47120人，其中中等职业学校学生3520人，普通中学学生13902人，小学学生20577人，幼儿园幼儿人数9121人。

年末全市专业技术人员3615人。公共图书馆图书总藏量17.4万册，剧场影剧院2个，体育场1个。

年末全市有卫生机构床位1418张。

八、人民生活和社会保障

灵武市城镇居民人均可支配收入30624元，同比增加2295元，增长8.1%。其中，人均工资性收入25570元，同比增加1648元，增长6.9%；人均家庭经营净收入2130元，同比增加324元，增长17.9%；人均财产净收入716元，同比增加55元，增长8.4%；人均转移净收入2208元，同比增加267元，增长13.8%。农村居民人均可支配收入13659元，同比增加1113元，增长8.9%，其中，人均工资性净收入6529元，同比增加450元，增长7.4%；人均经营性净收入6402元，同比增加591元，增长10.2%；人均财产性净收入43元，同比增加3元，增长7.8%；人均转移性净收入686元，同比增加69元，增长11.1%。

年末全市社会福利收养性单位3家，社会福利收养性单位床位数858床。参加城镇基本养老保险4.8万人，参加城镇基本医疗保险5.7万人，失业保险参保4.2万人，城镇居民最低生活保障人数2594人，农村居民最低生活保障人数6252人。

九、能源消费和生产安全

全年万元地区生产总值能源消耗5.7624吨标准煤/万元，同比上升30.3%。规模以上工业能耗2455.3万吨标准煤，同比增长45.6%，其中市属21.1万吨标准煤，同比增长6.1%。单位工业增加值能耗同比上升27.7%；规模以上工业用电量184.7亿千瓦时，同比增长29.9%。

全年发生各类生产安全事故13起，死亡4人。亿元GDP生产安全事故死亡人数为0.014人，同比减少0.028人。

注释：

本公报中数据均为初步统计数。部分数据因四舍五入的原因，存在着与分项合计不等的情况。

灵武市 2017 年 10 件大事一览表

序号	名 称	主 要 任 务 内 容
1	做大做响现代纺织产业打造全产业链园区	1.围绕全产业链布局，加快打造千亿级现代纺织产业集群，引进高档服装加工项目，开工建设 3500 吨碳纤维、50 万锭涤纶缝纫线等项目，力促中银 220 万米高档羊绒面料、荣昌羊绒混纺时尚品牌服装生产基地等项目达产达效。加强自主品牌培育，举办第六届国际羊绒节，争创中国驰名商标 1 件。力争高新区实现产值 200 亿元。2.加快推进高新区智慧园区建设，建立科技创新网络平台，建设中国西部羊绒制品交易中心，探索开展跨境电子交易业务，发挥好国家级羊绒及其制品质量监督检验中心作用，创建出口贸易措施研究评议基地，推动羊绒产品企业开拓国际市场。3、实施高新技术企业培育工程、科技型企业倍增工程，培育国家高新技术企业 1 家，新增区级科技型中小企业 6 家、创新平台 1 家。
2	扩规提质再生资源产业打造百亿级园区	1.修编再生资源循环经济示范区规划，加大园区企业整合力度，规划建设东义镁业循环经济产业园、宁夏东梦新材料基地。2.加快建设再生资源国际产业城和交易市场，整合再生资源经营网络，健全消费性、生产性再生资源回收利用体系，探索线上投废、线下物流回收模式。3.充分利用国家政策优势，推进再生资源产业由回收分解粗加工向精深加工再制造发展，引进电器设备制造、机械设备制造、再制造等高端制造产业项目，加快推进 10 万吨高纯锌锭、60 万吨锌浸渣等重点项目。力争再生园区实现产值 100 亿元。
3	攻坚突破临港产业打造开放合作示范园区	1.攻坚突破临港产业，放大临港产业园毗邻综保区、银川航空口岸的开放优势，编制《宁夏中阿产业园总体规划》，完善园区专项规划。2.加快园区基础设施 PPP 项目，重点引进装备制造、航空物流等项目，着力打造中阿产业园核心园区。
4	打响特色品牌做强“三精农业”	1.实施特色农业增效、农业园区提升、龙头企业提质、农产品品牌创优、新市民培育、智慧农业示范引领六大工程，发挥好农业产业技术联盟作用，加强绿色优质农产品供给，狠抓农产品标准化生产和质量安全监管，实施农业减化肥、化学农药、化学除草剂“三减”行动。创新财政支农方式，发展新型农村合作金融，推行农产品价格保险，加快供销社和国有林场改革，培育发展新型农业经营主体。建设农村产权流转交易服务中心，全面启动“两证合一”确权颁证，稳妥推进农村土地“三权分置”，健全农村集体“三资”管理监督和收益分配制度，增加农民财产性收入。做优以“上滩韭菜”为代表的设施农业，加快建设梧桐树“辣根”种植加工出口基地，支持发展蔬菜、瓜果、草编等特色村、专业村。2.规划建设滨河粮食加工物流园，巩固有机水稻基地 6 万亩，实施昊王米业高端大米烘干、自动化包装及云电商销储，桂林米业 10 万吨大米生产线等项目。力争粮食加工业产值达到 23 亿元以上。3.全面推行长枣标准化生产和规范化、集约化管理，建设产业示范园 5 个，扩大设施长枣种植面积。健全灵武长枣地理标志保护机制，制定长枣质量标准，推行商标准用证制度，完善质量追溯体系。建设长枣保鲜贮运市场营销和深加工项目，拓展鲜枣及长枣加工产品市场，提高长枣产业附加值。4.加快推进肉羊养殖节本增效工程，创建自治区、银川市级节本增效科技示范点 10 个，完善饲草料流通服务体系，提升肉羊品质，推进清真牛羊肉品牌创建，建设清真牛羊肉屠宰加工交易中心和出口配套基地，新增“灵武山草羊”直销实体店 10 个。加快奶牛“出户入园”，新建千头奶牛牧场 2 个、新增肉牛 1 万头，支持畜产品深加工企业技扩改，提高带动农民增收能力。
5	突破发展现代物流业培育新动力	1.编制完成交通物流规划，加快建设陆港物流中心基础设施，实施陆港国际集装箱堆场项目，力促电商汽车物流园投产达效，建设海铁、公铁多式联运的神华·灵武大物流通道和内陆港操作平台。健全电商产业园运营管理机制，用足用活电商产业发展基金，加快建设电子商务进农村综合示范县，支持农副产品多平台线上销售。2.加快建设内陆口岸、银西高铁灵武段、灵武至宁东轻轨、灵武黄河大桥等开放通道。
6	精准到位坚决打赢脱贫攻坚战	1.更有力、更扎实推进脱贫攻坚各项工作，深入实施 3 个生态移民村脱贫攻坚计划，做实产业扶贫、创业就业扶贫、教育扶贫等精准脱贫各项措施，创新金融扶贫模式，盘活农村资产，推进资源变资产、资金变股金、农民变股东。2.加大扶贫项目争取和资金投入力度，加强贫困村基础设施建设，推进脱贫攻坚与农村低保制度有效衔接。深入开展“双富”活动，实施好“雨露计划”，成立移民劳务输出及劳动力转移服务站，推进乡村旅游富民工程。3.核查完善建档立卡基础数据，做好脱贫验收考核工作。完成“十三五”移民安置房建设任务。

序号	名 称	主 要 任 务 内 容
7	整合提升旅游产业创建国家全域旅游示范市	1.启动创建国家全域旅游示范市，加快推进自治区“十百千万”工程，实施全域旅游发展三年规划，完善旅游景点基础设施和配套服务，构建“一核、三带、一廊、六线、多景”旅游格局。加快旅游+其他产业融合发展，组建文化旅游产业投资公司，整合各类文化旅游资源资产，引入社会资本加快旅游业发展。加强滨河大道沿线景观建设，实施灵州古城旅游开发、亘元黄河景观、梧桐湖国际旅游度假区等项目，加大宣传推介力度，打响“唐韵古城、神奇灵武”旅游品牌。2.加强旅游产品开发，争取将羊绒服饰、灵武长枣等特色产品列入“宁夏礼物”商品名录。3.发展一批集农家客栈、文化大院、特色采摘等于一体的休闲农庄，建成全域旅游示范村2个、特色旅游街区4个。加强星级旅游饭店评定和复核工作，提升综合服务接待水平。
8	加快推进“北扩西移南部改造城市提升及园艺场周边环境整治工程”	1.建设新区商业区、档案馆、图书馆等重点项目，加快老旧小区、棚户区、农村危房和城中村改造，有效化解房地产库存，促进房地产业持续健康发展。深入推进城乡环境综合治理，加快城市集污管网及道路维修改造，推进环境保护热能综合利用三期、华电“东热西送”等项目。2.推进“智慧城市”1+X系统建设，建成智慧灵武运行管理中心，完善城区基础网络，打造集“应急指挥、社会治理、便民服务”于一体的智慧城市管理指挥服务平台，推动城市管理向智能管理转变。3.、加快城市管理和执法体制改革，建立权责统一高效的运行机制。加快推进“数字城管”，建立城市管理综合执法条块联动协作平台，形成常态化联合执法机制。4.修编乡镇控制性详细规划和各区域内中心村规划，依托产业发展配套服务，建设临河金色港湾、新华桥镇区等绿色科技小城镇，打造特色鲜明、产城融合的美丽城镇、美丽乡村，全面改善农村生产生活条件。出台进城务工人员就业定居鼓励性政策，有序推进农业转移人口市民化。完善农村供排水、垃圾处理、交通运输等基础设施，推进农村污水处理及改厕工作，实施农牧业废弃物综合利用规模化大型沼气工程，加大农村环境连片整治力度，健全农村卫生长效管理办法和一体化运行机制。5.规划建设市民休闲森林公园，实施园艺场环境综合整治项目，加强机场周边环境治理，积极创建生态乡镇(村)。
9	实施创建全国文明城市攻坚行动	1.组织辖区内所有机关事业单位开展文明单位创建工作，全面动员、人人参与。2.创建一批文明社区、村镇。每个社区选一个居民小区、每个乡镇至少选一个村进行标准化建设，发挥示范引领作用。3.打造一条文明示范街。西平街和中兴路形成“十”型示范街，有学校、商户、广场等，人流集中，具有代表性，实际严格门前三包，打造卫生整洁、经营规范、交通有序的示范街区。按照要求建好管好文明网地方联盟网站，充分利用“互联网+文明创建”的优势，推动创城工作有序有效开展。4.建好一个网站(灵武文明网)。5.拍摄一部(或一系列)创城宣传片。拍摄2—3分钟创城宣传片，在商场、宾馆、公交车等循环播放，通过微信广泛传播，切实扩大宣传，动员广泛参与。6.走出去，进行一次创建文明城市观摩学习。向已创建成功的城市学习取经，开阔眼界，启发思维，举一反三，推动全市创城工作。7.请进来，开办一期创建文明城市业务培训班。邀请具备实践操作经验的专业人士辅导授课，加强业务学习，培养骨干力量，提高创城业务能力和水平。8.举行一场创建文明城市电视知识竞赛。以《全国文明城市测评体系》为主要内容，加强创城知识普及，切实提高知晓率。9.举办一次创建文明城市书画摄影大赛。以践行社会主义核心价值观为重点，通过设立奖项，充分动员社会各界各业和广大群众广泛关注和参与，切实提高参与率和支持率。10.出版一套灵武市创建全国文明城市年鉴。突出“国”字号品牌，梳理国字号的先进人物、荣誉以及创城历程成就，形成规范档案。
10	推进全面从严治党深化基层服务型党组织建设聚力工程	1.深化基层服务型党组织建设“聚力工程”，扎实做好对各领域基层党组织评星定级工作，建立责任、任务、问题、成绩“四个清单”，抓好整改落实，推动工作提升，打造富裕团结安定一方的战斗堡垒。2.圆满完成村“两委”换届工作，完善村级重大事项民主管理机制，强化村民代表职能作用，健全村民监督委员会和村民理财小组监督协调制度，做实村级政务、财务信息化公开。3.加大软弱涣散党组织整顿力度，确保转化率达100%。4.推行“两个带头人”工程，做好选派机关优秀干部到村任第一书记工作，对相对后进村和贫困村全部选派到位。5.创新完善农村基层党组织设置，做好在农村新型经营主体中建立党组织工作。6.深化“双增双减双富”专项行动，健全为民服务“聚力工程”担保基金运行机制，着力发展壮大村集体经济。7.完善社区“联合党委”工作机制，探索设立社区党群工作站，加快园区企业党建信息化平台和党群活动服务中心建设，落实非公企业和社会组织党建工作奖励与党组织评星定级考核结果挂钩机制，积极培育发展商圈、互联网等新兴经济组织和社会组织党组织，加快推进各领域基层党组织全覆盖。8.健全党员组织关系定期排查机制，实行流动党员双重组织生活和双重评议考核制度及动态管理机制。9.强化党员教育管理服务，落实好“三建四关心”“五必访”等服务党员机制，严格落实党员不准搞封建迷信、不准信仰宗教、不准参与邪教活动等规定。

灵武市 2017 年 16 件民生实事一览表

序号	具体内容
1	为城乡外出务工人员家庭每户购买一份意外伤害保险。
2	全市城乡居民户均 1 人进厂务工，同时对辖区企业吸纳本市 45—55 岁农民进厂就业的给予一定补贴。
3	为全市在职在岗干部职工及 50 岁以上城乡居民免费健康体检。
4	实现 30%规划村庄水、电、路、气、绿化、亮化等基础设施配套，所有行政村通光纤。
5	改造拓宽县级公路 30 公里、城乡道路 45 公里。
6	完成农村污水无害化处理及改厕 14800 座，创建全国农村污水无害化处理示范县。
7	开展特色禽畜养殖进脱贫户专项行动，脱贫户户均增收 5000 元。
8	建成 69 个农村电商站点，新增从业人员 500 人，建成全国农村电子商务示范县。
9	建设儿童福利院。
10	建设智慧城市，完善智能化防控体系和市、乡、村(社区)政务服务体系。
11	创建三星级以上标准化物业小区 20 个。
12	评选 10 大名师、10 大骨干教师、100 名助教家庭、1000 名优秀学生。
13	维修安装城乡健身设施 100 处。
14	引进优质医疗资源，建成 3 个国内特色医疗专科。
15	建成 2 个全域旅游示范村，打造 4 个特色旅游街区(兴唐苑文化街区、高庙小商品和长枣街区、羊绒城羊绒街区、大唐商业街小商品街区)，改造提升 10 个旅游景点、10 个景点厕所。
16	在全国设立以灵武长枣为主的特色商品销售中心 20 个。

组织机构及负责人

一、中共灵武市委

(一)市委领导

书　记　夏　斌
副书记　马自忠　邬　鹏
常　委　郑国民　韩蕃璠　陈文宁
杜　勇　李国强　马利剑
赵灵平(3月免)　马正东
朱立峰(3月任)
孟延军(2月挂职)
张道阳(8月挂职)

(二)市委工作机构

市纪律检查委员会

纪委书记　陈文宁
纪委副书记　马学明(5月免)　李　广
马德明(5月任)
常　委　田光君　周生中　许　颖
马　军(9月免)
程金莲(9月任)
监察局局长　马学明(5月免)
李　广(5月任,12月免)
监察局副局长　王雪萍(9月免)
苏立波(3月免)
程金莲(3月任,9月免)
杨宇晖(9月任,12月免)

市监察委员会

主　任　陈文宁(12月任)
副主任　李　广(12月任)
马德明(12月任)
委　员　田光君(12月任)
许　颖(12月任)
杨宇晖(12月任)

市委办公室

主　任　庄　昊
副主任、市委督查室主任　马忠海
副主任兼市国家保密局局长　马玉才
副主任　姜　慧(8月任)
马贵军(12月任)

市委组织部

部　长　李国强
常务副部长、市直机关工委书记　杨　洁
副部长、非公经济组织和社会组织党工委书记
何　韬(9月任)
副部长　杨忠礼(8月任)
部务委员　杨伟军(4月任)
派出党群部门纪工委书记　张英军
市委组织部电教中心主任　姜岸方

市委宣传部

部　长　韩蕃璠
常务副部长、文明办主任　胡志成
副部长　吴耀军
文明办专职副主任　何继东

市委统战部

部　长　马利剑
常务副部长　王学理
副部长　王灵生(3月免)
苏立生(3月任)
马学明(5月兼任)

市委政法委

书　记　邬　鹏
常务副书记、综治办主任、秘书长
陶　永(3月任)
副秘书长　杨忠才
综治办专职副主任　王　忠

市委政策研究室

主　任　蒋　伟
副主任　马洪兵　王桂芳(4月免)

查云飞(9月任)

机构编制委员会办公室

主　任　黄志军

副主任　王淑华

赵　武(9月免)

王宏亮(9月任)

事业单位登记管理局局长　杨学海(9月免)

市委老干部局

局长、离退休干部党工委书记　杜正东(9月免)

哈红梅(9月任)

副局长　王　平

离退休干部党工委专职副书记　杨学海(9月任)

(三)群众团体

市总工会

主　席　刘卫星

常务副主席　杨　军

副主席　何　斌

马冬芳(9月免)

杨　双(9月任)

团市委

书　记　马　静

副书记　李柳苗

副书记(不驻会)何　韬(9月免)

市妇女联合会

主　席　马　莉

副主席　陈　媛

市科学技术协会

主　席　黄金柱(9月免)

张　英(9月任)

副主席　吴学梅(3月免)

苏立波(3月任)

市文学艺术界联合会

主　席　郭文秀

副主席　俞学保(3月免)

陈丽娟(3月任)

市残疾人联合会

理事长　杨　波

副理事长　胡廷俊

市伊斯兰教协会

会　长　吴建全(不驻会)

副会长　杨学武

杨汗青(不驻会)

杨学忠(不驻会)

杨耀荣(不驻会)

副秘书长　马占其(3月任)

市佛教协会

会　长　释耀正

副会长　石万祥(不驻会)

释永灵(不驻会)

市工商业联合会

党组书记　王学理

主　席　张　英(9月免)

王雪萍(9月任)

副主席　王建华

(四)市委直属事业单位

市委党校

校　长　李国强(8月免)

邬　鹏(8月任)

常务副校长、行政学校校长　王　军

副校长　杨　莉

市档案局(市志办)

局长、市志办主任　黄向泰

副局长　杜永宁(3月免)

姬天哲(4月任)

二、市人大常委会

(一)市人大常委会领导

主　任　郑学文

副主任　刘卫星　何志龙

曾晓明　周玉斌

(二)市人大常委会办公室

主　任　朱晓东

副主任　白云飞

(三)市人大常委会各工作部门委员会

代表联络工作委

主　任　张学礼

财经工作委

主　任　杨立中

法制工作委

主　任　郭永刚

科教文卫工作委

主　任　王　英

民族宗教工作委

主　任　马惠莉

三、市政府

（一）市人民政府领导

市　长　马自忠
常务副市长　赵灵平（3月免）
　朱立峰（3月任）
副市长　孟延军（2月挂职）
　张道阳（8月挂职）
　马　波　朱立峰
　陈玉贤　杨国龙
　张韧刚（3月任）

（二）市政府办公室

主　任　杨玉宏
副主任、信访局局长　韩卫东
副主任、政府督查室主任　赵　鹏
副主任、外事侨务办主任　马德明（5月免）
副主任、法制办主任　马　坤（3月任）
副主任　徐　艳　杨灵福
　马俊良（12月任）
　李克香（12月任）

四、市政协

（一）市政协领导

主　席　杨文炯
副主席　沈凤兰　郭　峰　陆　萍

（二）市政协办公室

主　任　马占龙
副主任　王洪浪

（三）市政协各专门工作委员会

经济科技委

主　任　张春阳

民族宗教统一联谊委

主　任　杨生荣

文史资料提案委

主　任　王学江（4月免）
　韩　靖（4月任）
专职副主任　韩　靖（4月免）

社会法制与教科文卫体委

主　任　刘　雁
副主任　杜玉芳

（四）民主党派

民革灵武市委员会

主　委　杨海东
副主委　马　娟　李学洋
秘书长　杨贵峰

民进灵武市总支

主　委　郝玉恒
副主委　俞宏彪　石虎麟
秘书长　吴学林

民盟灵武总支

主　委　刘　俊
副主委　李　金　杨金莲
　马灵勤
秘书长　季　文

民主建国会灵武市支部委员会

主　委　刘良富
副主委　王　洪

九三学社灵武支社

主　委　李小鸿
副主委　倪建利
秘书长　刘晓荣

农工党灵武市委员会

主　委　丁　江
副主委　王晓东

灵武市党外知识分子联谊会

会　长　张进华
副会长　王学理　王灵生　王玲芳
　何玉惠　程志超　翟明霞

五、人武部、法院、检察院

（一）人武部

部　长　郑国民
政　委　邓　锋
副部长　周志迎

（二）市人民法院

党组书记、院长　陈岩涛
副院长　王文军　李宁涛　陈广宁

（三）市人民检察院

党组书记、检察长　马俊峰
副检察长　石　磊　沙晨红　董　林

六、市政府工作部门及直属机构

发展和改革局（粮食局、物价局）

党委书记、局长　唐红霞
派驻纪检组长　夏　伟
副局长　马　勇　李自荣　马少军
粮食局专职副局长　徐卫民（9月任）
物价局专职副局长　周玉林

工业信息化和商务局

党委书记、局长 杨生山

派驻纪检组长 刘广成

副局长 杨海东(4月免) 牛学山 李海燕(4月任)

经济技术合作局专职副局长 李海燕(4月免)

教育体育局

党工委书记、局长 马元福

派驻纪检组长 丁常林

副局长 王晓梅 石赞太

科学技术局(地震局)

局　长 陈卫军

副局长 王志军(兼地震局局长) 陈建军

民族宗教事务局

局　长 李增先(5月免) 马学明(5月任)

副局长 王凤梅 杨瑞坤

公安局

党委书记、局长 杜　勇

政委、副书记 王建楼(10月任)

党委副书记、纪委书记 唐忠诚(3月任)

纪委副书记 马　坤(3月免) 杨俊云(5月任)

副局长 唐忠诚(3月免) 裴元中 王志军(3月任) 陶志成(3月任)

市民政局(扶贫办、老龄办)

局　长(主任) 马万云

副局长 赵玉贞

副局长、老龄办专职副主任 苏少卿

扶贫办专职副主任 吴学德(8月免) 谢　刚(8月任)

司法局

局　长 杨华东

副局长 陈　东 马海云

财政局

局　长 马学龙

副局长 黄少军 李小鸿 马耀光(3月任)

人力资源和社会保障局

局　长 孙学福

副局长 赵　文 曹福山 苏梅花

国土资源局(市测绘地理信息局)

局　长 杜占军(12月免) 刘希刚(12月任)

副局长 杨　双(9月免) 吕晓豫 马登军(8月任) 赵怀春(9月任) 马　军(9月任)

环境保护局

局　长 杨吉东

副局长 方　向 马　晖

住房和城乡建设局(人防办)

党委书记、局长(主任) 高永明

派驻纪检组长 吴　强

副局长 周福颖

人防办专职副主任 杨中华(3月免) 马维军(3月任)

交通运输局

党委书记、局长 王忠平

派驻纪检组长 崔　东(4月免) 王桂芳(4月任)

副局长 李　扬 韩春华

水务局

党委书记、局长 杨永贵

派驻纪检组长 唐新成(4月免) 汪　军(4月任)

副局长 王进礼(9月免) 冯　杰 马学宏 孙彦飞(9月任)

农牧局

党委书记、局长 李学军

派驻纪检组长 杨志京

副局长 杨　冲 张云霞 黄　华 保国栋(3月任)

文化旅游广电局

局　长 刘　军

副局长 赵怀春(9月免) 杨自强 杨自林 马冬芳(9月任)

电视台台长 焦仲成

卫生和计划生育局

党委书记、局长 年晓华

派驻纪检组长　杨金海
副局长　王卫珍(12月免)　吴晓东

审计局

局　长　刘希刚(12月免)
买千里(12月任)
副局长　黄学福　李灵强
副局长、经济责任审计局局长　买千里(12月免)

统计局

局　长　杜　伟
副局长　杨　文(3月免)　杨旭东
马丽萍(3月任)

林业局(园林局)

党委书记、局长　马卫国
派驻纪检组长　杨　文(3月任)
副局长　芮长春　朱国军

市场监督管理局(工商局、质量技术监督局、食品药品监督管理局)

党委书记、局长(主任)　买锦路
派驻纪检组长　周红勇(4月免)
柳树荣(4月任)
副局长　柳树荣(4月免)
吴生宝　孙常虹
王金斌　梁　峰(9月任)

安全生产监督管理局

局　长　王　军
副局长　陈　飞　李学智

城市管理综合执法局

局　长　马洪福
副局长　张　伟　马兰花
杨伟军(3月任)

政务(信息化)服务中心

主　任　杨洪明
副主任　李劲松(12月任)
杜少军(12月任)

经济技术合作服务中心

主　任　马立鸣(4月任)
副主任　马生云(4月任)
方庆宁(4月任)

七、乡镇　街道

(一)东塔镇

党委书记　杨晓林
党委副书记、镇长　吴　伟
人大主席　李永生
党委副书记　王彩梅
纪委书记　周　利
组织委员　李　英
副镇长、人武部部长　李文彬
副镇长　马俊良(12月免)
谢建宁
杨小梅

(二)崇兴镇

党委书记　马正东(9月免)
黄文东(9月任)
党委副书记、镇长　高　春
人大主席　王文娟
党委副书记　杨少春
纪委书记　郭宁生
组织委员　马保忠
副镇长、人武部部长　吴国海
副镇长　邓卫东　王跃飞
杨　莉

(三)郝家桥镇

党委书记　黄文东(9月免)
马利剑(9月兼任)
党委副书记、镇长　朱更生
人大主席　蔡　芳
党委副书记　吴奋林
纪委书记　孙彦飞(9月免)
王富成(12月任)
组织委员　王富成(12月免)
杨金成(12月任)
副镇长、人武部部长　何　韬(9月免)
马　岱(12月任人武部部长)
副镇长　杨金成(12月免)
杨丽媛　赵文斌(9月任)

(四)临河镇

党委书记　杨慧君
党委副书记、镇长　郭少元
人大主席　谢　峰
党委副书记　李伟东
纪委书记　宋建华
组织委员　张新明
副镇长、人武部部长　杨志强
副镇长　赵　丹　吕慧兵

（五）马家滩镇

党委书记　吕学智
党委副书记、镇长　王金京
人大主席　王立钧
党委副书记　张　泽
纪委书记　杨振东
组织委员　马力勇
副镇长、人武部部长　党晓磊
副镇长　杨东旺　陈丽娟

（六）宁东镇

党委书记　蒋筱宁
党委副书记、镇长　张志宁
人大主席　李晓花
党委副书记　朱　灵
纪委书记　张蓝之
组织委员　贾　鹏
人大副主席
人武部部长　杨大伟
副镇长　方国高　铁　柱　王玉保

（七）梧桐树乡

党委书记　武　波
党委副书记、乡长　范永胜
人大主席　陈志坚
党委副书记　杨彩霞
纪委书记　王占智
组织委员　蒋国东
副乡长、人武部部长　李明亮
副乡长　奚慧森　刘少华

（八）白土岗乡

党委书记　马少华
党委副书记、乡长　邢　颖
人大主席　谢　刚（8 月免）　吴学德（8 月任）
党委副书记　孙万军
纪委书记　汪　军（4 月免）　崔　东（4 月任）
组织委员　吴学军
副乡长、人武部部长　马　峰
副乡长　李春霞（9 月免）　魏松耀　许慧杰（9 月任）

（九）城区街道办事处

党工委书记　张作林
党工委副书记、办事处主任　杨存葆
党工委副书记、纪工委书记　吴建华
办事处副主任　杨耀波　马玉兰　杜永宁（3 月任）

八、银川市直属单位（代管）

（一）银川高新技术产业开发区（灵武羊绒产业园）管委会

副主任　赵灵平（2 月任）　周文革（2 月任）　王雪梅　冯伟斌（2 月免）

（二）再生资源循环经济示范区管委会

党工委书记、主任　邬　鹏（2 月任）
副主任　杨振中　杨　斌

（三）白芨滩国家级自然保护区管理局

党委书记、局长　王兴东
副局长　王　才　魏　蒙

（四）园艺试验场

党委书记　王占全（12 月免）　杨文彬（12 月任）
党委副书记、场长　胡志刚（12 月任）
党委委员、副场长　芮欣虹　杨永清　杜占军（12 月任）

九、党组织关系在灵区属单位

（一）国家税务局

党组书记、局长　马占宏（9 月免）
党组书记　高红军（9 月任）
局　长　郭振宇（9 月任）
副局长　张爱民（12 月免）　丁建军（11 月免）　李兴明（3 月免）　曾玉荣　顾志宁（12 月免）　田成林（12 月任）　苏文义（12 月任）　陈　浩（12 月任）
纪检组长　张灵宝

（二）地方税务局

党组书记、局长　王　刚
党组副书记　吴效民
副局长　黄金荣
纪检组长　石春波

(三)农村社会经济调查队

支部书记、队长　王文忠(3月免)
　马　平(3月任)

(四)邮政分公司

总经理、支部书记　独大磊
副总经理　王　征(7月免)
　马英霞(8月任)

(五)烟草专卖局

局　长(经理)　安晓鹏
副局长　张文婴
副经理　张宝林

(六)气象局

党组书记、局长　谭　华
副局长　马　海(11月免)
　赵兔祥(1月挂职)
纪检组长　李　红
气象台台长　丁文婷(12月任)

(七)自治区盐业公司灵武分公司(自治区盐业管理局灵武市分局)

支部书记　马文俊
支部副书记、局长　陶志勇
经　理　陶志勇
副经理　王金凤

十、其他单位

(一)河东机场(宁夏机场公司)

党委书记总经理　王海鹏
常务副总经理　石金书(8月免)
党委副书记、纪委书记　刘　旭
副总经理、工会主席　庞晋虎
副总经理　马中华
副总经理、机场建设指挥部指挥长　卢　海
党委副书记、副总经理　付荔生
副总经理　张振业(8月任)
副总经理　张志军(8月任)
总经理助理　张志军(8月免)

(二)供电局

书　记　吕　峰
局　长　蒋玉喜(11月免)
　解秦虎(11月任)
副局长　郭志峰　杜　鹏

(三)供水公司

党支部书记　曹光军
经　理　朱　鹏
副经理　莫　军

(四)宁东国税局

局　长　高万军
副局长　郑国忠　陈月智
派驻纪检组长　孙晓军(7月免)
　吴黎明(7月任)
总会计师　鞠海燕(7月任)
总经济师　项红芳(9月任)

(五)宁东地税局

局　长　李海富
调研员、副局长　包海东
副局长　郑学胜(8月免)　吴少东　王永明　张岩松(8月任)

(六)住房公积金管理中心

主　任　王少萍

(七)广电网络灵武分公司

经　理　宋宏宁
副经理　宋铁如　朱　浩

(八)宁夏仁存渡护岸林场

场　长　吴　宏(12月免)
副场长　李新志　滕少飞　刘斌权

(九)宁夏农垦灵武农场有限公司

党委书记、董事长　张喜峰
纪工委书记　丁宝玉
副经理　孟卫成　王自立

(十)宁夏农垦灵农畜牧有限公司

董事长　张胜辉
总经理　穆　林
副总经理　刘　江
副总经理　张文慧

(十一)中国电信灵武分公司

总经理　马月英
支部书记　副总经理　王晓东

(十二)中国移动灵武分公司

经　理　苏庆山(8月免)　王　全(8月任)

(十三)中国联通灵武分公司

经　理　李全林

(十四)中国人民银行灵武支行

书记　行长　张鹏飞(11月免)
　杨端勋(11月任)
副行长　杨　杨　马淑琴

（十五）中国银行灵武支行

书记、行长 徐 芸（5月免）
李小溪（5月任）

副行长 杨菊霞 李艳华

（十六）中国工商银行灵武支行

书记、行长 张 东（4月任）

副书记、副行长 李吉和
（4月免，之前主持工作）

副行长 马艳红
张 诚 刘云丽

（十七）中国建设银行灵武分行

书记、行长 陈 剑

副行长 蒋得平 崔明泉
屈 磊（4月任）

纪委书记 冯卫东（6月免）
鲁永学（6月任）

（十八）中国农业银行灵武支行

书记、行长 李云峰

副行长 张克仁 马丽红 张 衡

纪委书记 张 衡（6月免）
张克仁（6月任）

（十九）中国农业发展银行灵武支行

书记、行长 宋满君（4月免）
冯 春（4月任）

副行长 乔建军 冯 春（4月免）
杨晓文（4月任）

（二十）宁夏银行灵武支行

书记、行长 边拥军（4月免）
李 旻（4月任）

副行长 李 旻（4月免）
任 涛（4月任）

行长助理 吕晓霞

西湖支行行长 马 军

西湖支行行长助理 高 磊

（二十一）灵武农村商业银行

书记、董事长 朱振东

副书记、行长 孙庆云

监事长 刘永爱

纪委书记 王政福（1月免） 安玉玲（1月任）

（二十二）邮储银行灵武支行

书记、行长 张利强（3月免）
包红涛（3月任）

行长助理 王慧鑫

（二十三）宁东本富村镇银行

董事长 阚 侃

行 长 白学鑫

副行长 邓万顺

利民支行行长 吴丽芸

（二十四）石嘴山银行灵武支行

行 长 易艳花

副行长 陈鹏元

行长助理 温启媛

（二十五）中国人民财产保险灵武支公司

书记、经理 沈 浩

副经理 卫兆文 李建军 刘 勇

宁东支公司经理 武进斌

（二十六）中国人寿保险灵武支公司

经理 吴娅娟（11月任）

副经理（主持工作） 吴娅娟

总经理助理 王 杨（11月免）

副经理 王 杨（11月任）

经理助理 杨 武（11月任）

宁东营销服务部经理 王宝军（11月任）

（二十七）中国平安财产保险灵武营销服务部

经 理 金 兵

（二十八）中国平安人寿保险灵武营销服务部

经 理 魏恒星（3月免） 范 勇（3月任）

（二十九）中国太平洋财产保险灵武支公司

经 理 王立明（7月免） 田西军（7月任）

（三十）中国大地财产保险灵武支公司

经 理 夏 杰

副经理 芮淑琴

（三十一）新华人寿保险灵武支公司

经 理 郑 剑

（三十二）合众人寿保险灵武营销服务部

经理 王明涛

（三十三）安邦保险灵武营销部

经 理 李春芹

（三十四）阳光财产保险股份有限公司灵武支公司

经 理 郝思佳

大事记

1月

5日,“唐韵古城　美丽灵武”全区摄影大赛作品展在自治区博物馆开幕。

△灵武市召开迎接国家省际脱贫攻坚成效交叉考核动员会。

7日,灵武市首届新春喜乐会“盛世欢乐闹灵州”第二场选拔赛在羊绒馆举行。

9日,自治区商务厅副厅长王建带领调研组对灵武市商贸流通工作进行调研。

△银川市环保局和灵武市环保部门对灵武市辖区内中央环境保护督察组转办的三个存在环保问题的企业整改工作推进情况进行检查。

11日,贵州省民族宗教事务委员会副主任张和平带领调研组对灵武市民族团结进步及地方经济发展情况进行调研。

△武汉法雅园林集团董事长徐海芹一行对灵武市旅游资源进行考察。

12日,灵武市“准备之冬”招商引资项目集中签约仪式在银川市行政中心举行。共签约项目11个,协议总投资51.04亿元。

△自治区扶贫办主任梁积裕一行到灵武市对基层脱贫攻坚工作进行检查指导。

16日,中国人民银行灵武市支行财政支出无纸化系统(以下简称无纸化系统)成功上线并完成首笔支付,标志着灵武市财政支出进入了电子化时代。

17日,由灵武市总工会、市教育体育局工会联合承办的“谁是舞王”中国广场舞民间争霸赛宁夏赛区第七海选赛区比赛开幕式在灵武市体育馆举行。

△灵武市委组织部联合市工业信息化和商务局举办的灵武市电子商务暨招商引资培训班在戴斯会议中心举行。

19日,银川市副市长韩江龙带领银川市安监、运管、交通、交警、环保、消防、市场监管等部门负责人对灵武市春节前夕安全生产工作进行检查。

20日,灵武市召开2017年度安全生产工作会议。

23日,自治区副主席王和山到灵武市走访慰问敬老院、农村社区、退休干部、困难党员、职工和优抚对象,向他们送去党和政府的关怀、温暖以及新春祝福。

24日,灵武市委统战部举办全市宗教人士培训班,传达全区宗教工作会议等精神,通报2016年民族宗教工作和2017年工作计划。

25日,灵武市民政局争取中央专项彩票公益金项目贫困妇女“两癌”救助金20万元,按每人10000元的救助标准,对灵武市20名患有宫颈癌2B以上和乳腺浸润性癌的农村贫困妇女进行救助。

是月,灵武市民政局为300名现役军人家庭悬挂“光荣军属”牌,倡导“一人当兵,全家光荣”的优良传统。

2月

3日,自治区文化厅调研组对灵武市春节期间文化活动开展情况进行调研。

6日,由灵武市委宣传部、市文化旅游广电局、市文化馆共同举办的2017年“幸福灵武”社火大赛在灵州广场上演。

8日,灵武市残联完成24个(含中医院残疾人康复中心)康复室建设。

9 日，自治区副主席、公安厅厅长许尔锋对灵武市民政、司法、公安工作等相关工作进行调研。

△灵武市 418 名重度残疾人拿到自治区统一规定的补贴，94.9 万元补贴资金通过“一卡通”发放到残疾人手中。

14 日，自治区党委常委、统战部部长马廷礼一行调研灵武市基层统战工作情况。

△银川市副市长李鸿儒对灵武市春耕备耕进展情况进行检查。

15 日，中共灵武市第五届委员会第三次全体会议审议通过《中共灵武市委员会关于推进全面从严治党的实施意见》。

△自治区审计厅副厅长宋卫中带领调研组就灵武市认真贯彻落实李克强总理重要讲话及全国、全区审计工作会议精神的落实情况进行调研。

16 日，国家统计局农村司副巡视员黄加才、自治区统计局巡视员金国华一行对灵武市郝家桥镇崔渠口村“三农普”工作进行视察。

△银川市政协副主席哈宁东带领银川市重大工程、重大项目督察工作领导小组对灵武市 2017 年“建设之春”集中开工项目进行专项督察。

△银川市通报了 2016 年社会治安考评结果，评选出 2016 年度“平安乡镇（街道）”。灵武市被确定命名为优秀县（市）区，郝家桥镇和马家滩镇被评为 2016 年度平安乡镇（街道）。

22 日，由自治区党委网信办组织开展的“温暖中国”网络媒体新春走基层记者团，到灵武市采访加快“造血式”精准扶贫的创新做法。

24 日，银川市 2017 年重大项目建设启动仪式暨灵武市项目开工奠基仪式在新华桥特色小镇产业发展项目设主会场，在宁夏亿美乳制品深加工建设项目和宁夏东梦能源公司灵武基地建设项目两个分会场举行。

26 日，中国科学院生物物理研究所常务副主任董先智、海绵城市投资股份有限公司市场开发部总经理李振到灵武市，考察灵武市再生资源产业发展、羊绒产业发展等特色产业发展情况。

27 日，自治区农牧厅副厅长赖伟利带领自治区相关部门负责人对灵武市农业种植及农业社会化服务工作进行调研。

28 日，灵武市召开全市政法综治信访维稳工作会议。

3 月

2 日，灵武市委书记夏斌主持召开中共灵武市委五届四次全委会议，通过了关于推选第十二届自治区党委委员、候补委员和纪委委员人选初步人选的议程。

3 日，银川市纪委常委王玲一行 8 人调研灵武市“三化一满意”服务平台工作。

6 日，灵武市团委、市文明办联合希望公益服务中心在灵州广场举行“学雷锋志愿服务月”启动仪式暨“公益创城·与爱同行”慈善大会。

7 日，中国人民银行灵武市支库成功完成首笔政府置换债券资金电子清算工作，标志着灵武市政府债券置换工作正式启动的同时，将置换资金纳入电子集中支付方式进行清算也成功运行。

△灵武市“巾帼心向党 扬帆建新功”纪念“三八”国际劳动妇女节 107 周年颁奖盛典在中国羊绒馆三楼演播大厅举行。

8 日，自治区党委常委、银川市委书记徐广国到灵武市调研，先后到“快速通道”与滨河新区连接线项目现场、宁夏东梦能源公司灵武建设基地、东湖建设及周边环境整治等项目现场，对灵武市“建设之春”各项工作进行调研视察。

△广西壮族自治区政协考察组一行对灵武市美丽乡村建设工作进行参观考察。

9 日，灵武市出台《关于加快农业供给侧结构性改革 加快培育农业农村发展新动能的实施意见》《关于加强乡镇建设发展的实施意见》《关于兑现 2016 年秋季农田水利基本建设及环境综合治理奖补资金》等政策性文件。

10 日，灵武市召开全市农业农村工作暨脱贫攻坚推进会。

12 日，灵武市召开灵武足球少年英国行座谈会。北京大学国家战略传播研究院首席顾问谢建华参加座谈会。

14 日，自治区党委副书记、政协副主席崔波调研灵武市重点项目和农业农村工作。

△自治区党委政法委副书

记、秘书长、综治办主任李刚军到灵武市调研政法综治工作。

15日，自治区团委副书记丁聃、学校部部长周立梅、希望办副主任马兵一行到灵武市，对共青团工作进行调研。

△自治区人防办主任张吉胜到灵武市调研人防工作。

16日，灵武市残联将享受低保的三、四级残疾人“困难生活补贴”纳入市财政预算，三级每人每月80元，四级每人每月60元。

21日，国家统计局宁夏调查总队队长李强、副队长黄自义，自治区农牧厅副厅长杨明红带领调研组到灵武市调研农民增收工作。

△自治区文明办高建博主任到灵武市考察文化大院、精神文明建设情况。

22日，灵武市总工会联合市教育体育局在灵武市体育馆举办“2017年迎春全民健身季”灵武市干部职工趣味运动会。

23日，甘肃省靖远县副县长李呈萍一行54人到灵武市脱贫攻坚指挥部、泾灵南村、生态纺织园调研脱贫攻坚工作。

28日，灵武市与厦门康浩科技有限公司就畜牧业有机废弃物无害化处理项目签署框架协议。

29日，国家教育部学生体育协会联合秘书处秘书长、亚洲大学生体育联合会主席薛彦青一行对灵武市承办“第三届亚洲大学生五人制足球锦标赛暨首届亚洲大学生啦啦操锦标赛”筹备工作进行考察调研。

△灵武市荣获“全区铁路平安示范市”“平安火车站（站区）”荣誉称号。

4月

1日，灵武市创建全国文明城市推动移风易俗暨环境综合治理大会在市宣传文化中心举行。

△灵武市委书记夏斌主持召开市委第十七次常委会议。会议研究通过了由市委宣传部负责研究制定出台的《灵武市党委(党组)理论学习中心组实施细则》及学习考勤制度、个人自学制度和发言人制度；并通过了《灵武市党政机关差旅费管理办法》。

5日，灵武市人大常委会召开第十七届人大常委会第四次会议。审议《灵武市全民法制宣传教育第七个五年普法规划》《灵武市人大常委会关于市人大代表旁听法院审理案件办法》。

△自治区副主席马力带领自治区卫计委、编办、财政厅、人社厅、扶贫办相关负责人，到灵武市调研卫生和计划生育工作。

7日，自治区民政厅副厅长王万虎到灵武市调研民政社会救助及优抚安置工作。

10日，中国循环经济协会会长陆致成一行到灵武市再生资源循环经济示范区企业进行考察调研。

△银川市委常委、副市长毕俊生带领安徽鼎恒等多家企业负责人到灵武市工业产业园区进行考察。

11日，自治区政府督查室副主任陈自军带领督察组对灵武市2017年自治区重点工作、重大事项和“放管服”改革任务推进情况进行督察。

13日，中央编办研究中心副主任李民生、自治区编办副主任李建军、体制改革处处长杜顺豪到灵武市调研深化行政审批制度改革互联网+政务服务“三化一满意”工作。

△自治区党委副书记、自治区政协副主席崔波，自治区党委常委、自治区副主席马顺清到灵武市盐碱地改良排水沟道治理工程进行调研。

14日，自治区政协副主席安纯人带领自治区政协调研组一行到灵武市调研民办学前教育机构管理工作。

16日，灵武市委宣传部接待中央媒体“一带一路”主题采访团到宁夏西部皮革有限公司采访。

18日，自治区残联巡视员刘继国一行6人，对灵武市第一季度残疾人工作进行督察调研。

23日，灵武市“亿美乳业”杯业余足球联赛在市二中开幕。

25日，自治区民政厅党组书记妥永苍、副厅长王万虎一行对灵武市民政工作进行调研。

26日，灵武市委书记夏斌主持召开市委第十八次常委(扩大)会议。研究通过了灵武市《关于深入推进安全生产领域改革发展的实施意见》。

27日，江苏兴港鸿伟新型材料有限公司董事长叶剑到灵武市考察产业园区规划建设情况。

△灵武市工商联与江苏常熟市工商联在常熟市签订了两地友好商会协议书。

28日，灵武市总工会在灵武市再生资源循环经济示范园区举办首届叉车驾驶技能大赛。

5月

3日，灵武市召开新华桥特色产业小镇建设座谈会。

△国家禁毒办、公安部禁毒局调研组一行，到灵武市回民中学调研禁毒教育工作。自治区禁毒办、公安厅及灵武市相关领导陪同调研。

4日，灵武市"五四"青年节"青春激扬红五月·不忘初心跟党走"主题团日暨千人入团仪式在灵武市体育馆举行。

△灵武市委宣传部印发《推动移风易俗建立完善村规民约和红白理事会的通知》，在全市70个村建立了"红白理事会"。

5日，自治区党委政研室党政处处长冯赟一行5人到灵武市梧桐树乡、昊王米业、朔方路社区调研互联网+党建工作。

6日，自治区党委统战部副部长、宁夏社会主义学院党组书记杨志文一行5人，对灵武市推进全区宗教工作会议精神贯彻落实及统一战线重点工作推进情况进行了督导检查。

11日，灵武市委常委会议审议通过了《关于推进"两学一做"学习教育常态化制度化实施方案》。

12日，自治区住房和城乡建设厅厅长杨玉经到灵武市检查农村人居环境综合整治工作。

△灵武市脱贫攻坚考核反馈问题整改落实工作推进大会在戴斯会议中心举行。

15日，新疆信访局考察组希尔扎提·沙吾提副局长一行在自治区信访局副局长马振林、银川市信访局副局长杨长征陪同下，到灵武市考察信访工作。

17日，银川市委常委、政法委书记、公安局局长李永宁，银川市政法委常务副书记、秘书长康华一行，到灵武市调研政法综治工作和公安工作。

△灵武市人民政府与宁夏浩谷生物能源有限公司举行生物质能源综合利用、天然气综合利用和环保装备产业园项目签约仪式。

18日，自治区督查组到灵武市督察人才政策落实及人才项目实施情况。

△银川市信联办、维稳办、市委督察室一行人到灵武市，就自治区、银川市交办的影响社会稳定突出问题化解进展情况及重点人员事项化解、稳控工作进行了督察。

19日，"灵武市道路交通事故纠纷人民调解委员会""灵武市交通巡回法庭"在灵武市交警队揭牌成立。

20日，广东省宁夏商会考察团一行20余人到灵武市考察调研加工工业、设施农业、农产品加工及旅游业发展情况。

21日，2017年宁夏青少年校园足球夏令营暨嘉年华活动在灵武市举办。

22日，自治区驻京办事处副主任吕长胜、信访处处长肖锋、信息处处长金含燕、驻京工作组副组长李建荣对灵武市信访工作进行了调研。

23日，灵武市供销合作社完成事业单位法人登记。

△2017年全区青少年校园足球工作推进会在灵武市召开。自治区教育厅副厅长撒承贤等200余人参加会议。

24日，自治区统计局党组书记徐秀梅、自治区经信委总经济师朱洪军等一行到灵武市，就2017年第一季度灵武市经济运行和上半年经济运行预测分析情况进行调研。

25日，自治区主席咸辉到灵武市调研民族团结进步工作。

△全国巾帼巧手致富示范基地落成暨扶贫工厂奠基仪式在灵武市郝家桥镇泾灵村举行。

31日，灵武市市长马自忠主持召开全市2017年度重点项目建设工作调度会。

6月

1日，自治区党委宣传部副部长、新闻出版广电局局长马宇桢在宁夏广电传媒集团有限公司董事长刘文英的陪同下，调研灵武市公共文化服务和智慧广电工作。

△自治区文明办副主任高建博对灵武市创建全国文明城市各项工作开展情况进行调研。

△银川市人大常委会副主任陈军、政协副主席哈宁东带领银川市委督查室、银川市重点项目成员单位负责人对灵武市1—5月份重点工程、重大项目建设进展情况进行督察。

2日，灵武市残联严格按照补贴条件和规定程序为肢体残疾人发放机动车辆燃油补贴。

此次886名肢体残疾人，每人补贴260元，补贴金额共计23.036万元，让残疾人实实在在地享受到了国家的优惠政策。

6日，国家土地督察西安局副巡视员白映辉等一行对灵武市2016年度土地利用与管理情况进行督察。

△自治区总工会与自治区人力资源和社会保障局对灵武市农民工欠薪欠保问题进行督查。

7日，灵武市团委、市志愿者协会联合开展的“志愿灵州·爱心助考——高考志愿服务活动”在灵武市第二中学顺利开展。

12日，自治区脱贫攻坚第二督察组组长吴洪相一行，对灵武市脱贫攻坚工作进行现场督察。

13日，银川市伊协副会长杨兴保带队集中慰问了灵武市白土岗乡10座清真寺，同时宣传了宁夏宗教工作会议、自治区第十二届党代会会议精神。

15—22日，灵武市委党校举办“2017全市贯彻落实自治区第十二次党代会精神暨全市公务员能力素质提升培训班”，培训班为期7天，参训人员1000人。

江苏省常熟市工商联副主席徐俭、工商联党组成员夏三兴带领部分企业家一行5人，到灵武市进行商务考察和工作交流。

22日，由安徽芜湖鼎恒材料技术有限公司与宁夏城市矿产开发有限公司联合在灵武市再生资源循环经济示范区投资开发建设的西部再制造产业技术研究院项目签约仪式在灵武市举行。

△灵武市召开2017年未开工政府类投资项目开工计划汇报会。

23日，自治区党委常委、统战部部长、银川市市长白尚成及银川市领导陈军、哈宁东等一行，到灵武市看望慰问宗教界人士和广大穆斯林，向大家送上节日的祝福。

30日，灵武市人大召开第十七届人大常委会第五次会议。审议市人民政府“蓝天碧水绿色城乡”专项行动工作报告。审议《灵武市法治政府建设实施方案(2016—2020)》。

7月

1日，全国人大环境与资源保护委员会副主任委员罗志军带领调研组对灵武市循环经济发展及资源综合利用情况进行调研。

△自治区党委副书记、银川市委书记姜志刚，银川市委副书记周云峰等区市领导到灵武市调研灵武市经济社会发展工作，并看望慰问了生活困难党员和建国前老党员。

3日，银川市警备区政委倪建飞对灵武市国防教育及党管武装工作进行调研。

4日，自治区第十二次党代会精神宣讲报告会在灵武市党校举行。

△灵武市总工会联合市再生资源循环经济示范园区、宁夏达源再生资源有限公司举办灵武市第二届“岗位练兵暨技能大比武”活动。

7日，灵武市召开2017年禁毒工作推进会议暨创建全区禁毒示范县（市）动员部署会议。副市长杨国龙与各乡镇(街道)、成员单位签订了《灵武市2017年禁毒工作目标责任书》。

9日，由灵武市团委、市教育体育局主办，灵武市第一中学承办，灵武市文化旅游广电局、灵武市文化馆协办的“希望工程·圆梦助学”文艺演出在灵武市中心广场圆满举行。

△灵武市残联打造集“无障碍设施改造、辅具个性适配、残疾人文化进家庭”三位一体的民生亮点项目正式启动。

10日，自治区纪委副书记殷学儒带领督察组，对灵武市扶贫领域监督执纪问责工作进行调研督察。

11日，青岛联合环保科技有限公司董事长王松、黑龙江省鹤岗市工商联主席张风林等13名企业家到灵武市考察。黑龙江鹤岗市工商联与灵武市工商联签订了《鹤岗市工商联、灵武市工商联友好商会协议书》，搭建了两市经济协作平台。

18日，自治区地税局局长马建民一行到灵武市调研指导地税工作。

21日，灵武市总工会和灵武市农牧局联合在灵武农场举办全市首届农机手大赛。

22日，灵武市残联根据2017年自治区政府民生计划，投入资金19.59万元，采购配发残疾人辅助器具810件。

25日，灵武市委书记夏斌主持召开市委议军会议。会议研究并原则同意了灵武市人武部提请的关于完善灵武市国防教育基地建设、开展招收预备役士兵试点工作、改善武警中队官兵营区设施等事宜。

△自治区党委常委、宣传部部长赵永清带领自治区创建文明城市工作推进会的与会人员，到灵武市参观考察全国文明城市创建工作。

27 日，自治区党委常委、统战部部长、银川市市长白尚成，银川市政协主席马凯带领银川市上半年县域经济观摩团，对灵武市重点项目建设情况进行观摩。

30 日，灵武市举办全市“军民团结一家亲·共建灵武文明城”庆祝建军 90 周年双拥晚会。

31 日，“丝路古驿·羊绒之都”中国·宁夏(灵武)热气球节在白芨滩国家沙漠公园盛大开幕。

8 月

1 日，全国妇联妇女发展部副部长郃烈虹一行到灵武市实地察看了泾灵村“巾帼扶贫车间”。

3 日，自治区党委常委、副主席马顺清到灵武市调研林业工作。

△灵武市第一次河长制推进会在河道(沟道)治理现场召开，明确各河段的具体责任人和具体责任。

4 日，灵武市委召开灵武市上半年经济形势分析会。会议传达学习了自治区党委常委会、政府常务会、政府全体会议及银川市经济形势分析会精神，研究部署灵武市经济工作。

8 日，自治区财政厅厅长陈春平一行对灵武市 2017 年 1—7 月份财政预算执行情况进行调研。

9 日，灵武市“百场党课下基层”活动启动。

14 日，灵武市召开 2017 年招商引资工作专题会议。

16 日，自治区编办主任周万生一行对灵武市涉企行政职权改革试点等工作进行调研。

△银川市委统战部副部长、市工商联党组书记马红军带领银川市委组织部、经合局、政府督查室、工商联等部门相关人员一行，到灵武市督察全国工商联十一届十次常委会暨民营企业助推宁夏创新发展大会确定的招商引资项目落实情况。

18 日，自治区供销社监事会主任俞学虹调研灵武市鑫旺植保专业合作社土地托管种植模式。

△灵武市生态移民村——郝家桥镇泾灵村隆重举行建档立卡户首批入股分红发放仪式。

△郝家桥镇泾灵村举行精准扶贫沃源犇洲农牧专业合作社和灵帼彩国际服饰有限公司股金分红大会，71 户贫困户分批次领取了每户 1000 元的首次分红。

20 日，民革宁夏区委会组宣处处长魏峰、副处长田艳芳，民革银川市委会副主委唐晓棠、秘书长周莉一行人，到灵武市参与了民革灵武市委会、直属机关支部联合开展的智慧城市建设、医疗卫生、休闲农业及全域旅游发展观摩调研活动。

23 日，水利部黄河水利委员会水资源调度局局长乔西现带领督导检查组对灵武市全面推行河长制工作进展情况进行督察。

25 日，灵武市残联会同残工委成员单位在灵武市灵州广场开展了第一个全国“残疾预防日”集中宣传活动。

26 日，由自治区知联会副会长、宁夏大学西部生态研究中心主任宋乃平教授牵头负责的《自然生态系统保护问题调研》课题组一行 4 人，对灵武市白芨滩国家级自然保护区进行专题调研。

27 日，自治区主席咸辉，自治区党委常委、常务副主席张超超，自治区政府副秘书长、办公厅主任马波到灵武市督察调研“放管服”改革工作。自治区编办主任周万生、自治区改革办主任白桦、自治区政务服务中心主任李鹏等一同参与调研。

9 月

1 日，厦门市泉州商会考察团一行 20 余人，对灵武市投资环境进行考察。

5 日，灵武市以“学习贯彻自治区第十二次党代会精神，喜迎党的十九大，争创全国民族团结进步模范市”为主题的民族团结进步活动月启动仪式在灵州广场隆重举行。

△由农业部种植业司潘文博副司长带队，全国 4 个直辖市、23 个省及 5 个自治区的农牧厅代表 130 余人组成的观摩团到灵武市大泉供销社进行观摩。

△灵武市市长马自忠主持召开全市大干实干 100 天攻坚行动动员大会。

△灵武市残疾人联合会网站正式上线，微信公众号同步开通，标志着灵武市残疾人事业宣传进入了新媒体时代，实现了网络、手机终端的全覆盖。

7 日，灵武市 2017 年“希望工程·圆梦行动”助学金发放暨共青团班开班仪式在灵武市第一中学圆满举行。自治区团委希望工程办公室主任、宁夏青少年发展基金会秘书长刘升祥等领导出席仪式。

8 日，“宁夏灵武长枣研究院”举行揭牌仪式。

13 日，青海省海东市循化县人大常委会副主任程世秀一行，到灵武市考察学习城市管理以及《城市市容和环境卫生管理条例》《城市管理执法办法》贯彻执行情况。

15 日，河南省兰考县人民政府领导一行，到灵武市考察学习行政审批改革工作。

15 日和 22 日，由灵武市文联、市总工会、市教体局主办，市作家协会、朗诵家学会协办的“2017 中秋诗会暨首届朗诵艺术大赛”在灵武市总工会和灵州广场举办。

18 日～25 日，在灵武体育馆举行了“美丽灵武　羊绒之都”2017 年亚太大学生五人制足球暨啦啦操锦标赛。本届锦标赛由亚洲大学生体育联合会、大洋洲大学生体育联合会联合主办，中国大学生体育协会、自治区体育局、教育厅、灵武市政府共同承办，是在全自治区县级市中率先承办国际级体育赛事。共有来自阿曼、哈萨克斯坦、吉尔吉斯斯坦、马来西亚、蒙古、新喀里多尼亚、伊朗等 9 个国家和地区的 9 支五人制足球队和 4 支啦啦操队近 400 名运动员及技术人员参加。在为期 8 天的比赛中，共有 27 场五人制足球赛比赛和 6 个主题的啦啦操比赛。

26 日，台湾企业家代表团一行，对灵武市经济社会发展情况和投资环境进行考察。

27 日，首届宁夏红枣评比大赛暨灵武长枣 2017 年秋季推介订货会在灵武市世界枣树博览园举行。

28 日，2017 亚洲都市景观奖颁奖礼在银川国际交流中心举行，灵武市申报的“灵武——长枣景观的都市项目”获得亚洲都市景观奖，也是中国获得亚洲都市景观奖三个城市之一。

△灵武市召开 2017 年禁毒工作推进会。

△自治区物价局郭永生局长、杨秋蓉副局长，价格监督检查与反垄断局何万安局长、邸德志副局长、陈保东副局长携新闻媒体记者一行对灵武市国庆中秋节市场价格行为进行督导。

29 日，“民族团结一家亲，同心共筑中国梦”的民族团结专场文艺晚会在灵武市灵州广场举行。

△由灵武市团委、市文明办、市妇联、市民政局、市就业局联合临河镇共同举办的“古韵灵州·新风婚尚”灵武市倡树移风易俗集体婚礼在二道沟举行。

10月

10 日，国家林业局三北工程精准治沙和灌木平茬复壮试点工作现场会在灵武市召开。

△自治区公安厅督察总队副队长侯永强、自治区信访局局长助理曾华带领自治区公安厅、银川市政法委、综治办等有关部门领导对灵武市 19 大安保维稳工作进行督察。

△自治区价格监督检查与反垄断局张红昱副局长对灵武市轮胎行业涉嫌价格垄断进行检查。

14 日，民革灵武市委会联合民革宁夏区直工委文教卫生支部、民革银川市文教支部在灵武市灵州广场隆重举办了纪念民革成立 70 周年“不忘合作初心，继续携手前进”文艺演出。

14—15 日，由中国人民银行灵武市支行组织发起的第二届灵武市“诚信杯”羽毛球俱乐部联赛在灵武市体育馆成功举办。

18—26 日，灵武市总工会联合市教体局在市体育馆举办“2017 年灵武市篮球联赛”，全市 19 支篮球代表队参赛。

20 日，灵武市市长马自忠主持召开 2018 年新项目筹备情况汇报会。

23 日，银川市委副书记周云峰、政协副主席哈宁东带领观摩人员对灵武市 2017 年秋冬季农田水利基本建设工作进行中期观摩。

24 日，水利部发展研究中心主任、水利部河长办副主任王冠军带领评估组对灵武市河长制工作开展情况进行中期评估。自治区水利厅副厅长麦山陪同评估。

26 日,灵武市第四中学被自治区关工委、党委宣传部、教育厅、财政厅、公安厅、司法厅、普法办、综治办等单位联合授予“宁夏青少年法治教育基地”称号。

27 日，灵武市总工会在市总工会三楼会议室举行“宁夏工会会员服务卡”优惠项目签约仪式。自治区总工会权益保障部巡视员王水平出席了签约仪式。

28 日,自治区党委副书记、银川市委书记、黄河银川段河长姜志刚在银川市领导周云峰、李鸿儒、韩江龙的陪同下，专题调研灵武市河长制工作。

30 日，灵武市团委联合灵武市公安局、司法局、禁毒办举办“青春瞩目十九大　携手共筑中国梦”灵武市首届禁毒志愿服务项目大赛。

31 日，灵武市人大召开第十七届人大常委会第七次会议。会议任命张道阳同志为灵武市副市长、王小燕同志为市人民法院审判员、陈祥伟同志为市人民法院审判员。

11 月

2 日,灵武市举行学习宣传贯彻党的十九大精神专场报告会。

3 日,自治区编办主任周万生一行到灵武市督察“群众办事不出社区(村)”工作。

9 日,宁夏青少年发展基金会秘书长、宁夏希望工程工作办公室主任刘升祥陪同大连青基会理事长赵强、副理事长刘凤兰等一行 4 人，到灵武市观摩调研希望公益服务中心工作。

10 日，灵武市委书记夏斌会见了香港周大生集团副董事长、香港金象集团董事长周宗武，银川综合保税区投资开发有限公司董事长、总经理石宗智一行，并与香港周大生集团举行了电子废弃物贵金属提取项目签约仪式。

△灵武市委政法委委托金秋艺术团，在灵武市八个乡镇(街道)开展以“学习宣传十九大,建设平安新灵武”为主题的为期 22 天的文艺演出,演出场次 29 场次，辐射全市 83 个村(社区)。

11 日，国家工信部节能与综合利用司巡视员李力带领检查组，对灵武市荣昌绒业公司开展的羊绒产品绿色设计平台项目实施情况进行调研。

13 日，黑龙江商会会长刘贤吉一行五人,到灵武市考察、洽谈枣间养鸡事宜。

16 日，自治区食品药品监督管理局副局长马如林一行，对灵武市餐饮服务行业食品安全监管工作进行督察。

△16—17 日，国家发展改革委、全国老龄办、国家标准委组成联合督察组到灵武市开展《国务院办公厅关于全面放开养老服务市场提升养老服务质量的若干意见》落实情况专项督察工作。

17 日，中国共产党灵武市第五届委员会第四次全体会议在戴斯会议中心举行。市委书记夏斌就《中共灵武市委员会关于深入学习宣传贯彻党的十九大精神的意见（讨论稿)》作了说明。

19 日，江苏省南通市委副书记、市长韩立明等一行,到灵武市考察羊绒产业发展情况。

22 日，宁夏陕西商会考察团对灵武市招商引资环境、特色优势产业及环保、新能源、特色旅游等行业进行了实地考察。

23 日，银川市委副书记周永峰带领银川市政法委综治中心建设及“雪亮工程”现场推进会人员对灵武市综治中心规范化建设及“雪亮工程”推进情况进行观摩。

24 日，国家水利部副部长周学文一行到灵武市调研“河长制”工作。自治区水利厅副厅长郭浩及灵武市委书记夏斌陪同调研。

△在银川市 2017 年度“最美家庭”揭晓仪式上,灵武市陈永忠家庭、李翠英家庭、梁惠珍家庭、马学花家庭、史国峰家庭、杨金国家庭、王立梅家庭、王霞飞家庭、马翠霞家庭、黄娟家庭、王桂英家庭荣获 2017 年度银川市“最美家庭”称号;杨玉红家庭荣获银川市“最美庭院”荣誉称号。

25 日,银川市 2018 年项目谋划工作推进会在灵武市召开。银川市代市长杨玉经在会上要求各级各部门，要正确判断当前投资形式，要学深悟透新精神,找“红利”、谋项目,突出“冬忙”抓项目,以“两个率先”的要求抓项目、抓发展,力争各项工作在全区范围内走在前、作表率。

28 日，自治区护路办业务督导部部长颉德荣带领检查考核组一行 4 人，在银川市护路办副主任侯咏梅陪同下，督导检查灵武市2017年铁路护路联防工作。

29日，自治区纪委副书记、监察厅厅长、自治区预防腐败局局长郑震一行对灵武市党风廉政建设及防腐败工作进行调研。

30日，灵武市委书记夏斌主持召开市委第31次常委会议。通报了《银川市委督查室政府督查室关于灵武市经济指标完成情况及差距的建议书》。

12月

2日，由北京信利体育文化有限公司在灵武市开设的中国大越野车手培训基地正式落成。

4日，市司法局、住建局、公安局、法院等多家单位在灵州广场集中开展了“12·4”宪法日暨第一个全国《安全生产法》宣传周活动。

7日，灵武市召开煤矿塌陷区搬迁安置工作协调会。会上灵武市与神华宁煤集团共同签订了《临河镇下桥村四队搬迁安置协议》和《红石湾煤矿西侧干沟土地使用权租赁协议》。

△灵武市召开政府类投资EPC项目设计方案评审会，对灵武市交巡警业务技术用房项目、灵武市长枣观光采摘林场综合交易中心等10个项目设计方案进行评审。

8日，灵武市委书记夏斌主持召开市委第32次常委会议。会议研究并通过了召开全市民族团结进步命名表彰暨创建“全国民族团结进步模范市”推进大会事宜，研究并通过了《灵武市深化监察体制改革试点工作实施方案》。

△全国工商联发文公布了2017年度确认命名“全国五好县级工商联”名单，灵武市工商联榜上有名。

9日，“冬游灵武、享受阳光”第二届冬季旅游节在灵武市白土岗乡长流水景区开幕。

11日，灵武市市长马自忠主持召开市政府第41次常务会议。审议《灵武市重大行政决策程序规定》，研究2015年度村(社区)“聚力工程”为民服务和发展专项资金等事宜。

△灵武市召开2017年度全市经济指标调度会。深入研判当前经济形势，科学精准谋划下一步各项工作。

12日，国家土地督察西安局副专员孙弘带领督察组，对灵武市2017年土地卫片执法检查问题整改情况进行核查。自治区国土资源厅副厅长韦晓龙陪同督察。

△自治区工商联主席何晓勇一行到灵武市调研工商联工作。

13日，银川市推动社会主义核心价值观铸魂工程表彰大会暨“最美银川人”颁奖典礼在银川国际交流中心举行。灵武市崇兴镇中渠村、临河镇二道沟村被评为“移风易俗示范村”；灵武市“文化巡演百村行禁毒志愿促和谐”项目被评为“银川市十佳志愿服务项目”；灵武市第五小学被评为“市全民阅读书香校园及优秀传统文化进校园示范校”；郝家桥镇崔渠口村被评为“全民阅读优秀示范村”；还有8人被评为第五届“最美银川人”，1人获评“银川市十佳志愿者”，1人获评“书香银川全民阅读系列先进典型”。

15日，灵武市民族团结进步命名表彰暨创建“全国民族团结进步示范市”推进大会在灵武市宣传文化中心召开。

△灵武市农村商业银行召开灵武市农村承包土地经营权抵押贷款试点工作启动会议。现场为农村承包土地经营权抵押贷款授信的农户授牌，与灵武市农牧局签署了农村土地经营权抵押贷款战略合作协议。

17日，灵武市委书记夏斌、市长马自忠会见了盛世景资产管理集团股份有限公司总裁邓维、浙江泓源汽车集团有限公司董事长邵国良、中轩联汽车租赁有限公司总裁徐海军等一行，双方就有关合作事宜进行了深入交流并达成共识。

18日，灵武市市长马自忠主持召开市政府第42次常务会议，审议《2018年全市“两节”群众文化旅游系列活动方案》。

20—21日，中国共产党灵武市第五届委员会第五次全体会议在戴斯会议中心举行。

21日，中国人民政治协商会议灵武市第十二届委员会第二次会议在戴斯会议中心开幕。全会审议通过了市委书记夏斌同志代表常委会作的题为《振奋精神　实干兴灵为率先全面建成小康社会　率先开启全面建设社会主义现代化新征程不懈奋斗》的工作报告，讨论并原则通过《中共灵武市委2018年工作要点》。

△灵武市召开2018年度

项目建设调度会。

22日，灵武市第十七届人民代表大会第二次会议在戴斯会议中心开幕。来自全市各个界别、各条战线的政协委员齐聚一堂，积极履行政治协商、民主监督、参政议政职能，为灵武市率先全面建成小康社会，率先开启全面建设社会主义现代化新征程建言献策。

25日，灵武市委书记夏斌、人大常委会议主任郑学文为灵武市监察委员会揭牌，灵武市监察委员会正式挂牌成立。

29日，灵武市与北京中青旅置业集团有限公司签订了《新华桥黄河农旅产业特色小镇项目合作框架协议》。

灵武综览

灵武概貌

【地理位置】 灵武市位于宁夏平原中部黄河东岸，为银川市代管的县级市。地理坐标介于东经 106° 11′ —106° 52′ ，北纬 37° 35′ —38° 21′ 之间。市境东与盐池县相连，南与吴忠市利通区和红寺堡区接壤，西与永宁县隔河相望，北以明长城为界与内蒙古自治区鄂托克前旗毗邻。地处国家级大型能源和化工基地，是自治区经济核心区的重要组成部分。市人民政府驻地东塔镇。市境南北长 98 千米，东西宽 54 千米，2011 年市域总面积 4010 平方千米，占宁夏国土总面积的 6.99%。城市建成区面积 19.1 平方千米。

【历史沿革】 灵武，古称灵州，历史悠久，为中华民族发祥地之一。距今约 1.6 亿年的中生代侏罗纪，就有大型蜥脚类恐龙活跃于灵武地区。早在 3 万年前的旧石器时代晚期，古人类在水洞沟一带繁衍生息，是中华民族远古文明的发祥地之一。战国秦惠文王更元五年(前 320 年)后，其势力已达今灵武市。秦统一六国后，属秦北地郡辖地。西汉初，属北地郡富平县。西汉惠帝四年(前 191 年)，置灵洲县，灵武建县名见史册。北魏孝昌二年（526 年），始见“灵州”之名。隋唐之时，灵州已成为西北军事重镇。唐太宗曾亲赴灵州赋诗勒石，太子李亨在灵武登基。北宋咸平五年(1002 年)，党项族首领李继迁以灵州为都，称“西平府”，使其成为西夏重要的政治、经济、军事、文化中心。元复为灵州，属宁夏府路。明改置灵州守御千户所，直隶于宁夏卫，州城三移其址，今灵武古城建于宣德三年(1428 年)。清仍为灵州，为宁夏府直隶州。民国二年(1913 年）改灵州为灵武县，属宁夏省。1949 年 9 月 23 日灵武县解放。1954 年甘宁并省，属甘肃省河东回族自治区（吴忠回族自治州)。1958 年 10 月，宁夏回族自治区成立后，属自治区管辖。1972 年归银南地区所辖。1996 年 5 月国务院批准灵武撤县设市，由吴忠市代管。1997 年 12 月将灵武纳入宁夏经济核心区范围，2001 年 2 月规划为自治区能源化工基地，2002 年 10 月由吴忠市移交银川市代管，融入“大银川”战略框架。东塔镇是灵武市政治、经济、文化中心，居引黄灌区中部，至自治区首府银川市 58 千米，至吴忠市 20 千米，至陕西定边县城 140 千米。至首都北京，沿包兰、京包铁路线 1401 千米，沿陕北、山西公路线约 1350 千米；至西安，沿甘肃庆阳、西峰公路线 670 余千米；至兰州，沿包兰铁路线 470 千米。

【行政区划】 2002 年 10 月 25 日，灵武市改由银川市代管，市辖 15 个乡镇 96 个村 9 个国营农林场。2003 年 5 月，将灵武市郭家桥乡和新华桥镇龙一村、龙二村、华二村、华三村 4 个村整建制及大泉乡沙江村的双亭子自然村划归吴忠市利通区管辖。全市乡镇减少到 14 个，村委会减少到 84 个。7 月，将 6 镇 8 乡调整为 6 镇 2 乡辖 11 个居委会、84 个村委会。2004 年 7 月，将临河镇横城村划归银川市兴庆区。全市居委会调整为 15 个，村委会减少到 76 个。2010 年 6 月，按照《自治区人民政府关于调整行政区划的决定》精神，按时完成区划调整工作，将灵武市白土岗乡白塔水村整村建制划归红寺堡管辖，面积186平方千米；将灵武市白土岗乡西沟沿、南梁、五里坡、海子井四个村划归利通区管辖,面积344平方千米。灵武市总面积4010平方千米,下辖6镇、2乡、1个街道办事处、72个行政村、16个居民委员会、10个社区居委会，有4个市属农林场,1个国家级自然保护区,中央属及区属(场)矿企事业单位主要集中在宁东镇，银川综合保税区坐落于灵武辖区。年末全市常住总人口29.1万人。

2017年10月9日，由中小城市经济发展委员会、中小城市发展战略研究院、中国社会科学院发展与环境研究所等单位联合发布的榜单中，灵武市位居全国中小城市综合实力百强县市（全国科学发展百强县市)85位，比上年前进4位;位居全国中小城市投资潜力百强县市(全国投资潜力百强县市)34位,比上年前进7位;位居全国新型城镇化质量百强县市第97位,前进3位;位居全国中小城市创新创业百强县市93位，前进1位。

【地形地貌】 灵武市区地形分为西部平原和东部台地两大部分。西部平原属银川平原的东南边缘，由第四系河湖相砂砾质冲积洪积物淤积而成，面积481.5平方千米,占全市总面积的13.2%。按局部特征,由西向东可分为河漫滩地、河成阶地和山前冲积洪积斜坡3个南北延展、东西并列的地形部位。海拔在1110—1140米。东部台地系鄂尔多斯地台西南部灵盐台地西部的一部分,面积3167平方千米,占全市总面积的88.7%。受南北向构造控制，形成了低山丘陵和缓坡丘陵相间分布的格局，其间散布着流动和半流动沙地以及积水洼地形成的盐池及海子。海拔1200—1500米,最高海拔1652米。

【土壤水系】 灵武市土壤类型分为7大类。灰钙土(亚类)分布于东部与盐池接壤的缓坡丘陵及宁东镇南部地区和郝家桥高楼子山地势较高的低山丘陵地区。淡灰钙土分布于马鞍山、面子山地区和临河镇东部部分地区。潮土(亚类)主要分布在梧桐树乡的河滩地、新华桥种苗场、郝家桥镇东山坡、崇兴、东塔等地、临河、白土岗。盐土分布在梧桐树、临河等乡镇和白土岗乡东干渠附近枣岗子、火城子一带，以及郝家桥沈家湖和崇兴镇杜木桥村。灌淤土主要分布在山水沟两侧，潮灌淤土零星分布于崇兴和郝家桥等地。风沙土分布于长流水沟到大河子沟之间的台地西部及宁东附近地区、山区各乡镇。

【煤炭资源】 灵武矿区位于宁东煤田（又称灵武煤田）的北部，含煤面积约1110平方千米,探明储量约161.84亿吨,占全区煤炭储量的52.48%，集中分布于横城、碎石井、鸳鸯湖、石沟驿4个矿区。矿区面积合计535平方千米。横城矿区为古生代石炭、二叠纪较深变质的焦性煤(气煤、肥煤),其他均为中生代侏罗系低变质烟煤中的不黏煤，是具有较高发热量的优质动力煤和化工原料煤。

【石油资源】 石油主要分布于东部台地三叠系上统延长群和侏罗系中下统延安组地层中，以延长群为主。已探明的有马家滩油(气)田、李庄子油(气)田和徐庄子矿点，含油构造面积5.95平方千米，探明储量401.55万吨。

【天然气资源】 境内天然气有油型气、煤成气和混合气3种成因类型。已在刘家庄构造的二叠系石盒子组、山西组地层中发现7个气层段。据8毫米油嘴测试，日产天然气可达57864立方米,属大型工业气藏。横山堡地区任6井二叠系石盒子组，日产天然气78224立方米,属工业气藏。马家滩、李庄子油田也贮藏有天然气,生产的原油中,油气比为1(吨)∶5(立方米)。

【水泥石灰岩资源】 出露于横山堡黑山地区,属早奥陶世水泉岭组海相地层。矿体长2700米,厚103.7米,储量约7300万吨。矿石成分:CaO（53.08%),Fe_2O_3（0.36%),Mg（1.2%）,Al_2O_3（0.42%）,SiO_2（2.18%)。为优质水泥工业原料。

【其他矿产资源】 青土井子的陶瓷黏土(紫黏土),属早侏罗世地层，矿体长1300米，厚3米,储量约78万立方米,早已被用作烧制瓷缸的原料。海子井盐矿,长8000米,宽500米,面积5.28平方千米，是灵武的食盐产地，年产水晒盐1500吨。砖瓦用黏土、建筑用砂、膨润土、石膏等建材原料,东部山区也较丰富。

【植物资源】 据2005年林业资源第三次清查,全市有林地、灌木林和四旁植树折合面积49977.2

公顷,占全市土地总面积的14%。全市牧草地230928.5公顷,占土地总面积的65.15%,正常年景每年可产草2.8亿公斤。

境内有国家一、二级重点保护植物4种:麻黄科麻黄属的草麻黄,豆科沙冬青属的沙冬青,木樨科沙拐枣属的沙拐枣,蔷薇科蔷薇属的玫瑰。主要分布在东部缓坡丘陵区和沙漠区。另有宁夏地方保护植物3种:木贼麻黄、盐生肉苁蓉、文冠果。

木本植物以落叶灌木为主,有全国面积最大的天然柠条林16666.33公顷,乔木树种种类及数量较少,主要分布区域为东部缓坡丘陵区和沙漠区。

药用植物以野生为主,少数为人工种植(主要是人工甘草、麻黄),主要品种共17科19种。

【动物资源】 据宁夏脊椎动物区系调查结果统计,境内野生脊椎动物约有141个种和亚种,占全区脊椎动物种数的32.4%,属5纲21目39科70属。其中,有国家级重点保护动物黑鹳、大鸨等22种,自治区级保护动物23种。

根据1998年全国森林植物检疫对象普查灵武市调查结果,有各类昆虫264种,属2纲9目55科。其中国家级检疫对象5种:杨干透翅蛾、黄斑星天牛、枣大球蚧、梨园蚧、双条杉天牛;自治区级检疫对象4种:光肩星天牛、芳香木蠹蛾、金缘克丁虫、白杨透翅蛾。

【气候特点】 灵武市属典型的中温带大陆性气候。主要气候特点是:四季分明,春迟夏短,秋早冬长,昼夜温差大,雨雪稀少,蒸发强烈,气候干燥,风大沙多等。

全年日照时数4434.7小时,平均每天12.1小时。7月最长,每天可照14.5小时;12月最短,每天可照9.5小时。灵武地区日照强度一般都在10勒克斯以上,太阳辐射总量年平均为6056.2兆焦耳/平方米,是全国热量资源最丰富地区之一。

据灵武市气象局实测资料,其气温变化如下:年平均气温最高值曾达到16.3℃,接近多年平均值的2倍。气温绝对值最高为41.4℃(1953年7月8日),最低为-28℃(1954年12月28日)。气温最大日较差33.1℃(1955年4月17日)。日内气温最高值出现在14—15时,最低值出现在日出前的5—7时。多年平均气温日较差为13.8℃。

灵武市海拔千米以上,地面多年平均气压值为890.3百帕。受热力因素影响,最高值出现在11—12月,最低值出现在1月。极端最高值为1969年4月4日的918.7百帕,极端最低值为1956年5月3日和7日的867.3百帕。境内属于多风地区,年平均风速为2.6米/秒,最大风速出现于春季,9—10月风最小。川区多年平均2米/秒风速,出现的时间为4498小时。全年盛行北风,春季多东南风,夏季多南风,秋末冬初西北风最多。

年平均降水日数49.4天,以雨为主,雪水在降水中仅占2%。降水主要集中在6—9月。日降水量大于10毫米的日数平均每年6天;日降水量大于25毫米的日数,平均每年不足1天;大于50毫米的暴雨,平均4年一次。

川区相对湿度年平均为57%,夏秋高于冬春。水气压多年平均为7.9百帕,最大为30.5百帕,最小为0.1百帕。年平均蒸发量为1762.9毫米,最大值出现于6—7月,最小值在12月。年平均干燥度为4.55,最大年度为10.92,最小年度为2.49,7—9月干燥度最小。

结合地形、植被特点,以日平均≥10℃积温为指标,境内可分为3个气候区域。

中部低山干凉气候区,主要包括马鞍山、面子山、杨家窑山等海拔1400米以上的低山丘陵地区,≥10℃积温在2500℃—2900℃,年平均温度6.7℃—7.5℃,年降水量250毫米左右。低山西侧一般较陡,土层瘠薄,只宜林牧;东侧较平缓,宜农耕。

东部丘陵干旱气候区,主要包括灵武东部台地海拔1150—1400米的剥蚀丘陵地区,≥10℃积温在2900℃—3250℃,年平均温度7.5℃—8.4℃,无霜期139—143天,降水量由东南向西北递减。西北部土地严重沙化,需严格控制开荒,实行分区放牧。

西部平原干热区。灵武西部所属银川平原部分,海拔1150米以下,地势平坦,土地肥沃,虽年降水量仅200毫米左右,但由于东南风从南侧高原山地下沉绝热增温,使≥10℃积温比灌区各县市均高出

100℃左右，达 3334.8℃。无霜期达 157 天，使该区域成为灌区热量资源最丰富的地区。

灵武四季鲜明，但时间分配不均，冬春长、夏秋短。

【人口和计划生育】 2017 年，灵武市总人口 302120 人(按计生口径统计)，人口出生率 10.89‰，人口自然增长率 7.75‰，出生政策符合率 97.52%，出生人口性别比为 106∶100，出生缺陷发生率 89.02/ 万，婴儿死亡率 3.92‰，全年没有发生孕产妇死亡事故。投入资金 400 万元，免费为全市孕妇进行产前检查 12 次(987 元 / 人)，受益 5998 人次，投入 40 多万元，继续开展免费孕前优生筛查 2420 人，妇幼监测指标明显下降，新生儿死亡率由 3.50‰下降到 2.29‰，婴儿死亡率由 4.45‰下降到 3.92‰，5 岁以下儿童死亡率由 5.72‰下降到 5.56‰。

国民经济和社会发展

【工业经济】 2017 年全市（含宁东）规模以上工业累计实现产值 1202 亿元，同比增长 32.4%；全市(含宁东)规模以上工业实现增加值 349 亿元以上，同比增长 16.4%；市属 105 家规模以上工业企业（不含宁东）累计实现工业增加值 43.2 亿元，同比增长 8.5%。灵武入选中国工业百强县（市），列 81 位。2017 年，灵武市有国家高新技术企业 3 家，国家工程实验室 3 个，自治区企业技术中心 7 家。15 家市属加工企业入围宁夏中小企业 50 强。新增 3 家“专精特新”示范企业，累计培育“专精特新”示范企业 15 家，新增 12 家“专精特新”企业，累计“专精特新”中小企业 48 家，新增国家小型微型企业创业创新示范基地 1 家，累计培育科技型中小企业 31 家、宁夏名牌产品 14 个、宁夏著名商标 39 个、中国驰名商标 5 件。拟纳入规模的工业企业 8 家。2017 年，全市建设工业项目（不含宁东和综保区)60 个，完成固定资产投资 35.86 亿元，完成年度目标任务的 100.3%。落实自治区降成本 30 条，鼓励用电大户积极申报电力直接交易，中银绒业、东义镁业列入 2017 年第一批电力直接交易准入用户，每年可为两家企业节省成本 1500 万元。对新建企业、项目新增负荷的工业用电免征 0.01 元 / 千瓦时城市附加费，共有 5 家企业申报，每年可为企业节省成本 600 万元。设立 4.1 亿元小微企业担保贷款基金，为 12 家企业发放贷款 2300 万元，给予基准利率 20%贴息。为困难企业减免房产税、城镇土地使用税 198.29 万元。对进行资产重组的企业，在货物、不动产、土地使用权转让等方面免征增值税。安排 48 万元企业职业培训专项资金，面向社会培训 700 人次。兑现灵武市工业 41 条政策，兑现 2016 年工业奖励资金 3729.74 万元。2017 年，累计向上级争取工业项目资金 6889.7 万元。开展企业“两化融合”工作，宁夏金双禾粮油有限公司、宁夏锦鑫环保科技有限公司入选自治区两化融合管理体系贯标试点企业。全年实现社会消费品零售总额 17.3 亿元，同比增长 9.7%；实现外贸进出口总额 22.17 亿美元，增长 59.9%（含综保区）。争取到中小企业国际市场开拓资金 50.03 万元，进口贴息资金 17.3 万元。制定电商进农村综合示范县项目总体方案，确立了以“一个中心、两翼战略、三大支撑、四轮驱动”为总体思路的“互联网＋市域特色经济”的灵武电商发展模式。完成 48 个村级服务站点、13 个特色产品展销中心(3 个旅游景区展销中心）的选址工作，建成 23 个村级服务站点和 2 个乡镇运营中心，完成市级仓储物流园 6G、7G、8G 库房改造，建成 1 个冷链物流基地。兑现 2016 年电商产业扶持资金 110.7 万元。2017 年开展电商培训 1700 余人。梳理出灵武特色产品 228 种，已在各大平台上线销售农副产品 70 余种。

【招商引资】 2017 年，全市共实施招商引资项目 18 个，总投资 239.2 亿元，到位资金 94.11 亿元，完成 83 亿元目标任务的 113.4%。其中，新建项目 14 个，计划总投资 133.86 亿元，已完成到位资金 66.24 亿元，主要有银川国际航空港综合交通枢纽工程、临港产业园基础设施 PPP 项目等；续建项目 4 个，计划总投资 103.18 亿元，完成到位资金 27.87 亿元，主要有永顺银东电商汽车物流产业园项目、年产 300 万吨固体废弃物综合利用项目等。签约项目 42 个，计划总投资 273.08 亿元，主要有浙商服装产业园项目、全方位农业深耕计划(第一期:灵武农特产品研发加工生产观光计划)项目、灵武市梧桐湖台湾游乐城项目等，新开工项目13个,总投资75.6亿元,完成固定资产投资20.16亿元。重点对接46个,计划总投资184.26亿元,主要有灵武市极限运动小镇项目、轮胎热裂解项目、河北来旺塑胶制品有限公司塑料产业园项目等。

【农业经济】 继续深化农村改革，依靠科技进步和项目促推发展农业和农村经济，以工业化理念持续推进特色优势产业转型升级和“双增”目标实现，持续加大物质投入，投入农业发展资金40389万元，其中招商引资28600万元，兑现农业支持保护资金2305.7万元,农机购置补贴747.6万元,争取其他项目资金8735.7万元。创建“品种优、技术优、管理优、品质优、价格优”的五优基地3万亩，创建水稻绿色高产高效田11万亩。2017年,粮食总产量达1.7亿公斤，较上年增产570.65万公斤，增长3.46%,实现14年连增。转型增收草畜产业,持续实施肉羊产业增效、优秀奶源基地提升、肉牛扩群增量、优质饲草料保障等工程。2017年,牛、羊、猪、禽饲养量分别达到7万头、360万只、26.4万头和331万只(羽),与上年持平或增长，牧业总产值达到27.09亿元。做强提升瓜菜产业，全市瓜菜面积达6.9万亩，其中设施蔬菜4.6万亩,总产达3.1亿公斤,总产值达6.3亿元,总效益达4.4亿元,较上年分别增长3.2%、6.6%和5.3%。提升增效适水产业，水产品总产量达到5650吨,渔业总产值达到10850万元，比上年分别增长2.7%和1%。继续深化农业农村改革,开展农村股权改革,完成30个村的农村集体资产清产核资审计报告；全面完成土地确权颁证，确权土地面积228743亩;培育新型经营主体,培育发展合作社10家,累计备案登记170家；探索创新土地经营模式,开展土地入股和托管服务,在郝家桥、白土岗、梧桐树等乡镇完成土地入股面积9170亩；规范引导土地有序转让，全市农村土地流转面积达到105449亩，农村土地流转合同签约率与规范率均达到90%以上。实施强农政策，涉农重点项目按期完成,招商引资稳步推进。奶牛入股托管、设施温棚入股、移民就业等产业扶贫扎实开展，金融服务同步紧跟，农业发展后劲进一步增强。狠抓生态质量安全，强化农业面源污染防治,强化农作物秸秆焚烧巡查,强化草原生态保护与建设,强化畜禽粪便资源化利用，强化绿色优质农产品供给，保障农业健康发展。优化农业科技服务,创新推进全程社会化服务,持续加大农业科技培训，建成12316三农服务服务中心1个、村级益农服务社11个,全面开通三农服务热线。着力提升农业机械化水平,3名选手入围参加全国农机大赛。水稻、小麦、玉米三大粮食作物机耕、机播、机收综合农机化水平分别达95.7%,位居全区前列。

【国土资源管理】 划定基本农田保护目标19000公顷，超出自治区下达指标42.3253公顷。根据永久基本农田划定技术规程要求，从落实地块、保护责任、设置标志、建立表册、纳入图库五个方面做好划定工作。支撑特色产业,会同农牧局、乡镇共审核受理设施农用地项目备案申请16宗,办结11宗,做好设施农业服务。配合区、市重点项目建设,完成银西高铁、宁煤集团、黄河二期防洪工程、电厂等区、市重点项目12宗临时用地审核报批工作。严格按照《例行督察意见书》西〔2017〕3号(总279号)要求,对土地违法违规问题进行整改。退还违法征收土地1960亩;收回并注销了147宗国有土地权利证书，恢复原土地使用权类型和土地用途；对违法违规占用的17宗837.29亩土地查处到位；对闲置的9宗705.64亩土地处置到位。不动产登记事务稳步推进。农村土地确权登记发证已通过自治区国土资源厅组织的“两权办”验收。受理各类不动产业务34256件，发放不动产权证书2425本，登记证明3902张,其他登记411件。不动产数据整合入库86%。农村宅基地使用权和房屋所有权“两证合一”确权颁证工作的外业核查工作正在进行。对违法盗采保持严厉打击的高压态势,5月12日,在全市开展非煤矿山专项整治“零点行动”,加大国土资源执法监察力度，建立常态化执法监察体系。加快测绘地理信息统合管理系统的建设,提升城市规划管理。加快地质项目建设,搞好遗迹保护。

【城乡建设】 2017年,灵武市先后实施“十三五”扶贫移民安置房建设项目;城镇棚户区(城中村)环境整治、集污管网改造及配套工程;老旧小区改造等一批涉及改善民生的城乡建设重点项目。对中兴街等9条道路及枣香苑等25个小区进行分批维修改造,针对老旧小区通信等各类线路私搭乱接的状况,委托专业公司对线路进行收纳规整,为居民提供一个整洁、美观、舒适的居住环境。持续推进村镇建设,总投资9283万元,整治美丽村庄14个。投资2340.1万元,完成郝家桥镇美丽小城镇建设。新建污水处理站7座,提标改造11座,完成11812户农村污水无害化处理及改厕任务。向史家壕村、郭碱滩村、郝家桥镇等村镇铺设天然气管线12公里。进一步加大城市扬尘污染综合治理力度,推进全市建筑施工扬尘治理工作。制定6项规范化防尘措施,与施工企业签订扬尘污染治理目标责任书,全年下发各级各类涉及扬尘污染法理文件172份。加强安全生产,及时监管、及时督察、及时整改,努力消除和预防安全事故的发生,全年制定下发安全生产各级各类文件960份。为确保下一采暖期供热设备正常运行,4至10月期间对各换热机组、设备进行了维护保养,对损坏的阀门进行了更换,对片区存在问题的老旧管网进行了改造。认真开展“碧水蓝天·美丽城乡”城市环境专项行动。开展为期两个月的扬尘污染专项检查,整改率95%。淘汰燃煤锅炉111台。已完成灵武市农村主要河道农村污水处理及改厕布局图。抓紧推进2008年以来安置房办证工作,对2008年市政府安置的唐城苑、水木灵州南区、花雨湖滨、灵州花园四个安置小区未办理房产手续的安置户予以集中解决。抓行业管理工作,确保工程质量与安全,强化房地产监管,有效改善人居环境,树立住建良好形象,促建筑业健康发展。提升人防管理水平,认真贯彻落实人防宣传教育工作要求,开展“5·12”全国防灾减灾日、“9·15”全区警报试鸣放系列活动。加强人防法制建设和通信警报建设,做好人防应急准备工作,完善应急疏散体系,开展人防应急疏散演练活动。

【脱贫攻坚】 2017年,灵武市有贫困村14个,涉及郝家桥镇8个村、马家滩镇4个村、白土岗乡2个村,建档立卡贫困户1781户7467人,已脱贫983户3740人,除3个生态移民村外的其他11个贫困村全部实现脱贫。通过开展精准识别、精准分类“回头看”,新增建档立卡户30户161人。投入1100万元,推进脱贫产业发展,规划建设2个现代农业产业园,建设64栋温棚吸纳50户100人就业,为1556户移民发放鸡苗77825只、鸡笼73个、饲料611袋。通过“雨露计划”扶贫助学资助28人,发放第二学期助学金4.2万元。完成15项3425人专业培训任务,就业援助培训13期300人、鉴定合格率92%,推荐就业3425人、就业率63.5%,移民村总就业人数达到4300人以上。深化金融扶贫,利用57.18万元扶贫保切块资金,为1781建档立卡户7467人购买家庭意外、大病补充、安心贷、养殖业等保险。全力推进易地扶贫搬迁,总投资6100万元,完成306套“十三五”移民住房建设主体工程,已进行室内外装修及附属工程建设。

【植树造林】 2017年,全市完成人工造林1.33万亩、退化林分改造1万亩、未成林地补植补造2万亩,生态林补植补造13.26万亩,提升改造城区21处公共绿地,改造绿地面积3657亩。绿化新建道路、街头绿地18处,新增公共绿地534亩。提升改造老旧小区103个。植树1200多万株。枣博园续建项目、灵河生态公园、世界银行贷款黄河东岸防沙治沙、城区绿化提升改造、东湖建设及周边环境整治提升项目、森林资源抚育管护等工程顺利推进,城乡生态绿化环境得到提升。完善灵武长枣科学化管理、标准化生产管理手册,加强灵武长枣中国驰名商标品牌保护。举办灵武长枣秋季订货会,上海、深圳长枣推介会,红枣大赛等系列活动,提升灵武长枣知名度和影响力。2017年销售鲜枣2300万公斤。受理林政案件9起,查处9起,结案7起。参与火情扑救工作6次,开展森林资源抚育管护161.6万亩。充分利用灵武市梧桐湖现有湿地资源及基础设施，开展225.91公顷梧桐湖湿地的保护、修复，适度开发，合理利用。检查野生动物活动区域9处，开展爱鸟周宣传活动，对野生鸟类种群活动数量和异常情况进行监测防控，布设5个固定监测点和4条巡查线路。加快国有林场改革步伐，4个国有林场《国有林场改革中央财政补助资金实施方案》已经自治区国有林场改革工作领导小组办公室批复，涉及土地总面积158.77万亩。

【环境保护】 实施“碧水蓝天·美丽城乡”、自然保护区“绿盾2017”、非煤矿山整治“零点行动”及污染防治十大专项行动。拆除建成区燃煤锅炉142台，完成国华电厂、华电灵武电厂污染治理改造项目，淘汰老旧黄标车1900辆，严格落实建筑工地六项规范化防尘措施，取缔非煤矿山企业20家，取缔非法储油设备272个，完成油气回收改造21座，推进农村14个污水处理终端提标改造，严格防止秸秆焚烧，停产限产冶炼企业5家，中央环境保护督察组24个转办件全部销号。灵武市环境空气优良天数312天，较2016年增加31天，空气质量优良率88.9%，同比提高11.2%。其中PM10浓度年平均值81微克/立方米，同比下降13.9%；PM2.5浓度年平均值32.6微克/立方米，同比下降12.3%；二氧化硫浓度年平均值17微克/立方米，同比下降50.8%；二氧化氮浓度平均值12.2微克/立方米，同比下降46%。全面实施水质监测，建立重点水域水质监测周报告制度。对崇兴水源地地下水开展水质监测，监测项目达25项。率先启动“河长制”工作，全市沟道、水库实现管理全覆盖，治理骨干沟道115公里，砌护渠道87公里。治理重金属污染，建设医疗废物、废弃农药包装物回收处置体系，开展农用地土壤污染状况详查，切实保障土壤环境安全。全年立案处罚环保违法案件9起，配合相关部门立案18起，共处以罚款75.51万元。对2016年度全市企业环境环保行为信用等级进行评价，确定绿色标识环保信用优秀企业6家，蓝色标识环保信用良好企业39家。全年共完成70个项目的环境影响评价文批复、51个项目的环保竣工验收文件批复。

【交通运输】 2017年，交通运输局组织实施重点项目3个，建设总里程15.4公里，总投资3.3亿元；组织实施农村公路40公里，总投资4100万元。全市列养农村公路1142.5公里，共投资636万元对全市乡村道路病害进行了全面的维修，保证了全市农村公路安全畅通。强化公共交通管理，整合城市公交线路客运。对破损的公交基础设施进行修复。落实公交惠民政策，发放乘车补贴。加强出租车行业管理，研究制定《灵武市运管所促客运市场专项整治工作实施方案》，开展以打击非法营运为主的客运市场专项整治工作，全年共计查扣非法营运车辆近430台次。开展货运车辆治超治洒工作，预防道路交通事故，保障辖区公路安全畅通。共派出执法人员960余人次，执法车辆480余辆次。检查车辆6597余辆，处罚车辆688辆，卸载转运货物8045吨。2017年，全市营运车辆保有量4284辆，其中普货车辆3679辆、客车527辆、危货车辆78辆，车辆已年审2250辆，资格证考核人数980人次。全市乡镇通班车率100%，行政村通班车率100%。共有二类以上客运企业8家，危货企业4家，维修企业11家，驾校2家，汽车综合性能检测站2家。

【科学技术】 2017年，灵武市组织申报自治区企业科技创新后补助项目11项，自治区人才项目及人才奖励和补助资金项目4项，自治区知识产权专利补助项目20项，科技金融专项10项；银川市重点科技创新项目41项，科技惠民项目5项，科技基础条件建设项目2项；自治区技术创新中心项目2项，科技创新后补助引导项目7项；银川市引进高层次人才(团队)经费补助项目7项。落实自治区、银川市项目资金1621.25万元。2017年，全市有高新技术企业4家、自治区科技型中小企业31家。其中：新增高新技术企业1家，为宁夏瑞银有色金属科技有限公司；新增自治区科技型中小企业8家。昊王米业获批科技部“星创天地”。依托全市的5个专家服务团，攻克制约特色优势产业发展的关键技术4项，引进、转化科技成果6项、示范、推广应用先进适用技术15项。瑞银科技、金太阳药业等15家企业与天津科技大学、西安工程大学、北方民族大学等高校院所签订合作协议，攻克制约特色优势产业发展的关键技术7项。强化科技服务，利用科技特派员等资源，推动脱贫攻坚。12名科技特派员围绕特色产业发展，先后引进新技术、新品种21个，建立科技示范户68户，撬动其他各部门的项目资金达400万元，有力推进了泾灵新村、泾兴村的脱贫工作。提升科技金融工作，加快科技与金融试点城市建设，市政府设立400万元风险补偿专项资金，拓宽融资渠道，助力中小微企业发展。强化知识产权工作，共授权专利55件，其中发明专利8件，实用新型46件，外观设计1件。加强对科技特派员的动态管理，2017年，经调整纳新后科技特派员为213名，比上年减少6人。推进科技特派员创业行动，8家法人科技特派员申报自治区科技特派员创业项目，获批项目资金40万元。整合16个部门及部分企业等社会资源，启动主题为“科技强国　创新圆梦”科技周活动，强化科普宣传。强化震情观念，从震情会商、地震预测、应急反应、地震科普等多个方面入手，认真开展防震减灾工作，全年进行抗震设防备案审批20件。

【教育体育】 2017年，在校生37999人(义务教育阶段29833人，普通高中4646人，职业教育中心3520人)；幼儿园45所(公办17所、公办民营5所、民办23所)，在园幼儿9121人；全市在编教师2014人(高中教师433人，初中教师555人，小学教师970人，幼儿教师56人)。建立完善以教育质量为核心的考核评价机制，推动教育质量提升。在上半年的全国义务教育质量检测工作中，灵武市义务教育质量居自治区中上水平；2017年中考实现了总成绩、高分人数、优生比例等方面的提升，与2016年相比，各科总成绩平均分提升29分；高考二本以上上线549人，比2016年增加59人；上线率达28.86%，比2016年提高1.33个百分点。全面推进教育内涵式发展，全市有16所学校被教育部确定为全国青少年校园足球特色学校；灵武市被教育部确定为教育信息化区域改革试点市、被自治区确定为智慧教育试点市；通过开展社会主义核心价值观培育活动、艺术教育实践活动、丰富课余生活等，为学生健康成长营造良好环境。2017年续建的9所中小学运动场及新区市体育运动场工程全部完工，完成项目9项，在建项目6项，招标项目2项。2017年基建项目及零星维修固定资产投资总计31619.6万元。投资3000余万元，实施“全面改薄”项目，完成21所学校设备后续采购和9所学校设备采购。课桌凳、教学仪器、计算机、多媒体设备、监控、网络、广播、图书及其他信息技术设备得到更新和提升，“改薄”工作稳步推进。进一步落实“四免一补”政策，实施农村小学生午餐补助工程学校26所，午餐补助学生8115人；开展校车接送学生学校18所。学前教育助学金、职业教育助学金、普通高中助学金、义务教育寄宿生生活补助和大学生助学贷款、慈善基金资助等教育惠民政策全面实施，构建了从幼儿园到大学的全程资助网。进一步强化体育设施场地建设，开展丰富多彩的群众体育活动，提升竞技体育水平，举办体育赛事，体育事业健康发展。

【文化旅游】 2017年，深入推进文化惠民、富民工程。不断健全完善市、乡镇(街道)、村、文化大院四级公共文化服务体系，重点创建银川市综合性文化活动中心10个，扶持发展文化大户5个；开展文化惠民乐万家、快乐周末、百姓舞台、书香灵武等系列文化活动，精心打造“花开四季　美好灵武”特色文化品牌。开展送戏下乡、文艺表演等320场次，开展基层文艺骨干培训50期7000人次；开展电影“七进”活动免费放映电影1477场次；图书馆、博物馆、文化馆免费接待15万人次。全域旅游工作扎实推进，完成航空营地、下白路硬化及驿站、滨河大道5个景观节点等6个项目建设；整合提升旅游产业，改造提升枣博园、大海子、长流水、白芨滩国家沙漠公园、银湖沙漠小镇、茗秀苑、御膳房等10个景区(农家乐)，完成二道沟村、胡家堡村特色旅游示范村建设，依托农家乐、长枣采摘等，吸引周边游客来灵休闲旅游。2017年全市共接待区内外游客188万人次，实现旅游收入1.6亿元。开办“落时进行时”“创建文明城市”“非煤矿山整治”“综合治理在行动”“环境整治、美化家园”等专栏进行系列报道；美丽灵武微信平台总关注量达到51万余次；完成第五期、第六期《灵武问政》及《文明城市你我他》节目录制播发；新建广播电视塔项目竣工。面向社会公布了“12318”文化市场举报电话，开展文化市场各类检查、专项行动300余家次。以“世界读书日”“塞上乡村读书节”等经典诵读为契机，使“书香灵武　灵武书香”全民阅读活动有序开展。

【卫生医疗】 2017年，灵武市实施50岁以上城乡居民普惠性健康体检，投入资金1400万元，为62125人免费进行大生化、影像、肿瘤三项、骨密度测定等17项检查。投入3000万元为市人民医院、中医院、妇幼保健计划生育服务中心购置1.5T核磁共振、64排CT、四维彩超各1台。继续推进灵武市医院迁扩建项目及医疗卫生基础设施建设。出台《灵武市组建县域医疗联合体实施方案》，由灵武市医院重点帮扶13家基层医疗卫生机构，灵武市中医院重点帮扶8家基层医疗卫生机构，共派驻36名中级以上职称人员和67名“凡晋必下”医务人员支援13家基层医疗卫生机构。在上级医院的带动下，全市80%的基层医疗机构能开展中医理疗、推拿、按摩等中医服务，4家卫生院能够开展住院部业务，住院部管理得到进一步规范。开展远程会诊309人次，完成全年远程会诊任务286%。基层医疗卫生机构门诊、住院人次较上年同期分别增长12.2%、50%。制作“精准医疗扶贫医患联系卡”，为患者就诊免去门诊挂号费、诊疗费，优先享有“优先住院”“住院零押金”“绿色通道”等服务。针对病情复杂的持卡患者，组织专家组提供“点对点咨询、一对一服务”及健康知识咨询与安全用药指导，为救治需要大型设备检查的患者，减免10%的检查费用，受益7444人。投资52.5万元完成3家卫生院中医馆建设。4所社区卫生服务站均能开展中医药服务，村卫生室能运用至少6项中医药技术方法治疗常见病、多发病，全市基层中医药服务量达45%。制定《灵武市公立医院控制医疗费用不合理增长实施方案》，加强公立医院内部管理，药占比(不含中药饮片)37.20%，较上一年同期下降0.66%，百元医疗收入(不含药品收入)耗材占比31.25%。公立医院医疗收入增幅7.86%，控制在8%以内。门诊次均费用169.14元，住院次均费用4415.60元，均低于全区同级医院水平。

【创业就业】 2017年，全市城镇新增就业3546人；城镇困难就业人员实现再就业632人；城镇登记失业率为3.37%。共为779名失业人员发放失业金402.43万元，统一缴纳职工基本医疗保险费及大额医疗保险费计9.88万元。2017年为49家企业拨付2016年下半年援企稳岗资金736.14万元，为符合条件的1447名灵活就业人员发放社保补贴399万元。全年安置公益性岗位人员542人。建成家庭服务社区工作站1个，零就业家庭动态清零。共审核发放创业贷款532万元，培育小企业157个；培育小老板283个；创造新岗位1176个；全民创业带动就业2540人；申报大学生创业补贴4人。举办各类培训班36期1818人；创业培训5期145人；电子商务培训2期60人。累计转移农村劳动力就业26133人，完成全区目标任务20000人的130%，实现劳务收入1.98亿元。

【社会保障】 2017年，根据《宁夏回族自治区社会保险“五险合一”经办体制改革方案的通知》等文件精神，完成五险合一经办机构整合。城镇职工养老保险参保职工人数47410人，征缴额16232万元，完成目标任务100%；机关事业单位参保人数9653人(含退休人员)，完成目标任务100.6%，征缴8000万元、职业年金征缴1578万元；城乡居民养老保险参保人数58710人，完成101.22%；失业保险参保人数42379人，完成目标任务42270人的108%；基金2158万元，完成目标任务102%；职工医疗保险人数56788人，完成目标任务的104%；生育保险人数41513人，完成目标任务的101%；工伤保险人数50257人，完成目标任务的109.2%；“同舟计划”参保率100%；城乡居民医疗保险参保人数18.3万，完成目标任务的102%。完成城乡低保提标扩面工作，将城市居民低保标准由每人每月 440 元提高到 570 元，农村居民低保标准由每人每年 3150 元提高到 3800 元。2017 年底，全市共有城市低保对象 1404 户 2587 人，发放资金共计 1186.49 万元；有农村低保对象 3851 户 6235 人，发放资金共计 2526.64 万元；救助因病致贫困难群众 911 人，发放城乡医疗救助资金 442.45 万元，一站式结算 527 人次，发放资金 36.3 万元。为 320 名分散特困人员发放供养经费 310.1 万元（月人均 833 元）；为 450 人次特困户支付医疗费 32 万元；为 310 位特困供养人员发放冬季供暖补贴 12.4 万元。

【政法综治】 2017 年，灵武市成立网络舆情应对处置工作协调小组，及时发现上报和处置重要舆情信息 248 条；依法处置"周泽群势力"等非法传教活动，排查邪教组织人员 15 人，入户调查在库人员 18 人。开展全方位矛盾纠纷大排查大化解活动，排查录入矛盾纠纷 298 件，化解矛盾纠纷 288 件，化解率 96.6%。建立信访积案定期化解机制，梳理信访积案 35 件，化解积案 30 件，化解率 85.7%。建立月底接访信息报送制度，共接访 74 件（次），导入司法程序 51 件（次）。将全市城乡划分为 1—4 级共 1524 个网格，实现"城乡有网、网中有格、格中定人、人负其责"。实施"天网工程"和"地网工程"，将技防、人防和物防有效融合。"一村双警"基层治理模式深入推进，在全市村（社区）建立警务助理站 46 个，撬动参与治安防控力量人数有 2500 余人。

中国共产党灵武市委员会

综 述

【概况】 2017年，是新一届市委工作的开局之年，在自治区党委、银川市委坚强领导下，市委团结带领全市广大党员干部群众，深入学习贯彻党的十九大和自治区第十二次党代会精神，积极践行新发展理念，扎实推进“两学一做”学习教育常态化制度化，转作风、抓发展，促改革、调结构，保增长、惠民生，全市经济社会发展取得新成绩。2017年实现地区生产总值435.7亿元，同比增长11.2%；市属固定资产投资138.0亿元，同比增长10.7%；市属规模以上工业增加值同比增长8.5%；地方一般公共预算收入30.3亿元，同口径增长33.8%（其中市属9.2亿元，同口径增长8.6%）；社会消费品零售总额17.3亿元，同比增长9.9%；城乡居民人均可支配收入分别达3.06万元、1.37万元，同比增长8.1%和8.9%。2017年，全国综合实力百强县排名跃升至第85位、全国工业百强排名第81位、全国中小城市投资潜力百强排名第34位。

【工业经济】 2017年，灵武市委从推进供给侧结构性改革的关键点发力，优势再认识、潜力再挖掘，借助优质资源、先进经验、社会资本、专业人才，推进传统产业转型发展，积极培育新的经济增长极，加速产业提质升级。坚持把优化发展环境作为提升发展能力的重要抓手。深化行政审批制度改革，实行“不见面、马上办”审批服务模式，创新建设项目施工许可规程，实现企业办事不出园区。开展“百名干部进百企”活动，点对点精准对接，解决企业发展难题，以服务提升促进发展提速。全市新增规模以上企业6家，5家企业入选宁夏百强企业。突出政策引导，严格落实促转型降成本各项政策，出台《关于推进农业供给侧结构性改革加快培育农业发展新动能的实施意见》，设立产业发展基金4.5亿元，助力企业转型发展。积极争取电力直接交易试点，中银绒业、东义镁业获批第一批电力直接交易。把项目作为县域经济发展的引擎，牢牢把握经济工作项目化要领，千方百计谋项目、不遗余力争项目、上下一心抓项目，确定实施总投资262.8亿元的139个项目顺利推进，落实项目融资20亿元，完成上争资金30亿元。突出精准招商、产业链招商，四套班子领导挂帅，先后“走出去”对接项目16批次，实施招商引资项目18个，到位资金94亿元。坚持以投资结构优化推进产业结构、经济结构优化，谋划储备2018年项目163个，形成项目接续、发展接力的格局。银川市项目谋划推进会议在灵武市召开，对全市项目工作给予充分肯定。现代纺织产业重组升级取得关键性进展。加快推进中银绒业并购重组，组建宁夏绒都国际羊绒制品有限公司和羊绒原料公司，设立羊绒产业发展基金，积极破解制约产业发展难题。整合园区闲置资产建设浙商产业园，引进服装生产设计、品牌运营、高档包装等项目14个，3万锭高支精纺特种亚麻纱线和1300万码亚麻面料项目达产达效，现代纺织产业链进一步延伸。大力创建全国知名品牌示范区，“灵州雪”被评为“中国驰名商标”，“灵武精品羊绒”入选最具潜力区域品牌30强，品牌价值70亿元。“智慧园区”建设加快推进，高新区获评国家首批“绿色园区”，培育国家高新技术企业2家、国家重点实验室3个、自治区企业技术中心7家。再生资源产业整合发展加速推进。通过联营、合资、入股等方式，引入行业领军企业开展项目合作，实现强强联合、优势互补，12万吨再生铝棒及铝型材等9个项目加快建设，6万吨再生铜杆等6个项目建成投产。《扶持壮大再生资源循环经济示范区实体企业发展政策》试点工作稳步推进，完成国家“城市矿产”示范基地项目验收，再生园区进入中国产业园区成长力百强。临港产业加速开放发展。园区总体规划和各专项规划全部完成，基础设施PPP项目加快建设。健全园区招商引资机制，泓源新能源汽车制造、浩谷生物质能源综合利用、超高倍反射聚光光伏发电装备等高新技术项目签约落地，与30家区内外企业达成合作意向，开放型经济发展的潜能和优势逐步显现。

【农业经济】 坚持把解决好“三农”问题作为全市工作的重中之重。围绕农业增效、农民增收，推进全程机械化、生产标准化、服务社会化，着力构建现代农业产业体系、生产体系、经营体系。粮食生产加工业突出做精增效。引导农民依法有序流转土地超过10万亩，巩固有机富硒稻生产基地6万亩，5万吨富硒大米加工技改、10万吨大米加工扩建项目建成投产，兴唐米业粮食银行挂牌运营，昊王大米、兴唐香米荣获中国绿色食品博览会金奖，昊王米业荣获中国大米加工企业50强。粮食生产加工业实现产值23亿元。长枣产业突出保质提值。组建“宁夏灵武长枣研究院”，获得长枣贮藏保鲜、智能化分级分选等重大科技专利11项，长枣保鲜、贮运和深加工项目投产运行。新修订灵武长枣产业扶持政策，拓宽鲜枣销售渠道，实现在上海等一线城市市场冷链直送，灵武长枣品牌价值4.89亿元。草畜产业突出提质增效。完成10万亩养殖园区规划布局，实施优质奶源基地提升工程，亿美日加工450吨山羊奶项目建成投产，积极培育自繁自育科技示范户、节本增效示范点，新建千头奶牛牧场2个，盘活5个万只肉羊养殖园区，羊饲养量达360万只，伊诺牌宁夏滩羊荣获“国家生态原产地保护产品”标志。做亮以“上滩韭菜”为主的设施蔬菜品牌，瓜菜种植面积达7万亩，以区外市场为主的外销体系初步形成，促农增收带动力更加强劲。

【城乡建设】 常委会坚持把优美的人居环境作为新的发展优势。以绿色发展引领城市建设，突出“丝路古驿、唐韵古城、长枣之乡、羊绒之都”城市特色，着力构建城市、产业和生态环境相互融合、互为促进的发展格局。开展生态绿化品质提升行动，枣博园续建、灵河生态公园等项目建成投用，主干道路、居民小区、小微公园绿化档次显著提升，城市绿化率达到33.6%。推广“六位一体”防沙治沙模式，世行贷款宁夏黄河东岸防沙治沙项目、白芨滩自然保护区三期、第一批森林植被恢复等重点生态项目完成建设。国家三北工程精准治沙现场会在灵武召开，“灵武——长枣景观的都市”项目荣获亚洲都市景观奖，“人沙和谐·沙城融合”项目荣获城市有机更新优胜奖。提升城市功能品位，完善城市设施配套，生态纺织园产业工人保障房、劳务移民周转房建成入住，档案馆、图书馆、中心城市基础网络、棚户区改造等重点工程完成建设，智慧城市管理指挥中心建成运行。主动融入大银川都市圈，推动区域互联互通，黄河大桥连接线竣工通车，国道307西段拓宽、下白路南段拓宽等工程完成建设。深入开展城乡环境综合治理专项行动，实行“以克论净、深度保洁”模式，城区主干道路和公共广场机械化保洁率达67%。加快推进新型城镇化，完成马家滩美丽小城镇建设，建设美丽村庄14个，完成1.2万户农村污水无害化处理及改厕，临河镇二道沟村获评全国第四批美丽宜居示范村庄。全区农村人居环境综合整治现场推进会召开，灵武市进入全国新型城镇化质量百强列97位。巩固中央环保督察组反馈问题整改成果，保护好群众生产生活环境，“智慧环保”物联网监测系统投入运行，开展非煤矿山整治“零点行动”，盗采资源、破坏环境等违法行为得到有效遏制。灵武市空气质量优良率88.5%，位居银川市第一。市、乡（镇）、村三级河长制工作实现全覆盖，自治区全面推行河长制工作现场会在灵武市召开。

【文化体育】 以创建全国文明城市为抓手，积极开展群众性文明创建活动，引导党员干部带头移风易俗，完善村规民约，实现村级“红白理事会”全覆盖，崇兴镇中北村被评为全国文明村镇，郝家桥镇王家嘴村被评为自治区美丽乡村文明创建工程示范村，自治区创建文明城市现场经验交流会人员到灵武市观摩。深化“美丽灵武人”塑造行动，扎实开展文化惠民行动，创建银川市公共文化服务示范乡镇2个，“灵武好声音”“灵武好味道”等文化活动深受群众喜爱。加强文化遗产保护利用和地方志历史文化资源开发，“千年古县”申报工作顺利推进。全民健身蔚然成风，农民运动会、广场舞健身大赛等活动广受群众欢迎，被国家体育总局授予群众体育先进单位。校园足球长足发展，成立足球运动发展管理中心，成功承办全国青少年校园足球联赛高中组（西北区）决赛，灵武市被确定为全国青少年校园足球试点县。

【社会事业】 2017年，常委会坚持把人民对美好生活的向往作为工作的出发点和落脚点，将市财政预算支出的80%以上投入民生事业，让改革发展成果更多更公平惠及广大群众。把脱贫攻坚作为第一民生工程，实施脱贫攻坚九项行动，创新“村头建厂、家门口就业”“企业+基地+农民”“入股分红+就业”扶贫模式，建立首个“全国巾帼巧手致富示范基地”，奶牛托管、特色种植、设施农业等扶贫产业加快发展，整合设立担保基金为建档立卡户发放创业贷款3440万元，完成脱贫能力素质提升培训4380人，移民人均可支配收入同比增长11%，完成建档立卡贫困人口脱贫1780人，“十三五”移民安置房建设任务全面完成。出台鼓励农村家庭“户均一人进厂务工”政策，为外出务工城乡家庭购买意外伤害保险，城镇新增就业3557人，转移农村劳动力2.6万人次，灵武市位列全国“双创”百强第93位。深入开展教育教学质量提升行动，出台《关于促进民办教育发展的意见》，健全中小学教学科研成果奖励、名师及骨干教师考核办法，完成21所义务教育阶段薄弱学校改造。全面推行“双元制”职业教育模式，职教中心迁扩建工程加快推进，与北京职业学校开展合作，着力打造职业教育协同发展“新样板”。医药卫生体制改革稳步推进，市医院迁扩建项目加快建设，3个医疗特色专科建设启动实施。家庭医生签约服务有序开展，基层诊疗服务质量和效率稳步提升。养老保险和失业保险参保扩面任务全面完成，城乡居民养老、医疗保险参保率98%以上，为50岁以上城乡居民和在岗干部职工进行普惠性健康体检，老年活动中心和第二敬老院配套工程建成投用。

【社会管理】 始终把群众呼声作为第一信日。深化“三化一满意”为民服务机制，31项便民服务事项实现网上申报受理审批，服务效率进一步提升。加快依法治市步伐，建立“权力清单”和“负面清单”，完善公职律师制度，扎实开展“七五普法”，深化“法律十进”活动，法制宣传教育覆盖面达95%以上。实施社会治理服务体系“灵盾工程”，建成社会治安立体防控系统，市矛盾纠纷调处中心投入运行，实现三级综治中心、综治工作站全覆盖。构建多元化矛盾纠纷调处体系，设置人民法院巡回法庭、公共法律服务中心，成立交通事故、土地纠纷、医患纠纷等9个专业性调解委员会，严格落实市级领导接访和包案化解制度，实现信访案件增量下降、总量减少。巩固“双拥共建”成果，推进军民融合式发展，灵武市人民武装部被宁夏军区评为军事训练先进单位。民族团结进步、和谐寺观教堂创建等活动扎实推进，唱响“各族人民是一家”主旋律，进一步巩固民族和睦、宗教和顺、社会和谐大好局面。

重要会议

【市委常委会议】 2017年，灵武市委共召开常委会议25次，印发纪要22期。常委会议内容主要分为五类。

一是传达学习会议精神：传达自治区党委十一届九次全体会议、全区经济工作会议精神；全区宗教工作会议精神；银川市“两会”和市委常委会议精神；自治区“两会”及自治区党委书记在银川市代表团重要讲话精神；银川市安全生产暨

2017年市安委会第一次全体（扩大）会议精神，研究灵武市贯彻落实意见；中央、自治区农村工作会议精神；银川市委第十四届三次全体会议和全市重点工作安排部署会议精神、自治区脱贫攻坚推进会精神；中央纪委十八届七次全体会议、自治区纪委十一届八次全体会议、银川市纪委十四届二次全体会议精神；全国宣传部长会议精神，全国、自治区统战部部长会议精神，中央政法工作会议、全区政法综治信访维稳工作会议精神；自治区领导干部学习贯彻党的十八届六中全会精神专题研讨班精神；自治区宣传思想文化工作会议精神，研究了贯彻落实意见；全区防范和处理邪教问题办公室主任会议、银川市政法综治信访维稳工作会议精神；宁夏党政代表团在江苏省考察学习情况及灵武市考察组赴江苏考察对接项目情况，安排下一步招商引资工作；徐广国书记到灵武市调研讲话精神，研究了贯彻落实意见；全国“两会”精神；全区组织部长会议精神；全区统计工作会议精神；《宁夏回族自治区党委（党组）理论学习中心组学习实施办法》，研究了贯彻落实措施；自治区深化医药卫生体制改革领导小组第二次会议精神；自治区、银川市一季度经济形势分析会议精神，研究了贯彻措施；习近平总书记、李克强总理关于安全生产工作重要指示批示精神，安排部署了全市安全生产工作；全区领导干部会议及自治区十一届党委2017年第13次常委会、银川市委2017年第10次常委会议精神；自治区推进“两学一做”学习教育常态化制度化工作会议精神；俞正声同志到宁夏调研讲话精神，石泰峰同志在中共中央《关于加强新形势下党的督促检查工作的意见》上的批示；石泰峰同志到银川调研讲话精神；银川市委第11次常委（扩大）会议精神；全区宣传部长座谈会议精神；自治区深化改革领导小组第18次会议精神；《中共中央办公厅 国务院办公厅关于甘肃祁连山国家级自然保护区生态环境问题督查处理情况及其教训的通报》；自治区第十一届人民代表大会第八次会议精神；银川市第13次常委会议精神；《中共银川市委办公厅 关于广泛开展向廖俊波同志学习的通知》；习近平总书记在深度贫困地区脱贫攻坚座谈会上的讲话精神；李克强总理在全国深化简政放权放管结合优化服务改革电视电话会议上的讲话精神；王岐山同志在扶贫领域监督执纪问责工作电视电话会上讲话精神；国务院安委会安全生产巡查工作反馈电视电话会议精神；姜志刚同志到灵武市调研精神；民政部调研督导组到灵武市调研相关精神；全区民族团结进步暨和谐寺观教堂创建互观互检经验交流会议精神；《中国共产党巡视工作条例》；《关于市县党委建立巡查制度的意见》；自治区国有企业党的建设工作会议精神；全区开展“三大三强”行动推广“两个带头人”工程经验促脱贫富民战略实施工作会议精神；自治区、银川市创建文明城市推进会精神；党的十九大精神及习近平总书记在新一届中央政治局常委媒体见面会、中央政治局第一次集体学习、瞻仰中共一大会址等重要讲话精神；自治区党委第十二届二次全会、银川市委十四届四次全会精神；自治区实施脱贫富民战略推进会精神；中央、自治区和银川市金融工作会议精神；自治区实施生态立区战略推进会精神；银川市委第26次常委（扩大）会议精神；《国家监察体制改革试点工作总结报告》和全国推开国家监察体制改革试点工作动员部署电视电话会议精神；自治区全域旅游发展推进会精神；全区深化监察体制改革试点工作动员部署会议精神；银川市委第28次常委会议精神；银川市2018年项目谋划工作推进会精神；杨晓渡同志到灵武市调研座谈重要讲话精神；全区民营经济发展推进会精神及落实意见；银川市实施“三大战略”推进大会精神；自治区环境保护督察工作电视电话会议暨自治区环境保护督察工作领导小组第二次会议精神并研究贯彻落实意见；习近平总书记关于进一步纠正“四风”、加强作风建设重要批示精神；《银川市关于认真贯彻落实习近平总书记重要指示精神结合“学、查、改”进一步纠正“四风”加强作风建设的通知》精神；弘扬“红船精神”座谈会精神；银川市产业园区工作会议精神。

二是研究部署全市重点工作:研究2016年度产业政策奖补及重点工作考核奖励兑现有关事宜，关停宁夏王氏皮草制品有限公司、宁夏东麓建材有限公司事宜，拍卖水上锦都商业房等国有资产事宜，东塔旗眼山取土场、白土岗乡北毛疙瘩弯2015-3日采矿点及白土岗乡大东沟2015-2日采矿点3宗建筑材料用权挂牌出让交易事宜,发展“新经济、新产业、新业态、新模式 当好经济社会发展排头兵”专题研讨会有关事宜，研究退还华电宁夏灵武发电有限公司垫付征地补偿费事宜，基础设施投融资体制改革试点工作，浙江泓源新能源汽车项目合作事宜，提前偿还2014—2015年棚户区改造项目建设贷款事宜,调整2017年财政预算事宜，拨付PPP项目资金事宜，设立再生资源产品研发与技术创新基金事宜,《关于兑现2016年秋季农田水利基本建设及环境综合治理奖补资金的决定》,研究农村产权制度改革相关工作,《关于加快农业供给侧结构性改革 加快培育农业农村发展新动能的实施意见》。研究梧桐树乡改乡设镇、重建狼皮子梁乡政府建制事宜。研究参加“中国足球少年英国行”活动有关事宜,“美丽灵武人”表彰事宜,推荐全国社会治安综合治理先进集体和先进工作者事宜，关于对基干民兵集训先进个人通报表彰的事宜，迎接国务院扶贫开发领导小组2017年脱贫攻坚督查事宜,“丝路古驿 羊绒之都”中国宁夏(灵武)热气球节筹备事宜，组织纪念中国人民解放军建军90周年双拥活动有关事宜，推荐银川市深化全国文明城市建设工作先进集体、先进个人事宜,研究2016年度全市目标绩效考核事宜,2016年度全市科级干部考核结果及对2014—2016连续三年考核优秀公务员记功奖励事宜，调整全市议事协调机构事宜，审议灵武市推荐第十二届自治区党委委员、候补委员和纪委委员候选人初步人选事宜，成立全市督察工作领导小组事宜，全市土地执法工作，打击违法盗采工作，供销社改革有关事宜，2017年度灵武朝觐团有关工作事宜，深化医药卫生体制改革工作,民族团结月活动事宜,成立灵武市老科技工作者协会事宜,组建市委讲师团事宜,成立市委网络安全和信息化领导小组及下设办公室事宜，研究全市机关党委、纪委班子换届选举事宜,全市党风廉政建设和反腐败工作,关于进一步贯彻落实中央“八项规定”精神加强和改进有关工作的事宜，监察体制改革相关事宜，成立灵武市深化国家监察体制改革试点工作小组事宜，研究向全市部分村级党组织选派第一书记事宜,规范设立党组和组成人员事宜。

三是研究部署社会重要问题:《灵武市2017年春节慰问工作方案》《灵武市2017年“两节”群众文化系列活动方案》《2017年创建全国文明城市攻坚行动实施方案》《灵武市现役军人立功受奖奖励办法》《灵武市关于加快发展青少年校园足球运动实施意见》《灵武市关于促进民办教育发展的意见（试行）》《灵武市中小学教学教研成果奖励办法(试行)》《灵武市名师考核办法(试行)》《灵武市骨干教师考核办法(试行)》《灵武市中小学校长考核办法（试行）》《灵武市2017年教师节庆祝表彰活动方案》《灵武市被征地农民社会保障实施办法（试行）》《加快智慧城市（智慧灵武）建设实施方案》《深化行政审批制度改革推进“互联网+政务服务”工作方案》《中共灵武市委关于加强和改进保密工作的实施意见(审议稿)》《关于加强乡镇建设发展的实施意见(试行)》《灵武市民族工作联席会议制度》《灵武市宗教工作联席会议制度》《贯彻落实第八环境保护督察组督察反馈意见整改方案》《灵武市土壤污染防治工作实施方案》《全民法治宣传教育第七个五年规划》《深入推进安全生产领域改革发展的实施意见》《灵武市关于创建全国民族团结进步模范市的实施意见》《灵武市创建全区禁毒示范县(市)工作方案》《关于进一步加强党委(党组)意识形态工作的意见》《灵武市国有林场改革实施方案》《灵武市乡镇职能配置机构设置人员编制方案》《2016年度目标绩效考核奖励资金兑现方案》《灵武市法治政府建设实施方案(2016—2020年)》《灵武市乡镇(街道)、部门综治工作(平安建设)考核奖惩办法》《灵武市推行河长制工作方案》《2017年目标绩效考核方案补充规定》《2017年上半年考核奖励资金兑现方案》《关于贯彻落实〈自治区推进安全生产领域改革发展的实施意见〉的工作方案》《城市管理执法体制改革实施方案》《关于推进“两学一做”学习教育常态化制度化实施方案》《中共灵武市委关于递补市委委员的决定(草案)》《中共灵武市委关于全面从严治党的实施意见(审议稿)》《党政机关差旅费管理办法》《灵武市关于规范党和国家工作人员操办婚丧喜庆事宜的暂行规定》《中共灵武市委员会关于深入学习贯彻落实党的十九大精神的意见(送审稿)》《党的十八大以来市委贯彻执行中央八项规定精神加强作风建设情况报告》《灵武市巡察工作实施办法(试行)》《灵武市深化监察体制改革试点工作实施方案》。

四是研究召开重要会议:研究关于召开市委五届三次全体会议、全市经济工作会议、全市重点工作安排部署会议、市纪委五届二次全体(扩大)会议、全市政法综治信访维稳会议、全市农业农村工作暨脱贫攻坚推进会议、创建全国文明城市攻坚行动暨推进移风易俗工作动员会议、全市保密工作会议、市委第五届四次全委会议、全市民族团结进步命名表彰暨创建“全国民族团结进步模范市”推进大会、市委第五届五次全体(扩大)会议、市第十七届人民代表大会第二次会议、政协第十二届委员会第二次会议。

五是研究了干部任免等有关事宜。

【全市安全生产工作会议】 1月20日,灵武市召开2017年度安全生产工作会议。副市长杨国龙主持会议。市长马自忠在会上传达要求,市委常委、副市长赵灵平传达了全国、自治区、银川市安全生产工作会议精神,通报了全市2016年安全生产形势,安排部署了2017年安全生产重点工作,并代表市人民政府与各乡镇、各部门签订了2017年安全生产目标责任书。

【中共灵武市委五届四次全委会议】 3月2日,市委书记夏斌主持召开中共灵武市委五届四次全委会议。会议以举手表决的方式通过了关于推选第十二届自治区党委委员、候补委员和纪委委员人选初步人选的议程。

【创建全国文明城市推动移风易俗暨环境综合治理大会】 4月1日,灵武市创建全国文明城市推动移风易俗暨环境综合治理大会在市宣传文化中心举行。夏斌、郑学文、马自忠、杨文炯等市四套班子领导、市直各部门、各乡镇、各人民团体、驻灵区属单位、各村、社区主要负责人以及受表彰的“美丽灵武人”共五百余人参加了大会。

【“青春激扬红五月·不忘初心跟党走”主题团日暨千人入团仪式】 5月4日,在“五四”青年节到来之际,灵武市“青春激扬红五月·不忘初心跟党走”主题团日暨千人入团仪式在市体育馆举行。市领导郑学文、邬鹏、韩蕃璠、郭峰出席主题团日活动,为新团员佩戴团徽,并观看了精彩的文艺演出。

【全市脱贫攻坚考核反馈问题整改落实工作推进大会】 5月12日,全市脱贫攻坚考核反馈问题整改落实工作推进大会在戴斯会议中心举行,全市各乡镇、部门干部职工近500人参加会议。市委副书记、政法委书记邬鹏主持会议。

【全市“两学一做”学习教育常态化制度化暨群众评议机关作风活动推进会】 6月2日,全市“两学一做”学习教育常态化制度化暨群众评议机关作风活动推进会在市委党校召开。市委书记夏斌作重要讲话,郑学文、杨文炯等市四套班子领导及各乡镇、各部门、各村(社区)党支部书记等参加会议。

【浙江泓源新能源汽车生产项目签约仪式】 6月16日,市人民政府与浙江泓源汽车集团举行投资合作协议签约仪式,标志着总投资20亿元的新能源汽车生产项目将正式落户灵武市。夏斌、郑学文、马自忠、杨文炯等市四套班子领导及宏远集团董事长邵国良先生出席本次签约仪式。仪式由副市长张韧刚主持。

【2017年禁毒工作推进会议暨创建全区禁毒示范县(市)动员部署会议】 7月7日,灵武市召开2017年禁毒工作推进会议暨创建全区禁毒示范县(市)动员部署会议。市领导邬鹏、杜勇、马正东、刘卫星、杨国龙、郭峰参加会议。会上,市委常委、公安局长杜勇总结了上半年禁毒工作,安排了下半年禁毒工作;副市长杨国龙与各乡镇(街道)、成员单位签订了《灵武市

2017 年禁毒工作目标责任书》。

【全市上半年经济形势分析会】 8 月 4 日,全市上半年经济形势分析会召开。会议传达学习了自治区党委常委会、政府常务会、政府全体会议及银川市经济形势分析会精神，研究部署灵武市经济工作。市委书记夏斌在会上强调，要认真贯彻落实自治区第十二次党代会精神,按照“绿色、高端、和谐、宜居”的要求,对标问题、强化措施、振奋精神、实干兴灵,确保全面完成年度目标任务。市领导郑学文、马自忠、杨文炯等参加会议。

【首届宁夏红枣评比大赛暨灵武长枣 2017 年秋季推介订货会】 9 月 27 日,首届宁夏红枣评比大赛暨灵武长枣 2017 年秋季推介订货会在灵武市世界枣树博览园举行，这是全区红枣产业发展史上的一次盛会，也是推动宁夏红枣产业发展、促进灵武长枣销售的一项重要举措。自治区林业厅副厅长陈建华，市人大常委会主任郑学文,市委常委、组织部部长李国强,副市长陈玉贤参加订货会。

【2017 亚洲都市景观奖颁奖礼】 9 月 28 日,2017 亚洲都市景观奖颁奖礼在银川国际交流中心举行,共有 13 个城市(项目)获得 2017 亚洲都市景观奖,2 个项目获得亚洲都市景观范例奖。灵武市申报的“灵武——长枣景观的都市项目”获得亚洲都市景观奖，也是中国获得亚洲都市景观奖三个城市之一。

【全市学习宣传贯彻党的十九大精神专场报告会】 11 月 2 日，全市举行学习宣传贯彻党的十九大精神专场报告会。邀请十九大代表、宁夏大学西夏学研究院院长杜建录为全市党员干部职工作了十九大精神专题辅导报告。市人大常委会主任郑学文、市政协主席杨文炯等四套班子领导及各乡镇、市直各部门党员干部、各村（社区）负责人等 500 人参加了专题报告会。

【中国共产党灵武市第五届委员会第四次全体会议】 11 月 17 日，中国共产党灵武市第五届委员会第四次全体会议在戴斯会议中心举行。全会由市委常委会主持。市委书记夏斌就《中共灵武市委员会关于深入学习宣传贯彻党的十九大精神的意见(讨论稿)》作了说明。

【“学、查、改”干部作风整治活动动员部署会】 12 月 1 日,银川市召开“学、查、改”干部作风整治活动动员部署会，就进一步加强干部作风建设进行安排部署。电视电话会议结束后,受市委书记夏斌委托，市人大常委会主任郑学文对灵武市“学、查、改”干部作风整治活动进行了安排部署。

【全市民族团结进步命名表彰暨创建“全国民族团结进步示范市”推进大会】 12 月 15 日，全市民族团结进步命名表彰暨创建“全国民族团结进步示范市”推进大会在市宣传文化中心召开，会议深入贯彻落实党的十九大和自治区第十二次党代会精神，进一步动员全社会力量投身民族团结进步创建工作。自治区民委副主任陈建龙、灵武市委书记夏斌分别讲话，市领导郑学文、杨文炯、马利剑、何志龙、杨国龙、郭峰参加会议。

【中国共产党灵武市第五届委员会第五次全体会议】 12 月 20 日至 21 日,中国共产党灵武市第五届委员会第五次全体会议在戴斯会议中心举行。全会由市委常委会主持，市委书记夏斌同志代表常委会作了题为《振奋精神 实干兴灵 为率先全面建成小康社会 率先开启全面建设社会主义现代化新征程不懈奋斗》的工作报告。全会审议通过了这个报告，讨论并原则通过《中共灵武市委 2018 年工作要点》。

市委办公室工作

【协调服务】 2017 年，市委办公室在市委、政府、市直机关工委正确领导下,认真学习贯彻落实党的十九大、自治区第十二次党代会精神,扎实推进“两学一做”制度化常态化，努力践行“五个坚持”的党办精神,狠抓精细化管理,上下一心,务实重行,开拓创新,在参谋辅政、落实主体责任、办文办会、服务中心、督察考核、后勤保障、机要保密等方面做了大量的工作，较好地完成了各项目标任务，为推进市委各项工作、助推“1234”发展上作出应有的贡献。

一是精准组织调查研究。准确把握影响全局的新情况、新问题，把握领导关注和群众反映的热点、难点问题,围绕新型城镇化建设、智慧城市创新农业社会化服务的探索与实践、灵武长枣拥抱互联网构建新型销售链等课题，深入机关、乡镇、园区、农村开展调研，撰写调研文章80余篇，撰写并向上级党委报送灵武羊绒产业发展面临问题及对策，宁东体制不畅、光伏扶贫土地利用的问题及建议，政府网站建设的不足与对策建议等决策咨询信息30余篇，提出了有针对性、可操作性的意见和建议，使更多的调研成果转化为科学决策的重要依据，推进羊绒企业重组实现重大突破，推动解决了与宁东安全监管管理权责不一的问题。

二是精细提供文稿服务。围绕中心，把握大局，始终站在大局的高度、领导的角度，领会意图把握精神，牵头起草《中共灵武市委学习宣传贯彻党的十九大精神的意见》《灵武市贯彻落实自治区十二次党代会精神实施意见》《关于贯彻落实银川市委"绿色高端和谐宜居"城市发展理念的意见》等重要文件，高质量完成《五届五次全委会工作报告》《2018年市委工作要点》、中央纪委监察局调研灵武深化监察体制改革工作汇报、市委主要领导讲话稿等重要会议材料80余份，发表领导署名理论文章5篇。完成全市10件大事71项任务细化方案，对影响灵武长远发展的突出问题进行梳理，在以文辅政、提高参谋层次和服务水平上取得了新成效。

三是"精文减会"增强办文办会的效率性。严格落实中央八项规定精神，从严控制文件数量，严格文件审核把关，最大限度地减少文件数量，压缩文件篇幅。涉及同一事项的工作部署、配套政策、责任分工等文件，尽量合并下发，发文数量同比下降17%，提高公文运转效率。充分利用信息化技术，在严格安全保密的条件下，一般文件利用灵武市电子公文传输系统进行传输运转，凡能通过电话、传真、网络解决问题的不予印发文件，提高文件处理时效。开展信息简报清理，减少简报信息的数量和种类，严格控制期数和报送范围，做到了量少质优，信息简报数量下降到32个。进一步规范明密件管理，共收发机要信件279份，处理各级来文1824份，实现零错误。建立规范性备案工作台账，共向区市报备党内规范性文件6件，备案及时率、通过率均达到100%。带头倡导"短实新"的文风会风，提高工作效能，共统筹安排市委各类活动、会议共计140余项，其中市委常委会22次，专题会议11次；接待转交群众来信来电来访260次，解决群众各项咨询300人次，以细致化的服务，确保每一个环节零失误。立足全局，积极衔接，协调服务严谨周密。增强协调的时效性。加强与自治区、银川市的联系沟通，及时了解上级意图，争取获得更多的指导和帮助；做好市委领导之间的协调，及时向领导汇报情况、听取指示，统筹安排领导干部公务活动；做好与人大办、政府办、政协办之间的协调，主动加强联系，及时就全市重大决策部署和需要协调的问题进行沟通；做好部门之间的协调，加强协作、交流，努力营造团结一致求发展、齐心协力抓落实的良好氛围。组织筹备了市委五届四次、五次全委会，全市脱贫攻坚、信访维稳、重点项目建设、全面深化改革等重要会议52次，圆满完成了中央和自治区、银川市领导到灵武市观摩调研60余次。

【督察工作】 强化督察督办。"重在落实"增强督察的权威性。督察工作细化责任分工，完善机制建设，敢于碰硬，敢于拔"钉子"，敢于一查到底。对党委作出的重要决策部署、领导批示交办的重要事项等，紧抓不放，大胆督察，跟踪问效，直至落实。起草印发了《灵武市2017年督查工作方案》，按照年度督察计划；先后参与对全市农业农村及农业重点项目建设、脱贫攻坚、创建全国文明城市、信访维稳、城乡环境整治、民族宗教工作、全面深化改革任务及年度大事完成情况等专项督察；做好年度自治区、银川市督察组到灵武市督察各项准备工作，圆满完成上级到灵武市督察20余次；建立了年度大事、重点项目督察台账，做好10件大事71项任务、139个重点项目的督促落实工作；完成"大干实干100天攻坚行动"专项督察活动，编发专项督察通报11期。2017年，累计编发《市委领导批示件办理通知》41期、《领导批示件办理结果报告》24期，印发《督查通报》15期、《督查专报》8期、《督办事项通知》9期；整理2015、2016年度督察通报、专报，分别编印成册；建立了灵武市贯彻落实自治区第十二次党代会报告主要任务推进落实台账。

考核工作“公开透明”增强考核的公平性。加强顶层设计，根据市委要求，结合自治区、银川市考核细则，丰富完善全市目标绩效考核内容，修订出台了《灵武市2017年度目标绩效考核工作方案》，建立完善2017年目标绩效考核监管系统，将贯彻落实自治区第十二次党代会精神纳入网上考核；组织全市各单位按时完成网上季度考核工作，积极做好自治区2017年市、县（区）效能建设网络参评工作，组织开展全市目标绩效考核评价评议；做好2016年度、2017上半年目标绩效考核结果汇总，配合财政局兑现全市各单位2016年度及2017年上半年考核奖励资金，考核结果公平公正；按时完成银川市上半年及2017年度绩效考评指标任务完成情况网上填报工作，确保考核工作高质量完成。

【信息工作】 制定了灵武市信息工作考核办法，加强信息队伍建设，信息报送的部门和单位达到65家，信息员65人，按照“常规信息每天报，问题信息如实报，紧急信息及时报”的原则，突出信息的决策服务、上传下达、沟通交流功能，及时准确地向上级党委和市委领导反映灵武市经济社会事业发展的新成果、新经验以及热难点问题，及时收集报送各类信息，反映社会动态，高质量完成约稿任务。加强对乡镇、部门信息指导力度，起草《灵武市信息调研工作量化考核办法》，完善全市信息考评机制，共收集整理全市信息9000余篇，筛选编辑并上报自治区、银川市900余篇信息，截至2017年末，累计质量系数1000分，没有发生信息上报延误，信息调研工作在自治区信息考核排名前列、银川市信息考核第一。

【保密工作】 保密监管工作到位。高度重视通信保障工作，狠抓责任落实，紧扣“两个确保”，认真做好日常交接班，定期定时检查维护通信设备，没有发生失泄密和脱岗现象，确保了通信畅通和安全。强化党政内网网上业务应用，出台并完善了《内网使用管理办法》《机房管理制度》《设备管理规定》等多项管理规定，强化政务内网管理，有效保障网上应用和视频会议系统的安全畅通。通信和政务内网硬件设施升级工作陆续圆满完成。制定《中共灵武市委关于加强和改进保密工作的实施意见》，与各有关单位职工签订保密工作责任书，对全市30多个单位的保密工作进行专项督察，组织全市40多个单位2000余名干部职工学习观看了大型保密文献纪律片《胜利之盾》，积极开展保密宣传月活动，圆满完成高考、公务员招考等重要活动保密工作，未发生失泄密事件。按照领导干部网上走群众路线的要求，加大对灵武微博、银川市政民互动平台人员的管理，要求全体干部“经常上网看看，潜潜水、聊聊天、发发声”，了解群众所思所愿，收集好想法好建议，利用政务微博、政民互动平台积极回应网民关切、解疑释惑，共办理网上群众意见建议342条，办结率99%。通过政务微博深化政务公开，发布权威信息，做好市委、政府重大决策部署、惠民政策、旅游活动、灾害天气等的发布工作，累计发布各类话题55个，粉丝增加1616个，单篇微博“灵武长枣树上挂 全国订单纷纷来”阅读量超过15万。有效应对突发舆情，及时发布微博辟谣，妥善处理舆情4个，利用好黄金四小时防止舆情事件发酵。

【党建方面】 主动作为，支部党建水平实现新突破。一是注重思想政治建设，筑牢理想信念。在积极组织学习的基础上，认真开展以周一学习为主的常态化学习，重点学习党的十九大精神、自治区第十二次党代会精神、银川市十五届五次全会及全市五届五次全会精神，先后购置发放《党的十九报告辅导读本》《习近平谈治国理政（第二卷）》《自治区十二次党代会报告辅导读本》《党章》等各类学习教材100余册，做到读原著、悟内涵，深入学、系统学，入脑入心。充分利用微信、QQ群、微博等现代化手段，及时将“两学一做”学习内容和有关安排发送到手机终端，督促大家及时学、反复学、认真学，领导班子带头参加学习，带头遵守各项规章制度，在思想政治建设、作风建设、能力建设上有了新提升，真正把理论学习转化为实际工作能力。共开展集中学习35次，圆满完成了“两学一做”四个专题讨论，支部党员认真做好学习笔记，积极撰写心得体会，深入进行对照检查，收到了良好的学习效果，有效提高了全体党员干部的政治素质和理论水平，进一步坚定了理想信念。理论自信，把真理力量升华为信仰定力，把对党绝对忠诚内化于心、外化于行，进入头脑、融入血脉。

二是完善制度建设夯实组织基础。通过制度建设巩固四星级党组织建设成效，高质量完成党建办公室改造工程，打造规范化党建会议室，完善“三会一课”、民主生活会、发展党员工作、党风廉政建设、党员评星定格、党内监督、党组议事等党建工作制度，并按制度狠抓落实，推动党建工作逐步走上制度化、规范化的轨道。按时按质开展支部活动，坚持每季度一次党员大会，每月一次支部委员会，高标准开展组织生活，共开展党员大会6次、支部委员会14次、讲党课5次、党员组织生活4次。建立了支部党员微信群，及时对支部事务进行公开公示，接受监督。认真开展党员信息采集录入工作，进一步规范党员名册。按月收缴党费，做到了及时无误。抓好干部人事工作，坚持干部工作严肃严格的原则，制定培养考察方案，按照公平公正透明要求考核推荐干部，2017年新招录干部2名，调入1名，提拔2名。进一步完善了请销假、外出派车、重要事项报告等多项制度，对工作秩序、工作状态、工作作风提出了明确要求和规定，同时加大督导检查力度，确保党建制度落到实处。

三是抓好从严自律助力党风廉政建设。认真学习落实《中国共产党廉洁自律准则》《中国共产党纪律处分条例》《关于规范党和国家工作人员操办婚丧喜庆事宜的暂行规定》，签订党风廉政责任书22份，开展八项规定“回头看”“学查改”干部作风整治活动，班子领导带头遵守党风廉政建设有关规定、办公室工作纪律和各项规章制度，不利用工作之便谋私利，纯洁“工作圈子”“生活圈子”“朋友圈子”，树立为民务实清廉的良好形象。支部党员没有发生违法违纪现象。落实民主集中制，健全和完善了集体领导和个人分工负责相结合的工作制度。对于重要工作、装备购置、评先评优、大额开支等“三重一大”问题都经集体研究决定，不搞“一言堂”，发扬民主，集思广益。

组织工作

【概况】 2017年，灵武市组织工作以学习宣传贯彻党的十九大精神为统领，认真贯彻落实自治区第十二次党代会、全区组织部长会议精神，以严肃党内政治生活和强化党内监督为重点，坚持稳中求进工作总基调，落实全面从严治党总要求，按照“继续走在全区前列，迈入全国强县阵营”的工作定位，聚焦主责主业、强化担当作为，全面提升新形势下组织工作水平，为率先全面建成小康社会、率先开启全面建设社会主义现代化新征程提供了坚强组织保证。组织部内设党员电化教育中心（副科级事业单位）、人才工作办公室、干部室、组织室、办公室。行政编制13人，参照公务员管理事业编制7人（电教中心），机关后勤服务事业编制1人；设部长1人，副部长3人（其中1名兼任市直机关工委书记、1名兼任市非公经济组织党工委书记、1名兼任市委人才办主任），部务委员1人。

【干部培训】 把学习宣传贯彻党的十九大和自治区第十二次党代会精神作为干部培训的首要任务，切实深化“四个意识”教育，邀请党的十九大代表、宁夏大学西夏学研究院院长杜建录，自治区社科院院长张廉，自治区讲师团郭秉晨等专家学者及相关领导，先后开展了十九大精神、自治区第十二次党代会精神、公务员能力素质提升、精准扶贫等专题培训，累计培训5000余人次。围绕“坚定理想信念”等主题，举办中青年干部培训班、新型投融资模式、预防职务犯罪庭审现场旁听等培训班18期2200余人次。积极组织全市公务员和乡镇事业身份干部969人参加干部网络培训学习，参学率及结业率均达100%。坚持“走出去”与“引进来”相结合，先后9批次组织基层党组织书记、部门负责人、纪检组长、组工干部赴井冈山、红寺堡区、兴庆区、贺兰县等地培训学习，全面提升全市党务工作者的素质能力。出台《关于加强和改进新形势下市委党校工作的实施意见》,深入挖掘艰苦奋斗建成白芨滩“六同”实践锻炼基地,承接自治区、银川市中青班到灵武市“六同”基地学习实践锻炼3期61人次,完成上级调训105人次。

【干部队伍建设】 本年度市委常委会共研究提拔调整交流科级干部7批338人次,其中,提拔科级干部180名(科级领导职务112名,科级非领导职务68名),转任重要岗位及调任13名,交流调整78名,免职62名。实施全市政法系统科级干部交流调整工作,提拔配备公安局空缺科级领导职务29名(其中正科级14名,副科级15名),交流轮岗16名;结合法检系统员额制改革,为“法检”两院选配科级干部22名。实施纪检监察系统干部调整配备,实现市纪委内设机构负责人副科级配备,乡镇纪委书记、派驻纪检组全部配齐补强,提拔副科级纪检员6名,选配派驻部门纪检组长3名。制定《灵武市加强乡镇队伍建设实施意见》《派驻乡镇人员管理办法(试行)》,赋予乡镇对部门派驻乡镇干部的绝对管理权,干部考核与绩效工资挂钩,对部门派驻乡镇工作人员实行末位淘汰召回处理。树立“干部下基层、基层出干部”的用人导向,乡镇领导班子出现空缺优先从乡镇干部中产生,从本乡镇提拔副乡(镇)长3名,部门重要岗位出现空缺优先从具有乡镇工作经历的干部中选拔。认真贯彻落实《关于加强乡镇干部队伍建设的意见》,对乡镇非领导职务做到应配尽配,配备乡镇主任科员9名,副主任科员7名,切实发挥非领导职务对乡镇干部的激励作用。营造干事创业良好氛围。按照“五个注重”“两个倾斜”的要求,出台《关于激励干部想干事能干事干成事的实施意见》《党政领导干部容错纠错实施细则(试行)》《推进领导干部能上能下实施细则(试行)》,最大限度调动广大干部的积极性、主动性和创造性。加大对干部选拔任用工作的监督,严格落实干部预审、任前档案审核、任前公示、干部选拔任用全程纪实等制度,严防干部“带病提拔”。对91名拟提拔任用干部在灵武电视台、灵武党建网、灵武微党建、美丽灵武微信平台进行任前公示,广泛接受群众监督。及时对来信反映的干部问题进行核查,取消2名科级干部任用资格。对拟任用干部及时征求纪检、计生等部门意见。及时对基层党委推荐的有可能进入考察环节的意向性人选档案进行审核,对其中10名干部终止动议及考察。认真开展领导干部个人有关事项报告填报、清理领导干部在企业兼职、领导干部出国(境)证件清理等专项整治,完成个人有关事项报告填报600余份。从严审批科级干部出入境,更新出入境证件信息168人。清理退(离)休领导干部在社会团体、企业兼职9人。委托审计部门对任期届满或任中的10名科级干部进行经济责任审计。对在调任试用期内受政纪处分的干部延长试用期。严格落实干部退休政策,对7名干部退休时间予以纠正并及时办理退休手续,最大限度地降低临近退休人员不能坚持在岗工作对在职工作人员造成的负面影响。坚持抓早抓小抓苗头,充分用好“双向约谈”机制和提醒函询诫勉等组织措施。通过谈心谈话、民主生活会、年度考核、信访举报、干部考察等多种途径第一时间发现干部存在的苗头性问题,及时通过提醒或函询等方式“咬耳扯袖”。2017年先后与全市干部进行谈心谈话50余人次,累计谈话提醒20余人,函询3人。严格落实任前廉政谈话制度,进行集体谈话5批130人次,及时为新提拔任用干部打好“预防针”。

【基层党组织建设】 “两学一做”学习教育常态化制度化有效推进。坚持市委中心组、常委会专题学习讨论制度,将“两学一做”学习教育常态化制度化作为落实“三会一课”的基本内容,创新开展“百场党课下基层”活动,采取基层党支部“预约点单”方式,对全市471个党支部、11250名党员党性修养和理论素养集中“充电”,实现支部和党员全覆盖。充分利用微信群、QQ群、短信平台等建立学习教育“微课堂”“指尖课堂”,开展互学互助活动。全市各级党组织开展专题学习讨论2500场次,县处级领导干部到所在党支部、联系点讲党课62场次,带动各级党员干部深入基层讲党课310余场次。各领域党建工作扎实开展。实施基层党组织组织力提升工程,扎实做好服务型党组织评星定级工作，推进基层党建工作全面过硬。在农村，开展百个单位包扶村（社区）、百名企业包扶村活动，全面推进为民服务担保基金贷款和农村集体资产股份权能改革试点，全市 70 个行政村实现村村有收入。持续开展后进村“五个一”整顿转化，选派新一轮第一书记 40 名，后进村全部实现整顿转化晋位升级，抓党建促脱贫工作得到国务院督察考评组充分肯定。在城市，规范推进城市基层党建工作，扎实做好“联合党委”工作，93 家成员单位参与共驻共建，1932 名在职党员到社区报到开展服务。整合资源集中打造朔方路社区“五彩家园”、谢家井社区“幸福院落”、西湖社区“左邻右舍”等城市党建服务品牌 13 个。在机关事业单位，重点抓好解决“灯下黑”，持续深化志愿服务、下基层“五送两带一帮”“百名干部进百企稳增长促转型”活动。积极探索发挥党代表作用的途径和方法，1345 名四级党代表进 93 个党代表工作室联系群众 4035 名。在非公和社会组织，重点推进“两个覆盖”，先后开展 3 轮次调查摸底工作，集中力量对银川高新区党群服务中心提档升级，精心打造再生资源循环经济示范区党群服务中心、唐都医院“一厅一廊五室”党群 e 站，提升非公企业党组织活力。在学校，以“四比三优两满意”为抓手，开展“党员先锋岗”“三亮三比三评”“青蓝结对”等活动，重点推进抓党建促家校合作工作，培育了市第三中学、第五小学“一校一特、一特一景、一校一品”的校园党建品牌，有效构建教育系统服务型党组织建设新格局。党组织带头人和党员队伍不断加强。完成全市村“两委”、机关党组织换届选举工作。积极推广“两个带头人”工程经验，实施村级后备干部“青苗工程”，培养致富带头人 452 名，村级后备干部 150 名。强化党组织带头人及党务干部培训，先后在井冈山、银川弘德培训学校等举办各领域党组织书记、党务干部培训班 10 场次。深化基层党组织书记“双转一提”，先后选派 122 名党组织书记参加自治区、银川市各类培训班、学历提升班。扎实做好党员冬季轮训工作，严格落实发展党员“六项制度”，2017 年新发展党员 179 名。建立健全党内激励关怀帮扶机制，全年走访慰问党员 1310 名，发放慰问金 81.615 万元。基层党建工作责任从严压实。出台《中共灵武市委员会关于推进全面从严治党的实施意见》。建立基层党建工作巡查制度，加大约谈提醒、督促检查力度。建立每名处级领导干部定点联系 1 个乡镇部门党（工）委，科级干部和组工干部分别联系 1 个村党支部、1 个社区党支部、1 个机关党支部、1 个非公和社会组织党支部，各党（工）委分别指导帮助实施 N 个基层党建项目的“1+4+N”基层党建定点联系制度，加大基层党建工作调研指导，推进党建工作任务落实到位。

【推进“人才强市”战略】　引才聚才磁场有效增强。组建特色产业高层次人才技术创新联盟，成立现代纺织、再生资源循环等 5 个产业专家服务团，引领羊绒亚麻人才高地和国家级省部共建羊绒及其制品检测重点实验室等各类聚才平台发挥引才聚才作用。深化与中国纺织科学研究院、天津科技大学等 30 余所院校合作，引进各类专家教授 150 余人、高层次急需紧缺人才 100 余人。全力推动人才工作产学研各环节的有机衔接与互动，先后新建国家级实验室 3 家、自治区级工程技术研究中心 2 家、工程技术中心和企业技术中心 8 家，组建“宁夏灵武长枣研究院”“宁夏羊绒纺织研究院”“宁夏灵恒再制造产业研究院”，累计培育高新技术企业 2 家，科技型企业 25 家、完成专利申请 432 件。持续实施六支人才队伍精细化培训工程，培训党政人才 4000 人次、企业经营管理人才 800 余人次、专业技术人才 6000 人次、农村实用人才 3000 人次、社会工作人才 1400 人次。人才工作项目化机制持续推进。建立健全人才工作项目管理常态化机制，组织申报区市人才项目 20 个，“宁夏山羊绒加工技术及制品研发创新团队”等多个项目被列为自治区、银川市 2017 年人才项目，争取项目资金 350 万元。围绕全市特色优势产业和重点工程，实施“引进培养灵武市果树（花卉）矮化盆景栽培技术人才”等 28 个市本级人才项目，投入专项资金 152 万元。抢抓第二届“创意创新在银川活动”暨“洛客大赛”活动有利时机，组织相关单位和企业对接洽谈9个项目，促成“超高倍反射聚光光伏发电装置建设”特等奖项目落地灵武，该项目将填补光伏发电设备千亿级市场技术空白，产值将达100亿元以上。管才留才机制不断完善。坚持党管人才原则，进一步完善党委统一领导，组织部门牵头抓总，有关部门各司其职、密切配合，社会力量广泛参与的人才工作格局。将人才工作列入全市目标绩效考核中，考核结果作为领导班子和领导干部评先选优的重要参考依据。完善市级领导联系服务高层次人才制度。建设人才公寓1492套。建立人才培育成长服务机制，中银绒业股份有限公司高级工程师陈前维以国家级学术技术带头人后备人选身份入选自治区青年拔尖人才培养工程，完成2名第十二批“基层之光”学员考核工作，选拔推荐2名同志参加第十三批“基层之光”研修，推荐1人参评“西部之光”。

【自身建设】 党性修养不断增强。持续推进“两学一做”学习教育常态化制度化，深入落实“干部在线学习”、每周一次集中学习，创新开展支部主题党日活动，严格执行党内组织生活制度，定期与组工干部进行谈心谈话。学习能力显著提升。以“四严四做”活动为契机，组织开展“强学习走基层比能力”“好书分享”“组工讲坛”“专题讲座”“专题调研”等活动，拓宽工作视野、优化知识结构，推进岗位练兵活动经常化，切实提升组工干部能力素质水平。扎实做好组工宣传、信息及网络舆情监控工作，建立全员报送信息制度，灵武党建网累计发送信息260条，灵武微党建累计推送240条，促进组工宣传水平进一步提升。工作作风明显改善。完善部内工作流程，深入开展“提速提效”行动，大力提倡“马上就办、真抓实干”精神，推行限时销号制度，实行“周计划、周汇报”工作办法，实现组织部门办公规范化。建立组织工作联席会议制度，每半年召开一次会议，切实加强组织部门同各党(工)委之间的沟通联系。建立健全部组工干部联系基层单位制度，推进组织工作督查、指导和服务常态化。严格遵守组工干部“十严禁”“十不准”等纪律规定，带头执行“八项规定”要求，建设组织工作模范部门。

宣传工作

【概况】 2017年，市委宣传部在自治区、银川市委宣传部及灵武市委、政府的正确领导下，认真履行工作职责，以创建全国文明城市为抓手，着力凝聚思想共识、着力打造舆论强势、着力实施价值引领、着力深化文明创建、着力推动文化建设，为加快建成美好新灵武，率先建成全面小康社会提供了强有力的思想保证、舆论支持、精神动力和文化条件。现内设综合办公室、宣传办公室、理论办公室、文明办公室，有在职人员9人。

【理论武装】 落实意识形态工作责任制，制订《关于进一步加强党委(党组)意识形态工作的意见》和《报告会研讨会论坛讲座培训班申报审批管理办法(试行)》，与23个基层党委、6个党组、9个牵头责任单位签订了意识形态责任书，加强对报告论坛讲座、文化艺术展演、宗教活动场所、政务媒体等意识形态阵地的管理，全面排查意识形态领域风险点。印发《灵武市党委(党组)理论学习中心组学习实施细则》和《灵武市2017年党委(党组)理论学习中心组学习安排意见》，全年举办市委中心组专题学习20次，为领导干部配备《习近平总书记系列重要讲话读本》《全面从严治党面对面》《十九大报告辅导读本》《习近平谈治国理政》(第二卷)等3000余册，依托市委讲师团，结合干部下基层“五送两带一帮”主题实践活动，开展十八届六中全会、自治区第十二次党代会、党的十九大等基层集中宣讲200余场次，把党的政策方针和市委、政府重大决策部署宣传到千家万户。强化理论调研，开展理论研究，《大力弘扬延安精神，全面从严治党》荣获自治区党史研究室、宁夏延安精神研究会三等奖，《着力打造全国民族团结进步示范区》荣获自治区党校十二次党代会精神理论研讨征文优秀奖。优秀理论调研文章对灵武市经济社会发展和科学决策提供了依据。

【舆论宣传】 坚持“团结稳定鼓劲、正面宣传为主”的方针，紧扣市委、政府中心工作，积极主动联络中央、区、市各主流媒体，在更大范围讲好灵武故事，宣传灵武精神，累计刊播发新闻稿件600余篇；其中，中央电视台播出灵武相关新闻和专题报道达13次，累计时长达到45分25秒，开创中央电视台报道灵武频次时长历年之最，《宁夏灵武：推进村级河长制　建设美丽新家园》报道达3分钟，在《宁夏日报》等各级报纸头版播发50余条，纵向比较为历年之最。组织做好“全国卫视看宁夏”、中宣部“一带一路”主题采访、人民网“砥砺奋进这五年”及各级媒体贯彻落实自治区第十二次党代会和党的十九大精神的专题采访，东方卫视、北京卫视等媒体对灵武白芨滩治沙经验进行深入报道。《灵武市：民生财政托起群众幸福梦》《灵武亿元奖补资金提振经济发展士气》《灵武市：“造血式”精准扶贫拓宽群众致富路》等一批重点稿件的刊发有效提升了灵武对外影响力，凝聚了全市共谋发展的正能量。

【网信工作】 严格落实好网络舆情日报和重大舆情专报制度，成立市委网络安全和信息化领导小组及办公室，研究制定《关于加强网络安全和信息化工作的实施意见》《开展全市党政机关和领导干部通过网络走群众路线的方案》和《灵武市突发网络舆情事件应急处置预案》，先后编发《舆情日报》240余期、《重大舆情专报》4期，有效提升了依法依规管网水平。制定《灵武市网络评论工作管理考核办法（试行）》，切实加强网评员队伍建设。对网民和群众通过“12345一号通”平台、政务微博、微信公众号等渠道反映的问题实行“归口负责、限期办结、即时反馈”，整改落实情况通过灵武电视台、“美丽灵武”微信公众号、“三化一满意”手机短信平台公示，接受群众监督。

【精神文明建设】 召开全市创建全国文明城市推动移风易俗暨环境综合治理大会，出台《灵武市2017年创建全国文明城市攻坚行动实施方案》《关于开展“推动移风易俗　树立文明乡风”活动的实施方案》等系列文件20余份，将创城工作与城乡环境综合治理、推动移风易俗紧密结合，协调相关责任单位和部门抓好交通秩序整治、市容环境整治、窗口行业服务提升、美丽乡村文明乡风建设等8项攻坚行动任务落实。在枣博园二期等大型公园和小微广场设置社会主义核心价值观塑形5处，在城区街道、居民小区制作创建文明城市、社会主义核心价值观等大型宣传牌20余块、宣传展板112块，印发创建文明城市倡议书1万多份、创城工作手册1000册、创城画报5000份，邀请《宁夏画报》制作拍摄灵武创建全国文明城市专刊，举办文艺巡演、知识竞赛等活动，切实提高创建全国文明城市的知晓率、参与率和支持率，增强创城的吸引力和影响力，全力做好2017创城网上申报和实地考核迎检工作。积极抓好群众性精神文明建设工作，对新申报的两家国家级文明单位进行验收和对46家（其中国家级文明单位7家，自治区级文明单位6家，银川市级文明单位11家，灵武市级文明单位22家）文明单位进行复验，加强督促指导，提高创建水平。推动移风易俗，在全市70个村建立了“红白理事会”，完善村规民约，建设移风易俗示范村，组织了“鹊桥相会”集体婚礼活动，倡导喜事新办、丧事简办、厚养薄葬、文明理事的社会新风尚。推荐上报第五届“最美银川人”34名，评选表彰第三届“美丽灵武人”50名。在全市各乡镇、街道开展“好婆媳”“最美家庭”“和谐家庭”评选表彰活动，并通过电视微信、“道德讲堂”、宣传展板等形式对纳金玲、叶忠志、马保荣、马安有等各级各类先进模范人物进行大力宣传，在全社会传递“崇德向善”的强大正能量。

【文化工作】 打造灵武文学品牌，做好《灵州文苑》《灵武文丛Ⅲ》的编辑出版工作。出版《灵武市摄影作品集》，举办“灵武好味道”手机摄影大赛、“灵武少年国学派”电视大赛，充分展示灵武本土文化特色。实施文化惠民工程，充分利用电视台、微信平台传播快、参与性强的特点，广泛开展群众性文娱活动，举办“灵武好声音”跨年演唱会、“唐韵古城”摄影大赛作品展、“魅力灵武”新春书画展及送春联活动、“书香灵武”读者联谊活动、“幸福灵武”2017年春节社火展演、“灵州秦韵”秦腔票友大会、“美好灵武”民俗文化活动和“灵州迎春”百场文艺走基层活动，掀起了灵武市全民娱乐热潮。年内文化惠民送戏下乡达320场次，免费放映电影1477场次，图书馆、博物馆、文化馆免费接待15万人次。

【大型活动宣传】 2017年7月31日至8月6日，“丝路古驿·羊绒之都”中国宁夏（灵武）热气球节在灵武白芨滩沙漠公园举办。通过引进国内首个热气球自由飞行和最大卡通热气球表演活动，吸引中央媒体等30多家媒体持续刊播报道百条。中央电视台1套、2套、5套、13套分别对“灵武热气球节观治沙奇迹，学劳模精神主题”进行了5次报道（累计12分钟），广泛宣传了白芨滩人沙漠变绿洲的感人故事。新华社客户端报道浏览量达40万，人民网开设专题网页。组织拍摄“灵武——长枣景观的都市项目”宣传片，该项目获得2017亚洲都市景观奖，成为灵武市创建全国文明城市的一张亮丽名片。9月18—25日，2017亚太大学生五人制足球暨啦啦操锦标赛在灵武市体育馆开赛，积极协调中央电视台、人民网、新华网、宁夏电视台、宁夏日报、银川日报等24家中央、区市新闻媒体到灵武对大赛开幕式、比赛实况、颁奖典礼进行宣传报道，先后刊发宣传稿件40余篇。宁夏卫视《创富宁夏》栏目连续3集报道了灵武生态保护经验和热气球体育旅游项目发展潜力。

【媒体看灵武】 宣传部每月及时对各级各类媒体刊播发灵武宣传稿件进行统计梳理，将优秀稿件编印成《媒体看灵武》，每月按时发放给全市各单位，多渠道、多手段、多形式宣传展示全市经济社会科学发展、跨越发展的新举措、新成绩、新经验和新面貌，凝聚正能量，唱响主旋律。同时使《媒体看灵武》能够成为各行各业反映工作成效的“展示舞台”，成为各单位对标先进找差距找不足的“一面镜子”，切实发挥好新闻宣传工作解疑释惑、引导舆论、凝聚人心、鼓舞士气的重要作用，为推进全市经济社会发展鼓劲加油、汇聚力量。

统战工作

【概况】 2017年，全市统战工作高举中国特色社会主义伟大旗帜，以党的十八大、十八届三中、四中、五中、六中全会及十九大精神和习近平总书记系列讲话精神为指导，深入学习贯彻中央及自治区统战工作、宗教工作会议和各级统战部长会议以及自治区、银川市、灵武市党代会精神，紧紧围绕市委、政府中心工作，以开放内涵式发展为引领，坚持服务大局，凝聚人心、汇聚力量，各领域统战工作成绩显著，灵武市统一战线显现出团结、进步、活跃的局面。现有工作人员6名，其中部长1名、副部长2名。

【宣传培训】 组织召开全市统战系统学习宣传贯彻党的十九大精神宣讲会1次，各民主党派、知联会、工商联、伊协班子成员等60人参加；开展伊斯兰教人士学习党的十九大精神宣讲，宗教教职人员、寺管会成员200余人参加。制订《灵武市统战系统2017年培训教育工作计划》，对灵武市统战系统2017年学习培训工作进行统筹安排。通过市委常委扩大会议、市委理论中心组扩大学习会、全市宗教人士培训班、“双月座谈会”、乡镇干部培训班、“三定”培训班、伊斯兰教界人士培训班等形式，分层分级有针对性地学习传达了全国“两会”、全国全区统战部长会议、全区宗教工作会议、自治区第十二次党代会等会议精神及党的十九大精神，累计培训人员2400余人次，切实加强队伍能力提升。积极组织各民主党派、宗教界人士参加自治区、银川市各类培训班，不断增强党外代表人士的政治认同和参政议政能力。扎实推进“两学一做”学习教育制度化常态化，组织专题讨论4次，每人撰写心得体会4篇，进一步强化学习和责任担当，提升队伍素质和业务能力。

【民族团结】 下发了《灵武市关于创建全国民族团结进步模范市的实施意见》《灵武市巩固提高民族团结进步创建成果目标任务分工方案》等文件，召开民族团结进步模范市推进会，明确创建任务及标准，突出特色抓重点，主动“走出去”学习观摩创建经验，拨付创建启动资金15万元，创建完成民族团结进步示范乡镇、示范学校、示范企业、示范社区、和谐宗教场所等100个，努力提高全市民族团结进步创建工作水平，全市有8家单位被命名为银川市民族团结进步创建活动示范单位，9家宗教场所被命名为银川市和谐寺观教堂，68家单位成功创建为灵武市级示范单位，26座宗教活动场所创建为和谐寺观教堂；涌现出先进集体12个，先进个人35人。扎实开展“民族团结月”系列活动。制定《灵武市2017年“民族团结月”活动实施方案》，成立活动领导小组，在灵州广场举行启动仪式，举办“民族团结一家亲，同心共筑中国梦”民族团结专场文艺晚会，并以“两学一做”学习教育常态化制度化为抓手，开展“民族团结一家亲”主题党日等活动，营造出了民族大团结的浓厚氛围。强化民族团结进步宣传教育，夯实民族团结进步思想基础。在民族团结月、法制宣传月、国家安全日、禁毒日等活动时组织人员参加宣传活动，发放《宗教事务条例》《宗教政策法规读本》《禁毒法》等，营造了民族团结进步的良好氛围。以少数民族发展资金项目为抓手，促进少数民族地区经济社会发展。2017年争取自治区少数民族发展项目资金200万元，经过深入各民族乡镇实地查看，与财政、扶贫等部门联合审查，确定郝家桥镇崔渠口村断头路、北滩村、新立村民族文化广场、白土岗乡泾兴村民族团结广场等6个项目为少数民族发展资金实施项目。以创建全国民族团建进步模范市为抓手，先后两次对全市各单位民族团结进步创建工作进行督察，并组织各乡镇分管领导、民族宗教专干等对各创建单位进行互观互检，推进了民族团结进步创建工作，促进了民族团结进步事业蓬勃发展。

【宗教工作】 切实加强宗教事务依法管理水平。严格审核审批灵武高庙、马鞍山甘露寺等5处大型宗教活动场所举办的宗教活动，确保活动安全、有序；加强宗教活动场所安全检查，共检查宗教活动场所196处，发现一般安全隐患24处并已全部督促整改到位，发现重大安全隐患2处，经处理拆除重建的1处、关停1处；严格审核审批宗教活动场所翻、迁建；开展宗教领域矛盾纠纷大排除工作，及时化解调处各类矛盾纠纷5起，维护了宗教领域的和顺、稳定；全面推行主要宗教教职人员定期生活补助费发放工作，前三季度共发放宗教人士生活补贴515人61.48万元。积极开展宗教场所“四进”活动。国旗进宗教场所27处，党报党刊进宗教场所14处，社会主义核心价值观进宗教场所14处，文化图书进宗教场所20处。加大对阿拉伯语学校、经文班以及网络舆情的排查调处力度，规范崇兴镇职业技能培训学校阿拉伯语培训课程，确保宗教领域和谐稳定。与各乡镇、街道签订《灵武市民族宗教工作目标管理责任书》。不断完善市、乡镇和村（社区）三级工作网络两级责任制，完善网格化管理措施，不断提高处置化解涉及民族宗教领域信访矛盾问题的能力。深入开展宗教界“念好两本经，再做新贡献”主题实践活动。举办伊斯兰教人士“三定”学习班4期24场次；举办“以社会主义核心价值观、伊斯兰教中国化方向”为主题的“卧尔兹”演讲2期；举办宗教人士禁毒知识演讲大赛1期，提高了宗教人士的识毒、防毒、拒毒能力；在自治区伊协举办的全区伊斯兰教界践行社会主义核心价值观文化交流活动中，灵武市宗教人士获得了阿拉伯文书法一等奖、“卧尔兹”演讲二等奖和三等奖，不断引导宗教界人士立足本职，发挥作用，服务社会稳定发展大局；积极宣传动员，选送30名教职人员参加2017级宁夏伊斯兰教经学院教职人员函授大专班，19名参加本科班。

【政治协商和民主政治建设】 坚持重大问题同党外人士进行政治协商制度。召开党外人士征求意见会，听取党外人士对《中共灵武市委2017年工作要点》等重大决策的意见和建议；召开五次“双月座谈会”及时通报党的十九大精神、全区宗教工作会议精神、自治区第十一届九次全会精神、银川市政协十三届一次会议精神及灵武市委政府有关文件、会议等精神；召开中秋茶话会向党外人士通报了全市经济社会发展情况。印发《关于建立灵武市委领导同志联系民主党派、知联会及工商联工作机制的通知》，协调开展市委、政府领导与党外人士谈心、交流工作、沟通思想。印发《关于支持各民主党派基层组织开展脱贫攻坚民主监督工作的实施方案》，全力支持民主党派对重点乡镇贫困人口精准识别情况等工作开展考察调研、民主监督,坚决打赢脱贫攻坚战。各民主党派分别赴对口联系乡镇开展脱贫攻坚民主监督工作。加强党外代表人士队伍建设和党外干部的选拔使用,2017 年提拔使用党外干部4 名。制订《灵武市各民主党派、知联会工作考核评价办法(试行)》,推进各民主党派、知联会工作的制度化、规范化、程序化。

【非公经济人士统战工作】 进一步深化了非公有制经济领域"守法诚信、坚定信心"主题理想信念教育实践活动,打造了中银绒业、昊王米业等四个理想信念教育活动示范企业,以点带面,推进理想信念教育实践活动扩面增效;积极组织企业家参加"推进民营企业对接资本市场""知名企业家大讲堂"等各类学习班,为非公企业家搭建学习交流的平台。借助全国工商联十一届十次常委会议暨民营企业助推宁夏创新发展大会在宁召开的良好机遇,加大招商引资力度,扎实推进招商引资工作。先后接洽深圳宁夏商会、山东青岛商会、江苏常熟市工商联、福建厦门市泉州商会、广东省宁夏商会、黑龙江商会等 6 家外地商会、76 名企业家到灵武考察;先后与江苏常熟市工商联、黑龙江鹤岗市工商联签订了《友好商会协议书》,搭建了两市经济协作平台。为全面掌握会员企业基本情况、生产经营情况、招商引资情况、应对经济形势影响的举措,了解企业生产经营中存在的问题,先后深入宁夏中银绒业集团公司、宁夏嘉源绒业集团公司、宁夏荣昌绒业集团公司等 32 家非公企业调研,深入各乡镇(街道)11 家商会调研,掌握各基层商会开展工作情况,推进"四好"商会创建工作。积极协调相关部门,争取市政府支持,成立了灵武市协调劳动关系三方委员会,明确委员会主要职责,为今后研究协商讨论劳动关系重大问题、依法协调处理劳动争议,构建和谐劳动关系奠定了强有力的领导组织保障。对做好当前构建和谐社会、加强平安建设、维护社会稳定和维护企业利益、职工利益,推进非公经济加快发展,发挥了积极的促进作用。举办非公经济人士学习党的十九大精神培训班,组织召开工商联五届二次执委会议,使非公经济人士用党的十九大精神武装头脑,进一步提升了工商联工作科学化水平。

【理论研究及信息】 积极支持民主党派加强自身建设。拟定30 个调研参考课题,邀请各民主党派、知联会、工商联开展调查研究,完成调研文章 25 篇,并选取优秀文章上报银川市委统战部 8 篇、灵武市委 2 篇,为市委科学决策提供参考。加强信息宣传报道工作。全年撰写统战信息 128 篇,有力地宣传了统战工作,提升了统战系统的影响力和号召力。

政法综治及平安建设

【概况】 2017 年,市委政法委内设办公室、执法监督队建室、综治督导协调室、国安办、防范办、护路办 6 个科室。行政编制10 名,在岗在职人员 10 人,其中副科级以上领导 3 人。

【平安建设】 出台"灵盾工程"实施意见和实施方案,确定了38 项工作任务,稳步推进。实施"智慧综治"建设,建设集政务便民服务、社会综合治理功能于一体的社会治理综合服务系统。灵武市综治中心挂牌投入运行,8 个乡镇(街道)二级综治中心规范化建设基本完成,84 个村(社区)三级综治中心建设有序推进,群众诉求和纠纷调解一站式办理、一条龙对接、一揽子解决的运行机制初步建成。制定印发《2017 年灵武市全面推进依法治市工作要点》,部署推进依法治市工作,确定 6 类 24 项工作任务,统筹推进。扎实推进司法体制改革重点任务,落实入额法官办案规定,完善检察官员额配置,统筹推进人员分类管理。积极完善内部监督机制,加强案件评查工作,办案质量直接与绩效考核奖金挂钩进行奖惩。

【矛盾纠纷排查】 成立矛盾纠纷调处中心,建立土地纠纷、交通事故等 9 个专业性联合调解组织,通过多元调解,提高矛盾纠纷调处成功率。仅交通事故调解委员会就受理案件 220 件,结案 163 件,结案率 74.1%。推进公共法律服务体系建设,为全市 70 个行政村、14 个社区各配备 1 名律师担任法律顾问,实现法律服务群众"零距离"。

【社会治安防控体系】 将全市城乡划分为1—4级共1396个网格，实现“城乡有网、网中有格、格中定人、人负其责”。实施雪亮工程，安装摄像头5000余个、“智慧门牌”1082副，将技防、人防和物防有效融合。“一村双警”基层治理模式深入推进，在全市村（社区）建立警务助理站46个，撬动参与治安防控力量人数达到3500余人，基层基础更加扎实。

【社会治理综合保障体系】 制定《灵武市综治工作（平安建设）考核奖励办法》，设置考核等次，激发平安建设的内生动力。印发《关于成立专门人民调解委员会及其职责的通知》《关于明确灵武市乡镇（街道）综治中心主任、副主任及其职责的通知》，强化责任落实。出台《灵武市举报违法犯罪及抓获现行奖励办法》，鼓励群众及时发现和举报违法犯罪，提升群防群治能力。

【重点地区整治】 排查录入矛盾纠纷432件，化解418件，化解率96.76%；试行“交巡警合一”警务模式，“两抢一盗”案件同比去年下降50%；破获电信诈骗案件28起，止付合格率为90%。立传销案件6起，破案5起；启动交通事故处理“一站式”中心，快速调处死亡类事故11起，一般交通事故28起；为1470名农民工追回工资1957.138万元；累计帮扶学生600余名，发放帮扶资金113万元；全面推行村级重大事务“114222”运行机制和“余晖”调解工作室做法；登记流动人口18473人；管控关注肇事肇祸精神病人16人；吸毒人员管控率60.0%、社区戒毒（康复）执行率99.3%；食品药品检查覆盖率达到100%；认真落实寄运物品“三个100%”制度。持续推进“双增双减”专项行动，刑事发案同比下降7.63%；将消防工作纳入综治考核内容，检查场所2308家；查处涉黄案件4起，查处涉赌刑事案件2起、行政案件11起。建立节假日值班值守制度，制定下发十九大期间维护社会稳定通知，下发信访积案化解综治建议书15份，限时整改化解。积极开展隐蔽战线的斗争，印发国安、反邪教宣传资料1万余份。全力整治社会治安重点地区和突出问题3个。开展沿线环境卫生整治和违章建筑清理行动，排查整治各类隐患45处。

【政法综治宣传】 开展第27个政法综治宣传月活动，在全市46个较大小区设置政法综治宣传栏，举办“学习宣传十九大，建设平安新灵武”为主题的文艺下乡巡演29场，引导群众积极参与平安灵武建设。核实见义勇为2人次；慰问12人次，累计发放12000元。在江西井冈山组织两期“灵武市政法系统学习贯彻党的十九大精神暨坚定理想信念专题培训班”，培训政法系统干部85名。

【司法救助】 做实涉法涉诉接访，每季度对政法机关科级干部坐班接访涉法涉诉工作进行督察，共通报4次15人。做实司法救助机制，审核16个案件22个当事人申请的司法救助事宜，救助金额66.32万元。

政策研究

【概况】 2017年，在市委、政府的领导下，市委政研室紧紧围绕全市大事、实事及重点工作，紧跟发展思路，紧贴重大战略决策，不断拓展工作思路，创新工作方法，积极主动服务，增强工作实效，在文稿服务、调查研究、农办协调、政策宣传、全面深化改革等方面做了大量富有成效的工作。深入开展“两学一做”学习教育常态化制度化工作，强化全体党员干部思想建设、作风建设，各项工作取得了良好成效。

【农业农村工作】 抓实农业农村综合协调和服务工作。积极筹备了2017年全市农村工作会议，起草了市委主要领导讲话，制定印发了《2017年全市农业农村工作要点》《中共灵武市委、灵武市人民政府〈关于推进农业供给侧结构性改革加快培育农业发展新动能的实施意见〉》《中共灵武市委办公室、灵武市人民政府办公室印发〈灵武市关于加强乡镇建设发展的实施意见（试行）〉的通知》等重要政策性文件，配合举办灵武市“建设之春”农业农村工作项目观摩暨春播现场会，协调抓好大干实干100天攻坚行动秋季农田水利基本建设工作。积极协调，全力服务，确保农业工作目标任务全面完成。粮食加工业，按照“稳粮、扩经、减玉米”的总体思路，种植小麦、玉米、水稻三大粮食作物26万亩,种植辣根、黑麦草等经济作物0.8万亩。借助灵武富硒地方特色优势,启动开展"灵硒牌"有机富硒农产品创建工作,巩固有机富硒稻生产基地6万亩,实现粮食加工业产值13.2亿元。保质提质长枣产业,长枣提质增效2万亩,新建设施长枣1000亩。筛选确定示范园14个,总面积2800多亩;举办灵武长枣室内科技培训及现场修剪培训班等80场次,培训果农3500人次,发放各种技术资料2000份,利用移动信息平台发送技术信息5次4.5万余条。转型增收草畜产业,规范提升盘活万只肉羊养殖园区(场)5个,创建区、市、县牛羊节本增效示范点72个,新建千头奶(肉)牛牧场4个,引入澳洲优质荷斯坦奶牛1500头。订单种植青贮玉米和苜蓿5万亩,在沿山草畜产业带规划10万亩养殖园区。全市牛、羊、猪饲养量分别达到6.92万头、254.1万只和23.1万头。做强提升瓜菜产业,瓜菜面积达到69456亩,其中:设施蔬菜47593亩,露地瓜菜19643亩,秋菜1.2万亩。建设设施蔬菜新技术集成示范基地1个,实现规模化种植和标准化生产,新增设施农业4600亩。提质增效适水产业,落实池塘轮捕轮放"双倍增"养殖基地8个,面积1000亩;建成陆基稻渔生态渔业2080亩,推广名优新品种养殖技术1.5万亩。水产品总产量2800吨,总产值3700万元。

【调查研究工作】 抓调研,搞好决策服务。政研室共起草各类政策性文稿、调研报告、经验交流、汇报材料共42篇。围绕全市农业供给侧结构性改革,制定了《关于推进农业供给侧结构性改革加快培育农业发展新动能的实施意见》《灵武市现代农业"十三五"发展规划》《灵武市农业转移人口若干财政政策的通知》(征求意见稿)《关于完善支持政策促进农民持续增收的实施意见》等政策性文稿12篇。以公车改革、现代旅游业发展、乡镇建设、劳务移民生活、盘活城乡居民房屋资产、乡镇干部"走读"等广泛深入调研,形成了《关于灵武市公车改革后存在的问题及建议》《现代旅游业发展情况的调研报告》《对灵武市劳务移民生产生活状况的调查与思考》《灵武市关于盘活城乡居民房屋资产促进城乡深度融合发展调研报告》《对我市乡镇干部"走读"有关情况的调查与建议》等调研报告10篇,其中《银川主流媒体微信公众号融合发展的思考》一文在《宁夏工作研究》第3期刊发,《扎实推进乡镇建设供给侧结构性改革》一文在《大银川》杂志和自治区《改革动态》第7期刊发。围绕灵武市农垦国有农场社会职能属地管理、精准扶贫、农业社会化服务等情况开展调研,形成《灵武市2017年机关干部下农村送政策促发展活动总结》《关于自治区党委政策研究室扶贫经验调研汇报材料》《灵武市农利达现代农业服务中心社会化服务的探索与实践》等经验交流材料9篇,其中《灵武市农利达现代农业服务中心社会化服务的探索与实践》一文分别以《创新农业社会化服务模式 引领现代农业健康发展》《全产业链社会化服务的"农利达"做法》为题在银川市《三农要情》和自治区《三农要情》刊发。《家门口建厂让移民群众实现了从农民到产业工人的华丽转身》一文在银川市《三农要情》刊发。《灵武市建设之春》一文在《大银川》杂志刊发。围绕贯彻落实十二次党代会精神,起草《灵武市贯彻落实第十二次党代会精神实施意见》《推进全面创新激发改革活力》,其中《推进全面创新激发改革活力》获得银川市学习贯彻自治区第十二次党代会精神征文三等奖。密切配合抓好调研服务。积极配合自治区党委政研室、自治区农办、银川市委政研室对灵武市农业全程机械化、农业农村工作、全面深化改革、精准扶贫、互联网+党建等工作进行调研,形成《关于自治区党委政策研究室扶贫经验调研》等汇报材料5篇,为有效推进全市各项工作,宣传推介全市工作成效起到了良好的促进作用。创办政研参考,着力提高信息服务水平。坚持立足服务全市工作大局,在获取信息、研究信息、使用信息上下功夫,结合政研室工作实际,创办了《政研参考》内部交流简报,精心选择中央、自治区、银川市相关政策、改革动态,以及灵武市相关经验典型,及时刊发传阅,已印发《自治区设亿元转贷资金解中小企业"过桥"难题》《种好梧桐树 引来金凤凰》《灵武全力整治水生态营造美丽宜居新环境》等为主要内容的《政研参考》24 期,被银川市《三农要情》和自治区《三农要情》刊发 1 期,被市委、政府主要领导批示 3 期,切实发挥了政研室参谋助手和“以文辅政”的作用。

【全面深化改革】 起草了《灵武市全面深化改革领导小组 2017 年工作要点》,全面梳理经济、文化、社会、生态和党建领域 53 项重大改革,其中确定了 11 项重大改革项目,争取实施国家级改革试点 1 个、自治区级改革试点两个、银川市级改革试点 1 个,实行市级领导领衔推进,定期听取改革工作进展情况汇报、审议改革方案、部署改革任务、破解改革难题。协同市委、政府督查室进一步强化督察,建立台账管理机制,对各项改革任务进行全面跟踪调度,动态反映工作推进情况。健全情况通报机制,先后发出督察事项 29 项(件),提出整改问题 50 条,督促限期整改,提高督察实效。组织协调全市 4 个专项小组、17 个牵头部门(单位)积极有序推进各领域的改革,在重点领域和关键环节已取得突破,国有林场改革、供销社改革、县城基础设施投融资体制改革基本完成,乡镇改革、河长制工作、校园足球发展等方面走在了全区前列,行政审批制度改革、农村产权制度改革、空间规划(多规合一)改革、城管执法体制综合改革、县级公立医院改革、纪检监察体制改革等一系列重大改革任务稳步推进、顺利实施。在推进全面深化改革工作中,认真总结挖掘改革形成的特色、亮点,并积极向上级部门报送灵武市改革特色、亮点工作,《插上社会化服务翅膀现代农业启动腾飞模式》《扎实推进乡镇建设供给侧结构性改革》《灵武市四项举措创新村集体增收渠道》《灵武市“五个一”打造联动共治的社会治理协调运行体系》《家门口建工厂实现移民群众到产业工人的华丽转身》《灵武市大力发展校园足球着力打造足球城市品牌》等改革成果在《宁夏改革动态》《宁夏工作研究》、自治区《三农要情》《大银川》《银川市改革动态》、银川市《三农要情》等刊物发表。

【政务信息】 围绕全市经济社会发展、农业农村工作、全面深化改革、精准扶贫、“双增双减双富”工作、“两学一做”常态化制度化教育及年初市委、政府确定的大事、实事、群众关心的热点难点问题和政研室开展的创新特色工作,认真调研,及时搜集整理报送政务信息,共撰写报送各类信息 192 条,被采用信息 24 条,其中被《宁夏工作研究》采用 5 条,银川市采用 6 条,自治区《三农要情》采用 2 条,银川市《三农要情》采用 2 条,自治区改革办采用 4 条,银川市改革办采用 5 条,被灵武市委、政府办公室采用 6 条。

【扶贫攻坚】 将“双增双减双富”作为开展基层服务型党组织建设年的主要任务和载体,着力深挖“双增”潜力,严防、严控“双减”因素,通过党员带动、产业推动、资源拉动、多方联动,助力“双增双减双富”专项行动落实。结合支部主题党日活动、党员志愿活动,引领广大党员在“双增双减”中“富脑袋富口袋”;结合传统种养殖优势,整合项目,重点发展粮食生产加工、长枣、瓜菜、草畜产业、适水产业等特色产业,实现农业基础设施集中规模效应。依托村级资源、资金、资产、通过盘活集体资源、实施项目脱壳、强化“三资”管理,增强村集体经济实力。以深入开展“五送两带一帮”主题实践活动为载体,切实抓好“结对共建”和生态移民帮扶工作。深入农村、社区、企业送政策、察民情,共发放以中央和自治区一号文件等富民惠民新政策和“七五”普法及相关政策为主要内容的宣传册 1600 余份。给群众认真讲解政府的各类惠农政策,为群众谋福祉。认真开展与安家湖村结对共建活动,经常性深入包扶的安家湖村指导党风廉政建设,督促落实村务公开,指导完善以村民代表会议、村监会、村民理财小组管理制度等为主的村民自治制度,严格监督落实村务、财务公开制度,指导利用信息化手段,开展村务财务公开。做好精准脱贫工作,多次深入泾兴村开展扶贫,认真落实家庭脱贫计划。为 10 户贫困户送上生活物资 6000 多元,为贫困户提供供暖补助。为贫困户购买 480 只麻黄鸡仔和饲料,价值 6800 多元;为贫困家庭的 7 名学生捐助衣物、书本,从精神层面上给予帮助。同时政研室党员干部多次为建档立卡户宣传党的十九大精神、自治区第十二次党代会精神及金融扶贫贷款政策等重要党内政策法规，同时积极宣传、组织移民户在家留守人员参加村上举办的美容美发、特色种植、养鸡知识等技能培训，提高劳动技能。同时，发放了企业用工宣传材料，为帮扶对象提供就业岗位。先后多次参与制定脱贫攻坚相关政策，牵头扶贫办等单位先后讨论研究，补充完善《关于促进生态移民脱贫增收的扶持政策》，积极撰写《对灵武市劳务移民生产生活状况的调查与思考》《关于自治区党委政策研究室扶贫经验调研汇报材料》《家门口建厂让移民群众实现了从农民到产业工人的华丽转身》等以脱贫攻坚为主题的调研报告，被自治区采纳两篇、银川市采纳1篇，其中《灵武市"四个一线工作法"聚焦精准扶贫》《精准施策 聚力攻坚——灵武市脱贫攻坚工作打创新牌，走创新路》在自治区党委办公厅内刊《宁夏工作研究》刊发，《家门口建厂让移民群众实现了从农民到产业工人的华丽转身》一文被银川市《三农要情》采纳，家门口建厂扶贫模式被广泛宣传，灵武市扶贫经验得到国务院扶贫办批示并作为典型在全国复制推广。

机构编制

【概况】 2017年，市编办在市委、政府和市编委的正确领导及自治区、银川市编办的指导下，认真贯彻落实党的十八大、十八届六中全会精神，深入学习领会习近平总书记系列重要讲话精神和治国理政新理念新思想新战略，紧紧围绕市委、政府中心工作大局，以深化行政审批制度改革为主线，扎实推进涉企行政职权改革试点工作，积极推进事业单位分类改革和重点领域改革，严格控制和优化配置编制资源，着力破解影响灵武市经济社会发展的体制机制障碍，较好地完成了全年工作任务。

【机构编制管理】 严肃机构编制纪律和强化人员调动管理。严格执行编委会主任"一支笔"审批、机构编制部门统一承办、机构编制部门一家行文的"三个一"规定和机构编制管理"五不准"原则，凡涉及机构编制工作重大事项、人员调动、机构设置、行政与事业单位编制调整等事宜全部提交编委会会议研究决定。组织市编委会委员认真学习《机构编制违纪行为适用〈中国共产党纪律处分条例〉若干问题的解释》和《行政机关机构编制违法违纪行为政纪处分暂行规定》，强化机构编制"红线"意识，进一步加强和规范机构编制管理工作。完善组织、编制、人事、财政四部门联动机制，制定《灵武市机关事业单位工作人员交流调配管理办法》，规范全市财政供养人员流动，严把外市县调入人员实地考察质量关，从严控制调出人员人才流失。全年从外市县选调符合管理规定的工作人员13名，部门（单位）之间调整13名，调出本市11名。完善机构编制总量控制动态调整机制。按照"严控总量、盘活存量、优化结构、增减平衡"的要求，对推进社会发展和涉及民生确需新设机构和增加编制的单位，均在现有机构编制总量内实行"撤一设一"和动态调整。全年共向银川市编办争取核增正科级领导职数4名、副科级领导职数14名，给各单位增加全额预算事业编制18名、定额补助事业编制43名，新招录公务员59名、事业人员94名、特岗教师70名。加强安全生产监督管理工作，新设立"灵武市安全生产应急救援指挥中心"，核定全额预算事业编制5名。在高新技术产业开发区管委会和市再生资源循环经济示范区管委会内设机构"规划建设部"分别加挂"安全生产监督管理部"牌子，各核增副科级领导职数1名；同时为市再生资源循环经济示范区管委会增加事业编制2名。在全市党政群机关、人大、政协、直属事业单位、部门所属事业单位增加安全生产监督管理职责；在乡镇设立安全生产执法工作岗位。加强党建和网络信息化工作，为市委组织部核增非公有制经济组织和社会组织党工委书记职数1名（正科级），由市委组织部副部长兼任；为市委老干部局核增市离退休干部党工委专职副书记职数1名(副科级)。给市政务服务中心(市信息化服务中心)增加全额预算事业编制2名，负责承担市网络安全和信息化办公室日常工作。加强招商引资和科技创新工作，新设立灵武市经济技术合作服务中心，为市政府直属正科级事业单位，核定全额预算事业编制10名，科级领导职数1正2副；为高新技术产业开发区管委会增加内设机构“科技发展部”，增加全额预算事业编制3名，核增科级领导职数1正1副。为市发展和改革局核增副科级领导职数1名。加强农业、住建等部门职能和盐业管理工作，在市农村合作经济经营管理站加挂“灵武市农村产权流转服务中心”牌子；在市动物卫生监督所加挂“灵武市农产品质量安全检验检测站”牌子。给市住房和城乡建设局所属的建筑管理站增加全额预算事业编制2名，负责承担市新型城镇化领导小组办公室日常工作。将全市盐业管理职责由原市盐业管理局调整为市工业信息化和商务局承担，食盐安全监管职责由市市场监督管理局承担。加强政法队伍建设，将政法专项编制3名以上的8个基层司法所规格明确为副科级，各核定副科级领导职数1名；新设立灵武市社区警务管理中心，在全市范围内调剂事业编制43名招录基层警务人员，切实加强了全市公安基层警务基础工作。为解决马家滩镇因行政管辖与治安管理不统一造成的执法矛盾、社会治安管理等问题，积极争取将由银川市宁东公安分局负责的马家滩派出所移交灵武市管理，3名政法专项编制和所长教导员共2名正科级领导职数一并划转至市公安局。加强河湖管理保护工作，严格落实中央和区、市“河长制”各项要求，通过单位内设机构整合和编制调剂的方式，报批设立灵武市全面推行河长制办公室，为市水务局所属副科级事业单位，核定全额预算事业编制15名，专职副主任1名(副科级)。整合部门机构编制资源，发挥最大效益和作用，撤销灵武市宁东林业管护中心，报批设立灵武市城市园林绿化管护中心（挂灵武市枣博园管理所牌子）（副科级）；撤销灵武市郝家桥林业工作站，设立灵武市乡镇林木管护中心；撤销灵武市劳动保障监察大队，组建灵武市劳动保障监察执法局（副科级）；设立灵武市交通公路建设管理中心；撤销灵武市农村饮水服务站，在市水资源管理所挂牌。调整增加单位职能，在市档案局加挂“灵武市委党史办公室”牌子；在市人民政府办公室加挂“灵武市政务公开办公室”牌子；在市国土资源局加挂“灵武市规划管理局”牌子；在市体育中心同时加挂“灵武市足球运动发展管理中心”和“灵武市体育馆”牌子；在各乡镇民生服务中心加挂“民政服务站”牌子。调整事业单位机构级别，将职能弱化的宁夏灵武国家地质公园管理局由市政府直属正科级事业单位调整为市国土资源局所属副科级事业单位；将职能弱化的市农业广播电视学校在市农业技术推广服务中心挂牌。将职能增加强化的灵武市教师培训和教学研究中心、灵武市规划管理站、灵武市林木检疫站3个不定级别事业单位上报升格为副科级事业单位。加大政府部门履职评估和机构编制监督检查力度。抽调相关部门人员，对6个政府工作部门开展履职评估检查，对履职不到位的单位责令及时整改，并首次由市编办对各部门履职情况进行目标绩效考核赋分。按照中央编办《关于加强机构编制违规违纪行为预防的意见》和自治区编办《关于加强机构编制问题整改推进审批联动的通知》精神，建立全市机构编制工作问题台账，梳理存在问题15条，落实整改措施、整改责任人和整改时限，并上报自治区编办备案监督整改。已消化整改4条。优化配置教育部门编制资源。深入全市40所中小学逐一核查，按照师生比标准重新核定了全市中小学校教职工编制。对学校中出现的教师队伍年龄结构偏大、超编制使用教师、占编不在岗及不合理使用教师等问题由市编委责令教育体育局进行整改，分两批共调整近200名人编不符教师编制。加强日常监管，强化实名制管理。适时更新机构编制实名制信息库，确保信息准确无误。充分发挥“控编单”作用，将其作为人员流动、录用的前提条件和出入编依据。落实编制、财政、人社三部门工资基金联合审核制度，先后督察出16个部门(单位)存在工资关系与实名制库信息不符问题，督促各单位及时整改，确保统发工资单位人事信息和工资数据准确完整。提升事业单位登记管理服务水平。完成事业单位年度年检登记管理工作，对全市109家法人事业单位组织开展年检，年检率100%。加强监管力度，动态跟进设立、变更和注销服务工作，实施法人证书、统一社会代码证书使用管理的规章制度。根据改革要求为市供销社、市中心敬老院两家不完全符合《事业单位登记管理暂行条例》规定，按不占机构个数、不列入事业单位机构编制序列情况进行登记。

【机构改革】 扎实推进乡镇建设和改革。根据自治区《关于加强乡镇建设的若干意见》和灵武市《关于加强乡镇建设发展的实施意见(试行)》精神，深入各乡镇实地调研和座谈讨论，重新制定乡镇职能配置机构设置和人员编制方案。在确保编制总量不变的情况下，乡镇内设机构由过去的“三办四中心”调整为“一办三中心一执法队”，乡镇岗位设置按照业务量大小，实行“一人一岗、一人多岗或一岗多人”的原则，打破了由编制性质定岗位的局面，进一步提高了工作效率和公共服务能力。乡镇机构编制方案首次明确下派乡镇人员数量，市农牧局、林业局、水务局、国土资源局四部门共下派百余名技术员、业务骨干到乡镇工作。扎实推进城市管理综合执法体制改革。为贯彻落实中共中央、国务院和自治区党委、政府关于深入推进城市执法体制改革改进城市管理工作的意见等精神，理顺灵武市城市管理综合执法体制，进一步提高城市管理和公共服务水平，经多次征求相关部门意见，并经市法制办合法性审查，市环保局等5个部门的29项行政职权划入市城市管理综合执法局。扎实推进事业单位改革。稳步推进国有林场改革和公立医院改革。经多次与林业部门、林场沟通探索和自治区编办汇报请示，研究确定了宁夏灵武白芨滩国家级自然保护区管理局(灵武市白芨滩防沙林场)、灵武园艺试验场（灵武林场)、灵武市北沙窝林场、灵武市大泉林场机构编制方案。压缩林场现有编制规模，收回空余编制210名，超出规模编制人员继续实行实名制管理。在确保事业单位公益性的前提下对公立医院进行改革，实行编制内人员备案，全员实行聘用制，推进医联体改革。开展承担行政职能事业单位改革试点工作。按照中央和自治区开展承担行政职能事业单位改革试点精神，制定了《灵武市承担行政职能事业单位改革试点实施方案》，将全市5个事业单位纳入改革试点范围，市事业单位登记管理局、市人民政府教育督导室、市地方海事局3个单位的职能职责并入主管部门，并在市机构编制委员会办公室挂事业单位登记管理局牌子、在市教育体育局挂人民政府教育督导室牌子，将市农村合作经济经营管理站和市农业机械安全监理站承担的4项行政职能剥离划归至农牧局，实施方案已经自治区编办批复并组织实施。重新制定事业单位机构编制方案。根据自治区编办《关于制定事业单位机构编制方案的通知》精神，深入政府工作部门，通过实地调研和座谈讨论，进一步理清全市180个事业单位的功能定位和职责边界，将承担行政职能事业单位中的行政职能剥离划归主管部门，将职能相近、职能重叠、职能交叉的事业单位进行职能调整，将事业单位下放取消的职能进行承接和清理，形成了全市事业单位新的“九定”方案；重新核定事业单位领导职数，核减副职领导职数40名(不定级别)；科学确定事业单位机构名称，将“灵武市绒业生产力促进中心”等5个事业单位进行更名，为推进事业单位改革奠定了基础。

【政府职能转变】 协同推进深化放管服改革工作。做好区、市下放行政审批事项承接落实工作，取消调整行政审批事项18项。举办全市建立权力清单公示平台培训班，指导审核政府组成部门、城市管理综合执法局、乡镇完成153项行政审批项目及流程汇总、项目编码录入工作。开展证照清理工作，全市共有92项权力清单范围内证照发放，6项权力清单范围外证照发放，方便了企业、群众办事。积极创新涉企行政职权改革试点工作。加强组织领导，压实工作责任。成立以市长为组长的涉企行政职权改革工作领导小组，统筹推进涉企行政职权工作规程试点工作。制定了《灵武市推进“互联网+政务服务”“三化一满意”模式改革实施方案》和《灵武市工业园区社会投资项目行政职权和服务事项工作规程试点方案》，把涉企改革工作作为“一把手”工程，主要领导亲自抓、分管领导具体抓，确保试点改革顺利推进。认真梳理事项，设立企业服务站。通过深入企业调研、组织召开座谈会、与园区管委会及涉企行业部门反复会商沟通，在完成131项涉企行政审批服务事项流程梳理的基础上，完成了新办企业注册、企业职工社会保险、困难职工救助等事项规程梳理。设立企业办事服务站，由代办人员对入驻高新区网上审批事项全程受理代办，已先行投入试运行。减环节压时限，出台涉企规程。由涉及办理工业园区土地审批、规划审批、建筑工程施工许可证的相关部门按照“职权法定、权责一致”的原则，分别提供本部门在办理时所需提交的材料和办理环节时限，协同各部门共同商议，对梳理出的规程事项进行排查、删减、调整，制作相关工作规程。同时，对相关部门工作规程进行汇总，删减重复提交的材料，进一步减少环节，压缩时限，优化流程，经市委、政府主要领导审阅调整，组织相关部门研究讨论后，形成了《灵武市工业园区社会投资项目建筑工程施工许可规程》，施工许可办证时间由改革前的175个工作日减少到70个工作日，办理环节由改革前的58个减少到27个，要件资料由改革前的137份减少到60份，由“企业跑腿”变为“网上跑路、干部跑腿”。完善拓展规程，出台相关制度。继续完善涉企行政职权事项规程，跟踪调查工作规程运行情况并查漏补缺，进一步精简环节、压缩时限、减少要件，确保审批事项和企业办事服务事项正常运行。以工业园区社会投资项目建筑工程施工许可规程为模板，进一步复制拓展，出台《灵武市工业园区外社会投资项目建筑工程施工许可规程》和《灵武市政府投资建筑工程施工许可规程》。制定了《灵武市涉企行政职权改革规程试点立项备案制度》《灵武市涉企行政职权改革规程试点预审代办制度》《灵武市涉企行政职权改革规程规划委员会实施联合审制度》《灵武市建筑工程施工许可实施集中审批制度》《灵武市涉企行政职权改革规程试点审批承诺+备案制度》《灵武市行政审批超时默许追责制度(试行)》《灵武市行政审批缺席默认追责制度(试行)》，为灵武市涉企行政职权改革和服务事项实现“时间最短、环节最简、要件最少、服务最优、效率最高、活力最强”改革目标提供了保障。

【党建工作】　严格落实党建工作责任制。以深化开展“两学一做”学习教育制度化、常态化为抓手，坚持周一例会学习制度，组织干部学习党章党规，学习习总书记系列重要讲话精神，不断提升干部的思想政治理论水平；以创建“三星级”党支部和银川市文明单位为目标，组织干部参加各级各类培训班和辅导讲座，提升干部专业素养。同时抓好退休党员管理工作，健全完善党员信息档案。严格遵守党内政治生活准则。把坚持“三会一课”制度作为刚性约束，定期组织召开支部大会、支委会，单位党员全年轮流讲党课6次。认真组织召开民主生活会，严格开展批评与自我批评。严格遵守“三重一大”和一把手“五不直接分管”制度，对单位采购、展板制作、办公用品购买等千元以上支出一律上会集体研究决定。认真抓好党风党纪教育。认真落实中央八项规定精神，开展“回头看”，执行领导及干部个人有关事项报告规定，深入学习《中国共产党党内监督条例》《党内政治生活的若干准则》公务员网络知识课程、六五普法教材中关于行政许可法等知识，增强党员干部的廉政意识，筑牢拒腐防变思想防线。深入开展“五送两带一帮”干部下基层工作。帮助结对共建村——临河镇二道沟村大力发展二道沟岩画民俗村旅游资源。积极开展以宣传贯彻自治区第十二次党代会精神为主题的党日活动。“七一”前组织慰问贫困老党员6名，深入鼓楼社区帮扶困难家庭两户。扎实开展精准扶贫工作。每周入户了解贫困家庭困难情况，帮助14户脱贫户制定脱贫方案，现已脱贫6户。将150只优质麻黄鸡苗及关于养殖技术的书籍送到贫困户家中，帮助困难家庭开展庭院养殖以实现脱贫增收。帮助两名大学生暑假勤工俭学，减轻家庭经济负担。积极开展春节慰问贫困户活动。做好上争项目和招商引资工作。积极配合市发改局做好银西高铁建设项目的服务工作，争取资金300万元，到位300万元；联合马家滩镇引进畜骨加工综合利用项目，投资6000万元，到位4500万元。做好安全生产、七五普法、禁毒等工作。

信　访

【概况】 2017年，灵武市共受理信访总量为370批804件人次，同比批次下降22.59%、件次下降47.96%，信访办结率99.71%。其中群众来访158批592人次，占信访总量的42.7%，办结率为99.37%，同比批次下降了61.27%、人次下降了59.86%；信件办理14件次，占信访总量的3.7%，办结率为100%，同比下降了72.0%；网上投诉198件次，占信访总量的55.6%，办结率为100%，同比上升了890.0%。群众来访中，集体访26批353人次，初访152批586人次，重复访6批6人次。赴自治区50人以上越级集体访零人次。进京重点地区涉访人员25批41人次，化解率达73%，签订息诉罢访协议书16批30人次，依法打击7人、批捕1人，拟报自治区信访局销案核减30人次。

【目标任务】 2017年，灵武市坚持抓正访与重点地区涉访、初访办理与积案化解工作并举，继续围绕"124"工作思路，形成"大信访、全市一盘棋"格局，全市信访形势明显好转。先后多次召开政府常务会、专题会议和信访工作联席会议，研究信访工作，分析信访形势，解决信访突出问题。召开"全市政法综治信访维稳工作会议"，市领导分别与各乡镇、部门主要负责人签订了信访维稳工作目标责任书，各责任单位分别成立以党政主要领导为第一责任人的信访工作领导小组，层层明确责任和要求，严格控制和约束进京上访人员。同时，以市委、政府出台的《灵武市信访事项复查工作暂行办法》《灵武市信访事项听证暂行办法》《灵武市初信初访首办责任制暂行办法》《灵武市通过法定途径分类处理信访诉求清单（试行）》《建立不满意信访事项第三方评价机制》《灵武市重大信访信息报送工作制度》等制度，进一步规范信访事项初办、复查、听证等活动，提升信访工作法治化水平。

【网络建设及业务规范】 全市8个乡镇（街道）、19个市直各部门全部实现信访信息系统网络互联互通，下发密钥27个，全部实现了信访业务网上受理、网上办理。为适应移动互联网的发展形势，进一步拓宽信访渠道，网上信访系统全面升级。灵武市又注册开通了"灵武信访"微信公众号，市民可通过下载APP、登录门户网站等渠道进行投诉。同时结合"灵盾工程"建设，将信访问题解决在基层，在乡镇（街道）、村（社区）建立网上信访代理点，减少了上访中间环节，实现了市民"少跑路、少踏门槛、少走程序"。2017年，灵武市办理国家信访局门户网站网上投诉信件75件次，占信访总量的45.1%，办结率100%。根据《自治区信访局关于开展信访基础业务规范化检查的通知》要求，对全市2012年以来本级登记、受理、录入的信访事项进行了全面梳理。对办理程序不规范、解决问题不到位的进行整改，对应录未录的事项进行补录。市信访局共登记录入网上投诉217件（包括不予受理40件、上级转送件18件）。经办信访件应办结345件，按期办结344件，超期办结1件，按期办结率为99.71%。各地群众对信访局应评价信访件327件，待评价数0件，未评价数61件，参评率98.87%，满意率92.35%；对灵武市责任单位应评价信访件322件，待评价数66件，未评价数1件，参评率99.22%，满意率90.99%。

【信访责任制】 制定《灵武市初信初访首办责任制办法》，全面加强初信初访办理工作，做好群众第一次来信、来访、网上投诉办理工作，推进领导干部定期接访下访和信访局主导、涉事单位参加的联合接访制度化、常态化。依照"谁主管、谁负责"的原则与各乡镇党委书记、各部门主要负责人、企业负责人签订责任书。压实化解责任，坚决杜绝集体上访、越级上访发生，将进京重点地区涉访和到区市50人以上集体上访严格控制在指标数内。加大积案化解工作的问责力度。根据所在乡镇信访人进京上访稳控情况分别对东塔镇、崇兴镇、郝家桥镇、梧桐树乡4个乡镇及市教育体育局共13名领导进行了问责，分别给予了效能告诫、诫勉谈话、取消评先评优、警示谈话等问责处分。开展实地联合督察。每季度和重大政治活动期间分别由市委常委、政府常务副市长朱立峰,市政府副市长杨国龙任组长，信访局、监察局、政法委、市委督查室、政府督查室等五部门组成的两个专项督察组对各乡镇(街道)、相关部门2017年以来的信访情况、积案化解情况进行专项督察督办,新闻媒体全程参与,全程公开,督促乡镇和部门积极履行职责,从实体和程序两个方面推动解决信访问题,对于重点信访人稳控和信访问题的化解起到了明显成效。

【领导干部接访】 继续坚持市级领导接访，在十九大期间由市委、政府领导坚守接访,同时完善重大群体访接访机制,坚持首访责任制,严格按照“谁接访、谁化解;谁接访,谁包抓;谁接访,谁办结;谁接访,谁负责”的工作责任，想方设法及时就地解决群众的合理诉求。对于集体访和单个初访，当场能解决的当场解决，当场解决不了的由接访领导按照“一个问题，一名领导，一套班子，一个方案,一抓到底”的“五个一”工作机制负责包抓，对于重大疑难信访事项,接访领导要按照“包协调、包督办、包落实、包稳定、包处置”的“五包”责任制落实责任,化解信访问题,做到案结事了、息诉罢访。同时结合灵武市开展的“五送两带一包”主题活动，建立接访领导接访、下访、信访机制,针对接访领导当场无法答复需要研究的信访案件,由信访局梳理汇总报市委、政府研究后，责令相关部门或乡镇限时办理。着力规范信访秩序，既规范处理信访问题的部门行为，还要规范信访人的信访行为，不断完善接谈、受理、交(转)办、督办、回复等流程，用制度确保信访事项得到妥善处理,做到合理合法、有理有据。2017年,市级领导到信访局接访186次，共接访来访群众475批2318人次。

【信访法治化】 推进依法分类处理工作落实。市信联办会同乡镇、部门按照每一类信访投诉请求明确对应一类法定途径的要求,研究制定《通过法定途径分类处理信访诉求清单》,厘清信访与诉讼、调解、行政复议、仲裁、技术鉴定、行政裁决、劳动监察等其他法定途径的受理范围，信访群众只需要对照清单，就可以明白信访诉求按照法定途径“找谁办、谁必办”。推进诉访分离工作落实。在信访大厅设立涉诉涉法窗口,聘请律师和政法机关工作人员在窗口驻点参与接访，对每位来访群众提供法律服务，通过律师和政法机关工作人员的访前甄别实现来访事项的依法分流,有力地推进诉访分离。推进信访行为引导工作落实。针对“信访不信法”“信上不信下”等现象,坚守法律底线,对已经依法终结或认定为无理之后继续缠访、闹访、进京非正常访并妨害社会公共秩序的人员，依法追究其刑事责任。通过加大法制宣传教育和依法治理闹访的力度，采取群众喜闻乐见的语言和形式，运用以案说法等方式，引导群众正确认识信访权利和实现权益的途径，提高群众遵法守法的意识。

【突出问题化解】 自治区交办重点信访问题两件,分别是:电商汽车物流园工人反映开发商拖欠劳务公司工程款及工人工资问题,已化解,涉及8个班组的农民工工资已全部付清;黄河书院业主反映元荣置业开发公司违规销售房屋以及农民工反应拖欠工程款、农民工工资问题,未化解,由信访局牵头,审计、发改、财政、公安等部门配合,聘请第三方审计机构对黄河书院财务、工程量进行审定、评估后进行解决。银川市交办重点信访问题1件，为灵武市郝家桥镇沈家湖村9队34名村民集体上访,反映农民小康村安置房建设存在严重质量问题,由群众委托律师撰写诉状,已提交法院进入诉讼程序。

【落实十九大会议精神】 根据自治区及银川市信访局关于开展“人民满意信访”主题活动的统一部署,结合全市实际,组织全体工作人员定于每周五下午深入学习党的十九大会议精神和习近平总书记系列重要讲话精神,学习党风廉政建设有关文件精神,学习《信访条例》《信访工作责任制实施办法》,学习全国“最美信访干部”先进事迹。进一步强化理想信念和党性教育，提高政策理论水平，同时围绕“人民满意信访”这一主题,开展自查自纠，将查找出来的问题进行分门别类，逐条逐项梳理分析，列出问题清单，建立台账，明确整治目标、完成时限、责任部门、责任领导、具体责任人等，做到即知即改。

【干部队伍建设】 突出抓好能力建设。主动适应新形势新任务新要求，从基础业务入手，开展多种形式的岗位练兵和实践锻炼。以信访工作制度改革和信访法治化建设为主题，坚持"需求导向、贴近业务、分级管理"的原则，一事一训，办好各类培训班。做好新任职领导干部在信访部门挂职锻炼工作。深入推进廉政建设。严格落实中央八项规定和自治区、银川市、灵武市若干规定，完善廉政风险防控机制，落实主体责任和监督责任。加强教育、管理和监督，引导信访干部自觉在法治轨道上用权，在党纪国法约束中工作，在内外监督下干事，形成干事创业、风清气正的良好氛围。持续深化作风建设。进一步巩固和深化"三严三实"专题教育成果，发扬求真务实作风，狠抓工作落实，确保各项任务顺利完成。全面总结宣传信访工作的创新经验和信访干部的先进事迹，树立学习榜样和先进典型，充分发挥先进典型的示范带动效应，引导广大党员干部坚定理想信念，自觉加强党性修养，自觉践行党的宗旨。

老干部工作

【概况】 2017 年，市委老干部局认真宣传贯彻党的十八届及十八届四中、五中、六中全会精神，十九大精神和自治区、银川市老干部局局长会议精神，深入开展"两学一做"常态化制度化学习教育，学习习近平新时代中国特色社会主义思想，以加强离退休干部政治思想建设和党组织建设、改进离退休干部服务管理工作为重点，全面落实好离退休干部政治、生活待遇，加强活动阵地建设，强化工作部门自身建设，服务大局，突破重点，抓好典型，强化管理，整体推进，不断提升老干部管理服务工作的科学化水平。认真开展关心下一代工作委员会工作、老年大学和老年活动中心工作。老干部局有人员 9 人，其中中共党员 8 人。灵武市现有离休干部 38 名，有离退休干部党组织 42 个，党员 1857 名。

【落实老干部政策】 投资 5 万元，为老干部阅览室及离休干部征订《宁夏日报》《银川日报》《健康之友》等报纸杂志 30 多种。利用每月一次的离退休干部学习日，组织老干部学习中央、自治区、银川市、灵武市有关重要文件。坚持做好"四慰问、两走访"服务，春节、中秋、重阳节慰问离退休老干部及其遗孀 151 人，发放慰问金 19 万元；看望长期有病、长期卧床和住院的老干部及遗孀 160 人次。组织老干部考察观摩学习离退休干部党组织建设及全市重点工作和重点项目工程。组织开展离退休老干部征求意见会，并邀请老干部代表谏言献策。市委书记及组织部部长向离退休老干部定期通报灵武市经济社会发展情况及干部使用情况，使老干部关注、关心灵武市经济社会发展。组织老干部现场观摩白芨滩热气球活动，并在保护区内重温入党誓词。在建党 96 周年之际，市委书记夏斌慰问老红军曹存才、老干部杨正甫。市委老干部局组织离退休干部及离退休党组织负责人参观学习，开展"看发展、我点赞"喜迎党的十九大召开。组织离退休干部及离退休党组织负责人参观银川花博园活动。落实老干部生活待遇。及时督促有关部门落实了 38 位离休干部的生活待遇和补助，对去世老干部进行了送葬，看望慰问其家属，协助做好抚恤金的办理工作。落实离休干部的工资发放工作。协调财政部门及时支付离休干部遗孀生活费。按标准为离休干部遗孀每人发放 1200 元至 2000 元的门诊医疗费。对 46 名生活困难的离休干部和困难遗孀给予 4 万元的生活补助。

【"四就近"管理服务】 继续将老干部"四就近"管理服务工作融入社区服务管理，细化了"亲情"服务管理。为社区划拨资金 5 万元完善了各社区的硬件设施，为社区离退休老干部创造了舒适的学习、阅读、休息和娱乐环境。开展了适宜老干部的文化、科普娱乐、健身等活动，丰富了老同志的精神文化生活。定期走访、慰问和关怀独居老干部，各社区根据离退休干部的优势和特长，积极为离退休干部发挥作用搭建平台。为辖区老干部文艺团体解决活动经费 7000 元，促进了社区工作的开展。

【**脱贫攻坚**】 根据市委、政府的要求，老干部局积极参与脱贫攻坚工作。按照精准扶贫的标准和要求，认真做好白土岗乡泾源村 10 户贫困户（48 人）的扶贫攻坚工作。一是深入调查摸底统计，通过逐户走访，掌握脱贫情况。二是因户制宜地制定扶贫攻坚计划和具体措施。三是抓好具体措施的落实，主动到群众家中宣传党的方针政策，将市委、政府制定的精准扶贫政策印制分发到户，做到家喻户晓；及时为贫困户提供致富信息，积极为他们谏言献策，鼓励有劳动能力的人外出打工增收，使每户有 1—2 人外出务工；为 10 户贫困户发放扶贫鸡 500 只，还为他们每户购买了鸡饲料，亲自送到家中并上门指导他们科学管理，增加收入。经过一年的辛勤工作，取得了实效，10 户贫困户人均收入 4000 元以上。按国家和自治区标准，10 户中有 9 户实现了脱贫目标，政策兜底 1 户。

【**两学一做学习教育**】 为确保"两学一做"学习教育常态化制度化的深入开展，老干部局成立了"两学一做"学习教育领导小组，切实加强对此项工作的领导；进行全面动员部署；制定了老干部局"两学一做"学习教育常态化制度化实施方案和具体学习计划，认真学习规定篇目，《中国共产党党章》《习近平总书记系列重要讲话读本》《习近平谈治国理政》《中国共产党廉洁自律准则》《中国共产党纪律处分条例》等学习内容逐一进行，要求党员干部认真学习，并记好读书笔记；结合"三会一课"、党员活动日等形式，以党支部为单位组织党员开展学习教育，通过理论上的阐述、生动鲜活的事例，就讲政治、有信念，讲规矩、有纪律，讲道德、有品行，讲奉献、有作为做了深刻的讲解。通过开展"两学一做"学习教育，老干部也为党的事业增添了正能量，离职不退志，老有所为；身闲心不闲，老有所乐。紧密结合"两学一做"讲党课，深化对重点问题的认识，在支部讲党课的基础上，先后请市党校常务副校长王军同志辅导宣讲了自治区十二次党代会精神和周荣老师讲解党的十九大精神，使离退休干部及全体党员干部深受教育。组织进行了十九大知识问答，加深了对重要问题的认识。先后召开四次专题讨论会，进一步坚定正确政治方向，增强政治意识、大局意识、核心意识、看齐意识；进一步树立清风正气，严守政治纪律政治规矩；进一步强化宗旨观念，勇于担当作为，提高了党员觉悟。两次组织 150 名离退休老干部观摩花博园、基层离退休干部党支部党建工作先进典型、"两学一做"学习教育及白芨滩自然保护区先进典型，使大家受到了启示和教育。

【**"五送两带一帮"主题实践活动**】 根据市委、政府的统一部署和要求，持续深入石坝村广泛开展送政策、送法律、送科学、送温暖、送爱心、办实事、解难题等活动。一是入户宣传党的十八届五中、六中全会精神和十九大精神及市委五届三次会议精神。二是积极为群众办实事，根据群众的民生要求，协调有关部门解决农户生产生活中的问题，进行了党组织换届工作。三是及时掌握群众的意见和建议，协调做好拆迁农户安置房和村部党组织建设工作。四是监督做好春节前各类困难户、慰问户的核实与公示工作，确保公开公平公正，群众无意见。五是协助党支部抓好基层组织建设，严格执行财务公开制度，利用社会管理服务综合信息短信平台，将村务、财务等大小事务进行动态公开，主动接受村民监督。六是壮大集体经济，为村集体增收。开展扶贫帮困，对贫困户给予了 500 元的补助。

【**老年大学**】 2017 年，灵武市老年大学广泛调查研究，扩充教学内容、扩大班级，坚持学习与活动相互配合、相互促进，更好地满足了广大老年朋友们求知、求健、求乐、求为的多样化、多变性需求，在充实丰富老年人精神文化生活的道路上跨出了重大一步。利用老年大学课堂，聘请消费者协会工作人员，为老年大学学员进行了一堂生动有趣的食品安全和防诈骗等知识讲座，使老学员深受教育。特别是每年在"七一""十一"等重大节庆活动前以多种形式、途径，组织大合唱、小合唱红歌演唱、诗朗诵、绘画等活动，积极参加银川市的各项比赛，提高老年大学的知名度，邀请电视台等新闻媒体全方位、多角度地宣传老年大学，吸引更多的老年人走进老年大学。进一步提升老年教育的社会知名度和影响力。老年大学艺术团继续开展送文化下基层专题文艺演出，宣传党的惠民政策及市委、政府要办的大事和实事。演出活动贴近基层，贴近实际，深受群众喜欢。

【老年体育活动】 老年体协在全市范围内进行大型老年体育活动两次；组织参加自治区、银川市老干部局及老年体协举办的门球、乒乓球、象棋比赛7次，共获得两个奖项，取得了良好的成绩。成功举办了第六届老年人体育健身运动会，参加运动会的队伍达到了19个、运动员近900人。市委常委组织部部长李国强、人大常委会副主任何志龙、市常务副市长张道阳、政协副主席沈凤兰同志以及民政局、老龄委、市教育体育局、市体育中心的领导出席会议。第六届老年人体育健身运动会本着“健康快乐、文明和谐”的宗旨，体现了老年人团结拼搏、健康快乐、和谐奋进的精神，使运动会呈现出了积极参与、健康快乐的亮点。市老干部局活动中心常年对外开放，为老同志打乒乓球和门球及下象棋、娱乐、阅览书刊创造了良好条件。

灵武市委党校（市行政学校）

【概况】 2017年，中共灵武市委党校（市行政学校）围绕建设“开放富裕美丽和谐”新灵武的目标，紧扣全市大事实事，全面完成市委、政府下达的各项指标任务。先后荣获银川市“文明单位”、全区党校系统干部教育培训宣讲活动先进集体、成人继续教育“先进工作站”、灵武市妇联“巾帼文明岗”等荣誉称号。党校内设校务办、教务办、培训部、教研室4个部室，实有工作人员17人。

【干部培训】 围绕中心完成主体培训。按照市干部教育领导小组年度培训计划及部署，全年主体班培训党员干部2143人次，其中：举办“全市新任村‘两委’干部能力提升培训班”，参训430人；举办“全市中青年干部培训班”，参训44人；举办“2017年全市乡镇工作人员素质能力提升专题培训班”，参训404人；举办“全市贯彻落实自治区第十二次党代会精神暨全市公务员能力素质提升培训班”，参训1000人；举办“市直机关入党积极分子和党员发展对象培训班”，参训265人。

【巡回宣讲】 全年巡回宣讲322场次24000人次，其中：围绕党的十八届六中全会及中央一号文件精神，下基层宣讲29场次，参训3000人次；围绕贯彻落实自治区第十二次党代会精神，宣讲81场次，参训10000人次；围绕“百场党课下基层”工程，宣讲229场次，参训18000人次；围绕“十九大精神进万家”工程，宣讲130场次，参训11500人。

【会议协办】 积极发挥党校理论宣传主阵地作用，协助市委、政府及相关部门举办各类会议、培训共22场次。其中：举办中央“一号文件”专题培训班1期200人；全区宗教工作会议精神专题学习报告会220人；项目建设土地征收和国土规划执法培训200人；灵武市纪委监察业务培训班培训150人；灵武市传达学习宁夏十一次代表大会会议精神暨基层妇联干部能力提升培训班培训200人；灵武市“两学一做”工作推进会培训200人；灵武市扶贫系统干部“法治素养提升”培训班培训200人；灵武市2017年团干部能力提升培训班培训180人；农村党员冬季轮训示范培训班培训240人。

【成人教育】 倡树“依托宁大品牌办学、服务全市经济发展育才”的办学理念，为全市经济发展培养实用型人才，完成2015级毕业班论文答辩及评审工作，保证了2015级224名在册学员顺利毕业；完成2016级、2017级353名学员两学期的成绩录入等教学任务；承接银川市委党校农村经济管理业余大专班58名学员的课程学习及管理；2017级招生报名297人，信息确认217人；为提高升学率举办辅导班参训人数129人；参加成人高考196人，上线187人。荣获宁夏大学继续教育学院“先进教学站”称号。

【“三研”课题新成果】 党支部校委会鼓励教员积极参加自治区党委宣传部、党校、党史研究室、宁夏延安精神研究会等部门举办的各类理论征文活动，上报论文19篇，其中《大力弘扬延安精神，全面从严治党》荣获自治区党委党史研究室、宁夏延安精神研究会三等奖；《着力打造全国民族团结示范区》荣获自治区党校深入学习贯彻落实自治区第十二次党代会精神理论研讨征文优秀奖、《我的扶贫故事》荣获银川市“我的扶贫故事”征文一等奖；历时两个月由教研室、办公室多名同志参与开发的自治区党校级课题《精准扶贫数据库开发与运用》，经验收合格已结项。以“两学一做”学习教育为契机，围绕党的十八届六中全会和中央一号文件精神、自治区第十二次党代会精神及“百场党课下基层”工程、“十九大精神进万家”宣讲工程等内容，组织教员制作课件20个，为各类培训班及巡回宣讲下基层工作奠定了基础。

【结对共建办实事】 2017年，市委党校继续推进基层服务型党组织建设，充分发挥在职党员参与社区建设、服务群众的先锋模范作用。根据联合党委建设要求，党支部立足为民务实办实事，在春节期间慰问社区退休党员及困难群众3户，发放慰问金人均300元；参加社区举办的“三八”妇女节“好母亲、好婆媳”评选活动；“七一”在慰问党校退休党员之际，慰问社区困难党员3人，人均慰问金300元；组织全体党员干部职工进社区开展“学党章、尊党章，做合格党员”支部主题党日活动，给予水木灵州社区活动经费补助5000元，通过十九大精神解读、文艺演出、分发口袋书、观看展板等形式，达到“十九大精神进社区　联创联建与民乐”目的。积极组织在职党员参与社区群众民意测评、环境整治、困难群众慰问及文化活动开展等工作。

档案工作

【概况】 灵武市档案馆成立于1959年，一直无单体独立的档案馆。在新一届市委、政府及主要领导的关心支持下，2016年，档案局经过争取新建灵武市国家综合档案馆项目获准立项。新档案馆项目选址位于灵武市新区公安局东侧、灵州大道南侧、中山街西侧，2017年3月开工建设，总建设面积3048.7平方米，框架结构，建筑高度15米。灵武市档案馆建成后将具备档案及地方志资料收集保管、数字化信息加工、开发利用服务、档案及地方志工作管理、宣传、教育、行政办公的功能。为全市人民新增了一处爱国主义教育基地、档案方志资料安全保管基地、政府信息公开中心、电子文件管理中心和档案方志利用编辑服务中心“五位一体”的文化事业标志性建筑。

【信息化建设】 为加快档案馆档案数字化处理工作，档案局采取委托专业数字化扫描公司对馆藏纸质档案进行数字化扫描加工，借助流水化作业的档案信息数据采集流程，将纸质等载体的馆藏档案信息转化为存储在磁盘、光盘等载体上并能被计算机识别的图像文件，构建馆藏档案目录和原文信息资源库。2017年末已完成59个全宗单位的目录录入及全文扫描工作，总计录入19164卷（盒），目录287091条，扫描页数1682509页，2017年12月底完成档案数字化处理工作。10月16日档案局按灵移办〔2016〕9号文件分工要求，配合移民办开展“十二五”生态移民工程文件资料规范化整理的指导工作。已完成发改局、住建局、供电局、水务局、农牧局、就业局、郝家桥等21个单位，涉及移民住房、供水、供电、交通、就业培训、教育基础设施建设等方面工程文件资料的规范化整理工作。

【检查指导】 2017年6月1—5日，市委督查室、市政府督查室、市档案局联合对全市60个一级立档单位档案工作进行了执法检查，检查采取听取汇报、实地察看、当场反馈意见的方式，从依法治档、体制机制建设、综合档案室、档案业务和制度建设等方面，对各单位历年来的档案工作进行了综合检查测评。通过检查查找问题，对症下药，下发整改通知书，限期整改，并将检查情况报市委、政府督查室。

【普法工作】 近年来，各单位依法治档、依法管档的意识明显增强，普遍设立了档案工作机构，明确了分管领导，配备了专职或兼职档案管理人员，并将档案工作纳入领导议事日程，不断加强对单位干部职工尤其是档案管理人员的法制教育和业务培训，使档案人员综合素质和业务技能明显提高，尤其是对档案工作认真负责的态度，为单位各项工作的开展提供了高效服务，如市卫计局、市场监督管理局、东塔镇。

【规范移交】 严格按照《档案法》《宁夏回族自治区档案工作条例》、国家监察部和档案局联合下发《30号令》的规定，不断提高档案管理工作的规范化水平，严格按规范和要求收集、整理、数字化处理，在灵武市率先建成数字化档案室，如法院、检察院。一些单位能将其单位自成立到2015年整理规范、数字化处理标准、电子目录齐全的档案及时移交灵武市档案馆，既节省了档案室的有效空间，也为全市档案信息资源共享和综合开发利用创造了条件，如市委办、统战部、政法委、政府办、政协办、财政局、人社局、统计局、郝家桥镇、马家滩镇。

【安全管理】 部分单位领导对档案安全管理的重要性认识明确，每年都投入一定经费用于档案室基础设施建设，档案安全保管“八防”(防火、防盗、防潮、防鼠、防虫、防尘、防光、防高温)措施得到有效落实。部分单位还购置了档案密集架，为全市档案工作规范化建设起到了示范作用。检查中发现有些单位人员配置不到位、综合档案室建设滞后、档案业务工作不规范等问题。灵武市档案局将检查情况报市委、政府督查室，以两办发文要求全市各立档单位从以下几方面进行整改：一是各单位要进一步建立健全档案工作管理体制，不断加强档案工作的领导；二是进一步加强综合档案室、档案业务建设及重大活动档案管理工作；三是及时、准确统计其单位各年度产生的各门类档案数量，建立好统计台账，并在档案局备案登记；四是加强数字化档案室建设；五是建立健全档案工作规章制度。

【6月9日国际档案日】 2017年6月9日上午，档案局全体工作人员在灵州广场搭建宣传拱门、悬挂彩球标语、布置宣传台、摆放宣传展板30多幅、发放宣传资料和印有档案图标的宣传袋400个，向广大市民讲解相关档案知识。档案局领导亲自为市民赠送档案局自编出版的《灵武史话连环画》近200本，妙趣的连环画及简洁的文字介绍让广大人民群众了解了灵武、认知了灵武。通过这次宣传，诠释了档案在灵武市经济社会发展各方面起着不可忽视的作用，突显了“档案——我们共同的记忆”这一主题，体现了档案是保存历史、传承文化的纽带，进一步扩大了档案工作的社会影响力，提高了全社会的档案意识，向社会普及了档案知识，提升了广大人民群众的档案意识，为灵武市档案事业更好发展营造了良好的环境，以实际成效庆祝了第十个国际档案日的到来。

【地方志工作】 编制《灵武市地方志事业发展规划》；对灵武旧志进行整理，着手对《嘉庆灵州志迹校注》进行翻译和重新校注，得到市政府批准；《灵武年鉴(2017)》按计划出版发行，完成一年一鉴；编辑出版《灵武历史纪年》；结合灵武市档案馆建设，编制《灵武市档案方志展览厅建设项目建议书》；开展地方志宣传工作，通过志书年鉴交流、赠书和专题宣传活动等形成，宣传地方志、宣传灵武；积极参加区志办及银川市志办举办的地方志年鉴培训班，努力提高编辑业务能力，拓展编辑视野，更好地开展地方志年鉴编辑工作。

灵武市人民代表大会常务委员会

综 述

【概况】 2017年，市人大常委会在市委的坚强领导下，全面贯彻党的十八大和十八届三中、四中、五中、六中全会及十九大精神，深入学习习近平总书记系列重要讲话精神和治国理政新理念新思想新战略，坚持党的领导、人民当家作主和依法治国有机统一，紧紧围绕市第五次党代会提出的“11344”工作思路，认真履行宪法和法律赋予的职责，圆满完成了市十七届人大一次会议确定的目标任务，各方面工作取得新进展、新成效。一年来，共召开常委会会议8次、主任会议18次，听取和审议“一府两院”工作报告11项，提出审议意见46条，做出决议、决定4项，开展视察、执法检查、调研活动10次，形成调研报告23篇。

【执法检查】 对《食品安全法》《环境保护法》贯彻实施情况进行执法检查。首次委托有资质的第三方检测机构对城区水质进行检测，对照专业检测报告找问题、提建议，使执法检查更科学、更具权威性，推动了法律法规的有效实施。针对群众反映景观水系有污染的问题进行专题调研，邀请5名水利、法律方面专业人员参与，形成调研报告上报市委，市委书记夏斌同志高度重视，批示市人民政府继续加强对市区景观水系的治理。市人民政府积极行动，加强对景观水系治理和监管，水质得到改善，群众非常满意。

【视察、检查和调研】 常委会主动适应经济发展新常态，更加注重对经济工作的监督。加强对经济工作的监督。密切关注全市经济运行态势，先后3次组织人大代表对全市2017年重点项目建设、10件大事、农业优势特色产业发展情况进行视察检查，推动了各项工作的顺利开展。先后两次召开常委会议审议2017年国民经济和社会发展计划执行、投资融资等工作情况的报告，为全市经济把脉问诊，促进全市经济健康快速发展。加强对预算审查的监督。认真贯彻落实《预算法》，组织代表对全市财税工作进行专题调研，在深入调研和依法审查基础上，听取和审议了2016年度财政决算及2017年度财政预算执行情况、2016年度财政预算执行与其他财政收支审计情况的报告。审查和批准了市人民政府2016年和2017年预算调整计划报告，要求市人民政府进一步强化财源建设，缓解收支矛盾;进一步强化预算管理，强化预算约束;进一步强化财政监督，坚持依法理财，切实为人民理好财、管好钱。加强对“三农”工作的监督。高度关注“三农”工作，对畜牧养殖、农田水利、长枣产业等工作进行视察。对农村供给侧改革工作进行专题调研，围绕调好区域布局，调优产业结构，调新种养模式，大力培植新型经营主体，鼓励兴办经营性社会化服务组织，加强农业基础设施建设，不断提高农业集约发展水平等问题形成专题调研报告，为市委决策提供了依据，推动了农业增效、农民增收、农村稳定。加强对改善民生工作的督察。听取和审议了市人民政府关于城市总体规划执行、公立医院改革、深化“大众创业、万众创新”等专项工作报告。先后4次对16件实事、冬季供暖、行政审批管理服务体制改革工作进行视察检查，推动了各项工作的落实，确保民生事项办实、办好。高度重视环境保护。听取和审议了市人民政府关于“碧水蓝天·绿色城乡”专项行动的报告。先后两次组织代表对3家污水处理厂和华电电厂储煤场进行视察，要求市人民政府完善污水处理措施，加强对华电电厂煤场粉煤储存的监管，确保发展和环境保护良性互动。对全市生态建设进行视察，要求市人民政府加大投入，完善措施，保护和优化生态环境，巩固国家园林城市创建成果。加强对司法工作的监督。围绕维护公平正义开展监督，促进司法机关公正司法。听取和审议了市人民法院执行工作、市人民检察院反贪污贿赂工作的报告，要求市人民法院加大执行力度，创新执行方式，切实维护当事人合法权益；要求市人民检察院坚持惩防并举，在加大查办案件力度的同时，强化宣传，扎实推进预防职务犯罪工作。组织开展了“代表走进法院”“代表走进检察院”活动。制定了《市人大代表旁听法院审理案件办法》，组织23名人大代表对法院庭审活动进行了旁听，并对旁听情况进行测评。在司法监督中，常委会既履行监督职责，又维护司法权威，实现了二者的有机统一，促进了司法公正。

【任免国家机关工作人员】 不断完善和规范任免程序，进一步完善任前供职发言、任后工作监督等程序，切实实现党的主张与人民意愿有机统一。落实宪法宣誓制度，认真组织新任命的国家机关工作人员向宪法宣誓。加强对任职人员的监督，听取10名政府组成部门主要负责人履职情况报告，并对履职情况进行满意度测评，促进任职干部尽职尽责。一年来，先后依法任免国家机关工作人员69人，其中任命40人、免职29人。

【代表议案、建议和意见办理情况】 坚持把督办和承办代表议案建议作为保障代表权利、促进“一府两院”改进工作的重要途径。及时将9件议案、46件意见建议转交市政府办理。常委会先后两次组织人大代表视察代表议案、建议办理工作，并就办理情况进行满意度测评，将测评结果及时报市委、政府，得到了市委、政府的高度重视，推动了人大议案、建议的办理进度。截至2017年末，市十七届人大一次会议确定的9件人大议案，7件完成，2件正在办理中。建议意见办结39件，列入计划逐步解决7件。

【代表工作】 加强代表履职保障。针对换届后新任代表多的实际，为代表订阅了《人民代表报》《宁夏人大》《银川人大》，并分层次、有针对性地对代表进行培训。在灵武市进行培训的基础上，先后组织200余名代表参加自治区、银川市及浙江大学学习培训，组织40名代表赴金凤区学习考察。一年来，通过自己学、专家讲、“请进来”“走出去”等办法，代表的综合素质和履职能力不断提升。充分利用人大微信公众平台、短信平台向代表及时通报市情政务和人大工作，拓宽代表知情知政渠道。共给无固定收入代表发放交通和通讯补贴15万元，为代表履职创造条件，提供方便。创新代表活动方式。以“三个活动日”为载体，确保代表履职富有成效。制定了《灵武市人大代表联系基层组织和群众活动实施方案》，将587名四级人大代表按照网格化管理的模式混编为79个代表小组，使代表活动有序进行。建立代表履职激励机制，制定了《灵武市人大代表履职评价办法》等制度，印制了《代表履职档案》《代表小组活动登记表》，如实记录代表活动情况。组织开展“关注民生、服务群众”代表主题日活动，全市四级人大代表到所在选区参加活动。2017年，常委会组织代表参加工作调研、执法检查、工作视察、行风评议等活动410人次；参加“一府两院”听证会、电视问政、座谈、法庭庭审等活动150人次。闭会期间，收集、梳理群众关心的热点、难点问题建议和意见285条，转交市政府办理19条，其余全部转交乡镇（街道）办理。强化基层工作指导。加强对乡镇人大的指导，建立了人大常委会主任、副主任联席乡镇人大主席团和街道办事处制度。邀请乡镇人大主席列席人大常委会会议，组织人大主席参加监督评议、调研视察及业务知识培训，切实提高了乡镇人大工作水平。出台《灵武市乡镇人大工作规范化建设指导意见》等文件，规范乡镇人大主席团工作。银川市人大组织相关县区到灵武市学习考察，对灵武市乡镇、村（社区）人大代表工作给予了高度评价。

【信访工作】 把受理和督办群

众来信来访作为关注民生、了解民情、反映民意的重要渠道，健全完善了接访、转办、督办、反馈工作机制，有力维护了群众的合法权益。常委会领导坚持市级领导定期接访制度，热情接待上访群众，耐心听取群众诉求，妥善解决群众问题。2017 年，市人大机关共接待来访群众 21 批 47 人次，受理来信 5 件，对于所受理的来信来访都进行了妥善处理。

【**自身建设**】 抓学习，提高能力。把学习作为增强政治定力、提升业务能力的主要抓手。坚持中心组理论学习、业务学习等制度，结合“两学一做”学习教育制度化常态化，认真学习党的路线方针政策、十九大精神和《宪法》《组织法》等法律法规，牢固树立政治意识、大局意识、核心意识和看齐意识，确保人大工作始终与市委同心、与政府同为、与民心同向、与法律同行。先后组织人大机关干部、常委会组成人员参加自治区、银川市和灵武市人大组织的各项业务学习 8 批 28 人次，为常委会领导和机关干部购置了公文写作、会议流程、工作调研等人大工作用书。通过抓学习、抓培训，常委会领导和机关干部办文、办会、办事能力得到明显提升。制定和修改完善了《灵武市人大党组议事规则》《灵武市人大常委会议事规则》《灵武市人大常委会主任会议议事规则》等 8 项人大党组、常委会行使职权制度，使人大工作决策更加科学、监督更加有力、任免更加规范。制定完善机关管理制度 20 项，机关管理更加规范有序。

重要会议

【**灵武市十七届人大常委会第三次会议**】 2 月 17 日，召开第十七届人大常委会第三次会议。会议任命孟延军同志为灵武市人民政府副市长（挂职），接受瞿明霞辞去灵武市人大常委会委员和灵武市人民代表大会法制委员会委员职务的请示。

【**灵武市十七届人大常委会第四次会议**】 4 月 5 日，召开第十七届人大常委会第四次会议。会议免去西韶华市检察委员会委员、检察员职务，免去王建仁市检察院检察委员会委员职务，免去刘晓伟检察院检察委员会委员。任命张韧刚同志为灵武市人民政府副市长。审议《灵武市全民法制宣传教育第七个五年普法规划》《灵武市人大常委会关于市人大代表旁听法院审理案件办法》。

【**灵武市十七届人大常委会第五次会议**】 6 月 30 日，召开第十七届人大常委会第五次会议。免去马学明市监察局局长职务、李增先市民族宗教事务局局长职务，免去白学军市人民法院审判委员会委员、西郊法庭庭长职务；杨晓光市人民法院审判员职务；汤涛市人民法院审判员职务。任命马学明为市民族宗教事务局局长、李广为市监察局局长、王亮为市人民法院西郊法庭庭长。审议市人民政府“蓝天碧水　绿色城乡”专项行动工作报告。审议《灵武市法治政府建设实施方案（2016-2020）》。

【**灵武市十七届人大常委会第六次会议**】 8 月 28 日，召开第十七届人大常委会第六次会议。会议通报了全市党风廉政建设暨发腐败工作情况，听取和审议了市人民政府关于上半年国民经济和社会发展计划执行情况的报告、2016 年财政预算及 2017 年上半年财政预算执行情况的报告、关于深化“大众创业、万众创新”工作的报告。

【**灵武市十七届人大常委会第七次会议**】 10 月 31 日，召开第十七届人大常委会第七次会议。会议任命张道阳同志为灵武市人民政府副市长、王小燕同志为市人民法院审判员、陈祥伟同志为市人民法院审判员。听取和审议市人民政府《关于灵武市城市总体规划（2009-2020）》、投资融资工作情况报告、2017 年预算调整的议案、市人民法院关于执行工作的报告、市人民检察院关于反贪污贿赂工作的报告以及部分政府组成部门负责人报告履职情况的报告。11 月 6 号，市人大常委会党组书记、主任郑学文主持召开市人大常委会召开中心组（扩大）学习会，市人大常委会副主任刘卫星、何志龙、曾晓明、周玉斌参加学习会。

【**灵武市十七届人大常委会第八次会议**】 12 月 18 日，召开第十七届人大常委会第八次会议。会议免去何志龙代表资格审查委员会主任职务，任命曾晓明担任代表资格审查委员会主任；同意白尚成等代表辞去银川市第十五届人大代表职务，补选杨玉经为银川市第十五届人大代表；同意接受谢刚、张鹏飞辞去第十七届人大常委会委员；同意接受连宏新等代表辞去灵武市第十七届人大代表职务；免去王生喜市人民检察院检察委员会委员、检察员职务，任命史敏辉同志为市人民检察院检察委员会委员。

【灵武市第十七届人民代表大会第二次会议】 12月22日至25日，灵武市第十七届人民代表大会第二次会议在灵武市中银戴斯酒店会议中心召开。会议由市第十七届人民代表大会第二次会议主席团常务主席郑学文主持。市委书记夏斌、政府市长马自忠、政协主席杨文炯等160多名人大代表参加了会议。大会还邀请市政协委员、灵武市各部门负责人、驻灵区属单位负责人、骨干企业代表和人大离退休老干部列席了大会。

【灵武市十七届人大常委会第九次会议】 12月25日，召开第十七届人大常委会第九次会议。会议任命李广、马德明为市监察委员会副主任，田光君、许颖、杨宇晖为市监察委员会委员。

各工作委员会工作

【人大法制工作委员】 加强对普法工作的监督。审议了《灵武市全民法治教育第七个五年规划》和《灵武市法治政府建设实施方案(2016—2020年)》，作出了《关于深入开展第七个五年法治宣传教育的决议》《关于加强法治政府建设的决议》；积极参与指导"宪法日"等法治宣传活动，有力地推动了"七五"普法和法治政府建设工作的顺利开展。

【代表联络委员会】 针对换届后新任代表多的实际，为代表订阅了《人民代表报》《宁夏人大》《银川人大》，并分层次、有针对性地对代表进行培训。在灵武市培训的基础上，先后组织200余名代表参加自治区、银川市及浙江大学学习培训，组织40名代表赴金凤区学习考察。充分利用人大微信公众平台、短信平台向代表及时通报市情政务和人大工作，拓宽代表知情知政渠道。共给无固定收入代表发放交通和通讯补贴15万元，为代表履职创造条件，提供方便。以"三个活动日"为载体，确保代表履职富有成效。制定了《灵武市人大代表联系基层组织和群众活动实施方案》，将587名四级人大代表按照网格化管理的模式混编为79个代表小组，使代表活动有序进行。建立代表履职激励机制，制定了《灵武市人大代表履职评价办法》等制度，印制了《代表履职档案》《代表小组活动登记表》，如实记录代表活动情况。组织开展"关注民生、服务群众"代表主题日活动，全市四级人大代表到所在选区参加活动。2017年，常委会组织代表参加工作调研、执法检查、工作视察、行风评议等活动410人次；参加"一府两院"听证会、电视问政、座谈、法庭庭审等活动150人次。闭会期间，收集、梳理群众关心的热点、难点问题建议和意见285条，转交市政府办理19条，其余全部转交乡镇(街道)办理。坚持把督办和承办代表议案建议作为保障代表权利、促进"一府两院"改进工作的重要途径。及时将9件议案、46件意见建议转交市政府办理。常委会先后两次组织人大代表视察代表议案、建议办理工作，并就办理情况进行满意度测评，将测评结果及时报市委、政府，得到了市委、政府的高度重视，推动了人大议案、建议的办理进度。加强对乡镇人大的指导，建立了人大常委会主任、副主任联系乡镇人大主席团和街道办事处制度。邀请乡镇人大主席列席人大常委会会议，组织人大主席参加监督评议、调研视察及业务知识培训，切实提高了乡镇人大工作水平。出台《灵武市乡镇人大工作规范化建设指导意见》等文件，规范乡镇人大主席团工作。银川市人大组织相关县区到灵武市学习考察，对灵武市乡镇、村(社区)人大代表工作给予了高度评价。

【财经工作委员会】 密切关注全市经济运行态势，先后3次组织人大代表对全市2017年重点项目建设、10件大事、农业优势特色产业发展情况进行视察检查，推动了各项工作的顺利开展。先后两次召开常委会议审议2017年国民经济和社会发展计划执行、投资融资等工作情况的报告，为全市经济把脉问诊，促进全市经济健康快速发展。认真贯彻落实《预算法》，组织代表对全市财税工作进行专题调研，在深入调研和依法审查基础上，听取和审议了2016年度财政决算及2017年度财政预算执行情况、2016年度财政预算执行与其他财政收支审计情况的报告。审查和批准了市人民政府2016年和2017年预算调整计划报告，要求市人民政府进一步强化财源建设，缓解收支矛盾；进一步强化预算管理，强化预算约束；进一步强化财政监督，坚持依法理财，切实为人民理好财、管好钱。高度关注“三农”工作，对畜牧养殖、农田水利、长枣产业等工作进行视察。对农村供给侧改革工作进行专题调研，围绕调好区域布局，调优产业结构，调新种养模式，大力培植新型经营主体，鼓励兴办经营性社会化服务组织，加强农业基础设施建设，不断提高农业集约发展水平等问题形成专题调研报告，为市委决策提供了依据，推动了农业增效、农民增收、农村稳定。

【民族宗教委员会】 全力推动脱贫攻坚。把脱贫攻坚列为2017年监督工作的重中之重。先后两次组织市人大代表深入郝家桥镇、白土岗乡开展专题调研，进村入户询问情况、征求意见。年中对全市脱贫攻坚工作进行专项检查，年末听取和审议了市政府关于精准脱贫工作的报告，提出脱贫攻坚6条建议，转交市政府研究落实。

【科教文卫工作委员会】 组织委员和代表对市医院迁建工作调研，通过实地察看、外出观摩学习、座谈讨论等形式，广泛听取各方面的意见建议，及时将群众的意见建议上报市委，为市委、政府科学决策提供了依据。11月7日，市人大常委会副主任何志龙带队调研县级公立医院综合改革工作。调研组一行人，实地察看市人民医院、市中医院两家县级公立医院的情况并听取了全市县级公立医院综合改革工作情况汇报。

灵武市人民政府

综　述

【概况】 2017年，灵武市完成地区生产总值435.7亿元,同比增长11.2%，居全区第一位;市属固定资产投资138亿元,同比增长10.7%，居银川市第二位；市属规模以上工业增加值同比增长8.5%，居银川市第一位；市属一般公共预算收入9.16亿元,同口径增长8.6%;社会消费品零售总额17.3亿元,同比增长9.9%，居银川市第二位；实现外贸进出口总额22.2亿美元,增长60%;城乡居民人均可支配收入分别达3.06万元、1.37万元,同比增长8.1%和8.9%，农民人均可支配收入增速居银川市第一位。全国综合实力百强排名由89位跃升至85位，全国中小城市投资潜力百强由43位跃升至34位。

【产业转型】 高新区入围全国首批绿色园区，再生园区顺利通过国家“城市矿产”示范基地中期验收，跻身中国产业园区成长力百强。开展“百名干部进百企稳增长促转型”活动,设立产业发展基金4.5亿元,兑现扶持奖补资金1.3亿元。荣昌绒业等5家企业入围“宁夏百强”，中银绒业、瑞银公司两项生产工艺获国家发明专利,2017年新增规模以上企业6家、高新技术企业两家、科技型中小企业8家。羊绒企业整合重组稳步推进,“腾笼换鸟”建设浙商服装产业园,年产3.5万锭涤纶缝纫线等项目试车,“灵州雪”荣获中国驰名商标,“灵武精品羊绒”区域品牌价值达70亿元。年产12万吨再生铝棒(锭)及铝型材生产线等9个项目开工建设,6万吨再生铜杆等6个项目建成投产，再生资源产业专家服务团荣获银川市优秀科技创新团队奖。

【现代农业】 坚持用工业理念发展现代农业，深化农业农村改革，农村土地承包经营权确权登记颁证基本完成，抵押贷款试点启动运行。加大农田水利基本建设和农业综合开发力度,建设高标准农田13.2万亩,发展节水灌溉4万亩，巩固富硒有机稻生产基地6万亩、瓜菜种植面积7万亩,粮食总产量实现“十四连增”。年产5万吨富硒大米加工技改、10万吨大米加工扩建项目建成投产,昊王米业荣获中国大米加工企业50强,粮食加工业实现产值23亿元。灵武长枣、兴唐香米、昊王大米荣获中国绿色食品博览会金奖。承办首届宁夏红枣大赛,成立灵武长枣研究院,长枣保鲜、智能化分级分选等11项技术获国家授权专利。设施长枣扩量提质,打通上海、深圳等大中型城市冷链配送“直通车”，长枣销售量达2300万公斤,产值过亿元。在山区规划布局10万亩养殖基地,牛、羊、生猪饲养量分别达6.3万头、360万只和26万头。

【服务行业】 荣获全国生态特色旅游县(市)。编制完成全域旅游规划及三年行动计划,提升改造10个景点，建成二道沟、胡家堡特色旅游示范村，“一核三带一廊六线多景”全域旅游格局初步形成。中国·宁夏(灵武)热气球节、亚太大学生五人制足球赛成功举办，国家低空飞行营地、“丝绸之路”中国越野拉力赛培训基地永久落户，接待区内外游客188万人次，实现综合性收入1.6亿元。供销社改革基本完成，服务职能进一步强化。农村电子商务示范县创建稳步推进，建设电商服务站19个，从业人员达

1200人，网上交易额同比翻一番、达5.2亿元。三大国有公司启动运营，参与推动新业态、新产业发展，累计为147家企业担保贷款2.4亿元。

【城乡环境】 突出“丝路古驿、唐韵古城、长枣之乡、羊绒之都”的城市特色，主动融入银川都市圈，黄河大桥连接线竣工通车，银西高铁灵武段稳步推进，307西段拓宽等工程顺利完工。西昌街等7条街道集污管网、350套棚户区改造任务全面完成。实施枣博园二期、兴唐苑等重点绿化亮化提升，城市绿化率达33.6%。加大国土规划执法力度，违法占地、用地整改基本完成。建设美丽村庄14个，行政村全部通光纤，10个村接入天然气，完成农村改厕及污水处理1.2万户，新修改造农村公路30公里，建成滨河大道等沿线自行车道32公里。推行城乡环卫一体化，实现网格化保洁、精细化管理、常态化考核。“灵武长枣景观都市”项目获亚洲都市景观奖，“人沙和谐·沙城融合”项目获城市有机更新优胜奖，成功跨入全国新型城镇化质量百强县(市)。

【生态建设】 国有林场改革基本完成。全国三北工程精准治沙和灌木平茬复壮试点现场会、全区河长制现场会、全区农村人居环境综合整治推进会先后在灵武市召开。牢固树立绿色、低碳理念，实施“碧水蓝天·美丽城乡”、自然保护区“绿盾2017”、非煤矿山整治“零点行动”及污染防治十大专项行动，加大农村面源污染、秸秆焚烧等整治力度，取缔非法盗采、越界开采非煤矿山20家，拆除建成区燃煤锅炉142台，停产限产企业5家，中央环保督察24个转办件全部销号。截至12月19日，灵武市空气质量优良天数312天，优良率达88.9%，比2016年增加41天，提高11.2%(其中：PM10平均浓度每立方米81.7微克，同比下降13.9%；PM2.5平均浓度每立方米32.6微克，同比下降12.3%；二氧化硫平均浓度每立方米17微克，同比下降50.8%；二氧化氮平均浓度每立方米12.2微克，同比下降46%)，在银川市前三季度生态综合考核中均排名第一，共获得环境空气质量生态补偿金640万元。率先启动“河长制”工作，全市沟道、水库实现管理全覆盖，治理骨干沟道115公里，砌护渠道87公里，农村改厕及污水处理与“河长制”工作分别被央视专题报道。实施东湖及周边环境整治提升，世行贷款等项目的完成，建成灵河生态公园，营造生态林4万亩，治理水土流失面积38.3万亩。全国首家防沙治沙展览馆建成开放，“六位一体”治沙模式全面推广。

【民生事业】 坚持领导包村、干部包户、“第一书记”和驻村工作队三级帮扶机制，扎实开展“周四扶贫工作日”，建档立卡户实行动态管理。移民村防洪工程、商业街、“十三五”移民安置房投入使用，1460人搬迁入住。突出产业扶贫、劳务扶贫，泾灵村扶贫工厂成为全国首批巾帼脱贫示范基地，建档立卡户脱贫攻坚连心卡智慧扶贫典型经验在全区推广。建设千头奶牛养殖场5个、高标准设施温棚64栋，种植黄花菜、甘草茶4000亩，劳务输出4300人。创新“村头建厂、家门口就业”“企业+基地+农民”“托管经营+就业”扶贫模式，移民地区人均可支配收入同比增长10%。灵武市财政支出的80%以上用于改善民生，16件民生实事顺利完成。出台鼓励农民进城购房、城乡居民户均一人进厂务工政策，全市2.7万户外出务工家庭享受意外伤害保险，全年新增城镇就业3557人，转移农村劳动力2.6万人，劳务收入超过两亿元，位列全国“双创”百强93位。强化基层民政服务能力建设，全区民政工作现场会在灵武市召开，全年发放各类救助资金1.46亿元。国道307收费站撤销，公交车回购工作正在推进。健全公共文化服务体系，10个综合文化中心、梧桐树民俗文化博物馆建成使用。“千年古县”申报评审工作顺利通过，美丽灵武人、少年·国学派、寻找笑脸餐厅、“花开四季·美好灵武”等一批文化活动品牌广受追捧。全区首家老年消费维权教育服务站成立，儿童福利院、广播电视塔、档案馆、图书馆基本建成，体育公园、体育馆免费开放，荣获全国群众体育先进单位称号。深化教育质量提升行动，出台促进民办教育发展意见、教学教研成果奖励办法、加快发展青少年校园足球实施意见，评选表彰10大名师、10名骨干教师、100个助教家庭、1000名优秀学生,重教育、抓质量、创名校的氛围日益浓厚。完成21所义务教育阶段薄弱学校改造，职教中心迁扩建工程加快推进，与北京职业学校开展合作。市二中入选全国体育事业突出贡献单位，二中男子足球队、一中女子足球队分别获得全区青少年校园足球联赛冠军。加快健康灵武建设,深化医药卫生体制改革，积极引进眼科、康养等特色专科,医疗联合体、家庭医生签约服务等工作有序推进,50岁以上城乡居民和在职在岗干部职工享受免费健康体检,“五险合一”扩面工作全面完成,养老保险、医疗保险参保率达98%以上。“平安灵武”建设成效突出。实施社会治理服务体系“灵盾工程”,“一村双警”“交巡警合一”警务模式全面推行,“智慧城市”管理指挥中心建成投用。持续开展13个重点领域安全生产检查,未发生重特大安全事故。

【行政效能】 深入推进“两学一做”学习教育,严格执行中央“八项规定”精神和区市若干规定，狠抓廉政建设和机关效能建设。依法接受人大法律监督、工作监督和政协民主监督,全年办理各级人大议案10件、代表建议53件、政协提案81件,办复率达100%。落实“123”信访工作要求,35件信访积案妥善化解。“三化一满意”为民服务机制不断深化,31项便民服务事项实现不出村（社区)办理。推进依法行政，扎实开展“七五”普法。完善项目招投标管理、资金审批拨付等制度,各级干部依法依规、按程序办的意识和能力明显增强。大力推进政务公开、政府信息公开,电视问政、“12345一号通”成为政府听民声、解民忧、汇民智的有效平台。严厉整治不履职、不担当、不作为,庸政、懒政、怠政等行为,政府执行力、公信力显著提升。

重要会议

【全市安全生产工作会议】 1月20日，灵武市召开2017年度安全生产工作会议。市长马自忠在会上要求全市上下要进一步强化安全生产责任意识，紧盯安全生产重要环节，压实安全生产责任，全力以赴抓好安全生产工作，以灵武市安全发展的良好局面迎接党的十九大胜利召开。

【市政府第一次全体（扩大)暨廉政工作会议】 2月4日,灵武市政府第一次全体(扩大)暨廉政工作会议召开，此次会议既是一次收心会，更是贯彻落实自治区、银川市系列会议和灵武市党代会、两会精神的安排部署会，动员全市上下进一步统一思想,明确工作任务,落实责任担当，真正实现以最快的时间、最有效的工作节奏,全身心投入到2017年各项目标任务中，努力实现全年工作开门红。市长马自忠及市领导陈文宁、赵灵平、崔江浩、马波、朱立峰、陈玉贤、杨国龙及政府组成部门负责人，各乡镇、各园区、政府直属事业单位负责人参加了会议。

【全市农业农村工作项目会】 2月24日，灵武市农业农村工作项目观摩暨春播现场会举行,通过现场观摩的形式,实地检阅各乡镇、部门2017年“三农”工作的举措和成效,全面部署全市春耕生产工作，力促全市农业农村工作开好局。夏斌、郑学文、马自忠、杨文炯等市四套班子领导参加观摩。

【重点工作安排部署会议】 2月15日,灵武市召开2017年重点工作安排部署会议。市四套班子领导夏斌、郑学文、马自忠、杨文炯等参加会议。

【重大项目建设启动大会】 2月24日,银川市2017年重大项目建设启动仪式暨灵武市项目开工奠基仪式在新华桥特色小镇产业发展项目主会场，宁夏亿美乳制品深加工建设项目和宁夏东梦能源公司灵武基地建设项目两个分会场举行。银川市人大常委会副主任关琪、银川市政协副主席杨兆华及灵武市四套班子领导,各乡镇、相关部门主要负责人,企业及各项目建设施工单位、代表参加了启动仪式。

【2017年“碧水蓝天·美丽城乡”调度会】 3月1日，灵武市召开2017年“碧水蓝天·美丽城乡”调度会，总结前期工作成效,查找问题,剖析原因,再次安排部署全市2017年“碧水蓝天·美丽城乡”各项工作任务。市长马自忠及市领导马正东、刘卫星、马波、朱立峰、陈玉贤、杨国龙参加会议。

【农业农村工作暨脱贫攻坚推进会】 3月10日,灵武市召开全市农业农村工作暨脱贫攻坚推进会。夏斌、马自忠、杨文炯等市四套班子领导，市直各部门、各乡镇主要负责人，各行政村“两委班子”、驻村第一书记，涉农部门全体干部、农业产业化龙头企业、农民合作社、家庭农场代表等400余人参加会议。

【环境治理调度会】 4月12日，灵武市市长马自忠主持召开灵武市环境治理调度会，强调全市上下要思想明、方向明，要统筹完善长效机制、形成常态化治理和全社会共同参与的氛围，全面改善城乡面貌，为建设“四个灵武”作出新的贡献。市领导马正东、朱立峰、孟延军、马波、陈玉贤、杨国龙、张韧刚及各园区、乡镇、相关部门负责人参加会议。

【“丝路古驿·羊绒之都” 中国·宁夏(灵武)热气球节开幕】 7月31日上午，“丝路古驿·羊绒之都”中国·宁夏(灵武)热气球节在灵武市白芨滩国家沙漠公园开幕。银川市副市长钱秀梅、自治区水利厅副厅长郜涌权、自治区审计厅副厅长宋卫中等区市领导出席开幕式，市长马自忠主持开幕式。

【河长制现场推进会】 8月3日，灵武市召开河长制现场推进会。市委书记夏斌强调，市、乡(镇)、村(社区)三级河长，要紧盯两个“只增不减”主要工作目标，以保护水资源、管控水岸线、防治水污染、改善水环境、修复水生态、加强执法监管为主要任务，落实“一河一策”(一湖一策)具体措施，实现灵武市境内所有河道(沟道)“水清、河畅、岸绿、景美”水生态环境。市人大常委会主任郑学文、市长马自忠、市政协主席杨文炯等参加现场会。

【大干实干100天攻坚行动动员大会】 9月5日，灵武市召开大干实干100天攻坚行动动员大会。市人大常委会主任郑学文、市长马自忠、市政协主席杨文炯等四套班子领导参加会议。

【河长制工作会】 9月14日，全区全面推行河长制工作川区现场观摩会在灵武市召开。自治区河长办副主任、水利厅副厅长麦山、灵武市领导郑学文、马自忠和来自全区4市13个县、区政府、河长办主要负责人参加了现场观摩会。

【2017亚太大学生五人制足球及啦啦操锦标赛】 9月18日晚七点半，“美丽灵武　羊绒之都”2017年亚太大学生五人制足球暨啦啦操锦标赛在灵武市体育馆隆重开幕，来自阿曼、中国台北、马来西亚、新喀里多尼亚、哈萨克斯坦、蒙古、伊朗、吉尔吉斯斯坦及中国的五人制足球队和啦啦操队欢聚一堂，在8天时间里进行竞赛角逐和专题研讨文化活动。

【民政服务能力建设现场会】 9月26日，全区加强基层民政服务能力建设现场会在灵武市召开。自治区副主席许尔锋、民政部党组成员、社会组织管理局局长詹成付，民政部离退休干部局局长于文俊、自治区民政厅厅长杜正彬、自治区财政厅党组书记张苏安、自治区民政厅党组书记妥永苍、灵武市人大常委会主任郑学文、市长马自忠等领导出席会议。自治区政府副秘书长黄明旭主持会议。

【农村人居环境综合整治现场推进会】 9月27日，全区农村人居环境综合整治现场推进会在灵武市召开。自治区政府办公厅副主任范锐君，自治区住房和城乡建设厅厅长杨玉经及全区各级住建、农牧、环保、财政部门负责人、各级政府分管领导出席会议。灵武市领导马自忠、马利剑、朱立峰陪同观摩并参加会议。

【银川市2018年项目谋划工作推进会】 11月25日，银川市2018年项目谋划工作推进会在灵武市召开。银川市委副书记、代市长杨玉经强调指出，全市各级各部门要学深悟透党的十九大精神，深入贯彻落实自治区第十二次党代会精神，把“绿色、高端、和谐、宜居”的城市发展理念落实在项目谋划与项目储备上，以首府意识和首府担当来储备好大项目、新项目、好项目，以“两个率先”的要求，抓项目、抓发展，在各项工作中走在前、做表率。杨玉经要求，全市各级各部门要学深悟透新精神找“红利”、谋项目，要突出“冬忙”抓项目，建立绿色通道，实行部门联办，完善相关手续，尽快开工建设。

【农业科技创新园项目推进会】 12月29日，海峡两岸(宁夏·灵武)农业科技创新园项目推进会在灵武市戴斯会议中心召开。自治区党委副秘书长、台办主任邓宽、银川市政协副主席哈宁东、自治区商务厅港澳台投资促进处处长郭林娟、市长马自忠等区市领导参加推进会。市政协主席杨文炯主持会议。

【政府常务会议】 2017年，灵武市政府召开常务会议35次，对灵武市经济社会发展的重大事项、民生议题进行了审议和研究。主要审议了《灵武市智慧城市建设实施方案》《灵武市深化行政审批制度改革推进“互联网+政务服务”实施方案》《灵武市横山堡及张家窑骨干坝除险加固工程建设方案》《2016年度产业政策奖补及重点工作考核奖励兑现方案》《灵武市城乡居民户均一人进厂务工工作实施方案》《为外出务工城乡家庭每户购买一份意外伤害保险工作的实施方案》《灵武市调整公共租赁房准入条件及租金标准补充意见》《灵武市全民法制宣传教育的第七个五年规划》《2017年全市农业农村暨脱贫攻坚工作会议方案》《关于推进农业供给侧结构性改革加快培育农业发展新动能实施意见》《加强乡镇建设发展实施意见》《灵武市贯彻落实中央第八环境保护督查组督查反馈意见整改方案》《职业教育中心迁建PPP项目、市医院迁扩建PPP项目实施方案》《灵武市农村最低生活保障制度与扶贫开发政策有效衔接实施方案》《灵武市深入推进“一村双警”社区警务工作实施方案》《灵武市农村最低生活保障制度与扶贫开发政策有效衔接实施方案》《灵武市创建全区禁毒示范县(市)工作方案》《关于加强青少年校园足球运动的实施意见》《灵武市离退休干部体检方案》《关于创建全国民族团结进步模范市的实施意见》《灵武市创建民族团结进步模范市目标任务分工方案》《灵武市新华桥特色产业小镇投资运营合作协议》《灵武市国有林场改革实施方案》《灵武市法治政府建设实施方案(2016—2020年)》《灵武市乡镇职能配置机构设置和人员编制方案(审议稿)》《灵武市行政审批有关制度》《灵武市乡镇(街道)、部门(单位)综治工作(平安建设)考核奖惩办法(试行)》《关于鼓励农民进城务工就业定居若干意见》《灵武市推进河长制工作方案》《灵武市关于规范党和国家工作人员操办婚丧喜庆事宜的暂行规定》《关于进一步加强基层民政服务能力建设的实施方案》《灵武市城市管理执法体制改革实施方案》《劳动监察综合行政执法体制改革实施方案》《中国制造2025灵武行动计划》《中小学(幼儿园)校长(园长)考核办法(试行)》《名师考核办法(试行)》《骨干教师考核办法(试行)》《中小学教学教研成果奖励办法(试行)》《马家滩镇大羊其村采煤沉陷区搬迁安置补偿方案》《灵武市统筹推进城乡义务教育一体化改革发展实施方案》《灵武长枣产业提质增效实施方案》《灵武市统筹推进城乡义务教育一体化改革发展实施方案》《灵武市落实发挥品牌引领作用推动供需结构升级的实施方案》《灵武市关于落实消费品标准和质量提升规划(2017—2020年)实施方案》《关于全市加快不见面审批服务改革推行建设项目施工许可规程实施意见》《灵武市气象灾害应急预案》《灵武市扶贫产业担保基金实施方案》《关于贯彻落实〈自治区党委人民政府关于推进安全生产领域改革发展的实施意见〉工作方案》《灵武市交通公司城市公交车接收方案》《科协系统深化改革实施方案》《建设领域失信“黑名单”管理规定》《灵武市城乡地名命名办法》《灵武市重大行政决策程序规定》《2018年全市“两节”群众文化旅游系列活动方案》。主要研究了黄河三夏公园绿化工程立项事宜、2017年城镇棚户区城市集污管网及道路改造项目立项事宜、西平路东延伸段建设项目立项事宜、南干沟至西排水干沟水系建设项目立项事宜、再生园区防汛建设项目立项事宜、灵武市生态综合治理项目立项事宜、职业教育中心迁建一期项目立项事宜、第三中学等8所学校建设项目立项事宜、新华桥特色小镇基础设施建设项目立项事宜、下白路南段拓宽改造项目立项事宜。会议听取了市医院迁扩建、职业教育中心迁建PPP项目前期工作进展情况汇报，会议讨论了《灵武市政府投资项目管理规程》、生态纺织园区道路绿化工程资金、东塔家园西侧绿化工程资金事宜、枣博园续建项目工程资金事宜、2015年城区东盛路南段绿化工程建设资金事宜、新区绿化项目资金事宜、崇兴镇村庄道路硬化项目工程款事宜、东塔卫生院改造项目立项事宜、灵武—叶盛黄河公路大桥连接线征地和附着物补偿资金事宜、兴唐苑水系改造等工程项目资金事宜、参加“中国足球少年英国行”活动事宜、新区水系景观提升10千伏供电安装工程立项事宜、第二污水处理厂污泥处置费用事宜、马家滩镇美丽小城镇续建项目排水管网改造及污水处理站项目事宜、第二消防站采购办公设施项目立项事宜、《灵武市2017年度安全生产监管监察行政执法工作计划》备案事宜、调整城乡居民基础养老金待遇事宜。东塔镇污水处理厂二期扩建及提标改造工程立项事宜、“十三五”扶贫移民安置房工程一标段资金事宜，研究供销社改革事宜、成立退役士兵安置和权益保障政策落实工作专班领导小组事宜、《2017年亚太大学生五人制足球赛暨首届啦啦操锦标赛工作方案、基层组织建设工作经费事宜、全面推行为民服务“聚力工程”担保基金贷款事宜，安排部署自治区脱贫攻坚督察反馈问题整改和迎接国务院脱贫攻坚工作督察相关事宜、“丝路古驿·羊绒之都”中国宁夏(灵武)热气球节筹备事宜、设立灵武市枣博园管理所事宜、2018年拟建农村公路项目立项事宜、2017年灵武市区环境保护热能综合利用续建项目事宜（拟新建换热站7座，敷设供热一级管网约5300米，并集中供热面积56万平方米，概算总投资3564.22万元）、环境整治沟道治理项目大河子沟中段治理工程建设资金事宜、再生园区综合污水处理厂建设资金事宜、公布实施《灵武市畜禽养殖禁养区划定方案》事宜。

政府法制

【法治政府建设】 2017年，灵武市结合实际，全面推进法治政府建设，完成了规范性文件制定、备案、审查、清理、执法监督检查、权力清单、责任清单梳理审核、执法证件管理、行政复议、行政应诉、政府法律咨询服务、法制宣传等工作。完善政府法律顾问制度，率先成立市政府法律顾问团，为全市行政执法单位统一配备法律顾问，大力提升了政府法制工作制度化、规范化水平，全市法治政府工作扎实推进，成效明显，为促进灵武经济社会健康稳步发展作出了积极贡献。

【权责清单】 2017年为深入简政放权，由市法制办、编办牵头，组织政府相关部门(单位)开展了权力和责任清单动态调整工作，进一步规范和完善权责清单，落实取消8项、调整7项、增加4项、修改4项、删除1项行政职权，明确共性职权8项。举办了全市建立权责清单公示平台培训班，指导审核各乡镇、各部门、城市管理综合执法局在9月底前全面完成了权责清单录入、公示工作。依托自治区统一规范的权责清单管理系统，推行行政职权事项“清单指引”，接受社会监督，方便企业、群众办事。

【执法人员】 2017年全市有行政执法机关33个(其中法定行政机关27个、法律法规授权组织两个、依法受委托组织4个)，涉及行政单位30个、事业单位3个，领取罚没确认证的单位10个。确定持有效的宁夏制发和部委制发的行政执法证人员678人，吊销、注销行政执法证件54件。从事行政执法活动的人员具备行政执法资格达100%。

【规范性文件备案清理】 根据灵武市《2017年规范性文件清理工作方案》，经灵武市政府第32次常务会议研究，决定废止14件、修改4件、保留30件。其中涉及“放管服”改革的行政规范性文件8件，拟修改1件，已废止0件，拟保留7件。涉及生态文明建设和环境保护行政规范性文件11件，拟修改两件，已废止3件，拟保留6件。涉及以审计结果作为政府投资建设项目竣工结算依据的行政规范性文件两件，废止1件，拟修改1件。根据自治区政府《关于废止和宣布失效部分规范性文件的决定》(宁政发〔2017〕80号)文件中废止的18件规范性文件、宣布失效的10件规范性文件，对照灵武市制定的规范性文件再一次进行清理。严格落实《灵武市人民政府办公室关于实施行政规范性文件“三统一”和有效期制度的通知》，自2018年1月1日起，所有新制定的行政规范性文件实施“三统一”和有效期制度。

【行政复议和行政应诉】 建立专业行政复议委员会，由政府市长担任主任委员、常务副市长担任副主任委员，吸纳各方专家参与，积极推进相对集中行政复议工作，进一步畅通行政复议渠道，简化行政复议申请手续。有专门的复议委员会办公室、会议室，根据履行行政复议职责需要充实行政复议工作人员，能够保证行政复议案件依法由两名行政复议人员办理，行政复议专项经费及办案设备得到有效保障。2017年，共计受理8件复议案件，撤回复议申请3件，维持两件，确认违法两件，撤销1件。全市采取政府购买法律服务的方式，通过招投标程序，公开透明选聘了7家律师事务所作为政府定点法律服务机构。2017年8月，已和6家律师事务所签订法律顾问服务合同，将6家律所指派到灵武市各职能部门、乡镇（街道）、国有企业等，建立了覆盖城乡的法律顾问制度，灵武市政府全额保障政府法律顾问工作经费。法律顾问参与全市听证会10余次，为灵武市政府出具法制审查意见69件，代理全市行政诉讼案件60余件。

外事侨务

【因公出国审批管理】 加强因公出国（境）经费监管。严格执行自治区、银川市关于临时出国人员费用开支标准有关规定，加强对出国人员经费的管理，提高资金使用效益。严格执行《灵武市党政干部因公出国经费管理实施意见》，严格执行因公出国人员出国经费预算先行审批制度，及时递交出国报告、填写支出证明、完善报销手续。认真做好因公出访团组手续办理工作。严格执行出访申报和计划制度，做到出访申请、邀请函、上级领导批示意见、经费预算审批表、公式结果“五件”齐全。2017年，灵武市审批、审核、审查、办理因公出国人员21批62人次。其中，从事经贸活动的有15批52人次，出国考察调研、培训学习的6批10人次。因公出国（境）人员中，处级以上领导3人，科级及以下干部7人，其余均为企业正常贸易往来。出访目的地主要在英国、蒙古、俄罗斯、法国、美国等国家及中国香港地区。

【外事工作接待】 2017年，灵武市先后接待了中非新闻交流中心记者代表团、欧盟及其成员国驻华外交官、法国青年等代表团5批次，以及北京、南京、深圳、河南企业考察团等国内团体20批次，观摩调研灵武市防沙治沙经验及羊绒特色产业发展情况，高效承办了2017年第三届亚太大学生五人制足球赛暨首届啦啦操锦标赛，9个国家180名运动员分期抵达灵武，圆满完成赛事。为国内外客商和来宾提供了优质、高效的服务，保证各项重大涉外活动圆满成功举行。细致、严谨、周到的服务工作不仅赢得了外国客商的高度赞誉，也得到了各级领导的充分肯定。

【侨务工作】 积极组织归侨、侨眷参与关注银川经济社会发展，先后组织6名归侨（侨眷）参加了银川市经济活动成就观摩活动、第六次归侨侨眷代表大会，进一步激发归侨侨眷的民族自豪感，积极鼓励他们投身经济社会建设各项事业。

政务服务

【概况】 灵武市政务服务中心内设政务标准化室、纪检监察室、政务信息化室、综合办公室。核定全额拨款事业编制19名，其中，主任1名、副主任两名，现有工作人员14名。2017年，中心深入贯彻落实国务院、自治区、银川市深化“放管服”改革、推进“互联网＋政务服务”工作部署和要求，特别是自治区十二次党代会、自治区政府第99次常务会议精神，以群众办事不出村（社区）、企业办事不出园区为目标，狠抓三级政务实体大厅优化升级，从实从细梳理规范政务服务事项目录，努力推进政务标准化、规范化、信息化，全力推行网上审批办事，加速构建“不见面、马上办”审批服务模式，圆满完成了既定的各项目标任务，全市政务服务工作取得了新进步。政务大厅出入境窗口被评为全区公安出入境管理部门“最美窗口”；房管窗口被评为银川市“巾帼文明岗”；3名大厅窗口工作人员分别被评为全区政务服务工作先进个人、银川市政法机关服务型窗口先进个人、银川市“巾帼建功标兵”称号；两个窗口被评为灵武市“巾帼文明岗”；7名工作人员分别被评为灵武市“巾帼建功标兵”“美丽灵武人”“青年岗位能手”、优秀共产党员、优秀共青团员、先进工作者等称号；政务服务中心在全区群众评议机关作风活动中列第六名，在年度全市目标绩效考核中被评为优秀等次单位。全年累计受理各类审批服务事项387040件，其中网上受理办理352996件（政务云10505件、其他专网342491件）；乡镇（街道）共计受理办理便民服务事项43771件，其中网上全程代办15243件。

【强化政务服务】 2017年，将"互联网＋政务服务""完善三级政务服务体系"列入年度大事、实事，专门印发了《灵武市深化行政审批制度改革推进"互联网＋政务服务"工作方案》，成立了市长任组长，市委副书记、纪委书记、各副市长任副组长，各乡镇（街道）、市直各部门主要负责人为成员的工作领导小组，明确了4大重点、22项具体工作责任单位、任务要求、完成时限，严格落实政务服务在全市目标绩效考核中不低于10%的考核权重。同时，突出一把手抓政务工作，建立市长月调研督办政务工作制度，现场查看政务大厅改造运行情况，解决影响便民服务问题。政务中心代表市委、政府考核的全市性工作达到了3项（政务服务、政务公开、智慧城市），2017年，财政对政务服务工作的投入达1200多万元。

【规范行政审批】 按照"部门事项应进必进""前台受理、后台分类审批、统一窗口出件"的原则，拟制了25个部门行政审批电子专用章、8个乡镇（街道）服务事项审查受理电子专用章、两个园区管委会服务事项初审受理电子专用章和83个村（居）社区便民服务事项初审电子受理章；25个行政审批部门均成立行政审批科室，事项受理权、审核上报权、审批决定权全部授权到位，并明确到具体人员，28个部门事项、人员全部进驻政务大厅受理办理业务（其中气象局、工信局、司法局、安监局、统计局、人社局6个部门业务由中心进行综合代办）。2017年上半年完成150项行政许可、137项公共服务事项梳理规范，形成了《灵武市政务服务事项总目录》，并连同人口信息数据库统一部署到"政务云"系统。下半年按照"三级四同"要求全力梳理不见面审批事项目录，35项乡镇（街道）政务服务事项目录完成规范梳理并全面上网办理，自治区下派县级政务服务事项已完成30个部门922项事项目录及实施清单梳理，其中不见面审批事项568项。结合"三化一满意"为民服务机制运行优势和经验，对乡镇（街道）便民服务事项进行了优化，将乡镇（街道）民生中心岗位优化为4个（中心管理、民政残联、就业社保含医保、综合办事含计生），完成8个乡镇（街道）民生服务中心、1个社区老年制证机采购安装，更换新版老年证7932件。按照"10统一、6强化"标准，选择两个乡镇民生服务中心和4个村（居）社区为民办事代办点做示范，力争2018年乡村便民服务场所建设全部实现标准化。

【推进建设项目施工许可并联审批改革】 以推行涉企行政职权工作规程试点为突破口，构建"网上办、集中批、区域评、联合审、代办制、不见面"政务服务模式，梳理形成全市投资项目（企业投资项目、政府投资项目）施工许可并联审批规程，并部署在"三化一满意"服务平台。其中企业投资项目施工许可办理时间由以前的175个工作日减少到70个工作日，办理环节由58个减少到27个，要件资料由137份减少到60份，70%的资料一次性网上提供；同时，将企业注册、企业职工社会保险、职工养老保险参保登记、就业创业登记、失业保险金申领、职业介绍、困难职工救助、党员组织关系结转等事项延伸下放到园区企业服务站受理办理，企业及职工办事实现不出园区。此项创新改革，得到了咸辉主席等自治区领导的充分肯定。

【提升市级政务大厅服务能力】 针对原政务大厅面积小、进驻事项部门少的问题，结合更新柜台电脑、设立远程电子监察系统，将原政务大厅、房管大厅整合改造设立政务大厅A厅（房管、不动产交易）、B厅（综合办事），整合规范人社部门办公资源设立政务大厅C厅（社保、医保、就业、办税）；同时，在高新区管委会、再生园区管委会设立企业办事服务站。整合改造后政务大厅A、B、C厅、高新区企业办事服务站全部投入运行。乡镇（街道）民生服务中心全音视频监控、乡村两级办事场所高拍仪全部安装投用，全市基本形成以政务大厅为主，8个乡镇（街道）民生服务中心、

83 个村(居)社区为民办事全程代办点、两个企业办事服务站为辐射的三级政务服务体系，政务服务场所总面积扩大到3000 多平方米。

【监督管理】 扎实推进政务服务系统“两学一做”学习教育制度化常态化，深入开展群众评议政务服务机关活动，通过聘请基层群众、人大代表、政协委员、党代表、企业职工等义务监督员和发放调查问卷，设立纪检监察室、投诉举报箱及电话，落实纪检组长常驻政务中心(政务大厅)制度，并采取视频监看、网上监督、日常巡查等方式，适时对三级政务服务场所、服务人员、服务效率进行远程监控、跟踪督办、预警纠错。2017 年，共计受理群众举报投诉 5 件，依纪依规对 1 人进行了诫勉教育，辞退 1 人，调整更换部门派驻窗口工作人员 3 人，预警督办逾期事项 100 余件，政务服务作风明显好转。

【“智慧灵武”建设】 建成灵武智慧城市管理指挥中心，智慧城市公共管理服务平台初步搭建，形成 5 个 “1”(1 套数字地图、1 份居民终生身份档案、1 套实用数据库、1 个专家咨询服务库、1 个互联互通视频监控网)，开通政务、应急、城管、教育、安监、公安、国土、环保等 8 条电路到指挥中心，对接视频资源 343 路，完成 29.5 万居民、2376 户商户、50 家实有单位、148 家企业数字地图标注，智慧综治、政务、应急、环保进驻平台联动运行，智慧园区、城管、教育正在加紧实施。同时，完成银川市 “12345 一号通”热线对接部署运行，自 5 月份开通运行以来，共接转办单 1318 件，已办结 1279 件，办结率达 97%。

【政务信息化建设】 实施了“三化一满意” 便民服务平台、党员远程教育信息网、电子政务外网“三网合一”，节省基层便民服务网络运行费 100 多万元；全市乡镇(街道)、村居(社区)、部门、园区、医疗机构全部接入自治区电子政务外网，接入率达 100%。将“三化一满意”便民服务平台与政务云系统有效衔接，完成 18 类特殊人群、29.5 万人口、15.1 万手机用户信息数据迁移。对标银川市政府门户网站，并结合设置网上办事大厅，完成政府门户网站改版，并与“三化一满意”短信平台相配套，扎实推进政务服务公开。2017 年，共发送政务服务事项等短信 1793 万条。扎实做好“勒索”等网络病毒防范。5 月份，面对全球互联网一夜之间被“勒索”攻击的不安全现状，会同公安部门在积极与上级网络安全部门汇报的同时，立即启动网络安全应急防范预案，及时切断全市网络服务设施，提前召开全市性防范“勒索”网络病毒防范应对会议，制作了防范“勒索”网络病毒指南，安排技术人员现场讲解，及时跟进跟踪，并建立长效机制，常抓不懈，“勒索” 等网络病毒防范工作安全度过，未发生重大信息安全事件。

中国人民政治协商会议灵武市委员会

综 述

【概况】 2017年，市政协委员会牢牢把握团结和民主两大主题，认真履行政治协商、民主监督、参政议政职能，充分发挥协调关系、汇聚力量、建言献策、服务大局的重要作用，为建成美好新灵武、率先全面建成小康社会作出了积极贡献。内设“一办四委”共5个工作机构，即政协办公室、文史提案委员会、经济科技委员会、社会法制与教科文卫体委员会、民族宗教祖国统一联谊委员会。政协灵武市第十二届委员会共有20个界别，由135名委员组成，设主席1名，副主席3名，秘书长1名，常委委员25名。

【提案办理】 十二届一次会议期间，共收到委员提案118件，经归类合并立案57件。提案内容广泛，涉及灵武市经济、政治、文化、社会、生态文明和党的建设等方面，集中反映了群众普遍关注的热点、难点问题，截至2017年年底，已将57件提案全部答复，其中已经办理完毕的55件，占提案总数的96.5%，因条件所限尚未办理的两件，占提案总数的3.5%。

【调查研究】 2017年，按照党政点题、政协命题、委员选题的调研工作思路，常委会采取各党派、团体联合调研、委员分组调研、界别归口调研等方法，先后开展了关于公共文化服务体系建设、突破发展现代物流业、智慧灵武建设、教育均衡发展、粮食加工业发展、古城墙修复保护等课题的调查研究，形成调研报告16篇，呈送市委、政府决策参考。

【委员视察】 2017年，常委会紧紧围绕灵武市10件大事16件实事，组织委员开展了对健康灵武、精准扶贫、美丽乡村、城市管理、“三农”工作、中小学教育、全域旅游等工作的专项视察，把握好听、看、评、议等视察环节，并将委员意见通过视察报告予以反映，力促监督成果转化。2017年，共组织各类视察活动18次，提出意见建议55条，许多建议得到了市委、政府的高度重视，如关于办人民满意教育视察中提出的“出台优秀教师和骨干教师奖励办法”“特色办校不能重副业、轻主业”等建议，市委、政府主要领导重点批示，责成分管领导及教育部门认真研究，主动采纳，市政府研究出台《灵武市中小学教学教研成果奖励办法（试行）》《灵武市名师考核管理办法（试行）》等4个办法予以落实。

【文史资料】 常委会高度重视文史资料工作，召开文史研究员聘任暨文史资料征集座谈会，聘任10名同志为市政协文史研究员，并组织文史研究员赴固原考察学习文史资料工作。征集稿件49篇25万字，编辑出版《灵武文史资料》第十三辑。银川市政协文史资料座谈会在灵武市召开。

【关注民生】 深入开展三级政协委员联系基层活动，依托以谢利民委员为代表的现代农业服务基地，李宏伟、查旗委员为代表的畜牧养殖服务基地，杨丽娟委员为代表的劳务用工服务基地，积极落实委员服务群众各项工作，带领周边群众通过发展设施农业、畜牧业、手工业走上脱贫致富新道路。切实抓好政协机关精准扶贫包村、包户工作，为10户包扶户购买鸡苗500只，帮助扶贫户发展家庭养殖业；发动经济界委员捐款21万元，为35户贫困户购买315只羊，托管到专业养殖公司，每年为贫困户分红1800元，让35户贫困户多了一条长效增收渠道。突出政协界别特色，发挥委员岗位专长，先后开展为城乡困难群众写送春联、送医下乡义诊、喜庆十九大文艺演出、孤残贫困群众慰问等活动，受到了群众的普遍欢迎。

【联谊交流】 常委会切实加强与各民主党派、工商联、人民团体及各族各界人士的经常性联系，认真落实主席联系常委、常委联系委员制度。定期召开各党派团体和各界人士联席会议，听取党派团体和各族各界对市委、政府、政协工作的意见建议。积极邀请他们参加政协履职活动，主动解决其工作中存在的困难，切实为其发挥作用创造条件。召开全市各界人士中秋茶话会，委员和社会各族各界人士共叙友情，进一步凝聚助推发展、共铸和谐的合力。聘请28名书画界人士为市政协书画院特聘书画家，举办“枣乡墨韵、喜庆十九大”书画展览，征集书画作品65幅，为提升灵武市文化软实力发挥作用。加强与宗教界人士的交流和沟通，营造民族团结、宗教和顺的良好局面。认真做好广西、云南、贵州、自治区、银川市、吴忠市等外省区政协、上级政协、毗邻政协到灵武市调研考察接待工作，扩大交流，增进友谊，宣传灵武。

【委员活动】 常委会把反映社情民意信息工作作为了解民情、反映民意、关注民生的“绿色通道”，按照力求真实、注重质量、争取快速、突出特色的原则，将政协委员关于社情民生、城市管理等方面的意见以信息专送形式，呈送市委、政府主要领导和分管领导，架起了民生“连心桥”，开启了民意“直通车”。其中，关于尽快开展2017年灵武长红枣销售对接工作的建议，市政府认真采纳，重新修订完善《关于加快灵武长枣产业发展的扶持政策》进行部署落实。

重要会议

【市政协十二届二次常委会议】 2月21日召开。会议审议通过《政协灵武市委员会2017年工作要点》；审议通过《政协灵武市委员会委员考核管理办法》。杨文炯主席主持会议。

【市政协十二届三次常委会议】 8月9日召开。会议听取市政府、发改局、财政局、工信局、教体局关于2017年上半年经济运行和工作情况的汇报。

【市政协十二届四次常委会议】 12月14日召开。会议审议通过政协灵武市第十二届委员会第二次会议议程、日程、大会各次会议议程，常委会工作报告、提案工作报告等会议相关事宜。

【市政协十二届委员会第二次会议】 2017年12月21日至24日在灵武市召开。应出席会议委员135人，实到119人。会议听取并讨论了杨文炯主席代表十二届政协所做的常委会工作报告和沈凤兰副主席所作的十二届政协提案工作报告；全体委员列席了市十七届人大第二次会议，听取并讨论了政府工作报告及其他报告。通过了市政协十二届第二次会议政治决议和十二届第二次会议提案审查情况的报告。会议补选马占龙同志为政协灵武市第十二届委员会秘书长。银川市政协副主席保建新到会祝贺。市委书记夏斌、政协主席杨文炯分别在开幕会和闭幕会上作了重要讲话。

【市政协十二届五次常委会议】 12月22日召开。会议审议通过补选政协灵武市第十二届委员会秘书长候选人，经市委提名和各组讨论情况确定市政协办公室主任马占龙为秘书长候选人；审议通过政协灵武市第十二届委员会第二次会议秘书长《选举办法（草案）》和总监票人、监票人建议名单。

【市政协十二届六次常委会议】 12月24日召开。会议审议通过政协灵武市第十二届委员会第二次会议政治决议和提案审查情况的报告。

专门委员会工作

【文史提案委员会】 市政协十二届一次会议共收集提案118件，审查合并立案的57件。截至2017年11月底，所有提案已全部答复，其中已经办理完毕的55件，占提案总数的96.5%。先后会同市政府召开提案交办会议，安排部署政协提案办理工作；加强与承办单位的沟通和联系，并组织委员对提案办理工作进行跟踪视察，推动提案办理工作；编写出版了25万字的《灵武文史资料》

第十三辑。

【经济科技委员会】 围绕市委、政府重点工作，组织委员对灵武市2017年重点项目开工、长枣产业发展、设施农业、美丽乡村建设情况进行了视察；开展了对灵武市现代物流业发展的调研，并撰写了专题调研报告呈送市委、政府；提交了《做好灵武市长枣销售对接工作》的建议；协调做好市政协的扶贫工作。

【社会法制与教科文卫体委员会】 组织委员对灵武市智慧教育、校园安全及食品安全情况、全域旅游工作、健康灵武建设工作进行了视察；对关于《灵武市中小学教学教研成果奖励办法》《灵武市名师考核管理办法》等办法召开专题讨论会，并请委员及有关单位对《办法》的实施分别进行征集意见座谈，委员们积极参与并提出了宝贵的意见及建议，将意见建议形成了专题报告；开展了关于“公共文化服务体系建设”的调研，并撰写专题调研报告呈送市委、政府；配合政府有关部门做好“七五”普法的普及等工作。

【民族宗教祖国统一联谊委员会】 加强与民族宗教、统战、台胞侨属及非公有制经济等界别代表人士的经常性联系；组织委员对小区物业提升、社区便民服务、狼皮子梁生态移民二期工程等进行视察和座谈，将委员的意见建议形成了专题报告；开展了关于智慧灵武建设的调研，并撰写了专题调研报告呈送市委、政府。

重要活动

【对东塔镇、崇兴镇新农村建设等工作进行调研】 3月1日，市政协主席杨文炯带领各副主席，各委办主任、副主任及部分政协常委、委员，对东塔镇、崇兴镇2017年重点工作、新农村建设、美丽村庄建设等工作开展情况进行调研。

【蒋光临调研灵武市2017年的重点工作】 3月6日，银川市政协常务副主席蒋光临对灵武市2017年确定的重点工作及重点项目开展情况、城市建设、特色产业发展、改革创新等方面情况进行调研。灵武市委书记夏斌，市长马自忠，市政协主席杨文炯等同志参加调研活动。

【广西壮族自治区政协考察灵武市美丽乡村建设工作】 3月8日，广西壮族自治区政协考察组一行对灵武市美丽乡村建设工作进行参观考察。自治区政协人口资源环境委专职副主任徐勇、市政协主席杨文炯等同志陪同考察。

【对郝家桥镇新农村建设等工作进行调研】 3月16日，市政协主席杨文炯带领各副主席，各委办主任、副主任及部分政协常委、委员，对郝家桥镇2017年重点工作、新农村建设、美丽村庄建设等工作开展情况进行调研。

【对马家滩镇新农村建设等工作进行调研】 3月23日，市政协主席杨文炯带领各副主席，各委办主任、副主任及部分政协常委、委员，对马家滩镇2017年重点工作、新农村建设等工作开展情况进行调研。

【对临港产业园等重点项目建设进行视察】 4月12日，市政协主席杨文炯带领各副主席，各委办主任、副主任及部分政协常委、委员，对临港产业园区基础设施BOT项目、中玺枣业、达源公司、瑞银公司、陆港物流集团有限公司重点项目建设进行视察。

【对中小学智慧教育校园安全及食品安全进行视察】 4月27日，市政协副主席沈凤兰带领部分政协常委、委员20余人对灵武市中小学智慧教育、校园安全、食品安全进行了视察。

【组织文史研究员赴固原等地参观学习收集文史资料】 5月12日至5月13日，市政协组织市政协文史研究员赴固原市博物馆、西吉县将台堡红军会师纪念馆、固原市须弥山石窟等地参观学习、收集文史资料。参加人员为市政协全体文史研究员、文史提案委有关人员9人。

【对居民小区绿化物业提升及社区便民服务等工作进行视察】 5月16日，市政协主席杨文炯带领各副主席，各委办主任、副主任及部分政协常委、委员，对居民小区绿化、物业提升及社区便民服务等工作进行视察。

【对白土岗乡新农村建设等工作进行调研】 5月19日，市政协主席杨文炯带领各副主席、各委办主任、副主任及部分政协常委、委员，对白土岗乡2017年重点工作、新农村建设、精准扶贫等工作开展情况进行调研。

【对灵武市全域旅游工作进行视察】 6月1日，市政协主席杨文炯带领各副主席，各委办主任、副主任及部分政协常委、委员，对灵武市全域旅游工作开展情况进行视察。

【银川市政协文史资料工作座谈会在灵武市召开】 6月8日，银川市政协文史资料工作座谈会在灵武市召开。银川市政协副主席保建新、灵武市政协主席杨文炯及各县区政协文史资料负责人参加了会议。

【开展庆祝建党96周年主题党日活动】 7月1日，市政协副主席郭峰、陆萍带领退休老党员和在职党员干部到石嘴山市大武口区"五七"干校开展市政协办党支部"主题党日"活动，进行革命传统教育。

【市政协实施政协委员爱心助力脱贫攻坚养殖托管项目启动仪式】 7月6日，在宁夏旗源农牧开发有限公司举行市政协委员爱心助力脱贫攻坚养殖托管项目启动仪式。为了切实做好市政协承担泾灵新村35户精准扶贫工作任务，市政协充分发挥政协委员优势，委员自愿捐款21万元。项目捐款汇入团市委希望公益中心账户，由市政协、捐款委员、团市委希望公益中心共同监管监督，为每户贫困户购买每只价值700元的羊只9只，共计6300元。考虑到贫困户缺乏养殖经验，羊只采取托管的方式由旗源农牧开发有限公司进行专业管护，每户贫困户每年分红收入为1800元。

【市政协视察提案办理工作】 7月7日，市政协副主席沈凤兰、陆萍带领部分委员对市政协十二届一次会议提案办理情况进行了视察。市政府副市长陈玉贤陪同参加视察。

【吴忠市利通区政协考察灵武市全域旅游】 7月12日，吴忠市利通区政协主席赵峰、副主席李娟清带领考察组对灵武市全域旅游及休闲观光农业进行参观考察。市政协主席杨文炯、副主席陆萍陪同考察。

【市政协机关举办学习贯彻自治区第十二次党代会宣讲报告会】 7月18日，市人大、政协机关邀请自治区党校姜晓芸教授就学习贯彻自治区第十二次党代会精神作宣讲报告。

【对市经济社会发展重点工作进行视察】 8月8日，市政协主席杨文炯带领各副主席、全体政协常委、部分政协委员共计45人对全市上半年经济社会发展重点工作进行了视察。市委常委、政府副市长朱立峰陪同参加了视察活动。

【云南省政协考察灵武市农村环境综合整治情况】 8月11日，云南省政协副主席王承才一行对灵武市农村环境综合整治情况进行考察，自治区政协人口资源环境委专职副主任徐勇，市政协主席杨文炯，市委常委、崇兴镇党委书记马正东，市委常委、政府副市长孟延军陪同考察。

【贵州省安顺市政协考察灵武市长枣产业】 8月18日，贵州省安顺市政协副主席刘飞带领考察组对灵武长枣获国家地理标志认证情况和生产企业、合作社进行考察，市政协副主席陆萍陪同考察。

【政协委员和政协机关干部开展警示教育】 8月22日，市政协主席杨文炯带领部分政协委员和政协机关全体干部走进银川市女子监狱，接受警示教育。

【赴榆阳区考察学习】 8月23日，市政协副主席陆萍带队学习借鉴榆阳区在古城（古城墙）历史挖掘、保护修复及开发建设等方面的先进经验和做法。

【赴盐池县考察学习】 8月24日，市政协副主席陆萍带队学习借鉴盐池县在古城（古城墙）历史挖掘、保护修复及开发建设等方面的先进经验和做法。

【市政协开展"警营开放日"视察观摩活动】 9月7日，市政协主席杨文炯，副主席沈凤兰、郭峰、陆萍带领部分政协常委、委员深入公安工作一线，开展"警营开放日"视察观摩活动，零距离感受公安工作。市委常委、公安局局长杜勇陪同视察。

【对健康灵武建设工作的视察】 9月15日，市政协副主席陆萍带领部分政协常委、委员20余人对灵武市健康灵武建设工作进行了视察。

【蔡国英视察三级政协委员基层联系点工作】 9月18日，自治区政协副主席蔡国英一行到灵武视察三级政协委员基层联系点工作。市政协主席杨文炯、市政协办公室主任马占龙陪同考察。

【市政协召开各界人士中秋茶话会】 9月30日，市政协在中银戴斯酒店宴会厅召开各界人士中秋茶话会。市人大常委会主任郑学文,市委副书记、市长马自忠，市政协主席杨文炯等主要领导出席了会议。市政协常委、部分委员,各民主党派、工商联、人民团体、无党派及宗教界人士，台胞侨属，驻灵部队、老红军、老八路、军烈属代表,经济界代表,市政协退休老干部,各乡镇(街道办)、市直各部门及驻灵区属单位主要负责人参加会议。杨文炯主席主持茶话会。

【举办枣香墨韵,喜庆“十九大”书画作品展】 10月18日,灵武市政协举办枣香墨韵，喜庆“十九大”政协书画院建院10周年书画作品展在枣博园（文博园)灵州书院开幕。市政协党组班子带领全体机关干部参加了活动，市长马自忠,中国书协顾问、宁夏书协名誉主席、著名书法家吴善璋参加了开幕仪式。

【自治区政协督察考核灵武市平安宁夏建设工作】 11月8日，自治区政协督察考核组对灵武市办基层联系点工作进行督察考核。市政协副主席沈凤兰、市政协办公室主任马占龙陪同督察。

民主党派

中国国民党革命委员会灵武市委员会

【概况】 2017年，民革灵武市委会认真学习贯彻中共十八届系列会议精神和习近平总书记系列讲话精神，切实加强自身建设，整合资源，凝聚力量，积极履行参政党职能，组织活力不断增强，参政党作用不断发挥，在参政议政、民主监督、社会服务等各项工作中取得了成效，为灵武市经济社会和谐发展作出了积极贡献。2017年年末，市委会共有党员62人，平均年龄48.9岁，其中本科学历38人，专科学历14人，中高级职称38人。灵武市政协委员6人（其中常委1名），民革银川市委会常委1名，民革宁夏区委会委员1人。

【思想建设】 2017年，市委会组织全体党员认真学习十八届六中、七中、八中、九中全会精神和十九大会议精神，集中学习民革章程、民革党史、民革中央、民革宁夏区委会、民革银川市委会各级领导重要讲话精神。组织、推荐骨干党员参加区市委员会、市委统战部和组织部举办的各类培训班，进一步提升了党员素质。坚持高标准、严要求发展骨干党员和高素质党员，2017年，培养发展7名入党积极分子（本科学历6人、研究生学历1人），年龄结构逐步趋于年轻化，注重培养年轻党员成为参政议政的重要力量。在实践活动中培养提升骨干党员。市委会选派秘书长杨贵峰参加了由银川市委统战部举办的各民主党派市委会领导班子政治交接暨党外知识分子联谊会理事参政议政培训班。他在瑞金学习期间的优异表现，获得了瑞金干部学院、中共银川市委统战部、民革银川市委会领导的一致好评，回来后撰写学习心得《走进瑞金，不忘初心》，并发表于《大银川》杂志。选派4名党员参加民革宁夏第十一次代表大会代表，代表们参加会议后，表示一定要在新一届民革区委会班子领导下，团结协作、开拓创新，进一步提高参政议政履职能力，配合灵武市委统战部实施好助力脱贫攻坚计划，为实施全市“十三五”规划期各项事业发展积极建言，凝聚智慧。选派7名党员参加了银川市委统战部举办的银川市统战系统“学习十九大巩固和发展新时代爱国统一战线”演讲比赛、民革银川市委会举办的“纪念民革成立70周年”知识竞赛活动和演讲活动，参加活动的党员们获益匪浅，进一步增强履职能力。积极组织参加民革银川市委会开展的“民革党员思想状况”的问卷调查活动，近30名党员完成了调查问卷，进一步了解全市民革党员思想状况，为今后改进各项工作奠定基础。市委会积极争取为40名党员订阅了2018年《团结报》，致力于增强党员思想建设和履职能力的提高。

【参政议政】 2017年，市委会充分利用民革区、市委员会，以及灵武市“两会”平台积极建言献策，全年提交参政议政材料40余篇。“关于在全市范围实施‘厕所革命’的提案”“关于加快全域旅游发展的提案”“关于优先发展我市城市公交的提案”“关于智慧城市在民生领域应用的提案”“关于大力发展居家养老的提案”等22件选题，被市政协审查立案，6件提案单列或合并列为市政协2018年12件重点提案。重点关注与百姓生活息息相关的具体问题，提供对策建议，努力扩大信息来源和渠道，全年向市政协反映社情民意12条，如《关于加强市区亮化工程建设与管理的建议》《关于加强基层文艺协会的建议》《关于为学校松绑为学生减负的几点建议》《关于加大力度开展灭蟑螂除四害工作的建议》，这些社情民意引起了广泛关注，取得了较好的社会效果。

【调查研究】 市委会紧紧围绕市委、政府工作中心，参与银川市和全市经济建设和社会发展等重大问题的调查研究。2017年，市委会提交了《聚集多方优势，全力打造西北物流大通道的思考》《关于建好国家循环经济示范区、大力发展再生资源产业的建议》《关于建筑质量投诉问题的协调对策》《关于民生服务中心的调研报告》《关于提高农村地区校园餐食管理，改善农村学生营养状况的建议》等调研报告近10多件，其中，《关于发展宁夏装备制造业的建议》《聚集多方优势，全力打造西北物流大通道的思考》被民革区委会采用。多篇调研报告受到了民革宁夏区委会、银川市委统战部和市政协的充分肯定。4月份，市委会组织骨干党员赴银川市滨河新区观摩建设成就。8月份，市委会与民革银川市委会机关支部联合在灵武市开展了智慧城市、医疗卫生、休闲农业及全域旅游发展观摩调研活动。

【民主监督】 市委会班子成员积极参与市委、政府情况通报会、视察、提案督办等活动，所提意见建议多次得到市委、政府领导的肯定和采纳。担任行风评议员、效能监督员等职务的党员，认真履行工作职责，真诚帮助政府部门改进工作作风，为促进决策的科学化、民主化发挥了应有的作用。11月份按照市委统战部的安排部署，市委会组织班子成员赴郝家桥镇移民村，实地对扶贫攻坚任务落实情况进行民主监督，积极探索党委安排的对口民主监督任务的具体实践，拓展民主监督新方法、新举措。主委杨海东、秘书长杨贵峰因参政议政工作成绩突出，被民革宁夏区委会评为2017年度参政议政先进个人。

【社会服务】 市委会充分利用党员所在行业和技能优势，量力而行做好社会服务工作，开展了抗灾救灾、扶贫济困、“医疗义诊”“五送两带一帮”等社会服务活动。5月31日，开展了移民地区群众精准扶贫工作，丰富了移民学校广大学生校园文化生活。市委会与民进、民盟灵武市支部联合，在灵武市白土岗乡泾兴小学开展了扶贫帮困庆“六一”爱心捐助活动。3个民主党派为泾兴小学捐赠了庆“六一”获奖学生文化用品礼包20个\学生文艺演出服80套，以及部分儿童读物和文化学习用品，价值16000元。

【主题活动】 新春伊始，为进一步提高民革党组织凝聚力，激励广大党员积极开展社会服务工作，市委会在市中心敬老院开展了“博爱·牵手”献爱心捐赠义演活动。市委会与捐助企业宁夏万通建设有限公司工会主席一起向140余名五保供养老人捐赠了价值10000元的被子，并为中心敬老院的老年朋友们精心准备了一场文艺演出，丰富了敬老院老人们的文体生活，民革宁夏区委会副主委，银川市委会主委张杰、副主委唐小棠、秘书长周莉，灵武市委常委、统战部部长马利剑，副部长王学理等领导参加了活动。4月24日，积极响应灵武市委统战部的号召，组织骨干党员赴白芨滩林场参加市委统战部组织的植树造林活动，丰富了活动内容，增强了党员们参政议政的积极性。10月14日，民革灵武市委会联合民革宁夏区直工委文教卫生支部、民革银川市文教支部在灵州广场隆重举办了纪念民革成立70周年“不忘合作初心，继续携手前进”的文艺演出，民革区委会组宣处处长魏峰、副处长田艳芳，民革银川市委会副主委唐晓棠，中共灵武市委统战部副部长王学理、苏立生以及各民主党派代表和对口联系单位领导观看了演出。这次文艺演出是由三个民革基层组织共同举办的一次大型文艺汇演，50多名基层民革党员参演，1000多名群众观看了演出。3个基层党组织在活动中团结互助、合作交流，弘扬了多党合作的优良传统，为迎接十九大献礼，为庆祝民革成立70周年献礼。

【党员风采】 党员为民革工作无私奉献的同时，在各自工作岗位上建功立业。党员杨贵锋在文学创作方面硕果累累：2017年1月，在银川市文联第七届五次会委会上，被评为银川市文联系统2016年度先进个人；2017年4月，诗歌《即墨印象，风吹海棠谷》《海棠谷，寄一颗诗心去看海》在“海棠谷”杯全国散文游记征文大赛中获得优秀奖；2017年10月，作品《精神之光，歌唱中华》等作品荣获“礼赞辉煌成就，书写人民情怀”迎接十九大散文、诗歌主题征文三等奖；2017年11月，长篇报告文学《奔跑的绿洲》荣获第二届贺兰山文艺作品奖一等奖。党员孙青在北京中医药管理局和宁夏卫生和计划生育委员会举办的京宁合作宁夏优秀中医临床研修项目中被评为优秀学员。党员赵云霞的书法作品在宁夏教育学会组织的宁夏中小学教师书画作品征集活动中获三等奖。

中国民主同盟灵武总支委员会

【概况】 2017年，民盟灵武总支有45位盟员，其中在职38位。每位盟员都能以自己的工作为中心，以盟务工作为职责，加强自身业务能力的培养，并取得了突出的成绩，也为民盟树立了良好的社会形象。1人被区委会评为优秀工作者、两人被评为市级先进个人。

【思想建设】 2017年，总支始终把加强思想建设，提高盟员思想共识放在工作的首位，并以此来增强盟组织的凝聚力，通过各种形式的学习，不断加强盟组织和全体盟员的自身建设，提高参政议政的水平和能力。一是组织盟员认真学习习近平总书记系列重要讲话以及自治区十二次党代会精神，通过学习，广大盟员更加深刻地认识到了中国共产党领导的多党合作和政治协商制度是具有中国特色的社会主义政党制度；民主党派参政议政是参与国家政权、参与国家大政方针、参与国家事务管理的一项基本政治制度。通过学习，进一步激发广大盟员的爱国热情和民族自豪感，坚定了社会主义信念，进一步增强了与中国共产党肝胆相照、荣辱与共、风雨同舟的决心。二是为适应政治新常态，民盟灵武总支组织领导班子积极加强自身建设，加强学习，严格政治学习制度，制订了切实可行的学习计划，主要以总支集中学习为辅，个人自学为主，明确学习任务和内容，做到学习不走过场、不图形式，领导班子集中学习《宁夏日报》《华兴时报》《宁夏盟讯》等的重要文章篇目，结合当前的形势，交流学习心得，探讨思想认识，把议政与学习有机结合起来，有力地提升了班子的思想认识水平。

【参政议政】 2017年，民盟灵武总支围绕市委、政府的中心工作，召开参政议政选题落实会议，统一部署，把调研课题定位在“党委正在想、政府正在干、群众正在盼”的基点上。为充分发挥会员的能动性和积极性，按照灵武市2017年度参政议政调研工作要求，要求盟员除参照市2017年度参政议政调研工作要求，按照“四个一”的标准要求每一位盟员，求真务实，敢于担当，主动为党委、政府献真言、出良策，结合自身工作及对身边发现的社情民意情况进行调研，调研内容也从原来熟悉的教育、文化、养老等方面，扩大到经济、社会、三农等领域，同时建立了调研报告、提案数量和质量的奖励和表彰机制，不搞平均主义，使得盟员的参政议政工作逐渐进入常态化规范化轨道，参政议政成果起到了一定的社会影响，取得了明显的效果。2017年，一共提交集体和个人提案14件、社情民意信息3篇、调研报告4篇，无论提案数量还是质量均居全市各民主党派前列。利用市委统战部的“双月座谈会”“政协观摩”以及各种调研机会，精准选题，精心调研，积极建言献策，围绕党风廉政建设、“开放富裕美丽和谐”美好新灵武、“助力攻坚脱贫”行动、10件大事16件民生实事等事关灵武发展的重大问题提出意见建议10余件，受到了市委、政府主要领导的高度评价。

【社会服务】 4月，为响应市委市政府植树造林的号召，在统战部的带领下，在灵武市统一战线同心同行宣传教育实践基地开展义务植树造林活动，10多位盟员同志赴北沙窝治沙林场植树；5月，在泾兴村参加“各民族一家亲，同心共筑中华梦”活动，向泾兴小学捐资5000元买演出服；8月，组织老师参加帮帮学活动，并免费家教，送教下乡，送教学资源下乡，向泾灵小学贫困学生捐资4000元买文化用品；9月，在市党校参加“夜空中最亮的星——康乃馨行动及第二届最美消贫宝宝”活动，捐款2000元给孩子们；12月，践行十九大精神，送课下乡活动，助推灵武市教育城乡均衡发展。

中国民主促进会灵武市总支委员会

【概况】 民进灵武市总支设一小、二小、二中、高级中学和农林牧医5个支部，有会员63人，其中本科以上学历28名；高级职称16名，中级职称34名；会员中有副处级退休干部1名，副科级干部1名，副科级科员1名；市政协委员4名(其中常委1名)。民进灵武市总支十分重视发现、培养和吸纳各行业人才，经银川市委会和民进灵武市总支严格考察，2017年发展新会员3名。

【思想建设】 民进灵武市总支注重对会员进行社会主义核心价值体系教育学习活动，认真组织学习贯彻中共十九大报告精神，制订了切实可行的学习培训计划，把民进灵武市总支集中学习、支部小组学习、个人自学有机结合。还广泛学习法律、法规、时事政治及上级市委会会议、文件精神、机关刊物等，为开展调研、参政议政、谏言献策打好了思想和理论基础，提升了民进灵武市总支班子和全体盟员的整体会员素质。

【参政议政】 民进灵武市总支开展调查研究，积极谏言献策，2017年上交的提案有《关于给快递、环卫、美团从业人员进行道路交通规则培训的提案》《关于完善灵州书院基础设施的提案》《关于依托民航优势，打造灵武特色一条街，实现灵武区域经济持续增长的提案》《关于在灵武市东西南北入城口塑立标志性雕塑的提案》《关于建设智慧校园，加快教育发展的提案》《关于市二中美化、亮化校园，重塑二中新形象的提案》《关于加强对灵武市一小周边餐饮点食品安全检查的提案》，得到了政府的重视,在工作中得到了体现，所反映情况都得到了不同程度的解决。《关于农村中小学锅炉改造的提案》被列为重点提案。

【课题调研】 开展脱贫攻坚民主监督，是党中央赋予各民主党派的一项新任务，也是各民主党派拓展民主监督，参与打赢脱贫攻坚战的重要形式。为落实中央决策部署，贯彻执行自治区党委统战部和灵武市委统战部《关于支持各民主党派基层组织开展脱贫攻坚民主监督工作的实施方案》文件精神，7月26日上午，民进灵武市总支以及民建支部一行4人到马家滩镇对开展脱贫攻坚民主监督工作进行了实地走访和调研，形成了《关于灵武市精准扶贫精准脱贫工作的调研报告》。结合灵武长红枣发展情况进行了实地考察和调研，提出了一些建设性的意见和建议，并进一步搜集资料，形成调研报告《建立灵武长枣品种保护和繁育基地，提升长枣品质的思考》。联合统战部副部长王学礼同志共同撰写了《浅谈关于职业教育发展中存在的问题和几点建议》的调研报告。

【服务社会】 2017年1月14日，值此新春佳节之际，民进灵武市总支、灵武二中在灵武市中心广场联合举办“迎新春、送春联”活动，向到场的广大市民、民进会员、学生家长及各民主党派人士免费赠送春联，送上了2017年新春的第一份祝福。同时把组织活动与社会工作融为一体，在思想、措施、落实、实效等环节下工夫，以市委会考核工作的要求为指南，找准切入点，不搞形式、不图虚名，精心安排，确保组织生活的丰富多彩。3月17日下午，灵武市街道办事处育才街社区、谢家井社区、东盛街社区联合民进灵武市总支、灵武市梦想之旅户外群等单位，在民进灵武市总支社会实践基地——灵武市星通职业技术学校举办“社区志愿者雷锋行·爱老助残在行动”主题活动。为弘扬“不到长城非好汉”的宁夏精神，同时为改善生态环境，巩固灵武市国家园林城市成果，加快全国文明城市创建步伐，建成美好灵武，民进灵武市总支积极参加了灵武市委统战部组织的义务植树造林活动。在市委统战部的牵头组织下，民进、民盟、民革总支联合在泾兴小学为学生送上价值5000元的演出服，为孩子们欢度六一增加了一份喜悦。

【对外联系】 民进灵武市支委一班人经常走访市文化旅游广播电视局、财政局、审计局、农业局、教育局5家对口联系单位，与对口联系单位的领导进行座谈交流，达到了相互信任、相互帮助、共同进步、共谋发展的目的。民进银川市委会组织负责撰写政协提案的会员举办了提高参政议政能力培训班。培训结束后，民进银川机关总支与灵武流活动总支就如何拓展支部活动建设，加强支部交流合作进行了学习交流。两个支部的负责人互相介绍了各自支部在组织建设、制度建设、参政议政、活动开展、支部宣传、会员关怀等方面开展的工作，并就所取得的经验进行了分享。就如何积极履行好参政党参政议政职能，利用民主党派的优势，开展好智力扶贫等活动进行细致沟通。同时，双方就持续加强支部之间的交流沟通，相互学习、相互借鉴，共同提高参政议政、民主监督、社会服务的工作水平等达成了一致意见。交流活动结束后，书法家石虎麟先生挥毫泼墨，一展民进会员风采。

中国农工民主党灵武市支部委员会

【概况】 2017年，农工党灵武市支部在区、市农工党委员会领导及中共灵武市委统战部的指导下，努力探索支部建设模式，扎实推进区、市农工党委员会及中共灵武市委统战部部署的各项工作，在加强思想建设、完善组织建设、积极参政议政、立足本职工作等方面做了相应的努力，取得了较好的效果。截至2017年末，中国农工民主党灵武市支部委员会共有党员10名，支部又发展新党员2名，现处于审批阶段。所有党员分别来自医药卫生、教育等部门。其中本科9名，硕士1名，副高级专业技术职称6人，正高级专业技术职称1人。2017年，在中共灵武市委和农工党银川市委的领导下，农工党灵武市支部在加强自身建设的同时积极参政议政、服务社会，取得显著成绩，为全市经济社会发展作出了积极贡献。

【自身建设】 灵武市支部全体党员，在农工党灵武市委的正确领导和安排部署下，认真学习了中共十九大和中共宁夏回族自治区省委、市委及农工党中央、省委、区委和市委的重要会议和指示精神。通过学习，不断提高了支部广大党员的政治理论水平，增强了政治责任感，深刻认识了“一带一路”规划的丰富内涵，深刻领会了“一带一路”建设对民主党派新的要求，从而更加坚定了走中国特色社会主义政治发展道路的理想信念。开展统战理论学习、传统教育和爱国主义、社会主义和集体主义教育。通过学习使全体党员进一步了解了各民主党派与中国共产党团结合作的历史，坚定了要继承老一代民主党派领导人的优良传统，继续与中国共产党亲密合作，共同致力于中国特色社会主义伟大事业。同时也使党员能够从大局出发，正确对待国家深化改革过程中出现的矛盾和困难，进一步激发广大会员的爱国热情，调动他们为建设中国特色社会主义事业服务的积极性。

【组织建设】 组织建设关系着参政党事业的可持续发展。持续加大党的宣传力度，弘扬党作为一个参政议政党的职责。为此，支部从成立之初就高度重视组织发展，积极向农工党银川市委推荐政治素质好、业务技能强、热爱党派的积极分子加入农工党组织。同时重视党前教育，认真做好介绍人结对联系工作，及时了解新申请入党人员的思想活动和工作情况，做到成熟一个发展一个，为农工党输送新鲜血液。

【参政议政】 参政议政工作是一个党派得以存在和发展的根本和灵魂。一年中，支部1名市、县（区）两级人大代表、1名市政协委员围绕中共银川市委、市政府的工作中心，深入调研，反映社情民意，提出切合灵武市实际的提案、议案和调研成果。2017年以来支部党员提出的人大建议和政协提案数量和质量均有所增长和提升，2017年提出较为突出的调研方案2件（关于灵武市城乡医疗卫生一体化建设的调研方案；推进医疗卫生服务质量向精细和高品质转变的思考和建议）。

【服务社会】 社会服务是民主党派履行参政党职能的延伸，是民主党派在国家政治和社会生活中发挥作用的形式和途径之一，是民主党派承担社会责任的体现，是民主党派成员展示才能和服务群众的重要平台和载体。农工党作为以医疗卫生界为主的参政党，党员广泛分布在医疗卫生系统，大部分都是医院的技术骨干。为此，灵武市支部发挥自身联系广泛的优势，联合其他支部积极开展深入农村送医送药，为贫困地区捐资、捐物、帮学、助学、扶贫、济困等社会实践活动，受到了社会各界和当地老百姓的好评和赞誉。继续扩展“精准扶贫”活动。在各级领导的支持下，支部由丁江副院长（农工党灵武市支部主委）带领支部党员深入各乡镇卫生医院进行调研工作。先后前往白土岗乡卫生院、东塔卫生院、崇兴镇卫生院等多家基层医院。与医院内主管领导、基层临床医护人员以及医院内患者，分别进行访问，听取多方面的意见及建议为撰写调研方案提供了良好的素材。开展送医下基层义诊活动。2017 年 1 月开始，支部在丁江主委的带领下，组织了医院内科、妇产科、外科、儿科和中医科等医院专家到各社区服务站开展送医下基层义诊活动，包括花语湖滨社区、水木灵州福利院社区服务站、朔方路社区、育才路社区服务站等，活动共义诊 500 多人次，发放健康咨询宣传材料 400 余份，免费发放价值 4000 余元的药品，受到了群众的广泛欢迎。继续积极联合其他医疗机构，继续开展糖尿病筛查的调研活动。多次前往兴灵新村、泾灵新村、大泉乡、崇兴镇等乡镇，免费进行试纸筛查，免费发放治疗药品，免费进行疾病的随访登记等工作，为老百姓带去福利，为市医院以及支部带来良好的社会效益。积极参与灵武市统战部组织的植树活动。在灵武市各级领导的带领下，支部由丁江副院长带领支部党员参加灵武市植树绿化活动。支部积极响应银川市委的号召，积极参加由银川市委召开及主办的多项活动，如徒步行、党内培训等。同时，2017 年 9 月 9 日，在银川市召开了农工党银川市第六次代表大会。会议进行了多项内容，其中包括：各级领导班子成员的换届及选举，总结 2016 年度的工作及所取得的成绩，新领导班子对 2017 年新的开端、新的发展做出了新的计划和方案。2017 年 10 月 15 日，由区党委组织的党内青年骨干培训班，支部选派一名支部党员参与培训，远赴上海农工党发源地进行农工党党史的教育学习活动。同时，在上海市社会主义学院进行新时代、新发展的教育培训。

九三学社灵武支社

【概况】 九三学社灵武支社成立于 2014 年 12 月 24 日，截至 2017 年年末，共有社员 10 人，平均年龄 38.2 岁。社员中博士学历 1 人，本科学历 6 人，其中具有高级职称 3 人，中级职称 3 人。社员中有自治区政府参事、自治区政协委员 1 名，银川市政协委员 1 人，灵武市政协委员 3 名。2017 年，发展新社员两名，待考察对象 4 名，平均年龄 23 岁。

【理论学习】 2017 年，灵武支社组织社员加强政治理论学习，提高理论思想水平。组织社员参加区委会、市委会的学习活动。根据区委会安排，组织新社员孙淑萍、蔡杰、马万俊、刘京参加了区委会新社员培训班，着力提高新社员社组织意识、参政议政能力；安排社员刘京参加通讯员培训班，为社组织培养后备人才；安排社员参加区委会召开的自治区十二次党代会精神专题辅导报告会，了解自治区大政方针。根据市委会及灵武市委统战部的要求，组织社员认真学习十九大精神，全面了解今后很长一个时期的使命、目标、战略方针等，提高思想认识。

【参政议政】 2017 年，灵武支社组织社员积极参与灵武市委统战部组织的各项会议、活动。2017 年，灵武市委统战部定期召开双月座谈会，形式灵活，内容多样：表彰奖励，学习文件，征求工作意见及建议等。首次座谈会着重由各党派汇报 2016 年工作亮点及 2017 年工作计划，市委统战部对 2016 年各党派参政议政工作进行了表彰奖励，灵武支社提交的调研报告《我区环境执法面临的问题分析及对策调研》荣获一等奖，《推进居民小区物业依法依规管理的对策》荣获三等奖，市委常委、统战部部长马利剑对九三学社取得的成绩给予了充分肯定。4 月 24 日，灵武支社组织社员积极参与市委统战部开展的共建统战林义务植树活动，进一步增强与中共的紧密联系，与其他党派的横向联系。

【社会活动】 2017 年，灵武支社组织社员积极开展社会活动、精准扶贫工作。3月21日，支社与灵武市职业中学组织开展了传统文化“进乡村、入学堂”活动，自治区政协办公厅副主任、文史委员会副主任、著名诗人、评论家张树仁，银川市文联副主席、银川书法家协会主席陈国鸿，九三学社银川市委会主委尹相梅，灵武市委常委、统战部部长马利剑，灵武市工商联党组书记、统战部副部长王学理，灵武市教体局局长马元福，灵武市文联主席郭文秀应邀出席，活动取得了圆满成功。11月21日，支社在充分调研的前提下，开展了公益扶贫捐赠活动，对泾兴村及泾灵村38户建档立卡贫困户进行捐赠慰问，每户一袋米、一桶油，对其中一户，根据贫困户的实际困难，捐赠10盒婴儿奶粉，切实解决了贫困户的生活困难。白土岗乡政府、泾兴村村委及市委统战部对当次活动给予了高度评价。

【调研活动】 2017年，灵武支社组织社员开展调研活动。按照市委统战部及民主党派建言献策的履职要求，支社组织社员开展社会调研活动，社员霍博提交了《关于我区大力发展工业旅游的调研报告》，社员孙淑萍提交了《2017年灵武市畜牧业发展调研报告》，李小鸿提交了《关于精准扶贫中对“脱贫不返贫”保障机制的调研报告》。

【自身建设】 2017年，灵武支社吸收优秀人才，加强自身建设。支社本着宁缺毋滥的原则，吸收两名优秀人才加入社组织，支社力量不断壮大。其中孙淑萍是高级畜牧师、灵武政协两届政协委员、党外知识分子联谊会常务委员；蔡杰是电子信息科学与技术工程师，银川市书法协会会员。

灵武市党外知识分子联谊会

【概况】 灵武市党外知识分子联谊会于2016年6月23日成立，简称灵武市知联会。灵武市知联会是集统战性、联谊性、民间性为一体的具有法人资格的群众团体组织，其宗旨学习贯彻党的路线方针政策，加强思想政治工作，团结全市党外知识分子开展联谊交流、沟通思想、促进合作、举荐人才、服务社会，架设党和政府与党外知识分子联系和沟通的桥梁，为党外知识分子发挥作用提供平台，为灵武市经济社会各项事业繁荣发展贡献智慧和力量。

【社会服务】 5月12日，为纪念“5·12”国际护士节，弘扬南丁格尔救死扶伤、无私奉献精神，灵武市党外知识分子联谊会联合对市中医院、市人民医院的一线护士进行了慰问，当天还慰问了市福利院的老人们。市委统战部副部长苏立生、市知联会会长张进华及委员杜晓芳、姬海燕、孙淑萍、蒋涛参加了慰问。8月14日，灵武市知联会组织市医院、中医院部分专家来到城区水木灵州社区开展义诊活动。活动现场，来自灵武市市医院、中医院的内科、骨科、眼科及康复科的大夫坐诊，为群众现场诊疗，并发放了相关医疗卫生常识手册，当天共为全村100多名村民提供了上门免费看病服务。市知联会会长张进华、副会长王玲芳、何玉惠参加活动。12月8日，灵武市党外知识分子联谊会学习宣传党的十九大精神，邀请到市委党校常务副校长王军为市知联会30余名会员讲解十九大报告精神。市知联会会长张进华，副会长王玲芳、何玉惠参加学习。12月28日，灵武市知联会积极与白土岗乡沟通，确定生态移民村泾兴村任进福等5位患有慢性病的建档立卡户作为长期帮扶对象，并组织医疗界会员上门看病、送药。

中国共产党灵武市纪律检查委员会

综　述

【概况】 2017年，在自治区、银川市纪委和市委的坚强领导下，全市各级党组织坚持以党的十九大精神和习近平新时代中国特色社会主义思想为指导，切实担负起全面从严治党主体责任，凝心聚力谋发展，坚定不移反腐败。全市各级纪检监察机关不断强化责任担当，认真履职尽责，推动全面从严治党、党风廉政建设和反腐败各项工作取得了新的成效。市纪委班子成员7人，包括市纪委书记1名、副书记2名；监察局班子成员3人，局长1名，副局长2名，其中非中共党员监察局副局长1人。市级纪委委员19人，委局实有干部职工33人（含10名农经业务骨干），纪检监察系统内派驻部门纪检组（纪工委）11个、乡镇（街道）纪（工）委8个。2017年第四季度，根据中央《关于在全国各地推开国家监察体制改革试点方案》、全国人大常委会《关于在全国各地推开国家监察体制改革试点工作的决定》和《自治区深化国家监察体制改革试点工作实施方案》、自治区编委《关于监察体制改革涉及机构编制有关事项的通知》（宁编发〔2017〕60号）文件精神，设置灵武市监察委员会，与中共灵武市纪律检查委员会合署办公。撤销灵武市监察局，撤销灵武市人民检察院反贪污贿赂局、反渎职侵权局，将相关职能整合至灵武市监察委员会。2017年12月25日，灵武市监察委员会正式成立，灵武市监察局被撤销。监察委班子成员7人，包括市监委主任1名、副主任2名。

【市纪委五届二次会议】 2017年2月15日，中国共产党灵武市第五届纪律检查委员会第二次全体会议在戴斯会议中心召开。全会认真学习贯彻十八届中央纪委七次全会和自治区纪委十一届八次全会精神，全面总结2016年纪律检查工作，部署2017年工作任务。市委书记夏斌同志出席会议并作重要讲话，市委常委、纪委书记陈文宁同志代表市纪委常委会作《聚焦主责主业　严格党内监督　为建成美好新灵武提供坚强纪律保证》工作报告，银川市纪委常委李发强到会指导。会议由市委副书记、市长马自忠同志主持，由市纪委委员表决通过了五届二次全会工作报告，决定2017年全面贯彻中央纪委、自治区纪委和银川市纪委关于党风廉政建设和反腐败斗争的总体部署，围绕“1233”工作思路（即围绕一个主题：推动全面从严治党向纵深发展；夯实两大基础：夯实安全高效执纪审查基础、夯实队伍业务能力基础；突出三大主业：注重抓早抓小、实践监督执纪“四种形态”，坚持问题导向、驰而不息推进作风建设，把握腐败动向、持续保持反腐高压态势；强化三项巡察：强化对市委和政府重大决策部署执行情况的巡察、强化对“两个责任”落实情况的巡察、强化对中央八项规定精神落实情况的巡察），忠诚履职尽责，推动党风廉政建设和反腐败工作再上新的台阶。

党风廉政建设

【压实两个责任】 一是压实主体责任。灵武市委坚决贯彻落实中央、自治区推进全面从严治党向基层延伸的各项决策部署，以常抓的韧劲、长抓的耐心和严抓的决心，扭住压倒性态势，持续维护好来之不易的良好政治生态。市委书记夏斌认真履行第一责任人职责，牢固树立“抓好党风廉政建设是本职，不抓党风廉政建设是失职”的观念，抓住“主体责任”这个牛鼻子，把反腐倡廉建设放在市委工作更加突出的位置，列入重要议事日程，坚持以上率下，切实担起全面从严治党主体责任。市委认真组织班子成员、中心组学习中央、自治区及银川市党代会和纪委全会精神，常态学习《廉洁自律准则》《纪律处分条例》《问责条例》，及时补充学习《巡视工作条例》等新修订党内法规制度。2017年专题研究党风廉政建设工作3次，听取专题汇报3次，研究制定《中共灵武市委员会关于推进全面从严治党的实施意见》《关于进一步贯彻落实中央八项规定精神加强和改进有关工作的通知》《关于规范党和国家工作人员操办婚丧喜庆事宜的暂行规定》等文件。市委书记经常性听取立案审查、党政纪处分等重要事项汇报，组织召开反腐败协调领导小组会议，与各常委、乡镇(部门)一把手签订责任书；各乡镇(部门)一把手与班子成员、各村(站、所)科室签订责任书，形成了“一把手”抓“一把手”的工作机制。自上而下建立“三个清单”，层层传导压力，级级落实责任，有力推进管党治党更严更实。二是强化监督责任。市纪委积极履行监督责任，在明责、传责，特别是在问责上下工夫，强化各级班子成员“一岗双责”，实行“一案四追责”，强化对党员领导干部特别是“一把手”的监督。定期主动向上级纪委、党委汇报党风廉政建设和反腐败工作，每季度对各单位党风廉政进行绩效考评，并在纪委全会上组织对各级党组织、纪检组织履行“两个责任”情况进行评测，及时反馈测评结果和意见建议，推动“两个责任”落实。制定班子成员联系指导基层工作、加强纪委常委会自身建设等制度，严格落实党风廉政责任包抓制，深入各乡镇、各部门检查督导“两个责任”落实情况，面对面、点对点，零距离促整改，推动各派驻纪检组长、乡镇纪委书记责任落实。落实《关于不履行党风廉政建设主体责任和监督责任追究办法》的规定，实行终身问责，通过问责形成声势、形成震慑，让失责必问成为常态，推动管党治党向基层延伸。

【强化作风督察】 紧盯元旦、春节、端午、中秋等重要时间节点，节前早提醒、节中抓检查、节后严处理。在重要节点发送廉政提醒短信6次共1万余条，一月一督察、一查一通报、一事一问责，常态开展作风督察。2017年开展明察暗访6次，问责37人次，给予党政纪处分9人，持续形成高压态势。回头“真”看、回头“常”看，先后开展中央八项规定精神“回头看”问题整改情况专项督察和党风廉政制度执行“回头看”活动，问题约谈16个单位主要负责人，发出意见建议函3份，制订《灵武市公务人员违反公务用车改革纪律责任追究暂行办法（试行）》，修订《灵武市党政机关差旅费管理办法》等文件，规范完善文体慰问活动、高温津补贴、业务培训费管理等制度16件，进一步扎紧制度笼子。开展“守纪律、敢担当、有作为”作风建设活动，对庸懒散软拖和不履职、不担当、不作为等典型问题加大问责力度，着力解决干部队伍中“三怕”“三缺”“三弱”的问题。市委对信访维稳工作不力的两个乡镇的党委、政府在全市通报批评，对主要领导效能告诫，取消分管领导年度评先评优资格；市政府对不担当不作为不认真履职的8个单位、3名负责人在全市范围内通报批评。

【强化纪律审查】 紧盯关键少数，突出“三类重点人”和“三个重要时间节点”，力度不减、节奏不变，着力巩固惩治腐败的压倒性态势。执纪审查变被动为主动，通过信访挖案源、起底找案源、巡察拓案源，对被反映人以往线索重新起底调查，以案带案，克服“就事论事”“就账论账”思想，在查清被反映问题后再看、再查是否还有其他违纪违法问题，通过暴露出的问题，深挖细查，查一案，带一串，进一步扩大案件线索来源，扩大办案成果。2017年查办的12起案件中深挖问题线索29个，同时借助微信随手拍、“三化一满意”平台等渠道搜集线索，不断扩大问题线索来源。截至2017年年末，全市共受理和接受信访举报160人次，处置问题线索241件，同比上升187%；初核238件，同比上升210%。共立案 135 件，同比增长 154.7%，其中：乡镇立案 31 件，同比增长 342%；派驻纪检组立案 18 件，同比增长 100%。全年给予党政纪处分 133 人，同比增长 224.39%，收缴违纪资金 20.92 万元，移送司法机关 5 人。进一步浓厚了“不敢腐”的氛围。

【强化廉政教育】 坚持“三前一后”工作思路，做到早提醒、早告诫、早预防，不断强化党员干部纪律规矩意识。2017 年，对新任职和岗位交流的领导干部进行任前廉政谈话 4 次 210 余人次，通报典型案例 17 起 45 人，转发区、市通报 4 期，发布“廉政灵武”动态文章 192 期 773 篇。开展廉政宣传教育进机关、进企业、进学校、进乡镇、进村（社区）的“六进”活动，作党风廉政专题讲座 26 场次，累计 3600 余人次接受教育。先后举办全市八项规定精神培训班、“预防职务犯罪”专题讲座、银川市反腐倡廉专场宣讲，近 5000 余人次党员干部接受了廉政教育。制定完善党政纪处分宣布制度，对受到党政纪处分的党员干部在本人所在单位现场宣布，使处分宣布现场变身警示教育课堂；组织党员干部集中观看《权力之殇》《蝇贪之害》《界河》《西夏区原区长李维国违纪违法警示教育片》；组织机关、村干部旁听案件庭审两期 200 余人次，用身边的人和事警醒身边的人，筑牢党员领导干部拒腐防变思想。

【涉农扶贫领域不正之风和腐败问题专项整治】 2017 年，灵武市纪律检查委员会将查处涉农扶贫领域腐败问题专项行动作为工作的重中之重，联合检察、发改、民政、财政、水务、农牧等 13 个专项行动成员单位建立联席会议制度，先后召开工作推进会 7 次，及时研究解决工作中的问题，提出“四个一批”（即集中查办一批扶贫领域的严重违纪违规问题，挂牌督办一批案件线索，集中约谈一批责任人员，公开通报一批典型案件）工作思路，实行领导包抓责任制，市纪委班子成员集中时间、集中精力下基层调研，实现了对涉农重点部门和乡镇专题调研的全覆盖，及时发现涉农扶贫资金、项目监管等方面存在的问题，现场点评、分析研判，完善资金项目审批、分配管理、审核拨付、绩效管理等机制，进一步扎紧制度笼子，确保资金安全规范使用。全国扶贫领域监督执纪问责工作电视电话会议召开后，迅速组织两次专题会议研究贯彻落实意见，并制定印发《关于进一步加强涉农扶贫领域监督执纪问责工作的通知》，提出 6 项具体措施，通过问题线索起底排查、专题调研督办、通报曝光等形式，进一步把责任和压力传导到各职能部门、各乡镇，持续深化涉农扶贫领域监督执纪问责工作。印发《灵武市扶贫领域专项巡察工作实施方案》，成立两个专项巡察小组，自 8 月 15 日起，对 17 个重点扶贫乡镇、扶贫领域责任单位开展为期 45 天的扶贫领域专项巡察，发放问卷调查 887 份，走访群众 1000 余户，开展个人谈话 644 人次，收集意见建议 228 条，移交问题线索 9 个，取消不符合条件的城乡低保对象 622 户 875 人，立案 36 人次，给予党政纪处分 35 人。坚决遏制扶贫领域不正之风和腐败问题。对失职失责的两个乡镇 3 个村的 7 名村干部严肃问责；对工作进展缓慢的部门（单位）下发《监察建议书》15 份，问责 4 人，为打赢扶贫攻坚战提供有力支撑。

监督检查

【重大决策部署执行情况的监督检查】 在推进党风廉政建设和反腐败工作中，始终不忘服务中心、服务大局理念，强化发展意识，用强有力的监督执纪问责护航灵武经济社会发展。2017 年，严查落实市委、市政府各项决策部署不力和党员干部不履职、不担当、不作为等问题，配合相关部门快速办结“碧水蓝天”环保专项督察、土地卫片执法、文明城市创建等领导批办件 50 余件，上报专报 47 期，下发监察建议书 108 份。其中，对八项规定督察存在问题的单位下发建议书 16 份，党风廉政巡察存在问题的单位下发建议书 30 份，对电视问政中存在突出问题的单位下发建议书 13 份，其他工作下发监察建议书 33 份。截至 2017 年年末，共问责 205 人次，失责必问成为常态。倒逼问责显成效，督促各级党组织建立“问责清单”，强化各级党组织问责主体职责，明确党风廉政目标绩效考核中不对党组织自行问责的进行减分，有效促进了各级党组织“党要管党，从严治党”责任落实，不断推进全面从严治党向基层延伸，全市各项工作得到了有力的落实和推进。

【用好“大巡察”利剑】 完成基层巡察4次，重点对涉农扶贫领域腐败问题和中央八项规定精神及“两个责任”“五不直接分管”“四重一大”“末位表态”等制度执行情况进行巡察，开展个人谈话332次，问卷调查657份，收集意见建议114条，梳理问题298个（其中关于八项规定精神相关问题173个），发现问题线索16个，实现了巡察监督的全覆盖。强化巡察结果运用，及时召开巡察通报会，对发现的问题进行通报，下发《意见建议书》《整改通知书》98份，集中约谈52个单位负责人和财务人员，单独约谈46个单位主要负责人，清退违纪违规资金110余万元。建章立制、堵塞漏洞，增强了工作针对性和有效性。

【监察体制改革】 坚持把深化监察体制改革试点工作作为紧迫重大的政治任务，市委书记亲力亲为、靠前指挥，绘制“蓝图”，当好“施工队长”。市纪委认真履行牵头抓总责任，统筹谋划，明确“时间表”“路线图”，当好改革试点工作“施工队长”。市人大、政法、组织、编办和检察等成员单位密切配合，各负其责、各司其职，合力推动改革试点工作。中央政治局委员、中央纪委副书记杨晓渡同志到灵武调研时，对灵武市统筹推进监察体制改革试点工作给予了充分肯定。2017年年末，初步实现机构组建到位、转隶人员到位、办公集中到位、岗位融合到位和工作衔接到位，取得了阶段性成效。

自身建设

【打铁还需自身硬】 制订出台《关于加强灵武市五届纪委常委会自身建设的意见》《关于市纪委委员进一步履行职责充分发挥作用的意见》等文件，抓好班子，带好队伍。开设“我能讲，我会讲，我要讲”机关大讲堂，开展党性教育主题活动，举办纪检监察干部培训班，组织参加中央、区、市业务培训，干部队伍素质能力明显提升。实施乡镇纪委规范化建设，努力打通基层反腐“最后一公里”，自治区、银川市纪委主要领导点名要在区、市推广“灵武模式”。在乡镇（街道）纪（工）委和派驻纪检组推行积分制考核，扛牌争先氛围进一步浓厚。对反映的3名纪检干部问题线索认真核查，澄清事实，严防“灯下黑”。

人民团体

灵武市总工会

【概况】 2017年，灵武市总工会在自治区、银川市总工会和市委、政府的领导下，紧紧围绕服务灵武市经济社会发展大局，立足“教育、维护、参与、建设”四项职能，依法履行维护职工合法权益的基本职责，努力为广大职工群众做好事、办实事、解难事，较好地完成了各项工作任务，在全市经济社会健康发展中充分发挥了工会组织的积极作用。市总工会机关有工作人员8人，领导班子成员3人。有职业化工会干部30人，分别安排在乡镇、街道、系统和基层工会工作。截至2017年末，灵武市累计有基层工会组织483家，职工35043人，会员34996人，其中农民工会员14304人。2017年，共荣获自治区级荣誉1个，银川市级荣誉3个，灵武市级荣誉5个。

【工会改革】 2017年4月，根据《宁夏总工会改革方案》《银川市工会改革方案》以及市委关于群团改革的有关要求，结合灵武市实际，起草了《灵武市总工会改革方案》。2017年11月，《灵武市总工会改革方案》先后经银川市总工会、灵武市政府常务会议、灵武市委常委会审议通过并印发执行。

【党建工作】 2017年，灵武市将工会工作纳入全市经济社会发展的总体目标，统一部署，统一落实，统一考核。市委、政府领导定期听取工会工作情况汇报，不定期参加工会的重大活动，工会工作环境进一步优化。始终坚持“围绕党建带工建，工建服务党建”的工作要求，结合实际，以群团改革为契机，建立党委组织部、工会、妇联、团委等党群部门“共商、共建、共享”机制，打造党群活动中心示范点10个，营造了“带动、促动、互动”的良好局面，充分发挥了党组织的战斗堡垒和工会组织的桥梁纽带作用。2017年，自治区、银川市总工会先后两次对“共商、共建、共享”党群活动中心示范点进行观摩，得到了好评，被自治区总工会评为2017年度全区工会亮点工作。灵武市总工会为三星级党支部，共有党员32人。年初对党建工作进行安排部署，支部书记亲自抓，做到工作有计划、有检查、有总结。做好了党建研究和信息报送工作；健全了“三会一课”、党风廉政建设、党费收缴、党员发展等工作制度；开展“两学一做”“学、查、改”等教育活动；纳新党员1名；落实“双述双评”制度，做好支部评星定级、党员民主评议、评星定格等工作；按规定完成党费收缴工作；开展党员普查工作，落实“三建四关心”“五必访”等机制；规范干部人事档案，开展领导干部个人事项报告、公职人员在编不在岗等清查工作。

【党风廉政】 制订2017年党风廉政建设工作计划，签订廉政建设责任书，做到有安排、有检查、有总结；履行党风廉政建设“两个责任”；党政“一把手”严格落实主体责任和履行“一岗双责”，对党风廉政工作亲自部署、重大问题亲自过问、重点环节亲自协调。加强廉政学习，开展警示教育；严格落实和执行中央八项规定和市委37项规定等制度；重新修订完善了《灵武市总工会机关财务管理制度》等14项规章制度，形成制度汇编，做到以制度办事，以制度管人；开展“守纪律、敢担当、有作为”作风建设、“学、查、改”干部作风整治活动。深化廉政风险防控建设；建立完善全面从严治党责任清单、问题清单、问责清单“三个清单”；深入开展党风廉政建设和中央八项规定落实情况“回头看”自查、迎检和整改工作。

【基层组织建设】 开展组建工会发展会员工作，2017年新组建基层工会50家，发展会员8823人，完成市总下达任务的100%；做好会员实名制信息采集录入工作，会员实名制信息采集录入35012人（农民工14304人），完成下达任务的100%。

【职工之家建设】 制订了《关于开展基层工会组织建设“提升年”活动实施方案》和《关于加强基层规范化建设争创合格职工之家的实施方案》，在不同行业、领域按照党群共建和“六有”“八好”“四亮一诺三完善”的要求，打造集职工书屋、职工活动、培训教育、维权帮扶等功能于一体的“职工之家”示范点5个，经验收评选合格职工之家16家。

【工会干部管理】 注重对职业化工会工作者的培养锻炼，推进一般干部及职业化工会工作者轮岗交流，认真做好工会干部教育培训工作，将工会干部教育培训工作纳入工会干部考核工作内容，形成良好的工作机制。完善《灵武市职业化工会工作者管理办法》，及时续签劳动合同；通过请进来、走出去的方式，分层面进行学习培训，2017年共举办劳动争议调解、财务经审、民主管理等培训班10期，培训工会干部500余人次；积极组织工会干部参加自治区、银川市总工会及灵武市各部门组织的各类理论、业务培训班24期320余人次。

【竞聘上岗 轮岗交流】 为进一步优化工会工作者队伍建设，激发工会工作者活动，提高工作效能，依据《宁夏回族自治区工会改革方案》等文件精神，完善了市总工会岗位设置、明确岗位职责，拿出5个中层管理岗位，2017年2月，开展了工会干部竞聘上岗和轮岗交流工作。同时，进一步完善了职业化工会工作者管理和考核制度。

【工会干部联系点】 制订《关于开展工会代表、工会干部下基层联系点“十个一·三走访·三服务”活动的实施意见》，扎实开展工会干部联系点工作，每位联系人每月至少1次深入到联系点，了解企业运行情况、工会工作情况，征集企业意见建议和职工诉求，并通过召开工会干部联系点推进会、交流会，互相学习好经验好做法。真心实意为企业服务、为职工服务。

【互联网+工会】 依托自治区总工会“一网、一卡、一平台”，积极打造灵武市职工之家微信公众平台、灵武市总工会网站、新浪微博等自媒体，以信息化手段提升工会业务水平。工会组织与会员、工会干部、劳模、民主管理等基础数据信息录入工作正常开展，举办了市总工会网上普惠服务工作平台操作培训班，全体职业化工会干部及各基层工会工作专干参加了培训。工会会员服务卡服务项目，延伸工会服务职能。与银行、商家积极协商，将工会会员服务卡打造成为职工群众生活出行的“惠民卡”，工会服务职工的“暖心卡”，商家履行社会责任的“爱心卡”。2017年以来，工会积极与黄河银行对接，整合社会资源、融合多项服务功能，除了可享受银联钱包中上千家的专属优惠外，又与灵武市近20个商家进行了洽谈并签约，为持卡会员在“吃、住、行、医、购”等方面提供丰富的特惠增值服务。全年共办理发放工会会员服务卡近万张，普惠全市广大职工。

【困难职工帮扶救助】 全年共慰问困难职工1320人，发放帮扶资金131.5855万元。其中，元旦、春节、“三八”困难单亲女职工慰问及“助残日”慰问困难残疾职工等生活类救助975人65.079万元；金秋助学、帮扶困难职工56人，发放助学金18.1万元；工会帮扶学生85人，发放帮扶资金23.535万元；开展经常性医疗救助43人，发放帮扶资金8.7715万元。在帮扶资金使用管理方面，成立了市总工会经常性救助资金使用监督小组，参与经常性救助全程，确保帮扶资金安全、规范使用，将事后监督审计，转变为事前督导规范。

【泾灵新村精准扶贫】 灵武市总工会建档立卡15户，其中国家标准贫困户9户，省定标准贫困户 6 户，8 户已脱贫。调整了市总工会脱贫攻坚领导小组，明确责任分工；加强对下乡工作人员的管理，坚持每周入户，做好台账登记，开展环境整治，送米、面、油等生活必需品，掌握村民的意见建议，对反映的问题及时与相关部门沟通并解决；2017 年 1 月，“国检”抽到市总工会精准帮扶 2 户，帮扶成效显著；2017 年先后 4 次开展志愿服务活动；组织参加“精准扶贫、精准脱贫”知识竞赛活动，上报《我的扶贫故事》征文 1 篇并获奖，全年共向市委、政府及上级工会报送相关信息 12 篇。

【技能培训】 依托职业技能培训学校，结合 2017 年“春风行动”主题活动，对 161 名困难职工（农民工）进行免费培训。充分利用职工服务中心平台作用，深入开展民营招聘周、就业咨询、职业介绍、技能培训等活动，大力推进“春风行动”“家政服务工程”就业品牌。坚持分级培训、按需施培和自主培训的方式，全年举办各类技能培训班 68 期次，培训职工 6101 人次，其中 246 人取得资格等级证书。

【劳动关系调处机制】 加强“平安灵武”建设，积极构建大调解格局，畅通职工、农民工维权绿色通道。健全完善市、乡镇（街道）、村（社区）、企业四级劳动关系调处机制网络。灵武市总工会和各乡镇（街道）、社区工会全部建立了劳动争议调解和劳动保障法律监督组织，企业工会建立劳动争议调解和劳动保障法律监督组织 171 家，组建率达 85.1%；5 月份，举办全市劳动争议调解员培训班，培训调解员 160 人。召开诉求研判会 1 次；坚持安排专人接访“12351”职工维权热线电话，共接待来电、来访案件 61 案 67 人次，较 2016 年下降 12%。工会根据具体情况全部给以满意答复或者转为劳动监察大队与律师具体处理，办结率达 100%；开展“七五”普法工作；做好“维权服务与农民工同行”、农民工工资清欠、支付等专项检查。

【“四送”活动】 下发《关于印发〈灵武市总工会关于开展 2017 年向农民工“四送”活动的实施方案〉的通知》《关于开展“送文化”活动的通知》及《关于开展“送清凉”活动的通知》，将“四送”活动做细做实。积极开展夏季送清凉活动，2017 年 7 月 27 日至 8 月 1 日，开展夏季送清凉活动，深入到城市管理综合执法局环卫队、宁夏中银绒业集团、公安交警大队、十三五扶贫移民安置房建设项目等 14 家企事业单位，为高温天气下坚守在生产一线的 30 多家单位职工（农民工）送去了价值 50 多万元的清凉饮食品、医疗卫生包和法律宣传品。

【劳模管理】 通过自下而上推荐评选，1 人荣获全国五一劳动奖章、凤城工匠称号；两人荣获自治区五一劳动奖章；两个团队分别荣获自治区、银川市工人先锋号称号；两人荣获银川市五一劳动奖章；1 人荣获凤城最美劳动者称号。推荐 8 名一线职工参与了“最美灵武人”“最美银川人”评选，全市上下“弘扬劳模精神、崇尚劳动光荣”的氛围愈加浓厚。慰问各级劳模 58 人，发放春节慰问金、工资差额补助金及困难劳模补助金 22 万余元。发放各类宣传资料 10000 余份，在全市营造了学习劳模、热爱劳动、崇尚劳模的良好氛围。

【文体活动】 组织各基层工会寓教于乐，开展健康向上的文体活动。2017 年，举办第二届职工乒乓球赛、“谁是舞王”中国广场舞海选赛、全民健身季灵武干部职工健步行、行走最美灵武徒步赛、“亿美乳业”杯职工业余足球联赛、全市篮球联赛、“创建全国文明城市、展现劳动者风采”职工书画展、“发现·劳动美·随手拍”摄影比赛、中秋诗会暨首届朗诵艺术大赛、“巾帼心向党、喜迎十九大”暨巾帼文明岗风采展示等 10 场次文体活动，参与活动职工超过 5 万人次。

【劳动竞赛】 围绕全市重点工程建设、特色优势产业，举办首届叉车驾驶技能大比武活动，12 家企业 2000 余名职工参与了活动；举办第二届“岗位练兵暨技能大比武”活动，400 多名选手展开了角逐；举办了全市首届农机手大赛。组队参加银川市总工会举办的全市酒店服务行业技能竞赛，5 名选手取得了好成绩。各基层工会以此为契机，扎实有效地开展了职工劳动竞赛、技能大比武、合理化建设、技术革新等建功立业活动，参与职工 10000 余人次，不断推进群众性经济创新活动迈上新台阶。

【集体协商】 建立39人的集体协商指导员队伍。下发了《2017年灵武市集体协商指导员集体合同签订及协商现场会任务分配表》,全年共安排39场集体协商现场会。开展了集体协商"春季要约"行动。以灵武市协调劳动关系三方为依托,加强与成员单位沟通合作,建立健全集体协商机制,在全市形成了齐抓共管的工作局面。下发了《关于开展2017年集体协商"春季要约"行动的通知》,启动了集体协商"春季要约"行动。3月份共发出集体协商要约书197份,收到回复173份,覆盖企业262家,覆盖职工13429人,覆盖面达87%。其中,企业集体协商要约书160份,涵盖企业169家,涵盖职工12543人;区域性集体协商要约书4份,涵盖企业93家(未建会28家),涵盖职工1542人(未建会职工人数245人);行业集体协商要约书9份,涵盖企业116家(未建会65家),涵盖职工3361人(未建会职工人数641人)。举办企业民主管理培训班,企业行政、职工方代表及集体协商指导员150余人参加了培训。

【新闻宣传】 通过制定《灵武市总工会新闻宣传工作管理暂行规定》,建立新闻宣传奖惩制度,要求各职业化工会干部每人每月向灵武市总工会上报信息不少于两篇,每人每年上报高质量、有价值的调研报告不少于1篇。2017年,共收到基层上报信息430篇,向灵武市委宣传部、银川市总工会等信息媒体发出266期。被银川市网站、银川日报、自治区总工会等网站采用66篇。收到调研报告26篇,并评选出质量较高的10篇上报市总工会。2017年,基层工会统计年报工作全部按时完成并上报。

【弘扬劳模精神】 先后制作专题片8期,集中拍摄宣传了一批为灵武市经济发展作出突出贡献的劳模、先进人物,在灵武电视台、美丽灵武、灵武职工之家微信平台上进行广泛宣传。联合20多家部门和单位,制作反映全市各行各业劳动者风采展板60余块,利用节假日举办"创建文明城市·展现劳动者风采"宣传活动,着重宣传多年来为灵武市经济社会作出突出贡献的先进集体、劳动模范、先进工作者。

【安全生产工作】 履行安委会成员单位职责,2017年参与全市安全生产事故调查处理3起,开展安全生产警示教育进企业活动16场次。开展了2017年安全隐患随手拍活动,使"人人查隐患、人人反违章、人人保安全"在灵武市各大企业蔚然成风,7月份进行了表彰奖励。开展道路交通安全警示教育宣传进企业活动;举办了全市"七五"普法知识竞赛3场次,举办"安康杯"安全生产演讲比赛1场,参与人数超过1.2万人次。联合灵武市红十字会、市安委办举办了应急救护知识培训班。普及自救互救、应急避险等知识技能。来自全市安委会成员单位、危化品企业共200余人参加了此次培训班。

【职代会】 进一步扩大职代会、厂务公开的覆盖面,促进厂务公开民主管理制度化、规范化。制订下发了《灵武市厂务公开民主管理工作实施方案》,采取"上下联动、统筹规划、重点突破、整体推进"的工作计划,推进民主管理工作。灵武市244家企事业单位建立职代会和厂务公开制度,建制率达96%。

【财务工作】 加强了市总工会财务管理规范化建设,预决算手续齐全,各项财务制度健全,严格审批制度。与地税部门做好协调调研,分析研究工会经费代收工作。积极争取行政事业单位工会经费由财政统一划拨;举办基层财务经审人员培训班1期,开展对基层工会财务监督检查,检查面达47%,指导基层工会开展财务管理规范化建设达标工作。

【经审工作】 加强经审组织建设,基层工会经审组织组建率达100%;规范了经审工作制度;经审办人员认真履行职责,对市总本级和44家基层工会经费进行了审计,审计覆盖率达47%。出具审计报告36份,发现问题46条,提出审计意见和建议52条,并指导督促被审计单位根据审计意见研究制订并落实相应的整改措施。同时,市总本级和独立设账的基层工会经审会严格按照经审工作规范化建设标准规范各项工作,并装订成册。2016年,经审工作规范化建设被区总评为A级单位。

【女职工工作】 加强女职工组织建设,按照女职工组织与工会组织同步组建、同步报批、同步换届的“三同步”要求，将工会女职工组织建设纳入工会组建的整体工作中同步推进，基层工会女职工组织组建率达100%；加强女职工组织规范化建设，制定女职工组织规范化建设考核细则。女职工劳动保护专项合同签订率达100%。开展了女职工权益保护法律法规知识竞赛4场次，参与女职工731人。开展“传承美德·亲情教育·最美家庭”和谐社区故事会、“书香三八”“巾帼书香”读书活动等6项家庭文明建设系列活动。

【禁毒工作】 制订印发了《灵武市总工会2017年禁毒工作的安排意见》，做到禁毒工作年初有计划、季度有考核、年底有总结；年初，对本单位工作人员及其家属进行了吸毒情况排查，未发现有吸毒人员，并要求全体工作人员填写《禁毒承诺书》。在日常学习中，将禁毒工作和禁毒知识纳入学习范畴；在各基层工会中开展“不让毒品进单位”“不许毒品进我家”的禁毒宣传教育，提高工会干部及家属的防毒、拒毒意识；制订印发《灵武市总工会关于开展“职工拒绝毒品”零计划行动实施方案》等文件；开展禁毒月宣传活动，结合工会开展的“法律六进”活动，大力宣传禁毒工作；结合每年针对农民工开展的“四送”活动，使农民工在潜移默化的状态下接受“远离毒品、珍爱生命”的思想观念。据统计，全年共宣传27场次，发放禁毒宣传资料13000余份。

共青团灵武市委员会

【概况】 共青团灵武市委员会实有人员4名，其中，书记两名，科员两人，事业编制两人。内设办公室、组宣部、学校部、工农青年部、志愿者工作部、社区权益部。共有基层团委数50个、基层团工委数5个、团总支数11个、团支部数356个。团员15262名。

【青少年思想引领】 联合市综治委、教体局、禁毒办开展“珍爱生命　远离毒品”青少年禁毒绘画（书法）比赛，广泛在校园、社会宣传普及了禁毒知识，着力增强了广大青少年拒毒、防毒意识。在五四青年节开展“青春激扬红五月·不忘初心跟党走”主题团日暨千人入团仪式，突出举团旗、戴团徽、唱团歌等仪式教育，提高团员学生的光荣感、使命感和成为党的后备军的责任感，同时对优秀团组织、优秀团干部、优秀共青团员进行评选表彰。举行“激扬青春·放飞梦想”纪念“五四运动”98周年和中国共产主义青年团成立95周年文艺展演，全面展示灵武市青少年风采。在六一儿童节开展“喜迎十九大·红领巾心向党”主题队日暨千人入队仪式。联合市教体局、少工委举行灵武市庆祝六一儿童节少先队鼓号大赛决赛，用少先队独有的形式表达少先队员对祖国和少先队组织的热爱之情，推选四支队伍参加银川市比赛并包揽一、二等奖。联合市教体局开展“喜迎十九大——我向习爷爷说句心里话”主题活动，少先队员们通过手抄报、明信片制作表达对祖国的热爱之情，诉说着对国家繁荣昌盛的美好祝愿。在全市共青团系统开展“学习总书记讲话　做合格共青团员”教育实践活动，教育引导团员青年增强团员先进性，紧跟党走。利用灵武市共青团新媒体向青年生力军发出“共铸诚信　清朗网络”倡议，鼓励青年依法上网、理性上网，形成强劲青春正能量。着力帮助家庭经济困难学生，在灵武市教育体育局等多部门的鼎力支持下，发起“希望工程·圆梦行动”“共青团班”资助倡议活动，在社会各界爱心企业爱心人士的积极奉献下共筹集资金111.3万元，资助贫困学生605人。扩建共青团班，在灵武一中将共青团班由两个扩建至4个，每年招收200名学生。

【创建文明城市】 在学雷锋志愿服务月，举办“公益创城·与爱同行”慈善大会，募集公益资金20余万元，联合灵武市希望公益服务中心对41名贫困学生开展一对一帮扶，并按季度实施帮扶计划。开展“志愿灵州·文明城市”交通文明劝导志愿服务活动40余场，组织志愿者上街就闯红灯、横穿马路、随手乱扔垃圾等不文明行为进行劝导。开展“创建全国文明城市推动移风易俗暨环境综合治理”志愿服务活动，组织社区、乡镇志愿者进行垃圾清理、剔除小广告、植绿护绿等活动，美化城乡环境，共享文明成果。联合中国银行灵武支行、中国农业发展银行、灵武市文化旅游投资开发有限公司、灵武市途尔骑行文化有限公司共同发起了“青春飞扬·快乐骑行”献爱心活动，为倡导新风，争做“节能减排、绿色出行”的践行者。也为白土岗暖阳之家的留守儿童们送去初冬的温暖。

【团市委第四届委员会五次、六次全体(扩大)会议】 召开共青团灵武市委四届五次、六次全体(扩大)会议，增选了4名基层青年成为委员，增补了两名基层青年进入常委班子，扩大了基层和一线青年在共青团代表大会、全委会、常委会中的比例，不断增强委员、会员代表和领导机构的代表性、群众性。联合市人社局表彰“2016年度灵武市青年岗位能手”45名，选出了一批先进青年典型。

【文化志愿服务】 灵武市团委积极开展志愿服务，探索“家校团”合作新模式，在学校组建家长护学志愿服务队，在学校周围进行交通护学志愿服务，确保学生上下学交通安全；为大型赛事增光添彩，招募10名大学生西部计划志愿者连续5天对宁夏青少年校园足球夏令营暨嘉年华活动开展志愿服务；招募16名社会志愿者服务2016—2017全国青少年足球联赛高中男子组（西北赛区）比赛，确保活动顺利有序开展；招募63名社会志愿者为2017亚太大学生五人制足球暨啦啦操锦标赛提供为期10天的志愿服务；联合市志愿者协会招募100余名志愿者参与“丝路古驿·羊绒之都”中国·宁夏（灵武）热气球节，为热气球节提供为期8天的志愿服务；联合市总工会、妇联、文明办开展“夏”一站幸福——灵武·宁东青年交友季(第四季)活动；联合市文明办、市妇联、市就业局、市民政局共同举办“古韵灵州·新风婚尚”集体婚礼，弘扬移风易俗、婚事新办的社会新风，倡导文明节俭、健康向上的生活方式；开展“青年之声·灵武”线下推介活动，深化“互联网+共青团”工作模式，对共青团新媒体进行现场宣传推广；为促进家乡旅游行业的发展，提高家乡知名度和美誉度，联合市文广局举办“美丽灵武·活力青年·我为家乡做代言”旅游亲善大使选拔赛；召开灵武市科技创新大赛表彰大会，对在宁夏第三十二届科技创新大赛暨第十七届机器人大赛中获奖的学生进行表彰，激励学生敢于创新，勇攀高峰；为弘扬民族精神，传承中华传统文化，灵武市团委联合市志愿者协会、中国人寿保险股份有限公司灵武支公司、市城区街道办共同开展“志愿灵州·牵手公益”——迎端午包粽子比赛活动；由灵武市团委、市教育体育局主办，灵武市第一中学承办，灵武市文化旅游广电局、灵武市文化馆协办的“希望工程·圆梦助学”文艺演出在灵武中心广场圆满举行；为提高灵武市人民群众对精神疾病的了解与认识，普及精神卫生的相关知识，10月10日，灵武市团委组织志愿者在灵州广场积极开展“世界精神卫生日”宣传活动；为了号召社会各界共同创建一个敬老、爱老、养老、助老的氛围，灵武市团委联合灵武市志愿者协会在灵武市中心敬老院开展了“老来乐·春常在”重阳节老年趣味运动会；灵武市团委联合灵武市公安局、司法局、禁毒办举办“青春瞩目十九大　携手共筑中国梦”灵武市首届禁毒志愿服务项目大赛。

【基层团组织和自身建设】 紧密围绕着“党建带团建”，不断加强基层团组织建设，优化团的领导机构。从严发展团员队伍，以团章为遵循，按照坚持标准、控制规模的要求，对全市1360个团员发展名额进行合理分配。组织灵武市各级共青团干部、学校团(队)干部、部分非公企业团组织负责人和西部计划志愿者共计106人参加灵武市2017年团干部能力提升培训班培训，为进一步培养一支政治坚定、业务熟练、作风过硬的团干部队伍打下基础，增强了团干部的综合素质。深入推进共青团改革攻坚，贯彻落实《中共中央关于加强和改进党的群团工作的意见》，召开《共青团灵武市委改革方案》征求意见会，征求各方意见，推动灵武市共青团改革。组织开展“从严治团”“一学一做”工作督导，对全市各级团组进行调研座谈，完成团组织考核工作，并根据考核情况划拨团建经费。灵武市各级团组织在市委、政府的大力支持下，抢抓机遇、务实拼搏，获得全国、自治区、银川市的表彰。灵武市回民中学团委荣获“全国五四红旗团委”称号；灵武市教体局团工委荣获“全区五四红旗团委”称号；灵武市农牧局团总支荣获“全区五四红旗团支部”称号；灵武市第四中学团委荣获“银川市五四红旗团委”称号；宁夏中银绒业股份有限公司团支部荣获“银川市五四红旗团支部”称号。在自治区“青春激扬红五月·不忘初心跟党走”五四系列活动中，灵武市团委被授予“2017 年五四系列活动最具影响力团组织”；“红五月·益起来”青春护苗困难青少年城市融入活动被授予“2017 年五四系列活动最具人气奖”。在宁夏共青团举办的全区团属“新媒体评先评优”中，灵武市团委“志愿灵州”微信公众号被授予“最具影响力新媒体平台”称号。灵武市第五小学和灵武市第二小学荣获银川市“优秀少先队大队”称号，灵武市第六小学三(3)中队和灵武市第三小学六(3)中队荣获银川市“优秀少先队中队”称号。

【业务指导】 指导市志愿者协会和市青年就业创业联合会进行换届选举。联合希望公益服务中心开展“植绿护苗”主题活动，组织志愿者在白芨滩林场通过种下一棵树，捐赠 100 元的方式募集爱心资金 5900 元，为中北小学 16 名贫困学生送去微心愿礼物。联合扶贫办在生态移民村举办的“青春助力脱贫攻坚”农村电商培训班，对 50 名正在从事电商或计划进行电商创业的青年才俊进行培训。宁夏星火职业技能培训学院的专家老师们围绕电商产业发展趋势及电商实践基础等理论，对电商环境、商品摄影、图片处理等内容进行授课，帮助他们拓宽创业思路、提供技术支撑，利用互联网增加收入。团市委还将进一步加强与电商产业人才培训学校的合作，为基层群众拓宽农产品外销平台，切切实实为农村青年办实事、解难事，引领他们走上创业致富的道路。

灵武市妇女联合会

【概况】 2017 年，灵武市妇联以改革为契机，深入贯彻落实自治区第十二次党代会、宁夏第十一次妇女代表大会精神，坚持党政所需、妇女所急、妇联所能，突出重点，狠抓落实，切实维护妇女儿童权益，着力提升妇女儿童工作水平，加强妇联组织能力建设，实施“巾帼建功”“巾帼文明”“巾帼关爱”“巾帼维权”4 项行动，各项工作均取得了明显成效，先后荣获 2017 年度“全国妇女新闻宣传阵地建设先进单位”“银川市实施妇女儿童发展规划先进集体”等称号，成功申报全国巾帼巧手致富示范基地（宁夏唯一获评基地），选树“全国最美家庭”1 户，自治区级“最美家庭”4 户、银川市级“最美家庭”10 户。妇联共有 5 名干部，其中主席 1 名，副主席 1 名，党员 3 名。

【农村妇女小额担保贷款】 全市农村妇女小额担保贷款担保基金累计达到 2560 万元，累计发放贷款 4.5 亿元，惠及妇女 8477 户（其中 14 个贫困村发放贷款 3127.6 万元，799 户）。贷款回收率达 100%，累计兑付中央财政贴息资金 2476 万元，创建了郝家桥镇上滩村、大泉村蔬菜种植、新民村养殖、西渠村草编、梧桐树乡沙坝头村西瓜蔬菜种植、园艺场和东塔镇长枣种植等农村妇女创业担保贷款示范基地，带动 1.7 万余人创业就业，涌现出一大批巾帼致富能手，东塔镇园艺村成功创建为全国巾帼科技示范基地。灵武市在全区率先实现小额贷款工作网上办公，农村妇女小额贷款工作初步形成管理全方位、信息全覆盖、资源共享的综合性为民服务业务支撑体系。

【“巾帼脱贫行动”项目】 紧紧围绕市委、政府脱贫攻坚部署，大力实施“巾帼脱贫行动”项目，创建“巾帼扶贫车间”，创新金融扶贫模式，积极探索“龙头企业 + 协会 + 妇联组织 + 妇女”精准帮扶模式，已培育建立自治区、银川市级“巾帼扶贫车间”两个，灵武市妇女手工脱贫示范基地两个，在建扶贫工厂 1 家，有效带动贫困妇女脱贫致富，“企业‘村头建厂’让贫困户在家门口就业”模式作为全国妇联典型经验宣传推广。开展技能培训，在实践中探索巧手脱贫。引进师资开展手工技能培训，累计举办手工刺绣、编织等各类培训班 62 期，培训妇女 4200 多人次，其中建档立卡贫困妇女 1500 多人次，实现全市 14 个贫困村培训全覆盖。以“集中就业、灵活务工”为目标，依托龙头企业，搭建妇女灵活就业平台。在市委、政府领导的高度重视下,2017年已成功打造了全国巾帼巧手致富示范基地,建立了两个 "扶贫车间",在生态移民村郝家桥镇泾灵村开工建设占地3300平方米的"巾帼扶贫工厂",工厂已成功争取裘皮缝制、皮毛饰品加工、手工编织订单2600万元,预计带动300名妇女实现就业,人均每月增收2000元。创新金融扶贫模式,贫困妇女由工人变股东。针对贫困妇女缺少创业资金的实际情况,妇联创新"入股分红+就业"金融扶贫模式,让贫困妇女实现入股分红,增收脱贫。在政策推进上,争取设立了农村妇女创业担保贷款基金+金融扶贫基金560万元,定向扶持14个贫困村的妇女创业及扶贫贷款2800万元。在贷款使用上,贫困妇女利用创业担保贷款现金入股,与企业主体共同建设加工基地。2017年,妇联已帮助181名建档立卡贫困妇女获得了人均5万元国家贴息创业担保贷款,在扶贫工厂及养牛合作社进行托管经营,每人年底将分红6000元,稳定就业后人均每月可增加收入2000余元。这种"金融+公司+基地+妇女" 结对帮扶模式,让妇女群众成为股东,工厂成为妇女群众自己的事业,特别是让发展能力弱的建档立卡贫困妇女,入股分红得股金、基地就业得薪金、生产提成得奖金,实现了长久增收、稳定脱贫。

【"巾帼文明"行动】 围绕"家庭"创品牌,在全市广泛开展以"创文明城市、倡文明风俗、展文明家风" 为主题的 "三个注重"进万家活动。广泛开展"最美家庭""最美家庭好成员""十佳好婆媳""幸福金婚夫妇""廉政文化进家庭" 等活动,选树"全国最美家庭"两户,自治区级 "最美家庭"8户、银川市级"最美家庭"22户,创建自治区、银川市及市级"巾帼文明岗"84家,灵武市第三中学校长王学林、灵武市第五小学校长孙华获得 "中国家庭教育百名公益人物"荣誉称号。家庭教育成效突出,靠前协调,与教体局打好"家校共育"组合拳,在全市城乡学校深入开展家校合作,举办家庭教育讲座150余场,培训家长3万余人次,创建区、市级示范家长学校20所,家庭教育示范社区6个,家庭教育高级讲师100余人,实现家庭教育培训专业化、广覆盖。

【"巾帼关爱"行动】 突破传统康乃馨行动模式,创新开展"夜空中最亮的星——康乃馨行动学生帮帮学家教课堂主题实践活动",志愿者队伍56人次,受益单亲贫困家庭儿童近300人,社会反响强烈。实施全国妇联中央专项彩票公益金支持婴幼儿营养补助项目——"消除婴幼儿缺铁性贫血行动",累计为7000多名0—24月龄的儿童免费发放营养包。认真组织实施"两癌"贫困母亲救助、"关爱母亲,共享和谐'三八'妇女节""母亲邮包""同在蓝天下成长、关爱农村儿童"等送温暖、献爱心活动,积极对接爱心企业,争取浙江省福慧文化传播有限公司爱心善款10万元,为贫困妇女儿童提供了实实在在的帮助。

【"巾帼维权"行动】 依托"妇女之家"建立市、乡(街道)、村(社区)三级妇女维权机构,成立市妇女儿童信访代理中心、法律援助中心、婚姻家庭人民调解委员会、维权合议庭、"110"反家庭暴力投诉中心,开通"12348"妇女维权热线,社会化维权网络进一步健全,维权工作步入法制化、规范化轨道。积极开展妇女信访代理试点工作,接待来信来访群众110余人次,办结率达100%,先后有10个单位、11名妇女分别被评为全国、自治区、银川市及灵武市妇女儿童维权先进集体和先进个人。

【自身建设】 开展村妇联(妇代会)换届选举工作。主动协调,将村社区妇联换届工作纳入全市村党组织和第十届村民委员会换届选举工作中。制定下发《关于做好灵武市村妇联(妇代会)换届选举工作的通知》,指导全市各村(社区)开展村(社区)妇联(妇代会)换届选举工作。引导各村将驻村女大学生村官、农村女经纪人、巾帼志愿者骨干等热心妇女群众推选为妇女代表,鼓励她们加入妇联组织,为本村妇女工作发光发热。2017年,全市70个村、13个社区完成了妇联(妇代会)换届选举工作。开展和谐婚姻家庭知识讲座、基层妇女工作知识讲座,提高基层妇女干部服务妇女群众的能力。以党建带妇建,加强组织建设。以建党节为契机,开展 "维护妇女权益"主题党日活动。组织机关干部深入大街小巷，通过发放宣传手册、政策宣讲等形式广泛宣传妇女维权相关法律法规，鼓励妇女群众通过法律手段解决诉求。

灵武市残疾人联合会

【概况】 2017 年，灵武市残联核定编制 11 名，实有人员 9 名，其中，理事长 1 名、副理事长 1 名、主任科员 1 名，其他办公人员 6 名。市残联内设：办公室、康复室、教育就业室、宣传文体室、信访维权室、组织联络室。截至 2017 年年末，全市已建乡镇残联 7 个，街道残联 1 个，残疾人协会 5 个，分别是肢残人协会、盲人协会、聋哑人协会、精神病亲友协会和智力残疾人亲友协会。第二次全国残疾人口普查数据统计，灵武市现有各类残疾人 15582 人，约占全市总人口数的 6.83%。持证残疾人 6349 人，其中，视力残疾 1014 人，听力残疾 489 人，语言残疾 106 人，肢体残疾 3087 人，智力残疾 613 人，精神残疾 617 人，多重残疾人 423 人。

【康复工作】 2017 年，按照自治区标准化康复室（站）建设要求，出台了《灵武市规范化社区康复站康复工作考核办法》，下发《关于做好村（社区）残疾人康复站建设申报工作的通知》，建立考核机制，每年投入资金 10 万元用于社区残疾人康复指导员康复训练费；加大建设投入，在全市范围内新建和改建社区残疾人康复站 6 个（其中，新建 3 个，改建 3 个），验收合格后，市残联原则上对新建的每个康复站补助资金 5—7 万元，改建的每个康复站补助资金 3—5 万元，配备社区康复器材和理疗器材各一套。投入资金 24.9 万元，为全市 32 名 0—6 岁残疾儿童实施康复训练，并为每人购买了一份 100 元的意外伤害保险。国庆、中秋两节来临之际，组织 31 名残疾儿童及其家长开展了户内亲子活动，增进亲子情和师生情。实施精神病救助工程，为全市 493 人（次）精神残疾患者发放药品价值 11 万元；实施助行工程，为 16 名残疾人免费适配假肢和矫形器，价值约 11 万元。实施助明工程，7 月 13 日，邀请银川市残疾人康复中心专业技术团队为灵武市低视力患者开展一年一度的筛查及助视器验配工作。为他们精准适配近用式助视器、手持式放大镜、滤光镜、听书机等，此次验配，灵武市共筛查低视力患者 52 人，精准适配 37 人，配发各类助视器 46 件。实施残疾人辅助器具适配项目，投入资金 19.59 万元，采购配发残疾人辅助器具 810 件。

【教育就业】 举办残疾人职业技能和实用技术培训班，培训残疾人 190 名，帮助残疾人就业 30 名；组织残疾人参加银川市残疾人专场招聘会 60 人次；为 26 户残疾人个体工商户及盲人按摩从业人员发放养老保险补贴资金 8.1 万元；会同市就业局开展就业援助月活动，为用人单位和残疾人搭建就业平台，帮助残疾人实现就业；扶持残疾人进行自主创业，每人一次性给予 5000 元的补助资金，向自治区残联申报盲人按摩机构两所。向全市幼儿阶段 4 名残疾学生发放助学金 4000 元，向义务阶段 86 名残疾学生发放助学金 4.3 万元，向高中阶段 21 名残疾学生发放助学金 2.1 万元。2017 年，灵武市温佳乐等 5 名残疾大学生和李爱华等 11 名残疾家庭大学生通过自身努力取得优异成绩，进入到高等学府学习。对考取一本的 10 名大学生，每人资助 5000 元；对考入二本的 5 名大学生，每人资助 4000 元；对考入三本的 1 名大学生，资助 4000 元。资助金合计 7.4 万元。鼓励残疾学生及残疾家庭学生自强不息，为“知识改变命运，助学间接脱贫”添砖加瓦。春节及助残日期间走访慰问残疾人家庭 612 户，慰问资金 35.89 万元；2017 年，民办托养机构被自治区评为一星级托养机构。两所托养机构托养残疾人 72 人，其中，民办托养 18 人，公办托养 54 人。实现了凡有托养意愿的残疾人“该托则托，应养尽养”的工作目标，有效地减轻了残疾人家庭的生活负担。2017 年，肉兔养殖孵化扶贫基地运营良好，托养企业为 20 名建档立卡残疾人按季付托养费 1250 元，提高了建档立卡贫困残疾人收入，改善了生活质量。

【扶贫工作】 认真落实自治区和银川市“两项补贴”政策，争取地方财政支持，实施提标扩面，严格申报程序，仔细审核确定补贴对象。截至 2017 年末，灵武市享受困难残疾人生活补贴3369人，护理补贴3020人，补贴金额合计734.3万元。2017年12月，积极联系民政局相关部门，做好“两项补贴”的移交工作，确保“两项补贴”工作正常开展。对灵武市194户238名建档立卡残疾人，加大帮扶力度，从生活救助、产业支持、就业创业等方面给予特殊扶持。积极协调相关部门拓宽建档立卡残疾人因病致贫医疗救助范围，减少建档立卡残疾人因病返贫的概率。尤其对重大疾病和慢性疾病建档立卡残疾人，加大就医看病扶持和救助力度。

【文化体育】 组织开展全国“爱耳日”活动。在灵州广场，会同残工委成员单位悬挂横幅10条，发放宣传资料5000余份，义诊百余人，为大家提供听力预防、耳科保健等宣传和咨询服务；为56名听力残疾人和患者免费进行听力检测，并为其精准适配助听器50台。组织开展第二十七次“全国助残日”活动。紧紧围绕主题，丰富载体，组织开展形式多样的系列助残活动。会同市残工委相关单位共同开展残疾人保障法等政策法规宣传咨询活动，组织医务人员，免费为残疾人进行义诊，发放常用药品；积极开展残疾人文化进社区工作。组织开展残疾人文化周、健身周等活动。多渠道宣传残疾人事业。

【组织联络】 扎实推进组织联络工作，提升残疾人组织规范化建设水平。按照区、市残联关于《做好县、乡两级残联换届工作的指导意见》要求，已全面完成县、乡两级残联换届工作。在线培训全市专门协会负责人和乡（镇、街道）专职委员15人，现已完成在线培训人员花名册上报。建立1个志愿者服务工作站，新增志愿助残人员30人，开展各种形式的扶残志愿活动10次以上。开展“爱心送考、护航高考”志愿服务活动，组织15辆残疾人自驾车服务考生和家长达300人次。

【信访维权】 抓好信访维权服务工作，充分发挥残疾人法律援助工作站作用，受理残疾人来信来访12件，无群体上访和越级上访案件，解答率、结案率、满意率达到“三个百分百”。扎实做好无障碍建设工作。

【信息统计】 灵武市残疾人联合会网站正式上线，微信公众号同步开通，标志着灵武市残疾人事业信息宣传进入了新媒体时代，实现了网络、手机终端的全覆盖。报送各类信息105篇，其中，中残联采用7篇，自治区残联采用30篇，银川市残联采用8篇，灵武市门户网站采用10篇。

【创新工作】 实施惠残民生项目，在崇兴镇打造集“无障碍设施改造、辅具个性适配、残疾人文化进家庭”三位一体的民生亮点项目。集中连片为60户贫困残疾人家庭实施标准化、规范化的无障碍设施改造，逐步改善残疾人参与社会生活的条件，使残疾人共享经济社会发展成果；根据残疾人个性化需求，为50户残疾人家庭配发辅助器具，全面提升残疾人康复服务水平；集中开展2017年残疾人文化进家庭“五个一”项目工作。投入资金1.2万元，组织12名贫困、重度残疾人游览了宁夏灵武白芨滩国家森林沙漠公园和灵武市博物馆，开展读书知识竞赛活动，为每个家庭发放价值200元的电影卡和礼包1个。将享受低保的三、四级残疾人困难生活补贴纳入市财政预算，三级每人每月80元，四级每人每月60元。实施惠残预防项目，加快灵武市创建全国残疾预防综合试验区试点工作全面有序推进，保证重点干预项目工作顺利实施。实施惠残康复项目。创新精神病救助康复模式，对精神病患者实施就近就地药费报销，解决灵武市精神残疾人患者就医服药“跑断腿、花费大”的老大难问题。

【“两学一做”学习教育】 按照市委总体部署要求，推进“两学一做”学习教育常态化制度化规范运行，坚持把党员思想教育作为首要任务，坚持用党章党规规范党组织和党员行为，用习近平总书记系列重要讲话精神武装头脑、指导实践、推动工作。切实增强党组织和党员政治意识、大局意识、核心意识、看齐意识，引导党员干部自觉践行“四讲四有”标准，做到政治合格、执行纪律合格、品德合格、发挥作用合格。确保了学习人员、学习时间、学习内容、学习效果“四落实”。

【党建工作】 市残联党支部在市委、政府的正确领导下，在市委组织部和市机关工委的精心指导下，以“十九大”精神为指导，紧密结合残联工作业务和特点，以“建设服务型基层党组织”为着力点，以促进残疾人事业发展为第一要务，按照“围绕评星定级抓党建，抓好党建促发展”的工作思路，狠抓党建工作不放松，团结带领全体党员干部共同努力，充分发挥党支部凝聚力，为残疾人事业稳步发展提供了强有力的思想保证和组织保证。

【党风廉政建设】 实行党务政务公开制，将残联全年工作目标、承诺事项、政策动态、办事程序通过公开栏主动向社会公开，保障群众的知情权和监督权；全面落实首问负责制、一次告知制、限时办结制和服务承诺制，建立残疾人救助快速反应机制，提高办事效率和服务质量；实行重点工作销号制，将残疾人民生实事、残疾人职能业务列入本单位承诺事项，做到完成一项，销号一项；完善工作责任制，建立工作周报制度和周例会制度，做到工作进度一周一报，工作任务一周一排，工作难点一周一研，合理安排各阶段重点工作，加强科室单位间的协调配合，保证各项工作有序开展；强化督察制，通过举报电话、意见箱等多渠道接受群众投诉，对违反作风效能建设规定的行为实行严格问责，做到发现一起，查处一起，整改一起。

【精神文明建设】 切实加强精神文明建设，牢固树立残联干部队伍良好形象。坚持全会工作一盘棋，认真落实工、青、妇计划生育、社会治安综合治理及其他共性目标任务，自觉加强单位环境整治工作。

灵武市工商联

【概况】 灵武市工商联核定行政编制 3 人，现有主席 1 名，副主席 1 名，秘书长 1 名。市工商联设立党组，党组书记由市委统战部常务副部长兼任。截至 2017 年年末，工商联共吸收会员 624 名，其中企业会员 97 家、团体会员 11 家（乡镇街道商会 8 家、行业商会 3 家）、个体会员 516 名。乡镇、街道商会全覆盖。撰写提案、议案 8 件，调研报告 4 篇，报送各类信息 62 篇。

【五届二次执委会】 11 月 7 日上午，灵武市工商联非公经济人士学习十九大精神及五届二次执委会议在市人大会议室隆重召开。市委常委、统战部部长马利剑，市政府副市长杨国龙、组织部副部长杨忠礼出席会议。工商联五届执委、各基层商会会长、副会长、秘书长，各乡镇（街道）分管商会工作的领导及新入会企业代表 80 余人参加了会议。市委常委、统战部部长马利剑作了重要讲话，对工商联工作提出了更高的要求。市委统战部常务副部长、工商联党组书记王学理主持了会议。

【理想信念教育实践活动】 按照区市工商联的总体部署，进一步深化了非公有制经济领域“守法诚信、坚定信心”主题理想信念教育实践活动，打造了中银绒业、昊王米业等 4 个理想信念教育活动示范企业，以点带面，推进理想信念教育实践活动扩面增效，引导非公经济人士增强“四信”意识，诚信立业、依法治企、守法经营，努力做到政治上自信、发展上自强、守法上自觉，努力做到听党话跟党走，以新思想、新常态实现新发展；教育引导非公经济人士致富思源奉献社会，会员主动参与重大节日慰问 5 次，慰问各类人员 862 人，捐资助学 350 人次，资助困难学生 510 名，向大病困难职工捐款 21 万元、对突发意外困难群体捐款 16 万元、赞助社会公益捐款 18 万元，彰显了企业家的拳拳爱心。

【走访调研】 为全面掌握会员企业基本情况、生产经营情况、招商引资情况、应对经济形势影响的举措，了解企业生产经营中存在的问题，先后同市委政府及区联领导深入宁夏中银绒业集团公司、宁夏嘉源绒业集团公司、宁夏荣昌绒业集团公司等 32 家会员企业调研，深入各乡镇（街道）11 家商会调研，掌握了各基层商会开展工作情况，推进“四好”商会创建工作。撰写了《灵武市基层商会工作开展情况调研报告》《灵武工商联会员企业目前生产经营情况、存在的问题及扶持对策建议》，为市委、政府和有关部门了解掌握全市非公企业发展情况，提供参考依据。

【精准扶贫】 按照银川市委统战部“助力脱贫攻坚”行动部署要求，工商联对接相关企业，动员引导会员企业积极参与精准扶贫工作：宁夏兴源达农牧有限公司与白土岗乡泾兴村结对，投资3000余万元在泾兴村建设占地480.5亩现代奶牛养殖场，为该村593户贫困户托管奶牛1500头，每户每年固定收益1500元。同时，该公司还流转泾兴村土地2700亩用于饲草种植，为贫困户每亩增加种植业350元收入，累计全年可为该村贫困户增加收入110万元。产业扶贫已取得了阶段性成效；宁夏成丰农牧科技有限公司与郝家桥镇泾灵新村结对，投资750万元，在该村建起了手工裘皮工艺品加工厂，吸收87户贫困户124名妇女劳动力就地就近就业，实现了家庭妇女照顾老人孩子与就业挣钱增加家庭收入"两不误"，使该村贫困家庭妇女在足不出村，又不影响照顾家庭的情况下，每人每月增加约1800元家庭收入，实现了社会效益和经济效益"双丰收"，走出了门前灵活就业，脱贫致富的新路子，得到了全国妇联和自治区妇联等部门的肯定。在引导会员企业攻坚扶贫的同时，严格执行"周四扶贫工作日"制度，切实抓好机关扶贫工作，先后拿出8000元资金，慰问结对帮扶群众11户、为两户提供鸡苗和饲料、为两家住院病人给予了必要的资金支持，扶贫工作落到了实处。

【招商引资】 紧紧借助全国工商联十一届十次常委会暨民营企业助推宁夏创新发展大会在宁召开的良好机遇，加大招商引资力度，扎实推进招商引资工作。先后接洽深圳宁夏商会、山东青岛商会、江苏常熟市工商联、福建厦门市泉州商会、广东省宁夏商会及到宁夏参加全国工商联十一届十次常委会暨民营企业助推宁夏创新发展大会的青岛联合环保科技有限公司董事长王松、青岛杰出网络科技有限公司董事长辛彩华等5家外地商会、76名企业家到灵武考察，很好地宣传了宁夏、推介了灵武；先后与江苏常熟市工商联、黑龙江鹤岗市工商联签订了《友好商会协议书》，搭建了两市经济协作平台。招商引资工作有了突破，灵武市共签约全国工商联招商引资项目（合同项目）共计17个，总投资为179.85亿元。其中，已开工项目9个，完成固定资产投资3.46亿元，开工率为52.9%，主要有年处理30万吨锌浸渣、羊奶深加工建设、年加工3000吨健康环保新材料等项目。拟开工项目4个，正在积极推进的项目有4个，招商引资工作取得了令人满意的成绩。

【自身建设】 灵武市工商联以"学党章党规、学系列讲话，做合格党员"学习教育长效机制为抓手，不断加强自身建设，练内功、强素质、树形象。组织干部职工集中学习了《中国共产党纪律处分条例》《中国共产党问责条例》《中国共产党工作机关条例》，并与每名党员干部签订了《廉政工作责任书》，强化了党员干部思想作风建设，凝聚了力量，激发了干劲，精神面貌焕然一新；以创建全国文明城市为契机，开展了市级文明单位创建活动，建立健全了工商联各项内部管理制度，美化、净化、文化、优化了办公环境，提升了服务能力和工作水平；按照"领导班子好、发展会员好、商会建设好、作用发挥好、工作保障好"的标准，深化全国"五好"县级工商联创建工作，12月8日，被全国工商联正式命名为"全国五好县级工商联"，全面提升了工商联的执行力、影响力；全力推进会员队伍和基层组织建设，深入开展了"四好"商会建设，认真履行指导、引导和服务职责，制订了《灵武市"四好"商会创建工作方案》，确定了梧桐树乡、东塔镇两个"四好商会"创建示范点，推进全市"四好"商会创建工作，梧桐树商会先后被银川市工商联、自治区工商联命名为"四好商会"。全力推动商会在政治引导、企业服务、社会治理等工作中发挥作用。

灵武市科学技术协会

【概况】 灵武市科协现有工作人员7名，其中主席1名，副主席1名，大中专以上文化程度7人，女性4名，设办公室、普及部、学会部、青少部、科技咨询等5个部室。另外，设灵武市反邪教办公室和灵武市《全民科学素质行动计划纲要》办公室。7个乡镇科协，两个企业科协以及142个农村专业技术协会，共拥有会员2.2万人。2017年，科协在灵武市委、政府的领导下，在自治区、银川市科协的支持和指导下，坚持"三服务一加强"科普工作目标，围绕灵武市确定的10件大事，做好"扶贫攻坚"工作，深入推进"两学一做"

学习教育常态化、制度化，贯彻落实科学发展观，创新思路，创新方法，紧盯“四大人群”不放松，开展了实用技术培训、科普讲座、科技周、科技下乡、科普赶集等一系列主要科普活动，为提升全民科学素质作出贡献。

【技术培训】 根据灵武市三大支柱产业（有机米、长红枣、羊产业）以及特色产业（黑山羊、特禽养殖、温棚蔬菜、渔业、露地瓜菜），紧密联系全市乡镇村、基层农村专业技术协会、专业合作社和广大科技工作者，共举办各类技术培训班 142 场次，培训人数达 6270 人次，取得了明显效果。利用宁夏夏能生物科技有限公司科普示范基地“网络农技科普服务站”开展网络科普培训 16 场次，参训人员 3120 人次。与灵武市白土岗现代农业综合服务中心开展农村举办专业技术人员、农村实用技术培训班 7 场次，培训农村专业技术人员 755 名。组织科普示范、农技协地开展灵武长枣春季修剪培训 6 场次，培育了长枣修剪技术人才 1300 余人。

【科普宣传】 1 月，科协开展科普进“移民村”活动，发放科普资料 5000 册（份），科普物品 500 件。2 月，围绕提高全民科学素质，组织科普示范基地、农技协在乡镇、村开展科普宣传活动。开展科普读物进村（社区）活动，发放科普读物 10 类 8000 余册，科普物品 1200 件。利用科普气象手机网络、灵武市气象信息、气象电子屏服务平台向广大群众宣传科普知识。3 月，开展科普进社区 5 场次，参加群众 3500 余人，发放科普图书、宣传册 6000 册（份）。4 月，开展科普大篷车进校园活动，发放科普图书 2200 册。5 月，由灵武市委宣传部、科技局、科协牵头，开展科技周活动，同时，在广场集中举办了科普展，展出展板 172 块，发放各种科普宣传资料 11000 份，发放科普物品 420 条（只），受益群众 1600 余人次，开展义诊 150 人次。6 月，开展科普进社区 5 场次，参加群众 3500 余人，发放科普图书、宣传册 6000 册（份）。

【全国科普日活动】 9 月 15 日，由灵武市科学技术协会牵头组织，市教体局、农牧局、司法局、政法委、总工会、市管局、公安局、发改局、林业局、妇联、崇兴镇等 28 家单位及企业共同举办的 2017 年全国科普日集中宣传活动在崇兴镇展开。全民科学素质各成员单位展出了展板，设立了宣传咨询台，结合各自职能，向过往群众宣传科技、法律、就业创业政策、优生优育、种植养殖业新技术新品种、能源环境、安全健康、防毒禁毒、食品药品安全等方面的知识和政策，发放《爱护环境　绿色生活》《心理健康常识》《和谐家庭　亲子教育》《科学饮食》等书籍资料及环保袋、围裙等科普宣传物品，受到了赶集群众的欢迎，共展出展板 70 块，发放宣传资料两万余份。

【推荐优秀科技工作者和科技创新团队】 为了充分调动和激发广大科技工作者的创新热情和创造活力，在全市营造尊重知识、尊重人才、热爱科学、学习科技的氛围，根据银川市科协《关于推荐优秀科技工作者和科技创新团队的通知》要求，灵武市科协推荐的灵武市再生资源循环经济示范区专家服务团荣获银川市优秀科技创新团队奖，灵武市林木检疫站正高职高级工程师李占文获优秀科技工作者。

【青少年科技创新】 3 月 15 日，组织青少年参加在宁夏固原举办的第十七届中国青少年机器人（宁夏赛区）竞赛活动，获一等奖项 6 个、二等奖项 7 个、三等奖项 11 个。3 月 24 日，组织青少年参加 32 届宁夏青少年科技创新大赛，其中，获一等奖 8 个，二等奖 10 个，三等奖 10 个。5 月 12 日至 14 日，组织青少年参加在广州举办的中国青少年创造力大赛总决赛，获得了 5 金 5 银的好成绩。7 月，组织 6 名优秀青少年参加高校科学营（清华、北大）宁夏分营活动。10 月 14—15 日，为了丰富校园科技文化活动，贯彻实施国务院颁布的《全民科学素质行动计划纲要》，培养学生的科学精神和实践创新能力，进一步加强科技教育，与自治区科协举办了宁夏第二届青少年科技节灵武市第五中学分会场活动。12 月 27 日，组织青少年参加银川市第十五届青少年科技创新大赛暨机器人竞赛，其中获一等奖 27 个、二等奖 18 个、三等奖 28 个。

【科技工作者日】 为了迎接全国第一个科技工作者日，根据自治区科协、科技厅《关于开展首届“全国全国科技工作者日系列庆祝活动的通知”》和银川市科协《关于开展庆祝全国首届“科技工作者日”活动的通知》,5月30日至6月2日科协组织开展一系列科技活动。表彰8名灵武市优秀科技工作者,并对长期工作在一线的18名科技工作者进行了慰问。组织了由科技、农牧、林业等部门的22名科技人员的科技助力脱贫专家服务团,在灵武市郝家桥镇泾灵北村、泾兴村(移民村)举办蔬菜种植培训班21场次,发放各类培训资料7000余份,培训移民群众1200人次。

【科技人才培训】 为了充分发挥地方科协组织推动区域经济发展,服务企业创新的重要作用,把各类创新要素向企业聚集,促进企业实施创新驱动发展,增强企业自主创新能力,3—8月,灵武市科学技术协会同宁夏科技咨询中心在灵武市开展科技信息企业推广应用服务项目。为了提升企业一线工程师创新思维,营造企业科技创新的环境和氛围,帮助企业解决技术难题,降低企业研发成本,促进企业技术创新、转型升级,4月,科学技术协会与宁夏科技咨询中心、宁夏科技发展战略和信息研究所联合在宁夏荣昌绒业公司、宁夏果业有限公司等4家企业举办一线创新工程师培养项目第一期创新方法培训班。为使科技信息企业推广应用服务项目专利信息检索系统账号安装顺利进行,6月13日,科学技术协会与工信局联合举办了科技信息企业推广应用服务项目培训班,宁夏嘉源绒业有限公司等73家企业负责人及一线工程师参加了培训。

【实施“银会合作”项目】 依照国务院办公厅《关于金融支持小微企业发展的实施意见》以及《中国科协中国邮政储蓄银行关于加快推进“银会合作”的通知》文件精神,科协本着“服务三农、优势互补、合作共赢”的原则,积极配合邮政储蓄银行灵武支行开展“银会合作”项目,2017年落实贷款(贴息)1940万元,惠及34个科普示范基地、农技协、合作社和家庭农场。

【基层科普】 根据自治区科协、自治区财政厅关于组织实施2017年“基层科普行动计划”的通知,组织科普示范基地、农技协开展申报项目工作,经过全区评选,灵武市水产协会、宁夏旗源农牧产品科普示范基地打造为中国科协、财政部“基层科普行动计划”先进单位,获以奖代补资金40万元。根据银川市《关于开展2017年“科普惠民行动计划”先进单位个人评选活动的通知》,灵武市两个科普示范基地、1个科普示范学校被银川市评为“科普惠民行动计划”先进单位,获以奖代补资金10万元。按照银川市关于《科普示范社区、科普示范学校创建、科普教育基地认定、农村科普带头人命名标准和管理办法》,灵武市杜家滩福兴民养殖专业合作社科普基地、灵武市梧桐树学校、灵武市城区街道办事处西平路社区等7家单位被银川市命名为科普示范基地、科普示范学校、科普示范社区。

【助力创新驱动工程】 为深入贯彻落实创新驱动发展战略,进一步发挥科协组织的智力优势,引导推动各级部门为企业和地方经济社会发展提供科技和人才支撑,根据区科协、银川市科协要求,灵武市深入实施助力创新工程。建立了创新驱动助力工程专家库和技术创新需求项目库。组织参加银川市科协开展的综合性创新驱动助力工程项目洽谈会。签订技术合作协议6项。企业完成了《天然深色动物纤维可控脱色助剂》《从洗绒水中提取羊绒粗油脂》《山羊绒制条工艺及设备改造》《山羊绒染色脚水清洁处理新技术的研发与应用》科技成果转化4项。组织企业人员参加了银川市科协创新驱动助力工程推进会及技术咨询服务。

灵武市文学艺术联合会

【概况】 灵武市文联核定编制数5个,岗位设置主席1名、副主席1名。市文联主办的纯文学类刊物《灵州文苑》每一季度一期,发行量为1000册。2017年发行了5期,共刊发作品100余篇(首),40万字。为培养和推出文学艺术人才,挖掘深厚的历史文化底蕴,繁荣群众文艺,为地方经济社会发展注入活力,积极发挥了文艺的宣传引领作用。文联所属艺术家协会有作家协会、书法家协会、美术家协会、摄影家协会、音乐家协会、老年书画家协会,共计会员200人。

【征文活动】 为全面促进灵武市文艺事业发展,繁荣地方文艺,打造文学品牌,给读者一个全新的面孔,2017年对沿用多年的文学期刊《灵州文苑》进行改版,由原来的16开版本改版为A4版本,封面进行重新设计装帧,内容含量增加,改版后的《灵州文苑》得到了社会各界的一致好评,也为大家进行创作,把优秀的文艺作品展示出来提供了广阔的平台。为宣传灵武丰富的历史文化和民俗风情,增强群众对灵武市文化遗产的保护意识,4月,举办了“保护灵武文化遗产”散文、诗歌、摄影作品征文活动,共征集诗歌、散文、摄影作品80余篇,经过筛选,对评选出的24名作品获奖者进行了奖励,有力地激励了大家的创作热情;为大力实施社会主义核心价值观铸魂工程,培育文明新风,提升公民素质,弘扬传统文化,推动移风易俗活动开展,组织各协会会员深入生活,创作出有温度、接地气的文艺作品;5月,开展了以“家规、家训、讲好灵武故事”为主题的征文活动,共征集各类稿件70余篇,编辑出版了《灵州文苑》专辑增刊;6月,组织所属协会会员40多人,深入狼皮子梁银湖公司启动了首届“银湖杯”摄影美篇征文大赛和采风创作活动,共征集各类文学作品30余篇,美篇20余篇,编辑了《塞上情·银湖美》征文美篇作品选,同时对24篇优秀作品作者进行了奖励;8月,开展了“论孝道、行孝德、怀感恩”征文大赛活动,激发了大家的创作热情,尤其是“家规家训”“孝德感恩”征文在社会上引起了强烈共鸣;为反映市委、政府带领全市人民在经济社会和文化建设中取得的一系列成就,精心组织,征集29名作者的100余幅图片,于9月份首次编辑出版了《灵武市摄影作品集》。1年来,通过对文艺作品的评奖、出版、展演等工作,有力地激发了灵武市广大文艺工作者的创作热情及参与文艺工作的信心。

【创新工作】 为发挥灵武市广大文艺工作者为推进全市文化繁荣发展作出贡献,促进灵武市文化艺术工作再上新台阶,经过多方努力,于6月份在长流水生态旅游区举行了灵武市首个“灵武文学艺术创作基地”挂牌仪式,此后,又将枣博园二期的文博园确定为“灵武文学艺术创作基地”并挂牌,为更多的文艺爱好者提供了采风创作、交流学习的平台,也搭建了繁荣灵武市文艺工作的平台;7月,成功举办首届“塞上微刊主题诗会”活动,有力地提升了灵武市文联的对外影响,活动被人民网塞上新闻刊登;为弘扬中华传统文化,于9月15日和22日举办了“灵武市2017年中秋诗会暨首届朗诵艺术大赛”,得到了众多文化艺术爱好者的广泛关注和参与;为认真贯彻党的十九大精神,努力繁荣灵武市文化,10月29日,由自治区文联和银川市文联等单位主办,灵武市文联等单位承办的“文艺服务、温暖人生”文艺志愿服务系列活动开幕仪式在梧桐树乡沙坝头村举办,并为30多名留守儿童捐赠了近万元的书法绘画用品,“文艺志愿者服务基地”在该村挂牌落地;12月1日,灵武市文联召开学习贯彻十九大会议精神暨《灵武市摄影作品集》出版发行座谈会,组织大家认真学习了党的十九大会议精神和习近平总书记对文艺工作的系列重要讲话,大家一致表示要深入基层、深入生活,创作出有温度、接地气的精品力作。

【文艺交流与创作】 1月,文联组织灵武市书法家协会20多名会员在灵武中心广场举办了义务送春联活动,为群众义务书写春联800多幅。在人民街社区、谢家井社区为群众书写春联600多幅。向群众赠阅《灵州文苑》文学期刊800多份。春节期间,征集80余幅书法美术作品,在灵武市博物馆举办了“2017年迎新春书画展”,吸引了各界群众前去观看,为灵武市增添了浓厚节日氛围。为培养学生的读书兴趣,3月,在灵武市职业中学开展了“送文化进校园”活动,向职业中学捐赠了2100元的《灵武文丛》系列书籍,邀请自治区、银川市相关艺术家为广大师生进行了阅读点评和书法讲授,得到了职教中心师生的好评,营造了良好的文化进校园氛围。为全面贯彻落实自治区及银川市宣传思想文化工作会议精神,进一步做好灵武市文化下乡工作及推进移风易俗、树立文明乡风、打造文化新村、争做读书村民活动,5 月，在泾灵新村开展的2017 年文化大集及乡村读书活动启动仪式上,全力参与“打造文化新村，争做读书村民”活动,向群众赠阅《灵州文苑》文学期刊 150 本，为移民群众送上了精神食粮，得到了群众的称赞。为扎实推进文化惠民工程,培养乡村青年养成爱读书、善读书的良好习惯,7 月，在郝家桥镇胡家堡村开展了“青春护苗”关爱困难青少年活动暨青年书屋图书捐赠仪式，向青年书屋捐赠了价值 5000 多元的图书，既丰富了青年书屋的图书种类，也营造了该村群众读书的文化氛围，得到了镇村领导及群众的好评。同时,积极参与“民族团结月”活动,先后在高庙广场等场所开展赠送图书阅读活动,发放《灵州文苑》文学期刊 1000 余份。12 月 11 日，为在学生中营造良好的阅读文学书籍氛围，市文联在灵武一中举行的《墨泊》及《灵武一中学报》首发仪式上,为学校赠送了价值 1 万元的《灵武文丛》系列书籍。

【文化服务】 服务是文联做好工作的前提。4 月初,由中国民协主办的“我们的节日传承与发展”高层专家研讨会在灵武举行。研讨会期间,文联积极配合,全力做好服务工作,保障了专家学者研讨会的顺利举办,得到了中国民协和专家学者一行 30 多人的好评。在红军长征胜利 80 周年之际,与灵武市延安精神研究会密切配合，加大征稿力度，协助灵武延安精神研究会编辑整理出版了《延安精神铸辉煌》一书,得到了大家的肯定。协调灵武市退休人员成立了“灵武老年书画家协会”,丰富了灵武市爱好书画的退休人员生活。灵武市文联通过调研，向自治区文联和银川市文联提交了“灵武文艺事业发展概况”和“对深入推动文艺精品创作的思考”两篇调研报告。另外,灵武市文联筹划举办了庆祝建党 96 周年书画展等各类书画展 5 场(次),捐赠图书活动 7 场(次)。扎实的文化艺术活动，为繁荣灵武市文化记下了浓墨重彩的一笔，搭建繁荣文化的工作实绩被《华兴时报》报道。

灵武市伊斯兰教协会

【概况】 2017 年，灵武市伊协组织全市伊斯兰教人士和寺管会成员认真学习贯彻落实党的宗教工作基本方针,根据《宗教事务条例》,依法管理伊斯兰教事务，充分发挥伊斯兰教协会桥梁纽带作用，积极引导伊斯兰教人士和信教群众维护民族团结、宗教和睦、社会和谐。协会设会长(宗教人士)1 人,副会长 5 人(其中,组织任命驻会国家干部 2 人，宗教人士 3 人),常委 15 人,委员 36 人;内设办公室、教务管理两个科室,现有工作人员 5 人。全市有清真寺186 座,持证阿訇 429 人。2017年，被自治区伊斯兰教协会评为伊斯兰教协会工作先进单位和信息调研工作先进单位。

【教职人员培训】 2017 年,灵武市伊斯兰教协会举办了伊斯兰教人士“三定”学习班 24 场次，灵武市伊斯兰教人士专题培训会议 1 场，全市 186 座清真寺的开学阿訇和寺管会成员参加培训学习,参学率达 89%。学习会期间发放宣传材料和“民族团结月”宣传品 600 余份。为进一步提高伊斯兰教人士和清真寺管理人员的政策宣传、民主管理和综合协调能力,切实维护民族团结、社会稳定、宗教和睦，为伊斯兰教人士搭建各种学习平台,推荐 55 名开学阿訇、28 名寺管会主任参加银川市伊斯兰教协会、自治区伊斯兰教协会、自治区统战部举办的各类培训班。

【教务活动】 举办灵武市伊斯兰教界人士“解经”会议,聘请专家学者讲解“伊斯兰教中国化”“达瓦宣教在经训中的曲解现象”。要求伊斯兰教人士坚持中国化方向，用中华民族优良传统,民族团结进步、和平宽容等观念教育引导信教群众,对教义教规做出符合中国发展进步要求，符合中华优秀传统文化的阐释，抵御境外宗教势力的侵入和渗透，积极引导伊斯兰教与社会主义社会相适应。组织 9 名阿訇参加自治区伊斯兰教协会举办的全区“富龙杯”伊斯兰教界践行社会主义核心价值观文化活动，获得阿拉伯文书法一等奖 1 名、优秀奖 2名,“卧尔兹”演讲二等奖 1 名、三等奖 2 名的好成绩。配合白土岗乡举办“不让毒品进我寺”毒品知识演讲比赛活动，伊斯兰教协会动员 21 名开学阿訇参加了演讲并到会指导。协助银川市伊斯兰教协会　在海子清真大寺、自治区伊斯兰教协会在杜家滩清真寺举办“以社会主义核心价值观、伊斯兰教中国化方向”为主题的“卧尔兹”巡回演讲。为银川市伊斯兰教协会征集《银川市 2017 年“主麻日”卧尔兹演讲要点》稿件 10 篇，自治区伊斯兰教协会征集稿件 8 篇。

【聘任管理】 依据《宁夏回族自治区伊斯兰教活动场所主要教职人员聘任实施办法》对清真寺聘请阿訇进行登记造册，执行村、乡、伊斯兰教协会三级审核同意方可聘任的管理方式办理聘书。全年有 52 座清真寺更换阿訇按照规定程序办理聘书，同时对全市持有阿訇资格证书的人员进行从业摸底，分类统计。

【维稳和慰问】 协助相关部门取缔西湖名都临时礼拜点，全年调处清真寺矛盾纠纷 13 起。斋月期间，深入各清真寺检查指导工作，禁止各清真寺使用高音喇叭；信教群众集体开斋用餐，注意食品和人员安全；禁止阿訇和信教群众到非法礼拜点进行宗教活动，维护民族团结、社会稳定。发放自治区伊斯兰教协会《关于欢度文明安全团结祥和的斋月倡议书》《宁夏回族自治区阿訇日常行为守则（试行）》各 200 份。在春节、斋月期间，慰问宗教人士 113 人、清真寺 15 座，送去了市委和政府对伊斯兰教人士和信教群众的关心和祝福。

【朝觐服务】 2017 年，灵武市有 300 名伊斯兰教人士赴沙特朝觐，行前伊斯兰教协会会长吴建全、副会长杨耀荣分别组织朝觐人员就有关规定、程序、外出纪律、个人修养等内容进行培训。在市朝觐工作领导小组的统一领导下，成员单位工作人员相互配合，圆满完成朝觐人员的统送统接工作。2017 年，共办理赴朝报名 48 人。

法治建设

公 安

【概况】 灵武市公安局位于灵武市新区怀远街1号，建筑面积10607.96平方米。灵武市公安局现内设机构10个，派出机构10个。现有公安行政编制217名，在编在职民警194人，协勤293名。2017年，全市公安机关，面对严峻复杂的治安形势和艰巨繁重的反恐维稳任务，紧扣“平安灵武”建设主线，坚持问题导向和项目带动，突出风险防控能力建设，警务机制改革和智慧化社会治安防控体系建设双轮驱动，着力夯实基层基础工作，确保全市政治大局持续稳定，治安形势稳中向好，全市公安工作取得新进步、新成绩。

【安全保卫】 2017年，灵武市公安局党委坚持把维护社会稳定放在首要位置，启动“交巡合一”警务机制改革，对市中心广场等32个重点区域进行24小时巡逻，全年出动警力8万余人次、车辆8550辆，盘查可疑人员8200余人次，受理处置各类报警20635起，处置突发事件20起；深化“一村（社区）双警”工作，调处化解矛盾纠纷173起，稳控个访重点人11人，处置扬言警情8起，梳理群体性上访隐患8件，有效预防群体性案事件18起，快速处置群体性上访等案事件12起，打击处理41人；圆满完成各类重要节日、全国“两会”、2017“丝绸之路”宁夏·银川国际马拉松赛、热气球节、亚太五人足球赛、中阿博览会、党的十九大等各类大型活动维稳安保任务38场次，警卫任务5场次，审批大型活动4场次。抽调专门警力，积极配合相关部门开展非煤矿山整治“零点行动”、环境整治“蓝天行动”等工作，出动警力2450余人次，打击处置非法阻工挡工违法行为6起，刑事拘留2人，行政拘留25人，罚款4人，有力保障国家、自治区和全市重点项目顺利实施。

【案件侦破】 持续推进“六大战役”“三打击一整治”等专项行动，破获各类刑事案件852起，破案率达49.96%（同比2016年42.25%，上升7个百分点，高于全银川市破案率）；破获现行刑事案件643起，抓获犯罪嫌疑人391人，打掉1个B类涉黑涉恶团伙和16个侵财类犯罪团伙；成功破获区厅挂牌督办的迷信诈骗案和重大撬盗保险柜案，各项破案任务均居银川市前列；查处行政案件2343起，行政处罚804人；推进百日清风行动，开展集中清查行动21场次，查处涉黄案件7起，行政拘留14人；查处涉赌刑事案件2起，行政案件12起，刑事拘留3人，行政处罚144人，收缴赌资15.6万余元，罚款17.17万余元，全警以实际行动回应了群众期待。

【警务创新】 启动“交巡合一”警务机制改革，推行“一警多能”，破解了“交警不管治安事，治安不管交通事”的问题，切实提高见警率和处置率，治安、刑事、纠纷、求助类警情由年初平均每日35起下降为平均每日25起，全市报警量同比下降14.63%。在市委、政府的大力支持下，持续推进“一村（社区）双警”社区警务改革工作，打造各具特色警务助理站46个，“村警”走访群众3.7万余户8.9万人；调处各类矛盾纠纷673起，预防群体性事件18起，实现了“进得了门、说得上话、交得了心、管得了事、预得了警、盯得住人”，群体性事件和矛盾纠纷同比分别下降37.5%、26.16%，为全市平安建设和综合治理注入强劲动力。工作成果在2月7日全区公安工作会议上进行了展示，受到了区市各级领导的高度肯定。在两项警务机制改革的推动下，有效织密了社会治安防控网络，实现了刑事案件、八类主要案件、侵财类案件、盗窃“三车”案件、诈骗案件同比分别下降17.07%、12.12%、19.25%、25%、41.54%的“五下降”的工作目标，全区群众对灵武公安机关的满意度达95.4%，较2015年上升7.3个百分点，较2016年再上升1.7个百分点。

【队伍建设】 坚持党建带队建促业务。推进“两学一做”学习教育制度化常态化，在市委、政府的高度重视下，市公安局新配备两名局党委班子成员，提拔正科级干部13名、副科级干部18名，调整43名民警岗位，进一步优化中层干部结构和警力配置；公开招聘65名辅警，全区第一家实行选拔任用辅警中队长制度，淘汰不合格人员17名，畅通职业发展空间，提高全警的归属感和认同感，队伍创先争优意识明显增强。2017年，灵武市公安局23名民警立功受奖，11个集体和18名个人被上级表彰。组织训练110场次，在银川市“训练日”考核中取得第二名。严格落实“一岗双责”，强化监督执纪工作，约谈民警35人次，查处违纪案件13起，问责18人，行政处分4人，辞退辅警4人，运用“四种形态”的结构特征初步形成。通过现场和网上督察等方式实时动态督察，营造了风清气正的干事环境。

【公安宣传】 灵武市公安局高度重视宣传工作，投资20余万元配齐各项宣传工作设备，分批分次派员到自治区公安厅、宁夏电视台、银川电视台学习宣传报道工作；利用“平安灵武”微信平台发布公安信息1142条，在宁夏、银川、灵武三级电视台和区内外各大报社、媒体、网站宣传报道公安信息2903条（含微博）；联系宁夏电视台记者随警跟踪报道，“都市阳光”电视栏目和微信公众平台同步播放“一村双警”专题片12期，通过多方位宣传，有力提升了灵武公安机关的良好形象。

【经济犯罪侦查】 2017年，共受理各类经济案件34起。其中，立案25起，破案14起，移送审查起诉10起，移交1起，不予立案3起。破获传销案件6起，全年共收缴假币5.4万余元。全年开展防范电信诈骗和涉众性经济犯罪大型宣传活动35场次，散发宣传材料5.7万余份，每月对全市95家投资公司、15家小额贷款公司进行清查，利用“3·15”“4·26”“5·15”等宣传日活动，在人员密集场所，通过悬挂横幅、摆放展板、大屏幕播放案例、银行网点的LED宣传标语、散发宣传材料、设立咨询台等多渠道、多方式大力宣传预防经济犯罪的知识，以增强人民群众的防范意识。在2017的宣传活动中，累计向群众发放各类宣传材料两万余份、解答群众咨询2000余人（次）。

【打击毒品犯罪】 推进禁毒各项工作，打造社区戒毒康复、禁毒宣传教育示范点16个，区内外11个观摩团观摩学习，全国青少年毒品预防教育“6·27”工程现场会在灵武市设立分会场，“灵武经验”向全国推广；全市在册吸毒人员信息准确率、知晓率均达100%，吸毒人员管控率达70%，社区戒毒（康复）执行率达99%，阿片类吸毒人员就业安置率达97%；查获吸毒人员194名，破获涉毒刑事案件14起，抓获嫌疑人24人，强制隔离戒毒85人，超额完成“大收戒”工作指标。

【行业场所管理】 组织召开全市旅馆业治安管理工作会议，对旅店业前台服务员开展业务培训和旅店业系统操作技能培训，同时开展境外人员住宿登记培训，培训人数达百余人。扎实落实旅馆前台实名登记工作制度，上传旅客信息33万条，信息上传率达100%。检查宾馆46家400场次，通过报警抓获全国网上逃犯2人、吸毒人员20人；28家物流寄递业落实实名寄递、开包验视、全程监控三个100%制度；全面加强涉及民生的油、气、水、电等重点要害部门及酒吧、KTV等人员密集场所的安全检查，查找安全隐患，联合派出所共检查各类场所280家2200场次。

【校园治安】 强化护校安园专项行动整治，按照《企业事业单位内部治安保卫条例》规定，联合教育局、卫生等相关部门检查中小学、幼儿园86家320场次；加强校园周边治安环境整治，全面清查整治校园周边黑网吧、流动摊点、“黄赌毒”等治安乱点，维护校园周边良好的治安环境。

【打击涉枪涉爆违法犯罪活动】 对辖区内所有生产、经营、使用易制爆危险化学品的单位进行摸排，登记易制爆危险化学品单位8家，逐一建立档案并签订经营报备责任书；检查烟花零售单位37家，批发企业1家，查处案件6起，收缴伪劣烟花爆竹105箱、鞭炮70盘(把)、烟花21个、双响炮77个，行政拘留3人，警告4人；督促8家民爆企业严格落实各项安全管理制度，检查涉爆单位8家60余场次，涉枪单位4家30场次，排查从业人员500余人，收缴各类枪支13支、子弹842发、管制刀具91把、过期电雷管927发，未发生影响恶劣、危害严重的重大涉枪涉爆事件。

【行政许可工作】 落实30项便民利民措施，以争创服务型窗口为抓手，对公安行政服务窗口进行升级改造，全力打造出入境网上服务亮点品牌，推出网上预约和自助服务，共接待来访群众咨询6000余人次，受理出国境证件申请共计5570件，办理大型群众文化体育活动安全许可3件、民用爆炸物品购买证24件、民用爆炸物品运输证45件、特种行业许可证年检35件、公章刻制备案340件。

【人口管理】 强化人口管理，提升群众满意率。办理区内二代身份证375件、临时身份证160件、区外异地身份证144件，办理边境证53件。

【消防安全】 2017年，共检查社会单位4189家，督促整改火灾隐患4936处，下发行政处罚决定书57份，行政处罚75.55万元，临时查封15家，行政拘留11人。辖区共接警337起，出动337次(含增援)，其中，火灾195起，抢险救援82起，社会救助60起。出动消防车904辆次，出动警力6293人次，抢救被困人员47人，疏散人员3699人，抢救财产价值1734.4万元。2017年，全市所有重点单位和社区均完成微型消防站建设(其中，重点单位64家，社区13家)；辖区100%的商业区等重点单位集中区域建立消防安全联防协作组织。积极协调政府及相关部门完成全市91家中小学幼儿园微型消防站建设工作，极大提高了中小学幼儿园的安全保障。在灵武市三中、一中安装独立式感烟报警装置200个。深入开展人员密集、高层地下、化危品和易燃易爆场所等8类场所演练，修订完善预案64份，修订数字化预案64份，类型预案64家，灭火救援预案编制率、审定率、系统录入率达100%，战例战评率达100%，全员练兵效果明显，综合应急救援能力进一步提升。

【出入境管理】 2017年，灵武市公安局政务服务窗口，以开展“评星定级”“巾帼文明岗”评比等活动为契机，不断改进工作作风，强化服务理念，提高服务水平，努力打造“服务一流、群众满意”的出入境服务亮点品牌。完善规章制度，规范窗口民警言行，从规范窗口文明用语着手，整理、归纳公安民警接待群众规范用语和工作忌语，并纳入“工作执法一网考”系统日志，进一步规范窗口民警的言行举止，杜绝冷硬横推，不断增强民警自律意识，规范执法行为，不断提高窗口形象和服务质量；严格落实首问责任制和一次性告知制。为方便群众查询、确保法律法规宣传、解释清楚，出入境管理大队设置专门的业务咨询岗，负责接待群众的咨询、查询机取号工作，与此同时，印制了《一次性告知单》，对申请材料不全或者不符合规范要求的，能当场补充的当场补充，不能当场补充的，将申请人须提交或补充的材料通过书面形式进行告知，从而使窗口受理民警从繁琐的咨询中解脱出来，全力做好前台业务受理和材料的审核工作；开辟网上微信预约、网下电话预约，开通绿色通道。通过在窗口设置温馨提示桌牌、扫描微信二维码、平安灵武公众号、行政服务中心外电子屏滚动播放等形式对群众进行宣传便民措施，让服务承诺从纸上“走下来”。通过改善服务工作，完善窗口服务不足，推动“评星定级”“巾帼文明岗”活动的开展。政务服务窗口于2017年4月开通异地办理身份证业务，方便了在灵务工、就业、就学的异地群众。2017年，灵武市公安服务窗口共受理出入境证件6692件，其中普通护照3184件、港澳通行证及签注2808件、台湾通行证及签注700件；新增报备283人；撤销报备286人；收缴证件 38 本;宣布作废证件 7 件。

【交通安全管理】 2017 年,灵武市公安局推行“交巡合一”警务机制改革工作,以街长负责制和网格化布警为抓手,将城区划为 4 个警务区,每个警务区划分若干网格,警务区由街长负责整体管理,对辅警按网格进行编排,将街、巷承包到每名辅警,建立起覆盖灵武城区,点、线、面相结合,疏密有致的防控网络,取得了良好的社会效果。2017 年,灵武市道路交通事故同比下降 22.48%;死亡人数同比下降 34.83%;受伤人数同比下降 41.14%;直接财产损失同比下降 13.19%;争取资金 517 万元,完成了 211 国道、滨河大道、307 国道与枣园街道十字路口、下白路与大海子路段 4 处重大交通隐患点的治理工作;在市区道路施划非机动车标志 826 个、道路标线 1.646 万平方米、车让标志 664 组,新增停车泊位 170 个,安装减速带 186 米,更换、新增交通指示牌 371 处,更换电子警察 22 处,新增测速卡口 21 处,90 秒违停抓拍 20 处,禁止左转弯 3 处,进一步完善全市道路交通设施;强化危化品运输车、客运车辆、校车等“五类”重点车辆管理工作,严格落实“三见面”“五落实”工作,与辖区 12 家危货运输企业、校车、客运企业签订安全责任书,开展安全教育和安全检查 12 场次;推进碧水蓝天行动,淘汰黄标车 2212 辆,完成率达 100%;开展“雷霆”“飓风”行动、“三超一疲劳”等交通违法专项整治 133 场次,查处一般交通违法案件 1242 起,查处酒驾案件 340 起,其中醉驾 146 起;查处摩托车案件 247 起,其中无证驾驶 163 起,营造了高压严管的氛围,全市交通事故 4 项指标实现“四下降”;立刑事案件 160 起,完成市局下达的现行案件任务数,其中交通肇事立案 30 起,危险驾驶立案 129 起,窝藏包庇立案 1 起;刑事拘留 23 人,执行拘役 23 人,取保候审 152 人,逮捕 4 人,移送起诉 128 案,撤销案件 6 起,吊销驾驶证 139 本。

【纪检监察】 严格按照上级关于党风廉政建设和反腐败工作的总体部署,强化公安机关党委党风廉政建设主体责任和纪委监督责任,成立工作领导小组,明确责任定位,层层传导责任压力。认真履行党风廉政建设第一责任人职责,讲政治、懂规矩、守纪律。强化“一岗双责”,促进分管范围内的党风廉政建设和业务工作健康发展,签订《2017 年灵武市公安局党风廉政建设责任书》48 份,形成了齐抓共管的良好格局。开展警示教育活动,全时段开展“宁夏公安机关八条禁令”宣传贯彻工作;深化“守纪律、敢担当、有作为”活动以及“四个专题教育”和“七个专项排查整治”工作,组织民警在灵武市人民法院参加庭审活动,参观自治区廉政警示教育中心,观看警示教育片 5 部,筑牢广大党员民警的思想道德防线。开展群众评议机关作风活动和向群众报告工作活动,要求民警、辅警参加评议工作。举办警营开放日活动,向“两代表一委员”报告工作并观摩公安机关警务机制改革的最新成果、亮点和工作成绩,增进理解,支持公安工作。对各基层单位开展明察暗访、现场督导检查 23 轮次,纠正履职不到位、执法不规范、重点工作推进缓慢及安保维稳工作方面存在的隐患问题 40 余个,发布督察通报 28 期、下发督察通知书 3 份,下发督办通知书 10 份,或现场纠正,或后续监督整改,确保隐患消除。8 个基层窗口单位的 44 个监控点位进行了逐一核对检查。通过公开公正督察,对基层的装备发放及使用、内务卫生及保持、过期装备的发现与更换等起到了切实的督导和执行效力,进一步完善了“局领导高度重视、督察发现问题、业务单位积极整改”的良好工作流程。

【执法规范化】 2017 年,灵武市公安局紧紧围绕深入推进执法规范化建设,狠抓执法质量,落实各项执法工作。开展接报警及受立案巡查工作 25130 次,巡查接报警 21162 起、行政受案 2311 起、刑事立案 2311 起,回访警情 5670 起,巡查办案区违规操作 857 起;督促整改 7900 处,下发考评通报 71 期,进一步强化了受案立案环节流程管控和监督管理。推进刑事案件“两统一”工作,2017 年,共考评行政案件 1105 起,行政案卷优秀率达 86.94%;考评刑事案件 208 起,优秀率达 54.80%,下发案件考评月通报 12 期;审核提请批准逮捕 105 案 141 人,批准逮捕 102 人,审核移送起诉206案237人；推进积案清理专项行动，清理刑事案件积案159起，行政案件393起；启动“七五”普法工作，开展各类法制宣传100余场次，发放各类宣传资料80000余份；结合“训练日”工作，进一步抓实民警法制教育、司法考试、警务实战教育培训。

【警务保障】 2017年，灵武市公安局紧紧围绕装财工作要点，努力实现“保障有力，管理规范，基础扎实，服务到位”的工作目标，完成了各项工作任务，为各项业务工作的顺利开展提供了有力支撑和保障。2017年灵武市公安局共拨付公用经费681万元，支付进度为83%；转移支付资金1302万元，其中装备经费726万元，支付进度为55%；办案经费576万元，支付进度38%。针对部分单位基础设施老化严重的现状，灵武市公安局在充分调研的基础上，在局领导的多方协调下，向市政府提出了对西郊派出所、梧桐树派出所、崇兴派出所、郝家桥派出所、白土岗派出所开展基础设施维修改造的申请，并进行了控制价审核。针对东塔派出所基础设施老化严重问题，进行了办案区、办公区的全面改造。2017年，灵武市公安局共争取重点装备项目经费550万元，已对刑事技术室建设项目、执法办案区智能化改造项目完成建设；购置执法执勤车辆14辆；东塔派出所、交警大队业务技术用房已成功进入招投标环节；完成了2016年政府投资的刑事技术室基础设施维修改造项目，为基层购买单警装备及执法执勤装备2473件，调配各类资产368件，解决了基层单位实际需求，同时结合一村双警工作的深入推进，为基层警务室及时配齐相关办公设备及警用装备。按照财政部门要求，灵武市公安局本年度在2016年资产清查的基础上，聘请专业会计师事务所对资产进行盘点并出具了经济鉴证报告和审计报告报财政部门，共计清查资产12320件，合计金额7230万元。

【车驾管业务】 2017年，灵武市公安局车辆管理所共办理国产小型汽车注册登记2795辆，转移登记4486笔、变更登记291笔、抵押登记116笔、注销登记301笔、转入业务3005笔、档案更正11笔、车辆年检6585笔、其他业务4592笔，共计22182笔。机动车驾驶证本地初次申领351余人、外地初领17人；增驾申请344余人；驾驶证转入50余人、转出8人；补证换证共8537余人、注销登记16笔；其他业务2158笔。违法录入室录入违章信息9.3万余条，机动车违章处理4万余条。

检　察

【概况】 2017年，牢牢把握维护社会大局稳定、促进社会公平正义、保障人民安居乐业的总任务，忠实履行宪法和法律赋予的职责，各项检察工作取得了新进展。2017年，荣获“全国检察机关保障律师执业权利示范单位”“政法综治工作先进集体”“灵武市巾帼文明岗”“民族团结进步创建示范单位”“民族团结进步创建先进集体”等荣誉，继续保持着“全国文明单位”“全国文明接待室”“自治区文明单位”等荣誉，1起执行监督案件被最高人民检察院评为“2016年度基层检察院民事行政诉讼监督优秀案件”，两份公开法律文书获评“全区检察机关优秀公开法律文书”，获得上级表彰奖励17人次。2017年，市人民检察院配合监察体制改革、贯彻司法体制改革要求，通过整合，共有公诉、侦查监督、民事行政检察、控告申诉检察、综合业务、综合保障6个内设职能部门，政法专项编制数52个，实有政法干警48人，工勤人员两人，另有14名聘用人员。

【服务经济发展】 严厉打击涉众型经济犯罪，起诉非法经营、集资诈骗等犯罪14人，涉案金额2400余万元，切实维护经济环境稳定。细化落实《灵武市人民检察院服务和保障非公有制经济健康发展的意见》，建立“绿色通道”，从快办理破坏生产经营、危害安全生产犯罪案件3件3人。与5家国有企业开展检企共建，签订廉政责任书，建立预防职务犯罪惩治联防机制。针对少数行政执法机关涉企不规范执法行为，及时发出检察建议，督促依法行政，维护企业权益。开展“集中整治和加强预防扶贫领域职务犯罪专项工作”，查办扶贫领域职务犯罪1人，移送市纪委处理涉嫌违纪4人；专项核查闽宁扶贫协作资金75万元，针对扶贫资金使用不规范、审核把关不严格等问题，发出预防检察建议 1 份，为全市打赢脱贫攻坚战营造良好的法治环境。加大对环境资源领域刑事犯罪的打击力度，起诉破坏环境资源犯罪 10 人。坚持打击与修复并重，监督恢复原有地貌两起，补植复绿面积 1819 平方米。提前介入市委、政府组织开展的打击非法采矿“零点行动”，建议移送涉嫌犯罪案件 4 件。积极探索公益诉讼工作，针对群众反映的辖区内部分水体污染情况，及时抽样鉴定核实，打消群众疑虑，并建议环保部门继续对水质不定期监测，切实保障水环境安全。

【刑事检察】 全年受理提请批准逮捕案件 138 件 185 人，同比分别下降 12%和 17%，批准逮捕 100 件 122 人，不批准逮捕 38 件 64 人。受理移送审查起诉案件 360 件 430 人，件数同比上升 6.5%，人数同比下降 3.6%，起诉 321 件 384 人，不起诉 7 件 11 人。依法严惩故意伤害、强奸等侵犯人身权利犯罪和“两抢一盗”、诈骗等多发性侵财犯罪，批准逮捕 61 件 73 人，起诉 52 件 75 人。开展电信网络新型违法犯罪专项工作，起诉 9 人，涉案金额 37 万元。参与禁毒专项治理活动，起诉 19 人。

【控告申诉检察】 努力化解社会矛盾纠纷。依法处理群众控告申诉和来信来访 72 件次 103 人次，件数同比下降 20%。办理申诉案件 15 件，均做到息诉罢访。建立律师参与和代理涉法涉诉信访工作制度，会同坐班律师为来访群众提供法律咨询 42 次。积极开展司法救助工作，为 4 名刑事被害人发放国家司法救助资金 8 万元，彰显司法关怀和人权保障。规范窗口建设，制定《群众接待行为规范》，推动了接待人性化、服务规范化、案件受理流程化。

【社会管理综合治理】 深入企业、乡镇、社区，开展法治宣传和法律服务活动 12 次，发放各类宣传资料 3 万余份。以发生在群众身边的典型案例为素材，制作播放《检察同期声》8 期。积极参与校园专项治理活动，组建检察官巡讲团，进入校园开展普法教育 14 场，印发宣传手册 2 万份，7500 余名学生受到了教育。

【诉讼监督】 监督立案 10 件 11 人，监督撤案 30 件 32 人，纠正漏捕、漏诉 22 人；抗诉 6 件，法院直接改判或发回重审 4 件。对刑事侦查和审判活动中的不规范情况，发出检察建议 18 份、书面纠正意见 6 份。开展刑事执行活动监督，对 309 名社区矫正服刑人员矫正情况进行走访监督，发出检察建议 7 份，督促纠正脱管漏管 3 人。受理民事行政检察监督案件 173 件，同比上升 113.6%，提出检察建议 167 件。专项监督 15 家行政执法机关 350 余册执法卷宗，督促收回国有资金 2417 万元。认真贯彻公益诉讼制度改革，通过调取行政执法卷宗、实地勘察等方式摸排案件线索，对国有财产催缴不到位情况依法提出诉前检察建议，督促催缴收回 44 万余元。抽调民事审判、执行案件卷宗 1300 余册，发出检察建议 90 份，监督执行专项活动 8 次。健全案件双向咨询、信息交互、重大疑难案件会商等配套性制度，审查行政执法机关录入案件 580 件，实地评查行政执法案卷 500 余册，参与案件讨论分析会 36 次，建议移送涉嫌犯罪案件 14 件，已立案 8 件。“两法衔接”工作经验成果作为先进典型在银川市“两法衔接”工作推进会上作交流发言。

【查办和预防职务犯罪】 全年立案侦查职务犯罪 12 人，同比上升 33%，其中，大案 3 件，要案 2 人，法院作出有罪判决 17 人(含积存)。加大追逃力度，成功追逃灵武市唯一一名潜逃 21 年的职务犯罪嫌疑人，并追缴全部涉案赃款，使多年“陈案”得以侦破，受到了上级院的表彰奖励。结合办案，撰写预防调查报告 4 份，获得自治区人大内司委和灵武市主要领导的肯定批示。进行案例剖析 11 次，预防咨询 6 次，提供行贿犯罪档案查询 1417 次，依法处置有行贿犯罪记录企业 1 家。开展以案释法警示讲座 54 场次，受教育 6600 余人。组织邮路志愿者深入各乡镇开展宣传活动，发放《“廉进万家”邮路宣传手册》1 万份。

【深化改革】 提高政治站位，强化责任担当，加强转隶人员思想政治工作，将中央决策部署和市委的要求传达清楚，将转隶人员的疑惑解释清楚，确保转隶工作平稳有序。在市委的统一领导下，配合市纪委深入细致做好职务犯罪侦查和预防职能、机构、人员转隶以及线索、侦查设备、车辆移交等工作，共转隶政法专项编制干警16人，侦查结案5起，清理线索两件。坚持高标准的要求，通过严格考试和审查，按比例遴选出20名员额制检察官。完成了23名辅助人员、8名行政人员的确认及9名聘用书记员的审核、面试工作。分类管理后，参与案件办理人员占总人数的85.2%，一线办案力量得到了明显增强。将9个内设机构调整、整合为6个部，不断促进大部制部门各业务条线的高效融合。按照“谁办案谁负责、谁决定谁负责”的要求，建立健全权力清单、责任追究、绩效考核等配套制度，构筑起支撑司法责任制的“四梁八柱”。2017年，入额检察官人均办案33.8件，同比上升25.2%，提交检委会审议案件同比下降59.6%，案件平均办理周期同比缩短11天。严格实行院领导带头办理案件规定，院领导直接办理案件120件，人均办案30件。

【规范司法】 推动规范司法行为持续化、常态化，牵头召开公检法三长联席会议，征求刑事案件办理意见和建议，提升案件质量。以检务督察为抓手，依托统一业务应用系统进行案件网上巡查，通过“掌上检务”平台发出案件办理督促提醒35次，实现案件流程监控无死角。实行“月结月评”制度，全年评查案件505件，及时纠正办案不规范隐患。建立《赃证款物监管台账》，对涉案物品做到一物一码精细化管理。开展规范司法行为专项整治“回头看”活动，对本院业务部门工作进行专项督查，通报并整改不规范司法行为8项。

【队伍建设】 坚持把政治思想建设摆在第一位，认真学习贯彻党的十九大精神，扎实推进“两学一做”学习教育常态化制度化。加强机关党建工作，通过检察长带头讲党课、开展“微党课”竞赛等活动，引导干警牢固树立“四个意识”，巩固基层党组织阵地。压实全面从严治党、从严治检的“两个责任”，制订《党风廉政建设约谈工作实施办法》《检察人员不当行为问责办法》等5项制度，与全体干警层层签订党风廉政建设责任书，严格执行检察人员公正执法、廉洁办案的工作纪律。坚持“以案代培、以赛促训”的教育培训思路，大力提升检察职业素养。鼓励干警学习深造、承办重大案件、承担重要课题研究；选派干警参加上级检察机关组织的各类任职资格、专项业务培训18期150余人次；先后开展案件讲评、刑事申诉实务、公诉人辩论赛等“岗位练兵”活动11次，在银川市级以上媒体刊载宣传稿件187篇。

【接受监督】 主动接受人大对检察机关司法人员依法履职、公正司法等专项监督，向市人大常委会专题报告了反贪污贿赂工作开展情况，报备决定不批准逮捕和不起诉案件64件，民事行政检察建议167件。加强沟通联络，积极邀请人大代表监督评议、调研指导专项工作5次。全面梳理两会代表和委员意见建议12条，逐条研究落实。以开展群众评议机关作风活动为契机，采取人人见面的方式走访辖区内人大代表、政协委员共计265人，听取意见建议，并邀请代表委员扫码关注灵武检察新媒体平台，为代表委员向检察工作建言献策提供便利渠道。在“人民检察院案件信息公开网”公布各类案件程序性信息1319条，终结性法律文书339份，重要案件信息28件。坚持开展“检察开放日”活动，邀请人大代表、政协委员、人民群众走进检察、监督检察。充分发挥“两微一端”便捷优势，自开通以来共发布检察动态等各类信息8981条，粉丝数合计达9201人。全面落实人民监督员制度，提请人民监督员监督评议拟不起诉、拟撤销案件3件次，评查各类案件20件，充分保障人民监督员的知情权、参与权和监督权。投资100余万元，着力打造开放、动态、便民的“智慧灵检”阳光检务平台，在学校、市场、车站等人员密集场所设置LCD音视频终端6台，为群众提供集法治宣传、检务公开、廉政教育等内容为一体的“一站式”便民法律服务，累计播放6000小时，通过实时、实事的“零距离”接触，增强检察工作“透明度”。

审　判

【概况】 2017年，灵武市法院案件数量过万，创历史新高，全年共受理各类案件10028件，同比多收1210件，增长率为13.72%；结案8916件，同比多结1466件，结案率达88.91%，同比上升4.46%，未结案件1112件，比2016—2017年减少259件，同比下降18.89%，实现了收案数、结案数、结案率同步上升，未结案件大幅下降的“三升一降”良性循环局面。

【刑事审判】 全年共受理各类刑事案件386件，审结362件，审限内结案率为93.78%。依法严惩强奸、抢劫、故意伤害等危害社会安定的暴力犯罪、危害人民群众生命财产安全犯罪。保持对贪污贿赂、渎职等案件的高压态势，依法审理职务犯罪案件15件18人。依法公开审理徐某等人倾倒含油污泥环境污染案件两件10人，发挥了刑法对环境和生态的保护职能。依法公开审理危险驾驶案件137件，有力维护了公共安全和人民生命财产安全。严厉打击扰乱社会秩序的犯罪行为，公开审理了张某某等7人妨害公务案。坚持罪刑法定、疑罪从无等刑法原则，严格执行量刑规范化规定。协调公安、检察院召开“三长”联席会议，全面推动以审判为中心的刑事诉讼制度改革，为被告人指定辩护律师25人，证人出庭4人次。积极推行刑事案件速裁程序，办理轻刑快办案件131件132人，全部当庭宣判。在审结的公诉案件中，判处5年以上有期徒刑的28件36人，判处5年以下有期徒刑的169件220人，判处拘役、宣告缓刑的96件101人。坚持宽严相济刑事政策，该严则严，当宽则宽，罚当其罪，全年判处罪犯415人。维护社会稳定，严惩危害公共安全及严重影响人民群众生命财产安全的犯罪，审结故意伤害、强奸、涉毒等犯罪案件63件76人。推行简易刑事案件快速审理机制，对案情简单、事实清楚、证据充分、被告人自愿认罪、当事人对适用法律没有争议的案件，简化诉讼程序，缩短办案期限，提升审判效率。适用简易程序审理案件188件，占审结案件的52.22%，案件平均审理期限为6天。

【民商事审判】 全年共受理民事案件5436件，同比少收18件，同比下降0.33%；结案5144件，同比多结292件，同比上升6.02%，结案率达94.63%，同比上升5.67%。妥善审理婚姻家庭、劳动争议、医患纠纷等涉民生案件，注重保护妇女、儿童、老人和农民工等特殊群体的合法权益。在审理宁夏灵州石化有限公司运输分公司、富馨物业公司等四起群体性劳动争议案件中，做到集约审理，快审快结，有力地维护了100多名劳动者的合法权益，消除了群体性上访隐患。密切关注经济形势变化带来的新情况、新问题，依法审理建筑工程施工合同纠纷156件，促进全市建筑市场健康发展；依法审理民间借贷案件1172件，打击了以高利牟利的行为，维护了正常的民间资金融通秩序，增强了群众的风险意识；通过审理金融借款案件180件，规范金融秩序，针对突出问题及时组织辖区11家金融机构、4家律师事务所召开金融审判座谈会，共同防范和化解金融风险，促进辖区经济健康发展。

【执行工作】 共受理执行案件4111件，比2016年同期多收1249件，同比上升了43.64%，人均收案1028件；结案3315件，比2016年同期多结1158件，同比上升50.22%，已结案件标的总金额54365.93万元。全面贯彻落实最高人民法院关于切实解决执行难的要求，加快推进失信被执行人信用监督警示和惩戒体系的建设，让失信被执行人在就业、消费、出行、招标、贷款等各方面受到限制，真正实现“一次失信，处处受限”。通过“法媒银”平台，将2098名自然人103个法人纳入失信被执行人名单，并在报纸、电视台、“美丽灵武”微信平台、灵州广场电子大屏予以公布。与公安局建立协查机制，解决“人难找”问题，发布悬赏公告，破解“财难查”困境。发布《关于敦促国家工作人员履行生效裁判文书的通告》，会同纪检监察、组织、人社等相关部门合力打击和惩戒涉特殊主体案件的公职人员逃避执行的行为，切实维护法律尊严和权威，推进社会诚信体系建设。常态化开展集中执行专项行动，先后组织实施了“灵州利剑”“凌晨行动”“夏日风暴”等专项执行行动33次，形成了强大的执行声势，执结了一批“钉子案”“骨头案”。综合运用查封、冻结、拍卖、限制高消费、拘留等执行措施，强化执行威慑力，对180人次采取拘留措施。加强执行创新，成功在淘宝网拍卖涉案标的物6件，成交289.44万元，为当事人节省佣金14.47万元。

【行政执法工作】 主动与市住房城乡建设管理、国土资源管理、交通管理、城市管理等部门进行沟通协调，通过评查行政执法案卷、提供法律指导，规范行政执法行为，全年快速、高效审理行政非诉审查案件21件。充分发挥“城市管理巡回法庭”的职能作用，依法做好城市管理行政处罚的审查监督工作。

【司法改革】 围绕落实“让审理者裁判、由裁判者负责”核心要求，以13项制度为框架，以9个审判团队为支撑，以精细化审判管理和监督制度为保障，以专业法官联席会议为辅助，建立了权责统一、权责明晰的审判权运行机制。修改完善《审判委员会议事规则》，过滤审判委员会讨论事项，审判委员会召开次数及讨论案件数同比减少50%。制定《裁判文书签署流程暂行规定》，强化合议庭及主审法官职责，院庭长除履行监督职责外，不再负责本人未参与审理案件裁判文书的审签。制定《专业法官会议工作规则》，设立刑事、民事、执行专业法官会议，研究疑难、复杂、新类型案件，为合议庭提供裁判建议。成立家事、交通、城管、环保等专业化合议庭，实行类案集中审理，提高审理质效。严格落实院庭长办案制度，出台《院庭长办理案件的规定》，明确院庭长办理案件比例，充分发挥院庭长办案的引领、指导示范作用。全年院庭长收案3212件，结案2693件，占全院结案总数的33.14%。严格标准和程序，择优遴选员额法官37名，并完成了该37名法官职务等级确定。进一步完善法官、司法辅助人员、司法行政人员分类管理，制订各类人员绩效考核办法，突出法官主体地位，实行法官独立考评管理机制。出台《瑕疵案件责任追究办法》《合议庭、独任法官办案规定》《院庭长审判管理监督职责的规定》，落实司法责任制，保障法官依法履职，独立公正办案。推进矛盾纠纷多元化解机制建设，促进纠纷诉前分流。与司法局联合出台《关于民事案件委派、委托调解实施办法》，完善“诉调对接中心”服务功能，设置诉前调解室、法律工作者服务室，邀请第三方入驻参与调解。2017年，共委托、委派调解401件，达成调解协议152件，形成了将矛盾有效化解在诉讼之外的良性格局，在全市法院审判收案均大幅上升的形势下，市法院逆势实现全年审判新收案下降1.78%。设立民事速裁团队，充分发挥民事案件快速审判程序的优势，扩大适用小额速裁程序、简易程序、依法适用实现担保物权案件特别程序。扩大轻刑快办的适用范围。全年共办理轻刑快办案件131件，占刑事案件的36.19%，平均审限6天，全部当庭宣判，2017年，审判案件审限内结案率为99.95%，发回改判率为0.77%，基本实现了“简案简审、简出效率，难案精审、繁出精品”。

【服务大局】 认真落实灵武市“灵盾工程”目标任务，推动全市社会诚信体系建设；强化院领导定期接访责任制，设立院长信箱和纪检信箱，公布全体干警联系电话，畅通群众表达诉求和沟通联系渠道。全年处理群众来信60件次，接待群众来访900人次，矛盾纠纷排查14件，化解14件，化解霍某某等长期信访案件5件，抽调专人参与灵武市重大信访案件化解工作，为灵武市经济社会稳定发展提供了有力的司法保障。

【服务型窗口建设】 完善诉讼服务措施，改造升级诉讼服务中心、信访接待大厅、执行接待大厅、基层法庭的窗口便民服务功能，实现诉讼事务“一站式”办理。设置诉前调解室、法律工作者服务室，邀请人民调解员、律师、法律志愿者等第三方入驻市法院参与调解，满足群众多元化诉讼服务需求。严格落实立案登记制，坚持有案必立、有诉必理，为群众提供方便快捷的诉讼服务。积极落实司法救助制度，共救助困难当事人41名，发放救助金110.11万元，为经济困难的当事人缓免诉讼费8.27万元。

【司法公开】 全面深化裁判文书公开、审判流程公开、执行信息公开，在中国裁判文书网公布裁判文书3292篇。在中国庭审公开网共进行互联网庭审直播15次。在灵武电视台《法庭内外》栏目录播典型案例庭审11期。举办“亲历执行”“公众开放日”“国家宪法日”等主题开放日活动,自觉接受监督,主动邀请人大代表、政协委员现场观摩案件庭审、执行。邀请驾校学员及群众旁听危险驾驶罪案件庭审,组织机关、乡村干部旁听贪污、受贿案件庭审,起到了很好的廉政警示教育作用。大力加强新闻宣传报道,在《宁夏日报》《宁夏法治报》等媒体报道 83 篇,被《人民法治网》《西部法制网》等新媒体转载 41 篇,信息被上级法院采用 54 篇,“美丽灵武”微信平台转发 20 条,发布微信 160 余条。

【队伍建设】 认真贯彻党的十八大、十八届历次全会和十九大精神,深入学习习近平新时代中国特色社会主义思想,深入推进“两学一做”学习教育常态化制度化,坚持以党建带队建,严格落实民主集中制、“三会一课”制度,开展支部主题党日活动,道德讲堂、举行升国旗仪式等活动,引导干警牢固树立“四个意识”,坚定理想信念、坚守法治信仰。组织干警开展“心目中的灵武法院”大讨论活动,积极为法院发展建言献策,进一步提升队伍凝聚力。全年先后有 3 个集体受到上级表彰,两人荣立三等功,6 人被市委和上级法院评为先进个人。认真落实意识形态工作责任制,加强传统媒体、网络新媒体阵地建设和管理,传播正能量,旗帜鲜明反对和抵制意识形态领域错误思潮,引导干警坚定“四个自信”。围绕自治区高级人民法院“全面提升年”工作主题,通过“走出去,请进来”的方式开展全员教育,全年参加市级、上级法院各类政治、业务培训 300 余人次。常态化开展裁判文书评比、庭审观摩评比,有力提升法官驾驭庭审、文书写作等综合能力。在全区法院率先完成标准化警队建设,自治区高级人民法院在灵武市法院召开了全区法院标准化警队建设现场观摩会。落实党风廉政建设“两个责任”及领导干部“一岗双责”,牢固树立“讲廉政就是给干警最大的福利”的理念,严格执行中央八项规定和领导干部廉洁从政各项规定,紧盯春节等重要时间节点,推动节日纠风工作。严格执行干警个人重大事项报告制度、收入申报制度、礼品礼金登记制度、新任法官和新录公务员上岗廉政谈话制度。修订完善《内部人员过问案件和重大事项报告制度》《领导干部干预、插手具体案件记录和责任追究规定》,发挥制度在反腐倡廉中的保证作用。通过对案件当事人发放廉政监督卡,告知举报电话、邮箱、网站、设置纪检监察自助机等监督举报途径,加强对干警的管理监督。完善院领导带班巡查、审务督察,从不得拒接当事人电话等细节入手改进司法作风。扎实开展“学、查、改”干部作风整治活动,狠抓落实新风正气,努力形成“五好作风”。2017 年,有 6 人次主动上缴现金及购物卡、礼品等金额 3580 元,4 人因违反工作纪律受到通报批评,两人按照奖惩制度受到经济处罚。

司法行政

【概况】 2017 年,灵武市司法局以“弘扬法治精神·建成美好灵武”为主题,以服务全市中心工作为主线,认真部署,全面动员,广泛参与,重抓落实,充分发挥司法行政职能作用。内设办公室、法宣室、基层室、法律援助中心(代行律师管理工作)共 4 个室(中心)。下设公证处 1 个、律师事务所 3 个:宁夏灵州律师事务所、翟明霞律师事务所、迪通律师事务所。基层司法所 9 个:城区司法所、东塔镇司法所、临河镇司法所、白土岗乡司法所、梧桐树乡司法所、崇兴镇司法所、郝家桥镇司法所、马家滩镇司法所、宁东司法所。

【法治宣传】 2017 年,以“法律十进”活动为抓手,在全市范围内广泛开展法治宣传活动,进一步掀起学法用法的新高潮。全年共开展宣传活动 130 余场次;编写并印发法治宣传手册等 10 万余份;举办女职工维权法律培训班、劳动争议调解员培训班、扶贫干部法治素养提升培训班等大型培训活动 3 次;举办法治讲座 30 余场次;举行法治文艺节目巡演 60 余场次;悬挂横幅 300 余条;展出法治宣传展板 100 余块;设立法治橱窗 60 余块;解答群众法律咨询 1000 多人次,利用“法治灵武”今日头条、“灵武司法”微信公众号等新媒体平台推送普法信息 100 余条,全市受教育人数达到 10 万人次,法治宣传教育覆盖面达 95%以上。充分利用时间节点开展法治文化宣传赶集活动，特别是在春节、元宵节、妇女节、“3·15”、“4·15全民国家安全法法治宣传教育日”“政法综治宣传月”“保密宣传月”“民族团结月”“十一国庆节”“12·4”宪法日等重要节点，组织有关成员单位开展法治文化宣传赶集活动。为适应新形势、新要求，配齐配强普法部门工作人员，加强骨干力量，先后建立健全了26个普法讲师团、28个法制文艺队伍、60个法制宣传员以及800个法制宣传志愿者，积极开展了内容丰富的法制宣传教育活动。编辑创作法治文化文艺作品《人人心中有杆秤》、移风易俗普法宣传作品（方言小品）《心愿》、宁夏坐唱《规矩与方圆》、孝德仁爱方言小品《签字》、展示司法行政工作形象的宣传片《责任与担当》，创作普法文化作品宁夏坐唱《铲除毒品·造福人民》、诗歌朗诵《法律照亮我的心》、拍摄普法宣传微电影《上访路上》。创作、编辑普法宣传作品精选《规矩与方圆》、普法宣传故事新编《少收了十块钱》，印制“弘扬法治精神·建成美好灵武”和“弘扬良好家风·争做守法公民”法治挂历海报，向各普法成员单位及村居、学校、服务窗口和市民朋友发放。参加自治区“百名法治人物”遴选活动，评选确定王兴东、杨占明等10人为灵武市法治人物，并上报银川市表彰奖励。

【人民调解】 2017年，全市各级人民调解委员会共调解矛盾纠纷775件，参与疑难复杂矛盾纠纷188件，开展矛盾纠纷大排查360次，多起缠访、闹访和久拖不解的重大矛盾纠纷得到调解。加强人民调解“四张网”建设，全面学习吴忠市人民调解“四张网”建设经验，按照《灵武市司法局社会治理服务体系“灵盾工程”实施方案》，联合各职能单位，设立了9个专业性行业性人民调解委员会，进一步强化了人民调解组织机构，增强了专业问题专业调解的能力，基本实现了基层社会矛盾纠纷排查化解联调机制。强化星级司法所攻坚年活动建设，梧桐树司法所、郝家桥司法所、白土岗司法所、临河司法所积极申请“五星级”司法所的创建，预计2018年灵武市实现“五星级”司法所全覆盖。积极推行法律服务进信访模式（6+1信访），每周安排1名工作人员到信访局参与信访接待工作，协助政府和相关部门妥善处理信访事件，引导群众合法、理性地表达利益诉求，全力维护社会平安稳定。

【社区矫正】 2017年，全市社区服刑人员累计接收1012名，累计解除700名（包含宁东司法所累计接收148名，累计解除105名）；现有在册社区服刑人员312名。其中，缓刑306名，假释2名，暂予监外执行4名。2017年，社区矫正工作以规范社区服刑人员管理教育为抓手，对每位社区服刑人员建立矫正小组，新模式下的矫正小组成员各司其职，积极参与和进行监管教育活动，认真落实“日定位、周听声、月走访、季评议、年考评”措施，严格执行报到、报告、外出审批、变更居住地审批等监管制度，规范排查分析，定期开展走访，实时掌握社区矫正人员动态，实现联防联控，确保社区矫正工作顺利开展。

【社区帮教】 2017年，全市共有安置帮教人员751人，其中，刑满释放人员422人，社区矫正转安置帮教329人；一般帮教人员715人；重点帮教人员36人。2017年，共衔接安置帮教人员165名，衔接率达100%，建档率达100%，安置率达100%。灵武市安置帮教工作坚持以就业防脱管这一工作主线，积极为刑满释放人员自食其力创造条件。发挥灵武当地企业优势，努力协调大型羊绒加工厂，引导安置帮教人员参加就业培训，建立安置帮教创业就业培训登记台账。成立由司法所工作人员、派出所民警、服刑人员家属和社区志愿者组成的“四帮一”帮教小组，落实帮教责任人，及时、准确掌握其基本情况和家庭状况，并积极协调有关部门解决帮教安置工作中的具体问题。

【法律援助】 2017年，灵武市公共法律援助机构共受理法律援助案件592件（其中为民办实事诉讼案件448件，下达200件），挽回经济损失173万余元。印制并发放《法律援助服务手册》和维权服务指南，公开法律援助流程，提升法律援助服务质量，扩大法律援助社会效果。开通农民工法律援助绿色通道，优先办理农民工法律援助案件，成立基层公共法律服务工作站和法律援助工作室，推行村居法律顾问、开通法律援助直通车上门服务。依托公共法律服务中心，搭建“互联网 + 法律服务”视频服务网络，实现了“互联网 + 法律服务”在线专业律师面对面法律咨询全覆盖。努力做到应援尽援、应援优援。切实为群众提供及时、精准、普惠的法律服务

【公正工作】 2017 年度，公证处围绕市委、政府工作重点，积极打造公证法律平台。坚持诚信、热情、便民的服务理念。为行动不便的当事人提供上门公证服务。参与全市重点工程项目建设招投标 108 场次，配合白芨滩林场就非煤矿山整治进行保全证据；配合土地局、监察局对机砖厂采矿量进行复核；配合环保局对灵武市郝家桥镇五家回收企业非法回收废电瓶及电解液移交进行了保全证据。为政府的相关重点工作提供了优质的公证法律服务。全年共办理公证 1112 件，其中，民事类 566 件，经济类 419 件，涉外 124 件，法律援助 3 件。收费 52 万元。

【律师工作】 律师事务所 3 家（迪通律师事务所、灵州律师事务所、翟明霞律师事务所），注册律师 32 名，共承办各类法律援助案件 592 件。3 家律师事务所在市司法局的管理和指导下，充分发挥服务职能，积极为构建和谐灵武提供优质高效的法律服务。立足法制宣传，提供法律服务。积极参加公益法律服务活动，深入乡村、社区、校园、企业等单位进行宣传。讲解法律知识，现场解答疑惑，解决群众法律需求；立足困难群体，开展法律援助，为社会弱势群体开展法律援助，维护其合法权益。

工业及园区建设

工　业

【概况】 2017年，灵武市工业信息化和商务局内设综合办公室、工业经济与项目室、商贸流通服务室、节能监察中心4个科室。2017年，灵武市（含宁东）规模以上工业累计实现产值1202亿元，同比增长32.4%；灵武市（含宁东）规模以上工业实现增加值349亿元以上，同比增长16.4%；市属105家规模以上工业企业（不含宁东）累计实现工业增加值43.2亿元，同比增长8.5%。灵武市入选中国工业百强县（市）第81位。

【重点项目】 2017年，灵武市共建设工业项目（不含宁东和综保区）60个，计划总投资72.2亿元，完成固定资产投资35.86亿元，占全年目标任务的100.3%。从项目建设性质来看，新建项目有中科环保生活垃圾焚烧发电扩建项目、秦晟达畜骨综合加工利用生产线建设项目等36个，2017年计划总投资42.1亿元，累计完成投资25.18亿元；续建项目有生活垃圾预处理系统扩建改造工程项目、锦鑫年产300万吨超细粉煤灰生产线建设项目等13个，2017年计划总投资26.6亿元，累计完成投资10.6亿元；技改项目有昊王特色大米生产设备自动化包装技术改造项目、西部皮草滩羊毛皮生产清洁化及废水循环利用改造示范工程项目等11个，2017年计划总投资3.5亿元，累计完成投资3.5亿元，已全部投产达效。

【项目资金】 大力宣传落实国家、自治区、银川市工业发展政策。2017年，灵武市工业信息化和商务局累计争取项目资金6889.7万元，其中，自治区新型工业化发展资金3295.2万元、工业转型升级（中国制造2025）资金1350万元、银川市2016年度工业先进单位及先进个人暨兑现工业扶持政策奖励资金1204.3万元、2016年度农村金融机构定向费用补贴382.77万元、中小企业及非公经济发展专项资金176万元、2017年科技金融专项资金139万元、2017年度自治区双创示范项目资金150万元等。

【工业扶持】 贯彻落实自治区降成本30条，切实降低用电成本。鼓励用电大户积极申报电力直接交易，中银绒业、东义镁业被列入2017年第一批电力直接交易准入用户，每年可为两家企业节省成本1500万元。对新建企业、项目新增负荷的工业用电免征0.01元/千瓦时城市附加费，共有5家企业申报，每年可为企业节省成本600万元。设立4.1亿元小微企业担保贷款基金，对成丰工贸等12家企业发放贷款2300万元，给予基准利率20%贴息。撤销灵武国道307东收费站，降低企业物流成本。为困难企业减免房产税、城镇土地使用税198.29万元；对亿能等进行资产重组的企业，在货物、不动产、土地使用权转让等方面免征增值税。加大企业职工培训补贴力度，安排48万元培训专项资金，面向社会培训700人次，为中银等4家企业订单式培训100人次。积极兑现工业41条政策。根据《关于加快推进工业转型升级若干政策（试行）》（灵党发〔2016〕3号），兑现2016年工业奖励资金3729.74万元。

【节能降耗】 2017年，灵武市工业信息化和商务局督促监督列入淘汰计划的东义镁业3万吨金属镁生产线、合鑫金属3万吨铝熔炼生产线完成拆除。

开展重点行业落后产能摸底排查工作，建立灵武市落后产能项目库，经初步审核，灵武市天马冶化3万吨电瓶铅项目入库，已上报银川市工信局审核。同时，全力配合灵武市环保局开展拆除改造燃煤锅炉工作。开展地条钢整治专项大排查行动，召开打击地条钢专项工作会议，成立专项检查组，配合灵武市发改局先后进行地条钢回头看专项整治行动，实地走访再生园区、白土岗乡、狼皮子梁乡及市区大型建材市场，经核查无生产销售使用地条钢情况。建立长效管理机制，努力形成以日常巡查、定期稽查、不定期检查为主的长效机制，始终保持高压态势，坚决杜绝非法生产销售"地条钢"行为的发生。

安全监管】 按照上级文件精神，认真贯彻落实自治区、银川市及灵武市各级关于安全生产工作的各项决策和部署，始终坚持"安全第一、预防为主、综合治理"的方针，牢固树立"以人为本、安全发展"的理念，着力强化工信系统运行和生产安全保障，加大安全隐患排查治理力度，支持工业企业技术改造和淘汰落后生产工艺及设备，强化企业安全生产主体责任，集中开展各时段、节点安全生产大检查，共排查企业达90多家（次），下发整改通知书40余份，有效防范和遏制了各类事故的发生。2017年，园区外工业企业（能源企业除外）、大型商场、加油站等工业和商贸企业实现安全生产零事故，工信系统安全生产形势总体趋于稳定。按照"管行业就是管安全"的方针，加强灵武市成品油企业的安全监管。以年检初审为契机，对灵武市正常营业的27家加油站进行全面摸底，同时，加强对加油站重大节日活动期间及日常的安全检查，并对油气回收改造及双层罐建设进行检查验收，确保成品油零售企业安全形势平稳。对灵武市商场、超市、重点物流企业、药品零售企业等商贸流通领域重点场所进行不定期消防安全检查，定期对商品供应及市场价格进行检查，坚决防范和遏制各类重特大事故的发生。

【企业培育力度】 2017年，灵武市工业信息化和商务局召开灵武市"百名干部进百企"动员会，组织政府帮扶单位50家，进驻帮扶企业117家，参与帮扶活动的领导干部120人以上，发放"企业生产经营情况调查表"等调查问卷350余份。各帮扶单位进驻企业了解企业所需、所急、所盼，详细调查了解企业生产经营情况、存在的主要困难和问题、企业研发机构组建情况及技术、人才引进需求。对已梳理出融资困难、资金短缺、土地、用人成本等主要问题、困难正在解决和办理。嘉源集团针织服装RFID系统试点项目和昊王米业粮食综合加工项目获批全区"互联网与工业融合创新试点示范"项目。2017年，国家高新技术企业3家，国家工程实验室3个，自治区企业技术中心7家，15家市属加工企业入围宁夏中小企业50强。新增3家"专精特新"示范企业，累计培育"专精特新"示范企业15家，新增12家"专精特新"企业，累计"专精特新"中小企业48家，新增国家小型微型企业创业创新示范基地1家，累计培育科技型中小企业31家、宁夏名牌产品14个、宁夏著名商标39个、中国驰名商标5件。2017年，共有8家工业企业为拟纳规企业。建立灵武市电商企业、灵武市加油站企业、灵武市物资企业等企业信息库，对灵武市辖区内及宁东商贸物流企业进行走访摸底调查，分类建立企业信息库。做好限上企业培育工作，会同统计局对灵武市发现状况良好的企业进行走访调研，2017年，共培育灵武市鑫灵州大药房医药连锁有限公司、宁夏盛世西部皮草有限公司、宁夏宝丰能源集团宁东加油站有限公司、宁夏中房宁东油品销售有限公司等7家拟纳限入库企业。

【商贸流通项目】 2017年，灵武市实现社会消费品零售总额17.3亿元，同比增长9.7%；实现外贸进出口总额22.17亿美元，增长59.9%（含综保区）。开通商务预报平台，积极开展企业直报数据的加工与分析，真实反映商品流通状况和经济动态，引导市场发展，为宏观调控、居民消费、企业经营、行业发展提供信息支持。工业信息化和商务局共上传信息205篇，商务部网站采用20篇。组织金双禾粮油、宁彝源、中玺枣业等7家企业申报冷链物流发展项目。组织农场农贸市场和崇兴农贸市场申报农贸市场提档升级项目。争取到中小企业国际市场开拓资金50.03万元,进口贴息资金17.3万元。继续做好再生资源回收经营者备案登记、单用途商业预付卡备案登记工作。再生资源回收经营者备案登记累计41家。《酒类流通管理办法》已于2016年11月3日废止,此后不再进行备案登记。商贸重点项目稳步推进。灵武农场农贸市场6幢营业楼主体工程已完工,门窗安装完毕,占地面积3200平方米,建筑面积13244.77平方米,完成投资3200万元。崇兴农贸市场已完成一期工程地面硬化,1400米下水改造;建成3座交易大棚,建筑面积360平方米,完成投资120万元。2017年,完成了全市汽车销售和二手车经营主体的摸底调查,指导、督促企业在全国汽车流通信息管理系统注册,及时将相关交易信息录入全国汽车流通信息管理系统。做好项目储备工作,完成了银川市2018年商贸项目的预征集及上报工作,共征集现代物流、商贸流通、市场体系、外经贸、电子商务等项目17个。

【电子商务示范县项目】 建立了工信局、高新区管委会、城投公司定期会商机制,共同研究电商产业园项目入园及运营工作中的相关问题,拟定电子商务企业入园协议,新引进鸿明宇电子商务有限公司、丰汇电子商贸有限公司等12家电商企业入驻电商产业园,完善电子商务产业园管理机制。稳步推进电子商务进农村综合示范县项目。制订电商进农村综合示范县项目总体方案,确立了以"一个中心、两翼战略、三大支撑、四轮驱动"为总体思路的"互联网+市域特色经济"的灵武电商发展模式。完成48个村级服务站点、13个特色产品展销中心(3个旅游景区展销中心)的选址工作,建成23个村级服务站点和两个乡镇运营中心,完成市级仓储物流园6G、7G、8G库房改造,建成1个冷链物流基地。兑现了2016年灵武市电商产业扶持资金110.7万元。积极开展电商培训,2017年共培训1700多人。梳理出灵武特色产品228种,已在各大平台上线销售农副产品70多种。预计年底实现交易额5.2亿元,同比增长108%。

【党的建设】 加强党组织"主体责任"落实,灵武市工业信息化和商务局党委始终把党风廉政建设工作作为局党委的工作重点来抓,把落实好两个责任作为推进党风廉政建设工作的关键。加强纪检监察"监督责任"落实情况。积极协助督促局党组落实党风廉政建设和反腐败工作工作,及时督促班子成员认真落实"一岗双责"和"五个一"制度。建立常态化监督机制,每月不定期对重点业务科室、重点资金使用、重大项目实施等情况进行随机督察,深入了解干部职工规范行政行为,遵守廉洁纪律,合法行使权力的情况,对存在的情况及时进行通报整改,改进工作作风。严格规范信访工作的各项程序,让信访案件件件有答复。强化落实"四重一大决策"和"主要领导五不直接分管和末位表态"制度。灵武市工业信息化和商务局党委严格落实"四重一大"民主集中决策制度。在大额资金、项目工程、重要人事任免、重大突发事件处置等问题上都经党委会等形式集体讨论决定;严格落实"主要领导五不直接分管和末位表态"制度情况。对于财务、干部人事、工程项目建设、物资(服务)采购、行政审批(执法)事项都严格落实"五个不直接分管"制度,进一步完善了机关工作管理制度,明确了学习、签到、值班、请假、考核、公务接待、公务用车、文印、采购、财务管理、工作奖惩等更加严格的管理制度,用制度管好人、管好事。严格落实中央八项规定精神,建立健全各项规章制度、严格控制一般性费用支出、严格控制公务接待费用出、严格管理各类因公差旅费支出、严格控制公务用车费用支出、严格办公用房制度、严格落实津补贴发放制度、严格廉洁自律制度执行、严格会议经费管理规定。认真对待党风廉政,按要求执行"回头看"督察,并对反馈的问题采取措施,认真整改落实。

【社会治安综合治理】 调整综治工作领导小组,明确责任。制订《工业信息化和商务局综合治理工作安排意见》《工业信息化和商务局综合治理工作年度计划》《创建平安单位目标管理责任书》等各种综治规章制度,确保综治工作的贯彻落实。进行矛盾纠纷排查调处,成立了信访工作小组和企业用工纠纷人民调解委员会，帮助职工群众协调解决养老保险、医疗保险、房屋拆迁、劳动用工等问题，将不稳定因素消灭在萌芽状态，严防越级上访，群体性上访事件的发生，确保了全系统的稳定。认真开展社会治安综合治理宣传月活动，与各企业签订了创建平安单位目标管理责任书，明确了全年综治工作目标，落实了创建责任。2017年，全系统无刑事、治安案件的发生。

银川高新技术产业开发区（灵武市羊绒产业园区）

【概况】 2017年，银川高新区全面贯彻落实区、市党委、政府一系列决策部署，紧紧围绕工业转型升级，牢牢把握经济工作项目化、项目工作责任化要领，全力以赴抓项目，全员发力抓招商，千方百计调结构、转方式、保增长，在产业培育、项目建设、招商引资、优化环境等方面全面发力。但受企业资金链断裂、融资压力等影响，园区经济呈现运行平稳、增速趋缓态势。全年完成工业总产值108亿元，实现工业增加值22亿元，完成出口交货值18.96亿元。

【项目建设】 2017年，银川高新区总体规划和各专项规划全部完成，基础设施PPP项目加快推进。泓源新能源汽车制造、浩谷生物质能源综合利用等项目正在编制项目可研、林评、环评报告。先后对接各类项目30个并与园区达成投资意向，意向签约资金101.3亿元；全年累计完成固定资产投资5.94亿元，年产3万锭高支精纺特种亚麻纱线和1300万码亚麻面料、年产35万张牛皮加工技改扩建、年产8500吨新型彩印复合包装袋、年产100万件裘皮服装服饰清洁化生产技改等6个建设项目投产达效；乳制品深加工、年产200吨精纺羊毛纱、滩羊毛皮生产清洁化及废水循环利用改造示范等项目建成投产；高端大米烘干储存自动化包装云电商创客岛销储以及灵武长枣保鲜贮运深加工等项目顺利推进；日处理450吨山羊奶深加工项目喷雾干燥塔封顶；深入推进园区低成本化改造，引进台湾巨皇集团启动园区分布式光伏发电项目；拟引进服装生产、服装设计、品牌运营、电脑绣花、高档包装等项目14个，全力打造宁夏浙商服装产业园；年产3.5万锭涤纶缝纫线项目完成设备安装，3000万米坯棉布、150万件服装加工项目部分设备进厂，电脑绣花、数码印花、拉链纽扣、包装印刷等6个项目正在进行设备采购；加大园区燃煤锅炉拆除改造力度，组织拆除嘉源绒业、精盛机械等8家企业燃煤小锅炉10台。

【招商引资】 2017年，银川高新区先后对接国内纺织、装备制造等领域知名企业48家，落实签约项目13个、签约资金62.8亿元，高档白坯布、环保新材料、碳纤维、新能源汽车超级电池包、无纺布等总投资75亿元。

【上争资金】 2017年，银川高新区共组织申报国家技术改造项目3项、“中国制造2025”专项1项、自治区新型工业化项目8项、科技后补助项目3项、银川市科技创新专项8项。成功争取“羊绒产品绿色设计平台建设”国家绿色制造集成项目，落实到位资金1350万元。

【羊绒产业特色小镇】 2017年，银川高新区积极培育新产业、新业态，委托北方设计院启动羊绒产业特色小镇总体规划编制，羊绒城楼宇和羊绒城专卖店精品一条街亮化完成设计，精品羊绒展示厅装饰装修项目正在进行设计。

【科技转型发展】 2017年，银川高新区深入推进科技型企业倍增工程，组织合丰源绒业等6家企业完成区级科技型中小企业申报，成丰科技等两家企业完成国家高新技术企业申报，万殷机械等5家企业完成区级“专精特新”示范企业申报。协助中银绒业等3家企业完成成果鉴定3项，协助企业申请专利18件。

【公共服务平台建设】 2017年，银川高新区“智慧园区”建设项目顺利推进，积极探索国家羊绒及其制品质量监督检验中心和国家重点实验室市场化运营，完成各类纺织品检验检测1400余批（次）。高效运行中小企业公共服务平台，入驻平台注册企业30家，注册服务机构15家。

【品牌建设】 2017年，银川高新区继续加大品牌培育力度，中国质量认证中心发布“灵武精品羊绒”区域品牌价值为69.54亿元，潜在价值估价为175.13亿元；“灵武精品羊绒”入选最具潜力区域品牌30强；“灵州雪”商标被评为中国驰名商标。

【人才建设】 2017年，银川高新区加强人才队伍建设，组织中银绒业、荣昌绒业、西部皮草、成丰科技、亿美生物等企业完成区、市人才项目申报，全年计划申请各类项目资金300万元，先后为中银绒业人才工作、亚麻人才高地、成丰科技裘皮加工技术团队、荣昌绒业纺织及服装品牌团队等补助人才资金28万元。

【企业并购重组】 2017年，银川高新区完成中银绒业资产评估和并购重组草案审议，并进行部分资产置出。重点企业帮扶工作全面展开，专门成立两个帮扶工作组进驻企业，委托第三方完成企业财务审阅。组建成立宁夏绒都国际羊绒制品股份有限公司和羊绒原料股份有限公司，最终实现"闭环式"运营。

【破解融资难题】 2017年，银川高新区先后组织召开灵武羊绒产业政银企座谈会和两次金融机构债委会，协调自治区金融工作局召开了羊绒行业融资协调会。协调融资担保公司为成丰科技、沁荣生物、卓立工贸等5家融资担保贷款1200万元。

【政策宣传】 2017年，银川高新区加大对"工业41条"等政策宣传，组织兑现2016年政策资金涉及高新区39家企业共计2377万元，其中，羊绒企业27家，奖励资金1449万元。

【安全生产】 2017年，银川高新区继续狠抓安全生产不放松，组织举办安全生产培训班两期，深入开展安全生产大检查，下达整改意见书18份，整改18处，全年高新区安全生产"零事故"。

灵武市再生资源循环经济示范区

【概况】 2017年，灵武市再生资源循环经济示范区坚持把企业党建工作作为园区工作的头等大事来抓，纳入园区整体工作部署推进。深入学习贯彻党的十九大、自治区十二次党代会精神，准确把握中央、自治区的方针政策和决策部署，提高应对新形势、开拓新思路、解决新问题、破解新矛盾的能力。园区基层党组织在推动发展、凝聚人心、服务群众、促进和谐中的政治核心作用得到了较好发挥。

【党建工作】 细化党风廉政建设目标任务，层层签订《党风廉政建设责任书》12份，落实全面从严治党责任清单、问题清单、问责清单"三个清单"。推动"两学一做"学习教育常态化、制度化，开展主题研讨会4次。严格落实"三会一课"和党的组织生活等制度。做好党组织和党员基本信息采集、党内统计、党群活动服务中心建设等工作。严格落实"一岗双责"，认真执行党政一把手"五不直接分管""三重一大"事项集体讨论等制度。修改完善机关工作制度，明确各部室工作职责及人员岗位责任，形成用制度管人、按制度办事的工作机制。督促各部室按期完成重点工作重点项目推进任务，月底对干部考勤、学习及各部室任务完成情况实行考核通报。推荐提拔科级领导干部4名。

【园区建设与配套设施】 在原有总体规划基础上，修编完善了园区总体规划，根据产业发展需要，严格按照规划建设。投资1993万元按照标准建成园区污水处理厂，园区综合污水处理厂项目一期工程占地24.2亩，建设规模为2500立方米/天，2017年10月全面建成竣工投入试运行阶段，出水水质达到《城镇污水处理厂污染物排放标准》(GB18918-2002)一级A标准。规划建设灵武陆港物流中心，占地面积1000亩，设计年仓储运转吞吐量为500万吨，已于2016年7月运行通车。2017年已对接神华集团开通货运专列，开展煤炭集装箱、非煤运输等业务，建立灵武国际物流产业园区和专业集装箱堆场。严格执行自治区规定的工业建设用地投资指标，根据企业项目投资计划控制供地，签订入园协议书，按照行业及土地类别约定投资强度，出具土地挂牌手续，确保土地高效利用。坚持依法依规开展闲置土地清理，2017年共依法收回闲置土地1宗130亩，已经完成建设3宗179.98亩，闲置土地处置率达100%。

【工业总产值】 全年19家规上企业完成工业产值44.75亿元，同比增长43.98%；购销企业实现销售额58亿元，同比增长12.7%。全年完成总产值103亿元，同比增长27.6%。企业完成税收7661万元，同比增长677.8%。园区跻身中国产业园区成长力百强。

【固定资产投资】 大力实施招商引资项目抢抓推进工程，

2017 年，上海临胜(成美)6 万吨铜杆和广东佳华银川金创铝业 12 万吨再生铝棒及铝型材项目等 15 个项目落地建设，共落实招商引资到位资金 6.4 亿元。园区企业新上项目 15 个，完成投资 7.71 亿元，同比增长 97.7%。实施技术改造项目两个(瑞银公司再生铝熔炼炉及铝渣处理技术改造项目和众源公司年产 50 万立方米优质 LowE 节能中空玻璃技改项目)，完成投资 7630 万元。政府新增固定资产（综合污水处理厂投资 1993 万元、灵武市东山坡防洪治理项目(一标段)投资 794 万元)共计投入 2787 万元，超过 2016 年 1388 万元的水平，增长 100.8%。园区通过争取政府及相关部门对企业扶持投入资金 8325.1 万元，投入资金超过 2016 年 1762.88 万元，比 2016 年增长 372.2%。

【产业优化与转型升级】 园区是西北地区唯一的国家“城市矿产”示范基地，也是宁夏特色最鲜明、专业度最高、循环再利用最强的唯一特色产业园区。园区内以有色金属资源化利用、非金属资源化利用、报废汽车拆解再利用、电子废弃物资源化利用和再生资源型材加工为主导的五大主导产业，预计总产值达到 47 亿元，主导产业产值占比达 94%以上。园区有 20 家节能环保类企业，5 家新材料生产企业，新型工业化企业预计实现产值 19 亿元，占示范区总产值的 38%。建立了瑞银、达源公司两个“产学研用合作基地”；培育了 6 家自治区级科技型中小企业、1 家自治区级技术创新中心(亿能公司)、1 家研发检测中心（达源公司)，科技型企业占比达 15%以上。园区依托现有产业基础，以提质增效为重点，结合实际提出废旧有色金属、废旧铅酸蓄电池、废旧汽车拆解、废旧轮胎和电子废弃物资源化用等 5 大产业整合提升思路，明确具体整合路径，通过园区内资源整合、循环集约利用，减少单位产出物质消耗，降低污染物排放和企业成本，实现产品循环利用和土地节约集约利用目的。1—10 月，园区 19 家重点用能企业万元工业增加值能耗 19512.08 吨标准煤，同比下降 4.46%，完成银川市下达的节能降耗目标任务。

【科技创新与人才工作】 年内积极申报自治区、银川市及市本级科技与人才项目 4 个。园区瑞银公司被认定为“高新技术企业”，合鑫金公司被认定为“专精特新”中小企业，达源和永宏公司获得市本级人才工作经费 9 万元。合鑫和美力晶玻璃公司获得自治区“科技后补助项目”资金 56 万元。为外来人才申请两栋楼 84 套公租房，安排永宏、恒业、众源、金创等企业承租 48 套。再生资源产业专家服务团被评为银川市“优秀科技创新服务团队”。市政府研究设立再生资源产品研发与技术创新基金，并拨付 3000 万元由城矿公司管理，用于支持园区产业研发和企业技术创新。永宏公司与湖南水口山有色金属有限公司专家签订技术服务协议，组建科研团队，研发实施年处理 30 万吨锌浸贮渣项目。达源公司引进北京科技大学化工领域知名专家教授，建立再生资源产业基地专家工作站，重点在电子废弃物线路板稀贵金属提取方面开展理论与技术研究。开展各类技能培训与应急演练 6 期，43 人在全市初级电工职业技能培训中获得资格证。

【安全生产】 严守安全生产底线，定期召开园区专题工作会议，宣传贯彻区市和本级安全生产会议精神，安排部署园区工作，签订安全生产目标责任书和消防安全责任书，层层传导抓落实。开展重点领域专项行动整治、安全生产大检查，落实“安全生产月”各项活动，完善应急预案。联合市安监局、国土局、市场监督管理局、公安局交警大队对示范区道路交通安全、危险化学品、违法生产经营、高压线下非法停车等行为进行清理整治，保持“打非治违”高压态势。

【环境保护】 严守环境保护底线，抓实开展园区企业环保验收大检查，督促永宏、地利等公司加快验收工作，协调安装环保在线监测设备，按照灵武市十大专项行动，对恒业、合鑫、永宏等 5 家公司进行停产整治，对瑞银等两家公司予以限产，对 18 家购销企业停产整治并完善环保手续，确保各企业污染防治设施健全、设备运行正常。加大夜间偷排偷放偷产不定期常规监管。扎实开展“碧水蓝天·美丽城乡”专项行动，联合相关部门完成园区 15 家企业 24 台燃煤锅炉升级改造或拆除工作。

农林水利

综 述

【概况】 2017年，灵武市农牧局以工业化理念持续推进特色优势产业转型升级和“双增”目标实现，持续加大物质投入，投入农业发展资金40389万元，其中招商引资28600万元，兑现农业支持保护资金2305.7万元，农机购置补贴747.6万元，争取其他项目资金8735.7万元，力促农业生产条件改善和增产增收。保质提质优质粮食产业，创建“品种优、技术优、管理优、品质优、价格优”的五优基地3万亩，创建水稻绿色高产高效田11万亩，狠抓具体措施落实，促进了粮食丰收，粮食总产达到17040万公斤，较2016年增产570.65万公斤，增长3.46%，实现了“十四连增”。

【草畜产业】 持续实施肉羊产业增效、优秀奶源基地提升、肉牛扩群增量、优质饲草料保障等工程，转型升级生猪产业，养殖条件改善，畜牧业继续健康发展，牛、羊、猪、禽饲养量分别达到7万头、360万只、26.4万头和331万只（羽），与2016年持平或增长，牧业总产值达到27.09亿元。

【瓜菜产业】 灵武市瓜菜面积达到6.9万亩，其中设施蔬菜4.6万亩，总产达到3.1亿公斤，总产值达到6.3亿元，总效益达4.4亿元，较2016年分别增长3.2%、6.6%和5.3%。

【适水产业】 水产品总产量达到5650吨，渔业总产值达到10850万元，比2016年分别增长2.7%和1%。

【农业农村改革】 扎实开展农村股权改革，全面完成土地确权颁证，积极培育新型经营主体，探索创新土地经营模式，规范引导土地有序转让，农经管理工作取得了新进展。精心实施强农政策，重点项目按期完成，招商引资稳步推进，产业扶贫扎实开展，民生工程全面完成，金融服务同步紧跟，农业发展后劲进一步增强。狠抓生态质量安全，强化农业面源污染防治，强化农作物秸秆焚烧巡查，强化草原生态保护与建设，强化畜禽粪便资源化利用，强化绿色优质农产品供给，保障农业健康发展。

【科技服务】 全面提升农业信息化服务水平，着力提升农业机械化水平，创新推进全程社会化服务，持续加大农业科技培训，有力地促进了农业经济发展。

【机构及队伍】 2017年年末，市农牧局下设灵武市农业技术推广服务中心、农村合作经济经营指导站、畜牧技术推广服务中心、农业机械技术推广服务中心、水产技术推广服务中心、农业机械安全监理站、草原管理站、动物疾病预防控制中心、动物卫生监督所、农村农源站、农业行政执法大队、农产品质量检测安全站和农业广播电视学校等13个事业单位和4个区域性农业服务中心、7个乡镇畜牧兽医工作站、1个农场。共有干部职工346人，其中大专以上学历315人；专业技术人员257人，其中，中、高级技术职称157人；有中共党员163人。

农村经营管理指导

【概况】 2017年，灵武市农经站继续深化农业和农村改革，扎实推进农村土地确权登记颁证工作，有序引导土地流转和适度规模经营，积极开展农村产权流转服务，深入探索农村集体资产股份权能改革，继续加强合同管理、农村集体“三资”管理和农民负担监管,继续构建和推进新型农业经营模式,各项工作深入推进。

【农村土地确权登记颁证】 截至 2017 年底,全市农村土地确权面积 272626 亩,其中,农户确权 228743 亩、集体沟渠路确权 43883 亩。整理农户档案 56 个村,签订土地承包合同 56 个村 3.58 万户,合同签订率为 94.9%;数据入库 56 个村 3.58 万户,入库率为 94.9%;发放证书 56 个村 3.58 万本,发证率为 94.9%;完成数据汇交村 56 个村,汇交率为 94.9%。经过多年努力,顺利通过了自治区确权办对灵武市农村土地确权技术测绘成果和总体成果验收,实现了以图(网)管理。此项工作荣获全市农村承包地确权登记颁证工作三等奖。

【农村集体资产股份全能改革】 根据上级要求,灵武市制订了《农村集体产权制度改革实施方案》和《农村集体经济组织成员身份认定暂行办法》,召开了专门会议,印发了相关文件,严格按照资产核资、身份界定、资产量化、股份设置、印制股权证、制定章程、完善制度、登记注册等程序开展了股权改革,并且先行试点,取得经验,逐步推进。灵武市东塔镇东塔村股份经济合作社率先挂牌成立,成为全区第一个符合中央关于农村集体产权制度改革要求的股份经济合作社,并规范运营,春节前有望实现利润分红。临河镇下桥村等 7 个股权改革试点村按照改革程序,正进入注册环节,即将结束改革,成立股份经济合作社。

【农村土地经营权流转】 鼓励有条件的农户流转承包土地经营权,发展多种形式的适度规模经营。截至 2017 年底,全市农村土地流转面积达到 105449 亩,占全市农户总耕地面积的 40%以上,农村土地流转合同签约率和规范率均达 100%,其中规模经营流转合格签约率和规范率均达 100%,流转合同履行率均达 100%。培育百亩以上适度规模经营户 180 户,经营面积达 79974 亩,占全市土地流转总面积的 75.84%,农村土地经营正在向规模化方向发展。

【农村新型经营主体培育和服务模式创新】 全市新培育农民专业合作社 15 家,累计备案登记 175 家。新培育家庭农场 17 家,使总数达到 137 家、成功培育自治区级农民专业合社 3 家、四星级家庭农场 3 家。灵武市远航农牧、鑫旺植保等 4 个专业合作社创新服务模式,分别在白土岗、郝家桥、梧桐树等乡镇开展土地入股和托管服务,其中,参加土地入户入股农户 348 户,入股面积 1364.8 亩;以“全托管”服务模式托管优质水稻 820 亩,涉及农户 106 户;以“半托管”服务模式开展农业机械化作业服务 5600 亩。新型农业经营模式的创新发展,有效降低了农业生产经营成本,提高了农业综合生产能力和科学种植水平,促进了农业规模化发展,实现了农企共赢。

【农村集体“三资”“四位一体”监管】 一是村委会监管。全市成立了 70 个村民监管委员会,代表集体经济组织依法行使集体资产监督权,承担民主理财职责。二是乡镇审核监管。实行“村一账户”“两个纳入”“四签两审”“五牙子章”民主理财管理机制,确保理财程序、资金开支合法和村级财务公开透明。三是市级审计。市农经部门每年针对集体经济组织开展财务收支、干部任期经济责任和离职、征地补偿款使用管理、“一事一议”筹资筹劳等专项审计。四是纪检监管。2015 年,政府决定从农经站抽调 10 名业务骨干到市纪检委党风政风监管室,增加农村“三资”管理职能,负责对全市农村集体“三资”的监督管理。通过“四位一体”监管,有效地促进了集体账务规范化管理,杜绝或减少了违章现象。

【清产核资专项审计】 为抓好此项工作,制订了实施方案,采取政府购买社会化服务的方式,对全市 30 个村集体资产进行了清产核资专项审计,共审计资产总值 1.64 亿元,其中负债 8388.91 万元、权益 8004.74 万元。经审计,这 30 个行政村的经营性资产 3415.66 万元,占资产总额的 20.8%;拥有经营性资源 32235.53 亩,年实现经营性收入 50.26 万元。审计组对村集体所有的资产及资源进行了核实和登记造册,明确了村集体资产的分布、存量、结构及效益等情况。清产核资工作全面完成后,形成了全市 30 个村的清产核资审计报告和灵武市农村集体资产清产核资工作总结,上报了相关部门,促进了集体财务规范化管理。

种植业

【概况】 2017年，种植业围绕农业供给侧结构性改革调整思路，以市场为导向，以科技为支撑，以项目为引领，紧盯农业增效、农民增收目标压实责任，确保各项工作有序推进。

【粮食种植】 2017年，全市粮食播种面积25.46万亩，比2016年增0.3万亩；粮食总产达到17040万公斤，较2016年增570.65万公斤，增长3.46%。其中种植小麦2.52万亩，实现总产884万公斤，平均亩产350.8公斤，分别比2016年增加23公斤和0.8公斤；种植水稻11.88万亩，平均亩产653.6公斤，总产达到7764.8万公斤，分别比2016年增加5.1公斤，减少341.45万公斤；种植玉米11.06万亩，平均亩产758.7公斤，总产达到8391.2万公斤，分别比2016年增加23.2公斤和889.1万公斤。

【瓜菜种植】 全市种植瓜菜69456亩，其中设施蔬菜47593亩、露地蔬菜13618亩、西甜瓜6025亩、秋菜2220亩；年产量分别为31387.4万公斤、19034.7万公斤、8674.7万公斤、2428.1万公斤和1249.9万公斤；年产值分别为62938.9万元、52968.6万元、7612.5万元、1705.1万元和652.7万元，分别比2016年增加3904.6万元、4796万元、1131.9万元、-2126.1万元、102.8万元；年效益分别为43864.7万元、38257.6万元、4364.6万元、765.2万元和477.3万元，分比2016年增加2199.8万元、3588.5万元、308.2万元、减少1782.2万元和增加85.3万元。在设施蔬菜中，日光温室蔬菜40440亩、移动大棚蔬菜5653亩、供外蔬菜1500亩，年产量分别为15205.4万公斤、3521.8万公斤和307.5万公斤；年产值分别为46303.8万元、5127.3万元和1537.5万元，分别比2016年增加3635.4万元、1963.1万元，减少652.6万元；年效益分别为34090.9万元、3425.7万元和741万元，分别比2016年增加2108.8万元、1803.7万元，减少279万元。

【重点项目建设与技术推广】 一是水稻绿色高产高效整建创建项目。围绕“六大行动”开展水稻绿色高产高效整建制创建，创建面积11万亩。重点建设19个绿色高产高效核心示范区，面积1万亩； 建设45个植保社会化服务核心示范区，面积2.97万亩；建设3个区域化关键技术攻关示范基地。绿色高产高效核心示范区建设重点围绕种植结构调整、资源高效利用、生产效能提升、农业功能拓展等方面建设绿色技术模式核心区，具体为水稻大棚育秧机插秧技术模式、水稻旱直播技术模式、冬牧70黑麦复种水稻“一年两熟制”模式、有机水稻标准化生产技术模式、水稻农机农艺融合技术模式、水稻土地托管模式、水稻综合种养核心示范区建设和水稻新品种展示核心示范区建设。植保社会化服务核心示范区建设通过政府购买植保社会化服务，建设新型经营主体植保社会化服务核心示范区21个、重点村队植保社会化服务核心示范区24个。区域关键技术攻关示范基地建设中的绿色增产模式攻关基地重点解决与保墒旱直播配套的品种、整地、施肥、灌水、绿色防控等生产技术问题；农机农艺融合技术攻关基地重点解决水稻精量穴播为主的节本降耗、轻简高效、配套穴播机械筛选等技术难题；化肥农药使用量零增长技术攻关基地重点开展新型除草药剂筛选、精准施肥、病虫害飞防、水稻品质提升和新品种展示等试验示范。二是粮食作物优新技术示范推广项目。进行水稻绿色增产模式攻关示范，建设示范点1个，面积500亩，推广主导品种，集成组装推广水稻保墒旱直播等技术，在攻关点推广绿色环保技术，重施有机肥，降氮、稳磷、增钾补微量，降低土壤污染。冬牧70黑麦复种两熟模式示范由4家经营主体种植冬牧70黑麦0.4万亩，亩产鲜草1.92吨，折干草0.62吨，亩产值837元，亩效益277元;建设复种鲜食玉米和青贮玉米示范点各1个，后茬鲜食玉米亩产值1850元、亩效益1045元；后茬青贮玉米亩产值1375元，亩效益775元。三大粮食作物生长发育及产量监测共建监测点30个。三是水稻大棚工厂化育秧项目。在4家新型经营主体建设标准育秧大棚536栋，为有机稻及冬牧70黑麦复种水稻提供优质秧苗3200亩。四是高标准新建设施农业项目。新建日光温室1913亩、大跨度全刚架拱棚340亩、拱棚225亩，组装配套电动卷帘机、保温被、黄蓝极诱杀、温室韭菜育苗、沙土栽培、椰糠栽培、测土配方施肥、黑白地膜栽培、变温管理等设施和技术。五是精准水肥一体化技术示范项目。在郝家桥镇大泉村建设设施蔬菜滴灌水肥一体化技术示范基地1个,面积110亩。六是设施蔬菜新技术集成示范项目。新建设施蔬菜生产基地110亩,引进和示范新设备、新品种和各种栽培模式,示范推广穴盘基质育苗、测土配方施肥、水肥一体化、病虫害绿色防控等关键技术。七是优质韭菜全产业链融合发展项目。建设菜品展示厅、培训室、信息发布室、分拣包装贮藏库等设施6000平方米、液体配肥站600平方米、智能配肥站400平方米;建造标准化日光温室基地110亩、优新技术示范基地413亩,进行新品种、新技术展示。八是蔬菜生产基地冷链设施试点项目。建设预冷、保鲜、储藏库2100平方米,开展分级、包装、预冷等技术试验示范,扩大硬质番茄等蔬菜产品外销,重点打造梧桐树番茄、“上滩韭菜”等知名品牌。

【服务机制】 抓好农企共建,依托灵武市农利达、鑫旺、两个自治区农业社会化服务综合服务站开展宣传培训、技术指导等工作,为各经营主体和农民提供“一站式”服务,加快个性化配方肥、缓控释肥、水溶性肥料、土壤调理剂、商品有机肥及科学施肥技术的推广应用步伐,示范带动化肥减量控害、农业提质增效。深入推进化肥农药使用量零增长行动,继续通过发通告、简报、宣传单、电话和电子邮件、手机短信等形式,主动为全市30多家种植企业、合作社、家庭农场和种植大户开展技术培训200多场次,专家坐诊50人次、农资超市服务66次,送信息300余条,发技术资料1万余分,从多方面推广科学施肥等技术。2017年,共推广测土配方施肥32万亩、应用配方肥9600多吨、缓控释肥556吨、水溶性肥料188吨、土壤调理剂3060吨、商品有机肥5500吨,“化肥零增长”行动取得了实效。按照技术指导、农资超市、测土配方、统防统治、农机作业、信息服务六大功能要求,进一步提升了农利达、鑫旺、巨丰源三大农业技术综合服务站的建设和服务水平,新建了农利达兴旺现代农业综合服务站和灵武市胜天农业综合服务站,加快了科技成果转化步伐,解决了农技推广“最后一公里”问题。以农利达兴旺现代农业综合服务中心为依托,启动了“优质韭菜全产业链融合发展”服务模式,从育苗、物资配送、技术指导、质量追溯、品牌打造、冷链运输、市场营销等方面入手,开展全程社会化服务,着力建设以上滩村为核心,示范带动兴旺、十里墩、大泉、泾灵等村的设施蔬菜示范园区,推进设施蔬菜一、二、三产业融合发展,全力打造全区设施韭菜产业强市,取得了初步成效。

【耕地地力保护与质量提升】 2017年,推广种植冬牧70黑麦绿肥0.9万多亩,推广商品有机肥5500多吨,应用面积达6万亩左右,商品有机肥应用面积占耕地总面积的21%,对提高土壤有机质含量、提升耕地基础地力、减少化肥使用量奠定了基础。

【农作物病虫害预测预报】 全市共建立病虫害测报点16个,其中粮食作物9个、瓜菜等优势特色产业病虫害监测点7个。重点对小麦“一虫两病”、水稻稻瘟病、玉米地下害虫、棉铃虫、黏虫、叶螨、蚜虫、露地和设施蔬菜病虫害等进行监测预警。严格遵守病虫害测报调查方法有关规定,较好地利用移动终端数据实时采集上报系统、马铃薯晚疫病监测预警系统和宁夏农作物有害生物信息报送系统,对农作物病虫害发生情况及时调查、采集和上报。全年共发布中短期病虫害发生预报和防治简报、防治信息30多期。

【病虫害综合防治】 继续贯彻“预防为主,综合防治”的方针,牢固树立“公共植保、绿色植保”的理念,切实抓好病虫害防治工作。2017年,全市农作物病虫害总体属中度偏重发生年份,其中小麦蚜虫、玉米棉铃虫和黏虫是多年来发生最严重的一年。全市病虫草鼠发生98.75万亩次,防治143万亩次,挽回粮食产量损失9105万公斤,其中病虫害发生面积65.55万亩次,防治面积101.5万亩次,挽回粮食产量损失2205万公斤。切实抓好农作物病虫害统防统治和绿色防控示范区建设。统防统治与绿色防控融合,融合防治面积达17.1万亩次,建设示范点80多个。实行专业化统防统治，全市开展植保专业化统防统治12.06万亩次。继续开展植保服务“进万家”活动，服务种植企业、专业合作社、家庭农场和种植大户33家；开展指导技术培训150多场次，送信息300余条，发放技术资料两万余分。开展农企合作共建绿色防控示范基地活动。与北京中捷四方、四川蜀峰、宁夏视博飞防公司等6家区内外农药械器企业和灵武市农达、鑫旺两家植保专业合作社开展合作共建活动，引进共建企业农药减量增产助剂激健、芸苔素内脂、黄蓝板、性诱剂、植保无人机等绿色防控产品、高效低毒农药、现代植保机械，推动灵武市农药减量控害、共建融合示范基地建设，全市农企共建蔬菜绿色防控示范园区1万亩，开展粮食病虫害统防统治12万亩以上。积极推广使用生物制剂、高效低毒低残留农药和用药安全保护技术，全年无生产安全事故发生。切实抓好农药使用零增长工作。组织植保专业技术人员对灵武市主要农作物制定了农作物农药使用量零增长技术模式，推行一种作物一种病虫害绿色防控技术模式；抓好宣传培训，举办了全市农资经销人员培训班，对80多家的120名农资经销人员开展了农作物病虫害绿色防控技术培训，使他们在农药减量控害、绿色生态环保、农产品质量安全等方面的思想意识有了明显提高。2017年，全市各类农药的农田使用量为82.2吨，比2016年减少0.44吨。

【植物检疫】 2017年共完成检疫27批次，面积8840亩，数量584.3万公斤；共开展调运检疫12批次，调运植物及植物产品14万公斤；继续对稻水象甲疫情及时进行防控扑灭处理，防治面积5万多亩次；对西瓜细菌性果斑病进行了大面积统防统治。重点做了以下工作。一是抓好产地检疫和市场检疫执法检查。产地检疫实行产地检疫申报、田间实地检疫、签发产地检疫合格证等流程管理，对金灵州等灵武市辖区内三个种子生产重点企业加强产地检疫监管，为调运检疫奠定基础。市场检疫是对粮食、蔬菜种子开展市场检疫，在春季种子销售季节，会同农业执法大队对农作物种子市场进行检疫检查，重点对大中型种子生产繁育基地、经营企业和批发市场开展种子检疫执法检查。二是抓好重大疫情的监测调查和防控处置工作。成立了实施领导小组，制订了监测调查和防控方案，对调查项目的调查地点、调查时间和调查内容作了较为详尽科学周密的安排，为有效防控疫情、防止扩散蔓延、减少危害损失提供了依据。重点对稻水象甲在灵武市的发生分布范围、危害程度、传播途径和越冬场所进行监测调查，发现疫情及时逐级汇报，并尽快统防统治，进行扑灭处置。重点抓好细菌性果斑病检疫监管检查和监测防控。为抓好此病防控，春季开展了西甜瓜种子种苗经营和制种专项监管检查，先后向南京农大送检西瓜种子样品10份，对辖区内西甜瓜种子经营实行销售前送检，检测合格的种子、种苗准予上市销售。在崇兴镇顺天永久性蔬菜基地等地开展了西瓜细菌性果斑病的统防统治，预防了此病的蔓延，认真实施了农业植物重大有害生物疫情调查和监测项目，对西瓜细菌性果斑病、苹果蠹蛾、马铃薯甲虫等检疫性有害生物进行了监测、调查和防控。三是继续开展“植物检疫宣传月”活动。共开展现场宣传咨询活动3场次，出宣传车5次，印发各类宣传资料3000余份，张挂宣传标语和条幅10条，发送手机短信两条，接待群众现场咨询500余人次，参加培训200余人。四是加强宣传和技术培训。全市共召开培训会4次，培训1000多人次，重点开展稻水象甲、苹果蠹蛾、西瓜细菌性果斑病等检疫性有害生物的识别与防控知识学习培训，重点对农资经销人员、种粮大户、种粮企业、合作社等人员进行培训。五是加强制度建设，规范执法行为。完善植物检疫行政执法权力清单、责任清单、植物检疫行政权力运行流程和办事流程图；抓好许可事项的公开公示，做到各许可事项的公开公示；认真执行限时办结制，提高办事效率；文明执法，热情耐心接待每一个报检单位和个人。

农业机械化

【概况】 2017年，灵武市农机购买补助总资金880.605万元，其中自治区下达农机购置补助资金345万元，2016年结余农机购置补助资金485.605万元，截至2017年底，共使用补助资金683万元,结算补助资金336万元，补助379户受益对象购买农业机械1105台,带动农户和农民专业合作社投资2270万元。全市农机装备总动力32.8万千瓦，三大粮食作物的综合机械化水平达96.2%,机播小麦2.5万亩、玉米11.06万亩、水稻11.88万亩,其中精量旱穴播2.32万亩;完成秋翻地21.51万亩、机深翻13.51万亩、秸秆还田12.66万亩、秋施肥11.2万亩,均超额完成了任务指标。全年举办培训班共13期,培训农民1100余人。坚持“安全第一,预防为主、综合治理”的方针,以深入实施农机免费管理为抓手,以创建“平安农机”为主线,切实开展农机安全教育和整顿治理，积极预防和遏制农机安全生产事故发生，努力构建农机安全监管长效机制，确保农业生产持续稳定发展。

【农机化示范园区建设】 水稻机械化示范园区建设。完成激光平地、测土施肥、精量穴播、病虫草害统防统治示范推广1500亩,完成了土壤消毒、种子消毒、化学除草、稻瘟病防治4个环节的统防统治工作，召开水稻精量穴播现场演示会及无人机植保现场演示会各1次，开展“水稻新技术与新机具应用”“水稻低温烘干技术”培训讲座3期,培训合作社社员、农机手、种田大户共177人;开展了不同株行距播种机型对比试验及无人机与常规喷雾器植保对比试验。完成苜蓿机械化示范推广3300亩,完成了苜蓿四茬收割裹包青贮收获，召开了苜蓿机械收获现场演示会，开展了“苜蓿机械化生产技术”和“农机示范园区主推技术”培训讲座两期，培训相关人员190人次，开展了200亩苜蓿圆捆、方捆打捆机具对比试验、半干苜蓿收获贮藏和全干苜蓿收获贮藏对比试验及苜蓿割茬试验。

【农机技术示范推广】 一是农机新技术(穴播稻)示范推广。依托灵武市4家新型农业经营实体，引进新型水稻精量穴播机具6台,在梧桐树、白土岗两乡推广种植精量穴播水稻10735亩。召开了精量穴播现场演示会,开展了“精量穴播水稻种植技术”培训讲座,培训相关人员60人次,发放水稻精量穴播种植技术宣传单册100余份；开展技术指导服务24次,建立指导方案、工作日志、培训宣传等各类档案资料15份。二是机械化技术推广。依托宁夏绿先锋农业机械化服务有限公司和灵武市丰收机械化产业服务专业合作社，在梧桐树乡杨洪桥村建设2000亩水稻全程机械化示范区，在白土岗乡新华桥村建设2000亩玉米全械机械化示范区。举办了水稻机械化植保现场演示会,开展“农民田间学校”互动式、启发式培训2次,培训相关人员197次,参与现场指导23次,建立技术指导日志及农事记录等档案资料23份。

【粮食烘干体系建设】 在项目资金的支持下,引进了“海帝升”粮食烘干设备1套,在宁河农牧专业合作社建设批量处理200吨以上粮食烘干中心1个。建设100吨仓容的科学储粮库1个,举办“粮食烘干及科学储存粮”培训班两期,培训200余人,进行了粮食烘干试验示范，对烘干后的水稻进行了取样称量水分测试和破损率计算，为粮食烘干实验收集了第一手资料。

【机械化深松整地】 采用了公开招投标方式采购4家农机作业公司，开展农机深松整地及秸秆粉碎深翻还田示范，投入140马力以上大型拖拉机25台，安装北斗卫星农机作业精细化管理检测设备25套,举办机深松技术培训班1期，培训119人次，印发宣传资料2600多份,召开深松演示会4场次,编写深松整地作业简报14期,有力地保障了计划任务的完成。全市完成机械深松整地8.63万亩，超额完成了计划任务。主要做法是加强组织领导,提高认识，靠前指挥；严格程序,明确要求,分步实施;广泛宣传,周密安排怕,协调服务;强化监督,认真检查,确保质量。

【秸秆禁烧】 共悬挂宣传条幅92条,印发宣传传单1.5万份,张贴灵武市《关于严禁露天焚烧秸秆等废弃物的通告》102张，出动宣传车巡回宣传50次,举办培训班两期,培训农民120人次。派车辆和人员巡回到各乡镇进行检查,并与各乡镇紧密配合，发现一处点火,立即电话通告辖区各乡镇及时采取制止措施,全年共发现焚烧秸秆现象70多起,上报巡查通报4期。农牧局将110台割灌机送下乡，清除收割沟渠杂草,并进行废弃物利用。通过以上措施杜绝了成片焚烧秸秆的现象。

【农机安全监理】 一是继续做好安全宣传教育工作。充分利用元旦、春节、春耕春播等重要节点，组织干部下乡开展农机安全宣传教育活动，共印发各种农机安全宣传资料5000余册（单），发送手机短信16600条，在田间地头新制作安装大型宣传栏27块，更换2016年安装的已破损的大型宣传栏17块；在“五送两带一帮”活动中帮扶村和共建小区悬挂各类宣传条幅66条；编发农机监理信息简报35期，其中被国家、自治区、银川市、灵武市采用22篇，被电视台报道5篇；在灵州广场和崇兴镇农资市场开展了大型安全宣传活动，还通过召开安全联组组长会议和举办农机驾驶员安全教育培训班等形式广泛开展农机安全宣传教育工作。二是认真落实安全生产责任。市政府与各乡镇和农林场、市农机监理站与各乡镇行政村、作业公司、农机专业合作社及农机安全联组签订了农机安全生产目标管理责任书，层层落实了安全生产责任制。按照“安全生产年”“安全生产月”和“三夏”等安全生产工作的要求，组织开展了农机安全检查巡查，共出动82车次、316人次，检查拖拉机、联合收割机390余台，检查农机驾驶操作人员180余人次，查处一般农机安全隐患14条，当场整改14条，检查填写农机安全巡查记录表400余份。积极参与开展“四位一体”联合执法集中整治活动，配合有关执法单位，分成4个检查组在灵武市周边主干道开展了夜间集中整治超限、超载、渣土运输及非法运营等违法违章行为，查扣超限、超载、渣土运输及非法运营等车辆100余台，有效打击了灵武运输车辆违法超限、超载等行为，确保了安全生产。紧抓“三夏”“三秋”节点，积极与公安交警联合执法，对上道路运输、田间收割作业的拖拉机、联合收割机及农机驾驶员开展了安全检查，共出动检查车12车次，84人次，有效预防了农机安全事故的发生。三是继续做好农机免费管理基础服务工作。农机检验审验工作早安排早实施，从3月20日开始，由站领导带队，组织单位监理人员，统一着装，深入各乡镇、农林场和村队进行工作对接，确定具体时间和地点，按工作要求进村入户开展拖拉机、联合收割机免费入户挂牌、免费安全技术检验、驾驶员免费年度审验、驾驶操作人员免费培训考试办证等工作。共办理拖拉机入户140台、联合收割机入户24台，检验拖拉机、联合收割机4672台，喷漆喷号912台，审验驾驶员2466人；换补农机驾驶证23人；组织农机驾驶员安全教育培训班22期，培训1235人，其中18人考试合格，颁发了拖拉机驾驶证。

【农机监理亮点】 筹办了银川市农机事故应急救援演练。2017年6月30日，银川市农机安全事故应急救援演练在灵武市梧桐树乡沙坝头村组织开展。演练由灵武市农机监理站负责筹备，准备工作充分，演练形式逼真，贴近实战，达到了预期效果，受到了自治区农机监理站副站长程岚的好评。举办农机手大赛灵武市选拔大赛活动。活动于2017年7月19日在灵武农场二站举行，经过3天激烈角逐，产生了集体一、二、三等奖和个人移库、挂接、钓鱼单项及三项全能冠亚军，不仅为参加全区农机大赛选出了优秀选手，而且促进了技能提高。组织参加了第二届农机手大赛暨第四届中国农机手大赛宁夏选拔赛。9月20—22日，组织3名参赛选手参加了此次选拔赛，经过激烈比赛，参赛选手杨小岭、崔小科、杨海峰分获第一名、第十五名和第二十五名的好成绩，全部获得了参加全国农机手大赛资格。建设灵武市标准化农技培训考试检测基地。在项目资金支持下，将在灵武市同德机械化作业服务专业合作社建设一个集农机驾驶员培训、考试、农机检测于一体的标准化检测基地。

畜牧养殖业

【概况】 2017年，畜牧养殖业以促进农民增收为核心，以工业化发展理念谋划发展现代畜牧业，认真实施草畜产业四大转型工程，加快传统特色产业提档升级，融合一、二、三产业发展，推进畜牧业转型升级，力促农业结构进一步优化，主要产业持续增效，特色优势产业发挥集群效应。同时抓好草原管理和建设、动物疾控和动物卫生监督等项工作。全市羊只饲养量达到360万只，同比增长1.7%；牛饲养量达到7万头（其中奶牛存栏3万头），与

2016年持平；生猪饲养量达到26.4万头，同比增长1.5%；家禽饲养量达到331万头，与2016年持平。全市畜牧业总产值达到27.09亿元，农民人均收入3157.5元。

【羊产业】 实施肉羊转型增效工程，力促羊产业健康发展。制订了《灵武市加快推进特色优势产业现代化建设主攻方向实施方案》和《2017年畜牧业发展工作要点》。完成了灵武市现代化农业扶持政策羊产业奖补资金兑付及政策修正工作，兑付资金95万元。召开了草畜产业转型技术培训会，邀请自治区草畜产业专家进行政策解读、国内外市场分析、关键养殖技术、新机械新品种应用等方面知识讲解，引导养殖户转型升级，并充分发挥草畜产业专家服务团人才优势，研发了肉羊专家决策系统（APP），在全市60家养殖场推广使用。积极申报国家发改委标准化规模肉羊养殖场建设项目，争取到项目资金135万元，创建自治区级、银川市级和灵武市级节本增效示范点分别为2个、8个和48个；争取到农业产业化项目资金44万元，指导示范户制订节本增效科技示范点建设实施方案，并认真组织实施。新建白土岗肉羊养殖基地1个，改建饲养千只肉羊场6个，规模提升盘活万只肉羊养殖园区（场)8个，培育自繁自育科技示范户500户。大力推广“滩寒杜”三元杂交、羔羊早期断奶及补饲、腹腔镜人工授精等技术，实现了转型增收、节本增效目标任务。积极与宁夏亿美生物科技有限公司洽谈，新建了羊奶加工生产线，为羊奶销售提供了市场。争取项目资金256万元，为700户养殖户配送颗粒粗饲料4822吨。争取自治区农业产业化项目资金32万元，在全市推广滩羊种公羊400只；利用市级财政资金购置营养性微量元素、舔砖30吨，支持155家规模养殖场提高羊肉品质和养殖效益。加快“灵武山草羊”品牌建设宣传力度，指导宁彝源专业合作社等经营主体在区内外新增灵武山草羊专卖店10个，通过“互联网+养殖户+特色农产品”模式在灵武电商园开设O2O实体店，在淘宝网注册网站等进行线上宣传、线下交易，累计推销灵武山草羊肉1050吨，产品远销北京、上海等大城市。利用专项工作经费开展肉羊颗粒饲料及APP配方饲料对比试验，探讨草料科学配方。

【牛产业】 实施优质奶源基地提升工程，力促奶产业健康发展。加快推进奶牛“出户入园”工程建设，新建千头奶牛牧场两个，完成了基础设施建设和奶牛补栏。强化品种改良，引入澳洲优质荷斯坦奶牛1500头，引入优质冻精两万枚，改良奶牛0.5万头。投资11020万元，建设国家发改委标准化规模奶牛场5家，创建银川市和灵武市奶牛节本增效示范点6个，推广奶牛隐性乳房炎控制等技术7项。强化生鲜乳监管执法，对全市生鲜乳收购站、运输车及养殖户进行全覆盖监管，监管率达100%。争取国家畜禽粪污资源化利用整县推进项目资金1608万元，在全市9家规模奶牛场配套建设粪污综合处理设施。实施肉牛扩群增量工程，促进肉牛产业发展。依托国家、自治区专项资金，新建和扩建规模肉牛场3个，补栏肉牛600头。建设银川市和灵武市节本增效养殖示范场5个，全面推广节本增效生产技术。强化品种改良，推广肉牛优质冻精600枚、胚胎100枚。组织全市肉牛规模养殖场到区内各市开展肉牛养殖技术及产业政策观摩培训，培训27人次。争取国家专项资金339万元，在灵武市9家规模肉牛场配套建设粪污综合处理设施。实施优质饲草保障工程，提高养殖质量。以健全饲草料流通服务体系为抓手，加快饲草料商品化供应，推广粮草兼顾、农牧结合、循环发展的新型种养结构。通过招标、协议采购等方式确定企业生产供应颗粒饲料4822吨，通过种养结合，订单种植青贮玉米3.5万亩，制作玉米青贮饲料15万吨；争取产业化项目资金80万元，推广制作包膜苜蓿青贮1.4万吨，确保了养殖业饲草供应。

【生猪、家禽产业】 加大生猪品种改良力度，引进长大、大长及杜洛克等优良种猪1500头，进行优质瘦肉三元商品猪生产。推广规模养殖场粪便无害化处理和资源循环利用模式，完成规模化畜禽养殖场粪便污水贮存、处理、利用等配套设施建设60家，规模养殖场粪污处理设施配套率达90%，全市粪污资源化利用率达85%；在升旺生猪养殖专业合作社建环境监测点1个，建自治区生猪标准化养殖科技示范点1个，示范推广生猪标准化养殖技术5项。开展畜禽禁养区划分工作，编制完成了划定方案，经市政府审定通过，并上报上级主管部门备案。加快招商引资步伐，引进北京玉龙建设工程公司在银湖公司发展5万只林下特禽养殖项目，多次与正大集团对接，拟建6万头生猪养殖场。对全市1.6万头能繁母猪和引进种猪给予补助，扶持生猪产业发展。

【亮点工作】 一是宁夏兴源达农牧有限公司新建千头奶牛场后，引进国外良种奶牛，使千头澳洲奶牛漂洋过海“落户”灵武，填补了灵武市无优质进口奶牛的空白。二是养羊用手机软件，销售靠电商平台，互联网助推灵武肉羊养殖转型增效。灵武市畜牧技术推广中心依托宁夏农科院，联合宁夏思创智图软件开发公司，共同研发出肉羊日粮配方专家决策系统(APP)，并与养殖户联网，使养殖户免费用上手机软件，从根本上解决了养殖生产中对专用饲料配方的需要。为全力打造“灵武山草羊”地理标志证明商标品牌，在灵武电商园开设O2O实体店，在淘宝肉站注册网站，通过电商平台进行线上宣传，线下交易，使“灵武山草羊肉”远销北京、上海等大城市。三是“互联网+”为奶产业增添科技配方。宁夏沃源犇洲农民专业合作社2000头荷斯坦奶牛牧场应用“互联网+”管理技术，在奶牛脖子上佩戴项圈，利用红外线识别技术收集每头牛的运动量、采食量、挤奶量和牛群概况等数据，再将数据上传到电脑管理系统，使管理和养殖人员随时可掌握养殖等情况，实现了奶牛养殖管理的科学化、精准化、高效化。四是多措并举、节本增效，养羊基本实现了机械化作业。为深入推进自治区“1+4”主导产业发展，实现草畜产业节本增效，畜牧技术推广中心通过科学合理设计机械化养殖圈棚，采用机械化饲草料全混合日粮配方、分段饲喂、补栏饲喂、自动化药浴等措施，从根本上节约了养殖人工成本、饲草成本和疫病防治成本。2017年5月11日，央视7套《科技苑》栏目以《不一般的灵武滩羊》为题进行了专题报道。五是生鲜乳实行“诚信积分监管”，将违规违法企业拉入黑名单。为进一步加强生鲜乳质量安全管理，畜牧技术推广服务中心制订《灵武市生鲜乳诚信积分方案》，启用“诚信积分法”监管生鲜乳。“诚信积分法”满分12分，周期12月。执法人员在执法时如发现生鲜乳收购点或生鲜乳运输车辆在一个周期内有违规违法现象，将扣除相应分值。在一个周期内被扣分满12分者，当即被列入“黑名单”，要求永远不涉入此行业，如当年未扣满12分者，将按一定的时间节点清零，重新记录。这一办法的实行使灵武市生鲜乳市场基本得到规范管理，未发现生鲜乳非法添加物现象。

【动物疾控】 通过预防消毒、疫情排查、集中免疫、流行病学调查、疫病监测等防控措施，有效推动动物防疫工作有序开展。2017年，共完成各类畜禽免疫430.81万头(只)、高致病性免疫禽流感85.91万头(只)、猪瘟免疫25.02万头、新城疫免疫86.2万只、高致病性蓝耳病免疫1.51万只、小反刍兽病免疫67.8万头只、布病免疫16.68万只、羊四防免疫9.43万只、羊痘免疫11.75万只，应免畜禽免疫密度及二维码戴标率均达100%；消毒畜禽圈舍800.67万平方米。共开展流行病学调查5次，调查养殖户365次、畜禽28.29万只(羽)。对全市7个乡镇的366户散养户、82个规模养殖场(含区、市定点检测点)进行了随机采样，共采集血样1575份，进行实验室抗体水平检测5473分，平均合格率为74.4%，达到了国家规定的水平。并及时出具检测报告，送达到各乡镇畜牧兽医站及规模养殖场，要求对不达标的畜种加强免疫，查漏补缺，不留免疫死角。继续做好奶牛“两病”监测工作，完成奶牛布鲁氏菌病监测2283头、结核病监测1355头。做好血样送检工作，完成自治区银川市送检血样600份，送检禽流感病源咽肛拭子80份、马川贫血23份、非洲猪瘟抗凝血100份、羊脑组织50份。继续做好政策性养殖业保险工作。保险能繁母猪7340头、奶牛20054头、基础母羊512888只，有效降低了养殖风险。共免疫接种羊16.68万只、犬驱虫4765条。开展了家禽H7N9专项流行病学调查、补免、消毒等工作，共调查养殖户245户、家禽16.8万羽，并及时与卫生、工商等部门协调配合，互通信息，全市没有发现疫情。

【动物卫生监督】 一是加强规范规模养殖场监管。对全市 172 家规模养殖场全面推行规范化管理，细化量化分役管理体系，强化动物免疫、动物检疫、隔离观察、消毒、动物防疫条件执行等方面的监管，确保每月监管一次以上。完成自治区饲养环节牛羊“瘦肉精”检测 164 份，自行检测 468 份。二是规范动物检疫。全面推行动物检疫电子出证系统，狠抓动物产地和屠宰检疫操作规范，严把关口，做好各项登记，确保屠宰检疫率和检出病害肉无害化处理率均达 100%，全年共进行动物屠宰检疫 65876 头只、动物产地检疫 70104 头只，处理病害肉 11497 公斤；完成屠宰环节“瘦肉精”检测 3484 份。三是积极开展动物检疫专项整治活动，制订工作方案，规范东塔乡兽医示范点建设，对全市 26 名乡村兽医进行了登记备案，并对其中动物诊断情况进行了跟踪监督。四是加大执法力度。严格执行农业部“六条禁令”和“五不得”要求，坚决杜绝官方兽医不检疫就出证、发现违法行为不查处的行为，切实做好动物和畜牧业投入品的经营、流通、使用等环节的督察。全年共立案查处各类违法违规案件 6 起。五是严格审查动物防疫条件。对全市 14 家养殖场申请办理的动物防疫条件合格证进行了审核，并对 12 家符合条件的养殖场办理了合格证；对全市 89 家已办理动物防疫条件合格证的养殖场进行了年度审查。六是认真实施病死猪无害化处理补助项目，广泛宣传，举办专题培训班，加快无害化处理设施建设，共建焚烧炉 136 座、发酵化尸池 52 座，向各类场所发放消毒药 6 吨。按程序按要求处理病死猪 15092 头，沟渠路坝排查处理各类病害动物 3922 头只。

【兽药饲料监管】 开展兽药饲料专项整治工作。对全市两家饲料生产企业、15 家兽药饲料经营企业、65 家养殖场及 1 个乡村兽医诊疗点进行了全面监管和整治，进行兽药经营使用环节进、存、用全程监管和指导，全面落实兽医使用制度。严格按照质量监管体系规定对进、存、销环节进行监督检查；采取听汇报、现场检查、看内业及质量文本、及时提问等方式，对兽药达到 GSP 要求的兽药经营企业进行了认证，共认证 GSP 企业 13 家，并由农牧局核发了兽药经营许可证。对经营生物制剂场所的采购、来源、贮藏、销售、使用及登记等情况进行了 4 次督察。为 7 家兽药经营单位和 5 家规模养殖场申报配发了在线追溯设施，为 12 家兽药在线追溯单位上报了兽药产品信息，为新增的 6 家兽药产品追溯经营单位配发了有限扫描机(PGS)设备。搞好兽药饲料质量及畜产品质量检测，完成自治区、银川市下达的动物及动物产品兽药残留监控畜产品抽样 41 批次，随机抽取 3 家兽药经营企业、3 家规模养殖场的 10 个兽药产品进行了检测，完成养殖环节“瘦肉精”检测 164 份，检测结果为阴性。加强兽药 GUP 建设，对双源合作社和兴源达奶牛场的兽药 GUP 试点工作进行了指导建设；对已推广的兽药 GUP 试点的 24 家规模养殖场，统一制度和记录，加强养殖场用药安全监管，严格执行兽用处方制度和药物休药期制度。检查企业两家，下发整改通知书两份。开展兽药(抗菌药）综合治理行动，制订了《灵武市兽药(抗菌药)综合治理五年行动方案》，发放相关宣传资料 302 份(本)，签订《宁夏回族自治区守法依规使用兽药承诺书》237 份，严格落实兽药休药期制度。

【畜禽定点屠宰监管】 多次召开畜禽屠宰监管专题会，落实屠宰企业主体责任，明确监管任务，并与屠宰企业签订了质量安全监督责任书。开展了畜禽屠宰监管“扫雷”行动及安全生产等专项整治活动，及时上报了专项整治活动信息，共立案查处违法案件 3 起。对 4 家屠宰企业进行了全面检查，对检查中不符合的项目要求限时改正，并对改正情况进行落实追踪。严把屠宰企业食品质量安全关，严禁定点屠宰企业收购、屠宰、加工、销售病害肉、注水肉，坚决杜绝含瘦肉精的动物进入屠宰场；全面落实“四本台账”制度，实施监管痕迹化管理；驻场官方兽医对每批量屠宰畜禽进行“瘦肉精”和水分含量快速抽测，切实保障动物产品质量安全。严格执行屠宰环节病死动物和病害肉无害化处理制度，发现病死动物和病害肉，经驻场官方兽医签认后及时进行无害化处理，完善档案资料，作为申报屠宰环节病死动物和病害肉无害化处理补贴资金的依据，全市共进行无害化处理病害肉品 9540 公斤。在畜禽定点屠宰监管中，积极推行官方兽医派驻场包片和动物检疫全过程监管模式，严把屠宰的入场、待宰、同步检疫、宰后处理等关，并完善设施设备配置，规范出证流程，实现畜产品质量安全快速追溯，确保肉品质量安全。

【草原管理和建设】 持续开展形式多样、针对性强的草原普法宣传月活动，共出动草原执法流动宣传车 28 车次 189 人次，进乡村，进农户，进学校，重点宣传《草原法》等法律法规，印发宣传材料 1.8 万份。强化禁牧封育监管，长期进行不定期督察，2017 年共出动执法车辆 198 车次 752 人次，查处偷牧羊群 126 群，查出偷牧圈点 78 处。持续开展草原普法宣传教育活动，共开展普法宣传 17 场次，受教育面达 5722 人次，累计发放普法宣传资料 5800 份。完善和规范草原征占用审核审批规程，建立相关部门联动机制，规范征占用草原审核审批程序，杜绝越权批准或违反法定程序征占用草原行为。加大市上督察和乡镇监管力度，坚持不定期开展督察，建好巡查台账，落实主体责任，严厉打击偷牧行为，确保全市禁牧封育工作常抓不懈，取得实效。推广优质牧草种植，促进草畜产业持续健康发展。投资 76 万元，在白土岗、崇兴、白芨滩自然保护区种植西蒙 6 号优质牧草 2452 亩。积极争取草原鼠害防治项目资金，认真监测草原鼠虫病情，在鼠虫害较为严重的白土岗乡大面积开展防虫灭鼠工作，完成草原灭鼠 3 万亩，投放毒饵 1.7 吨；完成草原灭虫 16 万亩，制作虫害告示牌 80 个。认真调查，圆满完成了自治区草原综合植被覆盖度约束性指标数据的采集工作。对全市 50 个数据采集点的植被组成、盖度、高度、物种数量、植被长势、鲜干草产量等项目逐点进行了调查采集，形成了调查报告，上报上级主管部门。加强草原防火工作，确保草原资源安全。深入开展草原防火责任落实行动，多措并举，切实做好草原防火工作。协调市政府、各乡镇及成员单位签订了《2017 年草原防火、禁牧封育目标管理责任书》，明确主体责任，层层抓好落实，确保了草原防火设备、物资及人员长期处于战备状态。全面落实草原防火隐患排查制度，在防火重点区域排查隐患，设置警示牌，发现火灾隐患及时排除。继续坚持执行市、乡(镇)、村三级草原防火 24 小时值班制度，认真做好值班记录，一旦发生火灾立即上报。认真开展禁毒宣传月活动，累计宣传 1200 人次，发放各类宣传资料 6000 份。把麻黄草监管工作作为禁毒工作一项重要内容，严格细查和监管。不仅对麻黄草实行严格的采集证制度，而且对麻黄草的种植、采集、销售、拉运等各个环节实行全程监管，依法严厉打击非法采集、买卖、贩运麻黄草的违法犯罪活动，确保麻黄草监管取得了实效。

水产养殖业

【概况】 2017 年，水产养殖业按照“转方式，调结构，优布局，促增收”的总体思路，创新举措，挖潜蓄势，扎实工作，全力推进现代渔业转型升级。2017 年水产品产量 5645 吨，渔业总产值 1.1 亿元，同比分别增长 2.15%和 1.02%。

【标准化养殖基地】 在梧桐树乡李家圈村金河渔业养殖基地建设减排环保、优质高效的池塘标准化健康养殖示范场，推广标准化健康养殖、低碳高效循环流水养殖、物联网智能控制管理、池塘底部生物改良、水产品质量全程监控、稻渔生态种养等主推技术，实现 6 大关键技术有机融合，达到养殖生产零排放、零污染；开展水产健康养殖示范场创建，创建国家级健康养殖示范场两个。

【新品种养殖】 引进、试验、示范和推广中科 3 号、斑点叉尾回、鲈鱼、武昌鱼、南美白对虾、泥鳅、河蟹、乌鳢、超级鲤、框镜鲤、小龙虾、瓯江彩鲤、翘嘴红白、赤眼鳟、鲶鱼等 15 个名优新品种，主养 1320 亩、稻鱼综合种养 1500 亩、套养 1050 亩，产量分别为 940.26 吨、13.15 吨和 10.7 吨，平均亩产分别为 712.32 公斤、8.77 公斤和 10.19 公斤。为促进名优新品种养殖，在南北养殖核心区域各创建一个名优新品种养殖示范场，辐射带动周边名优新品种养殖。在示范场配备水质溶氧在线监测、信息化养殖等机械设备、手机远程遥控系统和生产监控，推广物联网技术应用、标准化健康养殖、池塘底质水质改良、水质调控、信息化管理等技术，实现了渔业装备现代化、养殖技术标准化、养殖品种名优化。从养殖效果看，主养产量较高，平均亩产 712.32 公斤，平均亩产较高的有乌鳢、超级鲤、武昌鱼等；套养和稻鱼综合种养产量较低。在主养中，框镜鲤、南美白对虾亩产较低，平均亩产只有 100 多公斤。

【现代渔业物联网基地】 在郝家桥镇上滩村东泉和梧桐树 9 队黄峰渔业养殖基地各建一个现代渔业物联网基地，通过建立完善水产养殖智能化控制系统、水产品质量安全追溯系统和网络视频监控系统，组装和集成计算机、网络、无线传感和水产科技等多项新技术，实现了鱼塘各类设备智能化控制与环境实时监测；实现了各个养殖基地视频集中展示与集中管理，达到了基地苗种培育与健康养殖的质控和智能控制目标，使劳动成本降低 30%、苗种培育成活率达 80%、成鱼越冬成活率达 95%，提高了养殖品种质量安全，实现了基地集约化、专业化管理，达到了无公害集约化养殖控制要求。

【草鱼轮捕轮放高产高效养殖】 2017 年，在黄峰、鲲鹏等 7 个渔业专业合作社实施草鱼轮捕轮放高产高效养殖项目，面积为 850 亩。改变传统的养殖技术，以轮捕轮放养殖技术为核心，组装配套渔业标准化健康养殖技术，搞好饲养管理、病害防治和水质调节，实现了高产高效目标。655 亩成鱼平均亩产达到 1530.5 公斤，平均亩产值 1.45 万元；195 亩苗种，平均亩产 751.5 公斤，平均亩产值 0.9 万元，均实现了计划目标，起到了示范带动作用。

【低碳高效循环流水养殖】 在金河、灵水两个渔业专业合作社建设低碳高效循环流水槽 9 条(单条 110 立方米)。外循环池塘总面积 110 亩，配套相关设施和设备。通过气体式增氧形成的流水养殖池高密度养殖系统、简易自动粪便收集系统、外塘水体生物净化系统、物联网管理系统四大系统科学组装，将传统池塘开放散养革新为人为操控下高度集约化和质量安全控制的循环流水“生态圈养”模式。技术要点是：在砖混结构的养殖槽中安装纳米微孔增氧的气体提推水动力装置，形成高溶氧气流，构建吃食性鱼类的“圈养区”；变以往投喂的沉性硬颗粒饲料为膨化浮性饲料，提高饲料的利用率，降低因投食沉性硬颗饲料对水体的污染，降低鱼药用量；养殖污水实现了零排放，残剩沉淀的饲料及鱼粪被有效收集和清除；按照具体要求投放鱼种、投饵，加强日常管理，及时回收粪便及废物，及时防治病害。金河渔业专业合作社 70 亩循环流水养鱼平均亩产 1128.6 公斤，平均亩产利润 8380 元；灵水渔业专业合作社 40 亩循环流水养鱼平均亩产 890 公斤，平均亩产利润 321.5 元。

【生态陆基渔场种养模式】 2017 年，在金河渔业养殖基地进行生态陆基渔场种植模式示范，示范面积为 1500 亩。采用“早旋田、早泡田、早放苗、生物除草、测土施肥、测水调控、生态防病”等技术操作方法，对稻田进行标准化建设，形成两档一路一渠一沟，每个单元的稻田四周田埂加高加宽，在每一块稻田埂边开挖环形养殖沟，按照稻蟹种养的要求配套相关设施和设备，采用 6 种种养模式，即水稻、鲫鱼种养；水稻、泥鳅种养；水稻、瓯江彩鲤种养；水稻、小龙虾种养；水稻、河蟹大眼幼体种养；水稻、商品蟹种养。示范结果：水稻平均亩产 500 公斤，亩产值 1500 元；鲫鱼、瓯江彩鲤、泥鳅平均亩产分别为 74.5 公斤、38.8 公斤和 26.3 公斤，平均亩产值分别为 894 元、1552 元和 526 元；虾、河蟹和河蟹大眼幼体培育扣蟹平均亩产分别为 5.3 公斤、7 公斤和 14.7 公斤，平均亩产值分别为 371 元、560 元和 587 元。

【渔政执法】 对渔业安全用电严加管理，树立必要的警示牌；对渔用机械的使用、维修、管理要专人负责，严禁无证驾驶上公路；对具有消毒船只的养殖场点，要求必须配备救生衣，操作时严禁穿水裤；架设投饵机要科学合理，选材安全，架设必要的防护设施；施药操作要采取有效的防护措施，防止药物中毒。继续加大黄河休渔期管理和执法力度，继续加强宣传教育，彻底排查“三无船只”等违法违规行为。共给沿河各乡镇及有关单位印发休渔通知12份、宣传单600份，张贴休渔通告65份；取缔违规作业渔船3艘，没收处理各类违规渔网6副，清理密眼台网3张，收缴地笼两副。深入扎实地开展水生野生动物保护宣传培训工作，结合水生野生动物保护宣传月活动，深入开展了标语宣传、现场讲解、新闻宣传、培训教育宣传等活动，发放宣传材料1400份。将“进学区”“进景区”“进社区”“进渔场基地”四进工作作为宣传教育重点，让广大师生、居民充分认识保护水生野生动物的极端重要性，更加关注爱护和善待水生野生动物。继续开展增值放流活动，共向市区和各水库、湿地、新区水系等地放流大宗鱼类2.9万斤、5.8万尾。组织开展了“安全生产年”“安全生产月”“平安渔业示范县”等宣传月活动。

【渔业安全生产和水产品质量安全】 2017年，与45家专业合作社、养殖场、垂钓中心签订了水产品安全生产责任书，明确责任，落实任务，增强责任感。继续开展水产品质量安全宣传，在集市、学校、医院等人员密集场所发放宣传材料300多份，直接宣传群众240人次；利用展板宣传300多人次；还采取在养殖示范场、无公害水产品生产基地、苗种生产基地和具体负责人、管理人员办培训班及拉展板到广场讲解宣传等形式，对相关人员进行水产品质量安全教育。继续开展水产品质量安全专项检查，强化质量安全监管和渔业安全生产责任落实，重点对水产品中违禁使用硝基呋喃类代谢物、喹乙醇、孔雀石绿等违禁药物进行监督检查，监管率达100%，全年共开展水产品质量安全大检查12次。对水产品开展送检，共送检49个样品，送检合格率达100%。对养殖企业开展定期巡查和不定期抽查，共检查和抽查40余次，出动检查人员100多人次，未查出违禁投入品。加大督察力度，杜绝无证生产和非法引入行为，一经发现隐患，立即督促生产单位加以整改，严防不合格产品上市销售。全年进行水产品质量安全产地水产品随机抽样15个，市级例行抽样34个，综合合格率达100%。大力推广安全用药技术和方法，科学防病和合理用药；严格执行休渔期制度；积极推行处方制度；继续推进标准化健康养殖技术，最大限度地预防和减少水产品质量安全事故的发生。

【渔业病害预测及防治】 在3个测报点定时进行鱼病检测，预测预报各种主要病害和虫害的发生趋势，提出预防治疗措施，及时填写上报报表。严格进行外调鱼苗检疫，共检疫各种鱼苗1444.2万尾、河蟹苗1240万只、南美白虾苗108万尾。继续做好病害防治工作。重点做好寄生虫病害、细菌性病害、营养性疾病和水质藻类病害及草鱼吸肠孤病毒的防治工作，2017年共检查检测各类鱼病65次，对查出的鱼病及时进行防治。

项目建设

【概况】 2017年，灵武市农牧局包装策划农业招商项目22个，组织赴山东、福建、兰州招商6次，对接兰州正大集团、山东巨黄集团和日照华美公司等招商项目11个，实际到位资金2.86亿元，争取和实施农牧业项目68个，争取到项目资金11789万元，其中，农业支持保护补贴2305.7万元、农机购置补贴747.6万元、其他项目资金补贴8735.7万元。

【农业项目】 共争取和实施项目12个，争取项目资金3004.635万元。高标准新建设施农业项目，争取项目资金2492万元，补贴农户建造日光温室4596亩。水稻绿色高产高效创建项目，补贴资金200万元，建设高产高效核心示范区1万亩、植保社会化服务核心示范区3万亩。优质粮食产业发展项目，争取资金120.135万元，用于冬牧70黑麦复种模式集中示范和3个综合服务站建设。其他项目9项，争取项目资金192.5万元，用于技术示范、病虫害防治。农业生产救灾、农业面源污染治理、富硒农产品示范基地建设、农业社会化服务站建设、耕地保护与质量提升等方面。

【畜牧项目】 共争取和实施项目11个，争取项目资金1748.8万元。标准化一体化建设项目，补助资金732万元，扶持养殖大场建设标准化牛舍和饲草料库青贮池等设施。加快发展现代农业项目，补助资金 498 万元,用于牛羊产业发展。农业产业化地方板块项目，补助资金 200 万元,用于种猪引进和能繁母猪补助，分别为 2367 头和 16068 头。草畜产业饲草料加工利用项目，补助资金 180 万元，包膜牧草青贮 8000 吨，收储作物秸秆 1 万吨。其他项目 8 项，补助资金 135.7 万元,用于节本增效示范、种公良种引进和见犊补助等方面的补助。

【其他畜牧项目】 争取项目 9 个,争取项目资金 658.78 万元。疾控中心 2017 年动物保护项目两项，用于畜禽防疫,共 504.7 万元。卫生监督所病死猪无害化处理、执法人员培训、饲料监管 3 个项目，补助资金 103.58 万元，其中病死猪无害化处理 11948 头，补助资金 95.58 万元。草原管理和建设项目共 5 项,补助资金 54.5 万元，用于草原灭鼠灭虫、草原监测、草原防火、补播牧草、生态保护等方面。

【水产养殖项目】 争取和实施水产养殖项目 10 项,争取项目资金 176.56 万元,用于新品种引进、技术推广示范和推广、示范园区建设、物联网建设等方面。

【农机项目】 争取项目 6 个，争取项目资金 410 万元。农业机械技术推广项目 5 项，争取资金 391 万元，用于机械深松及秸秆粉碎深翻、机械化谷物烘干、示范园区建设、新技术推广等方面的补助。农机监理免费管理补助,共 19 万元。

【农经管理项目】 争取项目 6 项,争取项目资金 266.59 万元，用于专业合作社和家庭农场经济发展、社会化服务站建设、规范化管理和农村土地承包经营确权登记等方面。

【农业行政执法项目】 争取项目 5 个,争取项目资金 191.4 万元，其中农业执法大队项目 3 项,争取资金 79.4 万元,主要用于农作物种植提升、投入品检验、定性处理及在线管理系统建设；农产品质量检验安全站项目两项,补助资金 112 万元，用于农产品可追溯体系建设和“三品一标”认证。

【大型沼气池工程建设项目】 争取项目资金 1878 万元,建设沼气发酵池 600 立方米、3000 立方米厌氧反应器 4 套、3000 立方米柔性气柜两套，配套相关设施和设备。

【其他项目】 共 6 项，争取项目资金 400.9 万元,其中农牧局项目两项，补助资金 207.5 万元，用于新型职业农民培育工程建设和农技推广体系改革与建设补助;产业办项目 3 项,补助资金 163.4 万元,用于组装式冷藏车建设和龙头加工企业经济运行态势检测;生产办项目 1 项，即农业综合信息服务平台建设项目,补助资金 30 万元。

农业行政执法和农产品质量安全监管

【概况】 2017 年，灵武市农牧局坚持“着力治本,标本兼治,打防结合,综合治理”的原则，认真落实农资监管责任，继续开展农资打假活动，整顿规范农资市场秩序,保护消费利益。按照“预防为主,源头治理,全程监管”的原则,强化监督检测和执法监管，确保全年不发生农产品质量安全事件，维护人民群众“舌尖上的安全”。

【农资打假】 继续结合“12·4”法制宣传日、“3·15” 维权消费日宣传农业法律法规,发放《种子法》读本 3000 份、《农药管理条例》100 本、宣传单 3200 份;举办农业投入品投入管理和农资营销人员培训班各两期，分别培训 50 人和 280 人。制订了农牧局“七五”普法规划和年度普法计划，明确了具体任务和措施；举办了 1 期农牧系统执法人员培训班，培训持证执法人员 140 人;订制普法笔记本 300 本；组织 216 名干部参加了无纸化网络普法学习考试，积极组织参加区、市举办的各类执法人员培训班，提高执法人员的业务水平。继续采取农业执法与相关部门联合执法的方式,围绕重点地区、重点品种，重点查源头,注重事前监管,着重查处无证生产经营等 6 种违法行为。2017 年,共出动执法人员 366 人次、执法车辆 82 辆次，检查网点 86 家。在种子经营方面,实行备案制,要求种子生产和经营单位或个人全部在种业信息网上备案，并提供资格证明及相关资料。在化肥经营方面,要求外省区生产的复混肥、掺混肥一律在自治区级质检所检验,凭检验报告备案后经营。在农药经营方面，要求经营者一律在网上备案登记，贴码销售，同时实行处方笺销售制。2017 年上半年审核企业备案

52家，确保了网上备案的及时性。为5家种子生产企业进行了网上审核和纸质材料审核，上报变更了生产经营许可证。春季配合自治区种子站抽检农作物样品8个；夏季对灵武市辖区4家杂交玉米制种企业生产的种子进行了转基因抽检，抽检样品7个，进行果穗真实性样品抽检6个；配合市场监管局抽检化肥经营企业23家、44批次；企业自检48批次，抽检样品92批次，注重事前监督，逐步建立健全了农资生产环节与流通环节的质量检测制度。全年共受理投诉29起，邀请专家田间现场鉴定3期，为农民挽回经济损失12.6万元。为36家企业做好种子、化肥、农药投入品网上录入工作，确保在线系统正常运行。

【农产品质量监管】 利用"12·4"法制宣传日宣传农业法律法规，发放宣传页6430份；全年办各种培训班3期，培训营销和执法人员359人次；组织执法人员参加区内外培训6期，培训24人次；组织开展3次送法下乡和放心农资下乡等宣传活动，印发宣传资料1.2万份，展示了优质种子和化肥，接受咨询2210人次。继续采取联合检查和单独检查相结合的方式，突出监管重点，围绕重点品种和重点市场开展市场"六查"。全市出动车辆89辆次，出动执法人员168人次，检查批发企业5家、代销网点86家，查获标签不符合规定种子158公斤、假冒农药100瓶，立案查处两起，罚款10881元。全市有43个品种通过了中国绿色食品发展中心认证，促进了农业标准化生产。加强"三品"标准化基地生产环节监督检查等证后监管，注重对5.8万亩无公害蔬菜基地、12万亩绿色原料水稻基地和10.2万亩绿色长枣基地进行监管，使其尽快达到有机食品、绿色食品和无公害农产品认证标准，截至2017年年底，全市共认证农产品48个，涉及企业27家，其中，无公害农产品6个、绿色农产品17个、有机农产品25个。在全市建立了农残站(点)，配置农残速测仪18台套，4月开始开展农产品的定期抽验工作，监测农残动态。共抽检样品10077个，农残合格率达100%，同时，在灵武市大米、蔬菜、长枣、畜产品企业建立农产品追溯体系试验点，积极推进农产品市场准入管理工作。出动车辆和人员，深入生鲜乳生产、运输、收购环节进行检查，重点检查生鲜乳运输车辆的准运证、交接单、健康证，生鲜乳收购站点的收购、销售、检测、消毒记录及相关制度，严厉打击黑奶车，填写督察表52份，下达整改通知书1份，整治散收奶站1个，完成生鲜乳抽样监测30个批次，保证了生鲜乳质量安全。开展畜禽屠宰企业安全生产专项整治，与3家屠宰企业签订了安全生产目标管理责任书，落实了主体责任，并完善制度，排查隐患，及时整改。继续开展畜禽屠宰监管"扫雷行动"，积极开展肉品质量检验与"瘦肉精"自检工作，完成"瘦肉精"监测3484份，完善投诉举报制度，加大督查力度，严查私屠滥宰和经营无检疫证等违法行为，立案查处违法案件两起。继续督察病死畜禽及其产品无害化处理，督促畜禽屠宰企业完善无害化处理设备，认真做好无害化处理的数量记录、拍照取证等工作。确保无害化处理的真实可靠性，全年处理病害商品12361公斤。强化日常监管，加强执法检查。主要从场区卫生消毒、动物入场、肉品质量检验、动物检疫、"瘦肉精"检测、动物产品出场、台账登记、无害化处理、畜禽屠宰信息上报等方面进行督察，做到每月督察两次，发现问题及时纠正、制止，下发责令整改责任书，立案查处了两起。加强兽药监管，落实巡查督察制度，规范兽药经营行为，加强兽药残留及兽药产品质量监测和兽用生物制品管理，大力开展兽药市场整治和兽用抗菌药物专项整理，按照兽药GVP要求对兽药质量进行规范，累计推广兽药GVP26家。制订了农产品质量安全网络化管理实施方案，与相关责任单位签订了目标管理责任书，落实了责任单位和责任人，提高了网络化监管到位率。进行农产品质量安全追溯体系监管。以26个"菜篮子"基地为建设主体，实行农产品质量追溯监管，为农产品质量追溯实施点配备了硬件设备，确保了正常业务的开展，建立了农业投入品在线管理系统，已确定33家农资店为农业投入品在线管理系统实施点。由农牧局租用服务，配置相关设备和设施。

林 业

【概况】 2017 年，灵武市林业局以确保实现市委、市政府部署大事、实事、重点项目建设任务为核心，凝心聚力，真抓实干，枣博园续建项目、灵河生态公园、世界银行贷款黄河东岸防沙治沙、城区绿化提升改造、东湖建设及周边环境整治提升项目、森林资源抚育管护等工程顺利推进，灵武市城乡生态大绿化有力推进。全市（含白芨滩管理局）完成人工造林 1.33 万亩、退化林分改造 1 万亩、未成林地补植补造两万亩，生态林补植补造 13.26 万亩，提升改造城区 21 处公共绿地，改造绿地面积 3657 亩。绿化新建道路、街头绿地 18 处，新增公共绿地 534 亩。提升改造老旧小区 103 个。植树 1200 多万株。

【城市园林绿化】 灵武市枣博园续建项目 7 月份建成并全面开放，已陆续接待国家、区、市各级领导、团体 48 批次 1620 人次。实施 11 条主干道路绿化，进行西湖名邸二期南侧（南熏路北侧带状水系小游园）、新区水系沿岸 10.74 公里绿化的提升改造。新增街头绿地 15 处，绿化面积共计 534 亩，共栽植各类苗木 78.21 万株，建设草坪 1.09 万平方米，置石 1000 吨，廊架 1 座。新区体育馆建成占地面积 203 亩的马鞭草、芍药园。对全市共计 103 个住宅小区约 1690 亩实施提质增绿改造提升，补植各类乔灌木 7.4 万株。绿化再生资源循环经济试验区、银川高新技术经济园区，栽植各类苗木 9400 株。在主要街道展摆仿真花卉 176 组 9800 株，展摆榆叶梅、羽叶丁香、小叶丁香 1500 盆。

【灵武长枣产业】 把握基地生产环节，制定完善的灵武长枣科学化管理、标准化生产管理手册，重点在现有基地保质提值、科技研究和示范带动上下工夫，协同宁夏大学开展测土培肥测定分析，建立“一所三站”，开展实验研究，积极推进东塔镇灵武长枣社会化服务体系试点建设，强化基地管理和技术培训指导，新建苹果基地 300 亩、设施果树 100 亩，先后举办培训班 80 多场次，培训果农 3500 人次，筛选确定示范园 15 个，提高优质商品枣产出比例；把握鲜枣营销环节，拓展销售渠道。加强灵武长枣中国驰名商标品牌保护，统一规范使用外包装箱，实行证明商标准用证制度，开展“灵武长枣”商标专用权维护执法行动。举办了灵武长枣秋季订货会，上海、深圳长枣推介会，红枣大赛等系列活动，提升了灵武长枣知名度和影响力。加强农产品市场对接、价格监测、信息服务，在全国一线城市布设 20 个长枣销售中心，完成 2017 年 2300 万公斤鲜枣销售。积极筹建灵武长枣交易市场、设施长枣基地、高效水果科技产业园。

【沙化土地治理】 世界银行贷款宁夏黄河东岸防沙治沙项目完成历年世行项目区补植灌木苗木 345 万株，新栽植苗木 42.7 万株，地表节灌完成 PE 管铺设 703700 米，栽植封育界桩 48 根。实施下白路沿线沙化土地治理工程，已完成栽植乔木林 608 亩、灌木林 2500 亩，栽植新疆杨、刺槐、樟子松等 2.4 万株，柠条等沙生灌木 69 万株；实施国家沙漠公园景观改造提升，营造乔木林 2000 亩，栽植各类苗木 8.5 万株。

【美丽乡村建设】 围绕乡镇美丽村庄、美丽小城镇绿化基础设施建设，配合实施乡镇绿化。栽植地点及苗木需求由乡镇上报，经市领导审核签字后由林业局统一调拨苗木，各乡镇组织造林。共调苗 56.7 万株，建成梧桐树乡破四沟 3 公里宽幅林带 160 亩。

【重点项目】 一是灵河生态公园项目。灵武市灵河公园建设项目地点位于永宁黄河大桥灵武段两侧。作为打造“黄河金岸”、推动灵武市全域旅游的项目，被列为 2017 年自治区重点项目、银川市第一季度开工督办项目，总面积 2579 亩的灵河生态公园，南北长 2.1 公里，东西长 2.2 公里，建有广场、木栈道、亲水平台、运动场、湖泊水系等基础设施。二是东湖建设及周边环境整治提升项目。位于灵武市园艺场片区，北至 G307，南至西平路东延伸段，东临下白路，西接大古铁路，建设规模 1278 亩，其中，景观绿化提升 663 亩，开挖水系 615 亩，配套建设景观灯、停车场、公厕、景墙等公共服务设施，致力于打造三架山旅游区。三是滨河大道景观提升工程。在滨河大道原有绿化基础上，实施亮化、绿化、景观工程，建成开天辟地、鱼跃龙门、大禹治水、海棠春坞、日月同辉5个景观节点，建成全长17.5公里、宽两米的滨河大道自行车道。对滨河大道道路两侧整体园林景观进行提升，在滨河大道道路两侧空间种植九月菊、射干、八宝景天等花草，提升道路两侧整体园林景观。四是森林资源巩固提升项目。完成项目勘查设计、立项审批、公开招标等各个环节的协调服务工作，签订合同2个，金额206.47万元，计划完成补植2.18万株，枯死木清理0.13万株。项目自4月中旬开工实施，已按照计划完成死树清理1278株，补植补造21769株，进入抚育养护期，结合秋季生态建设大会战对部分地段进行苗木补植。

【秋季林业生产及退耕还林区补植补造】 组织临河镇、马家滩、白土岗乡全面开展退耕还林工程及巩固退耕还林成果项目补植补造工作，完成补植补造面积1.2万亩，共栽植苗木130万株。全市以骨干沟道、渠系、道路两侧林带和高标准农田示范方为重点，秋季共完成林木涂红刷白41.20万株，修枝抚育34.54万株，完成新植造林2230亩，补植造林2550亩。

【城乡绿化养护管理】 借鉴周边县市经验，进一步修订完善《灵武市城乡绿化养护管理工作方案(讨论稿)》。拟全面推行社会化养护管理模式，结合灵武市绿地的类型、规模、景观要求以及养护管理难易程度将城乡6.06万亩绿地按网格划分片区，实行“三定”(即定范围、定养护标准、定奖惩)管理，建立长效管理机制。

【城区园林绿地管理】 完成城市建成区内49条主干道路行道树及7100多亩公共绿地的日常养护。管护1.38万株乔灌木、23.4公里绿篱修剪，清理垃圾485车计1455吨，累计喷洒药剂30余吨，修枝抚育大树1.7万株。

【依法治林】 2017年，共受理林政案件9起，查处9起，结案7起。受理刑事案件两起，清理非法征占用林地项目1个，打击处理违法人员两名。制订了森林防火工作计划，规划全年森林防火工作；督察检查乡镇及有林单位森林防火工作30余次，下达隐患整改通知书5份，通过电视台直播防火宣传标语30余次、悬挂宣传横幅20余条，参与广场宣传活动两次，发放宣传彩页1000余份，参与火情扑救工作6次。开展森林资源抚育管护161.6万亩。

【林业有害生物防控】 完成苗木产地检疫2万亩，调运检疫苗木1200万余株、插穗接穗46.3万根，复检苗木64.46万株、花卉72.73万株，签发《森林植物检疫证》1169份，《检疫要求书》40份，查处苗木违规调运3起；熬制石硫合剂原液100余吨，完成了苹果蠹蛾、枣树春季石硫合剂防治和滨河大道柳树从枝病防治共计两万亩；打孔注药2.8万株；捕虫网绑扎4万株；乡镇林场发放苹果蠹蛾诱捕器7000个，防治面积3500亩；设立灵武长枣无公害防治示范园1000亩，悬挂桃小食心虫迷向剂6000个。

【湿地资源管理及野生动物保护】 充分利用灵武市梧桐湖现有湿地资源及基础设施，开展225.91公顷梧桐湖湿地的保护、修复、适度开发、合理利用。检查野生动物活动区域9处，清理木材、野生动物非法交易场所1处，加工经营场所两处，开展爱鸟周宣传活动1次，发放宣传彩页1000余份。累计喷洒药剂30余吨，布设了5个固定监测点和4条巡查线路，对野生鸟类种群活动数量和异常情况进行监测防控，并在灵武电视台连续15天滚动播放了疫源疫病宣传字幕。

【指导林木修枝】 组织编制了2017年春季林木修枝建设方案，指导各乡镇共完成林木修枝21.81万株，其中，东塔镇25812株，临河镇49100株，梧桐树乡35000株，崇兴镇26000株，郝家桥镇70000株，白土岗乡5000株，马家滩镇7200株。

【征占用林地审批】 规范征占用林地审核审批手续，审核申报获批永久性使用林地项目7个，征占用林地总面积132.8862公顷，征收森林植被恢复费1940.72万元。严格程序，限额采伐，共发放林木采伐许可证两份，共计55立方米。完成宁夏银湖农林牧开发有限公司林权证办理的勘测、审核、公示、发证工作，发证面积1856亩。

【国有林场改革】 完成定性、定编、定岗。林场经费以支付编制内事业人员工资、林地资源管理费用为主,改革后,经费保障形式、来源、金额不变;经审核,4个国有林场土地总面积共计158.77万亩。4个国有林场的《国有林场改革中央财政补助资金实施方案》已由自治区国有林场改革工作领导小组办公室批复,正在进行项目建设;完成国有林场政事、事企分开,实行“收支两条线”管理。

【基层党组织建设】 紧扣“担当实干讲奉献”主题,集中开展党性教育、党建活动和党组织生活,重温党的历史,歌颂党的丰功伟绩,宣传党的大政方针,认真总结“两学一做”学习教育成果,着力解决重点工作中存在的问题,着力解决好各支部和党员队伍建设中存在的突出问题,重点解决相对后进基层党组织整顿转化工作中存在的突出问题,进一步激发了各支部的战斗堡垒作用和党员的先锋模范作用,全身心投入加快建成开放富裕美丽和谐的美好新灵武、率先全面建成小康社会的实践当中。开展以“担当实干讲奉献”为主题的组织生活会、以夯实党建基础工作为目标的集中攻坚活动、以“五送两带一帮”为内容的机关干部下基层主题实践活动、以“双增双减双富”为抓手的抓党建促脱贫活动,教育引导党员做不忘初心的优秀共产党员。在非公经济组织和社会组织开展“党员政治生日”活动。开展了“我看美丽灵武新变化”活动,“七一”前夕,组织各支部转正纳新党员、优秀党员、支部班子成员及局机关全体党员、离退休老党员、“两代表一委员”、部分服务对象党员代表观摩全市生态建设重点项目及亮点工作,感悟全市生态发展取得的显著成绩,并对今后生态建设发展提出宝贵意见建议,进一步增强广大党员干部职工集体荣誉感、使命责任感。

【党风廉政】 结合实际,制订灵武市林业局党风廉政建设工作计划,认真完成全面从严治党责任清单及问题清单、问责清单。签订党风廉政建设责任书,与干部职工进行面对面的廉政约谈,倾听基层声音,掌握思想动态,加强廉政教育。在全局形成学廉、倡廉、履廉的氛围。邀请市纪委派驻纪检组长参与,组成行业督察组,对重点工程设立“案件举报箱”,公布举报监督电话,项目10天一巡查,一月一复查,肯定成绩的同时找出不足之处。对涉农项目补助资金是否及时足额到位,是否存在虚报、冒领、骗取、截留、挪用、滞留、侵占资金等问题进行检查。按照“在岗、在位、在状态”的要求,抓好考勤及干部作风督促检查工作。

【信息宣传】 加强宣传报道,丰富宣传形式,拓宽对外交流渠道。2017年共编发林业信息183篇,其中灵武政府门户网采用6篇,宁夏日报、银川日报、人民网、央广网、光明网等主流媒体采用19篇。开通林业局微信公众平台,发布信息20期,计64篇。

【精准扶贫】 对泾新村30户农户进行全面摸排、走访,了解农户家庭信息、个人信息,按照政策及贫困条件进行比对,准确确认农户贫困程度,并依据农户及个人身体状况、思想认识、经济能力确定的30户贫困对象进行谈心,积极动员、组织并合理制定帮扶思路、帮扶措施,确保及时脱贫、不反弹。填写了灵武市郝家桥镇泾灵南村建档立卡户“回头看”统计表、林业局2017年生态移民建档立卡草原鸡养殖项目名单、签订购买鸡苗和饲料的合同及2017年林业局脱贫攻坚发现问题整改清单。

【信访维稳】 累计接受群众(12345智慧银川信息平台)来访10人次,办结7人次,得到了群众满意,退回3人次(不属于林业局办理范畴);信访案件1人次,办结1人次。

水　务

【概况】 2017年是实施“十三五”规划的重要之年,也是深化供给侧结构性改革的关键之年。灵武市水务局围绕市委、市政府中心工作,以保障水安全为目标,以节水型社会建设为统揽,以水利现代化为主线,全力加大水利工程建设,倾力发展民生水利,着力强化水资源管理,努力深化水利改革,不断提升各项水利工作水平。截至2017年年末,全市共完成各类水利工程26项,概算水利投资3.5亿元。其中新建工程21项,维修3项,除险加固两项;新增节水灌溉面积5000亩,盐碱地改良1.2万亩,治理沟道73公里,新增治理水土流失面积3.2

平方公里，新增蓄水能力300万方,新增节水能力30万方,争取项目资金1.5亿元,到位资金8126元。

【工程建设】 灵武市环境整治沟道治理项目稳步推进。按照灵武市“城乡环境综合整治”活动安排,克服时间紧、任务重等困难,对全市骨干沟、水系、湖泊等重点区域进行高标准治理。计划治理沟道69.56公里，其中，水务局负责实施17.4公里，其他由各乡镇分别实施。2017年，已完成清淤50公里，铅丝笼石基础59.03公里,格宾护坡38.8公里，草土护坡1公里,完成建设任务的83%。世行贷款破四沟治理项目全面完工。开挖沟道3.05公里,并通过水利厅竣工验收；盐碱地改良沟道治理项目胜利沟已完成下筑基础3公里、护坡两公里、翻建拱桥1座；张家沟强排泵站建设已完成,草土护坡1公里,整体工程已基本完工；中小河流西大沟治理项目完成沟道清淤6公里，铅丝笼基础3.15公里,护坡1.1公里,完成总任务的25%；东山坡防洪治理项目一标段小水沟治理工程已基本完工；二标段再生园区防洪工程3号坝、泄洪道已建设完成,完成总任务的80%；三标段新开黄河路边沟1.4公里,新建箱涵2座,已完成总任务的30%。庙儿沟防洪工程恢复原排洪沟0.76公里，开挖场区排洪明渠0.62公里，已完成总建设任务的70%；灵武市黄河险工险段抢险治理工程完成仁存渡滑塌段95米、河忠七队滑塌段85米，已完成单位工程验收;黄河二期防洪工程已完成总任务的85%；移民区防洪工程：白土岗乡泾兴村防洪工程和郝家桥镇泾灵新村防洪工程已基本完工;水洞沟、横山堡、张家窑骨干坝除险加固工程已全部完成建设任务及结算、财务审计,并顺利通过水利厅水保局竣工验收。

【农田水利】 一是农田水利设施配套改造工程紧锣密鼓。完成了灵武市新杜路、344线改扩建水利配套工程方案编制,并移交乡镇实施。崇兴镇（新杜路)已完成工程任务的50%;梧桐树乡(344线)已完成45%;实施灵武市2017年农田水利设施配套改造工程，砌护渠道10公里,配套建筑物,完成总任务的95%。2016年度,郝家桥镇大泉村和上滩村高效节水灌溉工程于2016年10月18日开工建设,2017年已完工,并完成单位工程验收;灵武市2017年高效节水灌溉项目计划发展灌溉面积1.5万亩。其中,郝家桥镇王家嘴子村1830亩高效节水灌溉工程已开工建设，永清村8000亩高效节水灌溉工程于2017年10月16日开标，白土岗乡长流水村、华新村1800亩高效节水灌溉工程和白土岗乡泾兴村2970亩高效节水灌溉工程于2017年10月18日开标。灵武市2014年巩固退耕还林基本口粮田建设项目于2017年已完成全部建设任务，并已竣工验收。大泉林场一、二级泵站更新改造项目已完工并经单位竣工验收。新建崇兴镇余家蒲滩子中渠村泵站1座,2017年年底已基本完工；碱滩村三支沟清淤、草护0.69公里已完工;郝家桥镇曹家湖沟清淤、草护3.02公里已完工。白土岗乡32#渠灌域砌护斗渠7条2.1公里,农渠57条6.446公里,配套建筑物387座（含畦田口),华新沟配套建筑物两座，已完成建设任务的80%。实施黄河二期沟渠恢复工程。砌护渠道1.54公里，配套建筑物120座(含畦田口)，沙坝头村渠道砌护6公里。二是重点水源项目建设有条不紊。灵武市崇兴镇水源地(第二水厂供水水源地)勘探项目已完成单位工程验收。园艺场三架山周边景观提升工程于4月30日开工建设,截至2017年年末,东湖水库建设已完成总建设任务的60%。黄河三夏公园工程完成水系土方挖运15万立方,并移交市林业局。三是高标准实施农田水利基本建设。2017年农建工作紧紧围绕农建片区、主干道路两侧、村庄3个关键点,建设高标准农田13.25万亩,涉及全市7个乡镇40个行政村,15个重点治理片区。截至2017年末，全市共完成骨干沟格宾砌护73公里,草土护坡6.6公里;清淤各级沟道1335条884.2公里，清挖各级渠道1309条1092.2公里,秋施肥10.6万亩;修枝抚育34万株、涂红刷白41.2万株。累计投入人工21万人次、机械7702台班,完成总任务的90%以上。

【综合整治】 2017年，依法关闭各类自备井32眼;完成整治沟道1.6公里，清理垃圾3300

方，清理10家非法私占水系鱼池，拆除违章建筑物16间300平方米，清理水草1110余吨，清淤120余吨，架设防护网1.1公里；疏通滨河水系27公里，新区水系清理面积25万平方米；在水源地建立34个地下水监测站，划定生活水源地保护区，完成生态修复面积42平方公里。完成全市水土流失治理面积38.63平方公里，重点预防保护面积115平方公里，其中，生态修复面积20平方公里。完成了36家单位生产建设项目的水土保持监督检查工作，下达水土保持限期整改通知书23份；检查无水保方案违法开工项目两个，下达限期催报水土保持方案通知书9份；共收缴水土保持补偿费300万元。

【水法宣传】 先后进入英才中学等5所学校开展"水保国策进校园"宣传活动，为5000多名中小学生发放宣传读本和文体用品。全市节水型居民社区、学校、幼儿园覆盖率为100%，节水型机关单位覆盖率为95%，节水型企业（单位）覆盖率为20%。项目水资源论证率为100%、取水许可办证率为100%；农田灌溉水有效利用系数达到0.503，居民家庭节水器具普及率达95%，工业用水重复利用率达到92%，污水集中处理率达到95.4%，供水管网漏失率控制在10%以下，再生水回用率达到32.5%；在全市39所学校、17所幼儿园开展节水护水志愿服务行动，发放节水宣传笔袋1万个、书包1200个、作业本15万本、钢笔4万支、铅笔盒1200盒、节水宣传扇8000余份、节水科普读本3万余本、文体用品5万元。

【全面推行"河长制"】 制定出台了《灵武市全面推进河长制会议制度》《灵武市全面推行河长制工作督导检查制度》《灵武市全面推行河长制信息报送公开制度》《灵武市全面推行河长制管理考核办法》和《灵武市水环境综合治理专项行动实施方案》《灵武市水环境治理专项行动任务指标完成情况考核细则》等7项制度及考核细则，并以全区全面推进河长制现场会在灵武市召开为契机，全力推进灵武市河长制工作，全年共召开全市河长制联席工作会议7次。截至2017年末，全市85条478公里支斗级以上沟道、10座水库，全部建成"三级"河长制管理体系，落实16名市级河长、24名乡级河长、54名村级河长，完成市乡两级"一河一策"的编制工作；已委托银川水利勘察设计院对排水总干沟、东沟等市乡级7条沟道进行规划设计；完成大河子沟的可行性研究报告；设置市级河长公示牌16块；召开了全区推行河长制观摩及交流会，得到了上级部门的一致认可；并代表全区接收黄委会、全国河长制办公室的中期督查和检察验收工作。

【灌溉管理】 根据《宁夏黄河水资源市级初始水权分配方案》，将灵武市2.74亿立方米用水分配到各乡镇；制订出台《灵武市深化小型水利工程管理体制改革实施方案》；开展全市辖域内小型水利工程摸底调查，完成维修养护经费测算、工程产权界定，完成小型水利工程管理权证、小型水利工程使用权证、小型水利工程所有权证书印制等工作。积极引导农民调整种植结构，压减水稻等高耗水作物面积3万亩。严格"一把锹"淌水制度，大力推行渠道防渗、沟畦灌溉、管道输水、喷灌滴灌等节水措施；积极探索农业综合水价改革工作。

【信访维稳】 一是认真落实安全生产工作责任制，层层签订安全生产目标责任书，认真开展安全隐患排查，尤其是加强节假日期间的值班等工作，有效杜绝了安全事故的发生。二是抽调专人对26个在建工程及病险水库进行了全面排查，对检查中发现的15处安全隐患地段和工程进行了通报，并责令限期整改，消除隐患。三是强化水域管理，杜绝溺水事故。新增更换警示牌80余块，张贴告知书50余份，发放"防溺水"宣传单2000余份；深入社区、学校开展暑期防溺水安全教育活动5期。四是成立了应急抢险队伍9支2477人，储备防汛物资编织袋10万条、铅丝36吨、水泥105吨、铁锹2700把、木桩3450根、麻袋2900条、救生衣247件，防汛指挥车4辆，应急救援机械8台，有效地保证了应急救援工作的开展。五是认真开展"安全生产月"活动。在灵武市中心广场集中开展了第十六个"安全生产月"咨询日和"全国低碳日"宣传活动，宣传水法律法规、政策及常识，并发放了宣传资料2000余份。五是建立了水质化验中心，做好水质监测，确保饮水安全。六是认真接待和办理群众来信来访，全面落实工作责任，全年共接待来信来访25起，解决群众诉求及矛盾纠纷8起。

【水利扶贫攻坚】 以推进民生水利建设为重点，以进一步改善农业农村基础条件为目标，抢抓机遇，真抓实干，为全市扶贫攻坚战役助力。一是统筹组织，全力实施水利扶贫重点水利建设项目，对接项目工程12个，完成投资905万元。2017年，泾灵新村养殖园区供水工程已通水试运行；马家滩镇贫困村饮水安全工程于2017年10月11日开工建设；狼皮子坑抗旱应急水源渠道砌护工程、永清村渠道砌护工程、新民村水利配套工程、漫水塘水利配套工程、团结村水利配套工程已完工，兴旺村水利配套工程正在进行控制价审计。二是科学规划，促进农业农村水利基础配套，改善农田水利基础条件，带动农村产业发展，促进群众脱贫致富。

【党建工作】 重视政治思想建设，打造坚强有力团结奋进的干部队伍。一是压实责任，建立考核体系。灵武市水务局党委年初与4个党支部签订了党建目标责任书，明确任务、职责和重点，做到党建工作与业务工作同部署、同推动、同考核。二是坚持周二中心组学习和“三会一课”制度，全年组织召开中心组理论学习32次，局党委会30次；定期组织党员上党课，开展专题讨论28期次，讲党课12人次，撰写心得240篇，学习效果明显。三是开展支部评星定级和党员评星定格活动，评选出三星级党支部两个（农田站党支部、人饮站党支部）、二星级党支部1个（机关党支部）、一星级党支部1个（防汛办党支部）；共评选出13名 “优秀党员”和75名“合格党员”。四是加大党建工作阵地建设。全年印发学习资料800余份，制作党建公开宣传栏4个，党员廉政文化展板6面，办学习专栏10期，各党支部标准化学习阵地正在筹建中。五是丰富“七一”建党节。在建党96周年之际，局党委慰问12名局离退休老干部，移民村和联合社区8名困难党员，并给沙坝头和杜木桥两个帮扶村送去党建阵地建设经费两万元。六是按照“支部主题党日”时间统一定在每月第一周的周四开展。七是严格按照党员发展程序，发展入党积极分子1名。八是加强党费管理，及时核报党费，并及时公示，全年共收缴党费21100元。深入开展文明创建活动，提高精神文明建设水平。一是认真组织开展“我们的节日”主题活动。春节期间，对困难职工、退休老党员、贫困户进行了慰问，发放慰问金7万元。“三八”妇女节组织全体妇女同志到滨河新区参观学习。二是认真贯彻实施了事业单位第五轮岗位设置；组织符合条件的12名干部职工参加了职称申报工作；完成了事业单位编制方案的上报工作。四是对郝家桥镇3个帮扶村12户“少生快富”项目帮扶户进行了慰问，并向每户发放了500元慰问金。加强党风廉政建设，促进各项水务工作目标的实现。一是制订了《2017年党风廉政建设目标责任书》，与各支部、各站所签订责任书10份，并将责任书内容作为职称评定、评优选先的重要考核依据。二是修订并完善了24项单位管理制度，精炼审批环节，简化工作流程，将容错纠错改错机制纳入各项规章制度中，确保各项工作高效运转。三是严格中心组学习制度，并对不按时参加学习的10名中心组成员进行了书面通报。四是组织干部职工听党课10次，接受警示教育4次，教育干部职工认真履职，杜绝违法违纪现象发生。五是制订了《灵武市水务局关于惩防体系2013—2017年实施方案》，推行权力清单制度，切实把权力关进制度的笼子里，落实防控措施，加大水利公开力度，推进“阳光水利”建设。六是严格执行党的民主集中制原则，完善“三重一大”决策机制，主动落实一把手“五个不直接分管”、末位表态等制度，重大事项党委班子集体研究、集体决策，不搞“一言堂”，将权力下放到副职手中，实现集体商议、共同担责。班子成员带头遵守不操办“升学宴”“谢师宴”，严格遵守婚丧嫁娶事宜报批制度，全年无超标违规现象发生。

农林场

白芨滩(管理局)林场

【概况】 白芨滩管理局内设 9 个科室(办公室、纪检监察室、保护管理科、计划财务科、科研科、宣传教育科、规划建设科、生产技术科、防沙治沙办公室)、8 个管理站(分场)(大泉管理站、马鞍山管理站、甜水河管理站、北沙窝管理站、白芨滩管理站、长流水管理站、横山管理站、羊场湾管理站)。根据银川市机构编制委员会(银机编发〔2017〕29 号)文件核定的人员编制数,宁夏灵武白芨滩国家级自然保护区管理局(灵武市白芨滩防沙林场)事业编制规模由 317 名压缩核定为 206 人,核定领导职数:局长 1 名(正处级),副局长 4 名(副处级);科级领导职数 17 正 17 副。2017 年,完成农林生产总值 1 亿元,固定资产投资 7100 万元,沙产业实现收入预计 3655 万元,绿化公司完成营业额预计 5700 万元,职工人均年收入达到 6 万元。

【果园提质增效】 按照学深、学透、学全的总要求,实行"走出去"即到静宁现场培训 3 次,"请进来"即长期聘请静宁专家现场会诊开良方、蹲点巡回做指导,累计共 50 多天的活动;多方筹集产业补贴资金 384 万元,重点用于改形整形、配方施肥病虫害防治等关键技术,果树精细化、标准化管理水平大提升,果园园相有了大改观。马鞍山幼龄园生产出了优质水果,产量达 8.5 万公斤,职工初尝甜果。完成幼龄果园补植 9400 株,品种改良嫁接 4000 株,老果园更新 349 亩,拔除病弱果树 9437 株,新建静宁技术示范园 280 亩,定植短枝烟富果树 17868 株。

【生态养殖业】 依托林农牧合作社,生态养殖业稳定发展,在大泉种植玉米青贮 300 亩,启动建设有机肥生产厂。2017 年奶牛存栏 1137 头、肉牛存栏 135 头、羊存栏 207 只,养鸡 7532 只,池塘养鱼 5 处 21732 斤。

【设施果树】 市场引导加资金扶持,设施果蔬步入良性发展轨道,大泉 500 亩沙地韭菜设施园区成为助力职工增收新的增长点,全局 222 座设施温棚实现蔬菜、果品产量 77.8 万公斤,实现收入 340 多万元。

【绿化项目】 主动担责,积极承揽灵武市城乡、周边绿化项目 38 个,3 个绿化公司完成绿化面积 2000 多亩,栽植各类树木 140 多万株。

【苗木培育】 以地方特色、珍稀苗木培育和良种引进为主攻方向,2017 年新育苗 252 亩,培育苗木 85.48 万株,引进新品种 4 个 6095 株,嫁接繁殖 59569 株;改造建设北沙窝、大泉特色苗圃 202 亩,归圃苗木 15.5 万株;沙生灌木育苗 68 亩,共计 136 万株,营养袋育苗 8.5 亩、60 万株,繁育草花 60.17 万株。

【防沙治沙】 弘扬"宁肯掉下十斤肉,不让生态落了后"的治沙精神,全面推广"1+4"精准治沙造林技术,推进以防风固沙为主的生态治理,完成大柳毛子沙区、龙坑沙区补植补造两万亩,栽植灌木 233 万株,完成草方格 + 灌木造林 1000 亩,扎设草方格 67 万平方米。按照"添色彩、增绿荫、补断带、填空白"的总要求,沙漠公园生态提升和采挖遗迹生态修复有机结合,组织实施植被恢复费返还、中央财政造林以及世行贷款乔灌混交林等项目,对井沟、马蹄沟、大河子沟、庙梁子沟等区域内采挖遗迹进行综合整治和恢复植绿，营造乔灌混交林近7717亩，栽植83.49万株，对马甘路、307国道两侧骨干防护林补植1.2万亩，栽植49.95万株，封山育林两万亩。承办国家林业局精准治沙现场会，精准技术、治理模式、治沙机制得到了与会领导高度评价。

【森林资源管护】 扎实推进中央环保督察整改和"绿盾2017"专项行动，拉网式核查了保护区内207处整改点位，提请灵武市政府印发了绿盾行动工作方案，建立了问题台账和责任清单，与环保、国土、公安、乡镇等部门联动，持续开展"拔根行动"，清理拆除砂石料厂、机砖厂、预制厂等28处，关停企业28个，拆除厂房、砖窑等建筑2.1万平方米；积极开展生态恢复，刷坡覆土、撒播草籽2000多亩，采挖遗迹恢复植绿2000多亩；多措并举解决"一地多证"农林种植及遗留村庄问题，下发整改告知书8份，拆除了大海子、绿源恒公司等5处违规人工设施，协调乡镇部门，开展了遗留证件调查核实工作，调处与保护区林权证重叠的草原证、承包合同等77份，与各乡镇、农林企业、个人签订共"社区共管"协议13份，对甜水河村、万华(2处)等4处养殖场所，拟订了依法退出方案和时间表。强化管控，封堵限制进山路口58处，增设哨卡5处，封闭石子林道18处，沿交通干线、重要节点设置警示牌、宣传牌57处。聘请专业技术人员，对保护区边界存在的偏差误差问题进行校准，完成了勘界报告的编制和上报工作。建立惩防结合的制度体系，完善局长月巡山、科站长周巡查、森警日巡防、护林员日巡护四级核巡查体系，设置巡护路线39条1667公里，巡查全面无盲点。加大问题处置力度，对7家机砖厂涉嫌越界超量开采、破坏林地的违法行为，立案调查并依法追责，查办偷挖偷采等违法违规案件29起，行政处罚22人次，累计罚款36.6万元。加强森林防火，建立起抚育、环整、森防有机结合、全局动员、全员参与的管防责任体系和公益林管护、森林经营内部合同制管理新机制，开展防火演练4场次，可燃物清理3.3万亩，50万亩生态公益林、36万亩天然林以及3.18万亩骨干防护林得到了有效管护。通过两年的持续整改，"绿盾2017"整改完成率达85.9%，对破坏资源行为形成了强有力的震慑，以采沙采石为主的违法活动全面停止，各部门乡镇、社区厂矿、村民接受了一次最严厉的环保教育，合作共建、携手共管、和谐共享的保护管理新格局逐步形成。

【保护区建设】 紧抓国有林场改革和自然保护区全面整改机遇，组织实施林改资金、生态恢复、能力建设、环境整治、一事一议等项目8个，完成固定资产投资7100万元。

【供水改造】 为了解决森林抚育供水力不足，专门铺设供水管道83.8公里，安装地表节灌114.6万米，新建100平方米泵房1座，安装和更换水泵10台套，荒漠湖泊清淤3处；新装变压器两台，敷设高压电缆530米，低压电缆13.6公里；新修林道13公里。

【科研能力】 规范建设监测样地101个，设置野生动物观测点6处，安装红外相机6部，购置科研设施设备13台套，自然保护区科学考察及地理信息系统通过专家验收，5项科技示范推广项目，两项通过验收、3项顺利进展中。

【宣教工作】 拓展新载体、新平台，重点建设宸喜园、拓展教育沙屋营地、森林体验木屋营地、宣传教育室外廊道等，配置培训器材设备、广播音响、监控亮化系统，组团参加中国森林旅游节，接待"中阿博览会"政要、三北精准治沙造林现场会代表、"全国卫视看宁夏"媒体、全区"深化走转改 见证新发展"观摩代表等重要活动25场次，接待厅局、党校、企业、学生等各种研学培训、体验式教育、夏令营等活动103场次，2017年共接待6000多人次；制作"美在白芨滩"音乐风光片、画册，央媒聚焦热气球活动，中央1套、5套、13套3个频道进行了采访报道，各路媒体发布有关白芨滩新闻稿件319篇，成功申报自治区体育小镇，"人沙和谐·沙城融合"项目喜获"2017中国(银川)亚洲都市景观奖城市有机更新优胜奖"第二名，大大提升了白芨滩的知名度和影响力。

【全国防沙治沙展览馆开馆】 完成全国防沙治沙展览馆布展并开馆，展览馆由沙漠印象、解读沙漠、抗争沙漠、逐梦沙漠4个展厅构成，通过图片、文字、幻灯片放映、动植物标本、模拟投影、3D影片、实物模型等多种展览形式，集中展示了全国、全区在防沙治沙事业上留下的绿色足迹，并根据白芨滩60多年来艰苦奋斗的治沙历程详细解读了“宁肯掉下十斤肉，不让生态落了后”的白芨滩精神。参观人员对全国防沙治沙展览馆布局、内容形式、互动体验及解说工作给予了高度评价。

【承办中国宁夏（灵武）热气球节】 主动融入自治区全域旅游发展大格局，按照市委、市政府做靓沙漠公园的总要求，宣传教育与生态旅游融合发展，承办“观治沙奇迹、学劳模精神”为主题的中国宁夏（灵武）热气球节活动，在完善设施上下工夫，建立了景区广播、监控、导览、亮化系统，在资源整合上做文章，环境整治与营地建设有机衔接，建成热气球飞行营地、丛林沙滩露营地、森林木屋营地、下白路生态停车场等场所，配置了移动帐篷453座，移动厕所80座，搭建柳编屋35间，新增骆驼体验、沙漠卡丁车、回族茶艺、沙屋夏令营等经营项目，体验式、营地式旅游要素日趋完善。在活动内容上搞创新，中国宁夏（灵武）热气球节活动期间，同时开展了西北沙滩足球邀请赛、文艺晚会、热气球光雕表演、飞行表演、美食一条街、樟子松认养等丰富多彩的活动，吸引周边近10万人次走进沙漠、亲近自然，央视、新华社、人民网等近30家区内外媒体集中采访报道，成功举办了一次在白芨滩管理局历史上规格最高、人数最多、宣传力度最大、媒体报道最多、关注度最高的一次盛会。2017年，实现旅游收入300多万元，“五美”白芨滩形象得到了充分展示，“六位一体”发展模式谱写出新的篇章。

【党风廉政】 党委专题研究部署学教工作8次，与各支部签订党建责任书6份，党员承诺书97份，“线上”和“线下”相结合，局属6个支部开展学习68场次，专题研讨24场次，编印学教资料150份，开展“重走治沙路、重温光辉历程”，“民族团结一家亲”主题党日活动，开展“百场党课下基层”宣讲活动，党委班子成员及基层支部书记讲党课15场次，党员每人撰写心得体会4篇。组织开展“让绿色在习总书记植树的地方延伸”主题实践活动，打造干部“六同”实践教育基地，承办区市党校“中青班”“县处班”“六同”实践教育178人次，各单位党日活动24场次1300多人次，开展“请企业、请村民进保护区”活动25场次220人次，业务骨干、职工技能培训342人次。完成党委及支部换届选举，提拔使用4名科级干部。严格落实“四个清单”制，形成了年初建账、年中查账、年底交账的党建机制，完成97名党员基本信息采集，实现了电子网格化管理。重视精神文明创建活动，财务科获得灵武市级巾帼文明岗称号，杨玉刚、张文俊分别获得银川市五一劳动奖章、灵武市青年岗位能手荣誉，组织参加灵武市庆三八拔河、篮球等比赛，分别获得第一、第三的好成绩，刘岩荣获区林业厅“弘扬改革精神、助力改革攻坚”主题演讲比赛二等奖，组织“迎新春”“庆七一”职工沙漠趣味运动会，精神文明创建活动极大地丰富了职工文化生活，展现了白芨滩职工风采，同时白芨滩管理局获得自治区级文明单位称号。深化“五五帮扶”组带机制，72名党员结对帮扶27名弱势群体，2017年支出18.78万元，开展困难帮扶、暖心慰问106人次，为146名职工子弟发放助学金10.75万元。表彰奖励两个先进基层党组织，11名优秀共产党员和两名优秀党务工作者，按期转正党员两名、新吸收预备党员两名。党建工作成效显著，党员日常管理、组织生活更加规范严谨，基层组织建设上新台阶。坚持问题导向，以中央八项规定“回头看”扎实整改，促进党风廉政建设取得新成效。严格落实“两个责任”和“一岗双责”，将贯彻落实情况纳入年终考核重要内容，签订科站党风廉政建设责任书29份，副科级以上领导干部遵守中央八项规定承诺书29份；坚持从思想上筑牢反腐防线，将反腐倡廉教育列入党委中心组学习必学内容，开展党风廉政建设专题会议8次，组织观看《打铁还需自身硬——信任不等于监督》《蝇贪之害》等警示片。认真贯彻《准则》《条例》，坚持领导干部年度述职述廉制度，严格执行领导干部个人事项报告制度；加强制度建设，修改完善了议事决策、财务资金集中报账、支付审批单、公务接待审批单、公务出差审批单、自建项目定额管理、纪检监察月自查自纠等12项内控制度。执行党员领导干部开展谈心谈话制度，通过有原则、近距离地接触了解干部、提醒教育干部，避免了小毛病变成大问题。落实党政领导“五不直接分管”制度，积极推进党务、政务公开，落实民主议事决策制度，把好“议事”和“审批”两大关口，落实“民主”和“公开”两项要求，规范“程序”和“档案”主要环节，对涉及干部、项目、资金等事项提交会议民主决策，下发党委、局长及专题会议纪要16期。驰而不息纠“四风”，对2014年以来三公经费报账单逐一核查，对银川市督导组反馈的两大类32项问题建立了问题、责任、整改、问责“四个清单”，退回因规定掌握不准超报费用1.2万元，对主管科室1人效能告诫、10人警示谈话，以实实在在的整改推动八项规定落地生根。常念“紧箍咒”，尤其重视节日等关键节点的廉洁提示，通过向全体党员、领导干部发提示短信，向全体职工致廉政公开信等形式，及时制止了“节日病”“乔迁宴”等不良问题的反弹回潮，文明节俭之风已逐步形成。加强督察考核，以“月工作计划书”“月绩效报告书”制度落实为抓手，全年开展督察12次，制发通报9期，处置违反制度责任人9人次，党风廉政建设在严实深细上取得显著效果。

【来访接待】 2017年，完成外宾考察、上级领导视察，区内外来宾参观学习接待活动112次，有5793人接受了现场教育。为了提高整体接待水平，科室从展馆讲解词的撰写，讲解与环境的融入，如何赢得参会人员的认可等多方面入手，使接待管理水平更上一个台阶，赢得了参会人员的一致好评，并受到国家林业局和自治区各级领导的认可与肯定。

灵武园艺试验场

【概况】 灵武园艺场试验场(灵武林场)为银川市人民政府直属正处级事业单位，由灵武市人民政府代管。内设4个机构，分别为综合办公室、生产科研科、资源保护科、规划项目科。

【农田水利】 2017年，灵武园艺试验场实施财政一事一议农田水利建设项目。共投资163.9万元用于场区支毛渠进行砌护，修建U形渠10.245千米，路涵48个，田间取水口620座，简易农渠节制阀352座。

【环境整治】 按照市政府关于创建全国文明城市暨环境综合治理推动移风易俗会议的部署和要求。一是完成了树木移栽工作。配合市林业局、水务局等部门和各施工单位，对西平街道路延伸工程、东湖开挖工程、三架山景观改造提升工程规划范围内的树木进行移栽，共移植树木115811株。其中灌木13654株，乔木102157株。二是完成临港快速通道绿化工程2600株树木的移栽任务。成活率达95%以上。三是完成307国道绿化工程900株树木栽植任务。成活率达98%以上。四是完成了新办公楼庭院绿化任务。绿化面积13.86亩，栽植各类乔灌木15个种类，计1899株，苗木成活率达96%以上。五是各站完成辖区空闲地植树造林栽植任务。其中，一站栽植面积6.26亩，共栽植、密植各类乔灌木3574株(丛)；二站栽植面积15.7亩，共栽植各类乔灌木1295株；三架山管理站栽植面积106亩，共栽植、密植各类乔木10101株(丛)。

【落实项目】 2017年应争取落实15个项目，资金7810万元。已争取落实项目12个，分别是：灵武长枣示范园建设项目、特色经济林和种质资源保护库项目、名优经济林“玉皇李子”选育及资源保护项目、乡村道路硬化建设项目、三架山造林退化林分改造项目、多功能体育运动项目、2017年财政一事一议水利建设项目、自治区林业优新树种引种驯化繁育项目“苹果新品种引种驯化试验研究”、快速通道森林抚育项目、自治区林业厅天保资金、高铁征树苗木补偿、林场改革中央补助资金项目。

【果园及土地资源普查】 2017年对全场果树资源和土地资源进行普查，普查全场果园面积3712亩，其中，长枣1892亩208173株；苹果804亩26544株；桃46亩3437株；梨47亩3449株；李子23亩1687株；杏子37亩2764株；核桃216亩8979株；其他树种面积647亩109386株，为土地租赁和林场改革提供准确依据，为信息化的管理奠定基础。

【民生民情】 2017年，园艺场党委先后向市政府、总工会、人社局、组织部等部门争取慰问老党员、老干部、困难职工和职工遗属共281人。统计民情日记338条，其中生产方面135条，生活方面62条，经济方面62条，矛盾纠纷55条，意见建议方面10条，其他方面14条。扎实开展矛盾纠纷排查化解活动，及时解决或答复。

灵武农场

【概况】 宁夏灵武农场有限公司成立于1950年12月，是全民所有制的大中型农业企业，主要从事粮食作物及种子、油料作物、瓜果、蔬菜、枸杞、饲草、农资(肥料、农药、农膜)的销售;农业作业服务业、农机机械作业。隶属于宁夏农垦有限公司管理。灵武农场是一个正处级单位。灵武农场位于灵武市西北部，依傍黄河东岸，是中国西北地区建立的第一个国营农场。土地总面积63.3平方公里，耕地5.8万亩，人口1.4万人。地理坐标为东经106°17′—106°19′，北纬38°5′—38°5′，南北长23.76公里，东西平均宽4.3公里，平均海拔1115.9米。灵武农场有限公司设党政综合办公室、财务部、农林生产部、信访办、蓝天办公室5个职能科室，干部67人，其中，处级领导4人，副科级以上19人。

【生产经营】 为了加快社会化服务步伐，实现“在服务中经营，在经营中服务”的增收目标，公司通过宣传引导、行政推动、利益链接，强劲推进农业生产“五统一”。完成机械统一作业面积47583亩，占实际种植面积的90%；统一农药供应面积28086.5亩，占实际种植面积的59.6%;统一病虫害防治小麦和制种玉米的“五统一”达100%，大田玉米达73%，水稻达71.5%，油葵达51.2%;统一供应农药9177公斤;统一供种面积25404.48亩，其中，小麦300亩、水稻5124亩、制种玉米12100亩、油葵1939.5亩和青贮玉米5940.98亩。

【土地经营】 公开向职工竞租土地5261.69亩，平均亩竞拍价格590元，高出原土地承包费400余元，增加土地收益200余万元。返租职工承包地5300亩，与专业公司合作经营，发展牧草等产业。返租土地既保证了职工土地收入不减，又为职工从事劳务收入创造了机会，同时，通过规模种植实现了公司效益。集体管理种植1000亩，按“定成本、定产量，定奖罚”的“三定”指标，由分公司集体管理，经过一年的运作，在解决集体管理“成本高、效益低”的问题上取得了一定的成效，为今后实施集体规模管理积累了经验。

【种植结构】 以发展优质、高效、绿色为目标，公司积极优化种植结构，力求在制种玉米、优质水稻两大产业发展上有更大突破。积极与北京屯玉、山东登海等国内大的种业集团合作大力发展制种玉米产业，按照“龙头 + 公司 + 农户”的模式，种植制种玉米12100亩，比2016年增加3400亩，突破了公司万亩制种生产的目标。积极引导职工以富源四号、宁粳43、G-19等优质水稻为主打品种，共种植17850亩，占水稻总面积的73%，并与沙湖米业、中储粮、昊王米业等粮食企业联合订单生产宁粳43、农科843、G-19和富源四号等优质水稻11000亩。全年订单种植制种玉米12100亩，优质水稻15000亩，苜蓿4621.13亩，共计37178.06亩，占作物播种面积的71%。

【繁育稻种】 积极开展优质水稻标准化生产示范。繁育优质水稻种植1100亩，秋季回收水稻良种10万公斤。

【粮油高产创建】 落实粮油作物高产创建面积47041.09亩，其中水稻24489.96亩、制种玉米12100亩、大田玉米4994.2亩，油葵5456.93亩。高产创建示范片良种覆盖率、病虫害专业化防治、机械耕种均达100%，大大提高了粮油生产整体水平。

【测土配方施肥】 测土配方施肥示范区辐射面积51000亩，春季采集示范区基础土样38个，实验基础样1个。

【技术培训】 举办各类培训班或现场指导35场次（含远程教育2场次)2006人次，培训提升科技示范户81户，农技人员、科技示范户培训率均达100%。

【配方施肥试验】 承接了集团农技中心、作物所等科研院所的制种玉米水肥一体化示范、各种肥料试验、水稻新品种展示试验等试验示范共10项，示范带动作用进一步增强，为公司下一步推动产业发展提供了有力的技术支撑。

【农田基本建设】 以高速公路两侧为农田重点建设区域，投工投劳460个，投放机械70台次，共清挖整治进水渠82条

16700米,附排毛8条1600米,农沟80条17100米,斗渠17条14490米,机路16条14550米。动用人力43人次、投入垃圾清运车19班次、手扶拖拉机41班次,对场部各小区及庄点进行环境整治,清理违章建筑31处,使得场区及庄点环境面貌焕然一新。

【农贸市场建设】 农场农贸综合市场建设项目是灵武农场内第一宗采取土地招拍挂形式,招商引资开发建设的工程。项目占地11.8亩(7898.6平方米),总建筑面积为13200平方米,计划总投资约4120万元。主体已完工。

【美丽场镇建设】 美丽场镇建设项目系农场为改善广大居民居住条件,2016年从自治区住建厅争取到的项目,该项目共有5个标段,共投资1500万元(除配套),自开工建设以来,完成一、二、三标段工程,硬化人行道18599平方米,铺设排污管道1300米,铺设雨水管道1900米,铺设供暖管道1352米,安装混凝土树框793个,砌筑雨水井44座,购置垃圾箱24套。原四标段建设项目内容已由灵武市和秦汉渠实施,现变更为东环路整治,该项目待集团公司会议研究决定后实施。

【小农水建设】 投资区财政厅拨付的小农水专项项目资金176万元用于泵站修建和渠道砌护。建设暗管排水面积1.2万亩,铺设单壁波纹Φ75毫米吸水管60.718千米,集水管6.09千米,砌筑检查井98座,阀门井7座,集水井7座;铺设砂砾石路3条,长9.156千米;激光平地5000亩,增施土壤盐碱改良剂4000亩,新建晒场8350立方米,新建凉棚1440立方米。

【银西高铁征地拆迁】 公司攻坚克难,多措并举,举力配合银西高铁建设,做好高铁征地拆迁安置稳定工作。拆迁安置工作圆满完成,共计征地1237.77亩(包括临时、永久),拆除各类果树102亩4.44万株;拆迁房屋210户6.45万平方米;拆迁百头以上养殖场17个2.5万平方米;拆迁农资库1个1150平方米;拆迁农机库1个650平方米。保证了高铁工程的顺利进行,保证了农场无因拆迁发生上访事件。

【环境整治】 全年来,共组织低保人员参加环境卫生大整治21次665人次,增购垃圾桶250个,结合秋季农田基本建设更是加大环境整治力度,赢得了广大居民的好评。

【"三供一业"移交】 按照中央、自治区和集团公司的要求,公司积极配合灵武市做好"三供一业"移交工作。2017年已将供暖工作基本移交,原有锅炉也已经过评估而拆除,既保证了居民冬季取暖,又在很大程度上减轻了公司在这项工作上的投入压力,同时也消除了燃煤锅炉对大气环境的污染。

【社会保障】 按时、足额向自治区社保局缴纳养老保险费1105.4万元,向灵武市社保局缴纳550.3万元的社会保险费,其中,医疗保险费478.7万元、工伤保险费32.6万元、生育保险费39万元,确保了离退休职工养老金的按时足额发放。

【公益事业】 为209名"4050"失业人员办理了失就业证和养老保险补贴手续,落实"零就业"公益性就业岗位7个;为316户、718名享受低保待遇人员发放低保金为195.8万元,通过积极与灵武市住建局、民政局等部门对接,为首批符合公租房保障条件的246名低收入住房困难户申请到了廉租房,圆了他们的安居梦。

宁夏仁存渡护岸林场

【概况】 宁夏仁存渡护岸林场现有在职干部职工94人,离退休人员135人。主要承担国有森林资源培育管护、黄河护岸体系建设、种质资源保护、湿地资源和自然环境保护、自治区科研项目研究推广等公益职能。在林木良种繁育、优新品种引进、科研推广试验和种质资源保护方面取得了丰硕的成果。

【苹果产业】 一是强化技术培训,促进果园提质增效。特聘请山西果树专家雷兵权、宁夏农林科学院果树专家王春良及本场技术能手现场指导和讲解,组织职工赴甘肃庄浪、静宁观摩学习,把先进的管理理念和使用技术传授给职工,并在生产中实际运用。二是借助项目资金,补助有机肥2000吨、组织订购花粉940克、果园放蜂330箱、以增加果园投入、提高果树抗性、确保果树可持续利用。三是对果园适时监测,尤其对晚霜冻等灾害性天气进行监测,及时采取措施,有效地减轻了晚霜冻危害。四是针对冰雹灾害,制订紧急预案,积极联系保险公司、开展灾害调查,拟订灾后管理方案,有效减轻灾害损失。五是加强宣传报道,提高林场苹果知名度,提高果品销售量。

【种苗培育】 为加快林木种苗产业化进程,宁夏仁存渡护岸林场依靠科技创新和机制创新,加大公益林养护管理力度,调整思路、瞄准市场,以新品种、特色化、高质量的良种壮苗拓展市场,切实提高种苗效益。2017年,引进辽东栎、盐柳等优新树种,做好以蝴蝶槐、构树、圆蜡2号、速生法国梧桐等树种为主的200亩观光苗圃和以桧柏、河北杨、新疆杨为主的1000亩大苗基地的养护管理。

【基础设施】 全方位实施项目带动战略,准确把握国家政策及资金投向,积极申报项目,全力争取项目。通过与发改、财政、农业及农业综合开发等部门的协调与联系,落实示范园建设、科技推广、国有林场改革、危旧房改造、种苗和天保工程等项目,依托项目资金,砌护果园渠道,维修果棚,修筑混凝土路面;改造管理站水源泵站;屋顶防水处理;安装水泵、配电柜,铺设输水管道;改造暖气管网以及视频监测系统安装等,解决了林场多年来果园灌水难、林区道路不平整、林区安全防护等问题。配合灵武市防汛办砌护黄河护岸码头,有效解决了渡口站主要险段的黄河冲刷水患问题。

大泉林场

【概况】 灵武市大泉林场是市林业局下属的一家集农、林、牧、渔为一体的综合性国有林场。截至2017年年底,林地面积6.93万亩,其中,林业用地面积6.64万亩,其中含有林地1.96万亩、灌木林地3.41万亩、未成林造林地1.00万亩、苗圃地0.05万亩、林业辅助生产用地0.22万亩,非林地0.29万亩。现有人员编制数100人,全区国有林场改革将原有285名编制数压缩为100名,现将185名空编收回,超过核定规模的100名人员编制锁定,在册人员184人(管理1人、专技24人、工勤159人),退休人员200人。2017年年末,林场固定资产总额为3139.00万元,总收入3423.10万元,总支出2358.93万元,负债总资额为2358.66万元。

【造林绿化】 2017年,顺利完成枣博园二期东园绿化工程绿化整地20万平方米,栽植和移植各类苗木1273811株。其中,栽植各类苗木1271031株,主要有常青树、阔叶乔木及亚乔木、花灌木和地被等,移植各类苗木3145株;完成临河镇下桥村、二道沟村土地整理项目绿化面积835亩,共栽植各类苗木49021株,其中,栽植樟子松33967株,刺槐12377株,丝棉木2356株,国槐321株;对新杜路、新区公安局南、四中五小北西平街两侧、快速通道双向路绿化带进行了移植,共移植面积27000平方米,移植新疆杨、刺槐和樟子松等各类苗木22507株、柠条280平方米;在东沙窝绿化造林并管护2000亩,共栽植速生杨1800株,刺槐550株,樟子松1200株,扦插沙拐枣插穗37350根,扦插沙柳28820根,栽植梭梭30000株,栽植毛条200600株。

【林业产业】 全场共有育苗基地1200亩,2017年出圃各类苗木230095株,京桃嫁接北京7号桃树苗4000株,在二队苗圃栽植长富3号苹果苗4312株,为老果园更新做充分准备;为职工发放海棠苗2000株,葡萄苗9900株;补植长富3号苹果苗18875株。维修地面节水灌溉设施,引进清香、新185、新2、幸福4个优良核桃品种苗木245株,购8588核桃苗木2000株,高接换头新185品种核桃20株;引进大果型鲜食枣新品种2个,采用高接换头方式进行嫁接繁殖,改革枣园土壤管理制度,改清耕制为生草制,采用自然生草与人工种草相结合。采用自由纺锤形修剪技术完成枣树修剪70亩,辐射带动全场800亩枣园,共销售长枣75017公斤、葡萄17795公斤,收入213万余元,秋季收售职工长枣103万公斤,已全部销往甘肃、陕西、河南、广州等地,并完成职工卖枣费用等结算工作。

【基础设施】 在枣园基地管理站:西沟抽水泵站安装125千伏安变压器一台、12寸蜗壳式混流泵及22千瓦电机一套以及进出水管道和大小水篦子;改造维修主渠95米、支渠10条5100米,维修退水8处50米;完成2017年大泉林场枣园基地职工秋施肥工作,实际施肥面积743亩。在果品基地管理站:完成一二级泵站改造工程;打抗旱井15眼(含葡萄基地3眼),并完成配套电、深井泵安装，完成林二队自来水管道更新工作，着力解决职工灌水难、饮水安全等问题；东沙窝作业区铺设生产路共5条1500米、ϕ63PE管900米、ϕ16PE管12000米，安装滴头3550个，维修节制闸5座，各类渠道500米左右、新建路卡8个，翻新4个；苗圃地安装供水主管线465米，配套地面节灌设施。对下白路两侧节灌设施全部进行更换，共更换ϕ63PE管1950米，ϕ16PE管80000米，16旁通阀2000个，16直接2000个，滴头20000个，ϕ7毛管30000米。

【林业项目】 2017年共争取项目9个，到位资金1143.65万元。实施了2016年"一事一议"大泉林场文化广场及生产路建设项目、2016年"一事一议"大泉林场五里坡渠道砌护项目、2017年"一事一议"大泉林场道路建设项目、2017年"一事一议"大泉林场场地硬化及果棚建设项目、自治区林权服务与产业发展中心特色经济林示范项目和自治区林业厅中央财政林业科技推广示范项目——灵武长枣自由纺锤整形及配套管理技术示范推广项目的实施；编报了2017年国家农业综合开发项目——宁夏灵武市鲜食葡萄基地示范项目、2017年国有林场改革补助资金项目的实施方案编报，项目批复、招投标，现均已进入实施阶段；完成了2015年"一事一议"大泉林场枣园基地渠道砌护项目的验收工作、2015年"一事一议"大泉林场果品基地蓄水池建设项目的验收工作、大泉林场2016年森林抚育项目验收及归档工作、2015年国家农业综合开发林业生态示范项目及大泉林场2015年国家农业综合开发长枣示范基地项目内外业整改及验收工作、大泉林场长枣贮销中心冷库及分选车间项目的最终验收工作、2015及2016年度沙生灌木良种基地项目验收工作和2014—2016年度中央财政林业科技推广项目——灵武长枣有害生物综合防控技术示范推广项目。

【森林资源管护】 全场共管护林木26682亩，其中场部东沙窝灌木林地19735亩、下白路护路林800亩、东任路、快速通道和保税区、新区、西平街等管护面积5947亩以及狼皮梁核桃基地200亩。各管护区共灌水14次、打药5次、施复合、有机肥、羊粪各1次，旋耕除草170亩，挖机挖施粪坑170亩；秋季林木修枝、涂红刷白41652株，收购职工毛条和柠条良种1700多公斤，并进行了干燥脱粒等工作各管理站完成秋冬季节防火工作，并对辖区生态林和经济林开展24小时不间断巡护工作，从源头杜绝了非法林事活动。

北沙窝林场

【概况】 北沙窝林场是灵武市林业局下属的国有林业事业单位，位于灵武市市区北，二环路以内。2017年组织实施了滨河大道香化工程，破四沟整治造林，枣博园二期续建工程，下白路东侧沙荒造林及草方格固沙，下白路两侧扩路移树补植及沙地退化补植，毛乌素沙漠防沙治沙示范项目栽植补植工作，城乡生态大会战城区镇河塔等29个片区管护，临港园区、307国道及下白路交界处、硅铁厂等绿化养护，老果园改造、病虫害防治、渠道砌护、维修及畦田口改造，苗圃苗木抹芽、修剪、除草等，各管理片区的涂红刷白等工作。职工人数339人，其中在职167人，退休173人，高级工程师3名，工程师12名。

【党风廉政】 为认真贯彻落实上级关于党风廉政建设的部署和要求，认真履行职责，全力推进"两学一做"学习教育常态化制度化。一是"两学一做"学习教育。制订了《推进"两学一做"学习教育常态化制度化实施方案》，成立了北沙窝林场"两学一做"学习教育常态化制度化领导小组，明确学习教育重点内容，细化推进措施，严格落实责任。根据市委组织部安排部署，组织党员集中学习，开展4个主题学习，结合林场实际工作展开讨论，解决实际问题。制作"两学一做"学习教育常态化制度化学习专栏。学习河北省塞罕坝机械林场精神用实际行动诠释了"绿水青山就是金山银山"的理念。组织全体党员观看十九大开幕式习总书记重要讲话、以试卷形式开展学习习近平新时代中国特色社会主义思想六问六答知识。组织开展支部主题党日活动、党员奉献日活动等丰富党员的学习生活。组织党员学习《党章》《廉政准则》以及系列讲话、十九大报告、警示教育片等重要内容，完成学习笔记，撰写心得体会，切实增强支部党员学习党章、党规意识，加强党性修养。进一步推进“两学一做”学习教育常态化制度化。为开阔党员学习视野，场党支部邀请市委党校老师为林场党员讲党课3次，深层次讲解了开展“两学一做”学习教育常态化制度化、党风廉政建设重大意义，解读十九大报告深刻内涵。二是大力开展普法宣传教育。认真组织“七五”普法学习，强化安全防范管理、社会治安综合治理及安全生产等工作，2017年没有发生刑事案件、重大治安案件和安全生产事故。三是不断强化党风廉政建设。严格落实党风廉政建设责任制。按照“谁主管、谁负责”的原则，签订党风廉政建设责任书，将党风廉政建设责任目标落实到班子各成员，落实到各科室、站主要负责人肩上，做到责任到人。进一步完善党风廉政建设机制。制定完善了北沙窝林场财务管理制度、北沙窝林场内部控制工作制度、北沙窝林场车辆管理制度、北沙窝林场生产资料购买及领用管理制度、北沙窝林场生产资料购置及领用流程等制度，成立了灵武市北沙窝林场内部控制工作领导小组，按照中央八项规定精神，逐步完善制度建设。进一步明确了党风廉政建设的重点内容，印发了《北沙窝林场2017年党风廉政建设和反腐败工作要点的通知》《2017年党建和党风廉政建设重点工作推进方案》和《北沙窝林场进一步加强党风廉政建设主体责任和监督责任领导机制实施方案》，大力推进党风廉政建设工作。严肃党内政治生活纪律。认真贯彻民主集中制，严格执行党章党规确定的民主原则和程序，开展积极健康的批评和自我批评。四是积极参与联合党委组织的活动。为朔方路辖区枣园雅居小区绿化供水，解决小区绿化用水困难问题。结合开展支部主题党日活动，走进市武警中队，慰问驻守在林场辖区内的武警官兵，为指战员送去灵武长枣、酸奶等慰问品，向辛勤守卫灵武平安的武警指战员致以节日的祝福和问候。五是加强阵地建设，丰富职工文化生活。为加强基层党员与职工的学习教育，林场党支部利用国有林场改革资金，建立党员、职工电教培训室。建立林场文化长廊，以多元化的形式，多方位、多角度的宣传党的十九大精神、“两学一做”学习教育常态化制度化，展示林场文化建设，渲染社会主义道德文化氛围，倡导职工尊老爱幼、邻里团结、爱岗敬业。林场党支部为职工购买了音响设备，方便职工早晚跳广场舞、健身操，既丰富了职工业余文化生活，又锻炼了身体，营造了健康文明和谐的社会风气。为在职、退休职工发放体检卡，组织职工进行体检。

【工作内容】　2017年完成沙荒造林、草方格固沙2774亩，整地造林117亩，管理苗圃382.5亩，修剪抚育树木498307株，灌木更新抚育233.9亩，出圃苗木174198株，完成涂红刷白231312株。一是大力推进城区绿化养护工作。继2016年城乡生态大会战后，2017年完成了镇河塔、羊绒城北侧、交警队北侧、枣园路两侧、看守所等29个片区林木养护工作；完成城区绿地抚育管护工作。补植各类苗木28039株，其中乔木3386株，花灌木12991株，侧柏绿篱11662株；移植各类苗木11860株，其中，乔木5165株，花灌木5215株，侧柏绿篱1480株；涂红刷白25213株。二是加大老果园改造力度。调整果园管理奖补政策，在2016年每亩补助150元的基础上，提至每亩补助300元，大大提高了职工管理果园的积极性；组织挖掘机对果园死树死枝进行了清理，确保果园园貌整洁，达到城市园林景观效果；果园病虫害防治，场里指派专人，熬制石硫合剂原液34320公斤，无偿提供给职工对果园病虫害进行防治；组织人员挂昆虫性诱捕器1000个，有效防治了苹果舞毒蛾；渠道砌护、维修及畦田口改造，其中，渠道砌护930米，新安大小闸门3套，穿路涵管5个，铁制手提式闸门畦田口改造1300个；渠道维修300米，提高了果园水资源利用率及灌水效率；组织职工参加林业专业技能培训，培训人员120余人。三是滨河大道抚育管护以及破四沟整地造林工作。完成破四沟整地造林117亩、栽植各类苗木共49213株；完成苗圃地育苗80亩，移植各类苗木33623株；完成滨河大道美化，栽植各类花草165660株；移植各类苗木15245株；对红柳、紫穗槐、枸杞等灌木平茬、更新抚育233.9亩；修剪新疆杨、垂柳、旱柳、刺槐、枣树共30307株；对沙树、枣树等各类乔木共18万株进行了抹芽；重点对枣树、沙树、枸杞、山桃、山杏上的病虫害进行了防治；秋季林木涂红刷白84326株；利用旋耕机进行林地除草321亩；完成林区除草、浇水、施肥、安全防火、宣传教育等日常工作。四是完成下白路、快速通道、临港园区林木抚育工作，对道路两侧林木进行修枝、浇水、除草、涂红刷白、病虫害防治等，其中，乔木修枝12万余株，灌木更新平茬3.6万株，秋季林木涂红刷白9.7万余株，机械旋田、人工除草1900亩，铺设供水滴管200余亩。五是宁东林木管护工作。开展了补植、移植、修枝、除草、灌水、涂红刷白等养护抚育，其中，修枝抚育12万株，移植苗木626株，补植苗木675株，涂红刷白10273株，机械旋田、人工除草共计2970亩，有害生物防治喷施药物1300亩，有效控制林区病虫害的发生。六是枣博园二期续建工程。组织对全园所有树木进行了修剪，修剪各类树木11000株（其中修剪百年老枣树1900余株），对园区内的苗木进行移植，移植各类苗木2254株，新栽各类苗木40752株，园区内主路两侧铺设草坪5248.2平方米，安装喷灌2520米；完成灌水、除草、灌木平茬、病虫害防治等管护抚育工作；完成涂红刷白14500株。七是治沙造林工作。在治沙造林工作中，坚持适地适树的原则，抓住2017年沙地墒情好的有利时机，完成《毛乌素沙地防沙治沙示范项目》等项目的栽植补植工作，治沙造林2774亩，栽植补植各类苗木100.54万株。八是设施园艺基地建设。设施园艺基地坚持以科技为先导，努力提高管理水平和经济效益。创新思维，在2016年的11月20日对枣树进行升温，使长枣提前在2017年的4月25日上市，相对2016年提前上市22天；完成温室长枣老枝更新两万株，新定植枣棚补植长枣带土球苗木800余株；完成更新改造园区内的基本设施建设。九是苗圃地管理。完成382.5亩苗圃地的补植、抹芽、施肥、灌水、除草、防虫等日常管理工作。出圃各类苗木174198株。十是国有林场改革工作。根据中央、自治区国有林场改革精神，依据灵武市国有林场改革方案，完成了北沙窝林场的改革任务，实现了林场重新回归事业单位管理行列，职工的五险一金按照事业单位管理，纳入到事业单位缴费，退休职工的退休费由企业退休待遇转为事业退休待遇。

【林业项目】 灵武市北沙窝林场中央财政国有林场改革补助资金使用项目，总投资707.6万元，均为国家投资。其中投资327.95万元，为林秀苑A区改造供暖35000平方米；投资48万元购买肥料158吨，2018年春季奖补给职工；投资50万元，购置枝条粉碎机两台及牵引车两台，解决职工因焚烧枝条污染环境问题；投资36万元，对老果园进行平田整地；投资10万元，对果园死树、枯枝进行了清理；投资26.6万元，渠道砌护930米，新安大小闸门3套，穿路涵管5个，铁制手提式闸门畦田口改造1300个，渠道维修300米，提高果园水资源利用率及灌水效率；投资10万元，用于职工果园苗木补植补助；投资29.05万元，制作林区防火宣传牌8个、场区文化长廊展板26块、各站宣传展板8块，电教培训器材及电教室配置，为丰富职工文化生活，职工培训奠定基础；基础设施建设投资144万元，为海子管理站、滨河管理站、宁东管理站改造供暖。建设林区供水管线200亩，配套机井建设3眼；投资20万元，编制了灵武市北沙窝林场森林经营方案；投资6万元，计划在冬季进行职工技能培训。2017"一事一议"财政奖补项目灵武市北沙窝林场五里坡分场生活区道路建设项目，总投资101.3万元，其中财政奖补资金为72万元，现项目已实施完成，正在审计结算中。设施灵武长枣产销技术提升融合发展项目，总投资为108.36万元，其中财政奖补40万元，单位自筹68.36万元，项目正在实施中。灵武市7.5万平方米设施温棚改造项目，总投资504万元，其中，中央投资180万元，地方配套资金72万元，单位自筹252万元，项目正在实施中。毛乌素沙地防沙治沙造林综合示范区项目档案资料整理工作已完成，已通过三北局验收。项目建设面积 500 亩，总投资 91 万元，其中中央投资 70 万元，配套资金 21 万元。

【取得成效】 充分领会市委、政府及林业局党委指示精神，对上级安排的各项工作始终无条件地坚决执行，针对林业工作性质特殊、时间紧、任务重、难点多等具体情况，林场班子成员敢当尖刀，敢担重任，始终把自己当作一颗钉子，定位在生产一线，始终在生产现场，既是现场指挥者，又是工程实施者。完善制定各项规章制度，坚持例会制度，每周二定期召开场长办公会，汇报上周各自承担工作完成情况，研究需要解决的问题，安排部署一周所要干的工作。通过工作汇报，促进工作开展，解决工作中存在的问题，使班子成员形成想事、干事、相互补台的良好工作氛围。同时，为来林场的办事人员提供了方便，提高了工作效率，赢得了声誉。制定完善了北沙窝林场财务管理制度，明确了林场财务由过去执行《国有林场与苗圃财务会计制度》转变为实行《事业单位会计制度》。为进一步提高行政事业单位内部管理水平，规范内部控制，加强廉政风险防控机制建设，制定了北沙窝林场内部控制工作制度、成立了北沙窝林场内部控制工作领导小组；制定完善了北沙窝林场车辆管理制度，严格了车辆维修、车辆用油的管理；制定了北沙窝林场生产资料购买及领用管理制度、北沙窝林场生产资料购置及领用流程，规范了生产资料采购及领用程序。为实现提高职工收入，从根本上改善职工生产生活条件，2017 年针对果园老化无效益，职工收入低下，林场党支部制定措施，为职工提供就业岗位，鼓励职工及家属参加林场各管理站生产管护，保证职工 9 个月以上的工作时间，职工及家属劳务工资与社会务工人员相比提高 20%，对自谋职业发展二三产业、特色农业的职工，给予技术帮助、政策扶持等多方面的帮助。加大果园补助力度，提高果园管理水平和果品质量，增加职工收入。明确主体责任，把具体工作落实到人。林场绿化管护工作点多面广战线长，涉及城区、滨河大道、临港园区、下白路、快速通道、临河跨线桥等全市重点造林区域。为确保各项任务的顺利完成，场党支部创新工作思路，2017 年年初，场长与分管场长签订目标管理责任书，分管场长与所分管的管理站、办签订目标管理责任书，将具体工作落实到人、责任落实到人，谁具体负责的工作从开始实施，到管护以及检查验收，一包到底，确保了各项工作的顺利完成。

灵武市良种繁育示范场

【概况】 2017 年，灵武市良种繁育示范场下设 3 个生产队，有职工 120 人，其中管理人员 3 人。该场改制后不再繁育良种，成为一般农场。仍有耕地 1938 亩，其中 1050 亩继续承包给大泉和北沙窝两个林场发展设施园艺，栽植灵武长枣、葡萄、油桃等设施果品，使耕地面积减少到 887 亩，全部种植水稻，生产优质水稻 532.2 吨，平均亩产 600 公斤。继续免收机耕费、水利费和承包费等费用，减轻了农工负担。长期坚持统分结合的经营管理模式，统一服务，分户经营。统一服务项目有农田水利基本建设、机械作业、秸秆还田、管水用水、病虫害防治和科技培训等。坚持推广和应用优良品种和全程机械作业、测土配方施肥、秸秆还田、水稻旱直播和精量播种、病虫草害统防统治、节水灌溉等技术，使水稻长势均衡，丰产丰收。坚持“一业为主，多种经营”的方针，在种好承包田的同时，鼓励和支持劳务输出，发展多种经营。

城乡建设

综述

【概况】 灵武市住房和城乡建设局作为灵武市重要的综合职能行政管理部门之一，在承担灵武市工程建设、城市建设、村镇建设、房地产开发、住房保障建设、人防管理与建筑、建筑工程安全、工程质量、竣工验收监督等行业管理中发挥着举足轻重的作用。位于灵武市灵州大道西段南侧政务服务中心大楼，下附属房屋产权产籍管理所、灵武市建设工程质量监督站两个独立事业单位。内设综合办公室(含党办)、村镇办、新型城镇化办、建管站（含安监站、项目办)4个职能科室。灵武市房屋产权产籍管理,下设办公室、档案管理室、房产交易中心、住房保障中心、物业办、住房补贴办6个股室。全系统在职人员65人,其中,机关行政人员12人,事业人员53人,专业技术人员23人。

【党建+业务双轮驱动】 “五位一体”推进党建工作,加强思想建设，深入学习党的十九大精神和自治区第十二次党代会精神等，形式多样开展主题日活动。加强纪律建设,与12个基层党支部签订党风廉政、党建、综合治理目标责任书。加强作风建设,从严从实管理干部,营造良好环境。加强反腐倡廉建设,开展廉政教育,上报信息25篇,梳理全面从严治党“三个清单”81条。加强制度建设,健全完善《建设学习型党组织制度》《党组成员向党组报告工作制度》等制度。加强信息宣传,充分利用人民防空宣传媒介，开展十九大精神进机关、进企业、进社区、进农村等宣讲活动,上报“两学一做”学习教育简报21篇、党建信息23篇,每名领导班子成员撰写学习笔记10000字。通过多渠道多形式，为党员集中“充电”。召开专题学习讨论会6次,撰写心得150篇。党建阵地打造,抓12个基层党组织硬软件建设，制订年度党员教育、发展计划,与党员签订公开承诺书20份。发展党员3名,入党积极分子两名。完成住建系统14个支部193名党员党组织和党员信息采集工作。

【城区建设】 2017年共投资8700万元，实施十三五扶贫移民安置房建设项目。投资1400万元，实施生态纺织园产业工人保障房及劳务移民周转房(公共租赁房)电缆沟工程。投资8641万元,实施灵武市2017年城镇棚户区(城中村)集污管网及配套工程。投资573万元,对民政局、玉翠苑、老广电局家属院、统计局家属院进行改造。投资1700万元,实施67项零星备案工程。对9条道路及25个小区进行分批维修改造，对于老旧小区通信等各类线路私搭乱接委托专业公司进行收纳规整。投资1302万元,实施灵武市城乡环境综合整治安置房市政府北侧水泥厂片区（城市棚户区)二期附属配套及10千伏供电工程。这些项目在2017年年底均已完成。投资8344万元,实施灵武市2017年城镇棚户区(城中村)西平路延伸段环境整治及配套工程。一标段秦渠桥桥板已搭设完成，道路全线机动车道路基沙石料已铺设完成;二标段铁路以东、以西沥青面层已铺设完成，铁塔迁建已完成；三标段滑板、6米桥涵及16米桥涵已浇筑完成,安全协议已签订。投资7.03亿元,实施古城墙遗址恢复及重点街巷提升工程（2018年续建项目)。

畜牧局家属楼、原水务局商业楼等已完成，正在进行商城外立面装饰改造。

【村镇建设】 投资 9283 万元，整治美丽村庄 14 个(郝家桥镇沈家湖村、大泉村、上滩村、王家嘴村、关渠村、胡家堡村、崇兴镇榆木桥村、杜家滩村、龙徐滩村、台子村、郭碱滩村、梧桐树乡史家壕村、白土岗乡火城子村、临河镇二道沟村)，硬化道路 7.1 千米，绿化面积 4.57 万平方米，铺设排水管网 2.3 公里，安装太阳能路灯 630 盏，太阳能热水器 1431 个，安装垃圾箱 1220 个，清除垃圾 3970 吨，沟渠整治 26.1 千米。投资 2340.1 万元，实施美丽小城镇 1 个（郝家桥镇）。投资 3600 万元，新建污水处理站 7 座，提标改造 10 座，完成农村污水无害化处埋及改厕 1.2 万户。实施马家滩镇镇区污水处理站项目，改造镇区给水管网 5.3 公里、排水管网 2059 米。向史家壕村、郭碱滩村、郝家桥镇等铺设天然气管线 12 公里。以定位产业发展和挖掘历史传统文化为突破点，按照“一镇一业、一村一品、一户一特”实行错位发展，重点打造临河镇二道沟岩画民俗村和郝家桥镇胡家堡休闲旅游村项目。承办了以“两处理两改造”为重点的新一轮全区农村人居环境综合整治现场会，向全区各县市示范推广农村生活污水处理和改厕及环境整治工作经验，在全区起到了示范引领作用，被中央电视台、宁夏电视台、宁夏日报等多家媒体播报。

【招商引资】 市住建局 2017 年实施项目工程 26 项，其中，政府类投资 8 项，计划投资 13.6 亿元，社会类投资 18 项，计划投资 24.44 亿元。招商引资任务两亿元，截至 2017 年年底，招商引资 11.4 亿元，其中，临港经济区基础设施 PPP 项目规划区面积 854.92 公顷，其中，建设用地面积 820.09 公顷，坑塘沟渠非建设用地面积 34.83 公顷，总投资 21.33 亿元，先期主要建设下白路、纬四路、中央大道三条道路；建设近期 3 万立方米 / 日，远期 5 万立方米 / 日污水处理厂 1 座；部分给排水管道及供暖管道，共计投资 5.4 个亿。完成投资 8000 万元，采用 BOT 模式运作。“熙水台”台湾风情街项目总投资 6 亿元，完成投资 9800 万元。上争项目资金 10344.4 万元。

【维护农民工权益】 2017 年，全市 52 项新建工程农民工工资保证金缴纳率、劳动合同签订率、保险购买均达 100%；全市在建工程用工 3789 人，劳动用工签订率达 100%，农民工银行卡办卡率 73%；实名制管理用工人数 3789 人，实名制管理率达 100%。52 项新建工程均实现分账管理，同时要求各建筑施工单位设立农民工工资专户。工程款严格按照 22%的比例拨付到农民工工资专用账户中，确保了农民工工资的发放，实现分账管理率达 100%。2017 年 7 月起，将分账管理的农民工工资专用账户纳入合同中，同时严格要求施工合同专用条款必须明确“优先保障农民工工资支付”的特殊条款，从源头上消除因劳动争议或工资纠纷导致的各种投诉和不良突发事件。2017 年，无突发性群体事件和极端事件的发生，一经发现欠薪隐患，市住建局将及时向政府报告，并积极采取有效措施，提前做好防范工作。

【“放管服”管理建筑市场】 以“放管服”为工作目标，切实做好服务理念，简化程序，做到监帮结合。先后对涉及政府投资类项目 23 家单位发放了 23 份《关于 2017 年在建项目尽快办理施工许可证的通知》，2017 年共办理工程类别确认通知书 114 份(其中，建筑工程 52 项，市政工程 48 项，安装工程 7 项，园林绿化工程 5 项，装饰装修工程两项，总面积 4.5 万平方米)；共办理合同备案 134 项(其中，施工合同备案 69 项，监理合同备案 65 项)。相较 2016 年，2017 年继续保持 2016 年 100%使用示范文本，所有在建工程全部使用标准示范合同文本，施工合同、劳务分包合同及监理合同进行签证备案，未发现与招标人签订阴阳合同、低价中标、高价结算等情况；对未办理施工许可证的建筑工地，及时下发停工通知书。2017 年共立案 26 件，结案 26 件，处罚 41 万元(缓交 6 项工程，缓交金额 16 万元)，下发 15 份停工通知书。为加强全市建筑市场管理，创建全市建筑市场微信群。更快、更好、更有效地安排部署上级部门下达的紧急通知，切实做好全市建筑施工各项应急工作，进一步健全全市建筑市场管理长效机制。

【房地产市场监管】 为进一步规范房地产开发企业的经营行为和房地产市场秩序，形成广泛和强大的道德社会监督机制，强化房地产行政主管部门的监管。2017年3月对全市18家开发企业中符合评审条件的9家房地产开发企业进行了信用等级评定的初评工作。通过召开联席会议，征询规划、市场监督、地税、人民银行等部门意见，全面掌握企业信用评价信息，对企业良好行为和不良行为进行分类整理。其中AA级信用企业1家，A级信用企业8家。认真做好对非法集资活动的监测和预警工作，形成打击房地产开发和建筑领域非法集资行为的专项行动小组，并下发《灵武市住建领域2017年度开展防范和打击非法集资专项活动工作方案》。同时为建立非法集资活动的监测和预警体系指定专门人员，通过拉网排查、明察暗访等方式对全市房地产开发企业发布广告咨询信息进行排查，共排查8家有开发、预售项目的房地产企业，出动执法车辆4台次、执法人员8人次，检查15个广告、31条咨讯信息。通过此次排查，灵武市房地产企业和房屋中介机构行为较为规范，维护消费者的合法权益意识较高，未发现非法集资及涉非广告咨询信息等问题。

【建筑工地扬尘管理】 市住建局严格要求所有施工工地落实好6个100%要求。与施工企业签订了《扬尘污染治理目标责任书》，先后下发《灵武市2017年度建筑施工扬尘污染治理方案》《灵武市集中开展工程建设领域突出问题专项整治行动方案》《关于加大沙尘天气情况控制降尘工作的紧急通知》等文件129份。全年下发20份工程隐患限期整改通知书，检查记录19份，提出整改意见102条。回复率100%，整改率达95%。其中，8月起开始为期两个月的扬尘污染专项检查，下发8份工程隐患限期整改通知书，检查记录10份，提出整改意见41条。回复率达100%，整改率达95%。11月11日、11月17日、11月20日、11月24日联合有关部门就全市建筑工地扬尘污染防治工作展开4次拉网式专项检查。对部分施工现场扬尘污染防治工作不到位等问题，现场下发了12份建设工程隐患限期整改通知书，提出整改意见61条。联合环保部门拆除燃煤锅炉144台。2017年年底，全市19个冬季停工项目均要求严格落实冬季扬尘污染防治工作。其中，全面落实建筑工地、裸露地面“全停、全盖、全冻”项目16个；严格落实冬季施工扬尘防护工作，并制订冬季施工方案项目3个。堆土覆盖面积约19万平方米，裸露地面覆盖面积约70万平方米。

【建筑质量监督】 在灵武市建设领域能够代表建筑专业较高水平，且能将工作中学到的好经验和做法在任职单位推广，学习的33名同志确定为灵武市建设工程质量社会专家库首批成员。为提高居民对住宅工程质量的满意度，对于关系到人民群众的切身利益和生命财产安全的住宅工程质量，市质监站借鉴国内发达地区的先进经验，因地制宜，积极探索不断创新住宅工程竣工验收监督工作，在原有五方即建设、施工、监理、勘察、设计单位法定验收的基础上，增加物业（基层管理角度）、社会专家（专业角度）、业主代表（使用方角度）共八方共同参与住宅工程竣工验收工作，自2017年5月19日起推行。2017年共迎接检查9次，监督单位工程41项，169个单位工程，总建筑面积71.1万平方米；共监督竣工验收119个单位工程，建筑面积38.75万平方米；办理竣工备案107个，建筑面积48.85万平方米。完成执法巡查及专项检查6次、市政工程专项检查4次；共下发《工程质量问题整改通知书》等各类文件148份，增加记录良好企业诚信，对相关人员做出记分管理6人次。受理工程质量投诉128起。结合实际，简化各园区企业备案流程。为四大园区补办工程备案手续123项，建筑面积34.21万平方米。

【建筑安全管理】 2017年，监督建筑工程46个，单体144个，总建筑面积47.86万平方米。召开“灵武市建设领域安全生产推进会”6次，制订下发安全生产文件86份，与各企业签订安全生产、食品安全、消防安全责任书各46份。对46个开工项目，下发隐患整改通知76份，停工通知书22份，行政执法建议书45份，提出整改意见810条，回复率达100%，整改率达

98%。对不在施工现场履职、履职不到位的26人违法违规行为予以记分处罚,对10家单位扣诚信分,并通报批评。参加宣传6次,发放资料1万余张,印发安全宣传手册500份。开展培训3次。以专项行动为抓手,2017年共开展专项行动13次。开展燃气专项检查6次,下发隐患整改通知书28份,排查安全隐患148条;组织53人参加区、市培训;为4家加气站办理燃气经营许可证;对两家新建加气站进行验收。5家施工企业的6个工程申报灵武市、银川市、自治区安全文明标准化工地。开展联合执法,与市市场监督管理局联合对辖区内在建项目工地食堂开展专项检查,与市消防大队成立联合检查组,集中开展违章搭建彩钢板临时建筑及人员密集场所门窗设置影响逃生灭火障碍物专项整治行动。采用隐患排查—整改建议—督促整改—复查(抽查)—通报处罚的生产隐患排查治理闭环管理。

【供热服务管理】 一是工程建设方面。实施林秀苑A区接入集中供暖工程。新建换热站1座,并入集中供暖面积35000平方米,铺设供热一级管网约600米,改造天然气小区一座,热用户336户。实施灵武农场接入集中供暖工程。解决农场5199户、29.8万平方米供热问题,铺设供热一级管网600米,改造(锅炉房)换热站一座,安装换热机组3台×7兆瓦。实施灵武市区环境保护热能综合利用续建工程。采取EPC模式招标,现已完成可研、批复、环评、合同签订等工作,正在进行初步设计及施工图设计工作。二是维修改造方面:2017年4—10月,对运行的32座换热站共计87台机组进行维护保养,机组阀门2100多个,补装55个机组泄水系统,清理除污器57个、过滤器110个,更换垫子56个,仪表及机组漏点检修改装138处,对部分换热站排气球阀重新安装,自来水系统改造8处,37个水箱做防锈、防腐,32个换热站内水槽、管道、托架做防锈刷漆工作。新装北站照明系统线路,对林秀苑、综合执法局换热站照明系统线路进行改装;对东塔小学、生态纺织园A区、B区换热站灯具进行更换;电器机柜清灰143面,电机加油16桶。更换阀门77个、软连接23个;校验安全阀76台、压力表62块;更换老旧管网400米,砌筑检查井14座,清理检查井40座,换热站加装水表25块,加装过滤器5个;对东换热站加装水箱排污管、更换交换器阀门15个;更换法兰40片,更换检查井盖20套。

【人防建设管理】 2017年9月15日,由灵武市人防办牵头,联合教体局、卫计局、公安局、民政局、科技局等部门在市第四中学开展“防空防震防灾”应急疏散演练活动。1700余名师生参加演练,在全市范围开展防空防灾应急疏散演练,灵武市10个机关单位、11个社区、14所学校疏散人数达到2.5万余人,未有拥挤、踩踏等事故发生,活动安全有序开展。投资8.5万元,完成对兴业路、谢家井、朔方路、西昌路等社区及市第四中学补充、配备应急救援绳索、防灾应急箱、防空防灾应急包、医用应急箱、剪切钳、大型破拆工具等设备,全面完成人防进社区工作,逐步开展人防进学校工作。投资8万余元在上景名苑、东塔小区、西湖名邸2期、第六小学等小区、学校制作安装人防宣传栏8套,投入使用绿地宝塔名邸、龙辰华庭B区、中银上元名城三个项目建设等级地下人防工程。2017年,结建人防工程8000平方米。对新开工项目进行人防易地建设费全额收缴。对欠费企业发送《限期缴纳人防易地建设费的决定》等文书30份,共收缴追缴人防易地建设费550余万元。2017年,新安装音视一体化多媒体报警器15台,检修维护防空警报设备38处。2017年8月9日,市人防办召开全市人防安全生产大检查动员会议,已竣工使用3家人防工程进行全面监督检查。

【保障性住房管理】 配合审计、财政等部门,确认、移交2008年以来剩余房源工作,最终确认剩余房源250套,梳理未办理房产手续安置户575户。对灵武市9家房地产开发企业进行信用等级评定的初评工作,评定AA级信用企业1家,A级信用企业8家。市建筑管理站下发《灵武市住建领域2017年度开展防范和打击非法集资专项活动工作方案》。指定专人排查房地产企业8家。2017年全年去库存751套8.68

万平方米。市房管所结合灵武市实际,上报市政府出台《灵武市调整公共租赁住房准入条件及租金标准补充意见》和《灵武市关于加快公共租赁住房分配入住暂行办法(试行)》,到各乡镇、街道办举办公租房政策培训。截至2017年12月中旬,分配公共租赁住房6699套,包括三大绒业1000套、扶贫办200套、中银350套、三大园区895套、农场239套、环卫工人35套、其他各企业、事业、行政单位分配630套,个人分配公共租赁住房3350套(其中包含217户多人多代移民户实物配租)。自治区住建厅下达灵武市2017年新增补贴任务计划100户,市房管所发放租赁补贴132户191人,发放租赁补贴资金43560元,超额完成2017年租赁补贴任务。

【小区物业管理】 全市从事物业服务备案登记物业企业28家,物业小区71个(城区街道办53个,东塔镇12个,崇兴镇2个,郝家桥镇1个,临河镇3个),物业服务面积612万平方米,绿化面积123万平方米,从业人员1150人。投资3100余万元,对部分小区屋面防水、给排水、绿化、车棚、技防等进行完善。新成立业主委员会8个,制订《2017年度物业服务企业安全管理目标责任书》《2017年度物业服务企业信访维稳管理目标责任书》。对全市64个有物业服务小区,安装电动车自动充电桩,改造标准化智能自行车棚,推行聘用管理先进的专业队为服务提供方和承包方。在物业小区制作创城标牌、公示栏260个,标语横幅86条,配发垃圾桶500个;建立物业诚信服务信用记录监管制度;开展居民小区环境综合整治、清理乱堆乱放私搭乱建等专项整治行动。对全市物业企业法人、项目经理、工作人员进行专业培训;协调解决小区遗留问题,改造和完善小区公用设施;联合街道办、西郊派出所、社区、物业公司对水木灵州小区内占用绿化用地种菜现象进行全面清理。成功举办2017年首届"创城杯"物业服务知识竞赛活动;圆满完成2017年物业小区评星定级工作,评选四星级物业小区1个、三星级物业小区21个、二星级物业小区31个、一星级物业小区11个。

【产权、行政事业单位住房补贴管理】 在行政事业单位住房补贴方面,2017年8月完成1991年1月1日至2014年12月31日,第一批离退休职工住房补贴的发放工作。共发放109个单位,共计1248名干部职工。在房产交易方面,进一步规范了业务流程,制定各类业务具体的操作标准,明确办理各类业务应提交的要件、办证时限、各审核环节的时限及各类业务的审核程序,坚持程序公开、审核办理时限公开;加强楼盘系统的管理,逐步建立统一的商品房数据平台,提高办事效率;加强信息化建设,形成了完整的档案,设置专业的查询窗口,为房产交易与权属登记相关厉害人、司法机关以及金融部门等提供查询服务。在房产备案、网签方面做好新建商品房备案、存量房网签交易、办理商品房预售许可证和房屋租赁登记备案的工作。2017年,完成网签备案2721套,面积30.9万平方米(其中新建商品房网签备案1959套,面积21.8万平方米;存量房网签备案762套,面积9.1万平方米)。办理商品房预售许可证42件,房屋租赁登记备案188个。

【精准帮扶】 由主管副局长负责每周四进村入户工作。完成"十三五"扶贫移民安置房工程主体、附属配套,并完成竣工验收。完成白土岗乡39户及郝家桥镇180户多人多代户申请公共租赁住房的家庭实物配租。住建局党支部开展"送温暖·献爱心"活动,打造"爱心书屋",捐赠衣物1500余件,图书、学习资料500余本,捐款1200余元。筹资2400多元为学龄儿童捐赠新书包和学习用具21套,捐赠书籍400余册。联合企业对12户生活困难群众重点帮扶(面12袋,清油12桶,价值1900元)。为养鸡贫困户购买鸡饲料34袋(34户),价值5600元,帮助出售扶贫鸡300多只,增加收入24000多元,慰问动心脏手术困难户马治学900元。发动企业捐赠两万元,为38户困难群众购买煤炉和煤,解决冬季取暖问题。3月初,走访时得知包扶对象张云平女儿被邀请到英国参加足球学习培训,因家庭经济困难无法满足出国培训的部分费用,局领导知情后积极协调,捐助2000元慰问金。为包扶对象马新虎、马付林、鲜君国技术扶贫，购买木工刨床和电焊全套设备。6月8日，联合基层党支部对包扶38户群众进行斋月慰问，发送面、油，价值6300余元。7月1日，住建局党支部联合基层党支部慰问帮扶党员对象。11月为帮扶困难群众缴纳社会保险。

【民生问题】 2017年住建局大事两件，民生实事两件，议案1件，代表建议两件，委员提案6件，市政府交办人大代表建议4件。在议案提案办理工作中坚持“四个结合”，即与本部门抓大事、办实事结合起来；与广纳群言、实行民主和科学决策结合起来；与接受民主监督、认真改进工作结合起来；与化解矛盾、维护社会稳定结合起来，有效保证了议案提案的办理、落实。涉及住建局5件人大议案、建议，两件提案任务全部完成；对危房改造、热计量改造两件2016年不实施的提案回复相关委员；对加强社区建设管理完善社区功能、关于规范住宅小区业主委员会职责两件提案根据职能分工对接街道办，由街道办答复相关委员。做到件件有落实、事事有答复。认真贯彻落实《灵武市联合接访工作实施办法》，联合供暖公司、房管所、质监站等职能部门接访、集中答复群众反映的涉及房屋质量、供暖、小区物业、农民工工资等问题。2017年，接收信访局在宁夏网上信访综合管理平台转办或者交办信访件86件，受理12345市长信箱转办件640余件，办结率达100%。针对黄河书院等信访问题，局领导班子服从大局，主要领导亲临工作一线。

【服务水平】 2017年，住建局多措并举，强化内部管理制度建设。强化考勤绩效考核力度，加强对工作人员服务态度、服务质量和工作效率等方面的考核。强化学习，努力提高干部职工的综合素质。组织干部职工学习有关方针政策，用理论指导实践、解决问题、推动工作。强化人员管理。实行干部职工去向告知制度、挂牌上岗服务、工作文明用语、住建工作“十个必须做到”“八个不准”等制度，设立监督电话，自觉接受群众监督，使窗口单位在广大群众和社会监督下，公开、公正、透明履行服务职责。以“放管服”为工作目标，进一步深化服务理念，简化程序，做到监帮结合。2017年，共办理工程类别确认通知书91份，备案116项。大厅全年办理新建商品房网签1458套，面积16.6万平方米；存量房网签585套，面积5.97万平方米。办理商品房预售许可证18件，房屋租赁登记备案175个。

【企业改制】 根据灵政办发〔2016〕151号《灵武市人民政府办公室转发市财政局〈组建市属国有企业工作方案〉的通知》的精神，将灵武市供暖公司整合为灵武市城乡建设投资开发有限公司全额出资的子公司，并将供暖公司名称变更为灵武市能源有限公司，企业性质由全民所有制，改为国有独资公司。2017年6月底完成了企业资产划转任务。

【创新工作】 灵武市能源公司新开通黄河银行代收和微信缴费业务；灵武市建设工程质量监督站成立灵武市建设工程质量社会专家库；市质监站探索住宅工程八方验收新模式；农村污水无害化处理及改厕；住建局为泾灵南村帮扶群众打造“爱心书屋”；7月，积极协调各相关部门，顺利完成亚洲都市景观大赛项目评审工作，枣博园项目、沙漠公园项目在中国区均获奖，枣博园项目同时获亚洲区城市文化复兴奖；11月9—10日，由市住房和城乡建设局主办，市房管所、城区街道办协办，灵武市广播电视台在中国羊绒馆三层演播大厅承办“创城杯”物业知识大赛。

城市管理

【概况】 2017年，城市管理综合执法局共有在册职工713名，承担街道卫生清扫保洁、垃圾收集、公厕管护、市区市政路灯管护、市区污水处理工作；承担灵州广场、高庙公园、兴唐苑、鼓楼广场的绿化及公共设施的管护工作；承担市容市貌、门头牌匾、违章建筑、建筑工程车辆管理、店外烧烤管理工作。负责25路15街11巷1道1城316万平方米清扫保洁，其中城区街路巷保洁面积313万平方米，台阶、树坑、路面202万平方米，生态纺织城24.7万平方米，绿化带捡拾面积为183.2万平方米。根据城区道路布局和清扫保洁难易程度，将城区道路清扫保洁划分为5个网格，设三级清扫保洁等级，实行三级工资，做到定路段、定责任、定人员、定奖惩。坚持每日“一扫、四洒、全天保洁”的作业方式，达到“五净”“五无”“六不准”的工作标准。在人工清扫的基础上，加大道路机械化清扫力度，购置环卫机械设备5辆，道路机扫率为67%，提高了清扫质量和管理水平。城区现有公厕31座，垃圾中转站15座。城区道路排水管网长度110.452公里，共有检查井2100个、雨水井4398个、沉泥井47个。城区道路路灯12100盏，道路路灯线路长度169.8公里，变压器（配电箱）135台。

【经费投入】 推进智慧城市建设，筹建智慧城管中心，制定了《灵武市智慧化城市管理系统》，整合城市管理资源，在数字城管系统基础上，建设全民城管服务平台、应用智慧城市平台，实现对城市管理与运行状态的自动、实时、全面、感知，推进数字城管向智慧城管转型升级。推进第二污水处理厂二期扩建及提标改造工程，工程投资9980万元。截至2017年年底，已完成投资6000万元，完成工程总进度的70%，其中土建完成总进度的85%，设备安装完成工程量30%，通过实施完成更换一期4台气浮机、出水堰板、加药系统、3台脱泥设备后，出水有所好转，水质基本达到一级A标准。实施城区景观、亮化工程，投资1305.5万元。改善一线环卫工人的生活条件，投入95万元，提升免费营养早餐标准。投入1324.2万元，加大对市政路灯、市政道路、市政管理的维修维护工作。

【市容市貌】 开展城区环境集中整治，依法下发各类通知书869份，依法拆除一店两牌、LED灯箱、边坡等共计2963处，依法清理橱窗广告、墙体广告字、条幅等20963处，清理店外经营5203处，清理流动摊点3625次，清理马路晒粮136处。规范取缔城区占道经营、无证经营、超范围经营行为1360次，清理城区各类流动摊贩1623人次，针对市区店外经营、乱倒垃圾等违法行为，做到“严管重罚”，依法进行立案处罚36件，开展“门前三包”落实专项检查982余次。共规范入店经营2368起，清理流动摊点3691个，取缔校园周边流动摊点68起，取缔不规范夜市摊点68起。规范露天烧烤98处，取缔夜市摊点102处。

【门头牌匾】 按照“一店一牌”原则和“三统一”标准，统一规范设置门头牌匾，对城区各沿街商铺户外广告进行整治，严把户外广告和门头牌匾的制作、审批和更换，加大违规广告招牌、遮阳棚、楼顶广告牌及LED电子显示屏的拆除力度，逐步引领规范旧城区门头牌匾规范设置；审批临时占道证共计433件。审批户外广告、门头牌匾共计197件。签订户外广告、门头牌匾设置责任书197份；发放张贴《门头牌匾设置通知书》520份。

【违章建筑】 开展城区环境综合治理行动，加大违法建设查处和拆除力度，联合国土资源局、住房建设局和公安局等相关单位，依法对未经审批搭建的彩钢房、遗留建筑、违章房屋、残垣断壁以及建筑垃圾进行清理拆除，先后印发了《灵武市城区拆违通告》《灵武市城区违建处置意见书》，发放《限期拆除通知书》《拆除催告书》《强制拆除决定书》各556份，依法拆除未经审批搭建的彩钢房、违章房屋以及高庙公园周边环境改造等面积8199.1平方米，配合各乡镇卫片违建拆除面积23316.67平方米、围墙3.5亩，有效地遏制了非法建设蔓延的势头。

【建筑工程车辆管理】 严格规范建筑工地作业和渣土运输，有效遏制车辆运输过程中的抛、撒、漏现象，防止沙尘二次污染。加强城区重点建筑工地监管，纠正违章车辆503辆；与施工单位签订文明施工责任书9份，道路挖掘审批21份，各类整改通知62份，办理渣土准运证269个，办理商砼车辆准运证100个，城区工程运输车辆撒漏渣土行为得到了明显遏制。

【三乱治理】 加大对乱张乱贴行为的查处力度，定期组织人员对有碍市容整洁的小广告、装饰品进行全面清理，清除“三乱”广告14134条，用同色（近色）涂料覆盖5400多平方米，利用电信追呼系统追呼“三乱”违法电话号码385个。市民规范张贴小广告的习惯逐步形成，有效破解了“牛皮癣”难题。

公用事业

【城市环境整治】 充分发挥专业清扫队伍的力量，全天动态清扫保洁，不定期整治城区出入口、城乡结合部、背街小巷等处的“脏乱差”现象，坚持“爱国卫生日”活动，开展城乡环境卫生整治行动，每周一、四组织环卫工人对城区公交站牌、果皮桶、沿街防护栏等进行擦洗，并实现常态化。组织集中治理环境卫生 132 次 4856 处，清理城区各街路巷积雪积冰 9 天，清扫低洼处雨水 7 次，共计出工 17409 人次，动用电动保洁车 5932 次，清理垃圾 587.9 吨。治理广告 107 次 13335 余处，铲除各类纸质张贴广告 9096 张，清洗瓷砖墙面印刷体违法小广告 5239 条，涂料覆盖墙体违法小广告同色（近色）7269.4 平方米。2017 年，开展城市大擦洗 72 次，累计擦洗防护栏 21200 米，擦洗果皮箱 36864 个、灯杆 341184 个、路牌 76992 个、广告栏 2496 个。共迎接各类检查 27 次，银川城管委年度考核两次，国际性大型活动两次。

【市政设施建设】 完成兴唐苑景观提升工程，投资 3420456.76 万元，建设木栈道、环湖彩色塑胶步行道；完成兴唐苑景观亮化工程，投资 7184618.87 元，在会盟楼、西门桥、廊桥等安装各种景观灯具 14464 盏；完成新区水系景观提升 10 千伏安供电安装工程；完成怀恩清真寺、中心清真寺景观亮化工程，投资 2450279.85 元。建设完成龙凤佳苑停车场、水木灵州停车场、原检测院家属院停车场及高庙小广场便民摊位的铺设。提升改造城区基础设施，按照“1+1+1”的模式（即一个责任人 + 一个技术人员 + 一个维修班组）进行维护，共修复破损路面 8481.4 平方米，沥青路面灌缝 100496 米，更换道砖 20760.2 平方米、道牙 7178.2 米、树框 2901 套、侧平石 3672.4 米、大理石台阶 3777 块、护坡石 1212 米，更换维修各类设施 697 个，清淘垃圾淤泥 312 吨；加强路灯的日常管理维修，维修更换路灯故障点 380 处、灯泡 562 只、接头 850 个、电缆 1723 米、接触器 49 台、钟控 9 个、镇流器 342 套、空气开关 180 个，确保路灯完好率达 98%；定期对各污水处理厂设备进行保养，确保设备正常运转。

【城市绿化】 坚持建管并重的原则，开展城区绿化工作。绿化人员随时检查绿化区域所有水井及浇灌设施的情况并进行登记维修，确保正常浇灌。每天及时清理，清扫草坪、树丛内的塑料袋、烟头等杂物。做好绿化养护、修剪树木及看护工作，防止人为破坏及火灾的发生。为了改善兴唐苑湖面水质，将秦渠的水引入西湖进行补水，5—11 月共补水 70 万方。从 6 月 15 日—11 月 15 日开始清除打捞湖面水草及垃圾，共计 825 吨。

【清扫清运】 垃圾收集日产日清。派出清运人员 3158 人次，出动装机 148 车次，东风车 90 车次，压缩车 106 车次，小钩臂 77 车次、叉车 42 车次、雇用挖机 2 次、雇用双桥 267 次。清理生活垃圾、建筑垃圾及枯枝落叶共计约 7699 吨。整治面积合计约 45694 平方米；联合社区清理大件物 24 次，清理整治城中村，并摆放 3 立方勾臂式垃圾箱 7 个。在城乡结合部路口铺河石 40 方。对垃圾填埋场垃圾进行覆土填埋 18 次。将城乡结合部的卫生列入日常管理，实行定期清扫、集中清运、统一处理的日常管理体制，垃圾定时定点收集、密封化运输。

【污水处理】 2017 年，灵武市第一污水处理厂出水水质达到一级 A 标准。全年第一污水处理厂共处理污水 990.1 万吨、处理中水 947.9 万吨、处置污泥 6395.0 吨，中水回用量 190.1 万吨，使用絮凝剂 10028.7 千克，污水处理率达 95%。中水回用率大于 20%。2017 年平均进水 COD 为 451 毫克 / 升，NH3-N 为 38.1 毫克 / 升，出水 COD 为 29.8 毫克 / 升，NH3-N 为 0.77 毫克 / 升。第二污水处理厂共处理污水 166.8 万吨、处置污泥 1830 吨，污水处理率达 88%。2017 年平均进水 COD 为 582.3 毫克 / 升，NH3-N 为 18 毫克 / 升，出水 COD 为 57 毫克 / 升，NH3-N 为 2.6 毫克 / 升（COD 为化学需氧量；NH3-N 为氨氮含量）。

【污水提标改造】 2017 年实施第二污水处理厂提标改造工程。9 月 27 日开标，中标价 9169 万元。完成投资额 6000 万元，完成土建工程 85%，完成 11 个单体的土建构筑物池体的工程量，完成设备的 30%，完成了两台气浮机、8台加药计量泵、3个加药罐、3台脱泥机及配套设施的安装任务。

住房公积金管理

【概况】 2017年，归集住房公积金1.75亿元，累计归集住房公积金12.02亿元。全市住房公积金缴存人数12251人，共有9546名职工提取住房公积金1.09亿元用于居住环境的改善。发放住房公积金贷款297户，贷款总额为9888.6万元，累计发放住房公积金贷款8.98亿元，贷款余额2.75亿元。

【归集扩面】 一是完善资金归集，优化缴存结构，促进公积金归集扩面持续发展。严格落实公积金缴存政策，以企业职工为扩面的核心群体，兼顾农民工、个体工商户等新缴存群体。强化部门合作，加强与人社、统计、工会、工商、税务等部门联系，推进扩面工作顺利进行。二是加大执法力度，建立日常催缴管理工作机制，督促欠缴单位及时汇缴。

【贷款发放管理】 积极执行国家对房地产市场宏观调控的政策，在保持总体稳定的情况下，优化个贷发放节奏，合理调控贷款运行。落实开发商预售楼盘使用公积金贷前调查和发放管理办法，进一步规范贷款审批程序，保障贷款资金安全。继续深化异地贷款工作，开展异地缴存职工购房贷款服务。强化贷后管理，落实贷款风险防范措施，严格控制贷款逾期率。截至2017年年末，灵武分中心贷款逾期率为零。

【支取管理】 健全服务长效机制，提升文明服务水平。深化完善首问责任制、延时服务，实行柜台业务综合办理，推行一次告知二次办结制。取消大额提取进行分级审核及上报备案，改为由前台受理人员初审后，负责人二次审核后，一次性办结。进一步完善支取还贷政策，大力推行委托逐月提取还贷业务，让群众职工少跑路，最大限度地方便职工群众。

【内控管理】 以"建一流窗口、创一流服务、让群众满意"为目标，打造文明规范服务示范窗口。加强学习教育和业务培训，引导全体干部职工学理论、钻业务，提高住房公积金管理水平。

城市供暖

【概况】 灵武市集中供热始建于1993年，是市区唯一一家国有集中供热企业。共有职工72人，建成换热站34座，供热覆盖面积430万立方米，供热一级管网68公里，二级管网78公里。

【安全生产】 圆满完成2016—2017年供暖期工作任务。供热期安全生产工作以节能降耗和减少企业成本性支出为重点，采取卓有成效的措施，要求中控室和各换热站"看天供暖"，及时掌控各片区供热温度，合理分配热量，保持热网温度平衡。对每天热网运行管理采取用数字化控制管理，通过数字比较发现问题和解决问题，使各供热站机组设备始终在最优的方式下经济运行，切实做到节能降耗。本供热期供热合格率达99%，供热维修及时率达100%。

【经营情况】 供热期从2016年10月27日开始供热，到2017年3月31日结束。实际供热面积280万平方米，比2016年同期增加供热面积70万平方米，供热用户34926户。本供热期室外平均气温为-5℃至8℃，2016年同期室外平均气温为-6℃至5℃，本供热期同比上个供热期室外平均气温高2℃。供热期主要指标消耗情况：热耗总量为1244868吉焦，电耗总量为681千瓦时，累计失水量32000吨，发生热源运行成本5322.65万元；供热期同比上个供热期节约热耗102236吉焦，因换热站同比增加22座，电耗、水耗等其他成本费用相应增加。

【热能消耗】 一是在确保供热设施安全运行、保证高效优质为居民供热的前提下，合理利用热源，积极主动联系华电供热生产部门，加强沟通合作，根据气候变化及时调整一级网热力输送流量和二级网供热输送温度，尽最大努力节约能源，降低了供热成本。二是本供热期室外平均气温比2016年供热期室外平均气温高2℃，属于暖冬，相比2016年供热期节约了一定热源流量。三是2016年夏季灵武市实施了既有建筑节能改造工程，对市区大部分老旧建筑进行了外墙保温，提高了老旧建筑的保温效果，灵武市能源公司也相对节约了热能消耗。

【收支情况】 供热期应收供暖费8420万元，实收供暖费5208

万元(包括往年欠费 219 万元,停暖费 156 万元),总回收率 61.85%(其中空房停暖率 32.67%,优惠率 3.2%,欠费率 2.28%)。除去空房和优惠及不热处理费用后回收率 97.72%。供热期支付热费 3515.51 万元,水、电费 451 万元,职工五险一金 190.6 万元,工资 308.3 万元,维修及材料费 38.75 万元、计提折旧 534.49 万元,碱、盐、树脂等材料费 45.4 万元,生产管理费及其他 238.6 万元。

【工程建设】 一是实施了林秀苑 A 区接入集中供暖工程。新建换热站一座,并入集中供暖面积 35000 平方米,铺设供热一级管网约 600 米,改造天然气小区一座,热用户 336 户,概算投资 327.95 万元。工程于 2017 年 9 月 10 日开工,11 月 8 日竣工。投入运行效果良好。二是实施了灵武农场接入集中供暖工程。该工程在灵武市环境保护热能综合利用项目二期工程范围内,2016 年在实施二期工程过程中,因农场供热配套设施费一直未能落实,致使该工程当年未能实施。2017 年,为切实解决农场 5199 户、29.8 万平方米的供热问题,市政府安排于 2017 年 9 月实施该工程。工程估算投资约 440 万元,其中,铺设供热一级管网 600 米,造价估算 90 万元;改造(锅炉房)换热站一座,造价估算 40 万元;安装换热机组 3 台×7 兆瓦,造价估算 310 万元。该工程于 2017 年 10 月底完工,投入使用后运行效果良好。三是实施了灵武市区环境保护热能综合利用续建工程。根据灵武市供热总体规划和市委 2016 年第 152 次常委会议纪要及市政府 2016 年第 87 次常务会议纪要精神,采取 EPC 模式进行建设灵武市区环境保护热能综合利用续建项目。项目计划新建市医院、敬老院、阳光城二期、印象·灵州、龙辰宜合苑 A 区、上元名城 B 区、灵武电商汽车物流产业园换热站 7 座,铺设供热一级管网约 5300 米,并入集中供暖面积约 56 万平方米。项目投资估算 3564.22 万元,计划工期 120 天。以 EPC 模式于 2017 年 10 月 12 日招标,2017 年已完成科研、批复、环评、合同签订等工作,进行了初步设计及施工图设计工作。计划于 2018 年 3 月 15 日该项目进行开工建设。

【维修改造】 为确保下一采暖期供热设备正常运行,在 4 至 10 月期间对各换热机组、设备进行了维护保养,对损坏的阀门进行了更换,对片区存在问题的老旧管网进行了改造。一是对运行的 32 座换热站共计 87 台机组进行了维护保养,机组阀门 2100 多个,补装 55 个机组泄水系统,清理除污器 57 个、过滤器 110 个,更换垫子 56 个,仪表及机组漏点检修改装 138 处,对部分换热站排气球阀重新安装,自来水系统改造 8 处,为 37 个水箱做防锈、防腐,为 32 个换热站内水槽、管道、托架做防锈刷漆工作。二是新装北站照明系统线路,对林秀苑换热站照明系统线路、综合执法局换热站线路进行了改装;对东塔小学、生态纺织园 A 区、B 区换热站灯具进行了更换;对电器机柜清灰 143 面,电机加油 16 桶。三是更换阀门 77 个、软连接 23 个;校验安全阀 76 台、压力表 62 块;更换老旧管网 400 米,砌筑检查井 14 座,清理检查井 40 座,换热站加装水表 25 块,加装各种型号过滤器 5 个;对东换热站加装了水箱排污管、更换了交换器阀门 15 个;更换法兰 40 片,更换检查井盖 20 套。

【企业改制】 根据灵政办发〔2016〕151 号《灵武市人民政府办公室转发市财政局〈组建市属国有企业工作方案〉的通知》文件精神,将灵武市供暖公司整合为灵武市城乡建设投资开发有限公司全额出资的子公司,并将供暖公司名称变更为灵武市能源有限公司,企业性质由全民所有制,改为国有独资公司。2017 年 6 月底完成了,企业资产划转任务。

【创新工作】 2017 年新开通了黄河银行代收和微信缴费业务。

【获得奖励】 2016—2017 年,通过企业全体职工努力拼搏经营状况有所改善,争取到银川市委、市政府鼓励企业节能降耗项目奖励资金 100 万元(银党发〔2017〕32 号《中共银川市委 银川市人民政府关于兑现 2016 年度工业扶持政策奖励资金的决定》)。

城市供气

【概况】 灵武市新南天然气有限责任公司于 2001 年成立,是市委、市政府通过招商引资的一家从事天然气开发应用及销售的民营企业。公司以“安全第一、规范管理、用户至上、诚信服务”为经营宗旨，视“安全生产”为企业生命线，坚持紧跟城市规划建设发展步伐，立足民生和谐发展。灵武市有西昌路新南输配站、加气站各一座，中兴路加气站已于9月16日竣工完成，中兴路天然气应急指挥中心办公楼已建设完成。天然气管网已向东铺设至东塔黎明村及再生工业园区，向南铺设至郝家桥及崇兴镇政府，向西铺设至杨洪桥，向北铺设至临河镇并向周边乡镇继续延伸。现城区内天然气覆盖率已达98%以上，截至2017年12月31日，天然气用户数已突破5.7万户。2017年在册职工107人。

【安全生产】 2017年在市委、市政府及公司各级领导的正确领导下，公司紧紧围绕安全生产工作的重心。2017年完成了民用户通气3847户、工商业用户37户，安装气表3026块；处理用户室内外漏气10126个，工商业用户维修325个，检查用户气表是否停走13136块，监控商业、锅炉用户流量计及气表37806次。对城区检查井每月进行安全检查并保养，共检查3510口/13次；工、商业用户每月进行安全检查，共检查1555户/12次。对检查出存在漏气隐患的15户用户已处理并验收通气，责令整改安全隐患16户。同时，加强稽查大型工商业用户、锅炉燃气报警器及切断阀的安装使用情况，提高了商户、锅炉用户用气的安全性，有效地防止了事故的发生。2017年，检查小区、工商业用户调压器1422个，补贴燃气安全使用宣传牌279块，更换气表箱锁266个。每天对长输管线、城区管网分4个片区责任到人进行巡查，巡查出临河长输线管道防腐被破坏，维修处理三处，并对城区管线补栽警示桩356个。入户安全检查应查总户数54783户，经1次集中检查、2次复查及用户自主预约检查，完成检查户数46675户，入户率达85%。

【工程建设】 2017年重点工程包括“天然气输配二站、加气站”项目建设、乡村天然气建设工作、工商业“煤改气”改造工程。已完成史壕村、胡家堡、郭碱滩、杨洪桥4个乡镇村的主管线铺设并已正常运行，为下一年继续推进“美丽新农村建设”及“煤改气”改造工程打下坚实基础。完成羊绒园区管网安装。积极协调园区内各企业，通过在企业院内进行开挖、施工、铺设主管网，建设完成西部皮草、金海皮业、中银原料厂、兴唐米业、雪晶绒业等10多家工、商业大型锅炉的改造工程，并已通气正常运行。建设“输配二站、加气站”项目基础输气中压管线1.6公里。建设贯通西昌路新南输配站与输配二站输气管道脉络，待该站投产运行，将为灵武市城镇天然气管网整体运行注入新的天然气输配活力，从根本上优化和完善灵武市天然气管网输气平衡及集区分控监控能力。

【应急救援演练】 2017年6月15日，由宁夏片区新南总公司主办、灵武市、青铜峡各分公司协办的2017年燃气应急救援专项演练活动在吴忠市新南天然气应急抢险技能培训中心、举行。演练邀请吴忠市、灵武市及青铜峡市各主管部门领导、各乡镇代表及工商民用户代表参加观摩。

【中兴路加气站竣工】 中兴路CNG加气二站，位于中兴路西侧、规划路北侧，于2015年9月25日立项，2016年9月18日开工建设，2017年9月16日该站顺利竣工。

【员工培训】 公司于2017年9月25—28日组织开展“全员综合素质技能知识培训”活动，历时4天，设企业文化及相应岗位技能课程共计10项课程，每一课程安排两个不同课时，岗位人员轮流听课，确保所有授课课程全员参加。

【安全检查】 冬季入户安全检查工作是确保天然气用户用气安全的关键环节。一年一次的入户安全检查于10月8日正式启动，组织专业检查人员45人，历时4个月，经1次集中检查、两次复查及用户自主预约检查，完成检查户数46675户（应检查天然气用户54783户），入户率达85%。

城市供水

【概况】 银川中铁水务集团灵武供水有限公司占地面积约25252.86平方米，经国家计委批准水厂扩建工程于2000年3

月开工建设，工程总投资4500万元，设计日供水能力两万立方米，配水管网90.22公里，输水管线19.63公里，服务面积为12平方公里，服务人口约8万人，总用户数达到46591户，维修及时率、综合水质合格率均控制在规定范围内。现日平均供水量2.0万吨左右，夏季高峰供水在2.7万吨，供水综合单位电耗每千吨水380度左右，水质符合国家饮用水标准。公司各类专业技术人员占职工总数的85%，公司设立水厂、营业管理所、安装队、业务室、稽查队、财务室、办公室等7个部门，共有职工54人。2008年在全区率先实施预收水费业务，2016年实现第三方支付，网上便捷缴费。2017年未发生任何安全事故，实现全年无安全事故的发生目标。

【安全生产】 2017年公司加强安全生产组织建设，落实安全生产责任制，强化安全管理，坚持以人为本，增强职工安全生产意识。对于危化品安全管理人员以及特种作业人员按时组织参加培训，做到持证上岗。完善应急预案编制，做好应急预案的演练工作，定期组织各部门开展消防应急演练、有限空间作业和空气呼吸器的使用演练及事故应急预案的演练。严格按照"安全生产目标责任书"中有关内容，认真开展公司、厂所、班组每天的安全巡检，每周、每月一次安全生产自查。加强水质检测力度和深井测砂工作，要求值班人员按规定时间对出厂水各项指标进行检测。化验人员对管网末梢余氯每天进行测试，随时监控水质变化，合理调节液氯的投放量，保证管网水的余氯合格。运行人员根据城市管网压力合理调节供水压力，保证出厂水压合格；巡井人员每天按时对水源地进行巡视，并对各深井设备设施进行巡检、测砂，确保水源水的水质安全。狠抓安全隐患排查工作，将安全工作做到实处，安排专门人员对供水设备设施定期巡检，做到检查到位，落实到位、责任到位，保证了安全供水无事。

【设施改造及水源地扩建】 一是完成了一眼深井的用地协调征地、打井、泵房建设等工作。2017年由于-5#深井压力高、水垂大造成远传压力表经常损坏，为解决这一问题，公司新引进两台深井泵压力控制阀，更换后保障了高峰期的供水工作。二是协调配合灵武市住建局完成灵武市城区市政管网安装。主要于4月完成对兴达悦府小区室外上水管道安装工程；于7月完成对颐和园A区室外上水管道安装工程；于11月完成西平街（中山街—永安路）供水主管安装工程，并完成各类工程资料的申请审核、整理、归档工作。三是提前对各深井的流量、单位电耗数据进行反复对比，对一些流量小、耗电大的深井进行更换，共更换深井泵8台次，更换杨水管60多根，并加大对深井泵的维修力度，将换下来的泵进行彻底的修理，同时对各个深井及泵房的泵管进行重新刷漆和防腐处理，编制深井技术数据，每个深井喷上供水热线电话号码，真正确保正常安全供水。四是利用设备春检、秋检及定期检查相结合的原则，对公司所有电器设备及机械设备进行检查、检修维护保养，发现问题及时处理。对二级泵房加压泵维修3台次，控制柜维修10台次，更换维修东山加压泵3台次，维修人员始终做到日常检修和定时检修相结合，保证设备的安全运行。

【管网改造】 灵武市将城镇棚户区老旧小区改造列为民生重点工程，根据市政府要求，银川中铁水务集团灵武供水有限公司负责实施入户改造工作，由中标施工单位将原有老旧小区主管全部更换为1.0MPa压力的PE管；同时负责7086户的室外给水管道安装及水表分户改造工作，截至2017年年末，改造小区108个、居民用户水表5447户。

【营销管理】 2017年总用户数为46591户，较2016年增加5930户，同比增长15%，销户5户，供销差3.9%，水费回收率达99.9%，抄表准确率达100%，维修及时率达100%，其中抄表人员擦洗水表48块，更换水表121户，开水5930户，停水531户。在公司各部门的努力下，对一些开工建设的工程及早收取施工水费，组织人员对利民小区、枣园人家、玉湖林湾、福林新村等小区进行现场立户；共增加2300户用户，收回预收水费45万元。依据《关于灵武市城市供水实行阶梯式价格的通知(灵价发〔2016〕04号文件)》文件精神,受2017年商业用水价格上调的影响,出现部分商户私自打井的现象,5月份由水务执法牵头,对公司在稽查中发现的3家洗车行和1家再生资源循环工业园区企业当场对具备关闭条件的自备井全部进行了强制封填关停,上半年调价收入约增长18万元。从大用户来讲,中银绒业公司是用水量最大的一个用户,但2017年的供水量比2016年下降了30%左右,对水费收入有较大的影响。2017年,公司通过第三方支付平台,共收水费271.72万元,实现水费的预交,利用网络平台实现足不出户便可交水费的愿望。

【制度建设】 依据集团公司相关工作安排,做好内控体系建设管理工作。完善修订了2017年度各项管理制度,在10月份完成岗位职责及岗位说明书的修订完善工作,形成了一整套完善的管理制度。建立完善以人为本的奖惩激励机制,实行职责明确,责任到人,对事不对人的管理机制。健全绩效考核管理机制,按照各部门具体工作指标,充分调动职工的积极性,特别是要调动业绩突出、专业技术人员、重点岗位人员的积极性,将业绩突出、生产一线人员列为倾斜对象,将绩效工作与德、能、勤、绩挂钩,完善分配体系。

城市供电

【概况】 2017年,灵武市供电公司完成售电量11.55亿千瓦时,同比增加1.45亿千瓦时,同比上升14.4个百分点;完成售电收入5.68亿元,同比增加0.64亿元,增长12.62个百分点。完成综合线损值为0.75%,同比上升0.52个百分点,10千伏线损4.97%,同比下降1.53个百分点,其中有损线损值5.81%,同比下降1.09个百分点。综合供电电压合格率完成99.403%,同比提升0.0500%;农村供电可靠率(RS-1)累计完成99.8690%,同比下降0.0311%;发生一类障碍13次;累计安全运行6460天。

【安全生产】 一是圆满完成各项保电工作,共完成"春节、两会、高考、中考、热气球节、亚太大学生五人足球赛、十九大、全国防沙治沙活动"等重要节日、重大活动保电工作17场,出动人员112人、车辆42台,发电车23台。二是配网自动化成功归调,安装配电自动化终端120套,两遥故障指示器终端14套;涉及环网柜49台、分支箱34台、开关站3座、柱上开关34台。8月底完成所有线路归调资料提交,并与调度对接完成线路归调工作。三是春检工作稳步向前,共更换10千伏柱上开关4台,更换瓷瓶150只,更换10千伏跌落保险25套,新装5套,更换电杆27基,校正155基,砌护75基,维修拉线106条,修剪树木2600余棵,补充电缆桩52个,安装驱鸟器102只,清扫变压器478台,补充杆号牌960处,更换计量箱190面。四是农网运维管理整治专项,共巡视线路57条,1160.445千兆,开闭所5座,配电室7座,环网柜54台,分支箱48台,柱上变压器724台,电缆通道10处,并对20条主要电缆进行电缆试验,对54台环网柜、48台分支箱、5座开闭所、25台变压器、175处计量箱进行了清扫及部件检查。共排查发现各类缺陷9570处。

【营销管理】 加强业扩报装管理,增供扩销显著。灵武市供电公司认真梳理业扩报装流程,简化报装手续,缩短接电时间,真正做到早接快送。一是与生产部门积极协调,相互配合,及时沟通,促进用户报装接电速度;二是跟踪督办重点报装项目,开辟绿色通道,如政府保障住房等报装项目,确保了客户业扩服务时限达标率达100%。在增供扩销方面,累计报装10千伏用户213户,报装容量1.17万千伏安,累计报装低压用户4362户,报装容量4.72万千伏安;台区线损治理方面,2017年新增公变53台,运行公变979台,合理884台,占比90.3%,合理率从83.67%增加到90.3%,提升了6.63个百分点;用电信息采集方面,2017年平均采集率99.62%,比2016年提升了0.78个百分点,其中居民及一般工商业用户采集率完成99.72%,专变用户采集率完成99.7%,公变采集率完成100%。

【优质服务】 灵武市供电公司始终把优质服务工作放在首位,急用户之所急,想用户之所想。强化优质服务教育,增强员工服务意识;严抓窗口人员的规范服务,以微笑服务拉近与客户的距离；加强专业培训，提升业务技能和服务水平；积极推广互联网 +，切实做好便民服务；优化故障抢修队伍，强化故障抢修协同运作优势；以电网建设为契机，进一步提高供电可靠性。截至 2017 年年末，共发生用户投诉事件 26 起，属实两起比 2016 年属实 8 起减少 6 起，优质服务水平得到提升。

【星级供电所建设】 5 个乡镇供电所基本符合四星级乡镇供电所评价要求，4 个供电所基本符合三星级乡镇供电所评价要求，进一步提升了供电所基础管理。10 月，临河供电所接受了自治区公司四星级供电所验收。农场所接受了自治区公司五星级供电所复验。

【基层党组织建设】 灵武市供电公司党支部认真履行抓党建“主体责任”落实，履行职责使命，支委领导班子分工明确，团结协作，齐抓共管，精心谋划公司全盘工作，围绕公司安全生产，优质服务和职工稳定中心工作，制订党支部工作计划，群策群力，充分调动党员和职工参与支部建设、共产党员服务队建设的积极性，支部增强了凝聚力，党员队伍提高了战斗力。

环境保护

综 述

【概况】 2017年，灵武市环境保护局有干部职工30人，较2016年相比增加1人，其中行政编制8人，事业编制22人，党员20人。2017年，灵武市环境保护局全面贯彻党的十九大会议精神，落实决胜全面建设小康社会，实现生态立区战略总体部署和“碧水蓝天·美丽城乡”发展理念的新要求，牢固树立“绿水青山就是金山银山”思想，着力解决突出环境问题。立项目、建工程、创新举，以“碧水蓝天·美丽城乡”专项行动、环境执法、污染减排、建设项目审批为重点，扎实推进各项环保工作。

【空气质量】 2017年，灵武市空气质量优良天数为320天，优良率为88.2%(年度考核目标为80%)，同比2016年增加39天，上升了10.3%。其中PM10平均浓度值为83.2微克/立方米(年度考核目标为91)，下降了12.6%；PM2.5平均浓度值为33微克/立方米（年度考核目标为36)，下降了12.3%；二氧化硫平均浓度值为17.4微克/立方米，下降了50.4%；二氧化氮平均浓度值为12.4微克/立方米，下降了46%。在银川市一至三季度生态综合考核中，均排名第一，获得环境空气质量生态补偿资金640万元；在银川市2017年环保工作考核中，环保工作考核得分为91.5分，在三区两县一市中稳居首位。

【项目建设】 依托“智慧环保”物联网项目，全力营建智慧城市建设“智慧环保”物联网监控系统项目，通过高清视频实时监控企业行为，有效实施对企业的监管；通过污染源自动监控系统方便、快捷的获得各项数据，掌握辖区内第一手环境状况资料。该系统已建设完成并验收，系统已上线试运行，正式上线后可进一步加强灵武市环境监察力度，提高环境管理能力，增加对企业环保执法的主动性。开展东沟湿地水质净化工程，深化水环境综合治理，灵武东沟是银川市主要入黄排水沟之一，按照银川市“十三五”水污染防治目标责任书要求，到2018年年底，银川市主要的排水沟应达到Ⅳ类水质。为此环境保护局联合市城投公司开展东沟人工湿地水质净化工程，拟在东沟、破四沟、大河子沟建设面积超过80公顷的人工湿地，以改善东沟水质和灵武城乡环境，提升灵武品牌形象。前期已向自治区环保厅争取到项目资金3140万元，下一步还将申请国家级环保专项资金，打造品牌工程项目。开展农村环境整治项目。自2010年以来，灵武市环境保护局协调各乡镇，积极争取中央、自治区环境保护专项资金8000余万元，建成了一批农村生活废弃物处理设施(污水收集管网、生活污水处理站、垃圾收集转运车、垃圾箱、垃圾中转站、垃圾填埋场等)，对改善灵武市农村环境脏乱差面貌起到了积极作用。建设、配置的各类设施设备数量如下：污水收集管网33631米，生活污水处理站14座，各类垃圾收集转运车301辆，各类垃圾箱(池、桶)24159个，垃圾中转站6座，垃圾填埋场4座。截至2017年，除崇兴镇污水处理厂在建外，其他农村环境整治项目均已通过自治区环保厅、银川市环保局组织的竣工验收。

【环保智库】 全区首创成立环保智库，特邀来自自治区环保厅、银川市环境监测站、银川经济技术开发区管委会、银川市城市用水管理处的6名专家组成灵武市“环保智库”专家团，专家先后深入宁夏瑞银有色金属公司、宁夏金海皮业有限责任公司等地进行实地观摩，详细了解灵武市企业产业发展及环保治理情况，并召开了咨询座谈会。会上专家组对灵武市近几年经济发展和环保工作给予了赞誉，并就当前园区发展、招商引资和企业自身发展过程中存在的环保问题进行了咨询解答。通过专家把脉号诊，用好、用活、用足了环保智库，实现了灵武市环保工作的靠前服务、执法前移，主动出击、消除隐患。

【《环保法》宣传】 2017年6月5—11日，开展“六·五”世界环境日宣传周活动，以推进文明城市建设为统领，以改善环境质量为核心，以抓好中央环保督查问题整改落实为重点，传播生态文明理念，凝聚建设美丽灵武共识。6月3—5日，协调市信息服务中心，连续三天向全市居民发送环保公益宣传短信，普及2017年“六五”世界环境日主题，让每个居民都切身感受到“绿水青山就是金山银山”。6月5日，全市各单位在灵武广场开展“六五”世界环境日宣传咨询活动，现场设置了宣传咨询台及展板，发放了涉及环保、农林、卫生、安全、教育等多种内容的宣传资料和宣传品，工作人员现场讲解了各类环保知识。6月6—11日，开展环保知识进企业、进学校、进农村活动，广泛宣传了环保法律法规，传播了绿色环保理念。

【碧水蓝天】 由灵武市“蓝天办”牵头，组织召开全市“碧水蓝天·美丽城乡”等涉及环保相关工作会议，市政府与各职能部门、各乡镇签订环保目标责任书，将工作责任和年度工作表任务分解、落实到相关监管部门和乡镇，形成了政府牵头，职能部门、乡镇齐抓共管、一级抓一级，层层抓落实的工作格局。先后制定了《灵武市大气、水和土壤污染防治工作联席会议制度》《灵武市2017年“碧水蓝天·美丽城乡”专项整治行动方案》《灵武市2017年蓝天工程实施方案》《灵武市环境综合整治工作完成情况考核办法》，建立了信息通报、形势会商、联合执法、事故处置等4项协调联动机制，有力地推动了属地管理责任的层层落实。加快燃煤锅炉、煤炭污染治理。全面启动燃煤小锅炉拆除并网工作，加快燃煤锅炉拆除，2017年建立拆除燃煤锅炉143台。争取到2017年拆除燃煤锅炉补助资金1149万元，有力促进了拆除进度。2016年底至2017年初，对羊绒园区、再生园区所有企业的用煤进行了监测，合格使用率达100%，督促相关部门对煤矿、堆煤场煤质进行监测，并对不合格煤质进行处置。强化工业废气治理。加快推进火电、燃煤锅炉等重点行业除尘设施升级改造，组织对20蒸吨及以上燃煤锅炉进行除尘脱硫设施升级改造，先后完成国华电厂、华电灵武电厂等脱硫改造项目5个、脱硝项目5个、除尘项目2个，均实现了超低排放限值。依法取缔非法储油设备272个，大羊其村土炼油全部清理完毕。打好扬尘整治歼灭战。以市蓝天工程计划领导小组名义下达《关于做好春季扬尘污染防控工作的通知》，以6个100%制度（工地周边围挡、物料堆放覆盖、出入车辆冲洗、施工现场路面硬化、拆迁工地湿法作业、渣土车辆运输）为标准，督促相关部门推动各建筑工地落实扬尘防治措施，并对全市范围内的工地扬尘治理情况进行了督查；督促抓好城区裸露土地的绿化补植以及各类堆场的覆盖植绿工作；联合相关部门查处违法拉运、违章操作的灰车、渣土车辆。建立日常巡查机制，及时发现问题，并责令相关部门积极整改，确保扬尘防治落到实处。强化机动车污染防治。累积淘汰老旧黄标车1900辆，完成率达86%，完成油气回收改造21座，全市燃油品质已基本达到国V标准。加强重点企业污染治理。开展非煤矿山整治“零点行动”，关停26家，对其中21家越界开采企业进行行政处罚并责令恢复治理，5家企业限期完善手续后复工。征集节能技术改造项目13个，其中涉及清洁生产技术改造的7个项目正在积极改造中。向再生园区5家冶炼企业下发整改通知书，环保不达标企业坚决予以关停。

【整改情况】 灵武市共受理中央第八环保督察组转办投诉件24件27个款项，已全部办结。

中央第八环境保护督察组于2016年11月16日正式向自治区反馈了督察意见，反馈银川市需整改24项环境问题中涉及灵武市20项，其中2017年需完成的10项任务已完成整改，并按程序销号。

【环境监管执法】 一是持续开展“零点行动”等专项行动。截至2017年末，立案处罚环保违法案件14起，处罚金额40.98万元，对企业实施限制生产1起，认真落实了环保法的4个配套法规；拆除危化品储存设施37处；取缔加油站1座；配合国土等部门对15家沙石料厂进行了立案处罚，罚款40万元；查处废旧铅蓄电池收购企业6家，移交银川市公安机关4家，移送灵武市公安机关1家，立案处罚1家。二是按照《宁夏回族自治区企业环保信用评价及信用管理暂行办法》规定要求，对2016年度全市企业环境环保行为信用等级进行评价，确定绿色标识环保信用优秀企业6家，蓝色标识环保信用良好企业39家。三是开展环境执法“风暴行动”，关停再生园区企业5家、限产1家，关停水源地保护区范围内企业3家、郝家桥镇木炭厂6家、白土岗木炭厂3家、加工类企业两家，对6家涉嫌违法企业进行了立案处罚，要求华电电厂错峰生产。四是对15家“散乱污”企业的31个问题下达了整改通知书，其中责令整改通知书15份，转办建议书3份，转办问题9个。

【项目审批】 严格执行国家法律法规，对不符合产业政策的项目坚决不予审批，从源头杜绝重污染企业落户灵武。强化服务意识，促进地方经济发展。对于灵武市招商引资项目开通绿色通道，简化程序，提高效率，缩短时限。2017年共完成了80个项目的环境影响评价文批复、51个项目的环保竣工验收文件批复，保证了灵武市重点项目的开工建设。

专项治理

【污染防治】 市委、市政府联合发布了《关于开展污染防治十大专项行动的通告》，通过电视台连续滚动播放专项行动通告，在美丽灵武微信公众号开辟专栏报道进展情况，印发10万份宣传彩页，广泛宣传、达成共识，做到家喻户晓、人人皆知。一是工业企业污染排查大排查。灵武市涉及错峰生产企业已有16家，13家实施停产，3家实施限产，其中水泥1家、有色金属冶炼5家、有色金属熔炼2家、有色金属熔炼冶炼1家、化工1家、砖瓦窑企业6家。经巡查、检查，无复产和超产现象。二是农业面源污染防治。全市各乡（镇）、农林场发动农民群众1290人，投入农用机械174台，割灌机166台，清理田间秸秆杂草79亩，清理沟渠318条，总长379.2公里。建立秸秆焚烧隐患点整治行动台账，实行消除制，共建立45处隐患点，已消除42处，正在清理中3处。三是煤质管控和餐厨、羊杂碎加工污染防治。严查煤炭进销货台账，定期或不定期对煤炭销售企业进销货台账进行核查，针对核查中发现的问题，下发《责令整改通知书》14份；做好煤炭质量检测工作，截至2017年末，共抽检38户、51批次，已出检验报告36批次，其中有31批次煤质检验合格，5户5批次检测为不合格，对5家不合格煤炭销售点暂时予以查封，对1家煤炭生产企业责令其召回不合格煤炭；按期完成建成区经营户小煤炉拆除任务，组织人员集中3天时间拆除建城区内经营户小煤炉633户，对排查出问题的餐饮单位要求尽快完善手续和环保设施，销号436户，责令整改215户，停业14户。同时，针对已安装油烟净化、油水分离设施的餐饮单位开展“回头看”，确保已安装的设施正常运行。对全市24家羊杂碎加工作坊已全部查封取缔完毕，对巡查中发现的3家擅自加工的羊杂碎作坊进行立案查处。四是高污染车辆治理。采取交巡警大队、路政、农机、城管、环保“五位一体”联合执法方式，分别在城区东北、西北、东南、西南4个片区采取设卡和流动检查相结合的方式，对进入市区高污染车辆进行管控。共检查车辆1638辆，查缉高污染车辆287辆，其中冒黑烟车、农用三轮车173辆，重型机械车、渣土车、货车91辆，报废车23辆；现场处罚102辆，暂扣车辆23辆，劝返269辆，批评教育1257人，电子监控拍摄处罚限行车辆151辆。五是城乡环境卫生整治。出动清扫车，在气温回升后对城区街道路面进行洗扫，安排干扫车凌晨3点对市区路面进行干扫，雾炮车每天间隔1小时对市区进行降尘;清理垃圾202吨，平整空地925平方米;对工业园区、市区街道、背街小巷袋装垃圾及城乡结合部大垃圾箱进行保洁清理，做到垃圾日产日清，实现城市垃圾全部进入填埋场。自11月15日起，暂停一切渣土车辆准运证的办理，禁止渣土车辆上路；开展集中整治城区街道的专项活动，依法下发各类责令通知书981份;2017年，共依法拆除违规一店两牌、LED灯箱、违规设置音箱、私设围栏等2279处;依法清理橱窗广告、违规户外广告、条幅、乱堆乱放等33737处;共整治乱摆乱放车辆53处，清理机动车辆15辆、非机动车辆25处，僵尸车辆13辆、清理城区垃圾71处、告知当事人清理35处，同时执法人员对屡教不改的，依法下发《责令整改通知书》《立案处罚决定书》及时督促相关当事人尽快整改；开展巡逻车“定时定点定路线”对城区各个街道进行巡查，共叫停未经审批的道路施工5处；道路铺路路面污染，要求当事人清理11处；执法大队组织开展对城区内私设烟囱行为的专项整治活动，共依法拆除违法设置烟囱8处；督促当事人自行拆除3处；依法下发《责令整改通知书》12份；组织执法人员清理东盛街移民村北侧堆放的沙石料40吨，垃圾10吨。开展全市清尘行动，共下发整改通知100余份，要求各企、事业单位、小区高度重视，认真按照文件要求做好建筑外立面、楼顶、阳台清尘工作，2017年共清理67处。

【土壤环境安全】 开展重金属治理、纳污坑塘环境问题排查、大羊其倾倒油污泥案、散乱污企业排查、煤炭行业专项整治等活动，使银星一号煤矿外排水彻底得到整治，马家滩偷埋油污得到治理。制订印发《灵武市土壤污染防治工作实施方案》，将目标任务进行分解落实，切实推进“净土工程”，加大工业固废环境执法力度，促进循环经济发展。开展农用地土壤污染状况详查点位核实工作，对全市7个乡镇的农用土地进行详查布点，划定农用地详查单元23个，详查点位167个，经两次审核后上报自治区环保厅；开展疑似污染地块调查，制定开发利用负面清单；确定土壤污染防治重点监管企业6家。

交通产业

道路运输

【概况】 2017年，交通运输局组织实施重点项目3个，建设总里程15.4公里，总投资3.3亿元；组织建设农村公路40公里，总投资4100万元。灵武市列养农村公路1142.495公里，共投资636万元对全市乡村道路病害进行了全面的维修，保证了全市农村公路安全畅通。截至2017年底，全市营运车辆保有量4284辆，其中普货车辆3679辆、客车527辆、危货车辆78辆，车辆已年审2250辆，资格证考核人数980人次。全市乡镇通班车率100%，行政村通班车率100%。共有二类以上客运企业8家，危货企业4家，维修企业11家，驾校2家，汽车综合性能检测站2家。

【重点项目】 2017年重点实施了新华桥美丽小城镇基础设施项目建设，项目全长18.74公里，工程概算总投资4.13亿元，包含亲和路至国道344连接线、新杜路镇区段、新杜路镇区至灵白路段、经五路、纬五路5条道路。国道307线灵武北门过境段汽车站至南二环公路改扩建工程，全长3.2公里，总投资5500万元，已建成通车。临河镇金色港湾小区连接滨河大道跨排洪沟桥工程，工程总投资1270万元，已于5月底全部完工。下白路至火车站连接线工程，全长1.3公里，总投资1263万元，工程于2017年2月开工建设，于7月底建成通车。国道307东段拓宽三期工程全长6.2公里，概算总投资17900万元，于9月下旬开工建设，计划2018年7月完工。下白公路南段环境整治项目，全长12.5公里，概算总投资2200万元，于6月中旬开工建设，于7月下旬全部完工，配合协调灵武叶盛黄河大桥工程项目建设。叶盛黄河大桥项目全长10.3公里，其中大桥全长1357米，大桥连接线灵武境内4.3公里，终点连接南二环。大桥按双向六车道标准设计，桥宽31.5米；大桥连接线按一级公路双向四车道标准设计，路宽24.5米，项目估算总投资8.5亿元，工程于2017年9月底完成油面施工。

【农村公路建设】 2017年交通运输局争取交通运输厅农村公路项目13条，全长40公里，工程总投资4100万元。第一批亲和路至国道344连接线。30公里于7月初开工建设，10月底全部完工。第二批分别是：下白路至大海子旅游区公路、下白路至牛羊杂碎生产园区道路、郝家桥镇泾灵新村至牛场路、郝家桥镇泾灵新村牛养殖园区道路、河忠六队桥、杜家滩五队桥、杜家滩六队桥、郝家桥三队秦渠桥，其中河忠六队桥、杜家滩五队桥、杜家滩六队桥、郝家桥三队秦渠桥预计2018年7月完工。

【公共交通管理】 深入进行城市公交线路客运情况调查，通过实地调查，城市公交车共65辆，其中每天运行54辆、调动运力11辆；城乡公交车共69辆，其中线路运营车辆37辆、停运15辆、包车16辆、报废1辆；审批线路12条，运行线路5条（其中：合并线路3条，北滩、苟桥线路合为一条线路，大泉、沙江、杨岔合为一条线路），停运4条。完成灵武市新能源汽车充电桩建设项目建设方案，待政府研究通过后予以实施。根据灵武市停车场专项规划，2017年拟建新能源汽车充电桩建设项目分两类：一是新建公交停车场1个（包括办公、检测等基础设施)，配备公交和出租车充电桩 100 个、充电站 1 座；二是结合企事业单位和小区停车位及公共停车位情况，分别在交警队对面、枣博园二期、高庙、西湖公园北门、体育馆、汽车站站前广场等 28 处，按桩车 1∶7 配置充电桩 327 个。公交行业开展“双优”活动。9 月 19 日启动了灵武市公交行业“优质服务、优美环境”“双优”活动，9 月 21 日组织召开公交行业“双优”活动推进会，从安全、文明、服务、诚信、守法等方面进行再动员、再部署，提出了更加严格的要求。重点狠抓公交服务、安全、文明、诚信、守法、卫生五个方面，持续为群众提供便捷、安全、高效的交通运输服务。2017 年 1—7 月份灵武市政府拨付“两优”活动补贴资金 162 万元，并已全额发放公交公司。加强公交基础设施修复。投资近两万元，共对 127 个公交站牌脏、破损、灯不亮等问题进行排查维修，对 19 处破损公交港湾进行维修，对 34 个公交站亭玻璃和公益广告进行了更换和维修。积极落实公交惠民政策。2017 年 8 月至 12 月实行残疾人和 70 岁以上的老年人发放乘车补贴政策，各乡镇（街道)经过实地登记和公示，通过乘车人员信息的筛查，上报灵武市政府后，补贴资金通过一卡通发放到个人。

【公路养护】 结合灵武市城乡环境综合整治活动，交通运输局抓住春季少雨的有利季节，集中财力、物力、人力，对全市农村公路进行了日常养护管理。清理路障 1323.5 立方米/1451 处，整修路肩 282.2 平方千米，整修边坡 144910 平方米，疏通边沟 67674 米，清扫路面（机械)2552 千米，人工清扫路面 1526.8 千米，扫砂回砂 50194 平方千米，桥梁附属设施维护 2260 块，维护交通设施 523 块，清理桥涵淤塞 60 道，维修标志牌 554 块、融雪 235000 平方米，路况巡视 10303 千米，清理沙阻 409 平方米，国道优良路率 90.54%，省道优良路率 79.79%，县道优良路率 89.74%，乡道优良路率 70.08%，专用公路优良路率 100%，村道优良路率 65.47%。切实改善了灵武市农村公路通行环境，达到“县道出精品、乡道出亮点、村道出样板”的养护目标。开展路域环境整治，打造畅安舒美公路环境。严格依法行政，维护公路路产。加大执法力度，加强公路巡查，对控制区内违法建筑、公路用地内的违法堆占、摆摊设点、未经审批的非公路标志标识、擅自填埋边沟开设道口等现象加大执法力度，清除路障 17 处，清除堆积物 300 余立方米。加强限高龙门架管理，保障道路安全畅通。交通运输局投资 5 万余元，对滨河大道、下白路共 4 处龙门架进行维修，对南二环、下白路的护栏进行了维护，做到了更加有效地管控超限超载车辆行驶农村公路的违法行为。积极行动，主动作为，多措并举严防村民在公路上打场晒粮行为，确保公路安全畅通。深入宣传，强化安全意识。路政执法人员在崇兴镇吴灵青、梧桐树乡杨洪桥等公路沿线来回宣传，把《关于禁止在公路上打场晒粮的通告》宣传单送到农户手中，让村民知晓占用公路打场晒粮的危害，杜绝占道打场晒粮行为，提高爱路护路和安全意识。加大巡查力度。路政中队加大巡查力度，并随车准备了麻袋、扫把、铁铲，亲力亲为帮助老百姓将粮食装入麻袋。共出动人员 120 人次、车辆 20 台次，清除公路上打场晒粮 90 余处，计 1200 平方米。不仅净化了交通环境，而且提升了对外形象，确保了道路安全、畅通。

【应急工作】 生命防护工程措施到位。成立了应急工作领导小组，制定《应急工作预案》，组建了 60 人的抢险队伍，明确工作职责，划分工作路线，做好资金、机械、设备、物资储备工作。2017 年 2 月 20 日下午灵武市普降大雪，交通运输局迅速启动恶劣天气应急预案，组织全体人员、机械对 S307、G244、吴灵路、灵吴青公路、新杜路等 19 条路段实施清雪工作，重点对公路急弯陡坡、桥面及其他危险路段进行清理，并撒铺防滑砂、融雪剂，最大限度降低降雪结冰对公路交通的影响，消除公路安全隐患，保障公路行车安全。共投入人员 88 人、机械 10 辆，融雪 218000 平方米共 24 吨。按照“安全第一，以防为主，全力抢险”的方针，雨前雨后对重点公路、桥涵进行跟踪巡查，并做好记录和信息上报。2017 年，共投资 8000 元维修涵洞 1 座，水毁抢修 14 立方米，清理塌方、淤积 210 立方米，清理路基土方1450立方米，确保了公路畅通、车辆通行安全。加大危桥改造和安全基础设施的投入力度。4月份，交通运输局组织专业技术人员重点对农村公路临水临崖、急弯陡坡、交通事故频发路段和地质不良的高边坡路段、农村公路的基础设施及桥梁进行了全面检查及维修养护，共维修标志牌184块，安装桥梁信息牌12块，桥梁限载标志牌12块。在检查中没有发现重大安全隐患，保障了人民群众生命财产安全。陶家圈村梧干渠桥拆除重建，因工程还未实施，影响了老百姓的出行，交通运输局了解情况后，及时投资1.8万元，拉来石子铺筑一条临时便道，极大地方便了周围百姓的生活出行，受到了老百姓的好评。2017年5月组织技术人员对所辖路段标志标牌进行影像采集，更新数据，共采集图片873张，通过信息的采集，为进一步掌握路况情况提供了科学的依据。投资11.55万元为职工购买安全标志服，确保职工作业安全。交通运输局为了进一步提升养护机械化，投资140万元，购买清扫车2辆；投资53.5万元，购买沥青灌缝车两辆及灌缝胶30吨；并争取市政府购置多功能扫路车一台120万元。投资77万元，对吴灵公路站站房、应急物资储备基地、拌和站车库、泵房等进行维修改建，大力改善和提高办公设施条件。

【车辆超限超载治理】 为有效开展货运车辆治超治洒工作，预防道路交通事故，切实保障辖区公路安全畅通，交通运输局结合工作实际，采取有力措施，多措并举深入开展治超工作。加强与公安交警等部门的联勤联动。为严厉打击灵武市境内公路货运车辆违法超限超载、渣土车辆不按规定遮盖篷布、随意撒漏等突出违法行为，路政、交警、城管、农机成立“四位一体”工作组，以超限检测站执法站点为依托，以三轴及以上货车为重点，进一步建立健全联合执法机制，形成“治超”合力，推动联合“治超”常态化、规范化、制度化。共派出执法人员960余人次，执法车辆480余辆次。加大路面执法力度。建立联合巡查机制，加大路政巡查频率和次数，根据运输车辆的运行时间规律，实行24小时联合执勤工作制，对银西高铁、快速通道等道路进行重点监控，对装运砂石、煤炭未采取加盖篷布或遮盖不严的货车，进行重点检查监督，做到发现一辆、查处一辆。采取固定与流动设点相结合的方法开展四位一体路查工作，经检测认定超限超载的车辆，一律查扣后卸货转运，必须在消除违法行为后方可处罚、放行；对渣土运输车不遮盖篷布、随意撒漏及车容不洁等违法违规行为，及时处理并整改消除违章行为。截至2017年末，共检查车辆6597余辆，处罚车辆688辆，卸载转运货物8045吨。

【议案提案办理】 2017年，交通运输局共承办市人大代表建议、政协委员提案10件，其中人大代表建议7件，分别是：《关于增设、开通泾兴村至灵武的公交车的建议》《关于优化市内公交线路的建议》《关于开通旅游专线的建议》《关于硬化宋桥五、六队村庄道路的议案》《关于对梧滨路和农场三站到史家壕村部道路进行拓宽的建议》《关于杨家圈湾村至鸳冯路道路维修问题的建议》《关于王家大户沟沟边加固防护栏及路面硬化的建议》；政协委员提案3件，分别是：《关于清理王家大户沟、硬化王家大户沟两侧村道的提案》《关于完善交通基础设施、加强公共交通建设、打击交通违法行为的提案》《关于以治理乡村道路为契机，统筹推进美丽乡村建设的提案》，2017年全部办结。

【大事实事】 2017年涉及交通运输局实事“交通便民计划”有三项。一是改造拓宽县级公路30公里、城乡道路45公里。城乡道路45公里分别是：下白路至火车站道路建设项目，已于2017年2月20日开工建设，于7月底完成油面施工，建成通车；下白公路南段环境整治项目，于6月上旬开工建设，于7月25日前全部完工，建成通车；新华桥美丽小城镇基础设施项目，亲和路至国道344线连接线公路已于11月8日完工，建成通车；新杜路9月中旬开工建设，计划2018年7月底完工；银川河东机场东侧生态环境综合整治项目，环评生态专章和林评生物多样性报告已分别上报环保厅和林业厅，正在等待审批；国道307东段拓宽三期于9月下旬开工建设，计划 2018 年 8 月底完工;国道 307 线灵武北门汽车站至南二环公路项目(国道 307 线西段拓宽),已完工,建成通车。二是实施交通秩序整治攻坚行动,由公安局牵头成立公安交警、交通路政、环保、城管、农机“五位一体”部门联合执法,设置 4 个执法组治理黄标车及污染车辆,治理超限超载等违法行为。三是严厉打击非法营运,维护客运市场稳定。制定了《客运市场专项整治暨打击非法营运工作实施方案》,从 4 月 5 日开始,组织开展为期 9 个月的专项整治活动。运政执法人员联合公安交警等有关方面,灵活稽查方式,改变作息时间,严厉打击出租客运市场非法营运行为。共计查扣非法营运车辆 290 余台次,维护了广大合法经营者的正当权益,规范了客运市场经营秩序。

民用航空

【概况】 2017 年,宁夏机场公司围绕推动航空公司基地设立、优化三大城市群航线网络、加快发展国际航空业务三项重点任务,加快实施“双枢纽”战略,着力“引客入宁”做大市场。全区民航实现运输起降 7.16 万架次、旅客吞吐量 825.34 万人次、货邮吞吐量 4.23 万吨,同比分别增长 27.52%、25.97% 和 13.77%。银川机场年旅客吞吐量实现 793.64 万人次,净增 170 万人次,旅客吞吐量增速居于全国省会机场第五、周边省份第一,在全国 229 个机场排名中上升到第 38 位。

【航线网络】 国际通航城市 11 个,航线 13 条,增加普吉岛等 3 条国际航线航班;积极争取川航继续运营第三年银川—迪拜航线。国内通航城市达到 74 个,航线 89 条;新开银川至珠海等 11 个国内城市航线航班,加密银川至北京等 34 个城市航班。银川至京津冀、长三角、珠三角通航点达到 14 个,航线 39 条,日均航班 54 班,旅客吞吐量 296.4 万人次,占比达到 37%,较去年同期新增珠海等 3 个通航城市、6 条航线、13 个航班,旅客吞吐量同比净增 39.8 万人次。通达能力得到提升,通航城市直航比例达到 76.3%,同比提高 1.7 个百分点;除福州外,银川与 27 个省会城市实现直航。“空中快线”建设。建成“银京快线”和银川至广州、郑州和乌鲁木齐“准快线”,日均航班分别达到 11 班、8 班、7 班和 7 班,同比均增加 1 班以上。推动幸福航空在银川设立支线运营基地,支持国产民机发展,探索宁夏“幸福 +”支线运输模式,落实普遍服务计划,助力交通扶贫,2017 年银川机场中转旅客达到 3.8 万人次,同比增长 3.9 倍。中卫、固原机场旅客吞吐量双双突破 15 万人次。围绕闽宁合作,新开固原至福州航线航班。发挥民航专业优势,委托管理的月牙湖机场顺利颁证投运,实现与海南航校等 10 余家通航公司合作。新开吐鲁番—银川—西安全货机航班,首次实现全货运航班运营。

【机场建设】 2017 年,T2 航站楼国际厅改造,改造工程包括“三关”业务用房主体结构的改造等,国内部分通过行业验收并投入使用;国际部分力争 2017 年末投运。围绕“智慧、绿色、人文、开放”的建设理念,集中优质资源力量,精心编制施工方案,对接高铁、高速公路施工任务,在确保机场运行安全的前提下,克服施工空间受限、施工作业交叉等困难,完成换乘中心主体结构 20%、桥梁工程 30%、停车楼 40%的工程量,累计投资约 1.9 亿元。启动中卫、固原机场改扩建前期工作。

【航空安全】 坚守安全底线,坚持安全隐患零容忍,从严从实从细抓风险管控和隐患治理,不断提升安全管控能力。一是体系建设。填补管控缺漏,整合完善公司层面手册 8 部,优化合并部门层面岗位手册 18 部,建立班组手册、岗位责任清单和岗位标准流程卡,实现体系分类建设和分级管理。以规章标准为底线,加大监察力度,健全问责机制,并全面纳入年度战略解码考核指标,逐级签订安全责任书并开展全员考核,倒逼安全责任落实。二是隐患治理。前移安全关口,强化重要节点和关键时段的隐患治理排查,全年下发整改单 60 份,整治各类问题隐患 256 项;按照“抓住一个苗头,整改一类隐患”理念,查找录入隐患 240 余项,列管危险源 328 项;加大督办力度,对涉及飞行区安全的重大隐患重点督办,确保安全运行。三是培训创新。持续加大安全投入,补充关键、紧缺岗位员工60余名，全面开展安全培训。强化班组建设，开展班组结对子，鼓励班组微创新，持续强化班组战斗力。集中除冰试点推行，机坪引导全面开展，空域优化稳步推进，机场运行效率持续提升。

【航空服务】 宁夏航空公司以“真情服务”为主线，以“旅客需求”为导向，以“旅客感受”为中心，构建以创新管理机制、规范服务标准、丰富服务产品、提升体验感受为“四个维度”的机场优质服务管理体系，倾力塑造“塞上空港”品牌。升级畅想旅行中转产品，联合航空公司，研发并推出“幸福+”免费运营新模式，细分客户群体，推出“团队预约”“特殊旅客爱心陪伴”等系列服务产品，提升旅客出行体验。对标千万级机场，狠抓机场运行服务保障，实施HUD等新技术应用，提升机场运行效率，银川机场航班正常率在全国机场保持前列。FOC组建运行，实现AOC、FOC、TOC和SMC的“1+3”联动运行，机场指挥调度全面升级。投资800余万元建设机坪全景监控和人脸识别系统，引入一证通关系统，全面应用双视角安检仪，服务品质持续优化。持续完善服务设施，新增银川火车站和吴忠两座城市候机楼。

【民航改革】 以打造西部一流机场和适应千万级机场运行管理需求为目标，宁夏机场公司按照主业要品质、辅业要效益的改革方向，聚焦发展短板，夯实发展根基，增强发展活力，全面深入推进各项改革工作。促成宁夏回族自治区政府与西部机场集团签署联合重组补充协议、增资协议等，解决了制约机场持续健康发展的根本性难题。建立以公司领导主抓、改革办系统推进、责任部门严格落实的三级工作机制，以二级单位为试点模拟公司化运行，建立信息化业务两级管理机制，推动机场商业及场区管理转型升级。深化“三定”工作应用，建立适合岗位需求的人员编制数学模型，试点范围扩大至6家单位，初步建立人力资源配置机制和管理体系。完善体制机制，在辅业公司推行三项制度改革，持续激发辅业经营活力。

通信技术服务

中国移动通信集团宁夏有限公司灵武分公司

【概况】 中国移动通信集团宁夏有限公司灵武分公司（简称中国移动灵武分公司），隶属于中国移动宁夏有限公司银川分公司。灵武分公司共设三个中心，综合事务中心、集客运营中心、渠道运营中心、下设七个班组，现有员工40人，其中中共党员12名、共青团员15名。灵武分公司深化品牌建设，加大信息化建设，加强营销服务体系的运营和管理深度，加深内部精细化管控能力，持续履行企业责任，打造出卓越的运营品质，保证了企业和谐、健康的发展。

【市场份额】 中国移动灵武分公司针对集团市场，坚持以信息化收入为核心，对负责的集团客户进行优化梳理，做到精耕细作，进一步细分集团客户，积极投身各个领域信息化建设，在政务信息化、企业信息化、民生信息化方面作出了积极贡献，不断帮助政府、企业提升高效的管理能力；为各中小学提供“和教育”业务，建立了家长与学校之间有效的沟通桥梁；为各企事业单位、商户、家庭提供了方便、快捷、实惠的个性化业务。

【家宽覆盖率】 中国移动灵武分公司结合自身市场环境和地域特征，坚持以“城区、农村两手抓”的家宽覆盖理念为引领，提升家宽覆盖率。2017年，灵武分公司以做“优”宽带市场为主经营思路，进行小区光改洽谈+家庭宽带业务发展+社区信息化项目拓展的一体化营销，力争灵武市老旧小区及农村市场光纤资源的全部接入，为市场发展做好充分准备，有效提升了家庭宽带发展的覆盖率，为客户提供更全面、更优质的互联网接入服务。

【队伍素质】 中国移动灵武分公司党支部全面贯彻落实党的十九大精神和习近平总书记系列重要讲话精神，开展“围绕经营抓党建、抓好党建促经营”的党建工作。全面从严治党向基层延伸，抓好支部建设，有效推动“班子建设好、党员管理好、组织生活好、制度落实好、基础工作好、作用发挥好”的六好创建工作落地。在2017年年初制定了详细的党建工作计划，按照“一月一活动”为原则，包括设立 “党员先锋岗”“党员责任区”“党员突击队”创建工作，在重大活动保障、市场拓展攻关等急难险重任务中，充分发动广大党员冲在前站排头，攻坚克难勇担当，以此推进公司“大连接”战略落地，加快转型步伐，把握发展机遇，战胜困难挑战。

【提升服务】 以灵武分公司区域客户特点，分别明确集团客户、星级客户、到厅客户、渠道个人客户服务思路、客户服务流程、客户投诉管理、服务感知体验、回访关怀流程、首问责任制的落实。通过周期拜访提升、主动回访服务客户，了解客户服务需求及服务短板，以多项服务举措提升客户服务满意度。与客户形成多渠道多方式沟通交流体系，服务小组专项总结，锁定服务落地渠道，以模拟、交流、回访、复核为服务基础，有效管理各服务举措的应用，启迪和帮助大客户、营业厅、渠道业务营销落地有声，服务健康度稳步提升。

【社会责任】 中国移动灵武分公司秉承“正德厚生，臻于至善”的企业核心价值观，在追求自身价值的同时，始终不忘做一个“有竞争力、有社会责任感和有道德、有文化”的企业，以实际行动回报社会。通过积极开展“3·15”消费日、“5·17”电信日等活动，宣传和推广保护消费者合法权益的重要性；开展学雷锋志愿活动、先心病儿童救助计划、贫困学生慰问、为跳湖救人小伙尹海峰献爱心、慰问帮扶泾灵新村1131号马粉英家庭等公益性活动，塑造了良好的社会形象，提高了社会影响力。

中国电信股份有限公司灵武分公司

【概况】 2017年，中国电信灵武分公司以“一统三化五圈”发展思路为统领，以“立志、创新、突破”活动落实为主线，认真落实公司制定的发展战略和工作目标，在全业务收入、移动业务规模拓展、光网城市建设等方面均取得了显著成效。灵武分公司内设办公室、市场部、渠道部、存量运营中心、接入网维护中心、政企行客分部等6个部门，设南熏、朝阳、芙蓉、农村、中小学、商客6个支局，设装维班、营业厅等2个班组，员工人数达50人，其中中共党员19人，大专以上学历43人，专业技术职称23人。

【市场基础】 2017年，灵武分公司服务区域有5个镇、2个乡、72个行政村、485个自然村、4个市属农林牧场、1个国家级自然保护区。2017年天翼移动用户累计达到6.7万户，宽带用户累计达到2.9万户，IPTV用户累计达到2.6万户。

【管理工作】 2017年，管理工作以党建统领企业发展为目标底线，以提升基础管理水平为目的，以丰富员工文化生活为手段，通过一年的努力，使管理工作切实迈上了一个新台阶。一是建立了党员活动室，提升对党建基础资料的管理，开展了“大学习、大宣传、大落实”等系列活动，切实发挥了党员的先锋模范战斗堡垒作用。二是积极开展四项专项治理工作，通过自查整改，从而提升基础管理水平。三是坚持“安全第一、预防为主”的方针，以每月定期检查和节假日的集中检查相结合，通过“安全生产月”活动的开展、消防演练等实操型培训，有效杜绝了各类安全事故的发生，为企业的健康运行保驾护航。四是按照“拼搏、感恩、奋进”的总体部署，通过“健步走”“足球比赛”等户外拓展活动的开展，缓解了工作，有效激发员工工作热情。

【经营工作】 灵武分公司对片区实行了划小承包，分为三个城市支局、一个农村支局及政企行业营销中心，实现以收入为目标、谁的片区谁负责的承包导向。分公司为展现党员先锋模范带头作用，以“一个党员一面旗，我是党员我带头”为活动主题，组织各划小人员俯身一线开展小区、行政村、务工市场营销活动。以不限量套餐为指引，以提速降费为抓手全面推进不限量业务发展。以“翼支付红包”政策带动移动业务及4G终端的销售，有效提升用户感知，增强市场竞争力。在销售过程中，始终以流量不限量为卖点，以融合销售为目的，从卖宽带向卖智慧家庭转变，组织培训智能组网及随销业务，更好地提升服务感知。在渠道方面，2017年度共计开展终端订货会三场，共计终端6235部。开展各种节假日炒店活动54场，新拓展网格店面6家、商圈店面4家、校园店面2家，对17家精品渠道门店进行整理，进销存工作有序开展。通过终端引领，全年累计发展天翼移动用户约2.1万户。

【维护工作】 2017年，对灵武67个老旧小区进行了线路整改，组织实施“光网双提升”光衰整治完成1300条，IPRAN环网光衰整治达标，有效提升了网络运行质量。共完成灵武60台OLT设备的10GE上联扩容工作，宽带测速达标，实现用户流畅地观看IPTV，有效地提升了用户的感知。成立政企装维保障队伍，全年组织协调配合完成24芯以下光缆抢修60次，开通其他各类电路120条，查修各类故障980件次，有效提高了政企服务水平。加强对装维支撑人员OLT操作、查障、割接等业务进行相关培训。同时也根据日常多发障碍对AAA和ITMS进行了相关培训，使支撑技能进一步提升。并对城市和农村装维人员进行了智能组网的培训，通过网购设备，搭建模拟环境，进行实操，有效地提高了装维技能。

【服务工作】 针对营业厅及店

面的服务工作，每月安排第三方暗访公司进行暗访，并出具月通报，进行绩效与现金双重考核。开通了短信反馈服务，用户每办理一笔业务都会收到服务满意度的短信回访，实时了解客户对厅店服务的感知。严格执行首问负责制，在工作中规范服务，有效控制了客户有理由投诉的发生。在装维服务方面，公司向广大用户公开承诺“当日装、当日修、慢必赔”，每月出通报进行考核，用制度有效地约束装维人员。为提升员工的服务意识和服务技能，对新聘营业员、维系人员、装维员根据岗位不同先后进行服务礼仪知识、装维员行为准则与规范等内容的培训，并结合投诉的发生实时对发生投诉责任人及班组提出改进方案，促进一线人员服务水平稳步提升。

中国联合网络通信有限公司灵武市分公司

【概况】 中国联通灵武市分公司致力于全市4G网络建设与维护，实现了全市4G网络全覆盖，并提出光纤改造战略，实行“光进铜退”，提高全市网络带宽，由原来的10M/20M提升至现在的百兆光纤，让用户有了更好的体验。2017年，中国联通灵武市分公司设有后台支撑部门、集团客户部门、营业厅、网格营销中心，有职工27人，其中党员5名、团员10名。截至年底，中国联通灵武市分公司签约网点共90家，其中合作厅10家、专营店16家、代理点64家。

【经营管理】 2017年，中国联通灵武市分公司在业务方面重点攻坚小区光纤改造，4G业务聚焦拓展。主要围绕一切为客户服务的宗旨，优化服务，创新服务内容，同时落实内部管理制度，加强财务管理，压降公司成本和财务支出，确保公司资金安全。全面提升管理水平，通过扎扎实实的努力，保证完成各项工作。基础管理方面，加强精细化管理，打造灵武市分公司内部文化；制定落实好各项管理制度，在做好日常工作的同时，提高员工执行力，在执行当中抓落实，努力提高员工的能力素质和工作积极性；加强基础管理，坚持考勤、考绩，狠抓安全生产；狠抓稽核工作，避免出现违规操作。在日常稽核工作中，对各类原始单据、订单在系统中进行了核查，包括客户订单受理、业务实现与变更、计费财务、应收账款、客户投诉处理、电信卡等业务，并且做了详细的手工登记日志，以便后期查询工作；加强实名制管控，公司上下及代理商渠道严格遵守国家实名制要求，规范业务操作流程与用户发展。

【业务发展】 2017年，中国联通灵武市分公司代理商新签约36家，其中合作厅1家、专营店1家、代理点34家，有效地弥补了农村及核心商圈空白网点的建设。2017年中国联通灵武市分公司主要围绕宽带业务和4G业务进行拓展，在严格遵守国家实名制要求的情况下，真实有效发展用户。

【扶贫工作】 自国家扶贫办开发“雨露百事通”扶贫软件以来，中国联通和自治区扶贫办达成战略合作协议，中国联通灵武市分公司主动承担为建档立卡户免费安装“雨露百事通”扶贫软件的工作，并帮助建档立卡户学习软件平台的使用方法，让老百姓能够随时了解扶贫信息，同时通过软件平台，可以申请各项救助扶困资金，通过平台爱心服务站，贫困村民可以申请日常生活物品等。中国联通灵武市分公司还专门推出“雨露惠农卡”，免费为百姓赠送扶贫软件流量、通话，在灵武市扶贫办公室，灵武市郝家桥镇政府，灵武市漫水塘村、泾灵新村等村部的支持下，中国联通灵武市分公司共计对灵武市13个自治区建档贫困村实行帮扶，帮扶人次5800人次，得到了广大群众的认可。同时对各村的第一书记配发“掌上扶贫”APP软件，让各村部的扶贫责任第一联系人能够随时掌控扶贫信息，打通群众和村部的联系通道，强烈的社会责任感驱使中国联通做一个诚信，对社会有益的良心企业。

【关爱特殊人群】 2017年，在精准扶贫工作开展以来，中国联通灵武市分公司更多致力于关爱社会弱势群体，针对这部分人群推出“关爱卡”专属套餐，获得了领导的肯定与支持，共计走访43个村部、12个社区，在各个社区、村部、乡镇支持下，残疾人专干，60岁以上孤寡老人都受到了联通公司的话费优惠补贴政策。中国联通灵武市分公司共计服务残疾人和

60岁以上老人4280人。

【提升服务】 自有营业厅是中国联通灵武市分公司面向外界和用户的门面和窗口，直接和用户面对面接触，因此，营业厅的一言一行都将透明地出现在公众的视野中。为此，营业厅严格按照公司礼仪制度，每天按照三会一课制度要求营业员相互照镜子、正衣冠，调整状态，以热情饱满的精神面貌面向用户；每周制订培训计划，培训业务知识，培训社交礼仪，培训诚信经营理念，将诚信经营落到实处；设立专门服务咨询台，开通前台服务热线，为用户答疑解惑，用户办理业务时耐心为用户讲解，不欺骗隐瞒，让用户明明白白消费，放心使用；营业厅设立意见箱，公开向用户征集意见；每周设立一次总经理接待日，由总经理面向客户发问进行现场解答，设立监督机制，让用户能够及时反馈。合法和诚实守信的经营理念，自觉遵守行业规范、抵制各种不讲信用及宰客欺客的做法，营造浓厚的“诚信待人、诚信消费、守法经营”的良好氛围，中国联通灵武市分公司以实际行动服务客户。

【安全生产】 安全生产是工作的前提也是基础，2017年，中国联通灵武市分公司每周都对公司安全消防工作进行全面检查，对检查情况记录在案，以备查找和落实。每年两次邀请消防部门的讲解员为员工做消防知识培训，在对员工加强安全消防常识教育和培训的同时，遵循内紧外松的原则，做好严密的防范工作，员工下班主动切断电脑及其他设备的电源，不将易燃易爆物品随意堆放，厨房不用煤气罐等危险燃气方式，库房规整保持整洁，确保公共财产的安全。

灵武市邮政分公司

【概况】 灵武市邮政分公司机构下设综合办公室、市场营销部、金融部、灵武和宁东两个揽投部、7处邮政自营网点。其中：城市网点3处、农村网点2处、工业矿区网点2处（人民路营业所、西平街营业所、阿尔法营业所、农场邮政所、崇兴镇邮政所、宁东营业所、中心广场营业所），另有5处邮政代办所（临河代办所、梧桐树代办所、马家滩代办所、郝家桥代办所、石油农场代办所）。截至2017年末，灵武市分公司共有职工91人，其中劳务工49人、在岗A类19人、在岗B类23人，平均年龄33岁。劳务工占比53.84%，女职工占比54.94%。生产岗位人员已取得不同等级职业技能鉴定证书的共67人，占生产岗位员工总人数的93%，持有一岗双证人员41人。所辖七个网点共有员工42人。灵武揽投部共有员工25人，共有投递段道16条。日投递里程1281公里左右，担负着全市辖6镇2乡1个街道办事处（宁东镇、马家滩镇、东塔镇、郝家桥镇、崇兴镇、临河镇，梧桐树乡、白土岗乡、城区街道办事处）、16个居委会、74个行政村、4个市属农林牧场（北沙窝林场、大泉林场、白芨滩林场、良繁场）、1个国家级自然保护区的邮政通信服务工作，服务面积4369平方公里，服务人口31.9万人，其中回族人口占50.9%。

【代理金融业务】 2017年新增储蓄余额2277万元，余额规模达到2.64亿元；代理保险收入70.4万元，同比增长39.59%；有效拉动代理金融收入，全年代理金融业务收入达到606万元，同比增长5.44%，增幅创近年新高。崇兴营业所年新增储蓄余额1962万元，人民路、西平街、阿尔法三个网点代理保费占到全分公司的85%。

【函件业务】 全年累计实现函件业务收入25.6万元。通过积极开发预防职务犯罪宣传问答卡、JEEP4S店明信片、灵武政府信封、宝丰和气象局邮资封、知识产权宣传折等，共实现开发收入4.2万元；销售旅游联票1238册，实现收入15.28万元；制作了公安局预防电信诈骗腾讯广告，实现新媒体收入0.85万元。

【渠道平台业务】 全年渠道平台业务实现收入272万元，同比增长25.89%。积极开展“福至新春”“家乡粽”“思乡月”等营销活动实现收入126万元；全力推进“国税双代”业务，实现收入80.88万元；农村电商灵武馆建设初具规模，累计上架商品126种，订单量达到9016单，实现销售收入18.6万元；线上造包9197件，为灵武农村电子商务做出了积极贡献。

【集邮业务】 以“生肖贺岁”“恐龙邮票首发”等活动为契机

积极做好营销工作，成功开发大地保险形象年册200本，全年累计实现集邮收入141万元。

【报刊业务】 开展报刊进校园活动，跨年订阅《幼儿画报》53份，积极推广报刊微订阅，2018年报刊一次性大收订实现流转额405万元，全年实现报刊收入100万元，同比增长3.73%。

【安全生产】 认真组织开展“平安邮政”活动和各类消防、资金安全培训考试，切实抓好业务专项检查、金融安全检查、金融安全评估等工作，各类安全隐患整改率达到96%。通过开展“安全生产月”等活动增强安全意识，提高防范技能，勤检查、严落实，通过定期、不定期明察暗访，查找安全漏洞，限期整改，严加落实。同时，加强了车辆和邮件的管制力度，杜绝安全隐患发生，确保了全年安全生产无重大事故。健全完善服务质量监督检查体系，加大了常规检查、规范经营检查等工作力度。强化投诉闭环管理，投诉处理率、回复率和回访率均达到100%。与所辖7个金融网点的营业员和分公司金融部层层签订2017年“案件防控责任书”和“员工岗位履职承认书”，开展了“关键岗位轮换”“十条禁令”等检查，对金融从业人员家访做到了全覆盖。

【网运管理】 通过加快推进以包裹为主的揽投网改革，优化设置了普邮专段、包快专揽、自提点盘驳，对投递作业计划进行了优化调整，推行“众创众享”模式，有效应对了旺季投递高峰，人员揽收能力得到释放。

【服务技能】 统一实行营业台席“一台清”作业。通过梯形排班，合理配置营业人员，提高网点综合作业能力。积极推进N站合一，对代办网点、三农站等渠道进行摸排分类。通过灵武农村电商试点县项目建设，初步积累了农村电商及农村市场开发经验。邮乐农品网灵武馆顺利开馆运营。低效网点进一步优化改造，将农场营业所临时停业，业务挂靠到灵武市阿尔法街营业所，农场所原有人员充实到其他网点。继续深化“为民服务创先争优”活动，推进窗口服务规范化、标准化。开展提升服务质量专项活动。深化投递网建设，通过学习对投递班实行多元化投递模式。采取发展邮件自提点、旺季投递短期外包等方式，有效提升邮件妥投率，确保妥投率达85%以上。加大服务质量监督力度，落实服务责任追究制，重点解决服务工作中出现的问题，确保用户满意度达到85分以上。

商业贸易

供销

【概况】 2017年，灵武市供销社认真贯彻落实《中共中央、国务院关于深化供销合作社综合改革的决定》《自治区党委、人民政府关于深化供销合作社综合改革的意见》及《中共灵武市委员会、灵武市人民政府关于深化供销合作社综合改革的实施方案的通知》等文件精神，灵武市供销社积极开展改革工作。灵武市供销社完成了事业单位法人登记，积极推荐申报各类项目。2017年，完成供销社资产的清产核查、移交工作，顺利召开了灵武市供销合作社联合社第一次代表大会等，灵武市供销社圆满完成了市委、政府下达的改革任务，各项工作取得了阶段性成效。全系统实现销售收入16698.64万元，同比增长1577.72%；实现利润1137.67万元，同比增长684.76%；资产总额11057.93万元，同比增长17.73%；所有者权益5032.81万元，同比增长29.40%；社会贡献总额1335.13万元，同比增长175.85%。灵武市供销社荣获银川市商务供销工作先进单位荣誉称号。

【供销社改革】 根据实际，成立灵武市供销社综合改革领导小组，制定出台《灵武市深化供销合作社综合改革的实施方案》，明确了改革的原则、总体目标、主要任务、组织保障，细化进度台账，强化推进措施，较好地完成了阶段性任务。切实加强组织体系建设。按事业单位法人完成市供销社登记注册，指导、协调、服务及政策落实等方面的职能得到明确和规范。完成现行《灵武市供销合作社联合社章程》的修订完善，进一步明确供销合作社的性质、地位、组织体系、宗旨和目标。建立新的人事管理制度，市社本级人事管理按照“老人老办法，新人新办法”的原则逐步规范，平稳过渡。完成196名职工身份置换，市政府为111名在职职工和85名需办理退休手续的职工缴纳养老保险金674.94万元，支付工龄补偿金307.09万元，总计金额982.03万元。通过调入、招考、聘用，充实了新的干部队伍，现有工作人员6名。加快“三会”组织体系建设，于2017年11月5日顺利召开供销社第一次代表大会，通过了《灵武市供销合作社联合社章程》《灵武市供销合作社联合社选举办法》，选举产生了灵武市第一届理事会、监事会班子，制定完善了理事会、监事会、财务管理、安全生产、信访维稳等工作规章制度，理事会、监事会运转正常，各项工作逐步有序开展。

【资产管理】 2017年灵武市供销社对联合社及基层社进行全面清产核资，完成9家基层社及6家社属公司金融债务摸底核查，银行债务本息合计为7020.80万元（本金2683.96万元、利息4336.84万元），待国家出台相关政策后及时开展债务化解工作。开展供销社现有房屋数量、经营现状、土地面积核查评估，资产总价值3078.85万元。采取措施加强社有资产的监管和使用，供销社所有资产和债务由城投公司代管，由供销社对有效资产提出使用方案，用于开展“两个体系”建设。采取收支两条线，在市财政局设立供销社资金专户，由城投公司和财政局收取资产收益，收入用于供销社的发展。配合市审计局完成原供销社财务收支审计工作。加快推进“两个体系”建设。

【社会化服务】 2017 年灵武市供销社开展“项目驱动”行动。着力对优质粮食、草畜、蔬菜、长枣、再生资源回收等特色优势产业项目进行资金支持，组织 5 家企业申报“两个体系”试点项目，争取项目资金 500 万元；组织 11 家企业申报“新网工程” 项目资金，4 家专业合作社申报农业综合开发土地托管项目，完成项目入库 19 个。开展为农综合服务。通过与新型农业经营主体联合合作，积极开展农业统防统治、测土配方施肥、农技服务、农机服务等社会化综合服务。通过开展收益型全托管、半托型合作等土地托管服务模式，全托管土地 2.16 万亩，半托管土地 11.55 万亩，流转土地 5.75 万亩。其中，远航农牧、农达兴旺两个专业合作社以实现社员效益最大化为目标，探索开展了土地入股管理运营方式，总面积 1423 亩。主要做法是：社员以土地入股，每亩为一股，每股每年股金 800 元，年底按净收益的 5%—10%进行二次分红，取得了合作社和社员的双赢。通过开展农产品产销对接服务，帮助农户销售各类瓜果蔬菜 21804 吨、粮食 601 吨、种子 471 吨，实现销售收入 8937 万元。通过开展农村合作金融服务，联合社以 3—5 户专业合作社相互担保形式，为成员社提供小额贷款 520 万元。开展“互联网 +”行动。改造原有超市、乡村网点，引导群众“触网”创业就业。举办电子商务培训班 6 期，培训人员 412 人，电商从业人员 1260 余人。完善电商服务网络体系建设，已建成村级电商服务站 26 个，蔬菜电商配送超市 11 个，蔬菜冷链基地 1 个。开展供销社电子商务调研，建立供销社电子商务信息库，梳理出工业、农业、文化旅游业产品 228 种。启动网上供销服务，在“供销 e 家”平台分别建设了全国店铺和地方特色馆店铺，农村特色农产品线上销售 70 多种，发展势头良好，截至 10 月底，供销社电商销售收入 4010 万元，预计年底可实现销售收入 5000 万元。

【组织建设】 2017 年灵武市供销社深入推进新型基层组织体系建设。加强与龙头企业、专业合作社联合合作，与昊王米业、农达兴旺服务站、鑫旺专业合作社、宁六宝果品专业合作社等合作，建设 4 家新型基层社，推动组织创新、经营创新、服务创新，在拓展经营服务中夯实基层基础，逐步构建起适应特色产业发展需要、服务“三农”的网络体系。发展农资网点 7 家，不断规范“农资公司 + 配送中心 + 直营店”营销网络，全力保障农资供应，组织销售化肥 37220 吨。领办创办农民专业合作社 6 家，开展示范社创建 3 家，专业合作社经营管理水平和服务功能得到提升。

【安全生产和信访维稳工作】 加强安全生产和信访维稳工作。供销社高度重视系统安全和稳定，牢固树立安全发展理念，围绕上级工作部署和安全；生产工作任务，致力消除安全隐患，将事故苗头消灭在萌芽之中，确保全年安全生产零事故。始终坚持 “小事当作大事办，分管的业务工作与稳定工作并重”的理念，加强系统信访维稳，进行重点信访对象和不稳定因素的排查处理，做了大量调研走访工作，对每一件信访问题都摸清底数，及时做到有针对性地处理，全年办理了 196 名职工的身份置换及全系统资产清查、回收，无一起越级访。

烟草专卖

【概况】 2017年，灵武市烟草专卖局（分公司）以区、市两级烟草工作会议精神为指导，坚持稳中求进的工作总基调，以提高发展质量和效益为中心，始终把经济运行摆在中心和重心位置，紧盯卷烟销量目标任务，创新方法，狠抓执行，落实责任，提高效能，有力有序地推动了各项工作，较好地完成了各项经济指标和工作任务。

【卷烟销售】 灵武分局严格执行卷烟营销中心货源投放政策，结合月度销售计划和库存管理标准，及时向零售客户宣传货源分配规则、月度货源投放方案、指导零售客户安全库存，实现了 “社会库存稳中有升、市场状态趋于稳定”的销售目标。灵武分局截至 2017 年 11 月份销售卷烟 13355.85 箱，较 2016 年同期 14386.52 箱，下降 1030.67 箱，降幅 7.17%；实现市级毛利 8512.7 万元，较 2016 年同期 8298.68 万元增长 214.02 万元，增幅 2.58%；卷烟销售单价 116.79 元 / 条，较 2016 年同期

10652元/条增长10.27元/条。

【市场秩序】 坚持以构建市场化内管机制为核心，不断谋求监管理念和监管方式的转变，切实筑牢监管工作堡垒，规范卷烟经营行为。日常监管上，紧盯市场异动情况不放松，通过强化信息收集、强化数据分析，利用“日周月”三段式监控法，实现了对卷烟规格、异常客户全过程的监控。重点监管上，以严管违法违规大户为抓手，持续开展“以内管外打为保障，打牢基础、内外兼修，保持企业健康发展”系列活动，确立了“三个严禁”“三个坚持”“全方位、立体化”的工作措施，形成了符合辖区实际的严格控制规范对象长态化监管机制。非烟防治上，通过抓源头监管、抓市场管控。灵武分局以打造精品网格为契机，充分发挥多部门协同治理工作优势，定员、定责、定标，营销以市场供需平衡为出发点，内管以卷烟非法流通信息共享为发力点，专卖以维护辖区、网格市场净化水平为落脚点，严防卷烟非法流通。2017年共查获卷烟非法流通案件162起，其中非法流入案件113起，查处真品卷烟非法流入12.06万支。

【市场管控】 2017年，因互联网涉烟和物流寄递假烟违法活动对卷烟市场的危害，灵武分局以构建新型联合执法协作机制为目标，形成了全链条、多视距、多角度的涉烟违法案件联合查处平台。在协同监管上，与市场监管部门持续开展对娱乐场所、新增工地、KTV及网吧等特殊经营场所的专项清理整顿，并在卷烟促销、烟草广告、无证经营等方面达成了一致意见，进一步延伸了监管触角和执法范围。在毗邻协作上，积极与吴忠、盐池、内蒙古鄂托克前旗等周边单位联系，从毗邻区域销量数据异动中寻找“蛛丝马迹”，稳定边界地区卷烟市场。在联合执法上，积极与河东机场公安、机场安检、机场物业、邮路监管、货运部门进行沟通协调，办理机场A、C、E区域安检证件6副，指派专人定期协同检查。2017年在互联网涉烟和物流寄递领域共查获案件66起，查扣卷烟10.188万支，案值158.518万元，其中：假烟案件45起，查扣假烟6.608万支，标值144.518万元；真烟案件21起，查扣违法卷烟3.58万支，案值14.0万元。

【队伍建设】 通过不断推进“两学一做”学习教育工作常态化，制定可视化、易操作的党建工作流程和标准，确保党组织在企业管理中的政治核心地位。创建“润夏”党建服务品牌，开展多种形式的宣贯活动，积极推行零售终端党建共建模式，组建“润夏”卷烟零售户党建联合小组，探索“互联网+党建联合会”模式，建立网上互联平台，开设微服务工作群，构建网络党组织，不断扩大党组织影响力，树立责任烟草的良好形象。牢牢把握行业的服务属性，建立了“树立两种意识、抓实三层服务、做到四个结合”的党建工作思路。树立两种意识，即树立全面服务、全员服务的“大服务”和小处做起、力求精益的“微服务”意识。抓实三层服务，即服务社会，主动担当；服务卷烟零售客户，精益有为；服务员工，促进成长。做到四个结合，即与主营业务相结合；与服务资源相结合；与节事活动相结合；与专卖管理相结合。针对现有工作职责，对各岗位开展清权确权，绘制“权力运行流程图”，进一步形成廉政风险防控体系。通过制定专卖队伍“提素质、强作风、忠职守”思想作风主题教育活动计划，积极开展“四查四看”“践诺承诺”“双能比武”等活动，进一步提升专卖队伍的凝聚力和战斗力。

食盐专营

【概况】 宁夏回族自治区盐业公司灵武分公司内设办公室、营销科、盐政科、财务科，下辖盐池配送站。有工作人员11人。2017年，实现营业收入442.22万元，实现利润22.59万元，销售食用盐1514吨，销售工业盐468吨。

【盐政管理】 2017年是盐业体制改革的第一年，改革阶段为了规范盐业市场，保障居民食用合格碘盐，工业和信息化部办公厅、国家发展改革委办公厅印发了《关于加强改革过渡期间食盐专营管理有关工作的通知》和《关于进一步落实盐业体制改革有关工作的通知》的文件。盐业管理分局认真执行规定的四种销售方式，对跨区域到灵武市、宁东地区和盐池县市场销售食盐的十多家公司的资质进行审查，针对资质问题及时和有关部门联系，要求其执行规定规范经营行为，大多数资质不够的制盐企业退出了辖区市场。

【食盐安全】 为了加强食盐质量安全管理，成立了“食品安全领导小组”，明确了职责。根据中盐宁夏盐业有限公司有关食盐安全和加强仓库规范化管理的通知精神，严格执行先检后销和先进先出的原则，制定了宁夏盐业公司灵武分公司食盐销售去向登记表和宁夏盐业公司灵武分公司食盐档案登记表，记录每天的销售去向和批次销售去向，便于跟踪商品质量。销售的食盐全年无质量安全事故，保护了公民的身体健康。

【盐业营运】 盐业体制改革后，标志着盐业市场已经引入竞争机制，按照市场经济运行规则开展经营工作，建立客户档案，与客户进行有效对接；实行客户经理负责制，划分营销片区，实现责任到人；放开食盐批发价格随行就市。总之经过全体员工的共同努力，巩固了主渠道地位，实现了“保七争八”的奋斗目标。

财政税务

财 政

【概况】 灵武市2017年实现地区生产总值472.4亿元,按可比口径计算增长11.2%,其中:第一产业10.3亿元,同比增长4.4%;第二产业412.1亿元,同比增长11.9%;第三产业49.9亿元,同比增长7.1%。固定资产投资完成517.4亿元,比2016年下降5.1%;社会消费品零售总额17.3亿元,比2016年增长9.9%。城镇居民人均可支配收入30624元,比2016年增长8.1%;农民人均纯收入13659元,比2016年增长8.9%。

【财政收入】 全市辖区累计完成公共财政预算收入98.57亿元,其中:中央级收入累计完成38.58亿元,同比增长60.8%;自治区级收入完成29.68亿元,同比增长69.65%;地方一般公共预算收入完成30.31亿元,同比增长29.34%。地方财政收入中:市本级完成收入9.16亿元,同比增长1.08%,同口径增长8.6%,完成年度预算数的100.2%;宁东管委会收入完成21.15亿元,同比增长47.14%,同口径增长48.7%,完成年度预算数的133.8%;市本级收入中,税收收入完成6.05亿元,非税收入完成3.1亿元。市本级上级财政补助收入27.52亿元,其中:一般性转移支付收入15.31亿元,一般专项转移支付补助8.23亿元,返还性收入0.6亿元,新增政府性债券3.37亿元,上年结余及调入资金0.21亿元,调入预算稳定调解基金1.03亿元,合计可用财力达37.92亿元。政府性基金收入完成5.48亿元,其中,市本级政府性基金收入完成2.27亿元,上级补助收入0.16亿元,新增政府性专项债券0.73亿元,上年结余0.17亿元,市本级合计基金收入3.32亿元;宁东管委会基金收入3.21亿元。

【财政支出】 全市地方一般公共预算支出完成37.67亿元(不含宁东管委会数据),同比增长7%。其中:一般公共服务支出2.08亿元,同比增长40%;公共安全支出1.12亿元,同比下降22.4%;教育支出4.4亿元,同比增长9.3%;科学技术支出0.64亿元,同比增长5%;文化体育与传媒支出0.68亿元,同比增长53.3%;社会保障和就业支出6.6亿元,同比增长45.1%;医疗卫生支出1.67亿元,同比增长6.2%;节能环保支出2.14亿元,同比增长62.4%;城乡社区事务支出4.56亿元,同比下降8.8%;农林水事务支出6.87亿元,同比下降0.7%;交通运输支出1.14亿元,同比下降10.5%;资源勘探信息等支出1.99亿元,同比增长92.9%;商业服务等事务支出0.13亿元,同比下降54%;国土海洋气象等支出0.44亿元,同比增长178.5%;住房保障支出1.35亿元,同比下降62.4%;粮油物资储备支出0.01亿元,同比下降44.5%;债务支出1.83亿元,同比增长23.2%。基金预算支出2.97亿元,同比下降28.1%。宁东管委会一般公共预算支出22.57亿元,政府性基金支出2.73亿元。全辖区共计支出65.93亿元。

【预算公开】 推进财政决算信息公开,全市140个部门乡镇2016年部门决算和2017年部门预算及“三公”经费预算全面公开,做到财政资金运行阳光透明。推行财务信息化公开。

【政策落实】 加强与上级财政部门沟通对接,积极协同项目申报单位,争取上级专项资金24亿元。全面落实“营改增”、所得税优惠、行政事业性收费减免、城乡居民养老保险提标等财税优惠政策，进一步减轻企业税费负担，提高城乡居民生活保障。制定印发灵武市本级政府采购目录及标准，规范政府采购程序，严明采购标准。强化政府预算全口径大统筹，严格实行“收支两条线”。积极推动供给侧结构性改革，全力落实各项扶持资金，加快特色产业、现代农业、现代服务业转型发展。全力保障重点项目建设，灵武市财政先后筹措资金 6.5 亿元，有力确保了农村环境综合整治、沟道治理、灵河生态公园、枣博园续建、火车站与下白路连接线、国道 344 连接线、新杜路扩建、临河下桥区域环境整治、高庙周边环境整治等重点项目顺利实施。

【财政改革】 坚持以财政改革为抓手，着力推进财政科学化、精细化管理。深化乡镇财政体制改革，实行“包干预算”，切实增强了乡镇财政的基本公共服务保障能力。严格政府性债务管理，进一步完善地方政府性存量债务台账。完善债务偿债机制，争取政府性债券资金 4.1 亿元，有效缓解了财政支出压力。密切跟踪和准确把握经济走势，充分发挥市场对资源配置的决定性作用，适度扩大政府投资规模，灵活运用政策奖补资金 0.59 亿元，贴息资金 0.09 亿元，政府债券资金 4.2 亿元，政府采购资金 0.25 亿元，产业发展资金 4.46 亿元，共计 9.59 亿元，促进经济稳定增长，转型发展。

【PPP 项目建设】 灵武市 2016—2017 年实施了灵武临港经济区基础设施、灵武市职教中心迁建、灵武市医院迁扩建、灵武市新华桥美丽小城镇基础设施、灵武市第一二污水处理厂等 5 个 PPP 项目。其中：灵武临港经济区基础设施 PPP 项目（区及示范项目）总投资 21.3 亿元，灵武市职教中心迁建 PPP 项目总投资 7.3 亿元，灵武市医院迁扩建 PPP 项目总投资 7 亿元，灵武市新华桥美丽小城镇基础设施 PPP 项目总投资 5.1 亿元，灵武市第二污水处理厂、再生资源污水处理厂 PPP 项目资产规模 2 亿元。5 个 PPP 项目严格按“识别论证→项目审核→选择社会资本方→签订合同→项目实施→项目移交”等六个阶段实行，且项目全部完成了“一案两评”，所聘请的中介机构都是通过竞争性磋商方式在财政厅 PPP 咨询机构库中进行政府采购。

【资产管理】 2017 年开展了资产大清查和产权登记及发证工作。其中：灵武市行政单位清查资产总额为 118953 万元（其中固定资产 49989 万元），负债总额为 13605 万元，净资产总额为 105348 万元；事业单位清查资产总额为 139986 万元（其中固定资产 137170 万元），负债总额为 4558 万元，净资产总额为 135428 万元。

【公车改革】 灵武市车改工作于 2016 年 10 月 25 日启动，参改单位共 59 个，参改人员 1099 人，全市改革前（截至 2015 年 9 月 30 日）共计实际使用车辆数为 330 辆，改革后保留车辆 182 辆。封存车辆 106 辆，其中：拍卖 65 辆，报废 41 辆。2017 年，灵武市本级总体支出为 2318.07 万元，其中：交通补贴费 831 万元；保留车辆运行费 901.48 万元；保留司勤人员费用 261.03 万元；其他支出费用 16.16 万元。全市车改后车辆运行费节支率为 19.28%。

【政府采购】 2017 年完成采购业务 197 笔，全年执行采购预算 2.19 亿元；实现合同采购金额 2.05 亿元；节约资金 1400 万元；资金节约率 7%。严格按照《中华人民共和国政府采购法》《中华人民共和国政府采购法实施条例》及财政部 74、87 号令之规定，做细做好标前审批工作，对采购需求计划单及时进行网络审批。对采购项目达到公开招标限额要求的全部采用公开招标方式，因特殊需求要求采用公开招标以外方式的，在采购活动开始前做好方式变更审批、论证及公示工作。大力推进信息化建设，推广宁夏政府采购公共服务平台网络计划申报工作。组织灵武市预算单位进行采购项目网络申报，进入公共资源交易中心进行平台对接，2017 年年底已完成政府采购“三网一平台”建设，建立功能既相互统一又具地方特色的政府采购公共服务平台。

【农业综合开发】 2017 年，大力促进农业基础设施建设，坚决依靠科技创新，推动灵武市农业综合开发惠及更多农户。共实施项目 11 个，总投资为

6134万元,其中:中央财政投资2205万元,自治区财政投资680万元,灵武市财政投资237万元,项目区群众、企业自筹1658万元。流动资金贴息额2400万元,中央财政流动资金贴息57万元。主要实施了崇兴镇农业综合开发现代农业园区项目、梧桐树乡梧桐树村高标准农田建设项目(引黄灌区盐碱地改良工程)、一般产业化发展项目,部门项目等。

【会计管理】 通过岗位调整、录用和专业技术层次提升,会计人员"断崖式"结构与实际工作需求的矛盾得到有效缓解。建立完善会计人员信息管理系统,截至2017年末,灵武市会计从业人员1519人,信息录入率100%。以"会计之家"教育阵地为载体,开展多元化培训教育,先后举办全市行政事业单位内部控制暨网络信息安全培训和财政支农政策培训,举办各类培训班8期960人次,使广大财务人员的知识结构得到更新改善,综合素质和执业技能得到双提升。据统计,2017年灵武市会计专业技术初中级资格考试报名人数为289人,较上年相比增加7.03%。通过社会治理综合服务信息平台,推行财务信息化公开,76家单位累计公开财务事项1.96万笔9.3亿元,做到资金支出阳光透明。与委派会计签订2017年度会计委派目标管理责任书,明确委派会计工作职责,重申廉洁自律有关规定和职业操守具体要求,完善考核奖惩机制。强化委派会计监督与管理,从源头预防财经违规违纪行为发生。

【金融工作】 截至2017年末,全市存款余额175.43亿元,贷款余额209.61亿元,存贷比119.5%。农村金融改革试点工作稳步推进,发放村级为民发展"聚力工程"互助担保贷款6000万元;全民创业贷款发放406万元;村级互助资金项目累计借款达到8439.06万元;灵武市融资担保公司创新推出10种抵押贷款担保产品,对企业担保贷款基准利率由上浮40%降低为上浮20%,担保费由2%降低为1.2%,有效降低了企业融资成本;2017年累计担保贷款金额7035万元,其中:小微企业担保贷款5600万元,"三农"担保贷款2435万元。扎实推进金融精准扶贫,扶贫小额贷款基金总额达到560万元。定向扶持14个贫困村的妇女创业,石嘴山银行向181户建档立卡户发放妇女创业贷款905万元。向符合条件的建档立卡贫困户妇女发放每笔10万元的小额贷款资金并就地入股企业,同步实现就业,形成了"入股分红+就业"的灵武"金融扶贫"模式。

【党建工作】 认真贯彻学习党的十九大和自治区第十二次党代会精神,推进"两学一做"学习教育常态化、制度化,紧紧围绕服务经济发展抓党建,以党建促财政各项工作全面发展。"党建月"组织党员重温入党誓词,参观盐池历史博物馆,对党员干部进行革命传统教育。每月开展支部主题党日活动,通过自评、民主测评、支部审定、公示等环节,评定党员星级。进一步强化了党员管理,增强了党员自律意识。强化班子成员"一岗双责"意识,坚持把纪律和规矩挺在前面,带头执行中央八项规定精神和《准则》《条例》,推动全面从严治党向纵深发展,落实廉政风险管理工作,重新修订了灵武市差旅费、会议费管理办法等制度,严格执行《灵武市财政局财政资金审批程序规定》,强化内部监督检查"三公经费"继续保持下降,干部作风进一步转变,工作质量和效率得到了提升。

灵武市国家税务

【概况】 灵武市国家税务局(简称国税局)是在灵武市实施国家税收征收管理的行政执法机关,实行垂直管理,隶属于银川市国家税务局。主要工作职责是在银川市国家税务局和灵武市人民政府指导下,贯彻执行国家税收法律、法规和规章,组织中央及地方税收,维护和规范税收秩序,为促进灵武市的改革开放、经济建设服务。灵武市国税局地处中兴路,现有人员80人,其中公务员7人、事业编制1人、工勤人员9人,平均年龄40岁。其中中共党员39名,共青团员13名。2017年,国税局内设10个职能科室,1个稽查局,辖4个基层税务所,1个办税服务厅。有党、团、工会各级组织,设有一个党总支,下设一支部、二支部。

【税收收入】 2017年组织入库各项税收收入8.74亿元，完成年度计划8.45亿元的103.43%，同比增长6.33%，增收5200万元。其中：中央级4.67亿元，下降4.19%；自治区级1.67亿元，增长12.48%；市本级2.4亿元，增长28.34%。分级次收入：中央级收入有小幅下降。中央级累计完成46700万元，同比下降4.19%，减收1878.04万元；自治区级完成16700万元，同比增收12.84%，增收1900.2万元；市县级完成24000万元，同比增长28.34%，增收5299.7万元。地方级收入均按任务完成且有增加，但中央级有小幅滑落。

【支持地方经济】 2017年，受经济结构转型、国家宏观调控和国务院减税政策等多重因素影响，重点税源企业、重点行业税收下滑幅度较大，新的税源增长点尚未形成，保持税收收入高基数增长，完成税收收入任务面临严峻考验。对此，灵武市国税局密切关注灵武市经济形势发展和企业经营状况，及时分解税收计划任务，层层签订组织收入目标责任书，逐级分解收入目标任务，压实组织收入工作责任。实行按月通报、按季分析考核机制，强化纳税额在100万元以上的企业重点监控分析，特别是对组织收入影响较大的华电灵武发电厂、银星煤业、黄河银行等企业，深入掌握税收收入变动情况，挖潜增收。认真分析经济税收形势，实事求是地向银川市局、灵武市委政府汇报组织收入工作中存在的问题和改进措施，积极稳妥为灵武市经济发展和税源建设建言献策，有效化解了税收收入任务脱离税源实际年年加码的风险，减轻了税收收入任务负担，营造了良好的税收共治环境，服务大局能力明显增强。2017年，入库灵武市级收入市县级完成24000万元，同比增长28.34%，减收5299.7万元。地方级收入圆满完成目标任务，为灵武市的发展提供了强有力的资金保障。

【税收征管】 一是加强分类管理，防控涉税风险。扎实推进纳税人分级分类管理工作，成立了税收风险分析监控中心，组建了税收风险管理应对团队，大力推行实名办税，加强事前事中事后监控管理，采取纳税提醒、税务核查、纳税评估、税务稽查等风险应对措施，全面抓好风险应对各项任务。2017年，共完成应对任务266户，补缴税款2036.57万元，加收滞纳金53.50万元。采集纳税人1052户2174人(次)，占应采集户数的10%。二是优化环境，大力清缴欠税。组织开展了“尊法学法守法用法”主题实践活动，结合“12·4”宪法宣传日、税收宣传月等时间节点，以“法律十进”的形式，大力宣传和普及法律知识。组织干部职工2次参加无纸化法律知识考试，开展法治税务示范基地和普法教育基地创建活动，按季对税收执法行为进行执法督察，排查执法疑点数据，根据欠税实际，对欠税纳税人，制订清欠计划，分步分期清理欠税，对拒不缴纳税款的纳税人，通过催报催缴、停供发票、欠税公告等措施督促清理欠税。2017年初，欠税815万元，全年发生新欠税8120万元，共清理欠税2301.48万元，其中清理陈欠567.44万元，新欠1734.04万元。三是简政放权，优化营商环境。全面推行跨区域涉税事项报验管理，取消外出经营税收管理证明，2017年共受理跨区域涉税事项报告1212份；精简报税资料，清理整合10类422项涉税事项资料。大力推行网上办税，一般纳税人网报率达到93%，小规模纳税人的网报率达到60%；委托邮政部门代开普通发票、代征税款，代开发票14167份，代征税款605万元。大力推行纳税人领票“网上申领，线下配送”业务，共推行户数173户。完成“三证合一”纳税人换证2435户。

【纳税服务】 2017年，灵武市国家税务局纳税服务工作紧紧围绕纳税服务规范和税收征管工作，不断提升纳税服务理念，扎实落实总局“便民办税春风行动”和国家税务总局《全国税务机关纳税服务规范》要求，以畅通纳税人维权渠道和提高纳税服务人员素质为重点，努力提高地税工作的透明度和公信力，致力建设纳税人满意的公共服务型机关。一是落实便民办税措施。筹建了国地税联合办税服务大厅，向社会购买服务，充实了8名应届大学毕业生开展纳税服务工作，解决了人员不足的问题。推行了班子成员轮流巡查、业务科室负责人在办税服务厅值班制度，制定了联合大厅管理办法，建立联络员制度和办税服务厅晨会、夕会制度，大力开展“统规立矩”整治活动，严格落实纳税服务规范。确定5名重点税源联络员，对年纳税额50万元以上的缴税大户提供政策速递、业务提醒及指导工作。建立互联网办税体验区，为纳税信用等级高的纳税人开通办税绿色通道。通过微信“服务群”“交流群”，为纳税人解疑答惑，较好地解决了纳税人“痛点、堵点、难点”问题。一般纳税人网上申报缴税率达到85%以上，小规模纳税人使用网报系统达到60%以上。出口退税网报率达到100%以上。纳税信用A、B、C级的增值税一般纳税人通过发票勾选平台，办理发票抵扣达到90%左右，网上代开增值税发票逐步提高。在今年全区满意度调查工作中，国税局得分92.4分，排全区第8名，银川市局第1名。二是大力开展营改增政策大辅导活动。分解细化营改增大辅导9项具体任务，走访了11位企业界人大代表和23户税负上升企业，比对分析判断企业税负上升的原因和存在的问题，规范财务核算，完善内部管理，降低企业税负。组织421户营改增四大行业纳税人及278户制造业一般纳税人、35名税务干部和730户纳税人参与营改增知识竞赛，进一步扩大营改增知识的普及面，取得了较好的成效。认真核实区局下发的申报疑点数据，及时更正申报错误数据456条，提高了申报数据质量，打赢了“营改增”第五场战役。三是深化国地税合作。认真落实37项基本合作事项，总结合作事项经验，提升合作质量和税收共治能力。成立联合工作组，不定期召开国地税联席会议，及时总结分析国地税合作中存在的问题，提出可行性的建议，为更好地开展国地税合作工作列好提纲。加强与地方政府部门沟通交流，推进合作事项，加强数据信息交换，依托金税三期系统，完善国地税合作功能。共同梳理办税事宜，归纳完善制度，优化流程，规范双方日常服务行为。加强文明窗口建设，积极推动国地税联合法制基地建设，开展“巾帼文明岗”创建活动，推动互学共进、共建共治。

【落实税收政策】 采取张贴公告、发放宣传册、举办培训班等形式，让纳税人及时了解国务院六项减税政策和各项税收优惠政策，督促企业做好各项税收优惠备案工作。2017年，共有增值税优惠备案196户，减免增值税14278.43万元；企业所得税优惠备案184户，减免企业所得税2632万元。对享受资源综合利用优惠政策的6户商户，即征即退税款348.97万元。扎实做好出口退税工作，累计申请出口退税资格企业有51户，实际参与出口退免税企业类别评定户数34户，累计完成退税1827.18万元，免抵55.78万元。

【队伍建设】 加强领导班子建设。领导班子坚持民主集中制，召开民主生活会，推进决策科学化、民主化。凡重大事项、大额开支和全局性等问题，坚持集体研究决定。认真做好选拔任用干部民主推荐评议工作。加大干部培训教育力度。坚持每周五学习制度，建立了学习考勤制度，明确学习内容和主题，按月安排学习项目，逐月组织落实，深入开展“岗位大练兵、业务大比武”活动，制定了练兵比武方案，采取“点对点、面对面”的“订单式”教育培训方法，灵活运用实务演练、案例分析、交流研讨等形式，提升干部职工的综合素质和岗位胜任能力。2017年共举办各类培训班15期，培训干部912人(次)。依托中国网络大学开展4次全员网上练兵和5次十九大精神学习测试活动。组织35名税务干部和730户纳税人参加营改增知识竞赛。在全区国税系统业务大比武活动中，3人被评为岗位能手。深化绩效管理工作。按照绩效管理个人考评和4.0优化版的要求，建立个人绩效管理岗责体系，制定并实施《灵武市国税局机关绩效管理考评指标》《灵武市国税局税务所绩效管理考评指标》《灵武市国税局个人绩效管理考评指标》，推动绩效管理纵深发展。与科室、分局所签订直考指标承接协议，落实责任清单，按月督促检查考评情况，按季提醒下一季度到期应考指标，发现问题立即自查整改。推行谁主管谁负责，着力抓好全程监控、指标体系建设、执行监督、评估分析等重点工作。坚持每月召开党组会议，每季召开绩效考核分析会议，查问题、找症结、究根源、纠差错，推进党建和思想政治工作。深入学习贯彻党的十九大精神和习近平新时代中国特色社会主义思想，认真落实各级党组党建工作责任制，突出抓好基层党组织建设。落实党建工作责任制，加强党员干部教育培训和党务干部队伍建设，开展了野外登山拓展、绿化植树及党员志愿者慰问生活困难党员、老党员、工作一线党员等活动。

宁东能源化工基地国家税务

【概况】 宁夏回族自治区宁东能源化工基地国家税务局组建于2007年3月，原名为银川宁东能源化工基地国家税务局，为正处级全职能局，专门负责宁东基地的税收征管工作。2017年，内设办公室、财务管理科、货物和劳务税科、所得税科、纳税服务科、征收管理科、人事教育科、监察室8个内设机构（正科级）、1个事业单位（正科级）信息中心、1个派出机构河东税务分局和1个直属机构稽查局。在职人员有52名（含6名局领导），其中男21人，女31人；党员41人（其中预备党员4人），党员人数占全局人数78.84%；平均年龄39岁，全部为专科以上学历（其中研究生13人，本科37人，专科2人）。专业结构主要以财税、会计、法律、计算机为主。截至2017年底，登记注册营业户3885户，其中企业1180户、个体工商户2705户。

【税收收入】 2017年度，累计组织各项收入541578.73万元，同比增长89.81%，增收256248.06万元。出口退税13.55万元。其中，入库税收收入541325.88万元，同比增长89.84%，增收256175.96万元，完成年度计划任务380000万元的118.77%，超计划161325.88万元；入库非税收入234.58万元，同比增长29.78%，增收53.83万元。税收收入完成总额位列全区第三。分税种情况：增值税完成426308.6万元，同比增长74.39%，增收47190.69万元。完成了年度计划任务321300万元的132.68%，超收105008.6万元。消费税完成50554.09万元，同比增长近24倍，增收47190.69万元，与消费税年度计划任务2200万元相比超收48354.09万元。企业所得税完成62813.35万元，同比增长67.61%，增收17707.95万元。完成企业所得税年度计划任务55000万元的114.21%，超收7813.35万元。分级次情况：累计组织入库中央级收入302523.41元，同比增长95.27%，增收147594.47万元，完成年度中央级计划任务197687万元的153.03%，超收104836.41万元。组织入库地方级收入239055.32万元，同比增长118.01%，增收108096.92万元，完成年度计划182313万元的131.12%，超收56742.32万元。其中：自治区级收入105856.98万元，同比增长56.03%，增收35487.22万元；组织入库地市级（管委会级）收入131926.78万元，同比增长115.98%，增收71904.49万元；组织入库县级收入1271.56万元，同比下降13.7%，减收201.82万元。

【纳税服务】 以开展“便民办税春风行动”为抓手，紧扣“为民、便民、利民”服务宗旨，开展“察实情、办实事”税情调研和“服务大走访、建议大征集、意见大调查”活动，深入厂矿、车间和商户，对辖区3354户存量纳税人进行调查走访，贴近式了解纳税人需求，跟进式征求纳税人建议，为优化服务找准着力点。建立了税企联络机制、税企共建机制和税企对话机制，以大企业税收联络员上门对接、税务党员服务队入户辅导、召开税企联席会议等方式，找准大企业服务管理风向标和线索图，并运用信息化技术，打通企业端销售平台系统与税务端增值税发票税控系统的相互衔接融合，帮助研发了增值税综合服务平台等，有效破解了大企业“开票难”“管理难”“监控难”等问题，得到区局主要领导批示肯定。推行了“免填单”服务、简并报表和简并征期等5大类20项44个便民措施，减少纸质资料报送4万余份，简并3500余户纳税人年度财务报表和3234户纳税人的申报缴税次数。积极推行发票“线上申领、线下配送”，通过线上申请、邮政速递和办税服务厅定点自取等方式，实现纳税人足不出户办理发票领用事宜。在办税服务厅开辟了“互联网+”办税服务区，实现发票代开和发票领购业务自助办理，让纳税人“多走网路,少跑马路”。在宁东基地办公网点和银川市兴庆南局办税服务厅开辟和增设了3个自助办税服务网点,购置和安装了8台自助办税终端，实现了纳税申报、发票发售、发票代开等业务多点办理,7×24小时服务“不打烊”“不掉线”。在全区率先引入税务机器人,为纳税人提供导税、交互、咨询等服务，完成人机互动1100余次，提供咨询服务560户次,回应成功率达90%以上,使办税窗口压力得到缓解,纳税人办税效率得到提升。集成技术服务单位和税务机关人员力量,推行了“智能办税网格化服务”新模式,现场解决网络报税问题69户次,上门走访智能办税单位47户次,线上处置各类系统故障32户次，集中为300多户纳税人升级了增值税发票系统，极大地增强了纳税人使用智能手段办税的信心，网上申报率已达到95.82%以上。在区局2017年度纳税人满意度调查中,名列全区第四名、银川市第一名。

【税收法制宣传】 以“深化税收改革、助力企业发展”为主题，坚持日常宣传和集中宣传相结合,统筹谋划、精心设计税收宣传月活动内容，做到规定项目有亮点、自选项目有特色,多侧面展示在适应经济发展新常态、促进各项改革落实和帮助企业减税降负等方面的新理念、新举措和新成果,为税收改革发展营造良好的舆论氛围。一是“搭台唱戏”,在欢声笑语中宣传税法。2017年4月6日，与宁东地税局联合举行以“深化税收改革、助力企业发展”为主题的“诚信纳税·话税收”税法宣传活动暨第26个全国税收宣传月启动仪式，自治区国税局、地税局及宁东基地管委会领导、新闻媒体记者、纳税人共280余人参加了活动。启动仪式以税务原创方言小品剧、宁夏二人坐唱、快板、相声等形式拉开帷幕，邀请了自治区著名编剧马乐群、宁夏广电总台交通音乐频道“的哥哈嘻嘻”剧组马茵、江涛等演员,自治区非遗传承人徐鸣智弟子金桂珍、著名快板演员李学斌等人,以税收政策和税收故事为素材，通过方言小品剧《点赞》、快板书《说说宁东税务人》、相声《歌曲达人》、宁夏坐唱《便民办税春风行》等原创节目,将丰富多样的地方语言和喜剧相结合，宣传税收政策和宁东国地税工作，让纳税人在欢笑声中接受到税法知识的传递和熏陶,给大家带来不一样的视觉听觉盛宴。二是座谈交流,在征纳互动中宣传税法。围绕便民办税出实招、简政放权出硬招,召开了国税部门2家税务师事务所和20户企业30名代表参加的税务、中介、纳税人三方座谈会。税务部门介绍了国家税务总局关于建立税务机关、涉税专业服务社会及其行业协会和纳税人三方沟通机制情况，宣传了“最大限度便利纳税人,最大限度规范税务人”的举措和成效；税务师事务所和企业代表则围绕建立三方沟通机制、优化纳税服务、支持中介机构发展等方面畅所欲言。通过面对面交流,进一步增进了税务机关、涉税中介机构和纳税人的相互理解,理清了各自的职责、权利和义务,为提高纳税人办税能力,规范涉税中介机构服务行为,提升税务机关服务水平起到了积极作用。三是“主动问诊”,在深入走访中宣传税法。把听取纳税人意见建议作为找准问题、改进工作、深入纳税人的重要抓手,组织发动全局干部,开展了“服务大走访、建议大征集、意见大调查”活动,深入厂矿、车间和商户，对辖区2660户纳税人进行了调查走访,贴近式了解纳税人需求，跟进式征求纳税人建议，为优化服务找准着力点。共发放调查问卷表790多份、相关税收辅导资料1000多份。重点对建筑、金融企业等重点行业和短期税负上升明显的企业开展入户辅导,帮助企业改进内部管理,有针对性地指导纳税人用好用活增值税抵扣政策及相关税收政策，让更多企业获得营改增红利,并对发现的问题及时改进,用纳税人的获得感换取对国税工作的满意度。四是融合智能,在快捷办税中宣传税法。将人工智能技术与纳税服务工作有机融合,在全区率先引进智能税务机器人“小美”,为纳税人提供导税、预约、咨询和互动等服务,让办税指引、涉税咨询和事项办理等更具智能化、自动化,开创了自治区“刷脸办税”模式的先河。五是开堂授课,在解疑释惑中宣传税法。结合2016年纳税人满意度调查整改工作，在“纳税人学校”举办了营改增政策专题培训，突出新开户和重点行业政策培训。通过日常办税接触、网上调查等形式提前了解纳税人需求，精准开展集中培训，实现培训内容与纳税人需求的精准对接。根据区局下发的全区四大行业中税负上升企业名单，由业务骨干负责税负上升企业的专项辅导，帮助企业分析政策适用和进项抵扣方面存在的问题，提出改进措施。辅导企业充分享受增值税优惠政策，帮助纳税人梳理可抵扣进项税额的成本费用项目，从改善内部管理流程、提高增值税管理水平等方面提出针对性意见和建议，确保纳税人应抵尽抵，切实降低企业税负。同时借培训之机，组织税务干部和试点纳税人财务人员400多人参加了“宁夏日报营改增业务有奖知识答题”宣传活动，持续提高公众对营改增工作的知晓率和参与度。六是兑现优惠，在释放红利中宣传税法。及时收集整理小型微利企业相关政策、申报表填报要求及注意事项等内容，充分利用办税服务厅、12366纳税服务热线、微信平台等广泛宣传。做好日常咨询、申报提醒，并注重对有税款的企业进行个性化辅导，帮助纳税人做好季度纳税申报工作。通过国税局与地税局联合举办企业所得税政策法规和汇算清缴业务培训班，对辖区相关企业和税务人员进行宣传辅导。安排专人负责小微企业的纳税申报监控工作，按日在微信群通报申报进度，分局和办税服务厅安排工作人员进行催报。通过三级监控，发现小微企业已申报但未享受税收优惠的，第一时间告知纳税人，加班加点为纳税人更正申报，确保小微企业受惠面达到100%。

【征管体制改革】 认真对接总局和区局部署，全面落实国税地税征管体制改革任务，推进国税地税部门互相委托代征税款、商事制度改革、“五证合一”、个体工商户“两证整合”、存量纳税人统一社会信用代码税务登记等48项改革任务，不断把征管体制改革引向深入。扎实开展营改增政策大辅导，选取7户房地产行业纳税人开展专项政策辅导，走访10户税负上升企业，针对企业按一般计税方式结算服务项目导致税负上升问题，辅导企业规范财务核算，改善经营管理，用好抵扣政策，用活优惠政策，合理降低税负。全面总结评估营改增试点运行情况，对税负暂时性上升的纳税人逐户开展深层次结构分析，重点跟踪金融业、建筑业税负变化情况，准确掌握纳税人的申报数据、财务数据等相关信息，按月开展典型案例分析，综合运用数据定量分析企业税负变化原因，宁东基地营改增纳税人总体税负下降0.97%，四大行业总体减税946.34万元。进一步深化行政审批制度改革，大力推进“放管服”改革，继续巩固取消税务行政审批、统筹进户执法、减少申报缴税次数、精简表证单书等改革成果，全面推行税收执法权力清单和责任清单，为宁东基地招商引资打造一流环境。

【基础管理】 扎实推行纳税人分类分级管理，出台《纳税人分类分级管理制度》，对纳税人和涉税事项进行科学分类，将征管科职能进行转换调整，推动税源管理由“管户制”向“管事制”过渡，对风险分析规划、数据情报管理、风险分析识别、风险等级排序与应对任务推送、风险应对实施、过程监控与绩效评价各环节工作内容进行规范管理，建立起各负其责、各有侧重的分类分级管理运行机制，实现了固定管户向分类分级管事、无差别管理向差异化管理的转变。强化大企业风险应对机制，发挥税收大数据作用，充分挖掘金税三期系统大企业管理模块和增值税发票系统升级版等系统数据潜力，深入查找各种数据之间的相关性和规律性，开展涉税信息比对分析和风险排查。将采集的外部信息与税务机关掌握的内部信息比对分析，对海量信息进行加工整理，优化基础数据质量，将真正有价值的信息纳入后续的比对管理，增强数据利用效率。实施纳税服务部门初步分析、税源管理部门综合分析和税收风险监控中心专业化分析的方式，通过直接比对分析、综合逻辑比对分析、深度挖掘比对分析，扫描出风险疑点企业77户，筛选出48户行业疑点较大的企业，实施风险应对任务推送，增强了第三方涉税信息分析利用效果。

【税收分析】 一是研判预测税收形势。根据经济发展形势、税收政策调整等因素，加强收入形势研判和数据比对分析，关注税收收入运行态势，按月编制《税收收入进度快报》《税收收入通报》，全面反映税收收入进度和增减变动情况。建立健全税收分析机制，围绕经济税源结构、重点税源动态、税收增减因素等不同层面，分税种、分行业、分类型开展专题调研，把握税收走势和特点。先后召开税收分析会2期，并联合地方财政、地税召开分析会议2期，深入分析经济运行对税收收入的影响，找准薄弱环节和存在问题，有针对性地制定落实堵漏增收措施。二是跟踪掌握企业运营。创新税收分析方法，充分发挥税收联络员作用，每月定期深入重点企业进行实地调查，加强对重点企业的摸底分析，通过对税收与经济、同行业税收情况、企业各年度税收等指标的纵向、横向对比分析，找出异常，分析原因，及时应对。完善税收分析方法，对宏观税负、行业税负及重点税源、各税种税目收入等情况进行全面、细致的对比分析，使税收分析能准确反映企业经营状况。三是分析比对涉税数据。充分利用征管信息系统，汇总各项税收数据，加强同期税收数据分析比对，把握各行业、各税种年度税收情况。以落实《宁夏回族自治区税收保障办法》为契机，加强与宁东基地综合治税办公室联系协调，综合运用第三方数据开展税收比对分析和税源清理巡查，建立宁东基地重点建设项目台账，对在建项目实施跟踪管理，准确掌握税源状况，牢牢把握组织收入工作的主动权，提高驾驭组织税收的能力。

【监督政策执行】 围绕风险应对、经费管理、招标采购、选人用人等“两权”运行的重点领域和关键环节，认真查找廉政风险点，及时健全机制、完善制度、规范流程，严密防范措施，加强对权力运行的制约和监督，把权力关进制度的笼子。启动“一案双查”程序，把握和运用监督执纪“第一种形态”，依规查办2起举报案件，强化执纪问责。

【堵漏增收】 认真落实区局组织收入工作要求，层层签订收入目标责任书，紧抓重点税源，切实把神华宁煤集团煤制油项目等重点税源、重点产业、重点企业管精管细，挖潜增收1.7亿元，占风险应对成果的73.27%；强化风险防控，配套运用税源监控、税收分析、纳税评估、企业所得税汇算清缴等多种征管手段，实施风险应对48户次，管理增收3亿元，风险应对率和风险命中率达100%，征管组收率达5.47%，高于全区平均水平；紧盯零散税源，规范零散税收委托代征工作，切实把零散税源管住管好管规范，堵漏增收1.23亿元，同比增长1.85倍，增收8030.25万元。抓实欠税管理，落实局领导包干清欠责任制，采取限期缴纳、欠税公告、税收保全、强制执行等强力措施，清欠增收5000多万元。整顿税收秩序，立案查处3户涉税违法行为，查补增收448万元。

【落实税收优惠政策】 始终把落实好国务院六项减税措施、自治区税收惠民政策作为税务部门的重要职责，持续推动实体经济降成本增后劲，把税收的增长建立在经济发展、企业效益提高的基础之上，用足用好税收优惠政策，进一步促进宁东地区招商引资，扶持以工促农，搞活农村经济，刺激城乡消费，扩大内需，支持国家鼓励的资源综合利用产业快速发展，累计减免税款7.79亿元，惠及了税收比重占全局9成以上的煤炭、电力等重点行业，大大增强了企业竞争力、抗风险能力和自主创新能力。

【支持地方经济】 进一步深化行政审批制度改革，大力推进“放管服”改革，继续巩固取消税务行政审批、统筹进户执法、减少申报缴税次数、精简表证单书等改革成果，积极推进企业“五证合一”和个体工商户“两证整合”商事制度改革，全面推行税收执法权力清单和责任清单，为宁东基地招商引资打造一流环境。大力推动“互联网+税务”落实落地，积极推广运行宁夏国税“电子税务局”和“税易办”手机APP系统等网上办税、移动办税、自助办税等信息技术，全力推进pos机银行卡缴税业务，延伸和拓展“宁东税务”微信服务功能，运用互联网思维和技术开展预警提醒、政策宣传、意见征集、投诉受理和纳税人维权，开启便捷、高效、智慧化服务。在办税服务厅开辟和增设了 3 个自助办税服务网点，购置和安装了 7 台自助办税终端，实现了纳税申报、发票发售、发票代开等业务多点办理，7×24 小时服务“不打烊”“不掉线”。按照“办税服务便捷化、法规解答权威化、涉税辅导前台化、宣传咨询信息化、综合服务一体化”原则，调整优化办税服务厅功能布局，设置预约服务窗口、全区通办窗口和综合办税窗口，落实首问服务、导税服务、延时服务、预约服务、提醒服务等制度，最大限度地满足纳税人办税需求。办税窗口在宁东基地政务服务中心 8 个服务窗口考核评比中，多次名列第一，被授予“红旗窗口”，被命名为自治区级“2015—2016 年度青年文明号”。

【政风行风评议】 聚焦作风建设，紧紧盯住群众关心、关注的突出问题，研究出台《2017 年群众评议机关作风活动实施方案》，建立主要领导抓全面，分管领导抓具体，职能部门具体抓的上下联动、全员参与的工作机制。主动向宁东基地管委会领导请示汇报工作，密切与党建共建重点税源企业的沟通，走访宁东镇辖区街道办事处、居委会和纳税人，广泛听取社会各界对税收政策执行、税收征收管理和优化纳税服务等方面的意见和建议，为做好群众评议机关作风活动营造氛围。深入开展政治生态调研、扶贫领域自查自纠和违规公款购买消费高档白酒问题集中排查，防止违规公款吃喝送礼等“四风”问题反弹，进一步巩固纠正“四风”问题成果，促进中央八项规定落实，确保群众评议机关作风活动取得好成绩。

【执法监督】 加大税务违法案件查处力度，大力整顿和规范税收秩序，进一步发挥税务稽查打击和震慑作用，立案查处 3 户涉税违法行为，查补增收 448 万元。

【队伍建设】 充分发挥领导班子这个“关键少数”的引领和带动作用，精心培育干部，有效引导干部，切实善待干部，着力激发“绝大多数”的正能量，打造目标共融、使命共担、业绩共创的宁东国税命运共同体。一是抓班子、增合力，有效引导干部。强化党组政治责任，坚持正确的政治方向，自觉担负起执行和维护党的政治纪律的责任，切实加强领导班子、干部职工的思想政治教育，从总体上把握维护党的政治纪律工作情况，通过制度约束来提升党员、干部“四个意识”。坚持把领导班子的思想、能力、作风建设作为重点，认真落实党组中心组学习、领导干部讲党课等党内组织生活制度，党组书记带头、分管领导跟进、党支部书记主动，以相同的方式，在不同的范围，讲党课、谈体会、作交流，不断把“两学一做”学习教育、十九大精神学习宣传等引向深入，真正把习近平新时代中国特色社会主义思想学懂弄通，不断用科学理论武装头脑、锤炼党性、指导实践、推动工作。围绕十九大精神、总局和区局重大决策部署，根据领导班子建设需要，采取“走出去、请进来”等方式，有计划、有侧重地选派局领导参加了区局、宁东基地党工委组织的政治体制、经济体制、税收改革、税收法治等各类培训，力争通过培训使领导干部学深一点、学透一点，提高政治敏锐性和鉴别力，提高领导班子和领导干部谋划发展、统筹发展、推动发展的本领和指导工作的能力。从科学分工、便于工作的原则出发，规范领导班子成员分工，做到人岗相适、人尽其才。结合征管改革、队伍建设的需要，报请区局同意，严格按照干部选拔任用标准、原则、程序和职数规定以及领导干部任期制有关要求，选拔配备了 9 名科级干部（其中，正科级领导干部 2 名、主任科员 2 名、副科级领导干部 4 名、副主任科员 1 名），交流轮岗 13 名干部；选拔配备的科级领导干部均为本科以上学历，女性占半数以上。通过干部选拔任用，实现了人力资源优化组合，建立起了一支业务素质比较齐整、年龄结构比较合理、后续使用比较有力、敬业精神比较扎实的干部队伍。积极选派 2 名年轻干部赴异地国税局和宁东地税局挂职锻炼，让优秀干部到更广阔的天地经风雨、见世面，增见识、长才干，加速成长进程。二是抓学习、增智力，精心培育干部。以支部促学、个人自学、党组研学、专家辅导等方式，组织全体党员对党的十九大报告进行系统全面的学习研读，组织集中学习 5 期，集中研讨 3 次，联合区局征管处党支部和宁夏枣泉发电公司等3家企业党组织举办专家学者专题辅导报告3场次，以支部联组形式开展了1期“学习十九大、践行十九大”主题大讨论。采取“编撰一本党建工作规范、建设一面学习文化墙、召开一次支部座谈讨论会、举办一次知识竞赛、开展一次学习表彰大会、组织一次党员实践活动”等“六个一”学习贯彻十九大精神系列活动，凝聚发展共识、汇聚奋进力量。建立了青年干部培养使用工作制度，实施青年干部培养计划，结合自身经历、知识结构和培养方向，为12名青年干部一对一配备了作风扎实、素质过硬、经验丰富的导师，为青年干部成长搭好平台，拓宽路子。按照区局制定的“115”干部教育培训目标要求，细化量化工作方案措施，做实做好干部教育培训，按计划部署推进练兵和比武活动。在全区国税系统“劳动竞赛暨纳税服务类业务大比武现场竞技”中，联合开发区国税局获得团体二等奖，2人分别获个人第五名和第七名的优异成绩，1人进入全系统“征管评估类”百名“岗位能手”行列。扎实开展全员岗位基础技能培训，以“老带新”“师带徒”、国地税联合办学、邀请专家授课、网络在线教育、岗位实训等形式，重点加强运用系统操作和纳税服务规范等“接地气”的培训，筑牢干部业务基础。尤其是针对办税窗口和税源管理部门外聘人员、新公务员和咨询辅导人员提高实际操作技能和补充业务知识的迫切需要，按季开展业务考试和知识竞赛活动，通过有效的激励措施，激发学业务、强素质、提技能的积极性。三是抓文化、增活力，切实凝聚干部。以“服务国税”为载体，引导干部立足岗位比技能、比作风、比业绩。在宁东基地政务服务中心服务窗口考核评比中，办税窗口多次名列第一，被授予“红旗窗口”。以“先锋国税”为载体，建立了宁东国税局志愿服务基地，利用三八妇女节、学雷锋纪念日、五四青年节等，组织青年干部、妇女干部、党员干部积极投身公益活动、爱心活动、志愿活动，履行社会责任。以“创新国税”为载体，在全局范围内开展了“一支部一品牌、一科室一亮点”创建活动，确定了“智能办税网格化服务”等12项亮点工作，推出了“共享·共进·共赢”等4个党建品牌项目，开展了党建示范点创建、亮点品牌项目评选表彰等，形成了“发展靠创新、人人求创新”的思想共识和行动自觉。依托“宁东国税税务文化中心”，大力开展税收法制教育、税法知识宣传，创建了宁东基地首家“税收普法教育示范基地”，法治税务取得突破性进展。建立了以结果运用为导向的绩效文化，在评选先进集体和优秀公务员、优秀党员、科级干部选拔任用中充分参考绩效成绩，使以绩效为基础的管理与发展理念深入人心，“人人讲绩效，个个重绩效”的良好氛围已基本形成。四是抓善待、增动力，切实关心干部。按照服务基层、支持基层的原则，积极争取宁东管委会的支持，整治提高河东干部食宿条件，完善税官书屋，开辟小菜园、添配生活和文化设施，抓好基层规范化建设，夯实税收发展根基，加快推进“全系统基层建设示范点”创建。有序对家庭有实际困难、长期在河东工作的干部调整回局内岗位，积极争取政策兑现文明城市奖、效能考核奖和公车改革补贴，向管委会建言献策，从长计议，促使管委会出台绩效考核奖励政策，切实提高了干部的获得感，维护了干部的切身权益。

【管理效能】 全年重点工作任务细化为86项，分解为153项考核指标，按照“分档指标、量化指标、机考指标”类别，建立了重点指标台账，编印绩效管理工作手册，并将重点指标明确到人，确保人人身上有指标、人人肩上有责任。按季召开绩效分析讲评会，健全督考合一机制，对重点工作进度、措施、成效开展了11次跟踪督办，实现绩效任务全过程管理。以“宁东国税专报”形式积极向宁东基地党工委和区局党组反映在落实税制改革任务、管理服务大企业、抓好基层党建等方面富有特色和成效的好做法和好经验，区局7次给予批示肯定。根据保密工作形势要求，修订了保密工作制度，全员签订了保密承诺书，重申保密纪律，加强保密教育，从源头遏制泄密问题发生。坚持“量入为出、突出重点，面向基层、面向征管”的资金使用原则，依法理财、科学管理，预算执行进度始终居全系统第一。坚决落实中央八项规定，严格执行财经纪律，大力压缩“三公”经费，“三公”经费和会议费大幅下降。改版升级了内部办公网，增加了党建工作等特色栏目，开发了图片库、“税官书屋”管理系统等，多项工作实现了无纸化、痕迹化管理和网络化、信息化传输。

灵武市地方税务

【概况】 灵武市地方税务局(简称地税局)是在灵武市实施国家税收征收管理的行政执法机关，实行垂直管理，隶属于银川市地方税务局。主要工作职责是在银川市地方税务局和灵武市人民政府指导下，贯彻执行国家税收法律、法规和规章，组织地方税收，维护和规范税收秩序，为促进灵武市的改革开放、经济建设服务。地税局机关地处中兴路，有人员 96 人，其中：公务员 55 人、事业编制 4 人、工勤人员 4 人、合同制工人 1 人，聘用制人员 7 人、助征人员 14 人、三支一扶 11 人，平均年龄 38 岁。其中：中共党员 32 名，共青团员 29 名。全局内设 7 个职能科室，辖 6 个基层税务所、1 个办税服务厅、1 个社保费征收大厅和 1 个契税征收大厅。征管面积 4010 平方公里，个体纳税人 7598 户，单位纳税人 4562 户。2017 年灵武市地方税务局累计组织各项收入 107200 万元，税收收入 43798 万元，社保费收入完成 54303 万元，其他收入入库 9606 万元，代征残疾人保障基金 191 万元，工会经费 1093 万元。

【收入总量】 受“营改增”政策全面落地影响，2017 年收入总量由 136545 万元减少至 107200 万元，减收 29345 万元，下降 21.5%；完成税收收入 43798 万元，减收 20592 万元，下降 31.98%；社保费收入完成 54303 万元，减收 9660 万元，下降 15.1%；其他收入入库 9096 万元，代征残疾人保障基金 191 万元，工会经费 1093 万元。分行业收入：制造业、建筑业和房地产业税收较上一年度增加明显，制造业税收入库 2996 万元，增收 2570 万元。建筑业税收入库 5254 万元，增收 4350 万元。房地产业税收入库 5315 万元，增收 4933 万元。分税种收入：企业所得税、城建税下降幅度较大，其他税种增幅明显。企业所得税入库 4425 万元，同比下降 61.22%；个人所得税入库 5029 万元，同比增加 57.9%；城建税入库 3478 万元，同比下降 30.1%；契税入库 6422 万元，同比增加 22.63%。财产行为税中资源税入库 6320 万元，同比增加 77.1%；印花税入库 2245 万元，同比增长 21.8%；房产税入库 4371 万元，同比增长 12.6%；车船税入库 1297 万元，同比增长 9%；耕地占用税入库 2582 万元，同比增长 23.3%。

【普法基地创建】 稳步推进税收普法教育示范基地创建。根据《全区地税系统税收普法教育示范基地创建实施方案》要求，灵武市地方税务局积极行动，以局机关楼为创建载体，联合灵武市国税局、司法局共同开展创建工作，将三家的普法优质资源纳入税收普法教育示范基地中，协同推进基地创建工作，创建工作基本完成。

【税源管理】 通过信息拷贝，从国土部门获取土地登记地籍信息，利用“以地控税地理管理信息系统”，将国土部门的宗地地籍信息与“金三”系统土地信息进行关联比对，查补税款 118.81 万元，促进了城镇土地使用税收入，截至 2017 年末，灵武市地方税务局城镇土地使用税累计入库 5373 万元，较上年同期增收 1874 万元，增长 53.55%。报请市政府，成立由市政府牵头，国税局、地税局、国土局、法院、检察院、住建局等部门共同组成的税收综治领导小组。通过加强信息比对，定期传送数据等方式，为加强地方税费的管理力度有效落实提供机制上的保障，如国土局定期将土地挂牌、占用耕地情况及时传递，使灵武市地方税务局能第一时间掌握占用耕地信息，查找征收点。2017 年入库耕地占用税 2582 万元。为进一步加强征收管理，规范征收和缴纳行为，保障国家税收收入，灵武市地方税务局及时与灵武市市场监督管理局协调对 13 户尚未办结涉税事项的企业，暂停办理股权变更等相关事项。深入开展“先税后证”工作。灵武市崇兴镇、郝家桥镇、东塔镇等乡镇缴纳契税 2400 万元，契税一手房和二手房征收入库 2000 万元，有利支持了地方经济发展。

【税收征管】 一是强化征管基础工作，提高税源监控管理水平。加强户籍、定税等日常管理,把好税务登记变更、注销户审批核查关,对户籍管理底数进行核对,拾遗补缺,共核对管户12694户,注销158户,变更62户,做到了税户清、税源明。2017年,共清理欠税4708万元,其中新欠清理3138万元,陈欠清理1570万元。加强了定额核定管理,提高了定额核定的准确性。加强纳税评估,共查补税款122万元,加收罚款滞纳金15万元。加强重点项目的税收管理,对新开工重点建设项目工程实施全程动态监控,对所有重点建设项目工程开展摸底、清查,对是否开工、资金拨付、工程进度情况等建立电子台账,确保税收及时足额入库。二是行政审批改革"三集中三到位"落实到位。2017年,灵武市地方税务局扎实做好行政审批项目清理规范工作,全力挖掘税收政策的效用空间,全面释放惠民红利。2017年,共办理341项减免税业务。其中非行政许可类减免中,备案类减免54笔,减免金额670.12万元。代开发票减免共计287笔,减免增值税及附加、水利基金12.56万元。2017年上半年全局小型微利企业312户,其中盈利企业69户,盈利面22.12%,享受优惠政策的企业69户,减免税款49.12万元,户均减免税额0.73万元,切实为企业减轻了负担,为灵武市经济社会发展做出了积极贡献。三是深化所得税管理工作。圆满完成了年所得12万元以上个人所得税自行申报工作,共受理纳税申报379人,比2016年增加了82人,完成任务的114.8%。2017年实际参加企业所得税汇算395户,汇算率达到100%,数据差错率为0%。汇算户稳中有升,汇算质量稳步提高。四是加强小税种管理。对辖区范围内的羊绒产业园区、创业园区、循环经济园区自建房税收管理方面进行了有效的控管。提高了砂石料资源税控管能力,堵塞了税收管理漏洞。加强了资源税的管理,征收资源税3433万元,同比增长80.78%,增收1534万元;深化了耕地占用税的管理,征收耕地占用税2445万元,同比增长19.33%,增收396万元。

【纳税服务】 强化纳税服务。一是3月1日,灵武市国地税联合办税服务厅正式揭牌启用,标志着灵武市涉税服务迈向了一个新的台阶,开启了"进一家门,办两家税"的全新征纳服务模式,推动国、地税全方位、深层次合作迈向新阶段。二是贯彻落实《全国纳税服务规范》的各项措施,落实首问责任、限时办结、预约办理、延时服务、24小时自助办税制度,最大限度便利纳税人。三是利用现代信息工具,开展QQ邮箱送税法、短信微信送税法活动。印制和免费发放《办税指南》《税收政策汇编》《纳税人权益和义务》等资料,积极开展纳税人办税基础知识、窗口人员文明礼仪培训。灵武市地方税务局在2017年度区局组织的纳税人满意度调查中获得第二名的好成绩。

【综合治税】 一是全力做好纳税信用等级评定工作。与灵武市国税局通力合作,深入企业对基础信息进行逐户核查,全面掌握参评纳税人信用情况,着重把握各环节完成时点,实现与国税局同步完成数据比对、重复核实、指标采集录入审核等各项工作,确保纳税信用评价结果客观、公正。对灵武市辖区范围内符合2016年纳税信用评价要求的555户参评企业进行纳税信用等级评定。本次评定结果A级纳税人79户,占参评户数的14.26%;B级纳税人331户,占参评户数的59.75%;C级纳税人95户,占参评户数的17.15%;D级纳税人49户,占参评户数的8.84%。二是首次采取税收保全措施追缴欠税。对宁夏盛源房地产开发有限公司、宁夏圣特建筑安装工程有限公司、宁夏富兴达房地产开发集团有限公司等多家欠税企业采取了税收保全强制措施,冻结了欠税企业存款账户。措施实施后,随即清理了宁夏盛源房地产开发有限公司欠税507万元(包括滞纳金),对其他欠税企业产生了震慑效应,效果显著。三是采取新措施谋收入。及时沟通联系法院掌握破产企业清算情况,确保破产清算资金优先清缴欠税,通过此项措施清理宁夏宁电硅业有限公司欠税76.9万元;经请示区市局主要领导和相关处(科)室后,在灵武市政府的大力支持和市财政局的配合下,与宁东地税局通过多次商榷,协调对神华宁煤集团下属6户企业

（石槽村煤矿、枣泉煤矿、红柳煤矿、麦垛山煤矿、双马煤矿、石沟驿煤业分公司）和国网发电集团下属 1 户企业（宁夏国华宁东发电有限公司）进行了跨区域税源登记，对解决宁东和灵武市多年来税源管辖权的问题开了个好头。截至 2017 年 9 月底，征收了三季度税款 853 万元；通过深入清理排查历年来耕地占用税信息，入库耕地占用税 2048 万元；通过与财政局协调沟通，排查各乡镇征地补偿款入库契税 2200 万元，并与政府进行沟通，对辖区内棚户区拆迁安置房进行排查，入库契税 930 余万。四是积极推进环保税征收准备工作。首先是认真组织开展环保税征收情况的调研，灵武市地方税务局的《关于灵武市环境保护收费情况的调研报告》受到自治区地税局领导指示；其次是按照《灵武市人民政府办公室关于建立环境保护税改革联合工作机制的通知》要求，建立了工作联席制度，成立了领导小组，召开了推进会。9 月底接收市环保局移交的 2016 年度排污费缴纳单位的基本信息、污染物排放数据等档案资料，为环保税的顺利开征奠定了基础。

【队伍建设】　一是加强领导班子建设。“一把手”带头遵守各项规定，坚持抓早抓小，管好班子，带好队伍，定期听取党建工作汇报，做到了全局工作亲自部署、重大问题亲自研究、关键事项亲自协调，战斗堡垒作用和党员先锋模范作用得到充分发挥。二是夯实干部职工教育培训基础。通过“走出去”和“请进来”的方式，学习兄弟局好的做法和先进经验，并积极参加区、市局开展的“岗位大练兵，业务大比武”活动，灵武市地方税务局 1 名同志先后通过银川市和自治区地税系统比武竞赛，取得了优异的成绩。共青团灵武市地税局团总支部被灵武市团市委授予“2016 年度灵武市五四红旗团支部”的荣誉称号，两名年轻干部分别被授予“青年岗位能手”“优秀共青团员”称号。征管与信息科被灵武市妇联授予“巾帼文明标兵”称号；国地税联合办税服务厅获灵武市政务中心“首届礼仪风采大赛”冠军。三是推进党建和思想政治工作。深入学习贯彻党的十九大精神和习近平新时代中国特色社会主义思想，认真落实各级党组党建工作责任制，突出抓好基层党组织建设。落实党建工作责任制，加强党员干部教育培训和党务干部队伍建设，开展了野外登山拓展、绿化植树及党员志愿者慰问生活困难党员、老党员、工作一线党员等活动。

【税法宣传月】　在第 26 个税收宣传月期间，利用新闻媒体、办税大厅，由业务科室领导向广大群众详细讲解地税政策，组织了地税知识有奖问答、“税法进校园”等多项富有成效的活动。并通过纳税评估、政策辅导会及纳税人座谈会等形式，为广大纳税人及社会各界宣传税法。根据《全区地税系统税收普法教育示范基地创建实施方案》要求，灵武市地方税务局积极行动，以局机关楼为创建载体，联合灵武市国税局、司法局共同开展创建工作，将三家普法优质资源纳入税收普法教育示范基地中，协同推进基地创建工作。截至 2017 年末，创建工作已基本完成。

【机关管理】　2017 年对局机关食堂进行了升级，购买了新的炊具和餐具，丰富了菜式花样、提高了就餐标准；主动与灵武市财政局沟通联系，采购、安装了新的音箱设备、健身器材和卫生间设备；严格遵守“八项规定”和各项财务制度，三公经费支出为 58408.76 元，同比减少 61.77%。印发了《灵武市地方税务局关于进一步规范经费使用审批流程》的通知，重新修订了《灵武市地方税务局车辆管理办法》，进一步加强了单位财务工作的管理和监督。全年共撰写信息简报 200 余篇，其中，被区局采用了 52 篇，被市局采用信息 17 篇，在系统内排名靠前。同时，本着提高地税部门良好形象，弘扬灵武市地方税务局地税干部良好精神风貌的原则，积极向各类主要报刊投稿，在《宁夏法治报》发表稿件 4 篇。

【绩效管理】　一是按照区、市局关于绩效管理的相关要求，灵武市地方税务局及时制定了《灵武市地税局绩效考评结果运用办法》《灵武市地税局组织绩效管理实施细则》《灵武市地税局组织绩效考评规则》和《灵武市地税局绩效考评加减分项目》；二是将绩效管理作为“一把手”工程，由“一把手”带头学习，带头讲绩效管理课，全力推进绩效管理工作；三是认真研究承接的指标，了解考核明细，知晓考核分数，及时填报相关指标。配备专兼职绩效工作人员，努力做到绩效管理和税收工作的同步进行。2017 年，灵武市地方税务在全市地税系统中排名第七。

宁东能源化工基地地方税务

【概况】 宁夏宁东能源化工基地地方税务局（以下简称宁东地税局）成立于 2008 年 1 月 1 日，是自治区地方税务局直属的正处级征收单位。内设 5 个机关科室、2 个基层税务所，分别是：办公室、征收管理科、计划会计科、纳税服务科、纪检监察科、宁东镇税务所、临河税务所。现有干部职工 49 人，其中正式干部职工 25 人，助征员及其他人员 24 人；党员 25 人，占干部职工总数的 51%；大专以上学历 45 人，占干部职工总数的 92%。征管区域：一是宁煤集团总部和其设在宁东基地的企业；二是宁东地区北接内蒙古长城一线、南到宁东镇马家滩永利村以北（不含永利）、西从甜水河至横山以东、东接盐池区域的所有企业和个体工商业户；辖区管辖范围涉及宁东镇、临河镇（部分地区）、马家滩镇（部分地区）三个镇；临河综合工业园区 A 区、B 区；宁东煤化工园区 A 区、B 区、C 区两个工业园区。总面积达 3484 平方公里。截至 2017 年底，登记的纳税人总计 5187 户；正常状态纳税人中单位纳税人 1366 户，个体纳税人 3030 户，其他纳税人 491 户。2017 年，联合宁东国税局建立的教育基地被宁东管委会社会治安综合治理委员会评为“宁东能源化工基地税收普法教育示范基地”。

【组织收入】 2017 年，宁东地税局累计完成各项收入 346632 万元，同比增长 35.42%，增收 90667 万元。其中：税收收入完成 227414 万元，完成年度计划任务 152200 万元的 149.42%，超计划 75214 万元，同比增长 48.78%，增收 74564 万元；社保费收入累计完成 80703 万元，同比下降 1.52%，减收 1242 万元；其他收入累计完成 38515 万元，同比增长 81.93%，增收 17345 万元。 分级次看，中央级税收入库 25733 万元，完成年度计划的 128.67%，同比增长 35.7%，增收 6770 万元；自治区级税收入库 132421 万元，完成年度计划的 172.65%，同比增长 86.93%，增收 61581 万元；市县级税收入库 69260 万元，完成年度计划任务的 124.79%，同比增长 9.85%，增收 6213 万元。分税种看，资源税、个人所得税、城镇土地使用税、城建税、印花税、土地增值税、房产税、车船使用税、增值税同比均呈增收态势，上述九个税种累计完成税收 217053 万元，占税收总量 227414 万元的 95.44%，同比增长 185.29%，增收 110271 万元；而营业税、企业所得税、契税、耕地占用税四个税种同比呈减收态势，累计完成税收 10361 万元，占入库税收总量 227414 万元的 4.56%，同比下降 70.98%，减收 25346 万元。

【征管工作】 根据区局 2017 年征管重点工作任务和绩效考核指标，年初制定下发了《关于进一步加强税收征管基础工作的实施方案》，推出 15 条具体措施，按照工作职责和任务分工，各部门主动作为、密切配合、有序展开，从根本上巩固征管基础。联合宁东国税局，积极推进单管户信息核实比对工作，共完成信息核对 362 条。加强对国税部门代开增值税发票征收地方税费信息比对核查，共核查开票信息 157 条。开展对国家审计署西安特派办反馈少缴耕地占用税的清欠工作。石沟驿煤矿对少缴 14.88 万元耕地占用税申报入库，加收滞纳金 8.87 万元。对宁夏宁东铁路股份有限公司 6 宗土地少缴耕地占用税 2167.75 万元已下达催缴税款通知书 3 次。截至 2017 年底，共组织清理营改增之前的欠税 3427 万元，清理入库往年陈欠 10578 万元。积极加强社保费清欠管理，撤销核定单 13 笔，清缴入库欠费 10147.35 万元。加大对辖区耕地占用税的评估工作，重点针对光伏发电企业，仅神州光伏宁夏发电有限公司 9 月份一次性补缴入库耕地占用税 3350 万元，其他企业入库耕地占用税 804 万，进一步提高了税源管理精细化水平。年初专门下发《宁东地税局关于成立土地增值税清算审核领导小组的通知》和《宁东地税局关于开展

2017 年土地增值税清算审核工作的通知》，为做好 2017 年土地增值税清算工作奠定了基础。已核实清算 2 户，清算入库税款 610 万元。加强个人所得税全员全额申报制度的落实，强化 12 万元以上个人所得税申报管理和严格执行股权转让个人所得税扣缴等措施拉动个人所得税增收。共受理 2016 年度年所得 12 万元以上个人自行纳税申报 3591 人次，比 2015 年实际申报人数增加 848 人，同比增长 31%。组织开展 2016 年度企业所得税汇算清缴工作，参加汇算清缴企业 143 户，系统汇算面 100%，实际汇算面 100%，预缴所得税额 1255 万元，减免税额 483.92 万元，应补所得税额 505 万元。联合宁东国税局，积极推进单管户信息核实比对工作，共完成信息核对 362 条。全面加强纳税人分类分级和风险管理。积极做好区局推送风险任务的统筹应对，重点是对有房产无土地的工业企业和“两税”比对情况等疑点的任务排查，共向区局推送 10 户企业风险指标。加强对国税部门代开增值税发票征收地方税费信息进行比对核查，共核查开票信息共 157 条，涉及纳税人 141 户，开具增值税发票金额 3852.90 万元，核实纳税人开票当期自行申报缴纳和核查追征入库共 139 户，入库户数占下发户数的 96%。对区局下发的 2016 年国税稽查查补税款数据征收相关地税附征进行梳理比对。经过核查，4 户企业补缴各项地方税附须 68.39 万元，加收滞纳金 2.08 万元。及时安排部署 2016 年征管档案资料的归集、整理、装订等工作，对 2017 年电子征管档案人员再培训再规范，规范录入操作要求和注意事项，根本上提升征管基础工作。积极与宁东管委会和灵武市相关部门联系，全面开展“以地控税、以地节税”地理信息系统比对分析工作，获取 213 条地籍信息，通过比对一致信息 44 条，比对不一致信息 10 条，均进行了核对修正。认真做好代征增值税和相关税费的征收工作。及时与国税部门召开协调会，解决代征工作中出现的问题，确保代征工作顺利进行。共代征增值税 1428.39 万元，代开增值税发票 486 份，涉及金额 48.02 万元。

【落实税收优惠政策】 依据《自治区地方税收减免管理暂行办法》，规范地方税减免操作规程和审批制度，完善管理和监督机制，对符合规定的纳税人进行减免税核准和备案。立足深化“放管服”改革，做到放权到位，管理到位，服务到位，积极优化税收营商环境，落实各项减免税政策，全年累计为 130 户企业减免各项税款 19241 万元。组织学习《宁夏回族自治区地方税收减免管理暂行办法》（2016 第 9 号公告），规范地方税减免操作规程和审批制度，建立管理和监督机制。认真落实小型微利企业所得税优惠政策，享受优惠的企业 18 户，政策实际受惠面 100%，减免税额 30.88 万元，户均减免税额 1.71 万元。截至 2017 年 11 月底，共办理备案类减免企业 87 户次，减免税额 15062 万元；核准类减免 15 户，核准免征城镇土地使用税 4149 万元。

【纳服环境】 宁东国地税联合办税服务厅启动“一人一机一窗”模式，从而实现了国地税业务真正的“一窗通办”，解决了增值税附征税费漏征漏管等问题，强化了国地税窗口人员的综合业务素质，办税时限提速 85%。截至 2017 年 11 月底，“国地税一窗通办”窗口共受理税务登记、发票发售、纳税申报和外经证报验预缴业务共计 16541 笔，征收增值税 8645 万元、所得税 137 万元、地方各税费 522 万元。设置联合导税咨询台，落实“首问责任”“延时服务”“绿色通道”等各项服务制度。设置 24 小时自助办税机、公告栏等，全面公开办税服务事项，联合印制办税事项“二维码”等各类税收宣传资料。推行微信预约办税服务，纳税人只需登录“宁东税务”微信平台，点击“预约服务”便可轻松预约，真正做到“最大限度便利纳税人”，得到了纳税人的一致好评。2017 年，通过“宁东税务”微信平台预约服务办理纳税申报 107 次，为 300 位纳税人提供了延时服务。按照“互联网 + 政务服务”理念，与宁东国税局联合搭建了“宁东税务微信平台”，为纳税人提供一站式查询、税收优惠政策递送、预约服务等办税服务，并定期联合推送涉税信息，开展联合宣传及纳税辅导。第一时间登载了国务院 6 项减税政策及其解读。通过微信平台，联合宁东国税局积极开展4次纳税人满意度调查和意见征询。通过大走访、利用公共媒体广泛开展纳税人满意度调查活动，共征集到纳税人意见47条、建议19条，改进47条，为进一步改进纳税服务工作提供了有力的依据，提升了纳税服务质量。

【廉政建设】 制定了《宁东地税局2017年党风廉政建设工作要点》，召开宁东地税局2017年党风廉政建设工作会议，传达学习区局会议精神，落实“两个责任”。制定了《宁东地税局党总支2017年创建基层服务型党组织建设试点工作实施方案》，进一步探索基层党建与税收服务融合点，“宁东地税局党总支重点税源企业党建工作服务站”拓展至7家，成立“宁东地税局党员专家服务队”，经常组织党员干部深入企业开展党建共建和税收深度服务，交流基层党建经验，促进党的基层组织建设。精心制作《我的初心我的成长——做政治合格共产党员”》党建专题片，为基层服务型党组织建设增添活力。

【队伍建设】 针对干部教育培训“效果不突出”的瓶颈问题，结合区局“岗位大练兵、业务大比武”活动，创造性地从实际、实用、实战着手，促使干部教育培训工作在实战中取得实用技能，在实际工作中有效推动了税收工作。2017年共举办各类培训班13次，参训人员达到500余人次，干部教育工作有力地推动了税收改革发展。与宁东国税局联合在成都举办了一期业务综合培训班，国地税干部相互学习、取长补短，推进了国地税合作，创新了干部教育培训模式。联合制定《2017年开展互派干部交流挂职工作实施方案》，对第二批互派干部挂职交流的总体要求、互派程序以及挂职干部教育管理进行了明确，提出了具体要求，不断推动国地税在更高层次、更深领域合作融合。在总局纳税服务岗位比武选拔中宁东地税局一名同志进入12人名单。在区局举办的“两学一做”学习教育微党课比赛中取得第三名的好成绩。结合学习宣传贯彻党的十九大精神，推动基层税务部门党建发展，发表的理论文章一篇被《共产党人》刊登，一篇被《宁夏日报》理论版采用，领导率先垂范，有力地促进了宁东地税局干部职工的学习热情。

金融　保险

中国人民银行灵武市支行

【概况】 中国人民银行灵武市支行隶属中国人民银行银川中心支行（同时履行国家外汇管理局灵武市支局职责，隶属国家外汇管理局宁夏分局）。支行内设部门5个，分别为办公室、纪检监察办公室、综合业务股、国库会计股、外汇管理股。全行共有干部职工19人，其中副科级以上干部5人。2017年灵武市支行在银川中心支行党委的正确领导下，以党的十八届六中全会和党的十九大精神为指导，紧紧围绕“夯基础、抓特色、强调研、树品牌”工作要求，认真贯彻落实全区人民银行工作会议部署，以抓党建、严管理、促履职为目标，切实加强基层党组织和党风廉政建设工作，全面贯彻落实稳健的货币政策，积极维护辖区金融稳定，努力提升外汇管理工作质量，着力改善金融服务水平，圆满完成了年度各项工作任务，为灵武辖区经济金融快速健康发展发挥了积极的推动作用。

【货币政策】 认真贯彻落实货币信贷政策，引导金融机构服务地方经济发展。充分发挥人民银行基层县支行职责，立足实际找准金融支持实体经济发展的切入点，围绕灵武市重点项目和特色产业，引导金融机构信贷资金合理、高效、稳健投放，帮助企业降低融资成本。引导法人金融机构用活用好人民银行支农再贷款，支持“三农”经济发展。1—11月，向农商行累计发放支农再贷款8000万元，鼓励法人机构加大对县域经济特别是“三农”、农村妇女创业的支持力度，有力促进了全市农村经济的快速发展。落实金融扶贫政策，做好金融精准扶贫工作。按照《灵武辖区银行机构金融精准扶贫2016年—2018年规划》安排，积极配合政府开展金融扶贫宣传，加大政策引导，推动金融机构主动对接财政扶贫资金，推动地方金融扶贫各项政策措施落实到位。建立精准扶贫和金融扶贫部门协调合作和信息共享机制，做好产业项目和金融服务需求对接。12月初组织召开了14家金融机构和政府部门参加的金融扶贫座谈会，协调解决信息不对称等多个问题，引导金融机构要全面掌握建档立卡户的金融需求，加大对建档立卡贫困农户的金融服务跟进。坚持问题导向，推动政府完善风险缓释机制，增强脱贫攻坚金融政策的导向力，促进灵武市扶贫攻坚金融服务政策的有效实施。1—11月，灵武市8家金融机构共发放金融扶贫贷款667笔、3005万元。“强调研、促履职”，关注实体经济发展，加强对辖区经济金融情况的分析，及时向市委政府领导报送金融运行情况并提出合理化建议。截至11月末向市委、政府报送《金融专报》15期。密切关注羊绒行业经营状况。针对羊绒行业出现的经营风险，持续开展羊绒企业走访调查，加大对三大羊绒集团银行信贷风险及经营状况监测跟踪调查，及时向上级行主管部门反映信贷风险化解各项措施落实进展情况，撰写羊绒企业信贷风险处置调研报告4篇。密切关注辖区经济金融发展和金融服务民生问题，结合实际开展灵武市农村支付环境建设和特色产业发展情况等调查，3篇调研信息被《金融时报》采用，1篇关于灵武市支付市场调查情况的报告被《宁夏金融》采用。

【金融稳定】 加强金融稳定工作，切实维护辖区金融生态环境。按季度对地方法人银行机构业务经营和表外理财业务开展非现场监测，督促金融机构进一步落实好开业管理和重大事项报告制度，认真开展辖区银行机构年度金融服务情况综合评价。2017年，辖区银行类金融机构报告重大事项3次，其中机构网点迁移1项、机构高管变化2项。积极配合银川中支稳定处开展对农商行、村镇银行存款保险投保审核缴费和风险等级评估。审核农商行、村镇银行2016年下半年和2017年上半年存款保险交费基数，并督促按期足额交费，建立辖区法人投保机构风险监测和报告制度。贯彻落实存款保险标识使用工作要求，做好存款保险标识使用前的各项准备工作。认真学习、深入领会全国金融工作会议精神，密切关注重点领域、重点行业的经营状况，加大羊绒企业融资状况监测，持续开展中银、荣昌、嘉源三大羊绒集团经营状况及融资风险化解情况跟踪调查，并及时向上级行主管部门报告。截至11月末，羊绒企业贷款余额503969万元，比上月减少3450万元，比年初减少42965万元，同比减少58653万元；逾期本金150163万元(部分即将逾期贷款办理展期，部分由承贷银行打包)，比年初增加118563万元，同比增加131685万元；欠息6735万元，比年初增加6489万元，同比增加6074万元。

【金融统计】 认真贯彻落实2017年金融统计制度，严格按照金融统计各项法律法规开展统计工作，不断加强和规范辖区银行机构金融统计监测，加强辖区金融运行分析，做好工业景气企业各项调查工作。开展金融统计执法检查，督促引导金融机构切实提升辖区金融统计工作水平。严把报表数据审核关，按月编制信贷月报，并以金融信息专报形式向市政府报送月度金融运行分析。

【征信管理】 不断规范征信市场发展秩序，共建和谐诚信灵武。利用“3·15”“6·14”和“金融知识普及月”“国家宪法日”组织辖区银行机构开展征信知识宣传活动，利用地方电视台广场大屏幕、营业网点电子屏、营业场所等，播放“信用名片”及宣传标语。按照总行征信局《关于开展金融信用信息基础数据库接入机构征信信息泄露风险自查的通知》和银川中支征信处相关工作要求，开展了征信信息泄露风险自查，并重点对农商行，村镇银行征信信息泄露风险自查情况进行了认真现场核查。开展企业、个人信用报告查询，异议和投诉处理服务分别为：企业628次/家，个人信用报告13610次/人，查询收费11160元，处理异议和投诉2人，发放及信息变更、注销机构信用代码证2254家，辖区农户信用档案建档61343户，比年初增加4870户，同比增加5043户。

【国库管理】 加强国库核算管理，明确岗位风险与责任，完善业务操作流程，严把核算监督关和审核关，杜绝国库核算业务差错，确保国库资金安全。截至11月末，办理预算收入业务111314笔、累计金额为27.41亿元；预算收入退库业务277笔、累计金额为0.35亿元；财政拨款24050笔、金额40.18亿元；更正168笔、金额1.16亿元；TIPS（财税库银横向联网系统）占比98.25%。认真开展国库分析研究工作，向中支国库处报送国库案例分析8篇，《国库情况反映》1篇，被《宁夏国库情况反映》采用6篇，被总行《国库情况反映》采用1篇。发挥“财税库银”联席会议作用，切实提高辖内纳税、库款支拨、退税服务工作质量和效率。

【支付结算】 组织引导辖内金融机构积极推进电子支付业务在农村地区的推广应用，扩大电子支付业务覆盖面，提高农村支付服务效率和质量，实现了行政村100%全覆盖。辖区布设ATM机自助设备222台，发展POS机商户7639户，覆盖率69.45%，开通网上支付21.71万户，业务交易额近两年年均增长20%以上，移动支付22.65万户，客户数近两年年均增长30%以上，业务交易额近两年年均增长20%以上。50%以上涉农企业、农村专业合作社开通并使用网银，实现了电子支付业务在灵武市农村地区的广泛应用，有力推动了金融扶贫和普惠金融工作在农村地区的发展。

【反洗钱工作】 建立健全反洗钱监管机制。进一步完善反洗钱监管档案。为确保反洗钱工作链条连续，提升反洗钱监管水平，以“摸清底数，夯实基础”为指导思想，全面收集整理辖区义务机构反洗钱工作资料，按年度、资料类别建立反洗钱监管档案，并将法人义务机构及年度重点反洗钱工作资料单独归档，做到“底子清、任务明”，为进一步开展反洗钱监管工作打下坚实基础。督促落实《金融机构大额交易和可疑管理办法》。通过实地督导切实推动辖区金融机构反洗钱工作朝着更加正规化、标准化和规范化的方向迈进。

【人民币管理】 督导银行机构严格落实小面额现金备付金、主办银行和主办网点制度，实现小面额现金“一般需求柜台解决、特殊需求网点解决、大额需求定点解决”。组织银行机构在3·15消费者权益日期间开展人民币和反假币宣传活动。监督指导银行机构依法履行假币收缴义务和残缺污损人民币兑换工作，规范假币收缴和鉴定行为，净化人民币流通环境，维护人民币信誉和货币持有人的合法权益。

【金融消费者权益保护】 继续完善金融消费者权益保护工作机制，逐步规范金融消费投诉工作，利用“3·15”消费者权益保护日活动积极开展金融消费权益保护宣传教育，促进金融消费权益保护工作的深入开展。截至2017年11月末，辖区内发生金融消保投诉举报案件3例，支行均按照程序规范合理处理消费者投诉事宜，同时将处理结果反馈给投诉人，确保投诉人对所诉事宜无异议。

【外汇管理】 继续贯彻总分局“扩流入、控流出、稳预期、防风险”的工作思路，落实宁夏分局的各项工作部署，立足支局实际，强化支局基础工作，提高支局服务辖区涉外经济的能力。针对2017年外汇政策的变化和辖区外汇工作实际，支局2次召开外汇工作会议，传达年初、年中和段行长讲话精神，总结辖区外汇工作，指出存在问题；4次组织辖区外汇银行进行业务培训；2次组织业务人员参加总局外汇业务视频培训。通过“灵武外汇”微信群推送个人外汇相关政策等方式进行宣传。强化个人结售汇管理，防范个人大规模集中结售汇。2017年11月末，辖区个人购汇金额超过200万美元，个人结汇金额突破50万美元。加强银行外汇业务监管，夯实基础工作，服务涉外经济。11月末，辖区涉外收入462笔，金额7262.11万美元，同比下降11.49%；境外付款184笔，金额9944.59万美元，同比上升103%。四是加大货物贸易监管力度。对辖区43家外汇企业出口、收汇、进口、付汇情况进行监测管理，督促其遵守货物贸易外汇管理规定。

【自身建设】 不断加强内部管理，工作成效和水平进一步提升。修订和完善绩效工资考核管理办法等内控工作制度；加强财务预算管理，各项费用支出进一步规范；认真落实节能减排工作措施降低各项能耗；组织开展安全隐患排查和应急演练，加强安全生产和应急工作管理；大力开展保密宣传教育和季度保密工作检查，确保各项工作顺利开展。认真开展法制宣传教育，“七五”普法工作受到灵武市法治办表扬。绿化美化办公院落，加强办公楼硬件建设，进一步改善办公环境。积极采取措施提升职工教育管理的方式方法，建立支行微信群，强化沟通交流，促进共同成长；开展主题实践活动，强化教育成效提升履职能力；认真组织开展远程培训学习，把干部职工远程培训工作同月度绩效考核工作有效挂钩，推进职工学习的主动性和自觉性；认真开展法治宣传教育，积极引导干部职工学法、用法、知法、守法，牢固树立法治观念，提高依法履职能力。发挥各类组织在基层央行建设中的推动作用。以文明单位创建为载体，充分发挥支部、工会、团委等组织作用，不断探索开展职工文化活动的方式方法，巩固读书、球类、摄影、书法等兴趣小组效果，切实为职工营造丰富多彩的业余生活氛围，促进支行和谐建设。

中国银行灵武支行

【概况】 2017年，灵武支行深入学习和贯彻总分行战略部署，按照中国银行宁夏区分行三年发展战略规划，坚持以最好的党建引领最好的银行建设，努力实现“科技引领、创新驱动、转型求实、变革图强”的新时代一流银行。支行下设综合管理部、风险内控部、公司金融部、个人金融部、营业部五个部门，管辖中兴路支行经营性支行。有职工53名，在岗职工53名，具有大专以上学历及中级以上职称的分别占职工总数的96%和48%，有中共党员20名。

【存款业务】 2017年，支行认真贯彻落实分行陈志能行长的讲话精神，结合支行实际，全面部署了支行的工作措施和奋斗目标，及时将工作要求传达至全行员工，切实制定有效措施，扎实做好各项工作，通过狠抓各个工作环节的执行力，推动各项业务实现新突破。2017年支行积极响应市政府号召，关注国家政策，成功营销财政性存款和残疾人联合会的对公结算账户，从此拉开了行政事业单位在支行开立结算账户的序幕。全年各项人民币存款余额105904万元，各项存款在四大国有商业银行市场份额占比为9.05%。

【资产业务】 2017年，支行紧盯灵武市重点招商引资项目，加快业务转型，注重发展增量转变为抓好总量调整，营销足迹遍布银川、宁东、固原、盐池等地，深入灵武各园区、经济区、开发区、宁东等地采取地毯式营销方式，全年各项人民币贷款余额144667万元，各项贷款在四大国有商业银行市场份额占比为22.65%。

【中间业务】 2017年，加大对网银、电子银行、手机银行、银行卡、理财、贵金属、基金、结售汇、代理保险等产品的营销力度，实现中间业务新突破，累计销售贵金属106.7万元，办理信用卡3598张，信用卡汽车分期、资金分期及卡分期业务，累计叙做2642笔，金额3523万元。开辟了支行业务发展新模式，特约商户新增105户，完成全年任务指标。全年实现中间业务非息收入718.39万元，实现净利润收入975万元。

【风险管控】 一是积极响应区分行各项工作安排和号召，紧紧结合三年规划战略目标，全行上下坚定信心、斗志昂扬，围绕“担当社会责任，做最好的银行”的战略目标，坚定不移地抓好业务发展，统一思想，明确责任，抢抓机遇，力拼市场，打造出一支团结拼搏的班子。二是加强对经营机构及关键岗位重点人员的控制力，严格监督落实基层负责人和重要岗位人员交流轮岗制度。三是组织开展网点消防知识专题培训和演练活动，加大对各行、部安全保卫检查力度和监督力度，配合好公安厅、银监局、灵武市治安大队、灵武市消防部门的联合检查工作。四是制定内控检查方案，提高风险管理意识，打造一支专业的内控风险管理队伍，为支行业务发展保驾护航。

【优化服务】 2017年，支行深入推动网点转型，转变服务理念、提升服务环境和服务礼仪，促进支行整体服务水平与效益的提高，着力提高支行服务水平，切实做到让客户放心和满意的银行。

【企业文化】 支行坚持以人为本，努力构建和谐企业文化。在“三八”妇女节开展主题为“我运动、我健康、我快乐”的文体活动和八一建军节“听老兵讲故事”活动。积极参加灵武市团委组织开展的骑行活动、到灵武市泾灵新村扶贫送温暖活动，丰富和展示了中行员工的活力，既锻炼了体质又增强了同事之间的团结拼搏的氛围，同时也加强了金融单位和市团委之间的友谊桥梁，展现出支行青年员工的风采。通过精心举办一系列的活动，丰富了支行员工的生活，构建了和谐的企业文化。

【党建工作】 灵武支行召开专题会议传达学习分行2017年党建及党风廉政建设和安全保卫工作会议精神，对核心内容进行了详细解读，使各行、部负责人深刻领会了会议精神，明确了分行发展的战略导向。与国家高新技术产业开发区委员会、灵武市东塔派出所党建共建单位，要把党建工作更好地融入业务、融入基层、融入人心，打造业务发展的第二场景。通过党建共建签约仪式，双方达成了进一步合作的意向。党课以“振奋精神，实干兴宁，为实现大会制定的宏伟目标而着力奋斗”为主题，特邀自治区党委讲师团教研室主任陈文同志授课，以马克思主义精神贯穿全线，从党性和人生方面深入浅出，为大家带来一场高水平的精神洗礼之旅，课程内容涵盖准确领会自治区第十一次党代会以来取得的显著成就和宝贵经验。开展了“党旗引领成长，红色点亮青春”的主题党日活动，灵武支行党总支部组织20名党员、23名员工偕同灵武市车辆管理所20人、灵武市东塔派出所5人到宁夏灵武白芨滩国家级自然保护区进行建党纪念活动。积极发扬治沙英雄的优良传统，随时普及、加强自身爱国主义教育及党风廉政教育，进一步坚定共产主义理想信念。按照总、分行党委的要求，结合支行公务用车、工作纪律、婚丧嫁娶等问题，就“顶风违反中央八项规定”进行了再强调和再要求。继续践行“三比三看三提高”，迅速把思想和行动统一到中央决策上来，确保圆满完成各项任务目标，努力开创灵武支行事业发展的新局面。灵武支行行领导与各行、部负责人签订《灵武支行 2017 年党风廉政建设、安全综合治理、消防安全工作目标责任书》，该责任书主要内容是突出营业网点和自助银行日常安全管理、安防规章制度和要求的学习与落实、安全教育和安防设备的操作培训、案件与事故的预防、突发事件的处理与报告、安保设备的检查与维护等。全行干部员工要坚持学习研究、大力改革创新，为实现全年经营管理目标、三年发展规划，为“担当社会责任，做灵武最好的银行”而努力奋斗。

中国工商银行灵武支行

【概况】 2017 年，工商银行灵武支行在新一届党支部班子的带领下，凝聚全行员工智慧和力量，紧紧围绕着分行年初制定的稳中求进工作总基调，明确思路，扎实工作，以扩户为重点，坚持加快经营转型和结构调整，全面深化服务与创新，不断提升服务实体经济能力，较好地完成了年度各项工作目标任务。风险管理和内控安防体系进一步完善，下设支行营业室、灵州分理处和银川保税区支行 3 个网点，现有员工 56 人，大专以上学历及中级以上职称的分别占职工总数的 46.4%和 33.9%，中共党员 24 人。

【资产业务】 2017 年末，支行各项贷款余额 219573 万元，不良贷款 9944 万。其中：公司贷款 212113 万元，个人贷款 7460 万元。面对经营下滑的被动局面，以加大信贷投放为切入点，寻找新的信贷市场，全力展开贷款营销工作。先后与中国机械设备工程有限公司、银川综合保税区银保国际贸易有限公司、宁夏百姓乐医药连锁有限公司、灵武市广庆清真食品有限公司等企业进行接洽，开展贷款营销工作。成功办理了银川综合保税区银保国际贸易有限公司国际融资业务 7 笔，金额 3413 万美元，中国机械设备工程有限公司项目贷款 4294 万元。通过不断的努力，实现了贷款投放的正增长趋势。及时与当地房管部门联系力争第一时间获取最新楼盘项目资源信息，拓展房贷资源开展营销。通过营销已完成了上元名城 B 区项目、印象灵州项目的准入工作。同时与灵武市多家房产中介开展合作，努力拓展二手房贷款业务，拓展个贷业务的新渠道。

【负债业务】 2017 年支行对公存款余额 19394 万元，个人储蓄存款余额为 44717 万元。以网点为单位深入代发工资业务群体、重点学校、重点企业及单位客户中开展营销竞赛工作，先后前往新华百货灵武开元店、灵武市农牧局、灵武市社保局、灵武市财政局、宁夏交通建设工程有限公司，以及灵武市一中、二中、英才等学校开展营销活动，重点围绕新型存款、理财、基金、信用卡、电子银行及贵金属产品开展营销工作，取得了一定营销成果。把发展储蓄存款作为全行零售业务发展的第一要务，将储蓄存款目标任务进行细化，在全行范围内营造出人人抓存款、人人稳存款的良好氛围。个人储蓄存款时较初增长 6841 万元

【中间业务】 2017 年支行中间业务收入 1093 万元。灵武支行在依法合规的基础上，大力发展中间业务，切实推进全行收益结构不断改善，面对支行中间业务收入来源匮乏的被动局面，支行领导积极想办法，挖掘潜力，积极与企业协商。深入拓展农村市场领域，特别是拆迁农户客户群体，着力做好理财产品营销工作。依托金融 e 借产品做好信用卡业务拓展工作，提升信用卡业务规模，扎实做好保险产品开门红，通过保险业务发展实现中间业务收入提升，为增加支行中间业务收入奠定了基础。

【不良清收】 由于灵武市羊绒企业经营状况持续下滑，为了有效控制逾期贷款的增加，在按时上报贷款展期流程的同时，多次深入企业调查生产经营状况，了解企业的资金使用

情况，及时掌握信息，研究解决方案。最终为灵武市羊绒三大集团及其关联企业办理贷款展期业务8笔，合计金额59278万元，清收积欠利息5871万元。同时根据灵武市政府会议纪要及债委会有关要求，先后完成了宁夏荣昌绒业集团有限公司、宁夏嘉源绒业集团有限公司的结息周期调整工作，在缓解企业经营压力的同时，控制了支行逾期贷款的增加。控制和压降逾期贷款104600万元，达到了控制和压降逾期贷款的目的。

【党建工作】 2017年灵武支行以科学发展观为指导，紧密结合经营发展实际，将党建工作的政治优势与经营管理有机结合，坚持党建工作与经营发展"两手抓，两手硬"，形成职责明确、运转协调、相互促进、共同加强的工作格局，通过开展深入学习习近平总书记系列讲话精神，引领和推动全行以求真务实精神应对市场环境多变的挑战。认真开展"两学一做"活动，并将该活动与经营工作紧密结合，使之成为经营发展的内在动力。引导党员积极投身各项主题教育活动，发挥党员在全行经营中的先锋模范作用。2017年对各岗位涌现的4名优秀党员进行表彰，慰问2名退休老党员。共有3个党小组，在职党员人数24人，为全行加快发展提供了坚强的组织保证。

中国建设银行灵武分行

【概况】 2017年，面对错综复杂的经营环境和异常激烈的市场竞争，中国建设银行灵武分行认真贯彻总分行各项工作会议精神，紧紧围绕灵武分行"抓党建，聚合力；抓管理，强基础；调结构，促转型；压不良，增效益"的经营思路，团结一心，积极作为，奋发进取，持续夯实业务发展基础，加强风险防控力度，努力提升灵武地区市场表现力，使各项业务得到了稳健发展，保持了较强的市场竞争力，为建行推进转型发展和党建工作奠定了坚持基础。灵武分行下设综合管理部、风险管理部、财务会计部、纪检监察部、公司业务部、个人金融部、个贷中心、信用卡中心8部及营业厅、街心支行、宁东支行、灵新支行、南环路支行5个营业网点。全行有在职员工116人。

【负债业务】 2017年，中国建设银行灵武分行紧紧围绕总分行的发展思路，在准确把握市场机会的同时，积极应对同业竞争。截至年末，全行一般性存款余额为30.36亿元，在四行中占位第一，占比37.91%。其中企业性存款余额为12.8亿元，四行中占位第一，占比39.91%；个人存款余额17.54亿元，四行中占位第一，占比36.58%。

【存款业务】 中国建设银行灵武分行加快、加深与政府、企业部门的对接，多思路、多渠道拓展新客户，从结算、客户融资需求等多方面挖掘增存机会，挖掘潜力与开拓阵地并重，大力吸收企业存款。狠抓结算资金市场，主动聚焦"商户+"消费生态圈建设，打造资金体内循环闭环，提升承接资金留存率。充分利用总行利率市场化创新产品资源吸收存款，提升存款沉淀率。抓好代工类客户的沉淀资金，进一步提升代发贡献度。截至年末，全行一般性存款余额为30.36亿元，四行中占位第一，占比37.91%。其中企业性存款余额为12.8亿元，四行中占位第一，占比39.91%；个人存款余额17.54亿元，四行中占位第一，占比36.58%。

【资产业务】 2017年中国建设银行灵武分行积极跟进国家做强做优做大国有企业及供给侧改革的配套政策，切实加强基础设施领域重点项目的营销工作。本年为神华国华宁东发电有限公司新增授信14亿元、发放贷款9亿元。大力营销"快贷"产品，对全部代发工资客户进行摸底，实现额度全覆盖。全年"快贷"客户新增2690户，累计授信额度新增10859万元。全面履行国有企业的政治责任和政治担当，把发展普惠金融作为一项政治任务去抓。全年普惠金融贷款新增3100万元，计划完成率达到124%；加大小微企业快贷、云税贷的投放力度。全年"小微企业快贷"贷款新增562万元；云税贷贷款新增435万元。

【中间业务】 夯实结算业务客户基础。全年新增票据池3户，现金池新增1户，实现灵武行破零；智能跨行收款业务新增1户，实现系统内破零；完成悦生活收费平台15户。通过加大这些新型结算产品的推广与营销力度，改进客户体验，带动相关收入保持高增长态势。着力提高信用卡业务对中间业务收入的贡献度。明确商户发展定位，优化商户结构，大力拓展高收益、高价值、高流量商户，本年新增商户464户，并收神华宁煤、振福美食、灵隆物业等高价值商户。加大“分期通”、装修分期、购车分期等重点产品营销，全年完成信用卡分期交易额1.04亿元，计划完成率173.36%。持续规范服务收费管理。认真执行总、分行制定的服务收费政策，在依法合规的前提下做到颗粒归仓，做实做足中间业务收入。全年中间业务收入2442万元，完成区分行计划任务的105.2%，四行中位第一，占比38.5%。个人条线实现中间业务收入1374.7万元，同比增长43万元。

【转型发展】 强力推进“六大工程”。全年ETC电子标签发行量新增4296户，计划完成率114.56%，系统内排名第一。建信车险代销金额44.25万元，系统内排名第一。调整定价策略，根据客户经营实际、综合贡献与市场竞争状况，统筹确定差异化定价策略。优化考评政策。调整、完善考评体系，提升财务资源配置和考核激励政策效力。大力推动渠道转型。继续加大智慧柜员机及各类自助设备的布放力度，提高电子渠道应用能力，提升“机代人”水平，解放前台人力，充实营销队伍，增强网点综合营销能力。下大力气调整优化人员结构，优化人才资源配置效率，加大营业网点人员综合性挖潜力度，跟进营业网点轻型化、自助化、智能化改革，将灵新支行转型为轻型化网点。提升“新一代核心系统”的贡献力度。在全行上下营造“学好用好新一代”的良好氛围，要求员工熟练掌握和应用“新一代”系统，并能在此基础上拓展应用的形式和范围，真正做到活学深用，以此为内部管理、风险防控、客户营销提供更加精准有效的支持，对提升经营绩效做出更多贡献。积极挖掘“新一代”应用成果，完成11个案例的编写工作，任务完成率达到137.5%。切实加强星级网点建设工作。2017年宁东支行被评为三星级网点，有助于提升建行综合竞争力和社会影响力。拓宽沟通渠道。充分运用微信等多元化信息沟通渠道，搭建信息交流共享平台，提高信息传递效率，更好地发挥对转型发展的促进作用。

【党建引领】 进一步落实党委的主体责任和纪委的监督责任，健全完善了一系列党建工作制度办法，印发《灵武分行2017年党建工作安排》和《灵武分行党委2017年工作要点》，调整党建工作领导小组，出台党建工作考核办法，定期通报党建工作情况，将考核情况纳入评优评先基准。党建工作做到有方案、有考核、有监督、有问责，党建责任不断强化。

【队伍建设】 党建引领，打造过硬的干部队伍。积极优化基层机构党支部班子的配备，严格干部选拔任用程序标准，严格执行民主推荐、民主测评、考察、任前公示、党委集体研究等工作程序，建立健全考察（考核）档案，做到凡提必查、有据可查。2017年提拔和调整交流干部8人次；为进一步提高优秀青年员工工作积极性，搭建晋升通道，以竞聘的方式公开选拔3名优秀青年员工担任网点挂职副行长，进一步强化了网点班子建设，增强了基层党支部的战斗力和凝聚力。

【党风廉政】 开展违反中央八项规定精神问题专项整治工作，对照中央八项规定，严肃党的纪律，严查违纪行为，用党纪党规的尺子严格把关，守牢底线；持续推进作风建设常态化，以最严格的标准、最严厉的举措纠正“四风”，防止“四风”反弹。组织各级领导层层签订案件防控和预防腐败责任书和全面从严治党责任书，坚持把纪律和规矩挺在前面，驰而不懈抓好作风建设。组织员工到革命老区盐池县革命烈士陵园进行党史教育，观看《不可逾越的底线》《不可触碰的红线》《打铁还需自身硬》《巡视利剑》等教育警示片，通过正面典型和反面案例，教育全行员工守纪律、讲规矩。

【企业文化】 加强企业文化建设。举办员工座谈会、联谊会、趣味户外活动等内容丰富，形式多样的室内外活动，不但增强了员工之间的交流，丰富了员工的业务生活，还提高了全行凝聚力和向心力。持续做好员工关爱、慰问等工作。优化困难员工档案，加强员工互助基金建设，科学合理地确定困难类型和补助标准，形成帮扶困难员工的长效机制；利用节假日时间关心慰问老同志、生活困难同事，让关爱员工活动落到实处。2017 年，全行共上门慰问了 17 位退休职工、5 位困难员工、4 位困难党员。注重培训及岗位练兵。制订了《灵武分行 2017 年员工培训计划》，加大员工的业务培训力度，全年共完成现场培训 17 期，702 人次参加培训。

中国农业银行灵武支行

【概况】 2017 年，中国农业银行灵武市支行内设客户部、运营财会部、综合管理部、风险管理部 4 个部门，下设 10 个网点，其中有支行营业部、南郊分理处、广场分理处、北门分理处、金源分理处 5 个市内网点，宁东分理处、农场分理处、崇兴分理处、新华桥分理处、马家滩分理处（原名石沟驿分理处）5 个乡镇网点。有在职员工 128 人，其中女职工 60 人，男职工 68 人；支行机关 28 人，网点 100 人；硕士研究生 1 人，双学历 3 人，大学本科学历 50 人，占比 42%，专科学历 57 人，占比 45%。

【负债业务】 牢固树立“存款立行”的经营理念，持续抓好稳存增存工作。进一步加强上下联动和整合攻关力度，抢抓锁定党政机关、事业单位、行业龙头企业等优质客户，拓展个人源头性资金，继续加强与政府部门沟通，做好土地补偿金及财政补贴款的挖掘和留存工作，以机构类存款增长带动个人存款有效提升；加强对房地产企业客户的联系拓展，做好其施工农民工代发工资营销工作。采取得力措施，优化资金流通方式，积极推广 II、III 类账户，拓宽县域富裕客户投资、交易渠道。顺应客户多元化配置资产潮流，主动营销资管类产品，通过交叉销售提升客户粘性和价值贡献度，引导客户合理配置金融资产，创造长期、稳定的综合效益。以各项营销活动考核为要点，进一步健全贵宾客户管户机制，加强客户全口径个人资金管控，实现全行个人金融资产快速提升。2017 年末，中国农业银行灵武支行人民币各项核心存款余额 178050 万元，较年负初增长 20833 万元，同比少增 23990 万元，各项存款存量市场占有率 22.41%。

【资产业务】 2017 年持续做大做强个人按揭贷款。继续以农民安家贷特色业务为抓手，助推个人按揭贷款发展。同时顺应居民消费升级趋势，大力发展消费金融。依托“按揭 +”业务，深挖客户价值，重点开展房贷客户的交叉营销，积极拓展房联贷、家装贷等按揭关联产品；针对代发工资和个人财富客户，大力营销随薪贷、房抵贷等拳头产品，积极拓展网捷贷、自助理财产品质押等纯线上产品，打破消费贷款总量徘徊不前的僵局，持续提升消费信贷占比。各项贷款余额 241077 万元，较年初负增长 30334 万元，其中：法人贷款减少 24678 万元；个人贷款减少 5657 万元。贷款总体增量同比少增 25781 万元。

【中间业务】 重点在短板业务上狠下功夫，抓好补短扩量，培育多元化增收能力。贵金属业务方面，通过全员实战交易，持续将产品推介给合适的客户，增加网点交易类贵金属手续费收入。信用卡业务方面，抓好线上线下办卡和房贷客户交叉营销，大力发展分期业务，做大做强通过电子渠道办理信用卡分期。保险业务方面，着力推动转型增收，继续加快期缴保险业务转型，拓宽财险合作险种，提升代理保险业务收入份额。农银 e 管家，强化供应链客户批量渗透，锁定目标客户，扩大客户群体。持续拓展教育系统缴费商户，巩固灵武职高开户成果，抓好缴费户交叉营销。2017 年末，中国农业银行灵武支行实现中间业务收入 1620.86 万元。

【涉农信贷】 瞄准“大新特”三农方向，农产农户支持有力，农户贷款较年初增长 293 万元，服务面进一步扩大；服务渠道不断完善，扎实推进“一号工程”，农银 e 管家实现破冰，带动辐射效应逐步显现；精准扶贫扎实推进，大力推广“农民安家贷”产品，累计发放 950 户，贷款余额 1.76 亿元，同比翻了一番；支持建档立卡户 14 户，贷款余额 66 万元。

【互联网金融】 深刻认识互联网金融发展趋势，强化“互联网 +”思维，高度重视，抢抓机遇，抢占未来发展制高点。要充分运用金融服务、电子商务、社交生活“三大平台”应用，持续开展“六走进”和专项营销，加强线上与线下、行内与行外联动，在做精产品、做大流量上下功夫,实现掌银对个贷、信用卡及贵宾客户全覆盖,锁定客户,提高资金体内循环能力。加快推广惠农商城和B2C商城，抓住优质农银e管家核心客户专项奖励政策，确保电子商务收入增长50%以上。加快客户经理在线APP推广应用，提高精准营销管理水平。要主动融入本地商户商圈和客户生活圈,大力营销快e付、快e宝、快e贷等产品，构建场景丰富的个人消费生态圈。加快保险、基金、理财、贵金属、外汇等产品“上网”进度,增强分销能力。以深化网点转型为抓手，推动网点由数量优势向效能优势转变，推广自助设备无卡取现、二维码取现、E解宝等新功能，提高设备创收能力。2017年末实现互联网金融业务收入354.85万元,占中间业务收入的21.99%。

【风险管理】 保持案防工作高压态势,进一步增强底线意识,为全行改革发展和稳健行远提供有力支撑。强化从严治贷,坚决守住资产质量底线。全行要深植“依法合规、稳健审慎、忠诚担当”的信贷文化,抓住客户准入、结构调整、贷后管理、清收化解等关键环节，压实管控责任。强化防微杜渐,确保安全高效运行。始终保持警钟长鸣、抓细抓常,保持高压的状态,把案防责任落实到部门、到基层、到岗位。强化“三线一网格”推广应用。建立健全“一级抓一级、一级督一级”的工作机制,确保“三线一网格”在基层落地生根，不断提升基础管理和基层管理水平。2017年保持各类重大事故和案件的零发生。

【党建工作】 各级党组织紧扣十九大胜利召开这条主线,高标准做好信访维稳和舆情防控工作,持续推进“六大建设”,切实筑牢改革发展的“根”和“魂”。扎实推进学习教育常态化制度化。要突出强化党员培训工作,明确学习重点、学习计划、学习要求,做到以党章党规规范行为，以习近平总书记系列讲话武装头脑、指导实践、推动工作。扎实抓好干部人才队伍建设。坚持一线选拔与机关优秀干部选派并行，推动优快绌慢、优进绌退,促进优秀人才脱颖而出。扎实强化基层组织建设。要进一步完善基层组织体系,实现党的组织、工作和作用发挥全覆盖，加强党员干部培养使用，努力实现网点党支部单设率100%，网点负责人“一肩挑”占比100%。扎实推进全面从严治党。持续开展违反中央八项规定精神专项整治，继续紧盯年节、假期等重要节点和“隐性”“变种”现象,露头就打、绝不姑息。扎实改进工作作风。践行良好作风,必须以上率下。各级领导干部既要亲力亲为管大事，确保干不成不松手;又要抓细抓严管小节,确保干不好不放手，切实把分内工作做出彩,把员工所需解决好,把党委交办的任务落实好。

中国农业发展银行灵武市支行

【概况】 2017年，支行已投中国农发重点建设基金项目8个,金额20900万元,累计支付资金13071.98万元；各项存款日均余额35606.10万元,其中：企事业单位日均存款34496.98万元;财政性日均存款1109.12万元，各项贷款日均余额130233.45万元，存贷比27.34%。全年全行实现账面盈利1338.54万元，同比减少618.41万元,人均利润53.55万元，完成区分行下达全年利润计划的52.95%。以前年度存量不良贷款1250万元已全部清零。本年各项贷款利息收入合计5956.63万元，同比减少958.98万元。其中:金融机构往来利息收入0.37万元，同比减少0.17万元；中间业务收入6.07万元，同比减少109.90万元。累计实现各项支出4618.08万元,同比减少340.59万元。其中：存款及债券利息支出144.59万元,同比减少35.41万元；金融机构往来利息支出3664.12万元，同比减少274.59万元；业务管理费支出693.29万元，同比增加43.72万元;其他营业支出66.18万元,同比减少3.03万元。支行下设办公室、信贷业务部、会计结算部,有正式职工22人，其中共产党员7人；具有大专以上学历的20人,占全行人数的90.91%。

【粮食储备收购】 一是积极配合区分行营业部、西夏支行做好中央、省级储备粮轮换、增储任务。二是继续做好粮食收购主体资格认定工作及粮食收购资金贷款上报及资金支付工作，确保不因支行原因出现区域性卖粮难问题。三是支持兴唐米业等优质产业化龙头企业进一步做精、做优、做强，实现全产业链融合发展。切实做好2017年秋粮收购工作，全年累计发放粮食收购贷款16295万元（含营业部下划宁储粮公司贷款4295万元），支持宁夏储备粮灵武储备库收购省级储备粮水稻1000万公斤、市场收购玉米1153万公斤；支持兴唐米业收购原粮水稻19199.5万公斤。

【精准扶贫】 2017年，支行累计发放8笔扶贫贷款52350万元，全部为产业精准扶贫贷款。按照扶贫主管部门出具的建档立卡贫困人口清单，上述贷款惠及精准扶贫建档立卡贫困人口64人，其中：宁夏中银绒业股份有限公司扶贫贷款40350万元，精准扶贫贷款带动人数54人；宁夏兴唐米业集团有限公司扶贫贷款12000万元，精准扶贫贷款带动人数10人。

【支持基础设施建设】 一是认真贯彻落实国家宏观经济政策，继续加大与地方政府及有关部门的汇报和政策宣传力度，提供全程的融资融智服务，成功营销水利、棚改、绿化三个项目，但因政府融资模式变化，最终实现审批棚户区改造贷款5500万元，发放1809.11万元。二是积极探索PPP项目贷款业务，在组织学习PPP项目贷款运作模式及相关政策及文件的同时，通过多种渠道积极营销对接灵武市已纳入财政部项目库的3个PPP项目，其中“灵武市人民医院迁扩建PPP项目”“灵武临港经济区基础设施PPP项目”两个项目已达成初步合作意向。

【重点基金项目】 认真做好农发重点建设基金后续资金支付管理工作，督促目标公司完成股权变更工商登记、按照项目实施进度进行资金支付。支行已投基金项目8个，金额20900万元，累计支付资金13071.98万元。全年多次组织基金自查、接受区分行审计检查，对存在问题及时进行整改。

【稳定存款基数】 2017年，由于3家羊绒企业资金链紧张且归行资金极少，灵武市政府对项目贷款需求不强烈，特别是受财政部50号、87号等政策文件的出台及审计部门对灵武市开展审计的影响，市政府动用在支行存款提前偿还采用政府购买服务模式融资的项目贷款10800万元，对支行存款任务的完成产生了较大影响。为稳存增效，支行通过与财政部门、土地储备机构对接，促成中长期项目贷款年度应归还到期贷款本息2000万元提前到账，临河镇政府、土储中心将其他项目资金7000万元通过支行账户支付，稳定了存款占有量。

【羊绒贷款客户续贷】 按照三级政府和债权人委员会“不抽贷、不压贷、不撤保”、帮助企业渡过困难期的管理要求，在真实客观反映企业风险全貌的前提下，经市支行申请、区分行风控会研究，对三家羊绒企业89950万元到期贷款采取无还本续贷。市支行加强银政企之间协调沟通，做到贷款申报稳步推进、续贷工作有效衔接。在做好续贷工作的同时，及时收回荣昌绒业和特米尔绒业流动资金贷款1800万元，收回特米尔公司到期的固定资产贷款1000万元，降低了支行风险贷款敞口。

【欠息清收】 按时发放利息催收通知书，千方百计做好收贷收息。针对三家羊绒企业第二、第三季度欠息问题，支行采取在企业出具相应申请及补足风险保证金承诺的前提下并取得区分行同意按照合同相应条款采用以保证金归还的方式进行二、三季度利息的收回，共计收回欠息1234万元。

【反洗钱工作】 支行反洗钱工作领导小组组织全员学习反洗钱相关法律法规政策，定期召开反洗钱工作会议，研究政策性银行在反洗钱方面出现的新情况、新特点，将同业机构的反洗钱成果及案例情况向全员进行通报，确保了支行反洗钱工作在信息互通渠道上的保障。支行全年系统自动采集交易信息451笔，其中大额交易215笔，可疑交易236笔，后经过与信贷部门再次核实交易方向、交易金额、交易对手等情况后排除可疑交易236笔。

宁夏银行灵武支行

【概况】 2017年，宁夏银行灵武支行全行认真贯彻党的十九大精神，深入学习贯彻习近平新时代中国特色社会主义思想，全面落实自治区第十二次党代会部署，认真落实宁夏银行总行年度经营工作会议精神及银行业监管要求，紧紧围绕“稳发展、增实力、强管理、控风险”的经营思路及服务实体经济、防控金融风险、深化金融改革三大任务，持续强化金融服务，夯实基础业务发展，加强风险把控能力，为灵武地区经济发展推波助力。现有在册员工41人，下设灵武西湖支行网点1个，离行式自助银行3个，内设办公室、风险科、营业室、羊绒贷款中心及两个营销部门。

【资产业务】 一是积极响应，全面推进金融精准扶贫工作。加大与灵武市就业创业和人才服务局、灵武市融资担保有限公司合作力度，加大扶贫贷款投放，2017年支行扶贫贷款余额3085万元。推广“如意金扶贷”业务，开展小额农户贷款营销，年末支行如意金扶贷余额近700万元，支持贫困户143户，涉及奶牛养殖、韭菜种植、瓜果种植、设施温棚等多个产业。二是立足大局，积极维稳羊绒类贷款。2017年，随着羊绒行业贷款集中到期，支行围绕自治区、银川市、灵武市三级政府关于稳定羊绒行业政策方针，立足县域经济发展的大局，积极稳妥转化大量到期羊绒类贷款，维护业务发展稳定性。

【负债业务】 2017年，灵武支行各项存款时点余额突破20亿元，创历史新高，增量列灵武市首位。一是紧密配合政府专项资金拨付，做好灵武市财政各类专项资金账户金融服务，提升服务水平，继续保持零差错。二是及时捕捉市场信息，多层联动，成功营销自治区政府羊绒产业基金，在后续重组、转化行业授信方面抢占先机。三是积极对接自治区扶贫办、灵武市政府、农发行，创新推出扶贫基金异地监管模式，开立扶贫资金专户，通过资金四方监管形式引入农发行生态移民专项扶贫款，丰富了存款增长的新渠道。四是充分挖掘公司类存款潜力，通过客户考核平台分层跟踪维护，发挥源头作用，抓住企业资金流动的延伸点，捕捉其上下游企业的存款，扩展形成新的客户群体。

【中间业务】 多措并举抓增收，加快中间业务发展。一是通过开展“1元观影”、洗车优惠、加油优惠、享受餐饮折扣等优惠活动，提高了宁夏银行信用卡客户持卡率。二是加大网银和手机银行推广力度，采取向存款大户、信贷大户、结算大户以及职业稳定、收入稳定的优质客户寄送产品资料、演示推介、宣传优惠活动、减免部分费用等方式，努力推动网银业务、手机银行业务上规模、见效益。

【风险管理】 进一步提升全面风险管理工作能力和水平。一是认真落实安全保卫工作制度，修订和完善各类应急预案，并组织演练。做好各类安防设施的定期检查、维护和更新，做到人防与技防相结合。二是定期开展员工行为排查，密切关注员工8小时以外的活动情况，及时了解员工思想动态，防范道德风险。三是逐步建立安全保卫管理工作长效机制，提升支行整体安全运营管理能力，确保支行安全营运无事故。四是全面加强信贷资产质量管理。落实贷款三查制度，按月召开信贷资产质量分析会，进一步完善支行信贷资产质量定期分析制度，提升信用风险管控能力。

【党建工作】 2017年，在经济下行大环境中，尤其是当地羊绒区域性、行业性风险逐步显现等多因素的影响下，灵武支行全体员工团结一心，深入学习贯彻党的十九大、习近平总书记系列重要讲话及自治区第十二次党代会精神，认真贯彻落实全国国有企业党的建设工作会议精神和总行党委决策部署，牢牢抓住全面从严治党、落实党支部书记抓党建工作主体责任这条主线，突出抓班子、带队伍、理思路、破难题工作思路，深入开展“两学一做”学习教育，为业务经营健康发展提供坚强的组织保证。强化监督，全力抓好纪律建设，把政治纪律和规矩摆在首位，着力形成清清爽爽的同志关系、规规矩矩的上下级关系，通过民主生活会、党员大会、党课等多种方式加强学习，弘扬“恪尽职守、忠诚奉献、廉洁诚信、依法经营”的廉政文化，增强全行党员干部拒腐防变的意识和能力。

【党风廉政】 紧密结合“两学一做”学习教育，将开展廉洁自律教育作为常态抓，及时开展经常性教育，强化全体党员的党性党风党纪观念和廉洁从业意识，推进支行廉洁文化建设，筑牢思想防线，强化精神引领，营造崇廉尚廉氛围。

【团队建设】 固本强基，全力

抓好队伍建设。一是班子成员积极带头参与各种政治学习，切实做到身先士卒、率先垂范，精诚团结、探索创新，求真务实、廉洁自律，共同致力于支行改革发展。二是以深化“两学一做”学习教育为契机，开展“两亮两比”活动，即亮身份：全体党员佩戴党徽上岗，党员由“隐”到“显”亮出身份；亮标准：设立“党员示范岗”，树立“我是党员，向我看齐”意识；比学习：设立“党员活动室”，搭建党员学习交流平台，广泛开展主题党日教育活动；比贡献：采取党员自评、党内互评、群众参评、支部定评的方法，增强激励作用，形成比、学、赶、帮、超的氛围。三是做好党员积极分子的选拔培养工作，按要求发展党员和入党积极分子，加大新党员发展工作力度。四是逐级落实合规文化教育，行长抓中层、中层抓员工、一级对一级负责，强调开展合规文化教育的重要性和必要性。五是完善各项制度，狠抓落实，把反腐败抓源头工作落到实处，将法规精神贯彻落实到工作实践中，把党的纪律放在工作的前面，切实解决领导干部廉洁从业方面存在的突出问题。

灵武农村商业银行

【概况】 2017年，灵武农村商业银行继续坚持“稳中求进”的发展总基调，以打造“三个银行”为主线，以抓好风险防控和结构调整为重点，在提高资产质量、化解风险贷款上，在降低经营成本、提高盈利能力上，在加快改革创新、增强竞争实力上加码着力，实现了业务规模、市场竞争力的稳步提升，各项业务稳步发展。有在职职工276人，内设14个职能部门，下设营业部及19家支行共20个营业网点，遍布灵武市各乡镇。截至2017年12月末，全行各项贷款余额46.62亿元，各项存款余额54.57亿元，资本充足率22.50%，实现净利润0.91亿元，主要审慎监管指标均符合监管要求。

【转型发展】 持续推进“三个银行”战略。按照“八个统一、六个集中”，对全行运行、财务、招标等条线制度进行修订；结合实际绘制了全行及各支行“三个银行”作战图，将作战图上墙，明确目标任务、厘清工作重心、分解具体任务、倒排完成工期，开展了专题效能检查，掌握并督导进度，进一步推进措施落地。实现了农户经济信息建档立卡全覆盖，截至2017年12月末，评级授信率72%，农户用信面达到47.60%，农户贷款17098户，户均余额12.95万元；电子银行业务替代率68.11%，较年初提升了12.42个百分点，转型效果明显。

【支持实体经济】 以多元合作为重点，打通贷款业务渠道。积极开展银政、银担合作，形成了多种合作方式、多个平台共赢的良好发展模式。第一，抓基金撬动。与灵武市政府签订“聚力贷”服务协议，通过1∶10的比例将1300万元担保基金放大专注于农业互助社和农户发展，截至2017年末，已累计发放聚力贷贷款576笔，金额4421万元；与灵武市长枣协会签订合作协议，通过1∶5的比例将800万元担保基金放大专注于从事长红枣种植、贩运及深加工等的农户、家庭农场发展，已全部发放到位；与灵武市融资担保公司、宁夏宁东担保有限公司签订合作协议，已累计发放担保基金贷款54笔，金额6330万元。第二，抓平台辅助。依托市政府开发的社会治理综合服务信息平台进行网上申贷，实现了线上线下与政府对接，2017年灵武农村商业银行已办理网上申贷业务499笔，金额2792万元。第三，抓扶贫攻坚。以妇女创业贷款、全民创业贷款等为载体贯彻落实金融扶贫工作要求，已发放建档立卡贫困户贷款265户、金额1381万元，发放龙头企业贷款3户，金额2930万元；对移民村实施专项扶贫，围绕当地产业给予信贷支持，带动农户脱贫致富。

【优化负债结构】 继续坚持“存款立行”的经营方针，在结构调整优化上下功夫。大力营销对公存款。具体做到“两个加大，一个强化”。第一，加大对公存款营销激励措施，制定对公存款任务清单，将任务指标分配到每位员工，通过开展营销竞赛活动，以强有力的正向激励激发员工活力；第二，加大对公账户大额资金流向监控，指定客户经理对对公客户进行一对一营销，并建立对公存款变动事前报告、事后报备制度，及时掌握对公存款变动信息；第三，强化贷款牵引作用，以为对公客户提供信贷服务为切入口，扩大存款客户来源，增强对公客户依存度。做好财政涉农资金对接工作以开展代理发放各类财政涉农补贴资金为突破口，以电子银行各类便民助农服务平台为依托，以银行卡“一卡通”为介质，以“无缝”全面对接为手段，积极争取各类财政涉农资金。截至 2017 年末，全行存款余额 59.17 亿元，较年初增加 4.6 亿元，且结构优化明显，全行对公存款余额 9.72 亿元，较上年增加 2.18 亿元，增势良好。

【电子银行业务】 灵武农村商业银行与灵武市社保局对接，在网点布设社保卡发卡机，实现了业务创新；借助实施网点转型项目的有利时机，开设低柜业务，布设智能柜台 1 台、发卡机 2 台、现金循环机 25 台，抽出内勤人员进行服务宣传，保障机具使用率；积极拓展合作商户，与灵武市多家商户合作，开展了“五元洗车”“五元观影”等吸引力较强的营销活动；激活微信公众号吸附作用，在重新整合微信公众号后，开展了大转盘、团圆饭等特色营销活动；开通代收取暖费业务，进一步拓宽中间业务渠道；加快惠民便民终端布设，已实现所有乡镇全覆盖。

【精细管理】 以推进精细化管理为重要手段，努力降低经营成本，提高经营效益，提升发展质量。提升信贷，管理精细化水平。实施阳光信贷，实现贷款客户回访全覆盖；精简业务流程，上线“速贷通”系统，10 万元以下贷款随到随办；实行双线考核，厘清各岗位职责；从期限、行业、金额、担保等多个方面调整信贷结构；提升财务管理精细化水平，深入运用资本管理系统，推进财务管理由核算型向管理型转变；提升会计运行精细化水平，依托网点转型项目，提升优质文明水平，客户满意度有了明显提升，投诉数量较上年明显下降；提升合规管理精细化水平。实行事前、事中、事后全方位监督，并加大检查力度，全年未发生重大责任事故。

【企业文化及人才培养】 加强干部队伍建设，严格落实干部任免及动态评价制度，实施“能者上、庸者下、劣者汰”的竞争机制；注重后备干部人才库的建设，搭建“以业绩为导向，注重德才兼备”的员工成长平台，为青年员工创造了更多施展才华的机会；注重员工教育培训，分不同岗位制定差异化培训计划，并实行员工培训积分制，鞭策员工深化学习，为持续发展储备人才。加大宣传力度，扎实开展“金融知识进万家”“金融知识万里行”等宣传活动，积极履行金融知识普及义务。同时，为扩大对外影响力，与灵武市电视台签订合作协议，年内对灵武农商银行进行报道 15 次；在《农村金融时报》刊登报道 6 篇；春耕期间在《宁夏日报》刊登报道 2 篇。提升企业活力，组织开展运动会，积极参与系统运动会及灵武市运动赛事，组建各类协会，丰富员工业余生活的同时，展示了积极向上的良好风貌。提升企业凝聚力，开展了员工拓展训练项目，参与度达到 90%以上。

邮储银行灵武市支行

【概况】 2017 年，邮储银行灵武市支行内设综合管理部、营业部、信贷部 3 个职能部门，在职职工 16 人、劳务派遣员工 1 人。2017 年，灵武市支行在区、市分行党委的正确领导下，本着“学习能力提升年”的战略发展规划，践行“二十四字强行理念”，灵武市支行领导班子认真履行职责，贯彻执行党的金融方针政策及金融法规，团结和带领全行员工，紧密结合实际工作，牢牢把握业务经营这一核心，以效益作为全行工作的出发点和落脚点，勤奋工作，顽强拼搏，使各项业务经营得到了健康、有效、快速的发展。2017 年灵武市支行实现业务收入 1402.5 万元，同比增幅 6.24%，完成全年收入计划的 101.6%，完成比在全市一级支行中排名第一名；利润累计 910.42 万元。

【信贷业务】 2017 年，灵武市支行根据自身地域环境，开展了整村推进及信用村镇建设工作，切实解决农户的实际问题及困难，助力金融扶贫工作。积极与灵武市农牧局、科协、扶贫、妇联等单位进行对接，对灵武市辖内 74 个行政村中按照有带动产业、信用环境较好、规模化发展程度较高为基本条件，选取了30个行政村作为整村推进的目标。同村两委积极建立合作关系，上门同村干部、生产队长、种养殖大户、优质村民代表进行现场座谈，普及支行的涉农贷款产品，宣传支行涉农贷款的优惠措施，根据产业规模，针对一般农户开展小额三户联保贷款和小额保证贷款业务；针对家庭农场/专业大户推出新型农业经济体贷款业务；针对合作社创新推出“合作社+农户”贷款，从全维度覆盖乡村特色产业的各个层级。对于整村推进的涉农贷款，支行采取优先额度发放、大幅降低利率、提高贷款额度、减免贷款手续、创新贷款品种等措施，全力确保此项工作的顺利进行。同时获取由村委会提供的有贷款需求的村民名单，支行组织信贷人员和营业人员上门进行集中资料收集、批量受理、现场开户、现场调查，待贷款核批后进行上门集中合同签署，让农户足不出户就能享受到支行金融服务。此项活动得到了村两委的大力支持，村民贷款客户对支行提供的上门服务表示满意，取得了非常好的社会反响，为大量农户解决了产业发展的资金问题。同时，为了有效解决灵武市辖内农户的担保难以及担保圈的问题，邮储银行灵武市支行对于整体信用较好、有特色产业的行政村开展了信用村镇建设工作。通过对村两委及农户的宣传，以及贷款手续的减免、贷款额度的增高等刺激措施，加强了农户对信用记录的重视程度。对符合要求的村镇进行了信用村镇整村授信、信用村镇挂牌等活动，全力助力该村脱贫致富，提升发展特色产业的信心。2017年，灵武市支行已完成整村宣传11个，成功整村推进村4个，分别为郝家桥镇兴旺村、郝家桥镇大泉村、梧桐树乡陶家圈村以及白土岗乡新火村。利用支行涉农“三户联保小额贷款”，通过创新还款方式提高资金效率、降低利率缓解客户还款压力及上门办理提升服务效果。对兴旺村共放款96笔341万元，对大泉村共发放80笔金额229万元，对陶家圈村共发放70笔金额262万元，对新火村共发放70笔金额260万元，对发放家庭农场/专业大户以及合作社等“新型农业经济体贷款”40笔金额1500万元，整村推进过程中合计发放小额贷款2592万余元，有效解决了支行信贷客户客源的问题。

【信用卡业务】 信用卡业务作为支行第二大收入来源，灵武市支行高度重视信用卡业务发展，将信用卡业务作为一项长期坚持的业务来抓。第一，支行根据不同时期制定不同的考核办法。奖惩分明，通过个人认标、全员上报团办单位、制定切实可行的考核方案，调动全体员工的积极性。第二，支行领导带头外拓营销。支行领导率先起到模范带头作用，带领支行员工对企业和单位进行拜访，寻找团办方向。在支行领导的带领下，全行员工共同行动起来，做到每人有团办、每人有项目、每人有方向，在支行内部形成良性的发展氛围。通过支行全体员工的共同努力，灵武市支行全年超额完成了市分行下达的信用卡发卡任务。灵武市支行始终坚持农村信用体系建设，通过完善信用体系加强对灵武市辖内村镇的农业资金扶持力度。在灵武市郝家桥镇团结村、新民村、大泉村、新旺村以及梧桐树乡沙坝头村、陶家圈村建立了支行的信用村镇。支行在以上信用村镇通过完善信用体系建设，对信用村镇采取整村授信、整村办理、提高额度、降低利率等方式，不仅极大地提高了对信用村镇的农业贷款扶植力度，同时有效降低了支行信用风险。

宁东本富村镇银行

【概况】 宁夏宁东本富村镇银行2012年3月正式开业，注册资本3000万元，发起行投资1530万元占股51%，其余7家法人企业投资1470万元占股49%。截至2017年末，员工总数为30人，其中：本科学历14人，专科学历16人；男员工12人，女员工18人；汉族10人，回族20人；高管3名，中层4名，全员平均年龄为31岁。宁东本富村镇银行内设市场营销部、综合管理部、风险管控部3个职能部门及营业部、利民支行2个营业网点。

【党风廉政】 宁东本富村镇银行党支部现有党员10人、预备党员3人、入党积极分子1人，同时还有3人已向党组织提交了入党申请书。根据上级党委工作要求，宁东本富村镇银行年初制定了2017年“两学一做”学习方案,支部共开展党员学习23次，其中民主生活会4次、支部书记讲党课3次,开展“两学一做”专题学习16次、“十九大”报告精神学习3次。5月26日由行领导带领部分员工前往宁夏女子监狱进行警示教育学习;7月19日至7月21日，行支部书记赴江西井冈山参加在井冈山革命传统教育研究院开展的宁夏新型金融机构党组织负责人素能提升专题培训班学习活动。2017年宁东本富村镇银行对党员活动室进行部分整改,更换了支部铜牌、墙面展牌及评星定级展示牌,制定了发展党员流程图及框架。

【资产业务】 2017年，宁东本富村镇银行资产总额28944.80万元,负债总额24667.79万元,所有者权益总计4277.01万元,未分配利润759.78万元；营业收入1185.90万元，营业支出1227万元，利润总额366.71万元,净利润292.21万元;吸收存款24120.92万元，发放贷款22678.03万元。

【存款营销】 2017年，宁东本富村镇银行员工揽存定期存款余额为16015.95万元，存量户数为2819户，其中50万元以上定期存款39笔,金额5491.51万元,较2016年员工揽存定期存款余额增长1474.94万元,存量户数增长303户;50万元以上定期存款增长1笔，金额增长496.07万元。2017年为进一步做好存款业务宣传工作,营造良好的舆论氛围,通过微信、广告牌、电子屏等方式大力宣传宁东本富村镇银行的性质及在灵武地区扶持三农的定位、业务优惠政策等，增强社会公众对村镇银行的认识，提升了宁东本富村镇银行的知名度和影响力，使广大市民了解并参与到宁东本富村镇银行的发展中来。主要开展了以下存款营销活动：一是借助节假日对一些存款大客户进行重点营销；二是积极开展社区文艺演出活动进行存款宣传；三是借助金融知识宣传月进行存款营销；四是利用休息时间进社区走广场进行宣传等。通过以上工作,对宁东本富村镇银行存款业务的增长打下了坚实的基础。

【贷款发放】 2017年，宁东本富村镇银行各项贷款余额22678.03万元，较年初增长1168.58万元,增速5.43%;其中涉农贷款余额21371.95万元,较年初增长1287.8万元，增速6.41%，达到监管机构要求的“一个不低于”监管要求;小微贷款余额17063.31万元，户数162户，较年初增长3229.56万元,增速23.35%,户数较上年同期增加22户,申贷获得率稳步增长，达到了监管机构要求的“三个不低于”监管要求。宁东本富村镇银行支农支小贷款21960.39万元，占贷款余额的96.84%。

【队伍建设】 宁东本富村镇银行组织形式为股份有限公司，根据《公司章程》《中国银监会办公厅关于加强村镇银行公司治理的指导意见》等相关要求，宁东本富村镇银行于11月30日组织召开了宁东本富村镇银行第二届董事会第四次会议及2016年股东会议，会议审议并通过议案10项,主要包括《宁东本富村镇银行2016年度董事会工作报告》《宁东本富村镇银行2016年度财务决算报告》《宁东本富村镇银行2017年财务预算报告》《宁东本富村镇银行2016年度利润分配方案》等。根据宁东本富村镇银行董事长办公会议制度要求，宁东本富村镇银行共召开董事长办公会12次,董事长列席行务会26次。

石嘴山银行灵武支行

【概况】 石嘴山银行灵武支行区域内设综合管理部、信贷部、营业部，下辖一个二级支行广场支行,有正式员工11人。其中党员3人,本科学历9人;灵武支行员工8人，灵武广场支行3人,中层干部3人。成立以来,始终坚持服务地方经济、服务中小微企业、服务城乡居民的市场定位，致力于为客户提供便捷、灵活、实惠、温馨的金融服务。截至2017年12月末，支行各项贷款余额17375万元,较上年末增加800万元。各项存款余额36920万元，较上年度新增15000万元，实现利润1700万元。在2017年工作中分别被总行、分行评定为“先进集体”,其中3名员工被评为“先进个人”。

【服务地方经济】 石嘴山银行灵武支行开展农村妇女创业贷款、小额农户贷款、农牧局羊产业协会货款、种植业货款等业务拓宽农村市场发展渠道；大力依托与政府担保公司开展业务合作，助推灵武市工业企业发展，为灵武市经济贡献力量。2017年，累计发放贷款50余户，金额累计2100万元；响应国家方针政策及总行授信策略，以灵武市羊绒产业园区、灵武市再生资源工业园区、宁东产业基地为源头，支持一批绿色新能源及环保新企业的发展。累计信贷投放6000万元，共计15户大型企业。

【特色化服务】 石嘴山银行灵武支行始终秉承“您满意，我快乐”的服务宗旨，坚持规范化、标准化服务，为新老客户提供温馨、高效的金融服务。在全体员工的不懈努力下，2017年服务工作取得良好成效，获得灵武市老百姓的认可。2017年，石嘴山银行灵武支行累计开展了26场次大型社区活动，丰富居民文化生活的同时，为广大市民宣讲普及了金融知识，并获得石嘴山银行银川分行“营销大赛优秀奖”。

【扶贫工作】 石嘴山银行灵武支行认真贯彻落实自治区、银川市及灵武市有关扶贫工作要求，紧密响应市委、市政府有关扶贫工作部署，充分发挥点多面广、联系城乡居民密切的优势，积极做好精准扶贫服务工作。按照普惠性、全覆盖的要求，坚守农村金融阵地，对偏远乡镇，不计成本服务到家，填补贫困地区金融服务空白，实现基础金融服务“村村通”。通过上门服务，使建档立卡户足不出村即可办理小额贷款等基本金融业务，真正实现金融服务“零距离”。积极探索适合贫困户等弱势群体的贷款产品，开办了扶贫到户贴息贷款等特色信贷产品，满足贫困户的信贷需求。2017年，石嘴山银行灵武支行本着服务地方经济、支持地方经济发展、服务地方老百姓的服务理念，联合灵武市妇联多措并举地开展精准扶贫工作，共计为灵武市泾灵南村、泾灵北村等移民新村建档立卡群众发放贷款221户，累计金额达1215万元。通过优化产品，将贷款期限由一年调整为两年。为保障精准扶贫工作的顺利开展，支行为建档立卡客户贷款实行基准优惠利率；为贫困户提供差异化金融服务，支行共安排2名客户经理及2名柜台工作人员，到建档立卡贫困户家中办理贷款手续，免去贫困户到网点办理贷款业务的费用及手续；积极探索建档立卡客户致富新思路。支行开展扶贫贷款过程中，引进养殖大户及重点龙头企业，贫困户以入股的方式将贷款资金投入养殖场托管并按期分红。不仅帮助贫困户通过发展生产解决生活困难，更重要的是帮助他们转变意识，自己发展起来脱贫致富。在扶贫工作中，先是动员建档立卡户主动申贷，银行审核，村集体引进托管企业。支行信贷投向扶贫工厂，为扶贫企业发放贷款600万元，支持企业在扶贫地区建厂，抓生产，建档立卡客户可以在家门口打工赚钱，减少留守家庭。2017年度，石嘴山银行灵武支行被灵武市人民政府授予“灵武市农村妇女岗位建功先进集体”称号。

【社会责任】 石嘴山银行灵武支行在自身稳健发展的同时，主动担当推动社会进步、帮扶社会弱势群体、参与社区建设、保障员工权益等一系列社会责任和义务，累计纳税500万元，累计捐资20万元。石嘴山银行常年实施免费政策，减免电子汇划费、汇兑手续费、短信通知费、存折存单印鉴挂失手续费、账户开立费等48种收费项目，让利客户，大力为客户节约业务办理成本。

中国人民财产保险股份有限公司灵武支公司

【概况】 2017年，中国人民财产保险股份有限公司灵武支公司紧紧围绕区分公司工作思路，深入贯彻十八届六中全会精神、中央经济工作会议精神，全面落实集团公司、总公司年度工作会议要求坚持以企划引领，以持续转型发展为各项工作的指导，以“七抓七促”为各项工作总揽，实现了公司“发展与市场相适应、盈利优于市场”的工作目标。全员携手转变思想、攻坚克难，坚持完善经营管理模式，大力加强盈利能力和销售能力建设，确保业务有效益高速发展。灵武支公司下设营业部、综合部、马家滩营业部、宁东营业部、临河营销服务部、崇兴营销服务部及水木灵州营销服务部，以健全的组织体系服务于广大客户，践行“人民保险、服务人民”的使命，积极履行优秀企业公民责任，为促进改革、保障经济、稳定社会、造福人民提供强大的保险保障。

【思想建设】 2017 年，公司联合党支部坚持市场导向，以渠道化经营为路径，坚持创新导向及问题导向，进一步挖掘、提升公司在灵武区域内的核心竞争力；坚持问题导向，紧扣发展主题，紧盯市场，对标其他主体，不断提升公司的销售能力和可持续发展能力。按照“对标市场、强本固基、精准投放、抓好服务、提高效益”的工作思路，结合当地的实际情况，积极扎实地开展各项工作。以队伍文化建设为着力点，推进组织方式的转变。公司在转型时期，按照分公司的要求，积极推进公司人力资源发展战略，推动队伍建设实现新转变。

【内控管理】 2017 年，公司围绕风险管理与防范，强化内控与合规的有机结合，实现人本管理、制度管理、技术管理的和谐统一。切实加强承保、理赔、财务、服务等重点内控环节管理，构建科学合理、运行高效的内控体系，推动依法合规经营工作上新水平，不断强化合规经营观念，始终认真贯彻落实保监会 70 号文件等文件规章，严格执行统一法人制度，做到警钟长鸣，消除违规隐患。切实增强全员“在合规中求发展、在合规中求效益”的理念。强化经营管理是公司发展的基础，也是落实分公司抓好“两基”工作的关键，2017 年，两级分公司在经营管理各个方面都加大了管理力度，对此，中国人民财产保险股份有限公司灵武支公司司始终坚持一手抓业务发展，一手抓经营管理，坚持走以管理促发展的路子，在结合分公司下发各项管理、监督措施的基础上，进一步抓好管理制度的落实，特别是对承保和理赔方面又结合公司实际做了多项补充规定，使各项管理制度更加规范、科学、操作性强。

【服务地方】 2017 年，公司积极推进“以客户为中心”转型，同时围绕以资源换资源开展工作，重点抓“成本、合规、快速、便捷”为核心工作，积极倡导“审视自己，发现不足，改正缺点，长足进步”，持续加强公司理赔过程节点管控，以实现运营效能、理赔指标、成本控制、服务品质全面提升。进一步提升理赔队伍的业务技能及客户服务的思想意识，及时发现问题、解决问题，加强理赔过程管理，提高理赔管理精细化程度，以进一步拓展工作思路和视野。进一步强化“五个一”服务措施，有效利用理赔资源去更好地为公司业务发展服务。

中国人寿保险股份有限公司灵武支公司

【概况】 中国人寿保险股份有限公司灵武支公司下设个险销售部、团体业务部、银行保险部、综合管理部、客户服务部 5 个职能部门及振兴营销服务部、健康营销服务部、崇兴营销服务部、新华桥营销服务部、农垦营销服务部、宁东营销服务部 6 个营销职场。2017 年公司在编员工 23 人，劳务派遣员工 2 人。公司现有营销人员 458 人，团险销售人员 48 人，银行保险客户经理 6 人，保险规划师 41 人。2017 年灵武支公司实现总保费 1.59 亿，同比增长 27%，短期险保费实现 1729 万；长险首年保费实现 6616 万；续期保费实现 7571 万。在经营过程中公司业务发展、队伍发展均在全区名列前茅。

【基础设施】 2017 年灵武支公司购置了灵武市南熏路北侧中兴路西侧的大唐商业广场 1 号楼 18 号商业房和灵武市中兴路东侧家和苑 17 号商业楼六层至九层两处办公营业用房，为灵武支公司的经营管理提供了新的场所及环境，进而树立了中国人寿的良好形象，推动了各项业务的大发展、快发展。

【风险管控】 灵武支公司在内控合规、销售督察、纪检监察等部门的有力督导下，坚决贯彻执行法律、法规、监管政策和公司制度，严肃纪律，严格管理，有效提升了公司合规经营水平和风险防范能力。坚持以强化风险管控，促进业务发展为导向，通过销售管理自查自纠、非法集资风险排查、反洗钱自查、风险防控工作等活动的有效开展，构建起了灵武支公司内部风险控制机制，切实提升了风险管控能力。

【思想建设】 2017 年灵武支公司注重业务、思想政治的学习，坚持深入学习“十九大”会议精神，在全体党员中开展学习“两学一做”教育中的新思想新观点新要求。同时，借助国寿E学和易学堂平台组织员工学习强化综合能力，并在周学习日组织全体内勤人员，传达学习总、分公司相关会议精神和文件，了解和熟悉业务发展的运作规律，掌握每个人的本职工作和操作技能，不断提高理论文化水平，以适应工作的迫切需要，为公司的业务发展引领航向。

【党建工作】 党的领导是国有企业特有的政治优势，是灵武支公司做好一切工作的重要保证。2017年灵武支公司党支部把党组织建设摆在与业务发展同等重要的位置，认真贯彻落实上级党委的各项指示精神，严格执行中央八项规定、集团和总分公司相关要求，公司在全力发展业务的同时，抓好“十九大”会议精神的学习宣传活动。通过集中学习，开展讲党课活动，邀请“十九大”代表走进国寿宣讲、撰写学习心得体会、组织开展“喜迎十九大、我为国寿添光彩”演讲比赛等系列活动，确保了“十九大”学习宣传活动做到站位有高度、宣传有广度、领会有深度、贯彻有力度。

【客户服务】 灵武支公司不断加强客服柜面人员业务理论知识学习，提高业务水平与服务质量。以提升客户价值为立足点和着眼点，为客户提供更专业、更优质的服务，强化理赔管理，加快理赔时效，每一笔理赔案件在资料齐全的情况下3个工作日内必须到账。2017年灵武支公司短期险赔款支出927.25万元，共赔付案件4436件。灵武支公司秉承以“用心做好服务、创造服务价值”为己任，大力弘扬诚信经营文化，努力营造良好的服务环境。以无私的奉献和忘我的工作热情，大力提升服务形象、提高窗口服务质量，把诚信服务承诺真正落到了实处。以增强窗口的服务意识、诚信意识，将诚信文化、诚信理念渗透到各个柜员心中，不仅让客户享受了最真诚的服务，而且赢得了信赖。

【服务地方】 中国人寿保险秉承“成己为人、成人达己”的企业文化核心理念，遵循“诚信为本、稳健经营”的企业宗旨，恪守“创新、拼搏、务实、奉献”的企业精神，把“与客户同忧乐”作为企业价值观，积极履行优秀企业公民责任，为促进改革、保障经济、稳定社会、造福人民提供了强大的保险保障。2017年3月8日下午，灵武支公司在市中心广场举办“关爱环卫工人　共创美好生活”公益活动，市团委及城管局相关领导出席启动仪式。活动现场由城管局及灵武支公司领导致词，为环卫工人送上节日礼物。同时，32位销售主管从环卫工人手中接过了保洁工具，走入城市的大街小巷清扫街面，用实际行动关爱环卫工人，倡议全民爱护环境，为构建“市强、民富、家美”的新灵武贡献力量！活动取得了良好的品牌宣传效应，灵武市电视台全程录制并宣传。灵武支公司为了进一步提升全民保险意识，营造和谐保险氛围，积极响应保监会提出的“远离贫困，从一份保障开始”的宣传主题活动，营造“传递健康、传递快乐、传递爱心”的公益理念。2017年7月8日在宁夏保险行业协会吴忠办事处指导下，由中国人寿灵武支公司主办，邀请当地12家各寿险及财险公司共同参与的“为爱奔走　温暖城市”7.8公里扶贫公益徒步活动在灵武市枣博园二期拉开帷幕。公益徒步活动邀请了市政府及相关部门领导参加。副市长杨国龙、人社局局长孙学福、扶贫办专职副主任吴学德亲临启动仪式现场，主管金融副市长杨国龙为活动致辞。公益徒步活动在助力宁夏争取保险扶贫项目的同时，更全面地展示了灵武保险人的形象，彰显了国寿央企实力，助推了公司品牌文化建设。公司的小额保险、大病保险、老龄保险、扶贫保险、爱妮保、外出务工人员保险等政策性业务都受到广大人民群众的一致好评，为建设开放灵武、富裕灵武、美丽灵武、和谐灵武增添了光彩。

【公司荣誉】 灵武支公司全体员工在各自的工作岗位上，人人努力，个个争先，以能者为师，共同学习，互相帮助，不但使工作取得了优异的成绩，个人的政治和业务素质也得到了提高，整个公司呈现了一派积极向上的精神面貌和工作氛围。2017年灵武支公司客户服务部全区排名第一，被评为宁夏先进客服中心。2017年3月灵武支公司获得由灵武市消费者协会举办的纪念新《消费者权益保护法》三周年“荣昌杯”消费维权知识竞赛三等奖；2017年4月灵武支公司被宁夏总工会评选为“宁夏金融先锋号”。

中国平安财产保险股份有限公司宁夏分公司灵武支公司

【概况】 中国平安财产保险股份有限公司宁夏分公司灵武支公司截至2017年末有外勤人员16人、内勤人员9名,设部门经理1名、理赔管理室经理1名,共计27人。2017年主要开展车险、财产险、意健险及农业保险业务,保费收入5652万元。其中:车险保费5021万元,财产险保费86万元,意健险保费386万,农业保险费160万。

【特色服务】 2017年,平安产险宁夏分公司灵武支公司将“专业领先、诚信服务、创造价值、回馈社会”作为2017年的重点工作,时刻牢记平安训导。“好车主”APP是平安产险联合银川市交警队、交通广播共同开展的以“奖优罚劣”为宗旨的线下线上结合的车主互动活动。“好车主”APP为广大车主提供了优质服务,车主可以通过“好车主”APP查询保单,此外还有四项基础服务,如:故障救援、年检代办、代驾、安全检测和其他服务等,车主可在周五会员日抽取洗车券、油卡充值卡、话费券和保养券等。3月15日,灵武支公司以“维护消费者权益”为主题,在灵武市街心广场开展了普及消费者权益的宣传活动,向广大市民普及保险知识,提升非法集资意识。此次活动创新了宣传形式、引导了舆论导向,回应社会关切,塑造负责任、有温度的企业形象,持续巩固和提升公司品牌美誉度。高考期间,灵武支公司照例推出“平安护航、学子圆梦”免费接送考生服务,助力广大莘莘学子走向成功,此项公益活动赢得了考生及家长的广泛好评,提升了品牌形象。2017年,四季度平安运营团队响应宁夏分公司“平安心微笑服务先锋号”的倡导,开展“停车关爱”行动,要求查勘车路遇需要帮助的人车要主动奉献爱心,帮助拖车、报案、送医院等,此活动受到了广大客户和群众一致好评,响应了平安回馈社会的训导。

【业务拓展】 2017年,灵武支公司以车险为主,财产险、意健险、农险全面发展。2017年,平安产险灵武支公司开展小额农村意外险业务,树立平安产险品牌,提高保险深度和密度。2017年,灵武支公司继续推广线上理赔服务,线上线下一体化理赔实现分布现场一站式,开启了一个智能、灵活的调度平台,线上线下一体化理赔还实现分布式视频理赔,客户从理赔助手视频进线,实现从报案到结案一站式理赔,大大缩短了理赔所需的时间,为客户提供了高效的理赔服务。

【合规经营】 2017年灵武支公司凭借专业的业务水平和严格的内控管理顺利通过总部的稽核检查,树立了机构标杆。2017年中旬和“两两回头看”工作期间,灵武支公司响应宁夏保监局要求,对中介合规进行全面自查,努力实现双优目标。分公司对反洗钱工作进行专项部署,设立了反洗钱专员,对保险费(保险金)数额符合登记要求的客户都进行了身份识别并保存相关客户身份信息,进一步完善了反洗钱工作组织机构和相关制度保障。灵武支公司为全面提升公司员工的整体素质,每年固定储备高素质人才。

中国平安人寿保险股份有限公司宁夏分公司联合营业区灵武支公司

【概况】 中国平安人寿保险股份有限公司宁夏分公司灵武支公司是中国平安旗下四级寿险机构,下辖4个营业部,有持证上岗的保险代理人327人。2017年保费收入持续增长,累计实现总保费收入2920万元。2017年,平安人寿宁夏分公司联合营业区灵武支公司迎难而上,戮力前行,在保监局和总公司的领导下,不断突破,完善分公司经营平台,持续提升客户服务质量,为灵武市广大家庭送去了平安和保障。

【就业服务】 2017年,增新持证上岗的保险代理人145人,在保证业务品质好的前提下,减轻了宁夏本地高校毕业生、宁夏劳动力市场的就业压力,同时为文化水平相对较低、发展空间较小的劳动者提供了专业的销售流程技巧和保险、法律法规知识培训以及勤劳致富的工作空间。

【承担风险保额】 2017年灵武

支公司赔款给付 264 万（含赔付支出、满期给付），月均赔付金额 22 万元以上，为客户提供了保险保障服务，为客户提供了心理及经济上的双重慰藉，同时在参与社会风险管理、完善社会保障体系等方面发挥积极作用充分为保险业发挥了“经济助推器”和“社会稳定器”的作用。

【创新工作】 平安人寿灵武支公司在新技术应用、大力推进 O2O 服务模式方面，顺应互联网 + 创新的趋势，推出了“安 e 赔”，引领掌上理赔新时代，“安 e 赔”是以寿险口袋 E 行销、平安金管家 APP、快易达 APP 为平台，既拓宽了 e 化理赔渠道，又提升了理赔客户服务感受。截至 2017 年末，除了身故、投保人豁免、子女 / 配偶险等外，其他类型都可以通过安 e 赔申请，让客户随时随地玩转理赔。

【多渠道服务】 2017 年，平安人寿在持续推动多渠道服务的基础上，提升了客户体验的各项服务工作，升级和完善了网络一帐通及平安人寿 APP 的各项服务项目，简化了操作流程。推出了 APP 视频自助回访，空中柜面、APP 自助保全变更渠道等功能，让客户随时随地可以自助完成各项保单服务，真正解放客户的时间、空间，让客户在碎片时间在地球任何地点仅需一部智能手机和网络，即可完成保全服务变更。

【风险管控】 平安人寿灵武支公司在做好经营和服务的同时，高度重视风险管理。合规管理体系基本形成，合规管理三道防线各司其职，职责清晰，高效运行，有力保障了公司的合规、稳健经营。在分公司班子指导和要求下，支公司 2017 年末已建立并完善了以下三项合规管理机制。一是合规培训机制。灵武支公司通过制定合规培训工作规划，完善分公司内外勤合规培训体系、提升内外勤合规意识，达成“知规、守规、执规而行”的目标。以兼职合规岗、品质宣传员为抓手，推动合规培训横向扩展、纵向深入；以业务体系中的高风险岗位为第一道合规防线重点培训对象，有序开展内、外勤培训，以建立全员学习、合规发展的氛围。二是制度审计工作。通过搭建制度管理平台，检视工作各环节的完善和落实，提高工作的规范性、及时性，实现制度指导工作的最终目标。根据《分公司制度管理办法》建立制度文件夹、部门内部制度自查、合规定期抽查与评估整改四项举措来完成制度审计工作，各部门制度的建立必须利用制度管理系统进行立项及审批，在系统审批完成后对制度进行线下文件夹建档，便于学习执行。各部门通过每季度的制度完整性和执行规范性检视工作，检视本部门工作开展情况是否合规。法律合规部每季度对部门的制度完整性、执行规范性进行抽查，各部门根据自查结果和合规抽查结果进行整改，法律合规部对各部门整改情况进行追踪和反馈。通过以上工作，对制度的建立、落实、自查、督导形成闭环管理。三是合规督察工作。灵武支公司加强了风险防控管理，提升内部主动识别风险、判断风险的能力，避免风险事件扩大升级，形成风险防控、联动机制。以《自查自纠管理办法》与《风险管控管理办法》为基础，以规范要求业务管理部门为一道防线主动发挥管理职责，合规部门为二道防线做好指导监督为方针，以自主检查与督促检查为机制，开展内部月度风险管控、自查自纠项目、问题整改追踪、责任人追究问责为一体的闭环管理策略，做到发现问题、解决问题、追踪整改、积极问责，将公司风险化解在萌芽、化解在内部。灵武支公司一直以来重视合规管理工作，切实把“保险业姓保”落到实处，不断强化公司合规管理领导，利用合规管理三道防线，形成强有力的合规管理架构，并持续完善合规风险防范运作机制，对风险做到早发现、早处理，避免或者减少客户和公司的损失。未来平安人寿灵武支公司将坚守不发生系统性风险这条底线，不断完善公司合规管理体系，提升合规管理能力，坚持依法合规经营，确保公司合规稳健发展

【创新服务】 2017 年，平安人寿灵武支公司持续推行重大事项应急机制，通过开通专设渠道以及专门的问题处理流程，及时有效地解决了客户关注的重点问题，积极开展排查工作。持续开展全国通赔服务、亲办客户理赔免填单服务、结案短信平台通知服务、特案预赔 / 重疾先赔服务的同时，在新技术

应用方面，顺应互联网 + 创新的趋势。截至 2017 年末，95.8% 的理赔客户通过手机端申请理赔。平安人寿灵武支公司在全面提升经营管理水平和服务体系建设的同时，始终牢记“服务客户，回馈社会”的立司宗旨，积极调动各方面力量，开展了多种形式的公益活动，在社会中引起了积极的反响。多年来平安人寿宁夏分公司更是在各项公益事业中积极践行自己的企业责任。

中国太平洋财产保险股份有限公司灵武支公司

【概况】 2017年，为了响应中国太平洋财产保险股份有限公司“平时注入一滴水，难时拥有太平洋”的理念，中国太平洋财产保险股份有限公司灵武支公司紧紧围绕“立足改革、加快发展、真诚服务、提高效益”这一中心，进一步转变经营理念、改革创新，面对竞争日趋激烈的宁夏保险市场，提升核心竞争力，开展多元化经营。2017 年实现保费收入 915 万元。2017 年灵武支公司下设经理室、综合管理科、电网销渠道部、团车渠道部、车商渠道部 5 个科室，共 7 名员工。

【应对市场】 2017 年是中国太平洋财产保险股份有限公司灵武支公司成立以来最艰难的一年，持续的经济低迷以及保险主体的增加，给本来竞争就非常激烈的市场带来了更大的冲击，在此情况下，公司通过全员讨论献计献策，探同行摸市场，学同行之优、弃自身之弊，及时制定新的经营方案，保证公司的优越性和竞争力，巩固本地市场份额的同时，鼓励员工放宽视野打破地域限制走出去探寻新市场新渠道，寻求新保源。

【合规经营】 依法合规经营，是规范金融机构经营行为，有效防范风险的重要前提，也是衡量金融机构经营管理水平高低的重要标志。依法合规经营不仅是保险法赋予财产保险公司的责任，也是保险公司改革和发展的内在要求。依法合规经营与业务发展是一致的，业务发展必须坚持合规经营，依法合规经营是促进业务发展的重要保证。2017 年，中国太平洋财产保险股份有限公司灵武支公司继续加强公司内控管理，不断增强员工依法合规经营的意识，确保公司健康发展。

【队伍建设】 2017 年，中国太平洋财产保险股份有限公司灵武支公司根据不同的销售模式分类进行培训，以提高销售人员的业务能力，经常组织员工开座谈会交流经验，以提高队伍的竞争力和团结合作精神。细化工作职责，在严肃工作纪律的同时人性化管理，对每位员工做到及时沟通，遇到业务发展阻碍时帮助他们协调处理。增强公司团队间的凝聚力，要让每位员工意识到公司是大家的，只有大家齐心协力，风雨同舟才能使公司不断走向辉煌。

【服务品质】 2017 年，中国太平洋财产保险股份有限公司灵武支公司围绕集团“以客户需求为导向”的战略转型要求，提升公司服务质量。重点加强人员服务，注重服务细节，提高窗口服务标准，提升客户满意度，提高理赔人员工作积极性，规范理赔流程，使理赔流程简单、合理、实用，建立定期催赔回访机制，积极推广理赔新技术、新工具的应用，提升理赔服务水平。

中国大地财产保险股份有限公司灵武支公司

【概况】 中国大地财产保险股份有限公司灵武支公司于 2012 年 2 月正式挂牌成立。2017 年，灵武支公司继续围绕“二次创业三步走”的发展战略，公司上下始终坚持“诚信为先、稳健经营、价值为上、服务社会”的经营理念和“立足大地、携手创业、共享未来”的企业精神，致力于使其稳健发展。灵武支公司遵循“技术领先、低成本扩张、总成本领先”的经营策略和“专业化定位、综合化经营、扁平化管理、差异化发展”的经营指导思想，为促进经济发展、建设和谐社会做出更大的贡献。灵武支公司有员工 14 人。全年实收保费 1489.96 万元，同比增长 64.55%。

【经营管理】 中国大地保险时刻不忘肩负的社会责任，用社会给予的关怀积极回馈社会，努力以先进的理念、科学的管理、一流的技术和优质的服务塑造良好的品牌形象，努力把公司建成国内一流的财产保险公司，建成中国保险业的百年老店。

【客户服务】 2017年，中国大地保险深化承保、理赔和回访等基础性服务的标准化建设。针对“理赔难”，公司推出包括畅通服务渠道、细化服务规范、提升理赔时效、加强投诉管理等一系列举措，如特色微信“好友”理赔、小额案件“简易快赔”、人伤案件“主动理赔”、高星级客户“在线直赔”等，更好地服务于客户，以提高客户满意度为主要目的。

【业务宣传】 为进一步强化公司员工的公众宣传意识，2017年7月8日为保险宣传日，灵武支公司要求全员参加灵武保险行业协会组织的“健康跑”活动，同时下载软件进行捐步行动。2017年9月为反洗钱宣传月，着重从与公众有密切关系的方面入手，让广大群众和公司员工认识洗钱、非法集资和商业贿赂的危害性，自觉抵制此类现象，提高公众自我保护意识，取得了良好的宣传效果。灵武支公司组织员工学习开展“以案释纪明纪严守纪律规矩”主题警示教育月活动。每年5月为公司的“客户服务节”，活动形式多样化，有效提高了公司知名度，提升了公司服务水平。

【反洗钱工作】 2017年，中国大地财产保险股份有限公司灵武支公司公司反洗钱工作紧紧围绕总、分公司反洗钱工作重心，按照当地人民银行的工作安排，认真贯彻执行《反洗钱法》，着力加大宣传与培训力度，完善工作机制，强化对金融机构的监管，努力提高检测分析水平，不断推动公司反洗钱工作向纵深发展，取得了较好的工作成绩。

新华人寿保险股份有限公司宁夏分公司灵武营销服务部

【概况】 2017年，新华人寿保险股份有限公司灵武营销服务部，下辖个险业务部及续期业务部两大业务渠道。面对宏观经济、保险行业以及监管形式的复杂变化，灵武营销服务部业务结构显著优化，获得了持续健康发展新动能，初步形成续期拉动的保费增长模式，续期保费占总保费比例由2015年的53%提升至71%。针对客户差异化需求，100余名灵武新华代理人为全市客户提供风险防范、健康、医疗、养老、子女教育、家庭理财等方面的需求。

【业务品质】 2017年，灵武营销服务部业务品质明显改善，坚定践行保险姓保，退保率、退保金持续优化，个险保费继续率显著提升，退保金同比降低23%，退保率同比降低1.7个百分点，13个月保费继续率同比提升1.1个百分点，25个月保费继续率提升4.2个百分点。

【快速理赔】 2017年，新华人寿保险股份有限公司灵武营销服务部以客户为中心，从客户需求出发，不断提升理赔服务水平，深入打造理赔服务品牌。全年共为697名客户提供理赔服务，赔付金额合计81.57万元。2017年灵武营销服务部继续坚持关注客户健康，对新老客户实施全面回访，主动为出险客户提供理赔服务，赔付金额5.1万元；“移动理赔”实现业务员全面覆盖，为客户提供足不出户的理赔服务；管理效率持续提升，客户体验不断优化，承保时效由1.12天缩短至0.65天；保全时效小于1天，继续维持行业领先水平；案件平均理赔时效缩短为1.21天，同比提速40%，理赔获赔率达97.8%，理赔满意度为90.82%。

【优化服务】 2017年，新华保险“客户服务十大承诺”全面升级，陪伴客户保单的全生命周期，致力于打造极致客户服务体验，为客户的幸福生活保驾护航。一是专业门店在身边，满足您的全方位需求；二是实时响应全天候95567客服电话、微信、手机APP、网站互联互通，智能高效，轻松体验；三是投保便捷更安全，投保快速便捷，录信息、交保费、签保单10分钟即可完成，短信提醒全程陪伴；四是预约回访更贴心；五是保全服务更简单，手机APP、网站、E保通等多渠道办理；六是小额理赔瞬时达，5000元以下小额个人客户赔案，1小时内知晓结果；七是理赔超期给补偿，个人客户赔案超过30日仍未告知结果的，每超期一日支付一日的利息补偿；八是寻找理由主动赔；九是投诉畅通快响应，电话、网络、信件来访多渠道受理投诉，第一时间响应，10个工作日内作出答复；十是合规销售守诚信，主动提示保险产品的特点和风险，消费安心，投保放心。“3.0客户服务中心”,“臻爱积分附加值”服务体系，提供具有新华特色的如健康体检、时尚礼品兑换等“积分兑换”服务模式,客户可以通过购买保险、缴纳续期保费获取积分,符合“臻爱”会员资格的客户可在“掌上新华”APP积分商城中享受积分兑换服务,这项目活动受到客户极大喜爱。举办“中国梦·新华行”新华保险杯少儿书画大赛等活动,让更多人了解新华保险,举办“清澈行动”保证公司能够随时联系到客户,得到了客户的好评。

【反洗钱工作】 2017年，灵武营销服务部多次组织所有员工学习反洗钱知识，并进一步完善了反洗钱工作组织和相关制度保障,每季度、年度积极将反洗钱报表、自评报告、测评表等相关资料报送到人行灵武支行国库会计股处。同时配合分公司对反洗钱工作进行专项部署,设立了反洗钱专员,对保险费(保险金)数额符合登记要求的客户都进行了身份识别并保存相关客户身份信息。

【队伍建设】 灵武营销服务部凝聚了一支具备丰富行业经验的营销员,80%以上的营销人员在新华公司服务年限超过10年,十多年来培养了一支专业、高效，具有强大凝聚力和战斗力的员工队伍。秉承“团结、敬业、奉献”的新华精神,致力于推动公司持续发展，为客户提供更好的服务，为社会创造更大的财富。3月15日,灵武营销服务部举办了“3·15”保险消费者权益保护活动,活动当日,全体员工在机构所辖区域向广大群众发放“臻爱积分手册”“新华客服报”等资料,提高客户对公司的认知度，提高公众风险意识和维护自身权益的能力。7月8日，灵武营销服务部全体员工参加了“7·8”全国保险公众宣传日活动,贯彻“保险让生活更美好”的精神,取得了很好的宣传效果。

合众人寿保险股份有限公司宁夏分公司灵武营销服务部

【概况】 2017年，合众人寿保险股份有限公司宁夏分公司灵武营销服务部拥有一整套完备的产品体系，覆盖传统的长期寿险、分红保险、重大疾病保险和短期险产品等种类。现有外勤员工134人、内勤员工3名，设营服经理、训练专员和综合内勤3个岗位。规模保费1314.05万,同比增长84.44%。

【服务提升】 灵武营销服务部按照合众人寿总部“以客户为中心”的客户服务体系,“推陈出新、以客为尊、友善简单、扎实可靠、事捷功倍”的服务理念,为当地客户提供全方位、高效的金融服务。同时秉承“合众保险 理赔不难”理赔理念、八大理赔服务举措，积极落实“7×24小时报案、微信自助理赔、理赔慰问代办、资料减免、理赔专家、重大公共事件绿色通道、预付赔款、延滞慰问金”理赔服务举措,让当地客户感受到便捷、高效、有爱的理赔服务。

【业务调整】 为实现个险业务标保同比增长，灵武营销服务部个险业务销售主要以盈系列理财类产品销售为主，主推10年、20年等较长缴费年限;紧跟合众人寿总部以营销策略、双轮驱动为经营导向的经营策略，产品运作结合高频次的营销业务节奏，保证了个险业务持续增长。银保业务持续以价值型产品销售为主，以销售高价值型期缴产品和保障性产品为主,大力推动效益达成,深化渠道合作；同时加大内部组织整合和人员调整，以及对客户经理的培训管理。

【公益活动】 灵武营销服务部积极响应当地行业协会的各项活动要求,快速行动,于3月15日在灵武市中心广场开展了3·15宣传活动，组织员工发放消费者维权知识宣传彩页，解答当地市民保险方面的相关问题；积极响应宁夏保险行业协会、宁夏保险学会以及分公司关于“7·8”全国保险公众宣传日系列活动安排，并邀请当地市民关注“宁夏微保险”微信公众号,宣传行业理念。

【合规经营】 在合规管理方面，灵武营销服务部积极参与宁夏分公司开展的打击非法销售境外保险产品行为排查工作、深入推进非法集资风险排查发现线索处置整改工作、扫黑除恶专项斗争有关工作、“乱象整治”阶段性自查及年度工作总结、非法集资指标监测工作;同时,组织内勤人员及入司一年新人开展“风控合规工作介绍”培训,以持续深化和提高风险管控水平，保障灵武营销服务部步入到合规经营、快速成长的良性发展格局中。

【防范非法集资】 灵武营销服务部一直将防范和处置非法集资工作作为一项持续性重点工作开展，持续参与宁夏分公司组织开展的反非法集资系列培训，进一步提高内勤员工反非法集资思想意识和辨别能力，并利用微信、合众人寿总部内网、制作发放反非法集资资料等宣传形式，切实保障了灵武当地客户的利益，也履行了金融机构维护金融安全和社会稳定的职责。

【反洗钱工作】 在反洗钱内部控制制度执行方面，灵武营销服务部涵盖了各项业务管理中涉及洗钱活动的预防和监控措施，包括客户身份识别、客户身份资料和交易记录的保存、大额交易和可疑交易报告等工作；同时，按照宁夏分公司反洗钱工作领导小组及下设执行小组的相关工作要求，开展了各类反洗钱工作，通过内外勤员工填写调查问卷，会议上宣导政策、制度等，强化了全体人员的反洗钱识别能力。未来，灵武营销服务部将一如既往地严格按照监管部门的统一部署和要求，认真学习并贯彻执行反洗钱法律法规和监管政策，秉承风险为本的理念，运用流程控制的方式，合理配置资源，做好反洗钱风险管理工作。

安邦财产保险股份有限公司宁夏分公司灵武营销服务部

【概况】 安邦财产保险股份有限公司宁夏分公司灵武营销服务部隶属安邦财产保险股份有限公司银川中心支公司，拥有各类齐全的在售产品种类，覆盖财产保险、意外伤害保险和短期健康险业务领域。2017 年灵武营销服务部有外勤人员 12 名，在编员工 3 名，部门经理 1 名，大客服 1 名，客户经理 1 名。2017 年保费收入为 261.98 万元，其中车险 228.52 万元、非车险 33.46 万元。

【理赔服务】 为了方便客户办理保险索赔，切实维护客户的合法权益，安邦财险宁夏分公司灵武营销服务部始终按照“一个客户，综合服务”的原则，无论客户在任何时间、任何地点出险，理赔人员都提供 365 × 24 小时全天候理赔服务。针对 5000 元以下简易车损案件，安邦推出了微信自助理赔，客户可自主完成理赔操作，提升了案件处理效率，减少了客户等待时间，增强了理赔信息透明度，最快处理速度在 15 分钟内完成。

【合规管理】 安邦财险宁夏分公司灵武营销服务部组织机构全员深入学习中国保监会下发的“1+4”文件及宁夏保监局 125 号文件精神，深入贯彻落实，充分领会文件精神，全面有效推动各项工作的开展。同时，要求机构全员强化学习、提高认识，树立合规经营意识，强化内控建设，转变发展理念、提升风险管理能力、提高服务质量。

【非法集资】 根据宁夏保监局下发的《中国保监会关于开展 2017 年保险业防范非法集资专题宣传月活动的通知》精神，以及分公司下发的《安邦财险宁夏分公司关于做好 2017 年防范非法集资工作的通知》要求，灵武营销服务部于 2017 年 5 月 24 日组织了以“树立风险意识，远离非法集资”为主题的防范非法集资专题宣传教育活动，一是提醒公众在购买保险产品时不要对回报率抱有非理性期待，因为畸形的高利润背后往往隐藏着陷阱，应拒绝高利诱惑，学会鉴别产品和单证的真伪，积极配合保险公司回访，发现非法集资嫌疑应及时举报。二是提醒广大投资者，不要一味贪图高收益，应牢记“高收益、高风险”的投资准则，树立风险意识，选择正当合法的投资渠道，将安全放在第一位，自觉远离非法集资。

【公益活动】 安邦财险宁夏分公司灵武营销服务部与灵武市福兴公共汽车有限责任公司联合发起免费接送考生大型公益活动，同时在考点设立免费为考生送水点，为高考学子服务。安邦财险宁夏分公司灵武营销服务部为积极响应宁夏保险行业协会、宁夏保险学会以及分公司关于“7·8”全国保险公众宣传日系列活动安排，于 2017 年 7 月 8 日上午，组织全体人员在灵武市枣博园开展了“7·8 公里扶贫公益跑”活动，以及开展“填色墙”和“添色卡”活动，邀请客户一起添色，并关注“宁夏微保险”微信公众号，将添色卡上传至公众号参与评奖。该次宣传以形式多样的主题活动向消费者普及保险知识，提升公众保险意识，倾听公众心声，提升行业服务质量，营造和谐保险氛围。安邦财险宁夏分公司灵武营销服务部希望通过该次活动的开展，切实为2017年“7.8公里扶贫公益跑”项目贡献自己的一份力量，也同时希望能够弘扬保险行业正能量，体现安邦保险人的责任与担当。

【保险扶贫】 安邦财险宁夏分公司灵武营销服务部组织员工参与宁夏保险行业协会在灵武市中心广场开展的保险大篷车扶贫活动。通过以“远离贫困从一份保障开始”为主题的宣传活动，真正地让消费者充分了解保险的功能和作用，提升保险意识，推动保险的密度和深度的发展。

【科技创新】 随着“互联网+”的深入发展，金融科技创新让“保险越来越场景化和生活化”，很多新的消费场景不断涌现，产生了新的风险保险保障需求。2017年公司针对细分人群和特定场景推出了“男神安”“女神安”“e生安”中高端医疗险等产品，其中，针对儿童保险保障的“宝贝安”少儿安康重疾险，推动行业进入了百元保费百万保额时代，该项目推广后，深受广大客户的认可。

【反洗钱工作】 2017年，灵武营销服务部在认真对待反洗钱工作。一是客户身份识别方面，及时核对客户有效证件、证照并登记信息，留存证件、证照影像或复印件。二是反洗钱专题会议及培训方面，留存会议签到表、培训文件等工作记录。三是针对反洗钱工作人员的异动方面，及时向人民银行灵武支行报备。四是积极与人民银行保持沟通，认真落实人民银行与分公司下发的关于反洗钱的相关通知及工作要求。根据人民银行的要求做好灵武营销服务部反洗钱相关报表、自评工作及资料的报送工作。五是在“反洗钱宣传月”活动中，通过形式多样的宣传，进一步提升消费者对反洗钱的认知，防范洗钱风险。

阳光财产保险股份有限公司宁夏分公司灵武支公司

【概况】 阳光财产保险股份有限公司灵武支公司隶属于阳光产险宁夏分公司。成立于2012年5月11日，2017年有机构负责人1名、综合内勤1名、勘查员1名、外勤人员6人。阳光财险的使命是“让人们拥有更多的阳光”，致力于为更多的客户提供更多的价值、更有意义的阳光服务，让人们因为阳光而更加安心快乐。2017年经过全体阳光人的努力，始终以一切为了客户的宗旨，阳光财险灵武支公司2017年保费收入达到414万元，其中：车险保费310万元，财产险保费30万元，意健险保费74万，续保率63%，新增业务为46%。

【核心理念】 没有客户便没有一切，一切为了客户是阳光人的核心价值追求。阳光人将努力追求一切以客户的人性需求为核心，改善客户体验，提升客户价值。客户满意是企业的价值核心，员工成长是企业的价值根本，企业发展是价值实现的基础。阳光财险坚持价值导向原则，始终不渝地把创造价值作为阳光财险生存与发展的根本，努力把握市场机遇、创新商业模式。

【企业精神】 “战胜自我 拥抱变革”这一阳光精神表达了阳光人的气质、风范和处事态度。阳光人具有一种“艰难困苦、玉汝于成”的精神，一种“敢于挑战、坚韧不拔”的精神，一种“不抛弃、不放弃”的精神，一种“不达目的、誓不罢休”的精神，这一盏导航灯是始终支撑每一位阳光人前行的精神力量，鼓舞阳光人一步步实现奋斗目标，在自我超越中成长。

【合规经营】 阳光财险推行合规经营，以“诚信规范、奉法合规、防范控制”为重点，形成全面的合规管控体系，出台了合规管理的基本制度并建立了合规管理工作机制。分公司高度重视合规宣传和培训工作，利用各种渠道，组织形式多样的合规宣传，倡导合规理念，培育合规文化。2017年9月16日，阳光财产保险股份有限公司灵武支公司配合灵武市人民银行开展普及反洗钱和反恐怖融资宣传活动，增强社会公众反洗钱和反恐怖融资意识。根据《阳光财产保险股份有限公司宁夏分公司2017年反洗钱宣传月活动方案》及人民银行银川中心支行反洗钱处关于开展“反洗钱宣传月”活动的相关要求，灵武支公司在公司营业场所门前开展“反洗钱宣传月”活动。

活动当天，通过悬挂宣传横幅、向群众发放宣传材料 200 余份、现场答疑等方式重点介绍了反洗钱的特征、表现形式和常见手段，宣传近年来查处的典型案件，揭示洗钱及恐怖融资的欺骗性、风险性及社会危害性，积极支持打击和处置洗钱犯罪活动。活动圆满结束，赢得人民银行和群众的好评。

【业务宣传】 为进一步强化公司员工的公众宣传意识，推动阳光财险业务渠道以及行业市场知名度，2017 年 5 月 16 日参加灵武市政府与保监会联合组织保险扶贫公益跑活动。8 月 26 日到灵武市一中宣传学平险，为学校新生安全保驾护航。为进一步发挥保险扶贫的互帮互助、扶危济困的重要作用，在区保监会和市县金融局的指导下，12 月 6 日积极参与了保险扶贫大篷车市县行暨保险扶贫宣传活动，积极宣传阳光财险公司的保险扶贫工作与各项险种，推动了车险、学平险、燃气保、个人意外险等多项险种的宣传和扶贫工作。

综合经济管理

综 述

【概况】 2017年，市发改局紧紧围绕市委、政府确定的“大事、实事”和重点工作任务，以落实五大发展理念为主要任务，坚持走开放内涵式发展路子，紧盯打造全国县域经济排头兵阵营，牢牢把握经济工作项目化要领，认真研判和落实国家保增长、调结构、稳投资等系列政策措施，集中精力抓项目、夯基础，谋发展、保投资、促和谐、转作风、搞服务，主动适应经济发展“新常态”，用钉钉子精神抓落实，发改各项工作任务高效完成，发改局被自治区发改委评为“2017年发改工作优秀集体”，被灵武市委、政府授予“2017年度目标绩效考核一等奖”“项目资金争取先进集体”等荣誉。

计划管理

【经济运行】 全年预计实现地区生产总值465亿元，同比增长10.4%；市属固定资产投资137亿元，同比增长10%；规模以上工业增加值385亿元，同比增长14%；地方一般公共财政预算收入30.1亿元，同比增长33%(市属9.2亿元，同口径增长9.1%)；社会消费品零售总额17.3亿元，同比增长9.7%；城镇居民人均可支配收入3.06万元,同比增长8%；农村居民人均可支配收入1.37万元，同比增长9%。灵武市成功入选中国工业发展百强县(市)列81位，综合实力从2016年的第90位跃居全国科学发展百强县(市)第85位。

【经济监测】 切实加强经济运行分析,研究破解热点、难点问题,并提出对策措施,努力做到科学监测,强化分析,适时提出宏观调控政策建议，当好领导的参谋助手。起草了《关于灵武市2017年国民经济和社会发展计划执行情况的报告》,加强调查研究,编制完成了《灵武市县城深化基础设施投融资体制改革工作任务分工》《灵武市推进价格机制改革实施方案》,认真撰写了季度经济运行分析、投资分析报告14篇、调研文章8篇。

【综合规划】 成立了灵武市空间规划(多规合一)改革试点工作领导小组,制定了《灵武市空间规划(多规合一)改革试点工作实施方案》,细化改革试点工作计划任务，建立了部门共同参与、定期讨论的工作机制,多次组织召开空间规划（多规合一)改革试点工作会议。成立调研组,分别就户籍制度、城乡规划、土地管理、社会保障、行政管理、生态环境产业发展、住房保障等方面展开深入调研论证。将《空间规划》实施及推进试点工作经费纳入县(市)级财政预算安排。按照自治区空间规划编制指引和工作阶段安排,灵武市率先完成《灵武空间规划(2016—2030年)》大纲成果（成果深度),12月5日通过了自治区的大纲成果技术审查。与自治区空间规划密切联动,实现成果对接,内容充分衔接；减少非建设用地差异图斑1143平方公里（与自治区2次对接、灵武市3次讨论)。已将《灵武空间规划(2016—2030年)》发至各相关部门征求意见,进行进一步修正完善。

【项目建设】 坚持“一线工作法”。每月召开专题投资调度会,进一步分解投资计划,压实责任,并邀请副市长主持,安排当月固定资产投资，推进固定资产任务进一步落实；制定出台了《灵武市项目推进考核办法》,实行每月一考核,每月一兑现。牵头组织市统计局和两办督查室深入项目单位，按计划督促项目单位及时纳规入库。2017年灵武市计划实施项目139个，总投资298.7亿元，年度计划投资136.83亿元,全部开工建设,累计完成投资137亿元；完成市属固定资产投资106.85亿元,同比增长12.3%。

【项目管理】 严格项目审批备案,年内共审批项目139个、企业备案项目76个,50万元以下备案项目580个。加强宁夏投资项目在线审批监管平台建设,推行投资项目网上在线审批,组织干部认真详细地向各类投资者介绍在线审批平台的办理流程，及时完成线上业务。指导、协调政务服务中心发改窗口的业务工作,完成受理、咨询业务,及时办结完成网上申报项目。同时,将项目管理及资金争取工作纳入全市公务员培训。

【项目储备】 经向全市广泛征集,及时对项目库进行调整、充实和完善。截至2017年末,共梳理2018年储备项目163个，总投资369.76亿元（年度投资194.82亿元)。其中:新建项目117个,投资130.82亿元;续建项目46个,投资64亿元。

【项目争取】 加强政策走向和资金投向研究，年初分解全市上争资金任务，充分发挥争取项目资金的主渠道作用，抢抓国家供给侧改革“去产能、去库存、去杠杆、降成本、补短板”的政策机遇,紧紧围绕优势资源、特色产业、基础设施建设、社会事业发展等重点领域，积极谋划项目,全力寻求支持。2017年全市共计争取各类项目246个,上争资金32.46亿元,其中发改局争取项目11个,到位资金6.67亿元。每季度对各单位上争资金情况赋分。

【招商引资】 根据市委、市政府的统一部署，发改局认真贯彻全市招商工作文件精神,开拓创新,扎实推进,积极开展招商引资工作。年初市委、市政府下达发改局招商引资任务指标5亿元，为顺利完成目标任务，发改局在推进已落实项目建设的同时,积极外联,加强项目推介储备,联系区内外企业集团，为招商引资项目单位提供全方位服务。及时掌握招商引资项目的洽谈、签约和建设进度,全力推进招商项目振武50MW光伏建设,2017年累计完成投资4.6亿元,于6月底建成并网发电。加强跟踪对接,全力推进隆基400MW前沿技术光伏电站复合项目、京能五期风电项目申报,协调国土规划、林业等部门做好项目前期选址，协助予以提供各类光伏风力发电项目竞争性配置申报资料，并及时呈报自治区发改委核准。

【招投标管理】 2017年，市发改局完成政府投资项目招投标82个，总控制价9.66亿元,中标价9.22亿元，节约资金0.44亿元,节约率4.6%。通过招投标完成中介服务机构16个。

【服务业发展】 2017年第三产业实现增加值49.93亿元,同比增长7.1%。“放管服”改革不断深化,“五证合一、一照一码”登记制度改革有序推进，科技教育、医疗卫生、健康养老等社会事业领域改革加速推进,“营改增”全面实施,培育壮大现代金融、电子商务业,提升发展文化旅游、健康养老业。深化投融资体制改革,支持保险、证券、基金等各类金融机构在灵武市设立分支机构。农村电子商务示范县创建稳步推进，建成电商服务站19个，实现网上交易5.2亿元。三大国有公司启动运营,参与推动新业态、新产业发展，累计为147家企业担保贷款2.4亿元。编制完成全域旅游规划及三年行动计划,打造“一核三带一廊六线多景”旅游格局,提升改造10个景点。滨河大道等沿线自行车道建成,二道沟、胡家堡特色旅游示范村建成开放。成功举办中国·宁夏(灵武)热气球节、亚太大学生五人制足球赛等活动，争创国家全域旅游示范市。接待区内外游客188万人次，实现综合性收入1.6亿元。“丝绸之路”中国越野拉力赛培训基地、国家低空飞行营地永久落户。

【粮食监管】 全力落实粮食安全省长责任制考核各项任务。牵头负责协调农牧、国土、水务、财政、统计、市场监管、农发行等部门单位做好粮考迎检工作,制定灵武市考核实施方案，组织召开联席会议，认真查找薄弱环节,补齐工作短板,确保各项考核指标的落实，顺利通过自治区、银川市考核验收。严格履行市场监管职责，维护粮食流通正常秩序。加强粮食流通市场监管，突出“元旦”“春节”“五一”等重点时段粮食流通市场综合监督检查，保障了城乡居民粮油消费安全。强化粮食收购行政许可监管，完成61家粮食企业收购许可证年度审核。扎实落实应急粮油地方储备，完善应急供应网点。为应付突发事件需要，保障粮食供给，建立市(县)级成品粮油应急储备，储备成品粮800吨、食用油250吨。在市区及各乡镇共设立一个粮食应急配送中心和15个应急供应点，实现全市粮食应急供应网点城乡全面覆盖。实施“粮安工程”，完成了中心粮库和郝家桥粮库的维修改造。实施中心粮库危仓老库维修改造工程，2017年项目全部完成，完成投资200.02万元。

【物价监管】 加强成本调查监审工作。完成余存粮调查、农资购买、改良绵羊、本种绵羊、蔬菜等农产品调查分析上报工作，及时足额发放了2017年农调户登记误工补助费26400元。对灵武市2016—2017年供热期供热成本进行全面审核，形成《华电宁夏灵武发电有限公司2016—2017年供暖期供热成本的报告》上报市政府。加强价格监测工作。全方位密切监控市场价格动态并分析预测，客观地反映灵武市市场商品价格的变动情况，向上级业务部门宏观调控市场物价提供及时、准确、翔实的资料。发挥价调基金稳价惠民积极作用，利用价调基金及财政补贴，对灵武市春节、元宵节期间的牛肉、猪肉进行价格补贴，共让利群众37.7万元，获得了广大群众的充分认可。强化价格监督检查，开展平价商店及灵武市大型超市节假日政府补贴肉价格执行情况专项检查。根据自治区物价局统一安排，开展了电力价格、商业银行收费、涉企收费、商品房销售明码标价等专项检查。元旦、春节、国庆、中秋等节假日期间对灵武市的商贸零售、旅游、交通运输等相关行业商品价格及收费执行情况进行检查，规范了市场价格秩序。依托12358价格监管平台受理价格投诉、举报、咨询及来访案件34件，做到受理及时，办理快速、反馈及时，解决了群众的诉求，维护了群众的价格权益。加强价格认定工作。价格认证中心公平、公正、公开地开展涉案物品价格鉴证工作，共受理涉案物品价格鉴定88起，鉴定金额350万元。

【创新工作】 深化县城基础设施投融资体制改革试点市(县)工作。重点围绕创新管理体制和运行机制、全面创新规划管理体制、完善城市基础设施建设等开展试点工作，在全区率先成立城乡建设投资开发公司、融资担保公司、文化旅游投资开发有限公司3个国有资产经营公司，组建供热有限公司、灵武供排水有限公司等4个子公司；成立PPP项目办公室，重点抓好PPP项目识别、项目准备、项目采购、项目推进、组织协调等工作；创新PPP模式，探索运用“PPP+招商”模式，项目合作与招商捆绑，市医院迁扩建项目运用“PPP+特色专科”模式，职教中心项目运用“PPP+招才引智”模式，临港产业园运用“PPP+产业招商”模式。全面推行“不见面，马上办”的网上在线审批模式。自2017年4月1起，所有项目审批、备案一律要求在宁夏投资项目在线审批监管平台办理。发改局组织干部积极参加自治区培训，及时详细地向各类投资者介绍在线审批平台的办理流程、资料清单，指导政务服务中心的发改窗口开展线上业务，除正常的受理、咨询业务外，对无能力完成网上申报的单位给予全程代办帮助。截至2017年末，共受理线上项目154个，其中审批78个、备案76个，办结率达100%。及时组织项目进场会。项目开标第三天，中标公示结束后，由项目单位和发改局组织住建、人社、安监、质监等部门和中标的施工单位、监理单位、设计单位召开项目进场会，集中协调项目开工及建设过程中的进度、质量、投资和安全等“四项控制”及其他相关问题。开展项目托管、PPP、EPC等新模式。聘请宁夏中房集团等3家专业项目管理公司，对灵武市政府投资项目实行全过程托管，用专业的人办专业的事，托管项目15个；确定临港产业园基础设施项目、职业教育中心迁建项目、市医院迁扩建项目等采用PPP模式建设，引入了社会资本参与灵武市项目建设；确定老年养护院建设项目、东沟人工湿地水质净化工程等13个项目采用EPC模式建设。开展第三方项目稽查。由市发改局联合行业主管部门带领第三方机构,对项目进度、质量和现场安全文明施工进行事先不打招呼的稽查。

【诚信建设】 2017年，在银川市社会信用体系建设领导小组的指导下,在市委、政府的安排部署下，灵武市进一步提升社会信用体系建设工作，确保信用体系建设取得实效。完善信用制度和标准规范体系相关建设。制定了《灵武市社会信用体系建设2017—2018年重点任务及分工》。转发并严格执行《国家发展改革委 人民银行关于加强和规范守信联合激励和失信联合惩戒对象名单管理工作的指导意见》。制定了《灵武市关于建立完善守信联合激励和失信联合惩戒制度，加快推进社会诚信建设的实施方案》,并配合相关单位明确守信联合激励和失信联合惩戒名单。推进公共信用信息归集和共享。严格按照银川市公共信用信息共享平台建设的工作要求，积极对接银川市关于县(市)、区公共信用信息共享平台账号开通情况，加快灵武市公共信工信息征集工作，并积极向银川市报送灵武市诚信建设相关工作动态。根据自治区及银川市相关目录制定了《灵武市公共信用信息指导目录(2017年)》并提请政府审议,待审议后印发给各单位严格遵照执行。深化行政许可和行政处罚“双公示”工作机制。为深入贯彻落实政务信息公开，提高行政管理透明度，全市持续推进全市各部门开展行政许可和行政处罚“双公示”工作,全市各部门按要求公示行政许可信息2919条；行政处罚信息848条。同时,积极配合自治区、银川市开展信用体系建设，定期报送有关信息，加快推进本地区行政许可和行政处罚“双公示”工作。加快推进法人和其他组织存量代码转换工作。统一社会信用代码是全市法人信用信息归集的主要标识。市工商、民政、编办等单位要充分利用信息变更登记、办理行政审批事项、银行开户、征缴税等机会,主动提示企事业单位、机关法人、社会组织办理使用统一社会信用代码，多途径督促法人和其他组织加快申领标注统一社会信用代码的登记证照，并于每周填报《灵武市存量主体代码转换工作进度表》,统一上报银川市信用办。到2017年12月20日,企事业单位、机关单位，社会组织统一社会信用代码换码率分别为91.49%、59.43%、100%;更换加载统一社会信用代码的企业2682户,其他社会组织47户,机关事业单位51户,换照率分别为92.91%、53.77%和100%。探索建立行政审批“绿色通道”,优先提供公共服务便利，降低市场交易成本,并积极向市场和社会推介，引导各方面提供优惠和便利，进一步提高守信收益。

【扶贫工作】 实施精准脱贫攻坚行动，组织6个工作小组深入泾灵南村开展结对扶贫工作，根据发改局扶贫40户200人的任务，发改局领导高度重视,深入群众,逐户逐人摸清生活状况、致贫原因、脱贫愿望等，对采集的信息进行登记和录入,并分类制定帮扶计划,通过产业脱贫、教育脱贫、就业脱贫、兜底脱贫等,做到点对点服务、一对一救助、多对一精准帮扶。2017年帮助解决劳务务工5人次，协调民政部门救助低保、困难户6户，春节慰问40户,慰问金额20000元;发放鸡苗1600只、幼鸡饲料32袋1280公斤。2017年完成脱贫20户,2017年脱贫未达标退回3户。现有未脱贫户13户,力争两年内完成脱贫攻坚任务。

【党的建设】 围绕抓班子、带队伍、强组织,突出抓好认真落实三会一课和支部主题党日活动制度,扎实推进“两学一做”学习教育制度化、常态化。先后组织开展了4次“两学一做”学习教育常态化制度化专题学习讨论会，开展了庆祝“七一”建党96周年暨学习自治区第十二次党代会精神等支部主题党日活动7次;同时,组织党员深入沙漠腹地，学习治沙英雄先进事迹;积极开展组织“评星定级”、党员“评星定格”、服务型党组织建设及软弱涣散党组织整顿等活动，争创三星级服务型党组织3个、二星级服务型党组织1个，引导党员干部立足岗位,创先争优,把党建工作的新成果转化为推动业务工作的新动力，实现了党建工作与业务工作相互渗透、互促双赢的良好局面。加强干部队伍建设。紧紧围绕“服务中心、建设队伍”两大任务,以落实机关党建工作责任为主线,以“两学一做”学习教育常态化、制度化为主题，持续推进“两学一做”学习教育活动，把主业聚焦到抓党建，把重点聚焦到抓支部，把工作聚焦到抓落实，把导向聚焦到抓机关效能，全面提升机关党建工作科学化水平。将“两学一做”学习教育与重点项目建设、中心工作相结合，紧密联系工作实际，带着问题学习讨论，边学习、边查找、边改进，切实发挥基层党组织的核心作用，切实贯彻党的政治生活制度。加强党风廉政建设。压实“两个责任”，把“两个责任”纳入年度工作目标，与年度工作同研究、同部署、同检查、同考核、同奖惩，认真落实《党风廉政建设党委主体责任全程纪实管理办法》和《党风廉政建设主体责任清单》。加强反腐倡廉教育。开展党风廉政建设宣教月活动，把《中国共产党廉洁自律准则》和《中国共产党纪律处分条例》等十项法规制度纳入机关党员干部日常教育的重要内容，深入开展了党纪教育、示范教育、警示教育和岗位廉政教育，筑牢机关党员干部拒腐防变的思想道德防线。聚焦制度问题和关键领域，强化对项目建设、资金使用全过程的监督管理，特别是对容易发生问题、容易侵害群众利益的领域和环节，有针对性地采取防范和治理措施，进一步加强党员领导干部廉洁自律，促进作风好转和廉政建设。加强机关效能建设。建立完善了包括考勤制度、值班制度、请销假制度、财务管理内控制度、学习制度、保密工作制度、公务接待制度等机关效能管理制度体系。认真学习贯彻党的十九大精神，开展形式多样的学习方式，掀起学习宣传和贯彻落实党的十九大精神高潮。局党委成员带头学习，以上率下；机关党支部以主题党日活动为契机，引导全体党员干部及离退休干部的学习，并开展职工学习讨论交流，不断把党的十九大精神的学习引向深入。开办了党的十九大学习宣传专栏，进一步提高学习效果。

国土资源管理

【概况】 灵武市国土资源局为政府组成部门，主要承担贯彻执行国家、自治区和灵武市党委、人民政府有关土地、矿产资源和测绘工作的法律法规和政策；拟定灵武市有关规范性文件并组织实施；组织实施土地资源、矿产资源和测绘行业管理的技术标准、规程、规范和办法等13项重点工作。原核定编制总数为92个。到2017年末，编制共计128个，现有人员114人。30岁以下的10人，占8.7%；31—39岁的23人，占20.1%；40—50岁的57人，占50%；51—54岁的15人，占13.1%；55—60岁的9人，占7.9%。

【耕地保护】 灵武市基本农田保护目标19000公顷。永久基本农田成果数据库中，划定面积超出自治区下达指标42.3253公顷，划定前后利用等别保持不变。根据永久基本农田划定技术规程要求，从五个方面做好划定工作。一是落地块：明确基本农田地块边界、地类、面积、质量等级信息以及片(块)编号。灵武市共落实基本农田地块122630个，落地块工作基本完成。二是明责任：将保护责任落实到村组和农户，责任书要签订到村(组)。市政府与乡镇府签订永久基本农田保护责任书共计8份，各乡镇与行政村签订保护责任书共计79份，明确了永久基本农田保护的目标管理责任，建立了灵武市、镇(乡)、村队(组)和农户的三级永久基本农田保护体系责任考核奖惩办法。三是设标志：补充更新标志、标识牌，在交通沿线、城市周边显著位置增设标志牌。补充更新永久基本农田保护标志65个，其中设立擎天柱2个、双立柱51个、保护碑12个，并对原有保护标志进行维修。四是建表册：编制乡级永久基本农田保护区分布图、县级永久基本农田保护区分布图，填写永久基本农田调整划定平衡表、现状登记表、保护责任一览表。确保表册信息真实、完整、准确，与落地块、明责任等划定信息一致。五是入图库：将基本农田保护图、表、册的内容纳入数据库管理，建立基本农田数据库。数据库成果通过国土资源部下发质检软件质检，质量合格，做到图、数、实地一致。支撑特色产业，做好设施农业服务。按照自治区国土资源厅、农牧厅《关于进一步加强和规范设施农业用地管理的通知》(宁国土资发〔2017〕79号)文件精神，灵武市国土资源局同农牧局、乡镇共同审核受理设施农用地项目备案申请16宗,办结11宗。做好临时用地管理。配合区、市重点项目建设共完成银西高铁、宁煤集团、黄河二期防洪工程、电厂等区、市重点项目12宗临时用地审核报批工作，为项目顺利实施使用临时用地及用后的复垦打下基础。

【建设用地服务】 一是完成灵武恐龙化石遗址保护馆项目建设工作。新建恐龙化石遗址保护馆项目建筑面积3300平方米，项目总投资为2016万元，2017年末已完成主体工程建设。二是完成宁夏灵武国家地质公园地质遗迹科普宣传项目工作,项目总投资为944万元。三是完成了地质公园三个园区的地质遗迹日常保护与巡查、科普宣传与生态保护等工作。

【土地整治】 自灵武市土地违法违规突出问题整改开展以来，灵武市国土资源局严格按照《例行督察意见书》西〔2017〕3号(总279号)的要求,以“抓整改、纠偏差、促规范”为目标，以不整改到位不罢休、不规范管理不松手、不验收通过不收兵的态度和觉悟,压实责任,明确时限,拿出措施。对存在的问题逐项分解,件件把关,彻底纠正。在自治区、银川市各级各部门的指导下，各项违法违规问题得到全面整改。对违法征收的1960亩,其中耕地128亩的土地已全部退还村集体，并恢复耕种;对政府违规登记的163宗,其中含违规抵押融资21宗的商业用地，收回并注销147宗国有土地权利证书，恢复原土地使用权类型和土地用途；对违法违规占用的17宗837.29亩土地全部查处到位(没收建(构)筑物36.81万平方米,拆除建筑物面积17.19万平方米,收缴罚没款120.19万元,追究相关责任人10人)；对闲置的9宗705.64亩土地全部处置到位,其中征缴土地闲置费1宗5.97亩，收回国有土地使用权2宗149.29亩，督促动工建设4宗299.2亩,法院查封1宗51.18亩,正在诉讼1宗200亩;对全局工作人员从5个方面进行考核，努力形成领导和干部队伍的“合心合力合拍”,使个人能力、集体智慧、团队精神最大限度发挥。

【不动产登记事务中心】 开展农村土地确权登记发证工作。全市农村土地确权调查工作共涉及6个乡镇,57个行政村,约31938宗土地,已完成外业测量31938宗，内业登记31938宗，数据入库29764宗，已通过自治区国土资源厅组织的“两权办”验收工作。稳步推进不动产登记发证工作。已受理各类不动产业务34256件，发放不动产权证书2425本，登记证明3902张,其他登记411件。全部调查清晰、权属清楚、程序合法,无错登、漏登现象发生。开展不动产数据整合建库工作。为保障不动产登记工作的平稳运行，积极与不动产招标技术单位沟通配合，原房产数据已完成全部档案的扫描工作,登记信息已整合入库86%，土地数据整合工作也已完成全部档案扫描工作，宗地数据整合了1013宗,已完成84%。推进“两证合一”确权颁证工作。农村宅基地使用权和房屋所有权建库外业核查工作正在进行。

【测绘地理信息管理】 随着城市建设发展、数字城市的进程加快、业务工作量不断增加,信息化的不足之处逐渐暴露,规划管理工作基本上仍沿袭传统的方法和手段。为从根本上解决以上问题，经灵武市国土资源管理局前期调研并借鉴其他先进县市的经验和做法，建设一套规划信息化综合管理系统。建成后,将实现项目规划管理事前事中事后全程档案电子化，提高灵武市规划决策的正确性和准确性，大幅提升城市规划管理工作的水平。

【国土资源执法监察】 2017年5月12日，专项开展了非煤矿山专项整治“零点行动”,随后，灵武市联合执法组继续对违法盗采等现象保持严厉打击的高压态势。一是加快对26家非煤矿企业力度查处步伐和力度，把各个非煤矿山企业的处理情况具体化、精细化,关闭取缔采矿权逾期的2家企业，立案查处移交公安的4家。二是严把严守,严厉打击,严格监管。“零点行动”之后,对群众举报和巡查发现的20家偷采盗采点全部采取封堵进出路口、掘断路径、树立警示牌等措施,加强管控,防止盗采现象死灰复燃。三是疏堵结合,按照新编制的《灵武市矿产资源规划调整方案》，做好3宗采矿权挂牌出让工作,为建设项目提供资源保障。

四是加大汛期地质灾害预防工作。进一步完善制定各项制度，预防地质灾害发生，做好对全市范围21个隐患点的巡查防灾工作。

【招商引资和项目争取】 招商引资和项目争取工作取得新突破。新建银川市生活垃圾预处理系统扩建改造工程项目正在实施，投资19214万元，经过积极对接服务，项目进展有序。2017年，累计完成投资18942万元。建成后可减少温室气体排放5.5万吨。争取资金1640万元，实施地质管理项目建设。到位投资约900万元，比例54%。投资944万元实施了地质遗迹科普宣传项目。全力推进矿山环境治理项目，确保机场周边环境改善美化。争取国土资源厅投资项目资金1914万元，实施银川河东国际机场周边环境治理项目，治理面积5399亩。

【矛盾和问题】 土地供求矛盾十分突出。随着经济社会的快速发展，工业化、城镇化建设的进一步推进，各类建设用地需求持续增长，灵武市争取的一些大项目急需落地，用地形势更加严峻。土地集约节约利用水平不高，仍然存在土地转而未供、供而未用以及低效利用等现象，用地潜力还需进一步挖掘，盘活存量土地的能力有待提高，节约集约用地的措施有待进一步深化和探索。土地执法形势严峻，由于管理体制、利益驱动等深层次的问题，违法用地的现象还比较突出，处理难度较大，责任机制急需完善。党风廉政建设的重要性、必要性有待提高，有关制度执行尚未完全到位。土地违法、违规现象有所抬头，国土执法取证执法环境建设有待进一步提高。

安全生产监督

【概况】 2017年，全市共发生生产安全事故13起，同比持平；死亡4人，同比下降66.7%，全市亿元GDP死亡人数0.014，低于自治区下达的0.091控制率，亿元GDP死亡控制率在全区排名第三、在银川市排名第二、在川区八县排名第一，年度安全生产目标责任考核被银川市评为优秀。

【安全技术】 2017年，灵武市人民政府投入88.6万元委托宁夏银骏技术服务公司为灵武市提供社会化安全技术服务。银骏公司依据技术服务合同约定内容，首先组织专家组对被服务企业进行安全“诊断”，查找安全管理存在的薄弱环节、重点部位，建立了39家服务企业的“一企一档”档案。依据《灵武市安全生产监督管理局的执法计划》，3名固定专家配合灵武市安全生产监督管理局执法检查，为安全生产执法监督提供技术支撑，保障监管执法的科学性；为打击灵武市土炼油、加油站拆除提供安全拆除方案，并且派出专家现场监护；灵武市文化节、热气球节等大型活动组织专家现场进行隐患排查治理；聘请专家配合安监局对灵武市发生的安全生产事故进行技术分析，并形成事故调查技术报告；每月统计、分析安全技术服务中灵武市安全生产存在的问题并形成报告9份，为领导科学决策提供技术分析。对灵武市服务范围内的39家企业每月进行隐患排查及复查工作，并配合灵武市安监局对灵武市各加油站、生产企业、政府单位（污水处理厂、供热站等）等24家企业或单位进行隐患排查治理工作，截至2017年底，共排查各类安全隐患1500余条，经复查，企业隐患整改率达93%以上。建立企业安全风险分级管控和隐患治理机制，完成68家企业安全风险控制和隐患治理信息系统建设。开展了3场专项培训，现场指导企业全员、全方位、全过程的风险排查、风险评估和危害辨识，针对高危工艺、设备、物品、场所和岗位实行分级管控，企业形成风险库、隐患排查清单。重点指导了宁夏宝丰能源集团甲醇厂、烯烃厂、焦化厂、催化厂、苯加氢厂系统建设。完善企业对重点区域、重点部位实行风险预警控制和联防联控机制，建立了政府、企业联网的风险分级防控和隐患排查治理信息平台。

【专项整治】 将“双随机一公开”作为日常执法检查的主要方式，强化事中事后安全监管，消除监管漏洞和盲区。2017年共成立了13个安全生产专项检查小组，分别由市领导带队，以全面落实企业主体责任、规范企业安全管理和隐患排查治理、完善安全生产规章制度等作为专项整治重点内容，开展对煤矿、非煤矿山、道路交通、危险化学品、客运(校车)及危货运输车辆、建筑施工、人员密集场所、特种设备、旅游场所、职业病危害、粉尘防爆、水域水库、煤烟中毒等13大重点行业领域专项整治，共开展执法检查264次,检查生产企业、人员密集场所2548家(次),关闭取缔11家非煤矿山企业、1家工贸企业，停产整顿15家企业，行政处罚罚款574.06万元。

【责任追究】 加大事故追责力度。在查处安全生产责任事故上,始终坚持“四不放过”原则，2017年，先后对武汉辛平能路桥钢结构工程有限公司灵武转运场“5·21”物体打击事故、南充一建劳务有限公司“9·4”磕碰事故进行查处，对4名责任人进行了严肃处理,罚款66.36万元。

【宣传教育】 深入开展安全生产系列宣传教育活动，发放各类宣传资料10万余份,开展各类宣教活动20多场次,受教育群众2万多人次，先后邀请自治区、银川市安全生产专家举办各类培训班10余次,培训人员超过6000人次。

市场监督管理

【概况】 灵武市市场监督管理局承担市场主体准入、市场经营秩序监督管理、食品安全、药品、医疗器械、产品质量、计量、标准化、特种设备、保健食品、化妆品监督管理等21项主要工作职责。2017年,灵武市市场监督管理局全面落实年初提出的“129项目标任务”,有效规范了市场秩序，在各项改革和市场监管工作中发挥了重要作用。

【全国文明城市创建】 开展废旧金属收购行业整治活动,焚烧电线电缆现象得到遏制。会同市环保局、郝家桥镇对240余家废旧金属收购站点进行了联合整治，取缔无照经营废旧金属收购站点19家。全力整治煤炭市场，实现煤质检测全覆盖，对不符合要求的煤炭经营单位和燃煤企业下发了责令整改通知书，停止销售或使用不符合质量标准的煤炭。加大农贸市场环境卫生整治力度,清理卫生死角、拆除违规搭建物101处,农贸市场环境卫生局部得到改善。

【人大代表建议和政协委员提案办理】 2017年共承办人大代表建议、政协委员提案8件,将办理进度和结果及时向人大代表、政协委员进行了反馈,征询意见满意率达100%。

【诚信体系建设】 提请政府转发了《灵武市建设国家企业信用信息公示系统(宁夏)工作实施方案》和《关于印发贯彻国务院“先照后证”改革后加强事中事后监管责任分工的通知》,建立起覆盖全市各有关部门的企业事中事后监管网络。全市企业年报率达到92.39%，个体工商户年报率达到90.36%,将1677家企业和个体工商户移入经营异常名录;开展了2016年度企业年报抽查工作，抽查市场主体517家，将抽查不合格市场主体移入“黑名单”,依法吊销89家企业、823家个体工商户营业执照,构建企业“一处失信,处处受限”的监管新机制。

【消费维权】 在崇兴镇中渠村成立了全区第一家老年消费维权教育服务站,举办“网络诚信消费无忧”3·15宣传咨询活动和主题晚会,建立“一会两站”消费投诉微信群，及时受理和解决消费者诉求。全年共受理和解决消费者投诉141起,为消费者挽回经济损失16.8万元。

【商事制度登记改革】 先后制定多项具体措施，深入推进放管服改革。推行企业“五证合一”“多证合一”和个体工商户“两证合一”等商事制度改革举措，营造高效便捷的市场准入环境,促进“大众创业、万众创新”。2017年,新注册登记企业1207家,比2016年增长20.6%;新增个体工商户1904户,比2016年略微增长。现有市场主体17558家，比2016年增长20.9%。

【行政执法】 加大重点领域、重点行业的商业贿赂、虚假宣传、违法广告、假冒伪劣、霸王条款、商业欺诈、销售假冒伪劣商品等违法行为的查处力度,查处违法案件92起，罚没款94.7万元，案件数量和罚没款金额在全区市场监管系统名列前茅，被自治区食品药品监督管理局推荐为“全国食品药品执法办案先进集体”。

【商标战略】 提请政府转发了《灵武市落实发挥品牌引领作用推动供需结构升级的实施方案》，推动商标品牌建设持续健康发展。2017年全市拥有有效注册商标980件。“灵州雪”商标被认定为中国驰名商标，全市拥有中国驰名商标6件、宁夏著名商标29件，是全区拥有驰、著名商标最多的县（市）之一。“灵武精品羊绒”区域品牌成功入围2016年全国最具潜力区域品牌30强。“伊诺牌宁夏滩羊”获得生态原产地产品保护，实现了灵武市生态原产地保护产品“零”的突破。“塞上雪儿”等3个品牌在2017年中国国际品牌博览会上荣获金奖，“昊王牌大米”等6个产品获得宁夏名牌产品称号。

【食品安全监管】 坚持食品安全“党政同责”，用习近平总书记提出的“四个最严”要求，守护百姓舌尖上的安全。完成食品安全抽检1180批次，严厉查处生产、销售不符合食品安全标准的违法案件35起，罚款47.88万元。组织开展食品安全执法检查46次，发现和整治问题317个。2017年全市有2个乡镇和30家经营户创建成食品安全先进乡镇和食品安全示范单位，完成了734家餐饮服务单位“明厨亮灶”改造工程和热气球节、亚太大学生5人足球赛等10多项重大活动的食品安全保障工作。开展了以“寻找笑脸餐厅、品味灵武味道”为主题的餐饮业质量安全提升活动，举办“寻找笑脸餐厅”暨第二届灵武好味道颁奖晚会，向笑脸餐厅颁发笑脸标识牌，对十大清真名菜、十大清真名小吃进行表彰奖励。强化乡镇（街道）食品安全属地管理职责，农村集体聚餐得到规范。聘请食品安全协管员（信息员）743人，排查风险隐患信息10余起，有效确保了农村食品安全“零事故”。 2017年灵武市食品药品安全考核成绩名列银川市第1名。

【药品安全监管】 规范提高和管好药品安全。全市有7家单位通过了药械经营单位规范化验收；先后开展了16项药品市场专项整治活动，监督销毁过期麻醉和精神药品、中药饮片3100支（片），监测上报ADR报告410例、MDE报表30例，责令企业辞退涉嫌虚挂的执业药师11名。开展“7点行动”“12点行动”，集中执法力量对一些无证销售非正规药品、医疗器械、保健食品等突出问题进行了整治，《中国医药报》对此项活动进行了报道。

【特种设备监管】 加强全市特种设备监管信息网络建设，检查五大类特种设备使用单位200多家；对全市新开工项目特种设备使用单位进行了检查指导，保障施工安全；对全市叉车、气体充装企业、瓶装气体经营者进行专项整治和集中检验，及时消除事故隐患。

【打击传销】 会同公安部门先后3次集中开展打击传销活动，取缔传销窝点16个，遣散传销人员127人，传销违法活动呈下降趋势；开展了网络商品交易、文化市场、烟草市场、烟花爆竹、红盾护农、农资市场、建材市场、集贸市场等20多次市场专项检查活动。

【计量惠民】 开展计量惠民工程，检定计量器具2700台，免收检定费80余万元。

【党风廉政】 局党委专门召开全局党风廉政工作会议，党委书记与班子成员及所属各党支部书记签订了党建和党风廉政建设责任书，实现责任传导全覆盖。完善了全面从严治党“三个清单”，班子成员自觉履行“一岗双责”，推进分管职责范围内的党风廉政建设工作。开展了“学先进、找差距、补短板”活动，学习党建示范点先进经验，提升党建工作水平。

【作风整治】 制定了《领导班子成员深入基层推动工作制度》《工作督察办法》，大力推行“一线工作法”，强化领导班子作风建设。公开竞聘选拔8名中层干部，营造风清气正的工作环境。推进“两学一做”学习教育制度化常态化，认真开展“守纪律、敢担当、有作为”和“学、查、改”干部作风整治活动，教育引导党员干部树牢“四个意识”，坚定“四个自信”，补好精神之“钙”，筑牢思想之基。

【主题教育】 开展“不忘初心、牢记使命”主题教育活动，全体干部走进消防部队体验铁一般的纪律和优良作风，现场感受白芨滩自然保护区治沙造林奇迹，重温入党誓词；深入泾灵南村贫困户家中，宣讲党的十九大精神，强化党员干部责任担当。组织学习《党章》及准则、条例等党规党纪，观看《巡视利剑》《永远在路上》等专题片，通报违反中央八项规定精神、损害群众利益典型案例，到宁夏女子监狱接受警示教育等，筑牢干部职工拒腐防变的思想防线。

统　计

【统计业务】 2017年，加强对地区生产总值、工业总产值、固定资产投资、能源消耗等月度、季度和年度重要经济指标的审核评估工作。做好全市基本单位名录库的管理、维护和更新工作。先后组织开展了人口变动调查、月度劳动力抽样调查、妇女儿童发展纲要监测、限额以下批发零售企业调查和私营企业劳动工资调查、规模以下工业企业抽样调查等多项专项调查工。对全市128家规上工业企业全部进行工业数据和能耗数据质量核查，对27家贸易服务业开展数据质量核查、对全市所有乡镇开展农业数据质量核查，对全市45家房地产和建筑业开展数据质量核查，对245家“一套表”联网直报单位进行数据质量核查，对全市20余家部门和企业进行统计执法检查。

【统计服务】 2017年撰写统计信息124篇，统计分析68篇、《统计快报》4期，发布了《2016年度国民经济和社会发展统计公报》，编印了《灵武市2016统计年鉴》，以统计快报和《国民经济季度统计手册》向市四套班子及主要部门公布统计数据。积极参与中国中小城市科学发展评价工作。

【企业一套表联网直报】 2017年，全年灵武统计局共开展各类业务培训14次以上，内容涉及“一套表”平台操作流程、固定资产投资、建筑业、房地产、农业、人口抽样变动、综合核算、第三次全国农业普查等多项内容。

【统计法制】 开展两期统计法律法规知识培训班，对全局干部和乡镇（街道）统计干部就《统计法》进行了全面培训。开展规模以上工业、固定资产投资、商贸服务业、房地产建筑业、农业、劳资能源等多专业年报会培训，对全市“四上”企业和固定资产投资项目责任单位进行了统计法律法规和统计业务知识培训。

【第三次全国农业普查】 2017年1月1日农业普查入户登记正式启动，各项工作有序推进。完成了38412户农户、917家规模户、788家经营单位的入户登记工作；完成了普查数据质量复查审核上报工作；完成自治区级农业普查数据质量验收。

审　计

【概况】 2017年，在市委、市政府的正确领导下，在自治区审计厅、银川市审计局的精心指导下，在市直各部门、各乡镇的密切配合和鼎力支持下，灵武市审计局深入贯彻落实党的十九大精神和自治区十二次党代会精神以及国务院《关于加强审计工作的意见》和两办《关于完善审计制度若干重大问题的框架意见》。认真履行审计监督职责，全面加强审计队伍建设，不断提高依法审计能力和审计工作水平，巩固提升审计工作成果，推进审计工作法治化、规范化、科学化，着力构建和完善与经济社会发展相适应的审计监督机制。2017年，灵武市审计局计划开展审计项目25个，实际开展审计项目37个，完成目标任务的148%，其中：已完成审计项目31个，正在实施的审计项目6个。已完成审计项目查出违规资金101867万元，其中：应上缴财政资金3643万元；应归还原渠道资金9万元；管理不规范资金98194万元；查出非计量问题28个；政府投资项目审计中核减工程造价1.88亿元。移送纪检监察机关事项7项，移送发改、财政等相关部门4项，提出审计建议33条。上报审计专报3篇，市委、政府主要领导批示5篇（次），上报审计信息87篇次。

【财政预算执行情况审计】 全面完成了灵武市2017年度本级财政预算执行及其他财政财务收支审计；完成了市交通运输局、市场监督管理局、城市管理综合执法局、安全生产监督管理局、医疗保险事务管理中心6个部门的预算执行情况审计。通过对预算编制、预算调整、预算执行和财政决算进行全面审计，重点关注新预算法执行、预算资金绩效、资金结余、政府债务等内容，依法对违纪违规行为提出了处理处罚意见，针对体制机制上存在的突出问题提出了合理化审计建议，促进被审计单位积极整改，进一步规范了财经行为，维护了财经纪律，协助政府理好财。

【领导干部经济责任审计】 先后组织对市妇幼保健院、交通运输局、医疗保险事务管理中心、发改局、环保局、市场监督管理局、城市管理综合执法局、安全生产监督管理局、城区街道办10个单位的领导干部进行经济责任审计。结合乡镇财政决算审计对临河镇的党委书记、乡（镇）长经济责任进行了同步审计。审计中，以促进领导干部按照法定权限和程序行使权利、履行职责为目标，进一步促进党风廉政建设，为组织部门使用干部提供了依据。

【乡镇财政决算审计】 组织完成了郝家桥镇2015—2016年度财政决算审计。按照“收入一个笼子、预算一个盘子、支出一个口子”的要求，将乡镇全部政府性资金及其经济活动纳入了审计范围，重点关注惠农政策的执行、民生经济事项的效益，通过揭示和查处违纪违规行为，提出具有针对性的审计建议，促进乡镇进一步规范财务管理，严格会计核算。

【政府投资项目审计】 2017年，灵武市审计局紧紧围绕市委、政府年初确定的2017年大事和实事进展情况对政府投资项目进行了审计，切实加强了对基本建设资金运行全过程的监督。截至2017年末，共完成工程建设审计项目1036项，审计总金额24.15亿元，审定资金22.27亿元，核减工程造价1.88亿元，核减率7.78%，其中：工程结算393项，送审金额11.2亿元，审定金额10.31亿元，监督核减造价8912万元，核减率为7.95%；招标控制价643项，送审金额12.94亿元，审定金额11.95亿元，监督核减造价9893万元，核减率为7.64%。审计重点对立项、招投标、资金拨付和使用、监理等环节进行监督，为政府投资项目资金的安全、有效使用，项目工程合法合规建设，政府投资节约，切实发挥了审计监督作用。

【财政财务收支审计】 结合推动供销和医疗体制改革，促进健全完善制度，完成供销合作社、市人民医院、市中医医院和市教育体育局、劳动就业服务局5个单位的财政财务收支审计。通过检查资金收支和资产转让、出租和使用情况，揭示了市供销社存在资产管理不善、项目管理混乱等违纪违规问题，从运作机制、决策程序、内控管理、财务收支等方面提出合理审计建议。上报的审计专报得到市委、政府领导高度重视并作出重要批示。

【跟踪审计】 为了前移审计监督关口，依据《灵武市人民政府审计规定（试行）》，灵武市审计局对政府重点建设项目中住建局实施的2016年老旧小区改造、教育体育局实施的中小学操场建设、水务局实施的100公里沟道清淤、林业局实施的枣博园二期建设、交通局实施的307国道和344省道建设项目进行了中期跟踪审计。重点关注了项目的立项、招投标程序、工程进度、资金拨付及债务情况，并向市政府提交了审计报告。通过审计，进一步规范了项目的管理、施工进度和资金拨付程序。为项目建设的规范、合理提供审计建议，促进项目有序按期完成。

【其他审计】 2017年，灵武市审计局先后牵头完成了市领导批示交办的临时性审计事项及市委、政府相关会议决定的审计和调查事项109个。先后配合相关部门圆满完成了市林业局2015年城区绿化工程资金、教育体育局运动场项目工程款、城区街道办印刷厂片区拆迁遗留问题等重点工程和重要资金审核任务，为市委、政府科学决策提供了翔实、合理的审计依据。

【创新工作审计】 一是制度创新。为了规范政府投资项目管理和审计行为，提请政府制订了《灵武市政府投资项目审计规程（试行）》，明确规定了审计项目资料接受、现场勘验和出具报告的具体要求。为了加快项目进度，出台了《审计项目限时办结办法（试行）》等内控制度，要求所有年度审计项目在实施前召开业务分析会，共同研究确定较为合理的审计现场实施时间。二是管理创新。为有效提高审计效率，确保审计质量，推行“挂图作战”。明确领导责任。由局班子成员分别担任重大审计事项审计组长，在审计现场协调解决遇到的问题和困难；设立公示栏，将全年实施的审计项目、责任领导、审计组人员、项目实施起止时间等进行公示，接受监督、按时完成；实行综合量化目标考核。三是经济责任审计创新。与七部门联合下发《灵武市党政主要领导干部和国有企业负责人离任经济事项交接办法（试行）》，推进经济责任管理创新，完善项目计划管理，建立了现任在职领导干部经济责任审计台账，为经济责任审计全覆盖奠定数据基础。

【其他工作】 2017年，在认真抓好审计业务工作的同时，还着力抓好招商引资、综合治理、民族宗教、工会、妇联等工作。招商引资任务全面完成。全局形成了无治安案件发生、无人参与邪教活动的良好局面，为促进社会和谐稳定做出了积极贡献。

【党建工作】 2017年，坚持两手抓，从严落实“三会一课”制度，深入推进“两学一做”学习教育常态化制度化，坚持融入日常、抓在经常。在突出思想教育、落实基本制度、解决主要问题上下功夫，做到全覆盖、常态化、重创新、求实效。全面推行党支部主题党日活动，先后开展了庆祝中国共产党成立96周年红色主题和回汉一家亲等主题党日活动，积极开展党员“评星定格”活动，激励党员干部进一步向先进看齐，对标先进找差距、比学赶超追先进；坚持与审计日常工作相结合。将做合格共产党员与密切联系服务群众和服务灵武经济发展紧密结合，长期坚持、久久为功，切实做到了两不误，两促进。

【党风廉政】 始终把党风廉政作为审计的“高压线”，自觉加强纪律建设，不断完善党风廉政建设和反腐败工作机制，切实落实好领导干部“一岗双责”责任制，持续做好反腐倡廉宣传教育，及时通报违反中央八项规定精神和其他违纪典型案例，认真收看党风廉政专题片《永远在路上》等视频，邀请市纪委上廉政教育党课，组织开展了“强纪律规矩、做到执行纪律合格”相关研讨，增强了党员干部自觉抵制“四风”问题和廉洁从审的意识。严格执行 “审计八不准”工作纪律。严格落实《审计廉政监督员制度》，畅通信访举报渠道，公布审计人员违纪举报电话，实行外聘廉政监督员和廉政风险保证金制度。全局上下形成了风清气正、务实进取的良好风气，未出现一例因违规违纪被问责和追责的情况，树立了审计人员的良好形象。

【扶贫工作】 按照市委关于建立机关干部联系群众的要求，持续深化干部下基层实践活动，积极为帮扶村、帮扶社区和企业服务。严格落实周四精准扶贫日制度，明确帮扶责任，增强帮扶工作的针对性和精准度。先后指导和帮助梧桐树乡北滩村和泾灵新村帮扶户理清发展思路，制定发展规划，加快发展步伐。协调市财政局等部门为北滩村争取“一事一议”项目资金60万元；积极筹集资金，为有养殖意愿的精准扶贫结对帮扶户发放鸡苗1050只、鸡饲料41袋，多方协调联系，为北滩村和东盛社区无偿补助体育器材各1套。通过“百名干部进百企” 活动确定帮扶企业天马集团与新南天然气两家公司，在走进企业、服务企业，为企业破解难题的过程中进一步锤炼干部作风、增长才干。要求每个帮扶责任人每周至少到村到户1次，认真摸清帮扶贫困户基本情况，通过扶贫工作队进行实地调研、进村入户走访、分析致贫原因并找准帮扶突破口，制定帮扶脱贫计划，按照“不脱贫不收队”的工作要求进行帮扶，摸“准”扶贫对象，确保精准扶贫 “靶向定位”。截至2017年底，灵武市审计局2017年的脱贫任务已全部完成。通过下基层联系群众，审计干部受到了深刻教育。

【获奖情况】 2017年，灵武市审计局实施的灵武市供销合作社联合社2014年至2016年财务收支情况审计项目获得审计厅“优秀审计项目”和银川市审计局“优秀审计项目”荣誉称号，1人荣获最美灵武人称号，1人荣获百名法治模范荣誉称号。

社会经济调查

【概况】 灵武市社会经济调查队（简称灵武市调查队）为认真学习贯彻中央《关于深化统计管理体制改革提高统计数据真实性的意见》，坚持实事求是的原则，严格按调查制度规定办事。2017年完成了灵武市城乡住户、乡镇居民收入、国家库区移民监测、播种面积、粮食产量、畜禽监测、贫困监测、生态移民监测、固定资产投资、农民工监测调查、银川市依法治市等调查及其他临时专项调查任务。共有人员编制8人，全队40—60岁干部3名，40岁以下干部4名。本科以上文化程度5名，研究生学历1名，双学位2名。

【党建工作】 2017年，灵武市调查队全面落实从严治党，严格履行“一岗双责”。坚持“三会一课”制度，扎实开展“两学一做”学习教育常态化制度化建设、政策理论及廉政法规学习、领导干部带头讲党课等活动，不断加强干部党性教育，充分发挥党组织的凝聚力和党员的先锋模范带头作用。2015 年、2016 年被灵武市评为“三星级服务型党支部”，2017 年又顺利通过了“三星级服务型党支部”动态管理考核验收。加强党建活动阵地建设，利用会议室、阅览室为党员提供学习活动和党的建设阵地，配备视频会议、投影仪等电子设备，增添 800 多册党政书籍，加强了党员教育管理、组织规范化建设，加强了党性修养。结合支部主题党日，与结对共建的泾灵北村、吴家湖村联系，组织慰问两个村的老党员、困难群众 36 人。

【制度建设】 灵武市调查队参照上级领导机构的各项管理制度，广泛征求干部职工意见建议，对财务管理制度、考勤制度、信息考核办法进行了修订完善；并制定了政府采购管理办法、固定资产及在用财产管理办法。通过制度建设、科学管理，打造了一支“业务精、作风硬、能吃苦、善调查、会调查”的队伍，形成了各负其责、各司其职、共谋发展的良好氛围，使工作效率进一步提高。

【组建工会】 2017 年 4 月 1 日，经灵武市总工会批准正式成立队工会，并选举产生第一届工会委员会委员和工会经费审查委员会委员、妇女委员。同时，为规范工会经费管理使用，队工会委员会制定了《队工会经费管理使用细则》，认真学习市工会《关于进一步规范基层工会经费管理使用的通知》，加强工会经费的管理、监督和使用，落实干部职工福利待遇，保障职工合法权益。

【住户及农业调查样本轮换】 2017 年是城乡住户调查样本轮换年。灵武市调查队积极向市委书记和市长汇报，经市长办公会通过，成立了灵武市样本轮换工作领导小组，指定分管副市长为组长负责总协调，为摸底工作做好各项准备工作。另一方面大力宣传样本轮换工作，制作《致灵武人民一封信》在灵武市电视台轮番播放，通过灵武新闻宣传介绍灵武调查队开展城乡住户样本轮换工作情况，在“美丽灵武”微信公众号推送宣传样本轮换工作，协调市城管局和物业办在全市 22 个调查小区悬挂宣传横幅 88 条和张贴海报 66 张；多种形式的宣传，让全市居民了解城乡住户调查工作内容、意义，提高了配合支持度，灵武市样本轮换换户率为全区最低市县之一。同时，通过积极与样本户沟通交流，想方设法做工作，抽出时间反复培训，双轨运行、逐渐过渡，大力推广手机电子记账，全市手机电子记账率达 97.1%。采用卫星遥感测量调查方法，开展 2017 年农业调查样本轮换工作。新样本网点覆盖 4 个乡镇、9 个村，共计 27 个样方、1016 个地块、2875 亩。

【统计信息服务】 强化开展“新常态”下各种经济现象的分析研究工作，善于捕捉社会关注、群众关切、领导关心的热点、难点、焦点“三点”问题，主动融入到地方政府的重点工作中，及时反映经济社会发展中的新情况新问题新举措“三新现象”，及时提供咨询意见、做好预警服务。2017 年共撰写调查信息 54 篇、工作动态 111 篇、调查分析 22 篇，其中：被自治区社会经济调查队采用信息 31 篇、工作动态 95 篇、分析 19 篇，被灵武市政府网采用信息 15 篇、分析 3 篇，共有 6 篇分析得到灵武市委、政府一把手批示；被《统计与经济》杂志采用 1 篇分析，另有一篇信息被自治区党委办公厅采用，信息工作得到了上级领导和业务部门的好评。

经济技术合作服务

【概况】 2017 年，灵武市招商引资工作紧紧围绕开放内涵式发展要求，坚持以引进大项目为核心，立足产业引领转思路，全面提升招商引资质量和水平，招商引资工作实现新突破，招商引资项目到位资金稳步增长，为全市经济社会发展做出新贡献。

【项目进展】 2017 年，灵武市共实施招商引资项目 18 个，总投资 239.2 亿元，到位资金 94.11 亿元，完成 83 亿元目标任务的 113.4%。其中，新建项目 14 个，计划总投资 133.86 亿元，已完成到位资金 66.24 亿元，主要有日处理 450 吨山羊奶深加工、年产 12 万吨再生铝棒及铝型材生产线项目等；续建项目4个，计划总投资103.18亿元，完成到位资金27.87亿元，主要有永顺银东电商汽车物流产业园项目、年产300万吨固体废弃物综合利用项目等。签约项目42个，计划总投资273.08亿元，主要有浙商服装产业园项目、全方位农业深耕计划（第一期：灵武农特产品研发加工生产观光计划）项目、灵武市梧桐湖台湾游乐城项目等，新开工项目13个，总投资75.6亿元，完成固定资产投资20.16亿元。重点对接46个，计划总投资184.26亿元，主要有灵武市极限运动小镇项目、轮胎热裂解项目、河北来旺塑胶制品有限公司塑料产业园项目等。

【构建招商格局】 一是着力推进全员招商，把全员招商的功能定位在信息收集上，充分调动一切积极因素，多渠道、全方位、立体式地收集项目信息，同时组成专业招商班子，研究制定完整的招商策略和方案，对收集的信息进行筛选，选择投资意向明确、信息质量较高的项目，锁定目标、主动宣传，全程跟踪、一站式服务，实现精准招商与全员招商的有效对接。二是制定招商引资工作方案，将全年211.5亿元招商引资任务分解落实到市级领导、责任部门，定责任、定时限，层层分解、压实任务，定期调度通报。2017年，市四套班子主要领导及班子成员组成"招商小分队"先后"走出去"16批次89人，紧盯长三角、珠三角、京津冀、环渤海等经济发达地区，对接考察新能源汽车、现代纺织产业、再生资源、电商物流、文化旅游、现代农业等领域企业50多家，积极"请进来"海泉风雷、中钢集团、中国循环经济协会、中体飞行、浩谷生物能源、中冶华天等81批次613人到灵武市考察，达成投资意向项目32个，计划总投资140.8亿元。

【精准招商】 着力推进专题招商，举办"丝路古驿.羊绒之都"宁夏（灵武）热气球节活动，签约10个项目、总投资32.26亿元；参加"中阿博览会""厦洽会"，成功与北京中钢国际和福建沈佳有机农业科技发展有限公司分别签订环保微创企业产业园和有机食品种植、加工、产销项目，签约总金额10.4亿元；先后召开中国宁夏（灵武）热气球节招商引资推介会、浙商服务产业园（绍兴）推介会、台商企业家到灵武考察专题推介会、海峡两岸农业科技创新园项目推进会4场次，集中开工仪式2场次，同时借助灵武市承办2017亚太大学生五人制足球赛的契机，加大宣传推介力度，提高灵武知名度、美誉度和影响力，为招商引资营造了良好氛围。

【创新招商方法】 一是充分挖掘灵武市优势资源，论证储备一批工业、农业产业化、能源化工、商贸流通、基础设施建设、文化旅游、金融等产业项目，充实招商引资项目库。二是不断灵活招商方法，推进以商招商、小分队招商、产业链招商、顾问招商、金融招商等多措并举方式，不断拓宽招商渠道。2017年灵武市积极开展"腾笼换鸟"招商活动，利用中银老厂区积极引进宁夏浙商服装产业园管理有限公司、宁夏普菲特纺织有限公司等9家企业，成立浙商服装产业园。同时，积极利用浙商服务产业园现有的企业资源开展第三方招商活动，并成功在浙江绍兴举办专场推介会，取得了良好的招商效果。三是加强与贸促会、本地企业、驻宁商会、协会、中介机构的联系与合作，搜集投资信息，多渠道寻求合作。2017年积极与银川市台湾同胞投资企业协会对接联系，台商企业考察团先后两次到灵武考察，并成功在灵武市举办两场专题推介会。四是持之以恒抓投资环境，严格实行"一个项目、一名领导、一套班子、一个倒排工期清单、一抓到底"的"五个一"工作机制和抓协调、抓前期、抓政策落实兑现、抓开工、抓建设、抓投产的"六抓"工作方式，全程为企业做好"一条龙""一站式"服务，进一步形成招商、重商、亲商、富商的浓厚氛围。

【提高招商质量】 一是进一步健全完善责任体系、督察体系、服务体系，将招商项目建设任务纳入全年工作任务总台账，一体部署、一体落实、一体督办。根据《中共灵武市委办公室 灵武市人民政府办公室关于成立2018年项目督察工作组及重点项目建设指挥部的通知》等文件精神，成立了以市级主要领导为组长，发改、财政、工信、经合等部门组成的招商引资项目督察小组，制定了《灵武市2018

年招商引资项目督查方案》,认真梳理了2016—2017年招商引资签约项目41个,建立项目台账。二是严格实行"一月一稽查一督察、一月一通报一调度"的工作机制，对所有招商引资签约项目按照责任单位划片、划时间的方式,逐一进行督察,现场能解决的现场解决，现场不能解决的带回督察组调度会上解决,再不能解决的,上报市委、政府协调解决。三是建立完善招商引资联席会议机制,强化协调推进。为切实加强招商项目的组织协调和跟踪服务,确保重点招商项目的顺利实施，建立了招商引资工作联席会议机制，确保招商项目相关部门加强沟通,相互配合,形成合力,认真履行工作职能,积极主动提供服务，协调解决重点招商引资项目实施过程中存在的突出困难和重大问题，协调落实部门之间协同配合的重要事项进一步提高招商引资工作的质量和效率。

【创新工作】 一是浙江绍兴举办服装产业园专题招商引资推介会。为了进一步加强灵武市与浙江的经济技术合作与交流，积极为银川高新区浙商服装产业园承接引进一批纺织产业及配套项目，市政府定于8月28日在浙江绍兴举办浙商服装产业园专题招商引资推介会。举办此次推介会,是灵武市大力实施兴工强市、金融兴市、特色优势产业带动和"反梯度"发展战略而开展的一项重大活动，也是扩大与长三角经济区合作交流，增进与各地企业家和社会各界朋友的友谊，实现共同发展，推进合作共赢的一次盛会。灵武市副市长张韧刚分别与浙江新昌宇柯纺织有限公司、杭州千丰纺织有限公司、浙江嵊州凯开服饰有限公司、浙江兰溪奔野农机制造有限公司、浙江新昌百合纺织品有限公司签订了年产3000万米坯布生产基地项目、年产8000吨雪尼尔纱线生产基地项目、年产500万件饰品生产基地项目、20000台农用拖拉机生产基地项目和年产5000吨毛纺纱线项目框架协议。二是百名台商灵武行专题推介会。随着宁夏经济社会各项事业的快速发展，越来越多的台胞台商开始关注宁夏。特别是国家实施"一带一路"综合经济管理以来,台商借助宁夏这一向西开放平台,布局西北地区,开拓"一带一路"沿线国家的愿望强烈。9月25日,由宁夏台办、银川市台办共同举办的银川市台湾同胞投资企业协会成立大会在银川万达嘉华酒店隆重举行。大会共签订合作项目及协议9个,总投资40亿元。其中,台湾巨皇集团与灵武市政府签订了台湾游乐城项目、台湾步行街项目、光伏发电项目;宁夏爱您企业发展有限公司与灵武市政府签订农特产品研发生产加工项目，标志着灵武市与台湾合作交流取得了新的突破。9月26日,应宁夏台办邀请,出席银川市台商投资协会成立大会活动的台湾企业家代表团，在结束银川活动后,应市委、政府的盛情邀请，对灵武市经济社会发展情况和投资环境进行考察并举办了专题推介会。专题推介会成功架搭建起灵武和台湾企业合作的桥梁，为与台商企业合作发挥纽带作用。

医疗卫生和计划生育

综 述

【概况】 2017年，全市有医疗卫生机构193所。市属19所医疗卫生机构，除市医院、中医院为差额预算单位，其他均为全额预算单位。其中二级医疗卫生机构3所（市医院、中医院、妇幼保健计划生育服务中心），专业医疗卫生机构2所（疾控中心、卫生监督所），乡镇卫生院9所（含农场卫生院），社区卫生服务站5所，其中2017年新增水木灵州社区卫生服务站1所。村卫生室71所（包括农场2所）；个体医疗机构103所（包括民营医院11所、个体诊所74所、医疗站18所），其中2017年新增民营医院1所，即灵武同仁医院。全市各类医疗卫生单位现有卫生及行政办公人员1918人，其中灵武市卫生和计划生育局局机关行政办公人员54人，占3%；市级医疗机构891人，占46%；乡镇、社区医疗机构246人，占13%；村级卫生人员134人，占7%；民营（个体）医疗机构593人，占31%。全市在编在岗卫生人员中，具有研究生学历2人，大学学历269人，大专500人，中专301人，中专以下学历78人，分别占0.1%、23.9%、44%、26%和6%；具有高级职称144人，中级职称358人，初级职称405人，无专业职称259人，分别占12.9%、31%、35%和21.1%，千人拥有卫生人员6.4人。全市医疗机构拥有编制病床1531张，其中市医院500张、中医院300张、妇幼保健计生服务中心40张，乡镇、社区医疗机构71张，民营（个体）医院620张，分别占33%、19%、3%、5%和40%，千人拥有病床5.2张。全市卫生计生系统共有编制834个，其中行政编制18个、机关工勤编制2个、事业编制814个。实有编制人数729人，其中行政人员16人，机关工勤2人，事业人员711人（管理岗位人员18人，占2.5%，专业技术人员656人，占92.3%，工勤技能岗位人员37人，占5.2%）；专业技术人员取得相应职称656人，其中高级职称148人（主任医师16人，副主任医师132人），中级职称216人，初级职称292人。

【卫生计生民生工程】 2017年，全市总人口302120人（按计生口径统计），人口出生率10.89‰，人口自然增长率7.75‰，出生政策符合率达97.52%，出生人口性别比106，出生缺陷发生率为89.02/万，婴儿死亡率3.92‰，全年未发生孕产妇死亡事故。关爱民生、注重质量，以更实的举措落实民生任务。一是新建水木灵州社区卫生服务站和4家标准化村卫生室，2017年均已投入使用。二是投入资金50万元，按照标准化X光室建设，完成了7家乡镇卫生院DR/CR设备安装。三是出台《灵武市家庭医生签约式服务工作实施方案》，基本建立起目标明确、制度完善、服务规范、政策配套、机制顺畅的契约式家庭医生签约服务制度，2017年全市居民签约78667人，签约率32%；重点人群签约43881人，签约率60%，建档立卡户签约率100%。

【工作机制】 强化领导、认真部署，不断完善工作机制。一是强化组织保障。坚决落实党政“一把手”亲自抓卫生和计划生育工作，定期听取各乡镇、各有关部门卫生计生工作汇报。市委常委会、政府常务会研究医药卫生体制改革、市医院迁扩建、中医院康复大楼建设、普惠性健康体检等卫生计生工作10次。市人大、政协先后4次就健康灵武建设、社区卫生服务站和村卫生室标准化建设等工作开展视察调研。人口和计划生育工作开展领导小组多次组织召开卫生计生专业会议、部门联席会议和工作推进会议，制定出台《灵武市2017年卫生计生工作要点》，明确了成员单位工作职责，确保健康灵武建设、爱国卫生、医养结合等卫生和计划生育重大决策任务全面落实。形成了市委、政府强力落实，人大、政协积极推动，部门、乡镇、卫生计生医疗机构履职尽责的工作机制。二是强化经费保障。市财政全年投入卫生计生经费17299万元，同比增长10.3%，公立医院改革、基层基础项目建设、农村独生子女保健费、计划生育奖扶资金等专项资金和地方配套经费及时足额到位。三是强化督察考核。将卫生计生工作列入市委、政府重大事项督察范围，层层签订目标责任书，制定了成员单位工作职责和卫生和计划生育综合目标管理责任制考核评估细则，按时间节点进行量化考核，一季一督察、一季一通报，有效确保了卫计工作的顺利开展。四是严格落实"一票否决"制。严格按规定在干部提拔、交流、申报各种先进典型等工作中审查个人和单位的计划生育政策执行情况，先后对27个单位、559名个人进行了计划生育政策执行情况审核。五是坚持联动通报机制。进一步完善了卫计、公安、统计、教体、民政等相关部门定期通报制度，各职能部门、乡镇、医疗卫生计生机构各司其职、紧密配合，及时反馈工作信息，做到信息互通、资源共享、管理互动、服务互补、合作共促。建立了综合治理流动人口计划生育服务管理工作机制，先后4次开展全市医疗保健机构和计生服务机构"两非"情况检查治理工作，始终保持依法打击"两非"的高压态势。

【医药卫生体制改革】 务实创新、勇于突破，奋力推进医改工作。出台《灵武市医疗卫生服务体系规划(2016—2020年)》，合理规划全市医疗卫生机构发展空间、床位规模、人员配置标准。调整充实医改领导小组，成立医院管理委员会，权责统一的政府办医体制初步建立。出台《灵武市进一步深化医药卫生体制改革实施方案》《灵武市建立县级公立医院现代医院管理制度(试行)》《灵武市县级公立医院法人治理结构建设工作方案(试行)》和《灵武市县级公立医院综合改革效果评价办法及效果指标》，赋予公立医院人事管理、副职推荐、绩效工资内部分配、年度预算执行经营管理自主权。进一步加大政府对公立医院投入力度，全面落实政府对公立医院六项投入，2017年累计为公立医院投入2723.5万元，占医疗总收入的18.08%，较上一年上升6个百分点。出台《灵武市县级公立医院财政补偿管理办法(试行)》，建立公立医院补贴新机制，明确每年拨付580万元用于公立医院基本建设，拨付450万元用于重点专科以及人才培养。2017年政府投入3000万元为市人民医院、中医院、妇幼保健计划生育服务中心购置1.5T核磁共振、64排CT、四维彩超各一台，2017年已通过自治区、银川市专家论证。落实中高级职称人员补贴124万元（该项补助政策走在全区前列）。出台《灵武市县级公立医院人事薪酬制度(试行)》《灵武市县级公立医院岗位总数、薪酬总额核定办法》，拟定《灵武市县级公立医院院长年薪制实施方案(试行)及考核指标体系》，重新核定公立医院人员总量，探索实行院长年薪制，加强院长及医院考核力度，以公益性为导向的公立医院绩效考核评价体系正在建立。制定《灵武市公立医院控制医疗费用不合理增长实施方案》，加强公立医院内部管理，医疗费用增长幅度6.95%(控制在8%以内)。门诊次均费用169.81元，住院次均费用4408.77元，均低于全区同类同级医院平均水平。继续取消公立医院药品加成，实行药品"零差率"销售，截至2017年12月29日让利于患者900万元。严格执行自治区基本药物网上集中采购和药品"三统一""两票制"政策，重点落实下沉的150种非基本药物到基层医疗卫生机构，满足下派专家和患者用药需求，积极开展高值医用耗材阳光采购。加快推进分级诊疗制度建设，出台《灵武市分级诊疗制度建设工作方案（试行）》结合自治区"千名医师下基层"对口支援活动和"凡晋必下”制度，二级医疗机构、公共卫生机构共派驻36名中级以上职称人员和67名“凡晋必下”医务人员支援13家基层医疗卫生机构。在上级医院的带动下，全市80%的基层医疗机构能开展中医理疗、推拿、按摩等中医服务，4家卫生院能够开展住院部业务，住院部管理得到进一步规范，基层诊疗量增长明显。完善医保支付制度改革，全市城乡居民参保率达到98%以上，门诊政策范围内报销比例达到49%。严格转诊转院制度，县域内就诊率达89%。继续推行总额控制下的按病种分值付费结算模式，能够开展1641个病种的医疗救治。

【队伍建设】 2017年通过全区公开考试招聘，灵武市卫生和计划生育局招录1名公务员，临时聘用人员1名，另招录21名卫生技术人员，充实到市医院（4人）、中医院（9人）、妇幼保健所（3人）、疾控中心（3人）和各乡镇卫生院、社区卫生服务站（5人）。

【基本公共卫生服务均等化】 一是继续开展“群众满意的基层医疗机构”创建活动，16家基层医疗机构达到建设标准，现已申请银川市卫计委复验。二是继续开展社区卫生服务站星级评定工作，评定四星社区卫生服务站1家、3星社区卫生服务站1家、2星社区卫生服务站1家。三是加强信息化建设，成立了信息化建设领导小组，多次召开联席会议，与电信局签订了电子政务外网安装协议。71所基层医疗卫生机构电子政务外网光纤已全部安装测试完毕，乡镇卫生院、社区卫生服务站、部分村卫生室的银川智慧医疗系统已全部投入使用。2017年，灵武市开展远程会诊309人次，完成全年远程会诊任务的286%。四是继续巩固“基层中医药服务能力提升项目”指标任务，投资52.5万元完成了3家卫生院中医馆建设。4所社区卫生服务站均能开展中医药服务，村卫生室能运用至少6项中医药技术方法治疗常见病、多发病，全市基层中医药服务量达45%。定期开展基层中医药业务培训，全年培训200人次，开展中医药文化宣传12次。五是注重强化医疗服务管理。召开专题会议，制定印发了《关于进一步加强医疗机构依法执业和规范管理工作的通知》和《开展民营医疗机构专项整治工作实施方案》。严格落实18项核心制度和人员岗位责任，强化合理检查、合理用药、合理用血、因病施治。六是药品保障供应更加规范。全面贯彻执行国家基本药物制度和药品“三统一”政策，召开灵武市2017年药招会议，签订三方行政合同，签订率100%。全市医疗卫生计生机构全部实行网上集中采购，使用国家基本药物并及时验收入库，无网下采购行为，严格执行零差率销售，基本药物申购、使用率达100%，履约期回款率100%。组织开展了医疗机构麻精药品、抗菌药物合理使用和国家基本药物处方集等培训班2期，切实提高了医务人员合理用药水平。七是改善就诊环境，改进服务流程，设立“一站式便民服务”站，全面开展电话、分时段预约、网络预约挂号等服务，加强急诊绿色通道建设，对各类急危重患者实现先救治后缴费。加强护理人员配置，实施护理岗位管理，继续扩大优质护理服务覆盖面。

【妇幼保健】 强化妇幼保健服务管理，规范实施“七免一救助”妇幼重大公共卫生服务项目，全面完成农村孕产妇免费住院分娩补助、婚前检查、新生儿听力筛查等民生任务。继续实施国家免费优生健康检查项目，完成1672对，完成率103%。争取实施婴幼儿喂养与营养改善项目，为6—24月5086名婴幼儿免费发放营养包12万盒，极大地改善了婴幼儿的营养状况。

【疾病防控】 全面落实传染病防控管理制度和防控措施，重点抓好了全市传染病网络直报质量管理及学校传染病防控，截至2017年10月17日，法定传染病报告发病率414.63/10万。落实精神卫生综合管理试点工作，强化严重精神障碍患者服务管理，共筛查疑似严重精神障碍患者1606例，检出率为4.5‰。

【卫生监督】 深入推进放管服改革。加大事中事后监管，行政审批按时办结率、群众满意率均达100%。建立完善权力清单、责任清单，促进行政权力公开运行。录入行政确认类15例、行政处罚类尚未查处违反卫生计生法律法规相关案例。

规范全市社会抚养费征收程序，查办征收社会抚养费案7件,征收社会抚养费1.74万元。坚持重大行政决策“五大程序”，强化规范性文件备案审查。对辖区40家学校、45家托幼机构进行卫生监督检查85次。组织开展住宿场所、生活饮用水卫生监督执法专项检查，共检查住宿场所61家、市政供水单位1家、乡镇集中式供水单位4家,监督覆盖率100%。

【计划生育服务】 稳步建设、夯实基础，大力提升计划生育服务水平。全面落实两孩政策，制定《关于贯彻落实全面两孩政策改革完善计划生育服务管理的实事意见》,不断加强出生人口监测，及时准确掌握政策执行效果。截至2017年12月20日,一孩、二孩生育服务登记2781人；认真审批三孩再生育申请，全年度审核三孩生育申请60件；办理独生子女证175人。优化利益导向机制,组织人口和计划生育工作领导小组成员单位在民政救济、扶贫帮困、子女就学等方面优先照顾计划生育户,资金、政策向计划生育户倾斜，部门帮扶少生快富项目户200户。2017年,落实发放各项补助资金201.2万元。继续实施中国计生协“促进穆斯林群众生殖健康项目”,投入资金40万元，打造穆斯林群众生殖健康项目点10个,开展生殖群众健康服务12次,服务目标人群5000人次,穆斯林群众的生殖健康意识和水平显著提高。加大“幸福工程——救助贫困母亲”项目工作力度,2017年发放救助贫困母亲专项资金40万元。继续开展流动人口基本公共卫生计生服务均等化,创建流动人口示范学校1所,示范家庭5户，实现了流动人口与常住人口同服务同管理。

【健康灵武建设】 认真贯彻2013—2030健康宁夏行动规划，实施健康素养促进行动项目,成立由主管副市长任组长，卫生计生、宣传、文广、教体局等27家单位为成员的市健康灵武行动工作领导小组。制定了《健康灵武行动2017年实施方案》，明确成员单位职责,确保各项工作落到实处，在灵武电视台开办《卫生与健康》栏目,宣传卫生健康知识,每天循环播放宣传《健康生活方式》《拒绝二手烟》和《无烟生活、科学就医》公益广告片。开展健康灵武行动七进巡演巡展巡讲活动，宣传卫生计生先进人物和先进团队，弘扬卫生计生职业精神。推动健康教育基地建设，在宗教场所打造卫生计生健康教育基地5个，打造特色文化宣传基地。广泛利用卫生计生宣传月、宣传周开展宣传服务活动30次,累计义诊咨询3000人次,发放宣传资料6万余份。

【行风建设】 突出重点、加强督导,进一步强化行风建设。一是制定了《2017年灵武市卫生计生系统加强行风建设工作方案》，成立了以局党委书记、局长任组长的行风(作风)建设领导小组,下设机关作风建设组、行业作风建设组、重点工作落实组、作风建设宣教组、作风建设督导组5个工作组。二是召开了全市卫生计生系统行风建设暨群众评议机关作风工作动员会议，及时传达了自治区行风建设动员会议精神，安排部署了全市行风建设工作，明确职责和分工,为全市卫生计生系统行风建设提供了坚强的组织保障。三是完善了医德考评、医务人员不良行为记录等制度，进一步规范了医务人员和行政执法人员基本行为，形成以制度管人、管事、管权的长效机制，推动行风建设制度化和常态化。四是对全市18个医疗卫生计生单位开展了一次行风建设专项督导检查，及时反馈查找出的问题,并限期整改。

【爱国卫生】 深入推进爱国卫生运动。按照《自治区人民政府关于加强新时期爱国卫生工作的实施意见》《2017年爱国卫生工作要点》《2015—2020年全国城乡环境卫生整洁行动实施方案》要求,灵武市以城市环境卫生长效管理、城乡环境卫生一体化管理为重点，以促进全民健康为核心，以卫生创建为抓手,市四套班子领导带头参加，动员和组织全社会力量参与“爱国卫生日”活动,积极开展“健康灵武”行动和健康城市健康村镇创建，落实病媒生物防制等工作任务，全市城乡环境卫生面貌得到大改观，成功通过自治区卫生城市复审。

【灵武市人民医院迁扩建项目】 根据市政府2016年第99次常务会议要求，市人民医院迁扩建项目综合服务楼工程于2016年7月16日开工建设,建筑面积4256.04平方米，招标价为

1167.3万元，中标企业为宁夏威翔建筑工程有限公司，监理企业为宁夏环宇建设监理有限公司。规划建设1000张床位的二级甲等综合医院，医院建设采取一次性规划设计分期建设，建设单体有门诊楼、医技楼、急救中心、住院楼、传染病区楼、保障系统用房等，总建筑面积约10万平方米，停车位650个，绿地率大于40%。门诊楼、医技楼、急救中心、传染病区楼、保障系统用房及室外配套基础设施按1000张床位标准一次性建设。住院部分二期建设，一期建设500张床位，总建筑面积7.5万平方米，二期500张床位建筑面积2.5万平方米。

【亮点工作】 一是将在职在岗干部职工、离退休及50岁以上城乡居民免费健康体检列入灵武市2017年市委、政府为民办16件实事之一，共投入资金1400万元，为62125人免费进行大生化、影像、肿瘤三项、骨密度测定等17项检查。二是医联体建设成效显著。出台《灵武市组建县域医疗联合体实施方案》，采取协作模式，由市医院重点帮扶13家基层医疗卫生机构，中医院重点帮扶8家基层医疗卫生机构，基层医疗卫生机构门诊、住院人次较去年同期相比，分别增长了12.17%、50%。基层医疗卫生机构重公卫轻医疗问题明显改善，为分级诊疗新格局形成奠定了基础。近期，拟定《灵武市进一步推进医疗联合体建设工作方案》，由两家公立医院牵头对基层医疗机构实行托管模式，逐步实现人、财、物统一管理，全面推进县、乡、村一体化管理工作。三是健康扶贫分类推进。制作“精准医疗扶贫医患联系卡”，为患者提供就诊免去门诊挂号费、诊疗费、优先享有优先住院、住院零押金、绿色通道等惠民服务。针对病情复杂的持卡患者，组织专家组提供“点对点咨询、一对一服务”及健康知识咨询与安全用药指导，为救治需要大型设备检查的患者，减免10%的检查费用，有效解决了扶贫对象看病难、看病贵的问题。完成健康扶贫对象四次随访并完善了一对一诊治方案，免费发放爱心急救包、优惠证，开展义诊咨询活动4场次，咨询人次近500人，免费发放药品5000余元，2017年贫困人员建档立卡2192人。四是高度重视母婴保障工作。投入资金400万元，开展免费为全市孕妇进行产前检查活动12次（987元/人），投入40多万元，继续开展免费孕前优生筛查2420人，妇幼监测指标明显下降，新生儿死亡率由3.50‰下降到2.29‰，婴儿死亡率由4.45‰下降到3.92‰，5岁以下儿童死亡率由5.72‰下降到5.56‰。五是投入资金84万元（120元/人），继续开展中小学生体检暨健康档案建立活动，2017年全市免费体检中小学7000多名。通过体检，可以全面、动态地了解学生健康情况，有效地促进了学生的身心健康。

疾病预防控制

【概况】 灵武市疾病预防控制中心位于灵武市南熏路东段，于2007年4月17日重组成立。其前身是灵武市卫生防疫站，创建于1958年，为灵武市卫计局所属公益性事业单位。疾控中心大楼于2005年11月建成并投入使用。占地面积4.2亩，建筑面积2642平方米。现有职工在岗在编29人，其中管理人员1人、专业技术人员27人、工勤人员1人。高级职称7人，占专业技术人员的25.9%；中级职称8人，占专业技术人员的29.6%。单位设九科一室（办公室、疾病预防控制科、鼠疫与病媒生物防制科、公共卫生科、性病艾滋病结核病科、基本公共卫生服务与综合业务科、检验科、慢病科、财务科、美沙酮药物维持治疗延伸点）。灵武市疾病预防控制中心主要承担全市疾病预防与控制、突发公共卫生事件应急处置、疫情及健康相关信息管理、健康危害因素监测与干预、实验室检验检测与评价、健康教育与健康促进及技术管理与应用研究指导等7大职能26类共266项工作任务。2017年国家医改推行实施的14类54项基本公共卫生服务涉及疾病预防控制方面有7大类29项。

【传染病防控】 2017年无甲类传染病报告，报告1例艾滋病死亡病例；共报告乙、丙类传染病19种1474例，报告发病率为512.44/10万，与2016年相比报告发病率上升了 2.6%。报告发病率居前五位的病种依次是:其他感染性腹泻（127.94/10 万）、乙肝(118.55/10 万)、手足口病(89.69/10 万)、梅毒(70.92/10 万)、布病(26.07/10 万)。全年共发生传染病聚集疫情共 4 起，由于反应迅速，处置得力，疫情得到有效控制，未构成一般突发性公共卫生事件。

【重点传染病防控】 一是加大传染病疫情监测力度，利用国家疾病监测信息报告系统和银川市学校晨午检信息直报系统，每个工作日对上报的卡片审核四次，对学校托幼机构晨午检直报系统浏览两次，及早发现处置疫情苗头，密切关注疫情动态。建立了重大疫情信息通报制度，与教育部门建立信息互通机制，加强对学校、托幼机构等重点场所和重点人群传染病防控的技术指导，严防聚集性病例发生。强化了医疗机构传染病报告，狠抓传染病报告，网络直报覆盖率达 100%，传染病报告水平明显提高，医疗机构传染病漏报率为 1.3%。开展不明原因肺炎、流感、霍乱监测工作，全年市医院内、儿、感染科就诊病例总数 43853 例，监测到流感样病例 645 例，流感样病例就诊率为 1.47%；未监测到不明原因肺炎和霍乱病例。二是加大重点传染病防控力度，组织举办了手足口病、流感/人禽流感等重点传染病防控技术培训班，对专业人员进行了强化培训。加强卫生宣教，设立传染病防治宣传栏 5 期，印发流感等传染病防控知识宣传单 2 万余份。通过“健康灵武”栏目、学校安全网、微信等平台，广泛宣传流感防治知识；发布了《致儿童家长一封信》，指导家庭做好流感防护工作。各接种单位接种流感疫苗 1500 人次。加强手足口病流调、采样送检和聚集性病例的处置工作。灵武市医疗机构报告 98 例、采样 64 份，采样率为 65.31%；对 1 例手足口病重症病例进行流调和采样，未发生手足口病聚集性疫情。密切监测中东呼吸综合征、寨卡病毒、人感染 H7N9 禽流感等重大疫情，及时关注国际国内疫情动态。制定了《灵武市朝觐人员传染病防控医学观察方案》，联合宗教局举办了灵武市朝觐人员培训班，对 301 名朝觐人员进行了中东呼吸综合征防控知识培训，发放了朝觐人员健康温馨提示宣传折页；完成了对 295 名朝觐返灵人员的医学观察随访工作。举办了灵武市狂犬病防控培训班，对狂犬病暴露预防处置门诊进行了督导检查。三是加大学校、幼儿园传染病防控力度，市卫计局联合教体局制定下发了《灵武市学校卫生责任清单》，明确了各自的工作职责；灵武市疾控中心组织举办了学校、托幼机构传染病防控培训班，对《宁夏学校卫生责任清单》《银川市学校、托幼机构传染病管理工作规范》及常见传染病防治知识进行了强化培训；定期深入学校、托幼机构开展传染病防控技术指导和督导检查工作；高度关注学校和幼儿园传染病散发病例，加强与学校、幼儿园的信息沟通，在网络审核工作中发现学校、托幼机构传染病散发病例，及时反馈信息，立即采取措施，防止发生疫情暴发。联合教育体育局对辖区 55 所学校、幼儿园冬季传染病防控工作进行了督导检查。四是加大结核病控制力度，在实施国家中转结核病防治管理项目和基本公共卫生服务结核病服务管理项目的基础上，启动实施了中盖结核病项目三期工作。制定下发了《中盖结核病项目三期灵武市结核病防治综合模式实施方案》，建立和完善了定点医院、疾控中心、乡镇卫生院内部运行机制及操作流程，规范了肺结核病人的诊断、报告、转诊管理工作。加强肺结核患者发现与管理工作，基层医疗卫生单位推介转诊疑似肺结核患者 475 人，推介转诊率为 2.0‰；定点医院初诊患者 334 例，拍 X 线胸片 312 例，拍片率为 93.41%；门诊查痰 327 例，查痰率为 97.90%；发现活动性肺结核患者 69 例，对 29 例涂阳患者密接者全部进行了筛查，未发现异常。69 例患者全部追踪到位，规律服药，随访管理。规范管理耐药患者 3 例。强化直接督导下的短程化疗工作，新涂阳肺结核患者治愈率为 96.55%；涂阳肺结核密接者筛查率 100%。加强学校结核病防控工作，市卫计局联合教体局制定下发了《灵武市学校结核病健康筛查工作实施方案》，中心联合市医院在灵武一中、职中两所寄宿制高中开展了结核病健康筛查工作，应筛查3790人，实查3277人，筛查率86.46%，强阳性45人，强阳性率1.37%，拍X光片45人，查出肺结核患者3例；对42名结核菌素试验强阳性而胸片无异常者全部进行了预防性干预治疗。11月30日，市疾控中心在一中、职中举办了结核病防治知识专题讲座，向师生普及了结核病防治知识，提高了学校结核病防治意识，高质量完成了结核病漏报漏登调查工作。五是加大艾滋病防治宣传咨询、干预力度，采取多种形式开展艾滋病防治宣传工作。中心制作了艾滋病宣传围裙、抽纸、手提袋、防治小册和宣传单等材料；利用"12·1"世界艾滋病日，组织各成员单位在街心广场举行了大型的宣传咨询活动，邀请市政府、人大领导参与现场宣传，并慰问了防治一线工作人员、艾滋病病人和感染者。制定了灵武市第三轮艾滋病综合防治示范区2017年度计划，与成员单位签订了年度目标责任书，强化了部门职责和任务。定期召开示范区年度工作例会，了解各单位工作开展情况。积极联系协调各部门，开展艾滋病防治"进机关、进校园、进社区、进农村、进企业、进宗教场所"活动。六是完成暗娼哨点监测工作，共调查暗娼人群400人，发现梅毒12例、丙肝6例，已全部转介到医院就诊。开展预防干预工作，干预暗娼2817人次，干预吸毒人群395人次，干预外来务工人员770人。HIV抗体检测21964份，发现HIV感染者6例。加强艾滋病病人和感染者的随访、治疗管理工作，全市累计报告艾滋病病毒感染者和艾滋病病人91例。现存活且能随访到的艾滋病病毒感染者和病人61例，死亡15例，转出15例。其中艾滋病病人17例、感染者44例，接受抗病毒治疗47人。对所有抗病毒治疗的患者进行了随访管理，CD4检测55人，随访检测率是90.16%；单阳配偶5人，检测5人，配偶检测率为100%。加强美沙酮药物维持治疗工作，美沙酮延伸点吸毒人员接受药物治疗23人，累计服药1582人次，服药43778毫升，尿吗啡检测85人次，艾滋、丙肝、梅毒抗体检测30人次，发现丙肝抗体阳性5人，艾滋抗体阳性1人。

【免疫规划】 积极争取自治区免疫规划冷链能力提升项目支持，为中心及辖区各预防接种单位配备冷库1座、疫苗运输车1辆、冰箱76台、冷库信息化终端1个、冷藏车温湿度管理终端及打印设备1套、冷藏箱139个，有效地补充了灵武市冷链设备不足的现状，提升了免疫规划冷链能力。加强免疫规划质量管理工作，全年免疫规划冷链运转24次，以乡镇为单位免疫规划疫苗单苗报告接种率均保持在98%以上，疫苗针对传染病发病率明显下降。按照《宁夏第二类疫苗招标采购管理办法》，落实了灵武市二类疫苗的采购、接种管理工作。组织召开了灵武市免疫规划工作推进会，举办了新修订的《疫苗流通与预防接种管理条例》《预防接种工作规范（2016版）》《国家免疫规划疫苗儿童免疫程序》等培训班，学习了国务院办公厅关于加强疫苗流通和预防接种管理工作的意见（国办发〔2017〕5号）和自治区人民政府办公厅关于加强疫苗流通和预防接种管理工作的意见（宁政办发〔2017〕141号）等文件，进一步规范了预防接种工作。加强麻疹监测和散发疫情控制工作，医疗机构按照《宁夏麻疹监测方案》，开展了麻疹疑似病例和发热出疹性疾病监测工作，报告麻疹疑似病例3例。吴忠市人民医院报告灵武市麻疹确诊病例1例，中心按照麻疹暴发疫情控制指南进行调查处置，及时开展了流调、采样、病例隔离、主动搜索、应急接种等工作。落实AFP病例监测工作，随访AFP病例2例，采集密接者粪便标本10份，结果均为阴性。按照《宁夏入托、入学儿童预防接种查验工作实施方案》，开展了春秋两季入托、入学儿童预防接种证查验工作。加强消麻进程和维持无脊灰状态。根据自治区卫计委《关于下发2017年脊髓灰质炎、麻疹类疫苗查漏补种活动技术方案的通知》要求，在全市范围内开展了2月龄至6周岁儿童脊灰、麻疹类疫苗查漏补种活动。实施宁夏卫生云免疫规划信息化建设。开通了金苗宝手机APP，绑定用户1310人；推行预防接种证、卡打印工作。免费为移民吊庄地区儿童接种甲肝疫苗600余人。

【慢性病管理】 结合实施国家基本公共卫生服务慢性病管理项目,积极探索管理模式,逐步规范慢性病管理和死因、肿瘤监测等工作。全市基层医疗卫生单位累计建立纸质居民健康档案 201736 份，建档率为 84.4%。建立电子档案 101223,电子健康档案建档率为 42.3%。管理高血压患者 12621 人,管理率为 31%，规范管理 10945 人,规范管理率为 86.7%;管理糖尿病 3511 人，管理率为 37.6%,规范管理 3027 人,规范管理率为 86.2%。累计筛查疑似癫痫患者 606 例，确诊管理癫痫患者 292 例，全部入组免费药物治疗;完成 2014—2016 年癫痫数据库核查、录入工作。报告死亡病例 1003 例,报告粗死亡率为 4.2‰;肿瘤随访登记录入上报恶性肿瘤患者 1549 例。

【精神卫生综合管理试点】 根据国家精神卫生综合管理“六个一”“八个必须”的工作要求,在市综治办、市卫计局牵头下,精神卫生综合管理试点工作稳步实施。建立健全了灵武市精神卫生综合管理工作机制,组织制定了《灵武市精神卫生综合管理试点工作实施方案》,成立了由综治、卫计、公安、民政、人社、残联等多部门负责人为成员的精神卫生综合管理试点工作领导小组、专家技术指导组和精神卫生综合管理办公室；与各成员单位签订了目标责任书。制定下发了《灵武市精神卫生综合管理试点工作任务及责任分工》《灵武市严重精神障碍患者监护人申领看护管理补贴工作实施方案》《灵武市严重精神障碍患者免费服药全覆盖实施方案》《灵武市 2017 年严重精神障碍患者筛查工作方案》等一系列文件,明确了各部门的工作职责和工作任务。召开项目工作培训班两期，培训相关人员 100 余人次。组织落实严重精神障碍患者免费服药全覆盖政策，市人民医院设立了精神科门诊，培训了精神科医师,整合了疾控、残联严重精神障碍患者管理项目和精神卫生综合管理试点工作的免费服药政策，实现了免费服药全覆盖。加强严重精神障碍患者发现与管理工作，累计筛查疑似严重精神障碍患者 1645 例,确诊并建档管理严重精神障碍患者 1029 人,在管患者 946 人(其中 3 级及以上患者 140 人),死亡 57 人,失访 26 人,检出率为 4.15‰,管理率为 97.32%,服药率为 79.11%。

【地方病防治】 开展包虫病防治工作，筛查任务完成率 100%。完成 B 超筛查 5000 人,阳性病例血清学监测 4 份,临床诊断病例 2 例；儿童患病和监测 800 人(无阳性);家犬粪抗原监测 800 份（阳性 4 份);家犬宿主调查 500 只（阳性 2 只)；问卷调查 1100 份（学生 500 份，居民 200 份，干部 200 份,高危人群 200 份)。开展碘缺乏病监测工作。共采集孕妇食用盐 100 份、学生食用盐 200 份。检测结果：合格碘盐 273 份,不合格碘盐 26 份,非碘盐 1 份;碘盐覆盖率为 99.7%,碘盐食用率为 91%，碘盐合格率为 91.3%。开展了饮用水水碘含量监测工作。完成地方性氟中毒监测工作。对病区采集的 3 份末梢水样监测氟含量均在正常范围内。8—12 岁学生氟斑牙检查 224 人，查出轻度氟斑牙患者 6 人,检出率为 2.68%,氟斑牙指数为 0.065。推行布病综合防治服务模式，制定了灵武市布病防治管理方案，将布病实验室检测诊断工作移交给市人民医院承担。高危人群筛查 322 人,阳性 7 人,阳性率 2.17%。处理家庭聚集性疫情 1 起。完成土源性线虫监测工作。采集粪便样本 1000 份，肛拭 500 份,土壤监测 25 份。开展地方病健康教育工作，提高了重点地方病防治知识知晓率。

【公共卫生监测】 按上级要求将从业人员预防性健康体检工作移交市医院、中医院承担。完成全市 39 个饮用水监测点枯水期、丰水期两轮水质监测工作。开展食源性疾病监测工作,报告食源性疾病 90 例。完成辖区内 39 名放射人员的个人剂量监测工作。开展职业病网络直报审核工作,对市人民医院、市中医院和宁东医院 3 家网络直报用户进行了督导检查。完成了灵武市农村环境土壤采样监测工作。完成了灵武一中、二中、四小 720 名学生常见病及危险因素监测工作。完成了 26 家医疗机构消毒效果监测工作,共采集样品 218 份,合格率为 100%。

【鼠疫防治】 根据《宁夏鼠疫监测方案》的要求，开展了踏查、鼠密度调查、夜行鼠调查、搜检自毙动物等监测工作。完成全年鼠防监测任务，共调查样方159公顷，平均鼠密度1.96只/公顷，单公顷最高鼠密度15只/公顷。夜行鼠调查布夹4800夹次，捕获率为6.96%。共梳捡鼠870只，获蚤1081匹、染蚤率为40.91%，蚤指数1.24。共挖鼠巢24个，获蚤61匹、染蚤率为62.50%，蚤指数2.54。病原学检验各种鼠类870只，检验蚤1142匹/416组、均未检出鼠疫菌；采用间接血凝微量法检测血清170份，结果均为阴性。加强预警预测，开展了干预性灭鼠工作。投灭鼠毒饵1800千克，灭鼠面积达265公顷。达到了干预性灭鼠验收标准，有效地防止了动物间疫情的发生。在滨河新区黄河流域开展了啮齿动物调查工作，共踏查面积约800平方公里，踏查区域基本覆盖整个滨海新区黄河流域，共捕鼠341只，获蚤11匹，平均染蚤率2.05%，平均蚤指数0.03。

【实验室检验检测】 完成从业人员健康体检8978人，暗娼干预采血检测737人，艾滋病自愿咨询检测者46人，美沙酮门诊吸毒人员采血6份，布病检测292人，盐样检测300份，水质检测78份，公共场所采样46份、医疗机构采样167份，土壤蛔虫卵检测20份，水碘检测87份。通过了自治区、银川市检验样品盲样考核。

【基本公共卫生服务项目】 制定了灵武市2017年基本公共卫生服务项目实施方案和绩效考核实施方案，明确了2017年项目工作内容、工作目标和工作要求。开展了基本公共卫生服务项目技能培训、技术指导和绩效考核工作。组织制定了《灵武市基本公共卫生服务指导手册》，举办项目培训班两期，对新版《国家基本公共卫生服务规范》及基本公共卫生服务项目统计调查制度进行了强化培训，培训专干、村医400余人次。完成了项目季度督导和全年绩效考核工作。完成了项目季度报表和年报表，并按要求录入国家基本公共卫生服务项目信息管理系统。

【健康教育】 组织举办了全市基本公共卫生服务疾控项目培训班、人感染H7N9禽流感防控技术培训班、精神卫生综合管理试点工作培训班、中盖结核病病防治项目三期培训班、免疫规划管理培训班、狂犬病防治培训班等专题培训，切实提高了疾控人员的专业技能和综合素质。累计举办各类技术培训班15期，累计培训人员1500余人次；利用重点卫生宣传日，广泛开展了疾病预防控制健康教育与健康促进活动，共发放各类宣传品16种5万余份，通过宣传，极大地提高了灵武市居民健康知识水平和防病意识。参加了银川市卫计委组织的急性传染病防控和急性中毒事件处置技能竞赛和演练活动。

【办公大楼维修改造】 中心办公大楼于2005年投入使用，因年久失修，门头破烂不堪、墙皮脱落，在市卫计局的大力支持下，2017年对市疾控中心实施了维修工程，对门头进行了改造，室内墙面也重新进行了粉刷，对老化的电线及灯管进行了更换，大楼面貌焕然一新，创造了优美整洁的办公环境。打造党建阵地，建立了中心党群活动室；在楼道营造了疾控文化，美化了室内环境。

【荣誉】 获得了银川市疾控系统趣味运动会二等奖。

卫生监督

【概况】 灵武市卫生监督所位于灵武市人民街高庙广场西侧。灵武市卫生监督所成立于2007年4月，设编制22人，2017年在编人数21人，临聘人员6人。设办公室、医疗机构监督一科、医疗机构监督二科、法制稽查科、公共场所监督科、学校与生活饮用水监督科、快速监测科7个科室。各类监督户数共780户(公共场所监管389户、生活饮用水25户、医疗机构160家、学校43所、涉水产品1家、消毒餐具2家、传染病防治160家)。

【公共场所监督】 2017年，灵武市现有公共场所单位396户(住宿60户、美容美发229户、洗浴场所30户、游泳场馆1户、商场(含超市)5户、文化娱乐场所67户、书店3户、候车室1户)。截至2017年末，共计开展经常性卫生监督761户次，现场审查办理公共场所卫生许可证148家；量化分级管理评分定级63家;监督覆盖率100%。

【生活饮用水监督】 截至2017年末，对设计日供水千吨以上的城镇公共供水单位、自建设施供水单位和农村饮水安全工程进行了监督检查，共检查集中供水单位15家;其中城镇公共市政供水单位1家，企业自建集中供水3家，二次供水单位38家,农村集中饮水工程11家,其中:千吨供水4家、千吨以下供水5家、小型在用集中供水2家,监督覆盖率100%。

【学校卫生监督】 2017年,在学校传染病卫生监督检查中，共出动监督人员108人次,出动车辆36台次,共检查托幼机构45所、小学29所、中学12所,共计监督检查86所102户次,监督覆盖率100%

【医疗机构监督】 2017年,共对177家各级各类医疗机构及传染病卫生进行监督检查,完善建立医疗机构监督档案169所,书写监督笔录256份,监督覆盖率100%。

【消毒产品监督】 2017年,对两家餐饮具集中消毒单位进行了每季度抽检工作，共抽检了160套消毒餐具,经市疾控中心检测全部合格，对一家纸品企业环境卫生、生产条件、生产用水、生产流程、消毒产品包装标签及说明书、从业人员健康合格证明进行了两次监督检查。

【放射卫生监督】 全年共监督检查13家医疗机构,监督覆盖率100%,发放放射诊疗许可证2家,对未开展放射诊疗工作的梧桐树卫生院等4家医疗机构，下发了卫生监督意见书要求其限期开展放射诊疗工作，逾期将予以注销放射诊疗许可证。根据宁卫计办发〔2017〕207号《2017年宁夏农村基层远程会诊系统建设摸底调查及放射诊疗规范化管理实施方案》的文件精神，对9家乡镇卫生院进行了摸底调查和监督检查，同时将摸底调查情况上报自治区卫生计生监督局。

【职业卫生监督】 全年共监督检查有职业健康检查资质的医疗机构2家，分别是灵武市人民医院和灵武市中医医院,监督覆盖率100%。针对2家医院2014—2016年未网络上报职业健康体检的问题，卫生监督所所下达了卫生监督意见书要求其立即整改，并认真做好上报工作。

【药品保障监督】 全年对公立医疗机构3家、社区服务站4家、乡镇卫生院9家、村卫生室72家,共计88家医疗机构进行了药品供应保障监督检查。通过监督检查均能按照《宁夏回族自治区医疗机构药品供应保障监督管理办法》的要求进行统一采购、统一价格、统一配送，回款及时，未发现网下采购、标外采购的现象,药品配送企业配送药品及时到位。个别村卫生室存在药品过期情况，未建立过期药品、近效期药品登记和销毁记录。对梧桐树村卫生室违法输液进行了立案处罚。

【计划生育和母婴保健技术服务监督】 2017年,每季度开展计划生育技术服务和母婴保健技术服务监督检查,共对14所从事计划生育服务、6所从事母婴保健技术服务的医疗机构进行了监督检查，监督覆盖率达100%。

【重点监督检查】 按照自治区卫生和计划生育监督局的要求,落实好2017年双随机监督任务，依据自治区卫生计生监督局下达的双随机监督任务表，结合重点监督抽检工作方案（自治区卫生计生委印发的《2017年全区卫生计生重点监督抽检工作实施方案》)，开展重点监督检查工作如下：一是美发、美容场所重点监督抽检情况。共下达重点监督抽检单位13家，已关门歇业6家,实际监督抽检7家；抽检品种4类(剪刀、梳子、毛巾、美容工具),合格7家。二是游泳场所重点监督抽检情况。共检测单位1家,监测种类7种,检测两个点，其中细菌总数、大肠菌群、浑浊度、pH、泳池水游离性余氯、浸脚池水余氯检测均合格,尿素检测值超标(其中一个点超标7.4倍；另一个点超标6.18倍)。三是沐浴场所重点监督抽检情况。共下达重点监督抽检单位3家,实际监督抽检1家,其中梅林韩氏汗蒸馆、逗逗乐婴幼儿水上乐园关门歇业。抽检物品4种（床上卧具、毛巾、茶具、修脚工具),全部合格。四是住宿场所重点监督抽检情况。共下达重点监督抽检单位5家，其中重复任务1家(国龙商务宾馆),歇业1家(富华商务宾馆，双随机任务下达前将网络信息删除，至今无法恢复，致使不能上报工作信息),实际监督抽检3家,抽检物品3种(床上卧具、茶具、毛巾),全部合格。五是候车室重点监督抽检情况。共下达重点监督抽检单位1家,抽检物品3

种(CO_2、甲醛、PM10),全部合格。六是影剧院、游艺厅、歌舞厅、音乐厅重点监督抽检情况。共下达重点监督抽检单位4家,抽检物品3种(CO_2、甲醛、PM10),4家全部合格。七是餐饮具集中消毒企业重点监督抽检情况。共下达重点监督抽检两家,共抽检了160套消毒餐具,两家全部合格。八是医疗机构及传染病卫生重点监督抽检情况。共下达重点监督抽检10家,4家医疗机构、6家传染病监督(2家停业)全部抽检完成。九是学校卫生重点监督抽检情况。2017年对灵武市各类中小学校随机抽取15家进行了学校卫生综合评价,评分达到A级的9家,评分达到B级的6家;抽查13所中小学校学生健康体检工作,其中:城区小学3家,初中7家,高中2家,职中1家,督促了学生健康体检工作的进一步落实。十是生活饮用水重点监督抽检情况。共下达重点监督抽检15家,其中日供水千吨以上的城镇公共供水单位1家、企业自建集中供水3家、饮水工程11家。针对部分农村饮用水工程、自建水厂、供水单位未办理卫生许可证(不具备许可条件),市卫生监督所卫生监督员下达了卫生监督意见书,要求限期整改。2017年,这部分集中式供水单位还在整改中。十一是放射卫生重点监督抽检情况。共下达重点监督抽检两家,抽检了放射诊疗机构建设项目、放射诊疗许可、放射工作人员职业健康监护、放射防护检测、个人剂量监测和放射防护用品配备使用等情况,合格两家。

【专项整治】 一是启动公共场所卫生专项整治工作。2017年1月,灵武市卫生监督所召集辖区内美容美发行业业主在卫计局六楼会议室召开了公共场所卫生专项整治启动及培训会议,参加会议的美容美发行业业主121人,会上签订拒绝非法医疗美容承诺书121份,起到了培训一个行业带动整体产业,规范一个行业促进整体工作的作用;制定了2017—2019年公共场所示范街重点监管机制,起到了一条街道带动一片区域,逐年达标提升整体环境的作用。二是开展生活美容机构专项整治“回头看”。为进一步加强对生活美容机构的监督管理,规范其美容服务行为,根据银川市卫计委《关于在生活美容机构、医疗机构开展专项整治“回头看”活动的通知》(银卫计〔2016〕341号)要求,及时安排部署,组织卫生监督员对辖区内生活美容场所进行摸底排查,对社会举报涉嫌医学美容的机构及时进行检查核实,对证据确凿,违法事实清楚的一家美容养生会所进行了卫生行政处罚,没收违法所得660元,罚款人民币3000元,有力地打击了非法医学美容行为。三是开展打击非法行医专项行动:2017年,根据日常监督检查、群众举报及卫生计生监督协管员上报的非法行医信息,共查处口腔游医9家,取缔9家,立案7件,处罚了2家;1起使用哈慈针给患者治疗非法行医案件正在立案处罚中。四是开展监督眼保健机构专项检查。2017年3月,中央电视台“3·15”晚会曝光了某省非健康体检机构为学校学生进行视力体检的事件后,4月16日由卫生监督所两位所长带队,对灵武市5家对学生开展眼保健服务的个体机构依法开展监督检查。对5家个体机构的执业行为,卫生监督员现场下达监督意见书,要求不得开展使用药物治疗近视、弱视等医疗行为。同时邀请市广电局记者对监督过程进行全程录像报道。五是开展千吨水厂、居民二次供水专项监督。按照自治区卫生计生委《2017年全区卫生计生重点监督检查和专项整治工作实施方案》(宁卫计发〔2017〕63号)文件精神,市卫生监督所对设计日供水千吨以上的城镇公共供水单位、自建设施供水单位和农村饮水安全工程进行了监督检查,检查发现,灵武市共有8家设计日供水千吨以上的集中式供水单位,全部以地下水为水源,平均井深为122米左右。按照自治区卫生计生委《2017年二次供水单位专项监督检查工作实施方案的通知》(宁卫计发〔2017〕65号)文件精神,成立了二次供水卫生专项监督检查领导小组,所长王彦海任组长,制定了《2017年灵武市二次供水卫生专项监督检查工作方案》,对辖区内企事业单位、宾馆、酒店、居民住宅区二次供水进行了重点监督检查,共检查二次供水单位51家,其中:使用无负压变频泵直接供水 22 家(其中:宾馆、酒店、公寓 3 家),使用水箱二次供水 29 家(其中:企业二次供水 4 家)。同时快速监测二次供水单位 10 家,检测水质 20 份,其中:水箱水 10 份,末梢水监测 10 份,所检 6 项指标均符合卫生标准。六是开展公立中医医院综合监督检查。对中医院的监督检查中,抽取 2017 年 3 月 1 日—3 月 30 日住院病历 10 份,涉及骨科、内一科、内二科、妇科、外科、肛肠科、康复医学科、针灸推拿科八个科室,单病历医疗费用最高为 38062.33 元,最低为 5973.68 元,收费清单基本项目包括检查费、治疗费、手术费、卫生材料费、化验费、药费、护理费等,经统计(共有 10 份病历收费清单),每份收费清单材料费、药品费、治疗费均占较大比例,材料费单病历占比最高为 73.75%,治疗费单病历占比 63.55%,化验费单病历占比为 12.56%,药费单病历占比最高为 72.27%。抽取的 10 份病历中,8 份都存在违规收费问题,不合格率为 80%,违规收费总金额为 2182 元,单病历违规收费金额为 1033 元。七是清理整顿村医疗站行动。按照灵卫计发〔2017〕75 号文件要求,卫生监督所对 7 家村医疗站下发注销通知书,注销了东塔镇宋桥村等 7 所村医疗站医疗机构执业许可证,同时邀请市广电局记者对监督过程进行全程录像报道,对还在执业的 15 家、停业的 3 家村卫生室,市卫生监督所已将监督检查情况上报了市卫计局,请示市卫计局对村卫生室设置和从业人员执业资质存在问题给予答复。

【行政处罚】 2017 年行政处罚工作中,严格按照案件查处程序立案查处,同时做到三会把关:一是案件讨论分析会,主要分析行政执法的主题是否符合规定、行政执法行为是否符合执法权限、适用执法依据是否规范、行政执法程序是否合法、行政执法决定的内容是否合法适当、案件确实违法是否明确,文书制作是否规范,使用的法律法规是否正确。二是案件合议会,主要是针对案件中的违法事实分别进行裁量,对违法事实较多进行了合并处罚。三是案卷评查会,从文书选用、事实描述、用语规范、法律法规使用等方面进行评查,目的是能够及时发现和纠正案卷中存在的问题,强化行政执法人员的程序意识、证据意识,规范行政处罚行为。截至 2017 年 12 月 29 日,共立案查处违法案件 23 件,罚款 41960 元,其中医疗机构 18 家(医院 6 家、卫生院 4 家、诊所 7 家、卫生室 1 家),公共场所 4 家(美容美发店 3 家、游戏厅 1 家),无证行医 1 家。

【信息宣传培训】 全年上报各类卫生监督动态简报信息 29 篇,其中被自治区卫生监督杂志采用 2 篇、全国省级期刊发表论文 2 篇。利用各类宣传日进行宣传活动 15 次,发放各类宣传资料 3000 份,悬挂横幅标语 6 条。全面实施卫生监督员网络培训任务,全所 21 人参加卫生监督员网络培训,课时 60 学时,21 人已全部通过;七五普法学习培训考试 21 人,参考率 100%,合格率 70%。

妇幼保健和计划生育

【概况】 灵武市妇幼保健计划生育服务中心位于灵州大道西段,成立于 1956 年 12 月,新建于 2010 年 2 月。2017 年,市妇幼保健计划生育服务中心现有工作人员 109 人,编制 64 人,在编在岗 63 人、聘用 46 人,其中高级职称 9 人、中级职称 19 人、初级职称 48 人。编制床位 40 张,实际开放床位 33 张。设门诊部、住院部、护理部、办公室、医教科、财务科、总务科、医保科、保健科、医技科、出生干预科等 8 个科室。拥有德国西门子实时四维彩超、GE 彩超、贝尔森全程全域超导可视人流仪、无背板婴儿洗浴中心、进口盆底康复治疗仪、胎儿监护网络系统、500mAX 光机、进口 CR 系统、全自动生化分析仪、进口全自动五分类血液细胞分析仪、进口全自动血凝仪、全自动液基细胞制片机、多参数母亲胎儿监护仪、电子阴道镜、LEEP 手术刀、微量元素测定仪等 20 余件设备。

【儿童保健】 2017 年全市有 7 岁以下儿童 19232 人,保健管理 18633 人,保健覆盖率 96.89%。5 岁以下儿童 13720 人,营养监测 13400 人,监测率为 97.67%,其中:查出低体重 88 人,低体重率 0.66%;生长发育迟缓 15 人,生长发育迟缓率 0.11%;超重 327 人,超重率 2.44%;肥胖 72 人,肥胖率

0.54%。血红蛋白检查人数9418人,贫血患病人数414人,贫血患病率4.40%,其中重度贫血患病人数51人,中重度贫血患病率为0.54%。3岁以下儿童8280人,系统管理8155人,系统管理率为98.49%。新生儿死亡7例,新生儿死亡率2.29‰;婴儿死亡12例,婴儿死亡率为3.92‰;5岁以下儿童死亡17例,5岁以下儿童死亡率为5.56‰;出生6个月纯母乳喂养调查3051人,纯母乳喂养2716人,纯母乳喂养率89.02%。

【妇女保健】 全市有产妇3048人,活产3059人,建卡管理3047人,保健管理率为99.97%;早孕建卡3044人,早孕建卡率99.51%;系统管理3030人,系统管理率为99.38%;住院分娩活产数3058人,住院分娩率为99.97%;筛出高危孕产妇679人,高危住院分娩率为99.85%;产后访视3046人,产后访视率99.58%。孕产妇死亡为0。非户籍孕产妇死亡1例。

【儿童入园及幼师体检】 全市47所幼儿园进行了1次督导检查,为9300名儿童进行了入园体检,城区儿童入园体检率为100%。筛查出有屈光异常675人,龋齿1036人,肠道寄生虫293人,中、重度营养不良22人,生长发育迟缓92人,中重度肥胖36人,反颌27人,贫血5人。其中中重度贫血1人、心脏杂音9人,均给予相应的指导与治疗;肝功能异常6人,暂不予入园并及时指导到上级医院诊治。为幼师体检605人,检出梅毒1人,肝功异常3人,滴虫性阴道炎1人,要求离岗治疗。

【出生医学证明管理】 2017年各接产医院活产数3026人(保健所836人,市医院2188人,唐都医院2人),医疗保健机构内出生的签发数为3095人(保健所900人、市医院2193人、唐都医院2人),其中首次签发数为3043人(保健所850人、市医院2191人、唐都医院2人),换发数15人,补发数30人;医疗机构外出生的签发数为0人;废证数1人,废证率0.13%。

【妇幼卫生三项监测】 妇幼卫生三项监测结果为:全市活产3059人,5岁以下儿童死亡17例,5岁以下儿童死亡率为5.56‰;户籍孕产妇死亡为0人,流动孕产妇死亡1人。全市各接产医院出生围产儿3288人(监测医院出生围产儿3286人),出生缺陷33例,出生缺陷发生率为100.36/万;围产儿死亡19例(其中死胎死产18例,0—6天死亡1例),围产儿死亡率5.78‰;双胎29例。

【农村孕产妇免费住院分娩补助】 农村孕产妇免费住院分娩补助项目的任务是2200人。2017年全市农村孕产妇1543人,住院分娩补助1420人,住院分娩补助率92.03%。对符合条件的农村孕产妇无论平产与剖宫产均按1300元打包,灵武市政府再为剖宫产者每人补助300元。2017年中央财政补助56.80万元,自治区补助8.20万元,灵武市补助5.49万元,新农合补助65.60万元,各级财政共计补助136.09万元。

【免费婚前医学检查】 婚前医学检查在自治区财政补助的基础上灵武市财政为每对婚检对象补助50元,免费婚前医学检查2570人,登记结婚2570人,婚检率100%,检出HIV抗体阳性1人(男),梅毒12人,乙肝72人,肝功异常72人,阴道炎326人,包皮过长271人,贫血18人,高血压2人。自治区补助16.705万元,灵武市补助6.425万元。

【免费新生儿疾病筛查】 免费新生儿四病筛查3121人,筛查率98.89%。免费48项新生儿疾病筛查996人,确诊葡萄糖6磷酸脱氢酶缺乏症2人,肾上腺皮质增生症2人,甲状腺功能低下症3人,瓜氨酸血症Ⅰ型1人,自治区新筛中心已给予免费治疗. 免费听力筛查3078人,筛查率97.53%,确诊听力障碍患儿为0人。

【农村妇女"两癌"检查】 市妇幼保健计划生育服务中心抽调业务骨干组成"两癌"项目检查组,深入乡村免费为35—64岁农村妇女做宫颈癌和乳腺癌检查,为参加检查的妇女每人发放毛巾1条,调动了广大群众参检的积极性,促进了"两癌"工作的顺利开展。乳腺癌检查3652人,其中手诊检查1800人,乳腺彩超1800人,超声检查Ⅲ-Ⅳ级33人,接受钼靶检查18人,病理检查1人,确诊乳腺癌患者1人,治疗1人,随访1人。原位宫颈癌延续项目检查5000人,结案5000人,宫颈脱落细胞TBS分类检查5000人。截至2017年2月29日,宫颈 HPV 检查 1738 人，共检出霉菌性阴道炎 1260 人，滴虫性阴道炎 117 人，细菌性阴道炎 1808 人，黏液脓性宫颈炎 76 人，宫颈息肉 98 人。阴道镜检查应查 63 人，实查 58 人。病理检查应查 51 人，实查 51 人。检出低级别病变（CIN Ⅰ）2 人，高级别病变（CIN Ⅱ -CIN Ⅲ）7 人，无确诊宫颈癌患者，宫颈病变治疗随访 7 人。

【增补叶酸预防神经管缺陷】 通过全市妇幼卫生三级网络、婚前医学检查、医疗机构妇产科门诊大力宣传，追踪随访，全市新增应服用叶酸人数 3176 人，叶酸服用率 100%；新增叶酸服用依从人数 2809 人，叶酸服用依从率 88.44%，增补叶酸知晓情况调查人数 3488 人，知晓人数 3484 人，知晓率 99.89%。

【预防艾滋病、梅毒、乙肝母婴传播】 任务数 2827 人，完成数 3260 人，完成率 115.31%。婚前保健接受咨询检测 2570 人，免费检测率 100%，HIV 抗体阳性为 0；住院分娩产妇数 3260 人，其中孕期接受检测 2961 人，仅产时接受检测 299 人，孕期检测 HIV 抗体阳性 2 人（1 例吴忠，1 例西吉移民），HIV 抗体阳性产妇 2 人，梅毒感染产妇 4 人，梅毒产妇所生新生儿 4 人；乙肝表面抗原阳性产妇总数 84 人，乙肝表面抗原阳性产妇所生新生儿 85 人；为新生儿免费接种乙肝免疫球蛋白 85 人，对梅毒感染的孕产妇及所生的新生儿均给予了规范治疗和随访。

【婴幼儿喂养与营养改善】 为 6—24 月婴幼儿免费发放营养包，以改善婴幼儿营养状况，消除婴幼儿贫血，2017 年共收到营养包 124256 盒，发放 120218 盒，库存 4038 盒；应发儿童 5774 人，实发儿童 5086 人，发放率 88.08%。

【健康体检】 一是 2017 年城乡居民普惠性体检工作从 6 月开始进行，市妇幼保健计划生育服务中心领导高度重视此项工作，印制了体检宣传材料 5000 余份，制作并张贴了体检流程图，并为体检者免费发放早餐，及时反馈体检结果。为北郊社区、东塔黎明村共体检 1889 人（其中男 811 人，女 1154 人，符合医保人数 584 人，不符合医保人数 1304 人），检出高血压 168 人、高血糖 98 人、高脂血症 121 人、肝血管瘤 16 人、胆囊炎 321 人、肾结石 75 人、胆囊息肉 42 人、骨质疏松 322 人、妇科检查 109 人，及时给予指导意见，并反馈至社区。二是以严格认真、公正负责的态度为灵武市 2017 年招收的 69 名“特岗老师”71 名“三支一扶”高校毕业生体检。

【计划生育服务】 2017 年，共做各类节育手术 799 例（放环术 394 人，取环术 393 人，皮埋 1 人，取皮埋 11 人），咨询服务 4304 人次，无一例节育手术并发症发生。妇科检查 9078 人次，阴道镜检查 110 人；随着全程服务工作机制的进一步健全完善，2017 年共进行术后随访 779 人次，术后随访率达到 97%以上。接受计划生育宣传咨询服务人数达 9218 人次，育龄群众基础知识知晓率达 90%以上。群众对计划生育服务工作的满意率达到 90%以上。

【孕前检查及唐筛检查】 孕前检查 1409 对，共筛查出高风险男 211 人、女 310 人，早孕随访 2114 人次，妊娠结局随访 927 人次，检查出梅毒 3 人，促甲状腺素异常 126 人，乙肝血清学阳性 150 人，沙眼衣原体阳性 1 人。全年完成两项筛查 2051 人，检测出高风险 388 人，其中年龄高危 87 人，21- 三体高危 200 人，18- 三体高危 67 人，神经管畸形高危 4 人，21- 三体和年龄联合高危 17 人，18- 三体和年龄联合高危 6 人，21- 三体和 18- 三体联合高危 6 人，21- 三体、18- 三体和年龄联合高危 1 人。对高风险孕妇进行跟踪随访 612 人次，有 26 例自愿终止妊娠。

【孕产妇产前检查】 2017 年，免费产前检查 9518 人次，新生儿死亡率 2.29‰。通过孕产妇产前检查，使孕产妇管理得到加强，围产期保健卡填写规范，并能及时输入微机，进行信息化管理，督促产妇定期产检。提高了高危孕产妇的筛查管理和危重病例应急处理、转诊能力，极大地降低了孕产妇、围产儿死亡率，提升了出生人口素质，全市妇女儿童的健康水平得到提高。

【创建“职工之家”】 2017 年工会委员会深入贯彻落实党的十九大精神，积极探索“互联网 + 工会”的工作新格局，紧扣按照"六有""八好"和"四亮一诺三完善"的思路，充分发挥自身优势，扎实开展了具有特色、富有成效的"建家"活动，被市总工会评为"合格职工之家"二等奖。

【民族团结进步创建】 以"民族团结一家亲"为主题，结合正在开展的"两学一做"专题讨论活动，认真开展民族团结一家亲活动，通过组织学习、召开座谈会、撰写心得体会等形式，使广大职工统一了思想，引导全体干部职工自觉把对伟大祖国的深厚感情，对社会主义核心价值观的不懈追求，转化为建设中心、报效祖国的自觉行动，让"我能行"和"只有努力才能改变，只要努力就能改变"的观念成为中心的时代强音。2017年12月被灵武市民族团结进步创建工作领导小组授予"民族团结进步创建活动示范单位"。

【荣誉】 2017年6月被银川市市场监督管理局评为2016年度银川市医疗器械不良事件监测工作先进集体；2017年11月杨彦被中华预防医学会儿童保健分会授予第五届"达因杯"最美基层儿童保健医生称号；2017年11月汪淑霞被中国性病艾滋病防治协会、中国疾病预防控制中心妇幼保健中心授予基层预防艾滋病、梅毒和乙肝母婴传播工作优秀工作者称号。2017年12月被灵武市民族团结进步创建工作领导小组授予"民族团结进步创建活动示范单位"称号。

市人民医院

【概况】 灵武市人民医院位于灵武市育才路南段。2017年，市医院编制人数316人，职工446人（包括聘用人员），其中各类专业技术人员386人。有住院部、门诊部、医技科、急救中心、行政后勤5部分。住院部开设心血管内科、消化内科、外科、骨科等9个临床科室，编制床位500张；门诊部设有内、外、妇、儿、中医、皮肤等11个门诊科室；医技楼设有检验、放射、B超、胃镜等8个医技科室。装备有16排螺旋CT、DR、CR、C型臂X光机、心脏彩超、下肢静脉曲张激光治疗仪、电子胃镜、电子结肠镜、多功能麻醉机、腹腔镜、前列腺电切镜、全自动生化分析仪、生物物理共振治疗仪（过敏原检测治疗系统）、牙科全景X射线机等万元以上医疗设备150余台。

【医院效益】 2017年累计诊疗327883人次，门诊诊疗313078万人次，住院诊疗14805人次，门诊次均费用160.37元，住院患者次均费用4112.89元，出院患者平均住院日7.3日。全年实现收入12947.92万元，财政补助1434.28万，占总收入的11.08%；其中医疗业务收入11347.43万元，占总收入的87.64%，较上年增加2.99%；药品收入4569.91万元，占医疗收入的40.27%。全年支出13502.91万元，其中医疗业务成本10742.64万元，管理支出2365.35万元，项目支出374.26万元。支出同比上涨1.28%。新增固定资产908.59万元，全年严格预算控制，未出现超预算支出。

【队伍建设】 在医务人员中倡导"终生学习"的理念，选派优秀医务人员外出进修学习，积极探索与集团医院的合作新模式。2017年先后派出45名医护人员到区内外进修学习。2017年共举办院内及承办院外学术专题共计20次。积极开展新技术、新业务，鼓励各科室申报科研项目，并取得实效。申报重点专科1个，科研项目5个，并于上半年完成医疗卫生科研项目申报前期评估工作。妇产科开展盆底康复治疗术、阵痛分娩术、子宫肌瘤消融治疗术；骨科开展脊髓型颈椎病经后路椎板切除减压术、经腹直肌外侧切口骨盆复位固定术、股骨颈陈旧性骨折手术治疗；口腔科开展热牙胶充填、隐形矫治等新技术；检验科开展胃蛋白酶原检测、胃蛋白酶原Ⅱ检测、幽门螺旋杆菌抗体检测等新业务；中医科开展无痛针灸法；外科开展下肢静脉曲张硬化剂治疗、经皮穿刺肝肾囊肿硬化剂治疗、甲状腺结节射频消融治疗、腹腔镜保胆取石治疗、乳腺结节微创旋切治疗等新技术。这些业务的开展取得了良好的社会效益。

【医疗服务】 加强对医院信息化系统的维护和维修，保障系统安全稳定运行，提升服务效率；充分运用重庆远秋公司的培训和考试系统，顺利完成了医院内部对医疗、护理人员全年的业务考核及培训工作；积极开展远程会诊服务，全年共完成远程会诊病例 331 例，完成远程课件培训 37 次，促进了医疗资源共享和医疗服务均等化，帮助基层提高医疗服务，切实解决广大农村群众看病就医难问题；与宁夏银行签订“银医合作协议”，通过银医系统及健康宁夏对接项目，投入自助一体机，为城乡居民提供线上线下一体的挂号、缴费、查询报告等优质、快捷的服务；积极开展患者满意度调查工作，2017 年灵武市人民医院门诊患者满意度达 96%，住院患者满意度达 97%，出院患者满意率达 98.8%。

【规范抗生素使用】 在全院推行 24 个专业 127 个病种的临床路径管理。通过临床路径管理，规范医护人员执业行为，加强医疗质量管理，保障医疗安全，提高卫生资源利用效率，控制和降低临床常见病医药费用，减轻患者负担。2017 年，各科临床路径管理病种 4528 例，进入临床路径管理病例 2988 例，退出临床路径管理 545 例，临床路径入组率 66%（标准＞60%），完成率达到 81.8%（标准 >75%），均达到了临床路径管理入组率和完成率两项指标。

【医疗救助】 2017 年，医院共组织医护人员参加各类义诊宣传 15 次，邀请院外专家会诊、手术 8 次，完成政府指令性公共卫生任务、突发事件卫生应急和医疗救治等任务 331 起，为癌症晚期患者办理麻卡 62 人次，为残疾人鉴定 202 人次。继续开展“免费孕妇产前检查”工作，全年共为 1915 名孕产妇开展产前免费检查。截至 2017 年末，市人民医院共接待体检单位 34 个，体检人次共计 24883 人。10 月，市人民医院被定为“灵武市从业人员预防性健康体检”定点医院，免费为从业人员进行体检。继续落实慈善医院各项工作，惠及于民，凸显医院公益性。全年累计救助 852 人，共计救助支出 69091.44 元。2018 年 1 月 1 日按照灵武市委、市政府的要求，全面取消门诊与急诊挂号、诊疗费和“120”急救车辆费用，患者医药费用负担明显降低。

【项目建设】 根据新业务新技术开展的需要，有计划地对医疗设备进行公开招标、采购和维修保养，保证医疗工作的顺利开展。全年为供应室、心电图室、B 超室、体检门诊、妇科等购置脉动灭菌器 1 台、心电图机 3 台、彩色多普勒超声诊断仪 1 台、骨密度仪 1 台、分娩镇痛仪 3 台，母婴监护仪 3 台、血透机 10 台等共计 20 余台；维护医疗设备 33 余次，保证了全院医疗设备运行正常。进一步做好灵武市人民医院的整体迁扩建工作。积极配合市卫计局做好项目建筑施工图复核、ppp 模式建设等相关工作，截至 2017 年 12 月 30 日，灵武市人民医院综合服务楼已拔地而起，门急诊、住院部大楼也已破土动工。

【荣誉】 2017 年，先后被评为“银川市药品不良反应监测工作先进集体”“先进党支部”等。血液透析室通过自治区卫计委的评审验收，填补了灵武市血液透析室的空白；市人民医院被确定为“灵武市从业人员预防性健康体检”定点医院。

市中医医院

【概况】 灵武市中医院位于灵武市健康路 17 号。2017 年，市中医医院现有职工 273 人，专业技术人员 249 名（其中高级职称 33 名、中级职称 45 名、初级职称 171 名），占地面积 11300m^2，建筑面积 11500m^2，编制床位 300 张。医院现有中医特色诊疗设备 20 余类，康复治疗 4 大类 40 余台医疗设备，配有 GE 螺旋 CT、柯尼卡 CR、500 毫安 X 光机、C 臂 X 光机；进口彩超仪、奥林巴斯电子胃、肠镜；椎间孔镜、臭氧治疗仪、12 导同步心电图机、24 小时动态血压监测仪、动态心电监测仪；多功能麻醉机、多功能监护仪、除颤监护仪、呼吸机、磁振热治疗仪；日立全自动生化分析仪、东亚五分类血球计数仪、尿沉渣分析仪、血凝仪等先进医疗设备。市中医医院内科心脑血管病专科、骨伤科为自治区重点专科；肛肠科、针灸推拿理疗科为国家中医药管理局支持建设的特色专科；其中心脑血管科、肛肠科、针推科、骨伤科、皮肤科在本市具有明显的优势。

【医院效益】 2017 年全年医院总收入 8512.42 万元，较上年同期增长 30%。业务收入 7631.57 万元，其中：医疗收入 4521.32 万元，占业务收入的 59%；药品收入 3110.25 万元（含中药饮片），占业务收入的 41%。财政补助594.19万元，财政专项补助234.50万元，其他收入52.16万元，医院固定资产7455.43万元，较上年增长18%。2017年全年门、急诊180311人次，出院10180人次，病床使用率83%（按300张床位计算），手术1721台次（其中眼科手术350台次），较上年度增加40%；住院患者平均住院天数8.9天，较上年度下降0.6天；药占比30.06%（不包括中药），较上年减少10.38%；百元耗材占比24.18%，较上年减少0.07%；门诊次均费用164.39元，住院患者次均费用4584.95元，转院率7.5%，较上年度增长1.2%，各项指标均达到"二甲"医院要求。

【中医特色】 在诊疗过程中发挥中医药特色优势，按照国家中医药管理局印发的诊疗方案，结合本院实际制定并实施常见病及中医优势病种中医诊疗方案、专科中医优势病种诊疗方案及临床路径，并要求科室人员熟记于心，全面系统地掌握。开展中医回医诊疗技术60余项，住院患者人均开展中医特色疗法2项，非药物诊疗占全院门诊诊疗人次的10%以上，回医科门诊诊疗占全院门诊诊疗人次的5%以上，并推行3个专业4个病种临床路径管理，入组率88.28%，完成率达到96.56%，降低医药费的同时规范了诊疗行为。

【人才培养】 2017年，市中医医院孙健书记入选国家级老中医药专家及传承人，市人民医院有全国基层名老中医药专家传承工作室1个，全国老中医药专家学术经验继承导师1人，自治区级老中医药专家3人，共带徒20人。国家农村医疗机构中医特色优势重点专科1个，自治区中医药管理局重点专科1个，灵武市名医工作室5个，重点学科建设稳步推进。

【"二甲"评定】 "二甲"中医医院评审启动开始后，市中医医院制定了"二甲"中医医院的评审目标，按照自治区卫计委《二级中医医院评审标准实施细则》，认真寻找差距，分析原因，抓好整改落实工作。不断加强医院硬件设施、重点学科和医德医风建设，进一步规范医疗质量管理。2017年9月24—26日，市中医医院顺利完成了自治区评审专家组等级评审考核检查工作。

【惠民医改】 2017年，市中医医院完成政府指令性公共卫生任务、突发事件卫生应急和医疗救治等任务70次，积极开展"千名医师"下基层对口支援工作。自2018年1月1日起，根据市政府为民办13件实事的要求，免收普通号、急诊号、急救车辆费。这是进一步深化医药卫生体制改革的创新举措，也是体现政府为民办医的重要体现。

【公共卫生基层指导】 2017年中（回）医药管理正式纳入国家12大类52项基本公共卫生服务内容，市中医医院为项目指导单位。参加银川市师资培训1次；对乡镇卫生院、社区卫生服务站、村医、保健员培训2次，对各乡镇卫生院、社区卫生服务站进行指导、督导、考核4次。

【健康体检】 优化体检流程，增加人员设备，加强人员培训，努力提高服务质量和服务水平。2017年完成高考学生体检2527人次、中小学生体检4042人次、完成社会体检10796人次、城乡居民普惠体检12917人次、干部职工体检1947人次。

【对口支援】 积极开展中医对口支援和紧密医联体建设工作，将此纳入院长目标责任制和医院年度计划中，由主管业务院长分管此项工作，与银川市中医医院、银川市妇幼保健院建立紧密医联体，与宁夏医科大学中医学院中医内科消化重点专科签订了对口支援协议，同时与灵武市各基层医疗机构签订对口支援协议。按照"千名医师"下基层要求派出骨干医师支援基层，组织各科室业务骨干不定期到基层开展义诊30余次。支援的梧桐树乡卫生院，由副主任医师带队坐诊，充分发挥医疗技术下沉基层的积极作用（2016年梧桐树乡卫生院全年收住病人10人，2017年建立医联体后收治住院病人101人）。

【组织建设】 一是扎实做好党员经常性教育工作，结合"三会一课"深入推进"两学一做"学习教育常态化、制度化和党内组织生活严肃化、规范化，认真学习贯彻党的十九大精神。二是申请创建"四星级"党支部，结合"两学一做""支部主题党日"活动、"学、查、改"干部作风整治活动扎实开展各项创建工作。三是严格按照《中国共产党发展党员工作细则》中的程序发展1名预备党员。四是进一步规范党员活动纪律,加强党员管理。要求不能按时参加党员活动的党员履行请假审批手续,杜绝无故不参加党员活动的情况发生。五是通过开展"七五"普法活动,结合无纸化学法用法和考试,提高市中医医院全体干部职工学法用法的积极性,提升政策法规与纪律意识。杜绝"索要红包、乱开大处方、大检查"等现象,着力体现公立医院的公益性。六是加强与社区党委的紧密合作,积极完成社区党委的各项公益任务,为社区配备石桌一套、净水设备一套,组织党员到社区义诊两次,为社区残疾老人捐款1000元。

【精神文明建设】 一是定期开展道德讲堂活动。二是积极开展志愿者服务活动,组织党员先后多次到市中心敬老院、白土岗乡、郝家桥乡、崇兴镇等地义诊,截至2017年12月29日,开展下乡义诊送药活动30余次,免费发放药品3000余元,慰问帮扶4户少生快富项目户,共发放慰问金2000元。三是每季度举行一次慈善款公开发放仪式,自2015年9月开始,市中医医院已为692名家庭困难患者提供了医疗救助,救助总额54万余元。三是严格贯彻落实中央"八项规定"和自治区、银川市、灵武市相关规定。严格按照制度建设情况和执行情况进行自查整改,从源头上遏制和防止腐败。

【党风廉政】 党风廉政建设和行业作风建设是党建工作的重中之重,结合卫计系统治理医药购销领域商业贿赂专项工作和行风评议工作,加强领导,健全机构,加大宣传教育,明确工作重点,强化社会监督,取得了显著效果。为预防和遏制医药购销中的不正之风,医院聘请了3名行风监督员,同时利用各种会议宣讲、强调,严格要求医务人员遵守"十条禁令"和"九不准"规定,落实招标采购和阳光处方制度,廉洁行医,诚信服务,自觉抵制医药购销领域和医疗服务中的不正之风。在全院安装"无红包"医院投诉意见箱,定期查看统计,并在全院内进行灵武市中医医院行风满意度调查,满意度达98%。

【扩大宣传】 2017年积极运用新媒体,加强全院各科的宣传力度。在中国中医药报刊登中医人物和时事通讯两期,在灵武市电视台播出电视新闻及健康灵武26期次,同时在美丽灵武微信公众号转载。医院建成微信公众平台全年共推送中医养生、保健及新技术等内容44期次,从宣传氛围上整体提高了医院的知名度和美誉度。

【创新工作】 2016年,市中医医院投入560余万元购入眼科先进设备,包括:白内障超声乳化手术系统、眼科AB超生诊断仪、数码裂隙灯、眼底照相系统、眼科Nd:YAG激光治疗仪、光学相干断层扫描仪、全光学视野计、可控式冷凝器、全自动电脑验光角膜曲率仪、卡式蒸汽灭菌器、同视机、弱视治疗仪等先进设备仪器,并选送团体医务人员于广东省佛山市三水区人民医院随全国知名眼科专家卢敏教授进修学习。2017年4月14日,眼科中心正式成立,是灵武市最完善的眼科诊疗中心,同时也是灵武市唯一一所能独立开展白内障超声乳化手术的医院,可开展白内障超声乳化+人工晶体植入术、翼状胬肉切除+角膜缘干细胞移植术、眼部异物取出术、眼睑内外翻及上睑下垂矫正术、眼部的各种外伤性治疗、斜弱视治疗等。

【荣誉】 2017年2月,市中医医院手术麻醉科被银川市妇联授予银川市巾帼文明岗称号;2017年2月,全院顺利通过银川市文明单位复审,荣获银川市2017—2021年度文明单位称号;2017年3月,在灵武市纪念新《消法》三周年"荣昌杯"消费维权知识竞赛中荣获一等奖;2017年7月,荣获灵武市卫计系统先进党支部称号;2017年12月,荣获灵武市民族团结进步创建活动示范单位称号。

社区卫生服务

【谢家井社区卫生服务站】 谢家井社区卫生服务站位于西平街与枣园路交叉口东50米,占地面积970平方米,业务用房612平方米。现有在编8人、社会招募2人、三支一扶1人,共计职工11人,其中7人本科学历、3人大专学历、1人中专学历。其中:全科医师2人,中医执业医师1人，公共卫生执业医师1人，临床执业助理医师3人，护师3人，药剂师1人。辖区常住居民数13000人，建立居民健康档案2142人，动态记录档案1720人，65岁及以上老年人健康体检550人，筛查管理高血压患者530人、糖尿病患者195人、重型精神疾病患者50人，7岁以下儿童1088人，辖区内活产数205人，完成各类基础疫苗接种8016剂次，卫生计生协管监督巡查263次。全年共接诊11027人次，完成业务收入185081.48元，其中药品收入131255.78元，门诊次均费用16.78元。2017年3月被自治区卫计委授予“群众满意的社区卫生服务站”“群众满意的基层医疗卫生机构”和“4星级社区卫生服务机构”等称号。

【西苑社区卫生服务站】 西苑社区卫生服务站位于灵武市富源巷鑫祥家园门面房4—5号，占地面积是271平方米，业务用房258平方米。现有职工9名，其中医师3名、护士4名、药师2名人。2017年度业务总收入164265.18元（门诊收入10868.92元，医保核销收入36136.54元，其他收入117259.72元）。辖区有两个居委会，服务人口近13000人，服务半径0.6公里。2017年度辖区孕产妇281人，活产数280人。0—6岁儿童1187人，0—36月龄儿童数610人；65岁老年人管理810人；高血压管理813人；糖尿病管理291人；严重精神障碍患者检出46人；癫痫病人管理10人；结核病人管理1人，推介转诊6人。2017年度居民健康档案累计建档12356份，纸制档案建档率83.5%，电子档案累计录入1795份（老年人502份，孕产妇176份，高血压531份，糖尿病186份，儿童166份），电子档案建档率12%（方达系统录入12256份，电子健康档案建档率82.3%）。健康档案动态使用3811份。

【文化路社区卫生服务站】 文化路社区卫生服务站位于灵武市上元名城北大门西侧，住房面积420平方米。现有职工10人，其中：全科医师1人，防疫专干2人，妇幼专干2人，护士2人，药剂师2人，局聘临时人员1名。截至2017年10月31日，门诊接诊3739人次，门诊业务收入34439.00元。其中输液653人次，较上年提高2%。共建立纸质居民健康档案12281份，建档率为85%；建立电子健康档案9850份，电子建档率为80%。重点人群健康档案基本做到动态管理，共登记管理65岁及以上老年人822人，规范管理580人，规范管理率70%。2017年，社区共管理慢性病612例，其中高血压患者471例，规范管理465例，规范管理率98.7%；糖尿病患者141例，规范管理131人次，规范管理率93%。2016年辖区共有孕产妇502人，其中产妇321人，活产321人。早孕建卡502人，早孕建卡率100%；产后访视321人，产后访视率100%；产后42天健康管理321人，管理率100%。

【北郊社区卫生服务站】 北郊社区卫生服务站位于灵武市林秀苑B区，共有10名专业技术人员（正式在编人员8名，聘用人员2名），其中医师2名、药剂师2名、护师3名、医士2名、三支一扶1名；大学本科及以上共6名，大专学历共3名；中级专业技术人员共3名，初级专业技术人员共5名。承担着东盛社区居委会、朔方路社区居委会、鼓楼社区居委会部分居民共3个居委会共计13000人的疾病预防与控制、妇幼保健、儿童预防接种、慢性病管理、老年人管理、残疾人管理、卫生监督协管等工作。现有科室10个（药房、中医治疗室、诊断室、专家诊断室、注射室、妇幼保健室、接种室、慢病室、老年人管理室、卫生监督室）。2017年共就诊患者8788人，静脉输液共2142人，医疗总收入共124376.53元，其中药品收入共53567.66元。2017年，因站点搬迁原因，原有的方达系统改为方正系统，居民健康档案管理工作停滞数月，2017年10月站点搬迁至新建单位后，积极建立录入居民健康电子档案，截至2017年12月29日共录入居民电子档案882份，建立纸质档案9518份。在原有居民健康档案管理的基础上，努力为新增户建立档案1105份，其中高血压纸质、电子管理档案各521份；糖尿病纸质、电子管理档案各188份；新建儿童保健纸质、电子管理档案各1191份；孕产妇纸质、电子管理档案各488份；重性精神疾病纸质、电子管理档案各44份；老年人纸质、电子管理档案各819份。

2017 年，共对辖区内 488 名孕产妇进行了产前检查，并及时免费发放叶酸。辖区内产妇住院分娩 332 人，孕产妇系统管理率达 100%；产后访视 331 人，访视率达 100%；为辖区内 65 岁以上老年人建立居民健康档案，共 819 人份，其中电子档案 819 人份，纸质档案 819 人份。对辖区内 65 岁以上人群的高血压和二型糖尿病进行了筛查，现管理高血压、糖尿病患者共 709 人，其中管理高血压患者 521 人，规范管理率达 88%；糖尿病患者 188 人，规范管理率达 88%；并对其进行了 4 次面对面随访。2017 年市社区卫生服务站于 4 月份开始启动家庭医生签约活动，由“千名医生下基层”中的蒋顺及马华俐分别带领在职人员与外聘人员进行“下社区、进小区”家庭医生签约，在林秀苑 B 区进行挨家挨户签约并建档活动。自灵武市卫计局正式启动灵武市家庭医生签约活动仪式后，开展了对重点人群及特殊人群家庭医生签约活动。截至 2017 年 12 月 29 日共签约 3187 人，其中老年人签约 526 人，慢性病中高血压签约 490 人，糖尿病签约 148 人，严重精神障碍患者签约 15 人，残疾人签约 32 人，孕产妇签约 56 人，儿童接种疫苗签约 475 人，肺结核签约 5 人，城乡低保五保签约 1 人。

崇兴镇中心卫生院

【概况】 崇兴镇中心卫生院位于崇兴镇政府南 200 米，距灵武市区 6 公里，交通便利，群众就医方便。卫生院成立于 1956 年，是一所集医疗、预防、保健、康复、卫生监督、计划生育技术服务服务于一体的中心卫生院，为城乡居民医疗保险定点的医疗机构。分别于 2006 年和 2010 年进行两次扩建，现占地面积 2826 平方米，业务用房面积 3397 平方米。分设门诊部、住院部、中回医综合服务区、公共卫生部，临床检验生化室、心电图室、B 超室、放射科、小外科、口腔科等职能科室。内设住院部和门急诊观察室病床 42 张。拥有 200MAX 光机、动态心电图监护仪、血球分析仪、尿液分析仪、全自动生化分析仪、脊椎牵引床、口腔科诊断治疗设备等仪器以及其他辅助设备和办公设备。崇兴镇中心卫生院核定编制 45 人。在岗专业技术人员 36 人，专业技术人员中高级职称 3 人、中级职称 11 人。

【基本医疗】 崇兴镇中心卫生院共承担着崇兴镇 12 个行政村 47226 人的基本医疗和 12 类 52 项公共卫生服务工作（居民健康档案、健康教育、预防接种、传染病及突发公共卫生事件报告和处理、儿童保健、孕产妇保健、老年人保健、慢性病管理、重性精神疾病及癫痫患者管理、卫生监督协管、中医药健康管理、结核病患者管理）。有科室 7 个（办公室、门诊部、药房、收费室、住院部、中医理疗科、公共卫生科）。2017 年，全院门诊量 4.1 万人次，门诊业务收入 146 万元，其中药品收入 134 万元（含中药饮片收入 46 万元）、医疗收入 12 万元；住院部全年收住 138 人次，业务收入 15 万元，住院人均费用 1104 元，业务总收入 161 万元。村卫生室接诊患者 10.9 万人次，医保统筹核销共计 154 万元（医保支付 110 万元，患者自付 44 万元）。

【基本公共卫生】 2017 年底，累计建立纸质居民健康档案 42126 份，建档率 98.36%；建立居民电子档案 38620 份，电子建档率 87.07%；动态管理 5813 人。共接种各类疫苗 14526 剂次，应建证 491 人，实建证 491 人，其中乙肝疫苗接种 1368 人，卡介苗接种 1 人，脊髓灰质炎疫苗接种 2275 人，百白破疫苗接种 2752 人，白破疫苗接种 758 人，麻风疫苗接种 685 人，麻腮风疫苗接种 808 人，A 群流脑疫苗接种 1568 人，A+C 流脑疫苗接种 1325 人，甲肝疫苗接种 782 人。全镇管理高血压患者 2306 人，管理糖尿病患者 523 人；老年人年检 418 人；管理重度精神病患者 210 人，随访管理癫痫患者 64 人；全年孕产妇 726 人，其中产妇数 491 人，活产 495 人；建卡人数 491 人，建卡率 100%；早孕建卡人数 491 人，早孕建卡率 100%，系管率 100%；共发放健康教育资料 6400 份，制作健康教育专栏 12 期，开展健康知识讲座 12 期，开展公众健康教育咨询 12 次，个体化健康咨询 2000 余人次；为辖区居民开展老年人及 0—3 岁儿童中医保健管理服务，其中老年人中医药服务管理 3218 人，开展 0—3 岁儿童中医保健服务管理 1552 人；培训村级卫生监督协管员 52 人次，协助开展饮用水卫生安全、公共场所卫生、职业病危害、学校卫生、非法行医和非法采供血实地巡查 163 次。

【家庭医生签约服务】 崇兴镇中心卫生院成立了 12 个家庭医生签约服务团队，制订了实施方案、绩效考核方案、工作目标及工作流程，利用微信、健康大课堂、集市宣传、悬挂横幅等方式，大力宣传家庭医生签约工作。截至 2017 年 12 月 29 日，围绕重点人群，已签约 5882 人，覆盖率为 60.2%；普通人群签约 9680 人，覆盖率为 26%。

【医疗卫生一体化管理】 2017 年在医联体政策的推动下，院方与灵武市人民医院签订了医联体协议。由市医院派驻 3 位专家在崇兴镇中心卫生院坐诊，管理并指导住院部、口腔科、小外科的日常工作。

【对口支援】 根据卫计通〔2017〕76 号文件精神，加快推进基层分级诊疗制度建设，提升综合服务能力，现将千名医师下基层业务开展情况做以下汇报。一是成立工作领导小组，制订方案。为加强对千名医生下基层工作的统一领导和组织协调，崇兴镇中心卫生院成立了张向东为组长，白建普、胡苗青为副组长的“千名医生下基层”工作实施领导小组，制定了考勤、排班、工作开展等实施方案。二是开展新业务、新技术情况。抽调过去的千名下基层医生，具有丰富的临床经验。杜正文，急诊科副主任医师，到院后，开展了腹腔留置引流、肝硬化腹水在临床中的运用及冠心病诊治等新业务新技术工作。白成志，口腔科主治医师，在口腔科开展了全口义齿恢复、复杂拔牙及根管治疗等新技术。刘超，放射科主治医师，在放射科帮助开展日常工作，并带教放射医师掌握了肠道钡剂造影等技术。姜涛，骨科主治医师，到院后，开展了骨关节的规范诊疗、清创术及肿物切除术等新技术。

【队伍建设】 随着医学科技的迅速发展，医学知识领域的新理论、新知识、新技术、新方法不断涌现，在校的“学历教育”已经不能满足卫生事业的发展和需求，这就要求不断地加强对卫生技术人员进行新理论、新知识、新技术、新方法为主要内容的“继续教育”，因此，人才队伍建设和继续医学教育尤为重要。自 2012 年以来，崇兴镇中心卫生院积极认真贯彻国家医疗卫生政策，采取“送出去，请进来”的培养办法，不断加强人才队伍建设，注重人才培养，2017 年全院共参加区级医学培训 8 人次，到二级甲等医院进修人员 3 人次，参加继续医学教育达 90%以上。按照上级部门的相关要求，以建立健全管理制度，制定和建立了可行的考核、登记、评估制度，把继续医学教育与专业技术职务晋升、聘任、执业再注册及年度考核挂钩。

东塔镇卫生院

【概况】 东塔镇卫生院地处灵武市郊，位于南熏路延伸段，东塔学校北侧，辖区总人口 21950 人，辖 9 个自然村。设乡镇卫生院 1 所、村卫生室 9 所。东塔镇卫生院现共有专业技术人员 19 人，其中，正式在编人员 16 人、卫计局下派的临时聘用人员 1 人、三支一扶人员 1 人、院临时聘用收费员 1 人；医师 7 人（副主任医师 2 人、主治医师 1 人、执业医师 1 人、执业助理医师 3 人）、护师（士）4 人、药剂师（士）3 人（主管药师 1 人、药剂师 1 人、药剂士 1 人）。村卫生室现有村医 17 人，其中，执业助理医师 1 人、执业乡村医生 16 人；其中大专学历 14 人、中专学历 3 人。东塔镇卫生院始建于 1958 年，翻建于 2009 年，建筑面积约 1100 平方米（业务用房 858 平方米）。

【基本医疗】 东塔镇卫生院共承担着东塔镇 9 个行政村 21950 人的基本医疗和 12 类 52 项公共卫生服务工作（居民健康档案、健康教育、预防接种、传染病及突发公共卫生事件报告和处理、儿童保健、孕产妇保健、老年人保健、慢性病管理、重性精神疾病及癫痫患者管理、卫生监督协管、中医药健康管理、结核病患者管理）。设有中医科、全科门诊、防疫室、妇幼保健室、B 超室、健康教育室等科室。卫生院现有多普勒超声诊断仪（彩超）、12 道心电图机、全自动生化仪、全自动血球分析仪、全科诊断仪、多功能腰椎牵引床、颈椎牵引仪、中频治疗仪等医疗设备。2017 年，东塔镇卫生院门诊接诊 17741 人，门诊总收入 48.15 万元，给参保群众报销 23.6 万元。

【基本公共卫生】 一是基本公共卫生服务工作扎实有效。2017 年，共建立纸质居民健康档案 20047 份，建档率 91.3%；建立居民电子档案 1888 份；共接种各类疫苗 8305 剂次，预防接种建证率 100%，一类疫苗单苗接种率全部达到 98%以上；全镇孕产妇 440 人，孕 12 周内建卡率 100%、健康管理率 100%，产妇 319 人，产后访视率 100%；0—6 岁儿童系统管理率 98.76%、满月管理率 99.67%；发放叶酸 357 人，发出叶酸片 629 瓶；给 843 名儿童免费发放健康营养包 3985 盒。筛查管理高血压患者 1615 人，健康管理率 100%；糖尿病患者 467 人，管理率 100%；建档管理老年人 1686 人，规范管理 1646 人，规范管理率 97%；筛查管理重度精神病患者 95 人，规范管理率 76%；筛查管理癫痫患者 45 人；培训村级卫生监督信息员 32 人次，开展卫生监督巡查 57 次，协助卫生监督所开展监督检查 4 次，卫生监督协管覆盖率 100%。二是积极开展家庭医生签约服务工作。共组建了 4 个家庭医生签约服务团队，2017 年共签约 7268 人，签约率 33.1%；重点人群签约率 55.6%，残疾人签约率 77%，建档立卡贫困人口签约率 60.5%，计划生育贫困户签约率 100%。三是开展 50 岁以上城乡居民普惠性体检工作。配合市级医疗机构开展辖区 50 岁以上城乡居民普惠性健康体检工作。截至 2017 年 12 月 29 日，完成体检 2572 人。四是积极做好免费孕产妇产前检查和计划生育技术服务工作。积极开展宣传动员工作，提高孕产妇对项目的了解，为 376 名符合条件的孕产妇发放了免费检查卡，孕 12 周内建卡率 100%；在人员紧张的情况下抽调妇幼专干开展计划生育业务工作，完成免费孕前优生健康检查 198 对，配合妇幼保健计划生育服务中心开展“两癌”筛查 211 人；开展育龄妇女免费 B 超检查 155 人。五是积极开展“群众满意村卫生室”建设工作。按照市卫计局安排，在东塔村和新园村卫生室开展创建“群众满意村卫生室”工作，2017 年已通过灵武和银川市级验收，且进行整改规范，亟待自治区卫计委评估验收。

郝家桥镇卫生院

【概况】 郝家桥镇卫生院地处灵武市南边 13 公里，位于郝家桥镇政府东侧，辖区内共有 13 个行政村，总人口 30003 人，7029 户。郝家桥镇卫生院有 26 名专业技术人员，其中具有本科学历 13 名，大专学历 12 名，中专学历 1 名。职称情况：副主任医师 1 名、主治医师 3 名、执业医师 3 名、执业助理医师 6 名、主管药师 2 名、药师 1 名、副主任护师 1 名、主管护师 1 名、护师(士)5 名、检验师 2 名、无职称 1 名；另有三支一扶人员 1 名。2017 年 7 月，新建郝家桥镇卫生院门诊楼正式投入使用，建筑面积 1050 平方米。按照乡镇卫生院规范化建设标准和“标识、形象、功能、理念、模式、价格”六统一原则完成了郝家桥镇卫生院内部装修工作。

【基本医疗】 郝家桥镇卫生院共承担着郝家桥镇 13 个行政村 30003 人的基本医疗和 12 类 52 项公共卫生服务工作（居民健康档案、健康教育、预防接种、传染病及突发公共卫生事件报告和处理、儿童保健、孕产妇保健、老年人保健、慢性病管理、重性精神疾病及癫痫患者管理、卫生监督协管、中医药健康管理、结核病患者管理）。有科室 5 个（办公室、门诊部、药房及收费室、护理部、公共卫生科）。2017 年，郝家桥卫生院门、急诊人次 29784 人，业务收入 82.9 万元，人均次费用 27.86 元，上缴财政医疗收入 25.8 万元，村卫生室门诊人次 4.4 万人次，核销金额 56.2 万元。

【基本公共卫生】 2017 年，共建立纸质居民健康档案 29584 份，建档率 98.6%；建立电子居民健康档案 3371 份，电子建档率 11.24%。2017 年配合市人民医院开展普惠性健康体检，共体检 2305 人，其中 65 岁以上老年人体检 760 人，慢性病体检 830 人。郝家桥镇卫生院在辖区内设立健康教育咨询点 27 个，固定健康教育宣传栏 9 个，开展健康教育知识讲座 12 期，健康教育咨询 10 期，累计播放健康教育音像 500 余小时；开展打击非法行医宣传教育活动 1 次，饮用水卫生巡查 12 次，学校、托幼机构巡查 40 次，医疗机构巡查 72 次，公共场所巡查

20 次。全年各类疫苗应接种 6759 剂次，实种 6755 剂次，接种率达 99%以上。辖区共上报各类传染病 56 例，传染病报告率 100%。辖区共发现结核病患者 10 人，死亡 2 人，其中涂阳 4 例，涂阴 4 例。截至 2017 年 9 月 29 日，辖区共上报死亡病例 92 例，其中郝家桥镇卫生院上报 87 例，他院上报 5 例，因心脑血管疾病死亡 35 例、意外死亡 15 例、因肿瘤死亡 15 例、其他原因死亡 29 例。全年郝家桥镇总产妇数 355 人，活产 356 人，产妇早孕建卡 355 人，早孕建卡率 100%；孕产妇管理 355 人，管理率 99.72%；产妇孕产期血红蛋白检测 355 人，轻度贫血 28 人，中重度贫血 4 人；艾滋病、梅毒、乙肝检测 355 人，其中艾滋病、梅毒感染产妇 0 人，乙肝表面抗原阳性 10 人，阳性率为 2.82%；产妇产后访视 355 人，访视率 99.72%；高危产妇 107 人，高危住院分娩 107 人。低体重儿 9 人，巨大儿 20 人，早产儿 5 人，死胎 1 人，早期新生儿死亡 1 人。全镇 7 岁以下儿童 2689 人，3 岁以下儿童 1042 人，保健管理 1037 人，管理率 99.52%。老年人健康管理 2512 人，健康体检 760 人；筛查出慢性病患者 2419 人，其中高血压患者 1940 人，健康管理 1940 人，规范管理 1832 人；糖尿病患者 479 人，健康管理 479 人，规范管理 433 人，开展慢性病健康教育知识讲座 3 次。筛查重性精神疾病患者 145 人，规范管理 35 人，免费服药患者 80 人，患者随访 669 人次；筛查癫痫患者 32 人，规范管理 32 人，免费服药 12 人。全年完成 65 岁以上老年人中医药健康管理 2512 人，中医体质辨识 3100 人次，0—36 个月儿童中医调养 1049 人次，孕产妇中医健康管理 355 人次。完成宫颈癌筛查 851 人，乳腺癌筛查 898 人，孕前优化保健检查 343 人，唐氏筛查 334 人，B 超查环 365 人，查孕 332 人。根据市卫计局家庭医生签约服务实施方案要求，郝家桥镇卫生院组建 6 个家庭医生签约服务团队，带领“千名医生下基层”和对口支援专家对辖区居民开展家庭医生签约服务宣传 1 次，服务 3 次，截至 2017 年 12 月 29 日，郝家桥镇卫生院对普通人群签约 5083 人，重点人群签约 4962 人。

狼皮子梁卫生院

【概况】 灵武市郝家桥镇狼皮子梁卫生院位于灵武市城区南 32 公里处毛乌素沙漠腹地，始建于 1985 年，为世界银行项目办援建。2011 年由燕宝基金捐资 285 万元、政府配套 80 万元总投资 365 万元，新建狼皮子梁卫生院门诊楼 1800 平方米。现卫生院共有各类工作人员 16 人，其中，正式在编人员 9 人，办公室 1 人，公共卫生科 1 人，三支一扶人员 3 人，院临时聘用收费员 1 人，保洁员 1 人。

【人员情况】 灵武市郝家桥镇狼皮子梁卫生院现有在编在岗职工 9 人，其中本科学历 5 人，大专学历 3 人，中专学历 1 人；高级职称 1 人，中级职称 1 人，初级职称 7 人，乡村医师 13 人。

【科室设置】 狼皮子梁卫生院现设有基本医疗部和公共卫生部，其中基本医疗部包括：全科门诊、中医科、护理科、药剂科、针灸理疗科、检验科、放射科、B 超室、心电图等科室；公共卫生部设有：妇幼保健科、慢病管理科、卫生监督协管科、居民健康档案管理科、健康教育管理科等科室。医院现有医疗设备：彩超、全自动生化分析仪、全自动血球分析仪、尿十项分析仪、心电图机、全科诊断仪、制氧机、颈椎牵引椅、腰椎牵引椅等医疗设备。

【基本医疗】 狼皮子梁卫生院共承担着郝家桥镇狼皮子梁 8 个行政村 15140 人的基本医疗和 14 类 54 项公共卫生服务工作（居民健康档案、健康教育、预防接种、传染病及突发公共卫生事件报告和处理、儿童保健、孕产妇保健、老年人保健、慢性病管理、重性精神疾病及癫痫患者管理、卫生监督协管、中医药健康管理、结核病患者管理）。2017 年，累计完成门（急）诊 12350 人次（其中：中医门诊 3568 人次），同比上年提升 27.1%。业务收入 37.5 万元（其中：中草药收入 73580 元），同比上年提升 24%。上交财务收入 9 万余元。

【基本公共卫生工作】 一是基本公共卫生服务工作扎实有效。2017 年建立纸质居民健康档案 14153 份，建档率 95.5%；建立电子健康档案 12541 份，建档率 82%；开展健康教育知识讲座 12 次，公众健康教育咨询活动 11 次；高血压患者管理 787 人，规范管理 412 人，规范管理率 52%；2 型糖尿病患者管理 167 人，规范管理 106 人，规范管理率 63%；孕产妇管理 220 人，规范管理 216 人，管理率 98.18%；0—6 岁儿童管理 1256 人，规范管理 1131 人，管理率 90.05%；各类指标已全部完成。二是积极开展家庭医生签约服务工作。共组建了 4 个家庭医生签约服务团队，2017 年共签约 8460 人，签约率 55.9%；重点人群签约率 70%，残疾人签约率 85%，建档立卡贫困人口签约率 100%，城乡低保五保人口签约率 92%。三是开展 50 岁以上城乡居民普惠性体检工作。配合市级医疗机构开展辖区 50 岁以上城乡居民普惠性健康体检工作。截至 2017 年 12 月 29 日，完成体检 800 余人。四是积极做好免费孕产妇产前检查和计划生育技术服务工作。积极开展宣传动员工作，提高孕产妇对项目的了解，为 75 名符合条件的孕产妇发放了免费检查卡，孕 12 周内建卡率 100%；在人员紧张的情况下抽调妇幼专干开展计划生育业务工作，完成免费孕前优生健康检查 223 对，配合妇幼保健计划生育服务中心开展“两癌”筛查 321 人；开展育龄妇女免费 B 超检查 1985 人；五是中医药服务能力进一步提升。争取项目资金 17.5 万元，完成了标准化的中医馆建设。大力开展中医适宜技术项目，能够完全运用针灸、中药贴付、电针、火针、火罐、刺血拔罐、按摩等技术对辖区常见病、多发病、慢性病进行诊治。中药房配备中草药 185 种，卫生院中医药门诊量逐年大幅增长，深受辖区群众的一致好评。六是环境卫生得到全面改善。加大环境卫生整治力度先后争取卫计局专项资金 15 万元，对卫生院基础设施、院容院貌进行改造，切实改善了狼皮子梁卫生院环境卫生面貌，营造了良好的就医环境，使整体形象得到了进一步提升。七是医疗联合体逐步推进。认真贯彻落实医改政策，成立医改领导小组，安排专人负责。制定对口支援工作方案，与市中医院签订对口支援和医疗联合体协议，建立完善对口支援人员管理考核制度，对支援人员信息进行公示。2017 年已转诊 36 例，上传远程会诊病人 24 例。初步实现了双向转诊和分级诊疗服务，让患者花最少的钱，在家门口享受优质的医疗卫生服务。八是积极开展“群众满意村卫生室”建设工作。按照市卫计局安排，在泾灵南村卫生室和泾灵北村卫生室及新民村卫生室开展创建“群众满意村卫生室”工作，2017 年已通过灵武和银川市级验收，且进行整改规范，亟待自治区卫计委评估验收。

临河镇卫生院

【概况】 临河镇卫生院位于灵武市临河镇政府西侧，原常住人口 8247 人，辖 7 个行政村，6 个村卫生室。因政府拆迁征地的影响，临河镇石坝村和甜水河村分别整村迁移至银川兴庆区滨河新区横城花园小区和灵武市林秀苑小区，临河镇卫生院无法管理这两个村，经和上级部门协调，这两个村归现有所属地管理，这两个村卫生室也停止运行，村医也已申请辞职。临河镇卫生院现管理常住人口 6841 人，辖 4 个村卫生室。

【基本工作】 一是抓行动、树新风，全面提升临河镇卫生院整体形象。“以病人为中心”，提高服务质量，“以群众满意卫生院”为契机，改善服务态度，落实承诺服务，切实纠正行业不正之风。广泛征求患者及社会各界的意见和建议，制作宣传标语，落实群众满意服务承诺，把百姓的意见和建议落到实处，使医德医风和行业作风有了很大改善，整体形象明显提升。二是全面推进健康教育工作。按照《灵武市卫计局 2017 年健康教育实施方案》要求，临河镇卫生院制定了《临河镇卫生院开展 2017 年健康教育工作计划》，积极开展健康知识传播、健康体质干预、健康生活方式干预等活动，通过健康教育大课堂、影像视频、卫生日现场咨询宣传、健康教育处方等多种形式，大力普及公民健康素养 66 条、传染病、慢性病防治知识，全面提高全体居民健康水平。一年来，临河镇卫生院开展健康知识大课堂（讲座）12 场次，举办大型宣传活动 12 场次，播放健康知识影像视频 250 余小时，更换健康教育板报（专栏）6 期。健康教育处方品种达 30 种以上。三是积极开展爱国卫生运动。严格按照“政府组织,地方负责,部分调和,群众动手,科学治理,社会监督,分类指导”的爱国卫生工作方针,制订实施方案,进一步坚持以人为本,强化组织领导,广泛开展“爱国卫生月”宣传教育,进一步提高人民群众防病保健意识和能力;组织发动干部群众展开全民爱国卫生运动,分别在春、秋两季购买了465元的灭蝇灭鼠药物,集中开展了以灭鼠、灭蝇为主的灭治“四害”活动,对办公场所、拆迁工地等进行了彻底的灭害工作,取得了良好的效果,保证了全院职工和施工工地附近居民的健康;积极争创卫生先进单位,掀起全民爱国卫生运动高潮;加大检查督导力度,及时通报工作情况,促使爱国卫生工作质量不断进步。制作宣传栏4期、宣传条幅及电子条幅8条,开展小广告集中清理,每月开展两次单位内部环境评比及卫生检查。为开展“优美环境、文明服务”活动创造了良好条件。四是加强人才梯度建设,完善医学继续教育工作制度。临河镇卫生院积极响应国家医疗卫生政策,严格按照“送出去,请进来”的内部培养办法,不断加强人才队伍建设,注重人才培养,全院共参加自治区级医学培训6人次,组织院内业务培训4次。全院13位卫生技术人员参加各种形式的继续教育学习,取得了相应的学时和学分,继续教育全院覆盖率100%,达标人数100%。并选派一人参加自治区全科医生转岗培训。与上级医院签订了对口支援长效机制,并落实了“千名医生下基层”和“凡晋必下”工作。派四名千名医生和两位凡晋必下大夫帮扶医疗工作的开展,尤其带动了小外科和骨科的开展,填补了临河镇卫生院的技术空白,促进了外科和骨科的发展。五是强化内部管理,创平安医院。根据与市局签订的目标管理责任书,临河镇卫生院进一步建立和完善医院各项管理制度,不断完善内部管理细则,细化工作内容,年初与科室即签订目标责任书,明确分工,责任到人;完善了安全生产台账,对所有贵重医疗设备登记造册;改进了电子监控系统,数字化监控摄像头达到9个,基本覆盖了全院各个角落,确保无医疗纠纷和失盗、消防事件发生;不断展开职工安全生产和医疗安全理论、院内感染等知识培训,覆盖率95%以上;组织全体职工观看《灵武市电视问政》节目,进行现场教育,有效提高了职工的责任意识和奉献意识。临河镇卫生院成立突发公共卫生事件应急组织机构和应急预案,储备了应急物资,并几次参与镇政府征地拆迁等医疗救治活动,本年度无重大突发公共卫生事件发生。六是继续巩固无烟医疗卫生机构创建成果。在禁烟工作取得成效的基础上,进一步加大宣传力度,通过健康教育、电教片活动等将吸烟有害健康融入就诊患者的宣教中,通过“5·31”无烟日宣传活动多形式多内容地进行禁烟宣传,卫生院有专人负责,与各科室、各村卫生室签订控烟责任书,设立吸烟区,劝阻吸烟人员30余人次,有效巩固了无烟医疗卫生机构的成果。七是健全长效机制,巩固环境卫生整治成果。为了彻底改变“卫生单位不卫生”的不良现象,巩固环境卫生整治成果,院委会高度重视,继续完善健全长效机制,明确领导责任,院内外环境卫生由院长亲自抓,分管院长负责保洁工的监督监管;完善12小时值守和保洁制度,保洁工应随时进行检查院内外环境卫生和发现问题及时处置,不得私自离开医院,若因需要非要离开必须取得主管领导的同意并保证院内外环境卫生保洁工作正常开展方可离开工作地点;指派专人负责卫生间手纸、洗手液的添置,空气清新剂的喷洒,务必保证卫生间手纸、洗手液空置不能超过12小时(节假日不超过2天),切实改善院内外环境卫生,把“优美环境、文明服务”活动落到实处。八是全面推进乡村一体化管理工作。首先是村医管理。卫生院建立村级人员培训长效制度,每月组织召开一次乡村医生例会,以会代训,提高乡村医生服务能力和水平。每季度组织专人,对全镇村级卫生工作进行督导,督导重点是药品零差价政策执行及落实情况,合作医疗工作、乡村卫生服务一体化工作、基本公共卫生服务工作开展情况。针对督导中发现的问题和不足,及时给予现场指导。通过督导工作,提高了村级卫生人员工作能力,增强了村级卫生服务水平，增强了服务意识和责任意识，提高了服务质量和宗旨意识。其次是绩效考核。按照《灵武市乡镇卫生院、村卫生室绩效考核细则》，每季度对村卫生室实行统一绩效考核，根据考核结果发放公共卫生服务经费。九是开展七五普法学习。认真开展七五普法工作,成立组织机构,制订方案，定期组织人员学习普法知识,查阅学习笔记,定期无纸化网络学习，合格率均达100%。十是信息上报。按照要求完成了各级部门下达的工作任务和信息上报,有专人负责,本年度上报信息26篇。十一是普惠性体检工作。配合市级医疗机构开展辖区内50岁以上城乡居民普惠性健康体检工作任务。辖区内应体检1608人,实际体检806人,体检率50.1%。十二是远程会诊工作。加强与上级医院协调沟通机制,2017年上传会诊病例77人,开展远程医学培训一次。十三是计划生育服务工作。建立孕产妇健康管理手册,孕早期(孕12周前)的检查、随访，检查卡发放116人,二孩生育咨询5人次。开展避孕节育、优生优育、孕产期保健、科学育儿等知识宣传、培训、指导1次。十四是2016年度创建了自治区满意乡镇卫生院。

【中医项目】 2016年度完成了中医馆的建设项目。按照国家基层中医药服务能力提升项目工作要求,根据中医的简、便、验、廉的原则，以中医院为龙头、乡镇卫生院为枢纽、村卫生室为基础，积极参与社区卫生服务的原则，临河镇卫生院积极推广中医适宜技术和“双十项目”,发展中医药特色,开设中医门诊和中医理疗门诊,利用针灸、推拿、火罐、刮痧等技术应用于农村常见慢性病、多发病的治疗,2017年中医药服务人次为5156人次,占总人次的35.6%。其中接受中医药适宜技术项目和“双十项目”治疗40余人次。举办基层中医药服务能力提升项目培训班两期,对各村卫生室人员进行了中医药及中医适宜技术的培训达8场次,开展中医治未病讲座4次,公众咨询两次。村卫生室开展针灸拔罐等中医技术服务,中医体质辨识70%。开展中医药治未病宣传、中医药法宣传。

【家庭医生签约服务】 临河镇卫生院制定了家庭医生签约实施方案，制作了联系卡和宣传册,成立了三个签约团队,截至2017年12月29日，共签约1984人,签约率为37.2%,重点人群签约1102人，签约率72.9%，完成了今年的目标任务。建立医疗联合体,开展首诊转诊工作，开展双向转诊215人次。

【业务工作】 一是严格贯彻执行基本药物制度。一年来,严格按照《宁夏回族自治区基层医疗机构基本用药目录》的规定进购药品，全面推行基本药物“零差率”销售。落实基本药物(医用耗材)网上集中阳光采购和配送到货确认验收管理工作,回款及时率100%,并配备专人对全镇村卫生室药品统一采购、统一价格、统一结算、统一考核管理。实行“零差价”后，卫生院和村卫生室杜绝了以药养医和大处方，门诊次均药费有所下降。积极开展国家基本药物临床应用指南和处方集培训及政策宣传。确保了全镇药品价格统一和用药安全。2017年，使用基本药物达179个品种,非基本药12种、中成药达78种。二是全面加强基本医疗服务工作。严格落实新农合的惠民政策，加强宣传，严格监管,杜绝冒名顶替,及时为参合人员报销补偿费用，切实减轻群众就医负担。2017年全院实现业务总收入41.8万元，比上年度同期降低了0.07%;全院门急诊20241人次，比2016年同期增长了0.18%。卫生院严格落实财务收支两条线制度，上半年上缴财政收入3.2万元。严格按照中央八项规定要求执行财务制度,无违纪违规行为。

马家滩镇卫生院

【概况】 马家滩镇卫生院位于毛乌素沙漠边缘,东与盐池县王乐井乡,西、南与灵武市白土岗乡,北与磁窑堡镇交界,距灵武市区80公里。马家滩镇卫生院成立于1973年，是集预防、保健、医疗及计划生育服务指导为一体的乡镇医疗机构。2013年争取国家建设项目，由香港方树福堂基金会堂投资30余万元进行了翻建，新建后的卫生院总建筑面积968.3平方米，业务用房约800平方米。

【设施建设】 马家滩镇卫生院翻建于2013年，占地面积2.4

亩，建筑面积968平方米，辖区服务总人口为3876人。医院现有卫生专业技术服务人员9人（其中在职专业技术人员7人、“三支一扶”人员2人），其中本科5人、大专4人。医院现有病床6张，设有基本医疗部和公共卫生部，其中基本医疗部包括全科、外科、儿科、中医科、针灸科、推拿按摩科、护理科、药剂科、放射科、B超室等科室，公共卫生部设有预防科、保健科、慢病管理科、卫生监督协管科、居民健康档案管理科等科室。医院现有DR机、彩超、心电图机、全科诊断仪、制氧机、磁振热治疗仪、PDP烤灯、中药煎药机、疼痛治疗仪、急救车、电脑等医疗设备。自2013年马家滩镇卫生院搬进新建医院以来，全体职工始终遵循“崇医德、精医术、爱医院、重健康”的医训，坚持科教兴院，注重人才培养，努力提高医院服务质量，不断改善医院就医条件，以全新的形象、良好的技术、优美的环境为辖区居民提供优质、高效、便捷、廉价、安全的卫生服务，得到了辖区居民的普遍赞誉，尤其是2017年，顺利通过了银川市“创建群众满意的乡镇卫生院”的复审，取得了很好的经济效益和社会效益，为医院今后的建设和发展奠定了坚实的基础。

【基本医疗】 马家滩镇卫生院共承担着方圆30公里之内的4个行政村共3000余人与银星煤矿、红柳煤矿、双马煤矿等7个大型企业约两万人的疾病预防与控制、妇幼保健、儿童预防接种、慢性病管理、老年人管理、残疾人管理、卫生监督协管等工作。2017年全院实现业务总收入17.1万元，较去年同期增长4.01万元，增长率7.7%。门诊人次增加1538人，增长率9.1%。卫生院严格落实财务收支两条线制度。2017年门诊统筹5639人次，签约534人，门诊核销10.5万元。

【基本公共卫生】 2017年，依照《灵武市2017年基层医疗卫生服务机构基本公共卫生服务项目绩效考核工作实施方案》和《2017版国家基本公共卫生服务规范》要求，结合《2017年度马家滩镇卫生院及村卫生室工作任务指标》，认真贯彻落实14项54类基本公共卫生服务项目工作，各项工作完成情况如下。一是居民健康档案管理。2017年累计纸质建档3286人份，建档率90%以上；电子录入档案3105人份，电子建档率90%以上；对慢性病患者、老年人、孕产妇、0—6岁儿童等重点人群档案进行动态管理，动态管理率100%。二是健康教育。举办健康教育讲座和咨询活动12次，接受教育3045余人；举办健康教育专栏12起，发放健康教育宣传资料共计8个种类3356余份。三是预防接种。应种人1278人，实种1278人，建卡率、接种率均达到100%。顺利完成了适龄儿童麻腮风疫苗强化免疫和脊髓灰质炎疫苗查漏补种工作。四是0—6岁儿童管理。新生儿访视90人，0—6岁儿童管理体检977人次，新生儿访视率、儿童管理率均为100%，6岁以下儿童系统管理率94%。五是孕产妇保健。产后访视管理人数90人，早孕建卡率、孕妇健康管理率、产后访视率均为100%。六是老年人管理。辖区应有65岁老年人326人，实际管理326人，管理率100%，对268位老年人做了健康体检及健康指导，体检率达到82%。七是慢性病管理。高血压应筛查256人，实际管理199人，管理率77%。其中，规范管理190人，规范管理率95%，高血压控制率为93%。糖尿病应筛查49人，管理30人，管理率61%；其中规范管理25人，规范管理率83%，血糖控制率83%。八是重性精神疾病管理。重性精神疾病患者应发现18人，实际筛查19人，完成任务的100%。其中规范管理18人，规范管理率100%，患者病情稳定率100%。九是传染病及突发公共卫生事件管理。传染病疫情及疑似患者上报8人，疫情报告率、突发公共卫生事件相关信息报告率均为100%。十是死亡报告。应报告18人，实际报告18人。十一是卫生监督协管。发现并报告公共卫生事件0起，协助巡查27次。对全镇各类医疗卫生机构进行建档管理，对卫生监督协管员培训1次，对学校传染病管理、食品安全、各医疗机构督导3次，并进行量化分级管理。十二是中医保健管理。老年人中医体质辨识326人，0—6岁儿童中医辨识311人。十三是家庭医生签约服务。2017年全镇已签约285户，1795人，签约率45%。十四是七免一救助。对全镇“七免一救助”产妇进行公示，享受免费住院分娩产妇83人。新生儿疾病筛查90人，新生儿听力筛查90人，无阳性患者。十五是叶酸增补项目。新增叶酸应服人数90人，实际服用人数85人，免费发放叶酸324瓶。十六是母婴阻断项目。HIV、梅毒、乙肝项目免费检测74人，检查出乙肝病毒携带者1人，无艾滋病、梅毒病例。十七是消除婴幼儿贫血行动项目。免费为6、8、18、36个月龄的儿童检测血红蛋白，筛查贫血。免费发放营养包498人次，共计1457盒。

梧桐树乡卫生院

【概况】 梧桐树乡卫生院位于梧桐树乡政府东200米，距灵武市区13公里，交通便利，群众就医方便。辖8所村卫生室，服务人口25755人。梧桐树乡卫生院是一所集医疗、预防、保健服务于一体的乡镇卫生院，是城乡居民医疗保险定点的医疗机构。2017年被评为全国群众满意乡镇卫生院。

【设施建设】 2015年，政府投资600余万元新建梧桐树乡卫生院，占地面积3000平方米。现有业务用房面积2400平方米，病床设置9张，分设门诊部、住院部、中医馆、健教室、健康档案管理室、预防保健室、妇幼儿童保健室、临床检验生化室、心电图室、B超室等职能科室。拥有B超诊断仪、心电图仪、血球分析仪、尿液分析仪、半自动生化分析仪、全自动生化分析仪、制氧机、双目显微镜、微波治疗仪、脊椎牵引床等仪器以及其他辅助设备和办公设备。管辖8个村卫生室，承担周边近3万群众的医疗服务工作。梧桐树乡卫生院编制数27人，现有在编在岗专业技术人员23人，其中具有高级职称1人、中级职称6人、初级职称16人。

【基本医疗】 截至2017年末，梧桐树乡卫生院门诊就诊3.35万人次，门诊收入93.24万元，次均费用29.58元，次均费用下降1.4元；收治住院病人101人，住院费用8.64万元，人均费用800元；中医馆理疗300余人次；上转病人70人次。

【基本公共卫生】 截至2017年末，全乡共建纸质居民健康档案23657份，建档率92%，共建电子居民健康档案16143份，电子档案建档率81%。发放健康教育印刷材料12种；播放健康教育音像材料20种；组织面向公众的健康教育咨询活动9次；按照标准设置健康教育宣传栏12期，宣传栏内容每个月更换1次；举办健康教育讲座12次。建立预防接种证155本，建证率100%；完成疫苗接种3733人次，疫苗接种率100%；接种卡的完整性、准确性均达100%；查验接种率后的补证0本，补卡率100%，补种率均达100%；疫苗出入库记录无缺项，出库、入库相符，账务相符；疑似预防接种异常反应报告率100%，及时率100%，正确率100%。2017年辖区无疑似预防接种异常反应报告。辖区内活产儿166人，按照规范要求接受1次及以上访视的新生儿165人；新生儿访视率99.40%；辖区内0—6岁儿童1636人，年度辖区内接受1次及以上随访的0—6岁儿童1582人，0—6岁儿童管理率96.7%。早孕检测率100%；按照规范要求在孕期接受5次及以上产前随访服务165人，产前管理率99.40%；产妇出院后28天内接受过产后访视的有166人，产后访视率100%。辖区共有65岁以上老年人1386人，已管理老年人1809人，老年人健康管理率100%；老年人体检957人，体检率53%；健康体检表完整率53%。2017年辖区内高血压患者1971人，年内已管理高血压患者1497人，管理率34%；按照规范要求进行高血压患者管理1423人；规范管理率89%；最近一次随访血压达标人数1060人，管理人群血压控制率70%。辖区内糖尿病患者425人，按照规范要求进行糖尿病患者管理397人；规范管理率89%；最近一次随访空腹血糖达标263人，管理人群血糖控制率62%。登记在册的确诊严重精神障碍患者127人，严重性精神疾病障碍患者检出率4.8%；辖区内应管确诊严重精神疾患者103人，严重精神障碍患者管理率100%；辖区内按规范要求进行管理的确诊严重精神障碍患者97人，严重精神障碍患者规范管理率77%；最近一次随访时分类为病情稳定的患者120人，严重精神障碍患者稳定率96%。2017年辖区接受项目治疗管理患者43人，癫痫患者管理率1.6%；按规范要求进行癫痫患者管理34人,癫痫患者规范管理率79%；以发作次数为标准，药物剂量达到维持剂量后，病人一年内发作次数与以前12个月比,发作次数减少的癫痫患者30人,癫痫患者发作有效控制率为69%。2017上报传染人病41人,报告率100%,及时率100%;突发公共卫生事件报告及处置0次。全年报告死亡113人；死亡的个案调查率达100%,死亡病例网络直报及时率100%,上报死亡医学证明书数量与本单位保存的死亡医学证明书数量应相符，符合率应为100%,死亡医学证明书项目填写完整率达100%,死亡医学证明书中死因填写规范率达90%。发现的事件或线索12次，报告的事件或线索12次，卫生计生监督协管信息报告率100%。2017年辖区内中医辨识2875人,辨识率11%;高血压患者中医药健康管理1137人,管理率75%;2型糖尿病患者中医药健康管理313人,管理率74%;0—3岁儿童中医健康管理429人,管理率79.89%;老年人中医健康管理1263人,管理率69%;孕产妇中医健康管理133人，管理率80.12%。2017年,疑似患者转诊50人,转诊率5%;辖区内已完成治疗的肺结核患者3人,按照要求规则服药的肺结核患者3人，确诊患者规则服药率100%;辖区已管理的肺结核患者4人，同期内经上级定点医疗机构确诊并通知基层医疗卫生机构管理的肺结核患者4人,随访管理率100%。

白土岗乡卫生院

【概况】 灵武市白土岗乡卫生院位于灵武市白土岗乡政府东侧50米，卫生院始建于1974年，占地面积8900平方米,业务用房1680平方米,前楼2010年扩建,建筑面积896平方米,投入项目资金189万元，后楼始建于2007年，建筑面积784平方米，投入项目资金145万元。辖9所标准化村卫生室,共有乡村医生14人，服务人口11526人。卫生院现有正式在编职工14人,其中本科8人、大专6人(具有中级职称6人、初级职称8人)；临床医师5人、护师4人、药剂师2人、中医师2人、检验师1人。卫生院设基本医疗部和基本公共卫生部,设置科室有全科门诊、中医科、护办室、职工之家、职工书屋、针灸理疗科、检验科、放射科、B超室、心电图室、慢病管理等科室。现有彩色B超、全自动生化分析仪、全自动血球分析仪和尿液分析仪、远程心电图机、DR机、全科诊断仪、制氧机、颈椎牵引椅、腰椎牵引椅等医疗设备。

【基本医疗】 白土岗乡卫生院共承担着白土岗乡9个行政村11526人的基本医疗和12类52项公共卫生服务工作（居民健康档案、健康教育、预防接种、传染病及突发公共卫生事件报告和处理、儿童保健、孕产妇保健、老年人保健、慢性病管理、重性精神疾病及癫痫患者管理、卫生监督协管、中医药健康管理、结核病患者管理)。2017年，门诊人次13942人，同比2016年提升27.5%；业务收入40.8万元，同比2016年提高36%;业务纯收入14万元,同比2016年提升27.3%。

【基本公共卫生】 一是2017年累计建立纸质居民健康档案11239份、建档率97.5%;电子档案录入10405份、录入率90%。二是慢性病管理。高血压患者规范管理829人，规范管理率41.2%;2型糖尿病患者规范管理300人，规范管理率65.1%。三是65岁及以上老年人管理781人、规范管理627人,规范管理80.3%。免费进行体检675人,体检率86.4%。四是重性精神疾病患者管理。管理55人,规范管理率100%。五是癫痫病管理。管理25人,规范管理率100%。六是预防接种。应建卡125人,实建卡125人。一类疫苗应接种人次2892人,实接种人次2872人,接种率99.3%;二类疫苗应接种人次19人,实接种人次19人。七是孕产妇健康管理。2017年,共有孕产妇数149人，活产149人；产妇早孕建卡148人，早孕建卡率99.33%，孕产妇管理149人,孕产妇管理率100%,孕产妇系统管理率99.33%。产后访视149人,访视率100%。八是0—6岁儿童健康管理。2017年,共有7岁以下儿童1049人,系统管理997人，管理率95.04%;3岁以下儿童499人,管理441人,管理率98.22%。全年新增服用叶酸138人，发放叶酸433瓶，依存人数115人,调查人数150人,知晓人数150

人。九是传染病管理。发现传染病 15 人，网络报告传染病 15 人，报告率 100%。十是死因监测工作。辖区死亡人数 47 人，网络报告死亡人数 47 人。十一是结核病管理。管理结核病 2 人，推介转诊结核病人 15 人。十二是卫生监督协管管理。学校卫生巡查 24 次、公共场所卫生巡查 16 次、医疗机构卫生巡查 40 次，报告非法行医信息 2 次。

【家庭医生签约服务】 白土岗乡卫生院成立了 3 个家庭医生签约服务团队，制订了实施方案、绩效考核方案、工作目标及工作流程，利用微信、健康大课堂、集市宣传、悬挂横幅等方式，大力宣传家庭医生签约工作。截至 2017 年末，签约正常人群 4110 人、签约率 46.8%；重点人群 2750 人，签约 1800 人，签约率 66%。建档立卡户 663 人，免费签约率 100%；计划生育困难户 3 人，免费签约率 100%。

【医疗卫生一体化管理】 2017 年在医联体政策的推动下，白土岗乡卫生院与灵武市人民医院签订了医联体协议。由市医院派驻 1 位专家坐诊，管理住院部、疼痛科的日常工作。

【对口支援】 根据卫计通〔2017〕76 号文件精神，加快推进基层分级诊疗制度建设，提升全院综合服务能力，现将千名医师下基层业务开展情况做以下汇报。一是成立工作领导小组，制订方案。为加强对千名医生下基层工作的统一领导和组织协调，白土岗乡卫生院成立了以杨杰为组长、雍霄华为副组长的“千名医生下基层”工作实施领导小组，制定了考勤、排班、工作开展等实施方案。二是开展新业务、新技术情况。抽调到白土岗乡卫生院的千名医师下基层医生，具有丰富的临床经验。吴琴，副主任医师，到院后，开展了按摩、牵引等技术在临床中的运用，能直接针对慢性顽固性疼痛进行诊治等新业务新技术工作。

【亮点工作】 一是卫生院和三个村卫生室先后成功创建为灵武市、银川市、自治区最满意基层医疗机构，卫生院成功创建为全国最满意基层医疗机构。二是卫生院设置住院部，开展先住院、后付费工作，受到了辖区居民群众高度赞扬。三是家庭医生签约工作积极推进，不断为辖区群众提供优质、高效的基本医疗和基本公共卫生服务。家庭医生签约人群已超额完成各项指标，签约工作得到居民群众一致认可。四是结合家庭医生签约和千名医师下基层活动，扎实推进基本公共卫生项目工作，突出真实性、规范性。在更换新系统的情况下，正常居民和重点人群电子档案超额完成录入任务，重点人群随访有图片、有记录，资料翔实。五是白土岗乡卫生院是全市唯一成功创建为规范化药房的乡镇卫生院。六是 DR 室已经装修结束，已安排专人负责，人员培训已提前到位，放射科各项制度已经完善，现等待验收完毕，立即投入使用。七是积极争取项目资金，对卫生院门诊楼、医技楼、院落进行维修改造，环境卫生整治效果明显，就医环境大幅度改善，环境卫生受到各级领导的好评。八是成功创建灵武市职工之家和职工书屋，丰富了职工的文化和精神生活。九是稳步推进健康扶贫工作。积极对 12 户因病致贫、因病返贫群众建立健康扶贫档案，联合市医院对 12 人进行不定期义诊和健康随访指导。2017 年，免费签约建档立卡户群众 663 人、免费体检 240 人、免费发放药品 3600 元，开展大课堂 3 次、咨询活动 7 次。有效缓解了因病致贫、因病返贫群众的就医负担。十是 2017 年全市基本公共卫生服务考核获得全市第一名。十一是 2017 年灵武市医疗卫生系统安全生产及综合目标管理责任书年度考核获得全市第一名。

农场卫生院

【概况】 灵武农场医院地处灵武市农场二站，辖区总人口 10244 人，辖三站、四站两个卫生所。灵武农场医院现共有专业技术人员 27 人，其中：正式在编人员 23 人，卫计局下派的临时聘用人员 1 人，三支一扶人员 1 人，院临时聘用卫生所工作人员 2 人；医师 8 人（副主任医师 4 人、主治医师 2 人、执业医师 2 人），副主任护师 1 人，护师（士）6 人，药剂师（士）3 人（主管药师 1 人，药剂师 1 人，药剂士 1 人）。

【设施建设】 灵武农场医院成立于 1952 年，新建于 2010 年，占地面积 2.57 亩，建筑面积约

1100.72平方米（业务用房900平方米）。农场卫生院承担着辖区10244人的基本医疗和12类54项公共卫生服务工作(居民健康档案、健康教育、预防接种、传染病及突发公共卫生事件报告和处理、儿童保健、孕产妇保健、老年人保健、慢性病管理、重性精神疾病及癫痫患者管理、卫生监督协管、中医药健康管理、结核病患者管理)。设有门诊部、住院部、中医科、外科室、防疫室、妇幼保健室、B超室、心电图室、化验室、X光室等科室。卫生院现有B超、CR、12导联心电图机、全自动生化仪、全自动血球分析仪、全科诊断仪、多功能腰椎牵引床、颈椎牵引仪、中频治疗仪等医疗设备。

【基本医疗】 一是基本医疗服务工作成效显著。2017年,全院共接诊门诊患者6270人次,收治住院病人264人。完成业务收入104.46万元，其中门诊收入15.62万元、住院收入88.84万元。二是积极开展“名医工作室”建设工作。按照市卫计局安排,积极开展“名医工作室”创建工作，传承中医火神派学术思想，进一步提高了医院中医诊疗水平，全年完成中医药收入30余万元。

【基本公共卫生】 一是基本公共卫生服务工作扎实有效。2017年，共建立纸质健康档案9780份,建档率95.5%;建立电子健康档案8905份，建档率87%；流动人口建档156人,健康档案动态管理率85%。共接种各类疫苗1779剂次,预防接种建证率100%,一类疫苗单苗接种率全部达到98%以上。全镇孕产妇102人,孕12周内建卡率100%、健康管理率100%,产妇66人,产后访视率100%。0—6岁儿童保健管理368人，保健管理率95%;建立0—6岁儿童纸质健康档案387份,建档率100%；电子健康档案387份，电子健康档案建档率100%。筛查管理高血压患者684人,健康管理率100%;糖尿病患者189人，管理率100%。建档管理老年人1254人,规范管理1065人，规范管理率85%;筛查管理重度精神病患者40人,规范管理率100%;开展卫生监督巡查57次,协助卫生监督所开展监督检查4次,卫生监督协管覆盖率100%。二是积极开展家庭医生签约服务工作。共组建了6个家庭医生签约服务团队,2017年共签约4566人,签约率44.6%;重点人群签约率65.4%,残疾人签约率76%,建档立卡贫困人口签约率78%，计划生育贫困户签约率100%。三是开展50岁以上城乡居民普惠性体检工作。配合市级医疗机构开展辖区50岁以上城乡居民普惠性健康体检工作。截至2017年12月29日,完成体检1268人。

民营医疗机构

【东方医院】 灵武市东方医院成立于2008年9月,2017年医院共有职工31名,其中主任医师2名,副主任医师2名,执业医师1名,执业医师助理3名,护理人员5名,其他医技人员5名。2017年,门诊量9600余人次,较上年同期上涨5%,收住院930人次，较上年同期上涨3%,手术1530人次,较上年同期上涨2%，床位使用率95%，较上年同期上涨8%,平均住院天数10天，较上年同期上涨2%。推行一站式服务,优化服务流程,通过协商杜绝医患矛盾，全年没有发生一起医患矛盾。向社会推出20余种单病种限价服务，多项健康体检免费服务，累计减免金额达100多万元。为女性提供宫颈疾病免费检查达400余人次，手术援助20余例。医院按照国外新型医疗模式首家推行了“专病专科医师制”,在全国范围内引进各科专业技术人才，使医院的技术水平得到提升。

【新区医院】 位于灵武市西平西街9号,医院面积约3000平米。是灵武市政府招商引资重点项目之一,集医疗、预防、保健、康复为一体的现代化综合民营医院，是中国金域检验中心合作单位，宁夏附属医院协作单位。临床科室有内科、外科、妇科、中医科及医技科(医学检验科、医学影像),有床位60张。提供预约门诊、病人选择医生、家庭病房、私人医生、VIP会员制等服务。2017年有在职员工34余人，其中主任医师4人,副主任医师3名,各科室医护人员都具有相应从业证书，特邀宁夏附属医院专家每周末坐诊。医院配有100余件先进的检测和治疗设备，为临床医疗提供有力保障。2017年,门诊量6080人次，住院病人907人次,比上年同期增加105人次;

手术 108 例，比上年同期减少 12 例；床位使用率 90%，比 2016 年同期增加 10%；业务收入 90 万元，同比增长 12%。

【回民医院】 位于灵武市阿尔法街欧景豪庭 27 号，医院面积约 878 平方米，是集医疗、预防、保健、康复为一体的现代化综合医院。医院开设内科、外科、儿科、妇科、中西医科、麻醉科、民族医疗科、医学检验科、医学影像等科室。2017 年有在职员工 30 余人，其中，医护、医技工作人员 26 人，并持有相应从业证书。妇科治疗设施齐全，为临床医疗提供保障。2017 年，门诊量 30871 人次，较上年同期上涨 14%，住院病人 1394 人次，比上年同期增加 3 人次；有床位 50 张，床位使用率 70%，比上年同期增加 10%。举办健康讲座 134 场次；开展义诊活动 80 余天；免费开展包皮手术、腋臭手术 214 例，减免费用 33.5 万元；免费接送、诊疗灵武市中心敬老院孤寡智障老人 34 人次。

【仁康医院】 位于中兴路原二建办公楼，建筑面积 1600 平方米，成立于 2013 年 9 月。2017 年有员工 33 人，其中副主任医师 3 人、执业医师 3 名、执业护士 7 人、西药士 1 人、中药师 1 人、其他医技人员 3 人。编制床位 60 张，设有内科、外科、妇科、中医科、医学检验科、医学影像科。重点建设妇科、中医理疗科（主要是针刀与推拿按摩）业务。聘请原中医院专家长期坐诊。全年门诊量 6000 人次，较上年同期下降 27%；收住住院 1038 人次，较上年同期下降 0.01%；超声检查 5600 余人次，各种检验 5300 余人次，药房处置处方 4300 余份；床位使用率 60%，较上年同期下降 20%；治愈率，好转率 90%以上。

【康健医院】 位于灵武市中兴路开元商业街 2–8 号，成立于 2011 年 5 月，前身为康健中西医门诊部。2017 年有职工 35 名，其中主任医师 2 名，主治医师 2 名，执业药师 2 名，执业医师 6 名，执业医师助理 4　名，护理人员 14 名，其他医技人员 5 名。设有内科、外科、中医科、皮肤科、口腔科、医学检验科、医学影像科（放射、B　超、心电图）等诊疗科室。2017　年，启动科技惠民计划，与银川市第一人民医院合作开展“舒胃发泡膏”特色技术推广应用，采用银川市第一人民医院研制的“舒胃发泡膏”专利技术，用于防治各种慢性胃病。继续重点建设中医科（中医理科），独家引进内热针、钩活术两大治疗技术，治疗颈肩腰腿痛。2017 年，门诊量 38356 人次，较上年同期上涨 5%，收住院 2230 人次，较上年同期上涨 5%，床位使用率 100%，较上年同期上涨 9%，平均住院天数 7–10 天，较上同期上涨 4%。

【恒康胃肠病专科医院】 位于灵武市水木灵州三期营业房 1–1–1 号，成立于 2012 年 12 月，医院使用面积 1500 平方米，总投资 900 万元，是灵武市唯一一家专科医院。2017 年有医师及护师人员共 20 名，其中主任医师 2 名，副主任医师 1 名，住院医师 4 名，护士 8 名，药师 1 名，其它职工人员 4 名。医院以消化内科、电子胃镜为特色、中西医科兼职互补、相辅相成。共有床位数 40 张。2017 年，门诊量 2401 多人次，较 2016 年同期上涨 4%，收住院 700 多人次，较上年同期上涨 6%，床位使用率 55%，较上年同期上涨 3%。引进先进的日本富士 –2200 电子胃镜，是 2017 年检查和治疗上消化道疾病最先进的检查设备。

【康源医院】 位于灵武市健康西路唐城商业中心，创建于 2013 年 1 月，是一所集医疗、预防、保健、康复为一体的一级民营医院。2017 年有职工 35 人，专业技术人员占 80%，其中医师 8 人，药师 3 人，护士 12 人，医技人员 6 人，财务人员 3 人，后勤 3 人。医院以内科为特色，还设有中医科、儿科、妇科、口腔科及检验科、B 超心电图室、放射科 3 个辅助科室。2017 年，门诊量 14729 人次，收住院 2077 人次，较上年同期上涨 2%，床位使用率 45.37%，较上年同期上涨 20.71%。2017 年，安装智能医保审核软件，使医保基金真正的能够取之于民，用之于民。完善一级医疗质量监管体系，提高医疗质量和服务水平；强化药事管理工作，注重合理用药；继续推进“大综合、小专科”的发展思路和模式，加强中医预防保健服务能力建设，推进中医“治未病”工程，开展冬病夏治、膏方调理、穴位敷贴等中医药特色服务。加快推进信息化建设，推进和完善以电子病历为核心的医院信息化建设，开通了支付宝等预约、缴费平台，进一步方便患者就医。

【灵州医院】 位于水木灵州商业街3-2-6，成立于2012年10月。实际开展科目有内科、中医科、儿科、外科、医学检验科、医学影像科。2017年有医务人员29人，其中：执业医师8人、助理医师2人，其他卫生技术人员（护理12人、医技3人、药剂4人）共19人。包括后勤、财务6人，共有职工35人。全年门诊量达到7500人次，较上年同期上涨29%，收住住院800人次，较上年同期上涨0.02%，超声检查8000余人次，各种检验5300余人次，药房处置处方8100余份，床位使用率75%，平均住院天数7天，治愈率，好转率90%以上。

【仁和医院】 位于灵武市北门龙辰华庭小区西门口，建筑面积2668.86平方米，创建于2016年9月，是以传承中医与现代医学结合及医疗、预防、保健、康复为一体的一级综合医院，是中国金域检验中心合作单位，银川市和灵武市城镇职工、城乡居民医保定点单位。设有床位32张，医护人员18人，其中主任医师1名，副主任医师1名，主治医师1名，住院医3人，主管护师1名，护师1名，护士6名，医技人员4名。医院科室齐全，设有急诊科、内科、外科、妇科、儿科、皮肤科、中医科、理疗康复科、口腔科、预防保健科、放射科、影像科、检验科等多个临床及医技科室和住院部。2017年，医院年门诊量5325人次，比上年同期增加3525人次，住院病人597人次；床位使用率80%，业务收入149万元。

行政与社会管理

人民生活

【农村居民人均可支配收入】 2017年全市农村居民人均可支配收入13659元，同比增加1113元，增长8.9%。增速列银川市首位，川区六县并列第二；总量列银川市第三，川区六县第二。其中，工资性收入6529元，同比增加450元，增长7.4%；经营性净收入6502元，同比增加591元，增长10.2%；第一产业净收入3856元，同比增加321元，增长9.1%；第三产业净收入2517元，同比增加271元，增长12.1%；财产性净收入43元，同比增加3元，增长7.8%；转移性净收入686元，同比增加69元，增长11.1%。

【城镇居民收入】 2017年全市城镇居民人均可支配收入30624元，同比增加2295元，增长8.1%。总量银川市排名第三，全区排名第四；增幅银川市排名第四，川区13个市县排名第七，全区排名第十一。其中，工资性净收入25570元，同比增加1648元，增长6.9%；经营性净收入2130元，同比增加324元，增长17.9%；财产性净收入716元，同比增加55元，增长8.4%；转移性净收入2208元，同比增加267元，增长13.8%。

【农村居民增收因素】 工资性收入稳中有进。一是煤价高位运行促进宁东就业农村劳动力工资稳步上涨。二是市政府加强人岗对接，鼓励进厂务工。以“春风行动”“民营企业招聘周”等就业服务活动为平台，相继在劳动力市场、郝家桥镇、白土岗乡等地举办招聘会13场，举办扶贫专场招聘会2场，全市有600多人通过招聘进入了如意、恒丰、中银、成丰等企业成为了产业工人。三是推行居家就业模式，促进重点群体就业。2017年，已在泾兴村、李家圈村、榆木桥村、朔方路社区、育才街社区等开办了5个企业代加工服务站，辐射带动近300名妇女居家就近就业，解决40岁以上富余劳动力就业问题。四是整治劳动力市场，优化求职择业环境。灵武市从组织领导、设施保障、服务提升等方面下功夫，设立劳务市场监管办，建立劳务市场值班制，实行劳务市场实名制登记，组建劳务市场微信群，方便务工用工及时沟通。瓜菜产业、设施蔬菜发展形势良好。一是据农技部门统计，2017年全市瓜菜种植面积达6.95万亩，同比增长6.9%，其中设施蔬菜4.76万亩、露地瓜菜1.96万亩。二是今年以来，部分蔬菜价格高涨，据调查：二季度茄子批发价最高1.2元/公斤，同比增加0.4元/公斤；甘蓝收购价最高0.6元/公斤，同比增加0.3元/公斤。三季度豆角均价2.2元/公斤，同比增加1.6元/公斤，价格最高达到6元/公斤；西红柿均价1.6元/公斤，同比增加1.2元/公斤，亩均收入3000元左右。三是上滩日光温室韭菜从10月下旬开始陆续上市，11月中旬以后韭菜进入销售旺季，均价4.6元/公斤，日销售量约25万斤，产品以外销为主，棚均收益1.2万元。长红枣产业稳步发展，农户收入颇丰。温棚长红枣自6月上市以来，价格由最初300元/公斤卖至9月初20元/公斤，全市总计千亩温棚长枣，枣农获得丰厚利润。虽然大田长枣9月下旬上市后价格降至4—8元/公斤，但由于今年处于盛果集中上市期，量大价优、外销行情好，有效促进农户增收。羊产业发展稳中有进，养殖户利润丰厚。畜牧业经历了前两年疲软态势，今年趋于稳定。年初以来,羊肉价格大幅上涨,零售价从一季度38元/公斤上涨至四季度54元/公斤,环比上涨6元/公斤,同比上涨12元/公斤;毛重价格从一季度19元/公斤上涨至四季度24.5元/公斤,环比上涨3元/公斤,同比上涨5.5元/公斤。随着羊价上涨,架子羊购进价亦有所上涨,四季度购进价700元左右,饲养90—100天出售,期间饲养成本200元,平均盈利120元/只,利润丰厚。第三产业增长较快,推高经营净收入。灵武市以"投入一社、辐射一村、扶持一品、带动一业"为发展目标,全年共审核发放创业贷款532万元,为13家企业、210户个体工商户贴息142.3万元。培育小企业122人、培育小老板232个,创造新岗位956人,全民创业带动就业1996人。土地流转促进财产净收入持续增长。受土地流转政策和城市化进程加快影响,2017年灵武市土地流转面积10.5万亩,比去年增加1.5万亩,增幅16.7%。精准施策促进转移净收入快速增长。一是灵武市加大重度残疾人救助力度,为418名符合条件的就业年龄段残疾人补贴发放94.9万元。二是落实援企稳岗补贴,为779名失业人员发放失业金402.43万元,统一缴纳职工基本医疗保险费及大额医疗保险费计9.88万元。三是今年为49家企业拨付援企稳岗资金736.14万元,为符合条件的1447名灵活就业人员发放社保补贴399万元。四是为全市2.7万户外出务工家庭购买意外伤害保险,解决务工后顾之忧。

【农村居民减收因素】 务工压力依然较大,工资性收入持续增长动力不足。2017年全市启动的建筑工程项目较2016年开工少,农民务工岗位数量减少。和2016年相比,务工收入虽然有一定幅度增长,但现阶段农民务工收入不够稳定,需要拓宽就业渠道,解决务工收入不稳定带来的农民增收问题。仔猪价格下降,生猪产业趋于稳定。据养殖户反映,仔猪价格由年初48元/公斤下降至四季度27元/公斤,生猪毛重由年初17元/公斤下降至四季度15.2元/公斤。四季度仔猪价格同比降低17元/公斤,下降38.6%,平均每只600元左右,利润100元/只左右;生猪毛重15.2元/公斤,同比降低2.3元/公斤,下降13.1%。猪产业在经历连续两年高峰期后,2017年进入下行阶段,至四季度形势趋于稳定,虽然利润空间较上年有所下降,但养殖户仍有利可图,养殖积极性高。西瓜价格下跌,影响农民增收。露地西瓜均价0.6元/公斤,同比减少0.8元/公斤,下降57%。据瓜农反映,2016年西瓜亩均收益2000多元,2017年仅能收回成本。主要原因:一是随着技术发展,贺兰、内蒙古等周边地区开始采用滴灌、覆膜技术种植西瓜,导致今年西瓜大量上市,供大于求,致使西瓜价格下跌;二是往年中卫硒砂瓜上市时间迟于灵武梧桐树西瓜,时间错开使两地西瓜价格均保持稳定。但2017年中卫硒沙瓜采用覆膜种植方式,西瓜上市时间提前,与本地时间重叠,市场供应量过多,商贩顺势压价。

【分乡镇农村居民可支配收入】 2017年,全市7个乡镇居民人均可支配收入中,总量:临河镇、马家滩镇、东塔镇分列前三名;增速:临河镇、东塔镇、马家滩镇分列前三名。

东塔镇居民人均可支配收入14390元,同比增长9.4%。其中:工资性收入10049元,同比增长8.2%,占可支配收入的69.8%;经营净收入4009元,同比增长13.3%,占可支配收入的27.9%;其中:第一产业净收入332元,同比增长2.3%;第三产业净收入3677元,同比增长14.4%;转移净收入205元,同比增长10.8%,占可支配收入的1.4%。东塔镇大部分耕地已被征用,居民主要以务工为主,工资性收入初次突破万元,是拉动可支配收入增长的主力军。一是东塔镇通过劳动力转移,解决富余劳动力,确保居民稳定就业,实现了持续增收。二是餐饮、批零、物流运输、工程建设车队、客运出租等三产业迅速发展,不断拓宽增收渠道。三是各种涉农补贴、高龄津贴、居民社会养老保险、支农专项资金落实到位,促进可支配收入稳定增长。

崇兴镇居民人均可支配收入13574元,同比增长8.8%。其中:工资性收入6942元,同比增长6.5%,占可支配收入的51.1%。经营净收入5662元,同比增长11.7%,占可支配收入的41.7%。其中:第一产业净收入2371元,同比增长7.7%;第三产业净收入3291元,同比增长

14.8%。转移净收入 940 元,同比增长 10.2%,占可支配收入的 6.9%。一是崇兴镇境内美丽村庄建设、沟道渠道砌护、新杜路拓宽等多个基础建设项目陆续开工,增加了部分居民就业,促进工资性收入稳中有增。二是 2017 年以来牛肉价格保持平稳,羊肉价格呈现上涨趋势,带动养殖业存出栏量和养殖收益增加。三是崇兴集贸市场二期扩建,为本地居民提供了良好的经营平台,第三产业净收入快速增长。四是城乡低保、困难优抚、危房补助、临时救助等惠民政策落实到位,转移净收入稳定增长。五是随着农业效益不断收窄,崇兴镇境内务工机会不能提供持续、稳定的就业岗位,多以乡外县内务工为主,在经济形势疲软的情况下,工资性收入拉动作用减缓,制约居民收入快速增长。

郝家桥镇居民人均可支配收入 13020 元,同比增长 8.8%。其中:工资性收入 5893 元,同比增长 8.4%,占可支配收入的 45.3%;经营净收入 6535 元,同比增长 8.2%,占可支配收入的 50.2%。其中:第一产业净收入 5040 元,同比增长 6.1%;第三产业净收入 1495 元,同比增长 16%。转移净收入 549 元,同比增长 23.1%,占可支配收入的 4.2%。一是产业结构调整,设施农业迅速发展,经济效益显著。二是优抚金、五保户供养金、低保、残疾补助、阳光家园补贴、退耕还林、“两免一补”等惠农政策补助落实到位,拉动转移净收入稳步增长。三是郝家桥镇数据包含狼皮梁吊庄移民地区,郝家桥老灌区居民收入水平较高,吊庄地区收入基数低于老灌区,拉低了郝家桥镇整体收入水平。同时,粮食价格走低,年初受寒冷天气影响狼皮子梁果品产量减少等不利因素影响了居民收入增长。

梧桐树乡居民人均可支配收入 13876 元,同比增长 8.9%。其中:第一,工资性收入 5096 元,同比增长 8.4%,占可支配收入的 36.7%;经营净收入 8025 元,同比增长 8.8%,占可支配收入的 57.8%。其中:第一产业净收入 6940 元,同比增长 6.9%;第三产业净收入 1085 元,同比增长 22.5%。转移净收入 750 元,同比增长 12.8%,占可支配收入的 5.4%。一是蔬菜冷库和批发市场的建成为农作物提供销售平台的同时主动根据市场需求调节供销时间,西红柿等蔬菜出售价均高于去年同期,再加上水稻产量增加,农业收入稳定增长。二是畜牧业中育肥羊出售价高于去年同期水平;生猪补贴及秸秆还田项目补助高于去年,农户养殖积极性不断提高,牧业收入高速增长。三是乡镇经济快速发展,务工人数高于去年同期。四是西瓜出售价低于去年同期水平,辣椒等特色种植未达到预期收益,影响居民收入增长。

白土岗乡居民人均可支配收入 13206 元,同比增长 9.1%。其中:工资性收入 4776 元,同比增长 8.7%,占可支配收入的 36.2%;经营净收入 7660 元,同比增长 9.2%,占可支配收入的 58%。其中:第一产业净收入 4780 元,同比增长 6.6%;第三产业净收入 2700 元,同比增长 20.4%。转移净收入 750 元,同比增长 10.1%,占可支配收入的 5.6%。一是羊养殖大户继续扩大规模,总体发展势头不减;年初引进了兴源达奶牛养殖,牛存栏实现翻翻,达到 4300 头,带动更多散养户加入养牛行业,牧业收入快速增长。二是距吴忠市和新能源工业区较近、银西高铁从乡境内穿过、山区草原招商引资等多项有利条件给居民提供了更多的就业岗位,务工人数不断增加,工资性收入稳定增长。三是随着全乡收入基数的上涨,受务工形势和粮食价格影响,增收速度放缓。

临河镇居民人均可支配收入 15056 元,同比增长 9.5%。其中:工资性收入 5968 元,同比增长 14.5%,占可支配收入的 39.6%。经营净收入 8168 元,同比增长 6.4%,占可支配收入的 54.3%。其中:第一产业净收入 4158 元,同比增长 1.5%;第三产业净收入 3650 元,同比增长 13.1%。转移净收入 850 元,同比增长 9.7%,占可支配收入的 9.7%。一是发挥地域优势,紧紧抓住宁东基地建设、综合保税区建设、机场三期扩建、滨河新区以及临港产业园区建设的历史机遇,加大劳动技能培训和劳务输出力度,提高居民工资性收入。二是依托宁东基地、银川综合保税区、滨河新区以及临港产业园区等重点建设项目,发挥资源优势和交通优势,强势推进运输业发展,及时成立运输协会两家,统一与企业签订常年运输协议,实现了统一调配、统一运输、统一结算，极大提高了效益，开辟居民增收新渠道。三是大田长红枣价格回落，收益远低于温棚长红枣，在2017年量大集中上市阶段，长枣产业收益明显不如上年同期。

马家滩镇居民人均可支配收入14505元，同比增长9.2%。其中：工资性收入5229元，同比增长8.2%，占可支配收入的36%，经营净收入8310元，同比增长9.4%，占可支配收入的57.3%。其中：第一产业净收入2450元，同比增长8.6%；第三产业净收入5860元，同比增长9.8%。转移净收入966元，同比增长11.8%，占可支配收入的6.7%。一是第三产业快速发展，居民通过为企业提供机械服务、围绕企业经营餐厅、商店等获得经营性收入。二是年轻劳动力都在企业上班或周边务工，月均收入2000元以上，收入相对稳定。三是国家实施的粮食直补、良种补贴、退耕还林补贴等支农惠农政策，为居民增收提供了有力的支撑。

【城镇居民收入增减因素】 一是机关事业单位的上年增资翘尾因素及奖金提前发放保证工资性收入稳步增长，工资较上年增加285元/月，并在年末提前发放全年效能奖、第十三个月工资等奖金，有效保证工资性收入的稳步增长。二是就业政策带动工资性收入增长。市委、政府落实各项就业政策，积极举办“就业洽谈会”“春风行动”“民营企业招聘周”等就业服务活动，积极落实就业援助政策及援企稳岗补贴，有效促进居民再就业，拓宽了居民的收入来源。三是经济回暖拉动工资性收入增长。煤炭、化工产品的价格回暖，促使宁东煤企、化工企业效益好转，人员工资上涨，绩效奖金丰厚，灵武地区依托能源化工基地，就业人数众多，拉动城镇居民增收明显。四是产业转型助力工资性收入增长。中银等劳动密集型企业积极推进产业转型，劳动力职业技能培训有序推进，部分劳动力工资水平得到提升。

经营净收入主要依托第三产业的迅猛发展。三产快速发展主要因为：一是近年来市政着力改善市貌环境，积极推进市域经济、文化建设，不断接洽大型比赛事宜，同时，积极完善创业政策，加大创业扶持力度，扩大贷款政策受众面，营造良好的创业环境等，为三产发展培育了良好土壤。二是煤炭等行业复苏带动交运、居民服务业迅猛发展；同时，随着居民收入逐年提升，消费得到充分释放，全面带动三产实现新突破。三是新产业、新业态的出现，方便居民消费，美团、饿了么、微商等新兴经营模式的成功推广，以及微信、支付宝等交易方式的普及带动居民消费，促进了三产收入的提高。

房屋租金同比小幅上涨，居民投资意识增强，理财观念发生转变，带动财产净收入增长。但由于多数居民有房贷、车贷，贷款利息支出居高不下，致使财产净收入增收压力大。

转移净收入稳步增长，一是离退休金的足额发放保证转移性收入稳步增长。机关事业单位、企业等离退休人员工资稳步增长，政策性奖金逐年增加，各项奖金发放及时、到位，有效保证了转移性收入的稳步增长。二是社保机制日益健全，社会保障养老金、低保金、报销医疗费用等都有所上涨。三是政府扩大转移性支付面，中低收入家庭从政府得到的实物和服务上涨明显。但由于近年来参保范围扩大，参保人数增加，社保缴纳金额随着工资上涨同比增长明显，推高转移性支出的增加。

减收因素：宏观经济转型升级，低收入群体占比高，普通劳动力就业及增资压力大。受宏观经济转型升级、供给侧结构性改革推进的影响，普通职工工资发放不稳定，劳务市场务工难、工资低等问题依旧存在。部分企业因效益下降，职工工作强度加大、就业岗位减少等问题突出，影响工资性收入快速增长。家庭单职工比例依旧很大。根据住户抽样调查显示，灵武市一般收入家庭妇女外出从业占比不到50%，外出务工的收入普遍偏低，拉低了家庭净收入。增资政策对工资性收入支撑减弱。虽然政府连续出台绩效奖、公车补贴等增资政策，但由于工资性收入基数逐年增大，增资政策对工资性收入增长的拉动作用逐渐减小，致使城镇居民工资性收入增速放缓。

人力资源和社会保障

【概况】 灵武市人力资源和社会保障局是履行拟定并组织实施全市人力资源和社会保障政

策，健全公共就业服务体系，完善劳动收入分配制度，组织实施劳动监察等职责的行政单位。内设办公室、就业创业促进科、劳动保障科、人力资源管理科 4 个科室；下设灵武市社会保险事业管理局 1 个事业单位；灵武市创业就业和人才服务局、灵武市劳动保障监察执法局、灵武市劳动人事争议仲裁院 3 个参公单位。现有正式编制人员 95 名，内聘用人员（三支一扶、事业单位实习、公岗）83 名。

【大事实事】 为农村外出务工人员家庭每户购买一份意外伤害保险。务工保险收费共计 409.245 万元，承保户数 27283 户，涉及人数 66600 人。截至 2017 年末务工保险理赔情况：死亡 18 笔，赔偿 128.07 万元，医疗及津贴 153 笔，赔款金额 27.23 万元。全市农村家庭户均 1 人进厂务工，同时对辖区企业吸纳本市 45—55 岁农民进厂就业的给予一定补贴。以“春风行动”“民营企业招聘周”等活动为平台，加强宣传力度，相继在劳动力市场、郝家桥镇、白土岗乡等地举办招聘会 13 场，举办扶贫专场招聘会 2 场，累计有 60 余家企业参加招聘会，收集各类招聘岗位 4600 多个，全市有 600 多人通过招聘进入了如意、恒丰、中银、成丰等企业成为了产业工人。截至 2017 年末“户均一人进厂务工”下达的 1903 人的目标已圆满完成。

【重点工作】 促进就业。全市城镇新增就业 3557 人，完成全区年度目标 2600 人的 136%，完成灵武市目标任务 3500 人的 101%；城镇困难就业人员实现再就业 632 人，完成全区目标任务 620 人的 102%；城镇登记失业率为 3.37%，低于控制目标 4.0%的 0.63 个百分点。共为 779 名失业人员发放失业金 402.43 万元，统一缴纳职工基本医疗保险费及大额医疗保险费计 9.88 万元。2017 年为 49 家企业拨付了 2016 年下半年援企稳岗资金 736.14 万元，为符合条件的 1447 名灵活就业人员发放社保补贴 399 万元。2017 年全市在岗公益性岗位人员 392 人，灵武市级购买公益性岗位 150 个，正在计划安置中；建成家庭服务社区工作站 1 个，零就业家庭动态清零。全民创业工作。全市共审核发放创业贷款 532 万元，为 13 家企业、210 户个体工商户贴息 142.3 万元。培育小企业 157 个，完成全区目标任务 150 人的 104%；培育小老板 283 个，完成目标任务 275 人的 103%；创造新岗位 1176 个，完成目标任务 1150 人的 102%；全民创业带动就业 2540 人，完成目标任务 2500 人的 101%；申报大学生创业补贴 4 人。城乡劳动力职业技能培训工作。举办各类培训班 36 期 1818 人，完成灵武市目标任务 1800 人的 101%。其中：城乡劳动力职业技能培训 28 期 1343 人，完成全区目标任务 1300 人的 103%；创业培训 5 期 145 人，完成全区目标任务 145 人的 100%；电子商务培训 2 期 60 人，完成全区目标任务 60 人的 100%。

【转移就业】 灵武市农村劳动力累计转移就业 26133 人，完成全区目标任务 20000 人的 130%，完成灵武市目标任务 2.6 万人的 100%；实现劳务收入 2.05 亿元，完成全区目标任务 1.95 亿元的 105%。

【人才交流服务】 密切配合组织部，扎实做好 2017 年百千万人才工程国家级人选选拔、优秀农村实用人才拓展培训、人才工作载体申报和“自治区特聘专家”聘任推荐等工作。2017 年申报 1 个长枣专家服务站；申报 1 名百千万人才工程国家级人才；对 3 名符合享受自治区政府特殊津贴人员资料进行审核、上报、评选；组织 6 人赴陕西杨凌培训学习；上报银川市人才工作目标责任制预考核情况自查表。做好 2017 年应届毕业生就业工作。安排 80 名“三支一扶”大学生和 41 名事业单位实习生到 94 家单位实习就业。

【参保登记】 根据《关于印发宁夏回族自治区社会保险“五险合一”经办体制改革方案的通知》（宁政发〔2015〕56 号）等文件精神，灵武市完成五险合一经办机构整合。城镇职工养老保险参保职工人数 47410 人，征缴额 16232 万元，完成目标任务 100%，机关事业单位参保人数 9653 人（含退休人员），完成目标任务 100.6%，征缴 8000 万元、职业年金征缴 1578 万元，城乡居民养老保险参保人数 58710 人，完成 101.22%；失业保险参保人数 42379 人，完成目标任务 42270 人的 108%，基金 2158 万元，完成目标任务 102%；职工医疗保险人数 56788 人，完成目标任务 104%；生育保险人数41513人,完成目标任务的101%;工伤保险人数50257人,完成目标任务的109.2%;“同舟计划”参保率100%;城乡居民医疗保险参保人数18.3万,完成目标任务的102%。

【医疗保险】 根据银川市人力资源和社会保障局《关于2017年全市基本医疗保险总额控制预算及结算方案的批复》文件要求,在灵武市19家医保定点医疗机构全面推行总额预付费,控制医疗费用不合理增长,各项费用较去年有所下降。开展按病种付费结算方式,2017年按照银川市要求,实行总额控费下的按病种分值付费。2017年辖区内职工医保门诊达到28.89万人次,住院达到6835人次,住院率达到12.43%,次均费用4103.81元,报销比例80.3%以上。辖区内居民医保门诊达到31.61万人次,次均费用18.14元,住院18701人次,住院率10.3%,次均费用4009.42元,报销比例75.8%以上。建立费用控制指标要求,与2016年同期相比,城镇职工和城乡居民次均费用略有上升,住院率职工医保上升0.9%,城乡居民医保提高0.5%,实际报销比例职工医保提高0.3%,城乡居民提高0.6%。2017年审批职工门诊大病1511人,共计就诊25343人次,统筹支出753.5万元;审批居民门诊大病1533人,就诊19236人次,统筹支出412.8万元。

【社保退休】 机关事业单位退休。截至2017年年末,城镇职工离退休人数和机关事业单位退休人数分别达到20243人和3335人,发放基本养老金分别为4.9亿元和1.66亿元。共办理企业退休1162人,正常退休为992人,其中特殊工种提前退休19人,因病退休32人,其他人员119人。

【招录培训】 按照自治区统一安排部署,2017年灵武市顺利完成59名公务员录用考录工作和96名事业单位公开招聘工作。积极申报完成20名领导干部公务员登记和3家单位(灵武市政务服务中心、灵武市经济技术合作服务中心、灵武市节能监察中心)参照公务员法管理登记工作。组织开展全市400名乡镇工作人员专题培训工作和机关部门730余名公务员素质能力专题培训工作。组织全市事业单位工作人员进行“事业单位人事综合管理平台”暨软件操作应用培训。组织全市2100多名事业单位专业技术人员进行培训。

【人事制度改革】 做好机关事业单位考核工作。做好2017年公务员考核工作;对国土局不动产交易登记中心24名人员考核,对11名不合格人员进行调整分流;先后两次对全市机关事业单位编外临时聘用人员进行摸底调查,针对存在的问题提出具体意见报市政府研究,对符合条件并执行政府临时聘用人员工资标准的74名临时聘用人员工资请示政府同意后进行了调整;按照单位自查、部门抽查的方式,在全市机关事业单位中开展了清理“吃空饷”的活动,有效杜绝了在编不在岗和“吃空饷”的情况。积极落实事业单位非领导职级的执行,完成了35个事业单位管理岗位63人的非领导职责职级晋级审核工作。岗位设置和职称评审工作。完成全市805名事业单位人员第五轮岗位设置工作和587人职称评审审核工作(由人力资源和社会保障局确定审核的初级职称共计221人)及92名工勤技能人员岗位晋级审核申报工作。制定《灵武市派驻乡镇人员管理办法》,联系市编办、财政建立派驻乡镇清单,派驻116名乡镇干部驻乡开展工作。

【工资制度改革】 完成全市了5630名机关事业单位工作人员按照年度考核结果晋升工资档次工作,158人机关事业单位职务晋升、工资转移工作,213名工人等级晋升等工资套改调整工作,55人非领导职责职级晋升工资套改调整工作,全市事业单位4865人绩效工资审核审批和122名科级以下工作人员退休审批及工资停发工作和组织部转来27名科级以上领导干部退休工资停发工作。及时公布社平工资标准,按时审核发放机关事业单位财政统发人员工资、各类奖金、津补贴。

【人事档案管理】 流动人员档案。一是完善灵武籍应届大中专毕业生就业台账,全面整理档案资料,归档流动人员人事档案资料3804余份,为托管人员调阅档案1100余人次。二是干部档案严格按照干部档案专审要求,对全市公务员、参公管理人员档案逐卷进行审核,2017年年末已对37家机关单位,95%的单位完成档案初审工作。三是为医护专业人员申报执业资格考试、流动人员评定职称及其他按规定出具人事证明共380份,全面实现了人事档案专人化、专业化、信息化管理。

【信访维稳】 成立领导接访轮岗制,全年共受理国家信访平台案件81件,政府转办件19件,“12345”平台案件123件,微博咨询案件33件,银川市政民互动平台案件12件,现场接访700余次,上报银川市、灵武市维稳信息19篇,平安短信32条。

【基层服务】 规范服务大厅建设。为方便群众办事提高工作效率,积极打造“互联网+人社”的新民生公共服务体系,灵武市人力资源和社会保障局严格按照服务大厅建设标准对大厅进行了改造,在办事大厅设置了27个业务窗口,配有电脑45台、打印机48台以及电子显示滚动屏、触摸屏、扫描仪、刻录机等设备,经办养老保险、失业保险、医疗保险、工伤保险、生育保险、职业介绍、劳动人事代理等各项业务,做到办事群众与工作人员的零接触。严格执行“五项制度”“四公开”“三亮明”“两值班”及“叫号机”制度。加强业务专业化建设。灵武市人力资源和社会保障局以窗口文化建设为指引,制定窗口行业规范和文明标语,规范工作人员办事流程和服务态度,推进“师徒结对、岗位练兵”模式,以师带徒,一岗多能,一人多事的服务机制提升窗口工作人员综合服务能力。加强服务质量和专业素质,将服务窗口下移。所工作人员进行标准化实务培训,将社保服务业务下移到各乡镇服务中心和街道办,从根本上解决人民群众“最后一公里”问题。加强劳动保障监察“两网化”管理。成立“两网化”管理工作领导小组,研究制定《灵武市劳动保障监察网格化网络化工作实施方案》,细化工作责任到个人,明确目标任务。以现有乡镇(街道)、社区基层劳动保障服务平台为依托,将灵武市用人单位按管辖级别进行网格划分,以8个乡镇(街道)8个一级网格,以18个社区为二级网格,每个网格配备1—2名协管员,做到网格全覆盖。深入到群众家中,解决群众最关心的问题。针对帮扶村进行劳动力调查、技能培训和就业,认真做好劳务输出工作,确保有劳动力的,实现户均一人进厂务工。截至2017年年末,共举办各类培训班33期,培训人员1518人,其中移民培训4期200人。在郝家桥镇泾灵南村、泾灵北村、白土岗乡海子井村、泾兴村四个行政村共有6150户,劳动力3115人,劳务输出脱贫目标人数2895人。现建档立卡中已有3111人实现就业,完成目标任务的107.46%。户均一人进厂务工已达1970人,完成年度目标任务的103.52%,其中移民人数599人,占总人数的30.4%。加大对灵帼彩服饰公司等扶贫工厂、合作社、劳务经纪人的创业贷款支持力度。截至2017年年末,共为符合申请条件的移民群众发放创业贷款122万元,解决其生产经营中的实际困难,帮助其自主创业。积极推进低保兜底“两线合一”工作,对符合政策兜底标准的7444户贫困户应保尽保,参保率100%,从而大大提升了因病致贫医疗救助力度,减少因病返贫的概率。同时,为大泉村拨付3万元帮扶资金购买330个生活垃圾桶,结对承担11户“少生快富”家庭帮扶工作。

【队伍建设】 以开展“两学一做”学习教育常态化制度化为引领,以着力打造“两个文化”和“两个阵地”为主线扎实推进党员主题党日和专题讨论活动,不断改进工作作风。一是强化决策执行。对市委、市政府的各项决策部署以及上级党委政府和人社部门出台的惠民政策,做到不折不扣执行、不折不扣落实、不折不扣兑现,切实增强执行政策的自觉性和主动性。坚持人社工作项目化,明确包靠领导和责任人,强化督查问效、调度督导,一件一件抓、一步一步走,确保就业创业、社会保障、人才服务、劳动关系等各项人社重点工作任务落实落细,真正实现人社政策惠民生。二是厚植服务理念。倡导“不见面,马上办,重视干”的人社为民服务理念,全力提高服务标准和服务效率。延伸人社工作触角,开展大范围联系群众、深层次精准扶贫、进驻帮扶村、联系企业等活动,推动人社干部下基层、接地气,提升服务本领。三是深化创先意识。坚持作风建设和项目建设两手抓,聚焦人社创先争优,高起点定位,高标准谋划,以“胸中有全局,以点带面,推动工作”为价值引领,着力打造人社本职业务中的亮点工作、典型工作。坚持推动“两学一做”学习教育常态化、制度化,积极开展对标学习,按照“集体有报告,个人有体会,中间有交流,会后有行动”二十字方针,确保学习不落虚、不落空,促进成果转化,着力打造一支“立身正、待人诚、处事公、工作实”的高素质人社干部队伍。四是强化管理服务制度。建设重塑人社业务工作流程,完善敏感事项内控机制,扎紧干部队伍建设制度笼子,以扎实的作风抓作风,推动人社干部队伍作风建设走向“严实硬”。

就业与再就业

【概况】 2017年,灵武市劳动就业局下设6个科室:办公室、创业办、就业促进办、劳务产业办、培训科、失业保险科、劳务市场监管办。编制数16人,正式在编在岗干部13人,其中,局长1名,副局长1名,中共党员5名,大专以上文化程度13名。2017年,就业局紧紧围绕市委、政府提出的大事实事和重点工作,按照上级业务部门下达的各项目标任务,坚持就业创业为本,人才服务优先的工作主线,大力实施就业优先战略,高标准、高质量地推动各项工作稳步开展。

【就业工作】 2017年,灵武市城镇新增就业3599人,完成全区年度目标2600人的138%,完成灵武市目标任务3500人的103%;城镇困难就业人员实现再就业632人,完成全区目标任务620人的102%;城镇登记失业率为3.41%,低于控制目标4.0%的0.59个百分点。共为899名失业人员发放失业金571.23万元,为49家企业拨付2016年下半年援企稳岗资金736.14万元,为符合条件的1447名灵活就业人员发放社保补贴399万元。建成家庭服务社区工作站1个。

【创业工作】 2017年灵武市发放创业担保贷款余额5000万元,培育小企业157家,完成全区目标任务150家的105%;培育小老板283人,完成目标任务275人的103%;创造新岗位1176个,完成目标任务1150个的102%;全民创业带动就业2540人,完成目标任务2500人的102%;申报大学生创业补贴4人,发放创业补贴16000元。

【转移就业】 灵武市农村劳动力累计转移就业26133人,完成全区目标任务2万人的131%,完成灵武市目标任务2.6万人的101%;实现劳务收入2.25亿元,完成全区目标任务1.95亿元的115%。

【公共服务】 制定了《灵武市创业担保贷款基金管理制度》,完善创业担保贷款风险防控机制,组织举办了灵武市创业担保贷款政策培训班,规范审批流程,统一政策口径,不断提升工作人员政策水平和业务能力。全面摸清了灵武市创业孵化基地运行情况,着力打造集政策咨询、创业指导、场地扶持、跟踪服务于一体的综合性创业孵化基地5家。灵武市互联网农产品销售、特禽养殖、农业综合质保互联网+等3家创业项目通过银川市初审。整治劳动力市场,优化求职择业环境。为解决劳动力市场“用工不清、务工不畅、保障不够、服务不好和安全隐患”等问题,灵武市劳动就业局从组织领导、设施保障、服务提升等方面下功夫,专项整治劳动力市场路段车辆违停、民工围堵、流动摆摊等现象。设立劳务市场监管办,建立劳务市场值班制,专人负责市场的全天候运行服务。实名登记务工人员528人,协调办理摩托车驾照160余人。劳务市场秩序有了全面好转,违法违规职介等现象得到了有效扼制,切实维护了用工者和务工者的合法权益,保障了劳动力市场的正常运行。

【职业技能培训】 灵武市劳动就业局坚持面向市场、服务发展、促进就业的培训导向,大力实施城乡劳动力职业技能培训提升计划,扎实开展职业技能培训和创业能力培训。精准对接市场需求,契合学员意愿,在乡镇(村部)开展“企业代加工产品”订单培训,以通俗易懂的语言,灵活多变的方式,多工种、多操作、少理论地开展培训,逐步从根本上改变群众的求职心态和技能水平,增强就业的驱动力。针对戒毒康复特殊群体,有计划地开展心理辅导、创业培训和实操训练,提高培训就业率。2017年灵武市举办各类培训班42期1868人,完成灵武市目标任务1800人的104%。其中:城乡劳动力职业技能培训33期1571人,完成全区目标任务1300人的121%;创业能力培训5期145人,完成全区目标任务145人的100%;电子商务培训2期60人,完成全区目标任务60人的100%;为领取失业金人员培训2期92人。

【工作亮点】 以“户均一人进厂务工”助推就业增收。“户均一人进厂务工”是灵武市委、政府2017年确定的民生实事之一。根据《灵武市人民政府办公室关于鼓励和支持城乡居民户均一人进厂务工的通知》(灵政办发〔2017〕40号)精神，通过“春风行动”“民营企业招聘周”等就业服务活动为平台，举办招聘会13场，举办扶贫专场招聘会2场，提供岗位4600多个，有600多人通过招聘成为了产业工人，“户均一人进厂务工”1970人，圆满完成目标任务。以代加工服务站引导富余劳动力居家就业。为解决40岁以上富余劳动力就业问题，按照“用工灵活、地点灵活、时间灵活”的思路，由政府搭台，劳务经纪人组织，在一些条件相对成熟的村建立了代加工服务站，引导无法外出就业的劳动力在家从事手工编织、来料加工等产品代加工工作。2017年开办了6个企业代加工服务站，辐射带动了400名妇女居家就近就业，实现了群众在家门口“学技能、好就业、便家务”一举三得。紧紧围绕脱贫攻坚战略部署，充分发挥羊绒、长枣、养殖等优势特色产业的引擎带动作用，采取“产业+基地+农户+就业”的做法，和相关部门一道在移民调庄村建设了全国巾帼手工艺制品扶贫车间和中银绒业纺织扶贫车间2个扶贫车间，设立了泾灵村现代农业示范园等7个扶贫示范基地，多措并举推进就业扶贫，力争“搬得来，有活干，能致富”。

【组织建设】 加强队伍建设，提升服务形象。贯彻落实全面从严治党总要求，认真落实党风廉政建设“两个责任”，持续推进“两学一做”学习教育常态化；抓内部管理，健全单位内部控制规范，完善婚丧嫁娶报备、出差下乡审批、AB岗工作制等规定，严肃了工作纪律，转变了工作作风。简化就业创业办事流程，扩大就业创业微信平台功能，形成凝心聚力、干事创业的强大合力，树立了就业系统干部队伍新形象。

社会保险及医疗保险

【概况】 灵武市社会保险事业管理局为市人力资源和社会保障局所属全额拨款事业单位，根据自治区“五险合一”统一要求，灵武市成立领导机构并结合实际制定了《灵武市社会保险经办机构整合实施方案》。2016年3月18日，经灵武市机构编制委员会第1次会议研究决定，将市社会保险事业管理局、市医疗保险事务管理中心及市就业创业和人才服务局失业保险业务合并，组建灵武市社会保险事业管理局，规格为副科级，编制数拟定为49名，单位实有领导职数：副局长3名。单位重新设置科室，按现有编制数，设置12个科室，分别是办公室、财务科、稽核科、城保业务科、基金征缴科、退管科、城居业务科、转移科、失地农民科、工伤生育科、基金监管科、医保科。设主管12人。岗位设置47人，其中：党员27名，大专以上文化程度47名，中级职称以上15名，初级职称3名。

【五险参保】 2017年，城镇职工基本养老保险、机关事业单位养老保险、医疗保险、失业保险、工伤保险和生育保险参保人数分别达到46945人、9653人、56788人、41539人、49776人和41513人以上；完成目标任务的99%、100.6%、104%、98%、109%和101%。

【城乡居民养老、医疗保险参保】 2017年，城乡居民养老和医疗保险参保人数分别达到57576人和183620　人，完成目标任务的99.3%、102%。

【被征地农民参保】 2017年深入推进被征地农民参加养老保险工作，参保率达到88.5%以上(其中，2012年以来被征地农民参保率达到99.7%以上)；建档立卡贫困人员养老保险参保率达到95.7%以上，医疗保险参保率达到85%。

【机关事业单位参保】 2017年，灵武市机关事业单位138家6337人应缴纳基本养老保险金和职业年金125343703.4元。其中，养老保险应征87740556.4元，职业年金37603147元。实际缴费单位138家，缴费金额95037848.9元，其中：养老保险实缴79252787.9元，职业年金实缴15785061元。

【外出务工人员保险】 连续第二年实施为城乡外出务工人员购买意外伤害保险工作，为外出务工家庭解决后顾之忧，此项工作也连续两年被列为为民办的实事之一，在自治区乃至全国均属首创。2017年为全市乡镇、街道、农林场投保城乡外出务工家庭共计27210户，参保人数达到66414人，合计缴纳保险费4081500元，截至2017年年底，累计受理务工保险案件死亡23笔,赔偿139.47万元,医疗及津贴174笔,赔款金额29.42万元。切实保障了外出务工家庭生活不因发生意外而致贫,为城乡务工家庭解决了后顾之忧。

【城镇职工养老金发放】 2017年调整养老金,月增资额273元,人均调整140元。灵武市城镇职工离退休人员20188人,其中:正常退休人员7067人,离休10人,包括:离休干部6人、建国前老工人4人、病退391人、特殊工种743人、被征地农民763人、解决历史遗留人员11052人,国企教师67人。做到了"不漏发一人,不错发一分",无拖欠现象。养老金发放率达到100%,确保了全市离退休人员的基本生活,发放城镇职工基本养老金3.4亿元,取暖费5735万元,丧葬抚恤费支出228人,支出金额1146.76万元。

【机关事业单位养老金发放】 退休养老金按时足额发放到位。全年全市机关事业单位退休人数共3316人,领取养老金3299人,发放养老金共计140179983.9元。其中:办理退休157人,月增加退休费634687元。办理退休人员丧葬费手续26人,支付丧葬抚恤金2478924元,追回多领取待遇165232元。7月份按照宁人社发〔2017〕77号文件为3193人调整退休待遇585569元,补发1—6月待遇调整金4098983元,10月份按照宁人社发〔2017〕120号文件为3299人发放取暖费13338695.9元。

【养老金资格认证】 2017年6月底,对灵武市领取养老金的18735名离退休人员领取养老金资格进行年检认证,认证工作在8月底已在灵武市8个乡镇、13个社区居委会完美收关。今年认证工作增加了区级统筹属地居住人员的认证,共认证了926人。认证工作采取本市内的由本人持有效身份证到居住地社区或乡镇劳保所签字确认。目前异地及外市县居住人员共计1434人,通过电话通知,利用QQ视频认证、寄发异地协助认证函或本人到社保经办机构认证,对于本市内重病、行动不便的老人有社区或乡镇劳动保障所采取实地家访,上门服务,从而确保了2017年认证工作圆满完成。

【大病保险报销】 根据全区大病保险政策规定,开展大病保险报销业务,协调承办大病保险代理机构全面落实居民大病保险,截至2017年年底,已享受大病保险政策1093人,报销金额414.8万元,人均报销3795.1元。

【居民普惠性体检】 按照自治区关于开展居民普惠性体检工作要求,开展测算登记工作,目前已安排定点医院开展登记体检工作。2017年,全市符合条件参保人员23695人。已享受普惠健康体检政策4759人。

【付费制度改革】 一是根据银川市人力资源和社会保障局《关于2017年全市基本医疗保险总额控制预算及结算方案的批复》文件要求,在灵武市18家医保定点医疗机构全面推行总额预付费,控制医疗费用不合理增长,各项费用较去年有所下降。二是开展按病种付费结算方式,2017年按照银川市要求,实行总额控费下的按病种分值付费。三是2017年职工医保门诊达到23.16万人次,住院达到6145人次,住院率达到10.88%,次均费用7929元。报销比例69%以上。居民医保门诊达到23.03万人次,次均费用17.94元,住院16033人次,住院率8.9 %,次均费用6156元,报销比例64%以上。四是建立费用控制指标要求,与2016年同期相比,城镇职工和城乡居民次均费用基本持平,住院率职工医保上升0.5%,城乡居民医保提高0.6%,实际报销比例职工医保提高0.5%,城乡居民提高0.6%。五是2017年审批职工门诊大病1132人,共计就诊26336人次,统筹支出820万元;审批居民门诊大病1066人,就诊19762人次,统筹支出456万元。

【医保经办】 加强"两定"机构管理,完善协议签订工作。一是"两定"机构协议签订达到100%,并建立协议考核机制,将稽查考核管理工作有机结合,工作做到常态化,"两定"机构稽核率达到100%。二是克服经办力量不足的困难,分组开展定期稽核检查工作。每周确保三天巡回稽查定点医院,对在院、处方、用药情况进行规范管理。三是会同卫生、药监和物价部门对全市两定机构进行专项考核检查,对违规定点医院暂停医保服务和罚款处理,进一步规范了医疗服务行为,确保基金安全。四是安装基金监控软件,实现了与区局同步的基金监控工作,并成立监控机构,明确基金监控工作职责,实现了联网实时监控。

【基金监控】 2017年顺利完成区社保局监控软件数据清理和规则梳理,清理数据3000余条,撤销审核规则9条,处理违规案件2件,完成54家医保定点诊所医师诚信协议签订工作。完成灵武市辖区定点医疗机构银川市智能审核系统数据清理工作,目前,已完成2017年全市20家定点医疗机构第一季度业务数据审核,共计扣回基金10.7万元。坚持每周重点抽查民营医疗机构医保住院人员在院情况,2017年查处5起医保服务违规案件,扣回医保基金0.94万元。受理医保服务投诉3件,处理2件,移交银川市医保中心1件。成立以人社、卫计、财政、纪检多部门参与的监管检查工作小组,对灵武市辖区定点医疗机构进行业务审核,贯彻落实"双随机、一公开"原则,从抽取专家到被检查单位抽取全程公开接受监督,基金监管实现线上线下双管齐下,线下监管以第三方专家团队监管医疗机构为重点,并顺利完成对灵武市14家医疗机构2017年1—8月份医保病案审核工作。同时利用智能审核系统进行线上审核,严把基金监管关,截至目前,扣回基金10.7万元。

【宣传培训】 制定了宣传培训工作计划,责任到人,分工明确,落实宣传工作管理考核奖励办法,鼓励干部职工踊跃投稿。今年,共组织集中宣传5次、印制发放《灵武市职工养老保险养老、医疗保险政策问答》《灵武市统筹城乡居民养老保险政策问答》《全民参保登记知识问答》《被征地农民养老保险政策问答》《机关事业单位养老保险手册》及《刑法》第266条解释等各类宣传资料20000份,电视网络宣传5次,向各级单位或部门报送宣传信息及简讯48篇,征订《中国社会保障》50份。组织城乡居民协办员业务经办培训会2次,企业社保经办人员培训会2次,组织工作人员参加自治区举办的培训班6次,组织参加人社部社保中心举办的培训班2次。组织乡镇民生服务中心负责人及工作人员参加人社部组织的全民参保登记、退休人员社会化管理方面的培训班,提高经办服务水平。

【党建工作】 经常性开展党风廉政教育,组织党员参加"两学一做"学习教育、市纪委组织的警示教育活动,坚持"三重一大"事项集体研究决定。完成了社保局新支部班子成员调整,健全社保局局务会议制度,领导班子能自觉遵守"民主集中制"的有关规定,坚持集体领导、分工负责的原则,实行重大事项上会与科室负责人集体研究决定,做到分工不分家,起到了相互协调、相互配合、相互支持、相互监督的作用。推行科室负责人制度,强化科室协调和配合,提高工作效率和质量。做好抓党建促脱贫工作,帮助党建结对联合党委社区谢家井社区、西昌社区建设宣传文化墙,建强阵地。

劳动保障

【概况】 2017年,劳动监察大队编制数7人,正式在编在岗干部4人,其中:队长1名,副队长1名,三人借调局机关,中共党员5名,大专以上文化程度7名。2017年,劳动监察大队紧紧围绕市委、政府提出的大事实事和重点工作,按照上级业务部门下达的各项目标任务,努力构建和谐劳动关系,全面治理拖欠农民工工资问题,高标准、高质量地推动各项工作稳步开展。

【重要指标】 2017年,灵武市建筑领域新开工和续建项目68个(续建项目16个,新建项目52个),受理拖欠工资案件67件,其中:立案39件,协调处理28件,为1672名农民工追偿工资2194.12万元,办理劳动合同备案13737人。全市在建工程项目使用农民工4372人,签订劳动合同.4372人,劳动合同签订率100%,农民工工资保证金应收3093.84万元,实收3093.84万元,收缴率100%;银行卡办卡人数3064人,银行卡办卡率70%;实名制管理人数4372人,实名制管理率100%;分账管理率100%。在施工现场设立农民工工作办公室68个,设置维权公示牌68个,维权公示率100%,配备劳资专管员136名。

【构建和谐劳动关系】 建立健全劳动关系协调机制。成立了以政府分管领导为主任,市人社局、总工会、工商联、劳动保障监察大队、劳动人事争议仲裁院为成员的协调劳动关系三方委员会,建立协调劳动关系议事规则。加强企业民主管理制度建设。规范职工(代表)大会和职代会制度,落实职工群众参与企业民主决策、民主管理和民主监督的权利，深化厂务公开领域，指导企业利用网站、职工QQ群、微信群等新媒体，及时将职工关心的热点问题传达给一线职工，维护职工知情权、参与权。有效预防和化解劳动关系矛盾。贯彻落实自治区《关于构建和谐劳动关系的若干意见》，制定《灵武市劳动关系运行监测预警及突发性事件应急处置预案》，加强维权机制和队伍建设、健全劳动争议仲裁工作机制、构建"1+4""一体化"维权工作模式，推行"柔性调解"，实行"仲裁建议书"制度。通过劳动人事争议案前、庭前、庭后调解，变"上访"为"下访"，变"开庭审理"为"庭外服务"。

【欠薪治理】 严格招投标管理，对未出具无拖欠农民工工资证明和被列入"黑名单"的企业取消其竞标资格，建立项目建设责任体系实名档案，杜绝挂靠、违法分包转包，从源头遏制欠薪问题。组织发改、人社、住建、安监、施工和建设单位召开施工现场进驻会，落实农民工工资支付、安全生产、施工管理等要求。聘请第三方强化标后稽查，严格考核项目用工管理、工程质量、安全、文明施工情况。规范工程建设领域示范合同使用，根据《宁夏建设工程合同管理办法》，将分账管理的农民工工资专用账户纳入合同，施工合同专用条款必须明确"优先保障农民工工资支付"。截至2017年年底，没有发生突发性群体事件和极端事件。

【两个联动机制】 2017年，建立治理拖欠农民工工资问题工作两个联动机制：一是由人社局、法院、检察院、总工会、公安局、司法局、住建局、信访局组成，按照"属地管理，分级负责"的原则，由政府统一领导、相关部门密切配合，形成责任明确、预防及时、治理有效的联动机制的工作格局。二是建立劳动保障监察大队、各乡镇（街道）司法所、劳保所、派出所、项目建设单位治理拖欠农民工工资问题工作联动机制。

【行政执法与刑事司法】 按照自治区《关于依法办理涉嫌恶意欠薪非法讨薪等违法犯罪案件指导意见（试行）的通知》要求，认真落实行政执法与刑事司法联动机制。组织住建、人社、公检法司及时化解了永顺房地产公司开发项目、永利电厂自建项目大额欠薪案件；由人社局牵头，劳动保障监察大队、乡镇综治中心、司法所、派出所联合处置银西高铁崇兴镇新架桥路段、中铁一局农场段恶意讨薪案件；诚邀区监察稽查局共同约谈永利电厂、银西高铁沿线农民工工资案件频发的企业；通报银西高铁、方家庄电厂、枣泉煤矿、河东机场、永利电厂、中铝银星电厂等自建工程拖欠农民工工资问题。

【"两网化"管理】 按照《宁夏回族自治区劳动保障监察两网化管理工作标准化建设实施意见》，继续加强劳动保障监察"两网化"管理。成立"两网化"管理工作领导小组，研究制定《灵武市劳动保障监察网格化网络化工作实施方案》，细化工作责任到网格到个人，明确目标任务。以现有乡镇（街道）、社区基层劳动保障服务平台为依托，将全市用人单位按管辖级别进行网格划分，以8个乡镇（街道）8个一级网格，以18个社区为二级网格，每个网格配备1—2名协管员，做到网格全覆盖。

【行政执法体制改革】 根据《宁夏回族自治区劳动保障监察综合行政执法体制改革方案》（宁人社发〔2016〕138号），在灵武市劳动保障监察大队的基础上，按照自治区人力资源和社会保障厅的统一要求，整合组建灵武市劳动保障监察执法局。经市人民政府批准，划拨人民路平安巷口，原统计局办公楼一楼二楼共440平方米用于开展劳动保障监察工作并进行标准化改造。实施标准化改造后，进一步规范劳动保障监察机构设置，明确各业务科室职责分工，优化资源配置，实现案、办分离的预期目标，提高执法效能及工作效率；按照"编随事转、人随事转"的原则，合理确定劳动保障监察综合行政执法机构的人员编制，配齐配强工作力量，确保事有人干、责有人负；完善行政执法程序，妥善解决行政执法主体资格，规范行政执法行为、规范执法自由裁量权，细化、量化裁量标准，做到严格、规范、公正、文明执法。

民族宗教

【概况】 2017年，灵武市民族宗教工作及民族团结进步工作在区、市民族宗教部门的精心指导和市委、政府的坚强领导下，高举中国特色社会主义伟大旗帜，以党的十八大，十八届三中、四中、五中、六中全会精神和习近平总书记系列讲话精神为指导，深入学习贯彻中央、自治区、银川市民族宗教工作会议精神，围绕中心、服务大局、凝聚人心、汇聚力量，扎实推进全市民族事业工作蓬勃发展。

【民族团结进步创建】 为切实推进民族团结进步创建工作扎实开展，灵武市立足实际，以创建“市强、民富、家美”的美好新灵武为目标，落实“五个到位”，不断巩固提高民族团结进步创建成果，夯实民族团结进步事业发展的基础，全力打造“民族团结进步”的亮丽城市名片。一是安排部署到位。将贯彻落实中央和自治区民族宗教工作会议和全区民族团结进步创建暨和谐寺观教堂创建互观互检现场观摩会精神作为当前和今后一个时期重点工作来抓，市委常委会多次召开专题会议就创建工作专门进行了安排部署，争取更大的创建工作支持力度；先后制定下发《关于创建全国民族团结进步模范市的实施意见》《关于分解全市民族团结进步创建工作任务的通知》《灵武市2017年民族团结月活动实施方案》，明确了创建任务及标准；不断创新宣传形式、拓展宣传内容，在全市各族群众中广泛开展党的民族宗教政策宣传，培育中华民族共同体意识，让社会主义核心价值观深入人心，为创建工作打牢坚实思想基础和群众基础。二是政策落实到位。始终把改善民族地区民生、凝聚人心作为全市经济社会发展的出发点和落脚点，作为创建工作的主要任务来抓。协调各民主党派开展助力脱贫攻坚行动以及丰富多彩的社会服务活动，累计对宗教人士、困难群众、民族团结进步示范户等300余人进行了慰问，把党和政府的关怀送到基层；支持教育事业优先发展，推进义务教育优质均衡发展，调整优化卫生资源配置，发展少数民族医疗等卫生事业，扩大养老、医疗、失业、生育等基础保障覆盖面，提高保障层次和水平；健全社会救助体系，提高最低生活保障补助标准，规范大病医疗保险制度；保护和开发少数民族非物质文化遗产，丰富社区文化、广场文化及城市文化生活，培育和组建各类文化社团，以文化交流促进民族文化生活交融，做到润物无声，潜移默化，长期坚持。三是创新服务到位。创新双月座谈会形式，广泛征求意见，组织各民主党派、工商联、知联会、伊协人员对民族团结进步创建示范点、精准扶贫点进行观摩，在创建工作中，还邀请了人大代表、政协委员、宗教界人士指导检查创建工作，群策群力为创建工作建言献策；落实经费保障，为确保创建工作顺利开展，各创建单位拨付启动资金15万元，并明确各创建单位配套资金投入，确保创建工作有序开展，取得实效；观摩学习先进经验，采取“走出去”的办法，组织各乡镇主管领导、分管领导、民族宗教专干到同心县、利通区、红寺堡区等县市区观摩学习民族团结进步创建的经验做法，提升灵武市的创建水平。四是矛盾排查到位。深入开展矛盾纠纷排查调处专项行动，切实把矛盾化解在基层、解决在萌芽状态，有效维护全市社会大局和谐稳定。完善矛盾纠纷排查化解制度，进一步健全矛盾纠纷排查化解、包案责任机制和社会管理网络体系，健全经常性排查调处和集中调处制度，认真贯彻落实全区宗教工作会议精神，妥善处理宗教领域存在的突出问题，积极处置化解涉及民族宗教领域的信访矛盾问题5起；将“三化一满意”平台与创建工作有机结合起来，不断完善市、乡镇和村（社区）三级工作网络，完善民族工作机制和网格化管理措施，不断提高窗口服务水平和服务能力。五是督查考核到位。根据自治区统一部署和要求，建立健全考核机制，量化考核指标，完善考核评价体系，组织人员对全市创建单位进行为期一周的督查，确保民族团结进步创建工作有章可循，有序进行。严格考核工作，坚持自上而下、分级分层考核验收，采取逐级申报、综合测评、达标考核、分级命名的办法，确保如期实现创建工作目标。截至2017年年末，全市有8家单位被命名为银川市民族团结进步创建活动示范单位，9家宗教场所被命名为银川市和谐寺观教堂。广泛开展法律进村入户宣传教育，切实提高各族群众的法制观念和守法意识，对社区、学校、村等11个“民族团结进步示范点”进行了打造，继续打造灵武回中和王家嘴子村等“民族团结进步示范点”，制作民族团结宣传展板46块，建设民族团结广场3个。自治区政府主席咸辉，自治区党委常委、统战部部长白尚成同志先后到灵武市督查、调研民族团结进步工作，对灵武市民族团结进步工作给予了高度评价。

【少数民族地区发展资金】 2016年争取自治区少数民族发展资金项目314万元，截至2017年12月，8个项目已实施完毕；2017年争取自治区少数民族发展项目资金200万元，深入各民族乡镇实地查看，经过与财政、扶贫等部门联合审查，确定郝家桥镇崔渠口村断头路、新立村民族文化广场等6个项目为少数民族发展资金实施项目，已有3个项目已实施完毕，3个项目正在实施，已拨付项目启动资金60万元。

【制度建设】 建立清理规范工作联络员制度，确保按照规定的时间节点完成各项工作任务。确保做到清理流程不缺、权力项目不漏，保证清理工作规范依法的开展和顺利完成。经过梳理，确定行政权力事项共4类20项。行政审批项目统一由政务大厅公开办理，清真食品准营证的资料审核、法定10个工作日办结，承诺8个工作日办结，提前了2个工作日。减少了办理程序，给群众带来了便利。

【宗教工作培训】 举办学习贯彻全国、自治区宗教工作会议精神专题培训班2期，全市各级干部、宗教场所宗教人士、场所负责人720余人参加；组织举办伊斯兰教宗教人士"三定"学习班4期24场次1400余人，对宗教人士、宗教活动场所负责人进行民族宗教政策和法律法规、禁毒知识、移风易俗教育培训。引导他们结合社会主义核心价值观讲"瓦尔兹"对广大信教群众进行教育，进一步提高信教群众遵纪守法的意识，加强民族团结、宗教和顺、建设和谐美丽幸福的家园。

【朝觐人员审核】 按照自治区民委宗教局的要求，灵武市积极行动，制定《灵武市2017年朝觐工作实施方案》，一是在灵武电视台和电子屏对朝觐名额、朝觐人员条件、宁夏穆斯林朝觐报名网审核序号、朝觐预收费等进行公示；二是召开朝觐工作会议就朝觐人员的条件审核进行研究和安排；三是按网上报名顺序进行审核上报自治区宗教局审批，组织朝觐人员办理护照、体检等相关手续；四是精心组织圆满完成2017年朝觐统接统送及国外服务管理工作。

【宗教事务管理】 一是加强与乡镇、相关部门的联系和沟通，实现信息共享，共同做好民族宗教矛盾纠纷的调处工作。协调乡镇、部门调处民族宗教矛盾纠纷5期，通过做耐心细致的思想工作，使当事人互相谅解，化解了矛盾纠纷，维护了社会稳定。二是严格大型宗教活动的审批。审核审批灵武高庙、马鞍山甘露寺等5处在宗教活动场所举办的大型宗教活动。活动前对申请场所的安全措施及筹备工作进行检查指导，活动中全程进行督查，确保大型宗教活动的安全、有序的进行。三是加强宗教活动场所安全检查。共检查宗教活动场所196处，发现一般安全隐患24处，重大安全隐患2处。检查出的24处一般安全隐患已全部督促整改到位；2处重大安全隐患现在拆除重建的1处，1处责令关停，停止宗教活动。四是以宗教人士生活补助发放为抓手，进一步加大宗教事务依法管理工作。切实维护当前全市民族团结、宗教和顺、社会和谐稳定的良好局面，前三季度共发放宗教人士生活补贴515人61.48万元。五是严格审核审批宗教活动场所翻、迁建。对申请翻、迁建的宗教活动场所市、乡(镇)两级进行认真的审核，符合条件的上报银川市宗教局审批，对宗教场所建设进行审核、指导，在建设过程中，由所辖乡镇、宗教、国土、建设等部门积极协助、合理规划，按照工程建设的标准和程序切实把好安全质量关。

【民族宗教政策宣传】 积极开展宗教场所"四进"活动。国旗进宗教场所27处，党报党刊进宗教场所14处，社会主义核心价值观进宗教场所14处，文化图书进宗教形式20处。灵武市依法登记宗教活动场所196处，其中，清真寺181处，佛教寺庙7处，道教寺庙7处，基督教堂1处。未登记26处，其中，方神小庙25处，基督教堂活动点1处。"三支队伍"培训班举办期数6期、1100人次。

民　政

【概况】 2017年，灵武市民政局共有干部职工41名，下设办公室、财务室、老龄办、项目办、救灾及社会福利办公室、低保中心、社会管理、地名行政规划、婚姻登记、优抚安置、福利彩票发行中心等科室。截至2017年年末，累计发放低保金3713.13万元，其中城市低保户1410户

2587 人，发放低保金 1186.49 万元；农村低保户 3851 户 6235 人，发放低保金 2526.64 万元。城乡医疗救助资金 442.45 万元。城乡高龄老人有 1057 户 1057 人，高龄津贴 573.18 万元，临时救助 270 万元，特困和分散供养资金 322.5 万元，各类拥军优抚金 823.6 余万元。

【城乡低保及医疗救助】 根据《银川市人民政府办公厅关于提高银川市城乡居民最低生活保障标准的通知》（银政办发〔2017〕139 号）文件精神，完成城乡低保的提标扩面工作，将城市居民低保标准由每人每月 440 元提高到 570 元，农村居民低保标准由每人每年 3150 元提高到 3800 元；截至 2017 年年底，全市共有城市低保对象 1404 户 2587 人，发放资金共计 1186.49 万元；有农村低保对象 3851 户 6235 人，发放资金共计 2526.64 万元；救助因病致贫困难群众 911 人，发放城乡医疗救助资金 442.45 万元，一站式结算 527 人次，发放资金 36.3 万元。

【城乡高龄津贴发放】 城乡高龄统一发放标准 80—89 岁每人每月 450 元、90—99 岁每人每月 500 元、100 岁以上每人每月 600 元。截至 2017 年年底，全市城乡高龄老人共 1058 有户 1058 人，累计发放高龄金 576.49 万元。其中，城市高龄老人 61 户 61 人，发放高龄金 32.1 万元；农村高龄老人 997 户 997 人，发放高龄金 544.39 万元。

【救灾救助】 全年共发放临时救助金 350 万元，救助困难群众 2300 户 9400 人。发放救灾粮 178 万斤，食用油 8450 桶，两项折合现金共计 468.38 万元。救助群众 11000 户 42500 人次。发放 2016 年度“寒冬送暖”供暖补助资金 169 万元，救助困难群众 2600 户 11000 多人。为 4 名援藏人员发放生活补助费 0.48 万元。

【五保供养】 全年为 320 名分散特困人员发放供养经费 310.1 万元（月人均 833 元）；为 450 人次特困户支付医疗费 32 万元；为 310 位特困供养人员发放冬季供暖补贴 12.4 万元。

【基层政权和社区建设】 指导完成第十届村“两委”换届选举工作。共成立了村民选举委员会 70 个，登记选民 125076 人，参加投票选举的选民 123459 人，参选率达到 98.7%。共选举产生新一届村民委会成员 288 名。其中，主任 70 名，副主任及委员 218 名；推选村民代表 2489 个，产生村监会 70 个，村监会成员 210 人；通过举办新任村“两委”干部能力提升班，农村社区干部素质明显提高。培训新任村“两委”班子成员、后进村委派第一书记、大学生村官共 430 人，提振了村“两委”干部的精气神；切实做实村民代表会议制度和村监会工作，督促指导各乡镇修订完善《村规民约》和《居民公约》，督促各行政村建立红白理事会，指导其制定了《红白理事会章程》《红白理事办事流程》，强化对婚丧事务的指导管理，逐渐提升城乡社区治理水平；开展“三社联动”试点工作，发挥灵武市现有 24 名社会工作者的作用，引进宁夏六盘善行社会服务中心，对在街道社区开展“三社联动”试点工作开展情况进行评估。举办社会工作人才队伍建设专业社会工作暨“三社联动”业务培训班，提升城乡社区社会工作者服务居民的水平；在立足“减负”、着眼“增效”、防止“反弹”的基础上，开展社区减负增效“回头看”活动，对社区考核评比、台账、纸质档案及会议活动情况等逐项对照检查，针对查找出的问题，建立整改台账，并实行销号制；推进全市城乡社区协商的制度化、规范化和程序化进程，发展基层民主，畅通民主渠道，开展形式多样的基层协商，结合灵武市实际，拟定出《灵武市加强城乡社区协商的实施方案》，城乡社区治理成效明显。

【优抚安置和“双拥”工作】 出台《灵武市现役军人立功受奖奖励办法（试行）》，并为 10 名立三等功的现役军人兑现奖金 1 万元；慰问优抚对象、现役义务兵家属、烈士家属 1416 人次共 96.2 万元；成功举办“八一”双拥晚会；申请 46 万元资金为部队办实事，解决实际困难；举行仪式为 300 名现役军人家庭悬挂“光荣军属”牌；2017 年为各类重点优抚对象发放定期定量抚恤补助金 350 万元，发放医疗门诊费 20.1 万元；开斋节、古尔邦节为各类重点优抚对象发放临时性生活补贴 27.2 万元，申报新增重点优抚对象 42 人，完成 460 名重点优抚对象的信息核查工作；为 3 名一至六级残疾军人报销城镇职工基本医疗保险 1.2 万元，大病医疗救助 82 人次，10 万余元；成立退役士兵安置和权益保障政策落实工作专班，建立了1978—2014年符合政府安排工作条件的转业志愿兵、士官和义务兵数据库；为2017年退伍军人93人发放自主就业金370万元；为2015年9月入伍，2017年9月退伍的现役军人发放家庭优待金211.4万元；发放高原兵优待金27人40.5万元；为2016年入伍的进疆义务兵购买意外伤害保险和意外医疗保险；召开驻灵部队退伍军人欢送会，为59名驻灵部队退役军人，发放价值千元的灵武地方特产作纪念。

【老龄工作】 积极开展各类老年人活动，丰富老年人精神文化生活。开展"迎新春"老年人文体比赛活动，参与老人300余人；举办全市"传承美德·弘扬孝道"演讲比赛活动，选拔出2名优秀选手参加银川市决赛，灵武市老龄办获得了优秀组织奖；开展老年人慰问活动，春节、中秋节期间，对百岁老人进行了慰问，发放慰问金1.8万元。强化监督，抓好城市日间照料中心和农村老饭桌运行管理。督促市街道办对2016年建设的6个社区日间照料中心进行运行和完善，划拨给街道办社区日照中心设施配套资金44万元，对室内家具、电器等进行了完善配套；重点指导督促全市44个农村老饭桌的运行工作，对老饭桌进行考核，2017年共发放老饭桌运行补助资金共60.5万元；举办全市养老机构和农村老饭桌消防与食品安全知识培训班，参加人员达100余人。加大养老服务工作宣传力度，积极迎接国家民政部、自治区人民政府、民政厅、银川市多次调研与检查，对全市老饭桌、养老机构的管理运营提出改进措施和整改意见，进一步提升了农村老饭桌、养老机构工作能力和为民服务能力，以及消防安全和食品卫生的规范操作水平。认真做好老年人信访接待和《老年证》办理。认真做好老年人的信访接待工作11人次；全年共办理发放3020多本老年人优待证。按自治区老龄办安排，领取了新的老年人优待卡，在市政务大厅和各乡镇民生服务中心均已采购安装新的制卡器，老年人优待卡可即时办结，当场制证并发证。建立低保失能老人补助制度。按照银川市要求，对灵武市经济困难失能老人进行了调查摸底，各乡镇与卫生部门对申报人员进行了审核，同时按程序进行公示。2017年已经过全市市委常委会议研究通过，待进一步核实情况后发放。为老年人购买意外伤害保险。经市委常委会议研究决定，为全市民政服务对象四类人群（城乡低保对象、城市三无人员、五保供养对象、优抚对象）共4042名老年人购买综合意外伤害保险24.26万元。

【社会组织管理】 社会组织登记实行网格化管理以来，推行社会组织登记网格化管理，新登记社会组织21个。培育社会组织164个。年检的社会组织58个。对三个乡镇11个农村互助合作社及时下文进行自查自改，完成了商会组织和行政脱钩工作任务。对89个社会组织开展了年度年检工作，对30个新社会组织履行了登记备案手续。协助分管领导完成了社会孵化基地初期创建工作。

【社会福利】 救助应届大学生214人，其中低保家庭大学生14人，困难家庭大学生200人。发放困难家庭大学生救助金共计79.7万元；发放孤儿养育津贴165人105.5万元，其中：纯孤儿17个，每人每月833元，共发放资金13.94万元；事实无人抚养孤儿148人，每人每月发放500元，共发放资金83.93万元。全年发放残疾人两项补贴共计6472户243.12万元，其中困难残疾人生活补贴3405人，资金169.51万，严重残疾人护理补贴3067人，资金73.61万元。全年发放严重精神障碍患者年度看护补贴共141人，总金额23.64万元。

【福彩中心】 截至2017年年末，灵武市中福在线销售共计1749.2万元，月均达到145.7万元，其中宁东销售厅中福在线销售额868.6万元，完成全年任务的116%，城区销售厅中福在线销售额880.6万元，完成全年任务的117%。2017年，全市电脑彩票销售共计449.6万元，月均达到37.5万元，其中宁东销售厅185.7万元，月均15.5万元；城区销售厅263.8万元，月均22万元。

【慈善工作】 慈善捐赠等工作在民政局的直接监管和指导下，得到社会各界和爱心人士踊跃参与和大力支持，万涓汇流，积沙成塔，先后涌现出以囍囍和斯文等为代表的慈善组织，自发组织，自行募捐，慰问和救助各类困难群众170多户，捐助资金18.5余万元。和灵武爱心人士陈磊取得联系后，为泾灵新村和泾兴村小学和困难群众共捐赠棉童装2000余套，折合现金18万多元。社会效益明显，反响非常强烈。

【婚姻登记】 婚姻登记处始终坚持“依法行政，为民服务”为宗旨，以群众满意不满意为标准，婚姻登记处工作人员始终把工作放在首位，把增强服务意识，改进服务作风，提高服务效能，提升服务能力为指导思想，努力为婚姻登记服务对象提供优质、便捷、高效的服务。2017年办理婚姻登记3277条，其中，登记结婚1476条，离婚592条，补领结婚证1190条，补领离婚证19条。新婚登记婚前检查1136对。

【行政区划与地名管理】 扎实推进第二次全国地名普查工作，于2017年2月23日召开第二次全国地名普查工作限期整改及推进会议，以迎接三月份地名普查工作验收。按自治区第二次全国地名普查办全面验收问题反馈表，对全市全国第二次地名普查所存在的问题进行整改。建立了《安全保密制度》《安全生产守则》等制度，和技术外包单位签订了《安全保密责任书》。配备了桌椅、打印机，安装了电话、网线，安装了“三合一”保密系统3台(套)，做到了组织、人员、办公场所、设备全落实。对照第二次全国地名普查全面验收18+9项普查成果等资料进行自查整改，启用专家组对11个大类、34个小类逐条修改核对。在第二次全国地名普查第二阶段，民政局与文广局签订合同拍摄灵武市第二次地名普查宣传片，坚持因地制宜、突出特色，充分挖掘、发挥地方资源优势，突显地域文化，深化地名文化内涵。全面完成街道、路门牌的安装设置工作，街道办需设临街门牌10311个。根据《宁夏第二次地名普查领导小组办公室关于成立〈灵武市标准地名词典〉、〈灵武市标准地名图集〉、〈灵武市标准地名名录〉、〈灵武市标准地名志〉编委会、编辑部的通知》(宁地名普查办发〔2016〕1号)精神，经研究，决定成立《灵武市标准地名词典》《灵武市标准地名图集》《灵武市标准地名名录》《灵武市标准地名志》编委会及图、录、典、志四个编辑部，于9月中旬开始图录典志编纂工作，争取按时间节点完成书籍编纂。2017年3月29日国家民政部委托地名文化遗产保护协会来灵考察调研，会上由政府市长马自忠汇报“千年古县”进展情况，并观看“千年古县”一书一片。会上考察组对灵武申报“千年古县”工作给予了肯定，同时也提出了宝贵的意见。9月下旬，由民政厅地名办主任李波负责带队，与灵武市民政局分管局长携带千年古县评审资料，前往民政部及遗产保护促进会进行逐一汇报和移交材料。正确处理了灵盐边界神华宁煤集团在盐湖筑坝勘探纠纷。妥善处理马家滩镇大羊其村与盐池县王乐井乡边界争议纠纷。灵武市从创建平安边界和建设和谐宁夏的大局出发，通过开展排查并妥善处置边界隐患工作，全面掌握本地边界地区的基本情况；对边界地区存在的纠纷隐患，做到及时发现、及时研究、及时解决，切实将纠纷隐患消除在萌芽状态，防止演变成边界纠纷群体性事件。灵武市开展第二次全国地名普查工作形成的地名普查成果，做好立卷归档工作，经自治区第二次全国地名普查领导小组审定后，上报自治区第二次全国地名普查领导小组。为进一步推进全市地名标准化、规范化进程，提高城乡地名城市化管理水平，按照《国务院地名管理条例》和《宁夏回族自治区地名条例》等法规及国家标准，结合灵武市实际，对全市城区进行标牌设置。标牌设置工作已经上报市人民政府立项，等待实施。

【殡葬管理】 汉民公墓已基本建设完成，投入使用；回民公墓由于在原旧墓区改造是灵武市回民较集中的一处墓地，只有墓区大概四址。清明节期间，下发了《关于做好2017年清明节祭扫方案》的通知，发放倡议书等宣传资料1000余份，在重点地段悬挂标语17条，同时利用灵武电视台、灵武微信平台进行宣传，并在灵武市一些群众习惯性的焚烧祭祀地段集中制作摆放焚烧炉30个，引导城乡居民树立新风，文明祭祀。

【流浪乞讨救助】 2017年，共救助流浪乞讨人员106人，费用共计约4.9万元。

扶贫开发

【概况】 全市有贫困村14个，涉及郝家桥镇8个村、马家滩镇4个村、白土岗乡2个村，建档立卡贫困户1783户7456人，已脱贫1264户5372人，未脱贫519户2084人（其中返贫5户

22人，新识别36户182人）。2017年完成建档立卡贫困户脱贫退出607户2989人（其中2017年退出288户1585人，2016年退出未标注319户1404人），完成自治区下达1746人脱贫指标任务。2017年实行贫困户动态管理和扶贫信息“三级公开”，智慧扶贫探索出“扶贫攻坚连心卡”；全年完成脱贫能力素质提升培训4380人，自主创业的移民个体经营户达到227户，实现年劳务输出4300人以上；2017年4月全面完成“十二五”移民搬迁安置任务，2017年9月306套“十三五”易地扶贫移民住房竣工交付使用，截至2017年年末共分五批完成搬迁安置300户1460人，圆满完成自治区下达灵武市1460人搬迁安置任务；精准填写《建档立卡贫困户现金和实物收支台账》，精准掌握贫困户收入数据；2017年贫困地区人均可支配收入达到9037元，高于3150元的贫困线标准，全年减贫任务超额完成。

【脱贫攻坚】　1月5日，灵武市召开迎接国家省际交叉考核动员会，灵武市领导邬鹏、马利剑、陈玉贤，各乡镇（街道）、帮扶部门负责人参加了会议。1月6日，银川市督查组对灵武市分管领导、乡镇干部、驻村工作队及第一书记的扶贫工作进行督察。1月8日，自治区扶贫办主任梁积裕检查灵武市脱贫攻坚工作，灵武市委书记夏斌、市委副书记邬鹏、副市长陈玉贤等陪同检查。1月14日，灵武市长马自忠对灵武市山区部分乡镇脱贫攻坚工作进行实地检查，确保灵武市脱贫攻坚工作不走过场有实效，副市长陈玉贤陪同检查。2月17日，1000头澳大利亚荷斯坦奶牛漂洋过海“落户”灵武市白土岗乡泾兴村鑫牛养殖场。2月22日，灵武市委印发《中共灵武市委2017年工作要点》（灵党发〔2017〕3号）文件，将“精准到位坚决打赢脱贫攻坚战”列为市委2017年十件大事之一。3月10日，灵武市召开全市农业农村工作暨脱贫攻坚推进会，夏斌、马自忠、杨文炯等市四套班子领导，市直各部门、各乡镇主要负责人、各行政村“两委班子”、驻村第一书记，涉农部门全体干部、农业产业化龙头企业、农民合作社、家庭农场代表等四百余人参加会议。3月22日，灵武市举行2017年春风行动暨“户均一人进厂务工”人岗对接招聘会，灵武副市长杨国龙参加招聘会并了解了各企业现场招聘情况。4月19日，全国妇女手工编织协会“巾帼脱贫行动”手工技能培训班开班暨现场签约仪式在市郝家桥镇泾灵新村举行，灵武副市长马波，全国妇女手工编织协会副会长、天津元彩文化创意有限公司董事长陈元綵，市妇联、扶贫办、郝家桥镇负责人，市女企协会全体成员参加开班仪式。5月5日，银川市人大副主任陈军对灵武市白土岗乡泾兴村、海子井村精准扶贫工作进行调研，市人大常委会副主任刘卫星陪同调研。5月12日，灵武市脱贫攻坚考核反馈问题整改落实推进会在戴斯会议中心举行，灵武市脱贫攻坚指挥部成员，人大、政协有关领导，法检两长、人武部政委等相关领导参加会议，市委副书记、政法委书记邬鹏主持会议。5月19日，灵武市召开第一书记和扶贫开发驻村工作队推进会，市委常委、组织部部长李国强，政府副市长陈玉贤对相关工作进行了安排部署，银川市和灵武市下派第一书记、驻村工作队员，各乡镇、街道党（工）委副书记、组织委员共75人参加了会议。5月23日，郝家桥镇泾灵新村现代农业产业园开工建设，银川市扶贫办副主任杨生新，灵武市副市长陈玉贤，市政协副主席沈凤兰，市扶贫办、郝家桥镇、白土岗乡主要负责人参加了奠基仪式。5月25日，宁夏首个“全国巾帼巧手致富示范基地”落成暨扶贫工厂奠基仪式在灵武市郝家桥镇泾灵村举行，这是灵武市创新实施“村头建厂”的扶贫模式，标志着灵武市“村头建厂”扶贫模式迈出了新的步伐，全国妇联妇女发展部部长、全国妇女手工编织协会副会长兼秘书长崔卫燕，全国妇女手工编织协会会长陈元綵，自治区妇联主席董玲，灵武市委书记夏斌，市人大常委会主任郑学文，市政协主席杨文炯及自治区、银川市相关厅局负责人参加奠基仪式，市委副书记、政法委书记邬鹏主持奠基仪式。6月12日，灵武市召开自治区脱贫攻坚专项督察汇报会，自治区脱贫攻坚第二督察组组长吴洪相、自治区扶贫办副巡视员左新民及灵武市委书记夏斌、市长马自忠等市四套班子领导及各乡镇、相关部门主要负责人参加了会议。6月12日，自治区脱贫攻坚第二督察组组长吴洪相一行对灵武市脱贫攻坚工作进行现场督察，灵武市领导夏斌、马自忠、马利剑、沈风兰陪同督查。6月13日，灵武市白土岗乡泾兴村老年幸福院及老饭桌正式投入运行，解决了该村60岁以上老年人吃饭难的问题，自治区人民政府参事吴洪相及灵武市委书记夏斌共同为泾兴村老年幸福院揭牌，并对老年幸福院及老饭桌运行情况进行了视察。6月13日，灵武市白土岗乡泾兴村鑫牛奶牛养殖场举行分红仪式，自治区人民政府参事吴洪相及灵武市领导夏斌、郑学文、李国强、马利剑、孟延军、曾晓明等出席了分红仪式，与会领导为该村建档立卡户代表发放了养殖场今年上半年的750元股权分红。6月13日，灵武市在泾灵新村举行了“脱贫致富模范”表彰大会，灵武市委常委、统战部部长马利剑，市政协副主席沈风兰，市委组织部、市委宣传部、市委政研室、市扶贫办等部门负责人，市结对帮扶单位有关负责人，市全体领导及干部、有关贫困村负责人等参加了会议。6月14日，自治区脱贫攻坚第二督察组在灵武市召开自治区扶贫攻坚专项督察反馈会，详细了解掌握灵武市当前脱贫攻坚工作中还存在的突出困难和问题，对灵武市脱贫工作进行“把脉问诊”，灵武市领导及各贫困村所在的乡镇党委、政府负责人，部分贫困村第一书记，驻村工作组负责人，贫困群众代表参加了会议并发言。6月29日，灵武市市长马自忠在市委常委、副市长孟延军的陪同下对灵武市郝家桥镇狼皮子梁地区生态移民村中小学学生营养午餐、移民村村头办厂、移民村防洪工程和村内商业网点建设等各项工作进行调研。7月10日，自治区纪委副书记殷学儒带领督查组对灵武市扶贫领域监督执纪问责工作进行调研督查，灵武市委书记夏斌，市委常委、纪委书记陈文宁参加调研，调研中市委书记夏斌汇报了灵武市扶贫领域监督执纪问责工作落实情况和党风廉政建设主体责任落实情况。7月19日，自治区司法厅调研组对灵武市灵盾工程及精准扶贫法律援助等工作进行调研，副市长杨国龙陪同调研。8月3日，银川市民盟开展扶贫攻坚民主监督暨“千校计划”远程教育学校回访工作，银川市扶贫办副调研员刘正慧，银川市委统战部党派科科长王永红，民盟银川市委员会副主委孙风丽、秘书长杨小平等参加活动，灵武市委常委、统战部部长马利剑，白土岗乡党委书记马少华，扶贫办副主任吴学德出席座谈会。8月17日，自治区扶贫办培训中心副主任马任发一行到灵武市检查建档立卡贫困户技能培训工作。8月18日，郝家桥镇泾灵新村举行精准扶贫沃源犇洲农牧专业合作社和灵帼彩国际服饰有限公司股金分红大会，首批入股71户贫困户分批次领取了每户1000元的首次分红，灵武市委副书记、政法委书记邬鹏，副市长陈玉贤参加活动。9月12日，银川市副市长李鸿儒带领银川市扶贫办等部门负责人调研灵武市移民地区扶贫产业发展现状，灵武市委副书记邬鹏、市委常委马利剑、副市长陈玉贤陪同调研。9月15日，白土岗乡泾兴村举行扶贫车间首次工资发放仪式，灵武市委常委、统战部部长马利剑，白土岗乡党委书记马少华、乡长邢颖、扶贫办主任谢刚、妇联主席马莉，灵帼彩国际服饰有限公司经理杨丽娟等参加了仪式。9月15日，自治区就业与创业服务局书记康伟智一行调研灵武市移民就业创业工作。10月10日，郝家桥镇泾灵新村现代农业示范园举行落成暨种植仪式，银川市副市长李鸿儒，灵武市委常委、统战部部长、郝家桥镇党委书记马利剑，副市长陈玉贤出席了活动。10月11日，白土岗乡泾兴村设施农业产业园开工建设，银川市扶贫办主任郝希奋、灵武市委常委马正东出席开工仪式，并为产业园揭牌。10月16日，银川市副市长李鸿儒带领银川市各相关单位到灵武市移民村调研扶贫工作，灵武市委常委、统战部部长、郝家桥镇党委书记马利剑，副市长陈玉贤，市相关单位和相关乡镇主要负责人陪同参加调研活动。10月17日，银川市人大常委会副主任陈军对灵武市白土岗乡泾兴村精准扶贫工作进行调研。10月17日，灵武市各帮扶部门、乡镇积极开展第4个“全国扶贫日”扶贫帮困活动，郝家桥镇泾灵新村、白土岗乡泾兴村分别开展了以“插上腾飞的翅膀，圆我小康梦想”为主题的大型宣传活动。10月23日，灵武市召开脱贫攻坚推进会，会议安排了全市2017年贫困户精准脱贫退出工作、建档立卡动态调整工作、脱贫成效“第三方评估”相关工作、部分建档立卡贫困户补缴医疗保险工作，会议由市委常委、统战部部长马利剑主持，各乡镇(街道)党政一把手、各帮扶部门负责人参加了会议。11月3日，灵武市市长马自忠主持召开灵武市2017年脱贫攻坚工作任务盘点会，会上市长马自忠传达了党的十九大和自治区关于推进脱贫攻坚任务落实协调工作会议精神，市扶贫办通报了2017年灵武市脱贫攻坚任务的完成情况，各相关部门和乡镇重点汇报了各自脱贫攻坚任务未完成情况和下一阶段工作安排。11月21日，银川市委副书记、代市长杨玉经调研灵武经济社会发展情况，对灵武市脱贫攻坚相关工作提出了要求，银川市委常委、副市长毕俊生及灵武市领导夏斌、马自忠陪同调研。11月26日，灵武市扶贫办召开11个贫困村整村推进脱贫销号工作部署会议，会议由市扶贫办主任谢刚主持，郝家桥镇、马家滩镇、白土岗乡扶贫工作分管领导及11个整村推进贫困村村书记参加了会议。12月6日，九三学社灵武支社携手银川保绿特生物科技有限公司“助力精准扶贫”冬季送温暖活动捐赠仪式在灵武市白土岗乡泾兴村举行，九三学社灵武支社和银川保绿特生物科技有限公司向特困户发放了300套价值五万余元的羽绒服。12月14日，银川市政协专委会常委翟彦君带领第三督察组一行4人对灵武市脱贫攻坚反馈问题整改落实及迎接国家对自治区2017年度脱贫攻坚成效考核准备情况进行督察，灵武市委常委马利剑、市委常委马正东、市扶贫办主任谢刚及相关单位负责人参加了会议。12月15日，灵武市召开迎接自治区脱贫攻坚考核督查工作部署会议，会议由灵武市副市长陈玉贤主持，市扶贫办主任谢刚，市财政局副局长黄少军，郝家桥镇、马家滩镇、白土岗乡主要领导和分管领导及扶贫办相关工作人员参加了会议。12月16日，贺兰县副县长叶正忠带领贺兰县扶贫办主任杨宁，贺兰县洪广镇镇长蔡霞，贫困村第一书记、村干部及扶贫办工作人员一行18人到灵武市学习考察脱贫攻坚工作，考察团一行先后深入灵武市脱贫攻坚指挥部办公室及白土岗乡泾兴村、郝家桥镇泾灵新村现代农业产业示范园考察学习。12月18日，自治区扶贫办发展规划处处长续建军带领自治区督察组一行4人对灵武市2017年脱贫攻坚工作进行考核督察，督察组先后深入灵武市郝家桥镇泾灵新村中银绒业狼皮子梁针织厂、郝家桥镇泾灵北村、郝家桥镇泾兴村查阅档案资料，并入户实地调查。银川市扶贫办主任姜继琴一行3人，灵武市委常委马利剑、市扶贫办主任谢刚等人陪同督察。

【劳务移民】 3月27日，灵武市脱贫攻坚指挥部印发《灵武市2017年劳务移民搬迁安置工作方案》(灵脱指发〔2017〕8号)文件，对灵武市劳务移民搬迁安置相关工作进行了安排部署。4月25日，最后一批来自泾源县、隆德县、彭阳县的190户生态移民搬迁入住灵武市东塔镇镇河塔生态移民小区，标志着灵武市“十二五”生态移民搬迁安置任务圆满完成。9月14日，灵武市首批来自西吉县的72户337人“十三五”易地扶贫移民顺利搬迁入住灵武市民生佳苑小区，成为灵武新市民，灵武市委副书记邬鹏、市委常委马利剑、市委常委马正东等市领导及相关部门负责人到搬迁现场进行指导。10月27日，灵武市第二批来自西吉县的38户189人“十三五”易地扶贫移民顺利搬迁入住灵武市民生佳苑小区。11月20日，灵武市第三批来自西吉县的38户183人“十三五”易地扶贫移民顺利搬迁入住灵武市民生佳苑小区。12月7日，灵武市第四批来自西吉县的92户485人“十三五”易地扶贫移民顺利搬迁入住灵武市民生佳苑小区。12月27日，灵武市最后一批来自西吉县的60户266人“十三五”易地扶贫移民顺利搬迁入住灵武市民生佳苑小区，标志着灵武市全面完成自治区下达的灵武市1460人“十三五”易地搬迁安置任务。

【生态移民】 1月15日，郝家桥镇泾灵新村举行首届农民健身节。4月6日，白土岗乡泾兴村开展“最美泾兴人”评选表彰活动，泾兴村村民有了自己的“精神标杆”，灵武市领导郑学文、杨文炯、邬鹏、马利剑、陈玉贤出席颁奖仪式并为获奖者颁奖。4月6日，白土岗乡泾兴村举办劳务输出启动仪式，首批输出的30名务工人员将去往滨河新区的山东如意集团纺织公司工作就业。4月12日，甘肃省靖远县人大常委会考察学习灵武市移民创业就业、土地流转及精准扶贫工作。4月25日,泾源县人大副主任焉生勇带领工作组到灵武市考察生态移民安置工作,灵武市政协副主席沈凤兰陪同考察。

【脱贫退出】 10月12日,灵武市脱贫攻坚指挥部印发《灵武市2017年贫困户精准脱贫退出实施方案》(灵脱指发〔2017〕13号)文件,全面安排部署灵武市2017年贫困户脱贫退出工作。11月28日,灵武市召开2017年贫困户脱贫退出市级复审会议,各相关部门负责人对2017年贫困户精准脱贫退出名单进行讨论和表决。11月20—27日,灵武市2017年度预脱贫对象名单在全市范围内进行公告。12月7日,灵武市2017年贫困户退出名单向自治区扶贫开发领导小组申请备案。

【工作创新】 一是智慧引领、信息搭桥,灵武市创建白土岗乡泾兴村精准扶贫"二维码"模式。运用"互联网+"思维,灵武市白土岗乡创新性设计出简便实用的"二维码"脱贫信息填写平台,记录建档立卡户翔实资料信息,做到"有错随时改,信息动态调"。通过手机APP,利用微信"扫一扫",即可掌握建档立卡户全部情况,探索出了二维码方框里智慧精准脱贫的新模式,开启了智慧扶贫新篇章。二是扎实推进"三变"改革,促进脱贫增收。2017年,灵武市生态移民开展以"资源变资产、资金变股金、农民变股东"为主要内容的"三变"改革试点,取得突破性进展。白土岗乡泾兴村593户生态移民和兴源达农牧有限公司签订奶牛入股托管协议,托管奶牛已经进入园区;郝家桥镇泾灵村120户生态移民和沃源犇州养殖园区签订奶牛入股托管协议;昊盛达、金勇2个千头大型奶牛养殖园区已建成投用,并吸纳79户建档立卡户入股,进一步扩大移民奶(肉)牛入股托管经营覆盖面。三是家门口建工厂,助推移民群众。自全区移民扶贫工程实施以来,灵武市委、政府按照"搬得出、管得好、稳得住、逐步能致富奔小康"的移民安置方略,把产业发展纳入生态移民工程总体规划,同步规划、同步建设。引进劳务密集型企业,在全区率先引进中银绒业在移民村投资建厂,搭建就业服务平台,建设巾帼脱贫示范基地和扶贫车间,探索出"村村有扶贫工厂、户户有生产车间"的扶贫新经验,采取"扶贫工厂+技能培训+务工就业+入股分红"模式,让贫困群众足不出村实现就业增收。开创了生态移民搬迁安置的"灵武模式",为推进全市的移民扶贫工作创造了新方法,也为自治区生态移民扶贫工程建设探索了新办法。四是坚持四级联动,一线聚力攻坚,"四个一线工作法"聚焦精准扶贫。自脱贫攻坚工作开展以来,灵武市以增收为主要目标,以促进产业发展为抓手,以实施基层服务型党组织建设"聚力工程"为重点,大力推行"领导指挥在一线、落实责任在一线、精准包扶在一线、资源倾斜在一线"的"四个一线工作法",压实责任、压实措施,以"群众动嘴干部跑腿"模式,激发和强化干部"动态"服务功能,真正把群众的需求变成自身的责任和工作的动力,切实推动扶贫工作深入开展,精准实效。

教育　体育

综　述

【概况】 2017年，灵武市教育体育局内设办公室、教管室、人秘室、计财室、审计室、项目办、安全办等职能科室和共青团、工会、妇工等专兼职岗位，政府教育督导室挂靠灵武市教育体育局。下辖93个教育体育机构，其中，考试中心、教培教研中心、青少年活动中心、体育中心各1个，共有中小学幼儿园89所（高级中学、完全中学、中等职业学校各1所，初级中学5所，九年一贯制学校2所，完全小学32所，教学点2个）；在校生37999人（义务教育阶段29833人，普通高中4646人，职业教育中心3520人）；幼儿园45所（公办17所、公办民营5所、民办23所），在园幼儿9121人；全市在编教师2014人（高中教师433人，初中教师555人，小学教师970人，幼儿教师56人）。基层党组织56个，党员1065名。

【教育质量提升】 召开全市教育工作会议、春季开学工作会议，全面梳理分析全市教育现状及存在的问题，重新牢固树立教育质量是市委、政府和全市人民衡量教育工作核心标尺的意识。建立完善抓质量的考核评价机制，先后制定出台《中小学（幼儿园）校长（园长）考核办法（试行）》《灵武市名师考核管理办法（试行）》《灵武市中小学幼儿园骨干教师考核管理办法（试行）》《灵武市教学成果奖励考核办法》等文件，进一步完善抓质量的管理体制和考核机制。坚持集中统一领导与分工负责相结合，调整校长、书记、副书记11人，实施中小学校长教师轮岗交流，交流校长、副校长18人，教师交流204人，谋发展、抓教学、提质量。2017年，灵武市学生参加地市级以上竞赛获奖总计562人次，教师获奖440个，获奖率居全区县市中上水平。上半年的全国义务教育质量检测，灵武市居全区中上水平；2017年中考实现了总成绩、高分人数、优生比例方面全面提升，与2016年相比，470分中考上线人数1476人，增加200人，占考生总数60%。高中教育稳中有进，2017年高考二本以上上线549人，比2016年增加59人；上线率达28.86%，比2016年提高1.33个百分点。

【实施“151”创新素养试点工程】 2017年全系统共申报自治区创新试点学校24所。市二中获“全国创新型学校”，在“第十三届宋庆龄少年儿童发明奖”“中国青少年创造力大赛”中获6金7银，梧桐树学校被授予“中国少年科学院科普教育示范基地”称号，市一小参加2017第四届全区中小学科普剧竞赛活动荣获第一名。6月30日，在灵武市第五中学举行了“2017年创新素养成果展示及交流研讨”活动，全市42所中小学、幼儿园参加了展示活动。既有文本资料，也有实物展示，体现了灵武市“151”创新素养工作思路，在关注教育教学理念改变，教学方式方法创新等的同时，关注学生个性化课程的开发、实验及综合实践活动的实施，尤其是关注了学生在平日学习、生活中创新素养的养成和教育。

【智慧教育建设】 2017年，灵武市教育体育局研究制定了《2017年灵武市智慧教育试点方案》,先期确定市一中、二中、四中、一小4所试点学校,建设智能化校园管理平台,探索形成可推广的符合实际的智慧教育模式。

【家校合作】 2017年,灵武市教育体育局在全市45所中小学(幼儿园)建立家庭教育阵地,完成由家庭教育指导中心、学校、班级(年级)家庭教育指导委员会组成的家庭教育工作网络的构建。开展了形式多样的家校合作活动,先后组织家长开放日、护学志愿岗、亲子运动会、家庭教育小品剧比赛等活动,举办全市城区学校"家校合作"15场文艺展演、全市家庭教育巡回讲座2期,表彰奖励"助教家庭"100名。提升家长家庭教育素养和家校共育水平,为构建"三位一体"的育人格局奠定基础。

【中西部培育性示范县项目】 2017年,灵武市与盐城师范学院开展为期3年的定点结对工作,通过丰富的培训方式培育出优秀的县级培训者团队,通过开展送教下乡与网络研修相结合、访名校培训与乡村学校培训相结合促进培训工作常态化、科学化,通过"一县一校一机构"的相互融合、协同规划建立教师教育新体系,对全市教师进行有针对性培训的同时,进一步引导完善教师培训体系,真正发挥示范引领和促进改革的作用。

【教育基础设施建设】 2017年续建的9所中小学运动场及新区市体育运动场工程全部完工,完成项目9项,在建项目6项,招标项目2项。完成市一中、市六小、韩渠小运动场等12个新建项目建设。全年投入资金7032万元,新增校舍面积8121平方米、塑胶操场1.9万平方米、校园硬化685平方米。2017年基建项目及零星维修固定资产投资总计31619.6万元。投资3000余万元,实施"全面改薄"项目,完成21所学校设备后续采购和9所学校设备采购。课桌凳、教学仪器、计算机、多媒体设备、监控、网络、广播、图书及其他信息技术设备得到更新和提升,"改薄" 工作稳步推进。

【教育惠民】 2017年,进一步落实"四免一补"政策,实施农村小学生午餐补助工程学校26所,午餐补助学生8115人。全市开展校车接送学生学校18所,校车36辆,接送学生3760人(小学2961人,三中799人);接送学车公交专线学校一所(五小),公交车16辆,接送学生1237人;有接送学生自备车辆幼儿园5所,校车10辆,接送学生720人。市政府出台对生态移民子女考上大学(高等职业院校)及考入高中(职高)给予奖励性补助政策,灵武市职教中心春季学期享受国家助学金人数为630人,累计发放资金63万元。学前教育助学金项目累计资助学前两年幼儿2004人,累计发放资金100.2万元,建档立卡"一免一补"全年共资助458人,累计发放资金54.96万元,义教寄宿生生活补助全年资助2596人,累计发放资金135.15万元,普通高中国家助学金全年共资助学生1929人,累计发放资金192.9万元。开展生源地助学贷款工作,2017年秋季大学生生源地助学贷款申报人数1269人,申报金额858.8万元。燕宝慈善基金资助贫困大学生110人,资助金额176万元,构建了从幼儿园到大学的全程资助网。

【第十二届中学生运动会暨首届小学生趣味运动会】 4月26日,由市教育体育局主办,市教培教研中心、市青少年活动中心、市二中联合承办的全市第十二届中学生运动会暨首届小学生趣味运动会在市二中举行,历时两天。参加本次运动会的43支代表队分别来自全市40所中小学校,其中高中组有3支代表队,初中组有8支代表队,小学组有32支代表队,运动员709名。经过比赛,市一中获高中组团体第一名;市二中、市三中、英才学校获初中组团体前三名;市二小、市一小、市五小获城区小学组团体前三名;东塔学校、白土岗小学、泾灵燕宝小学、泾兴小学、台子小学、大泉回小获农村小学团体前六名;梧桐树学校、崇兴小学、市三小、马家滩小学、回民中学获道德风尚奖;职业教育中心、大泉小学、市五中、七小、杜木桥小学获优秀组织奖;王红光等35名教师获优秀裁判员称号;曹灵春等40名教师获优秀教练员称号。

【"灵州情" 现场绘画比赛】 5月10日,灵武市教育体育局在市二小操场举办"灵州情"全市中小学生现场绘画比赛,绘画比赛以“灵州情”为主题,鼓励学生用画笔表达学生心里的“灵武美”。全市41所中小学106名学生用画笔进行了表白。

【千人入团仪式】 5月4日14时30分,由灵武团市委、灵武市教体局、职业教育中心联合主办的“青春激扬红五月·不忘初心跟党走”主题团日暨千人入团仪式在灵武体育馆举行。首先表彰了一批先进团组织及个人,为被表彰的“五四红旗团委”“五四红旗团支部”“优秀团干部”“优秀团员”进行颁奖。振发新能集团有限公司向共青团班捐赠25万元,用于灵武市青年团班建设、教育、实践等活动。入团仪式上,1360名新团员同时佩戴团徽。之后举行“唱响青春·放飞梦想”纪念五四运动98周年、建团95周年文艺汇演。市四套班子相关领导参加了活动。

【灵武市第四届中小学科普剧展演】 5月17日,由市教育体育局主办的灵武市第四届中小学校科普剧展演活动在市第五中学举行。科普剧专家评委、各学校有关负责人、家长代表、学生演员、指导老师共计600余人,18所中小学校共18部科普剧作品参加了此次活动。

【全国青少年校园足球试点县】 5月26日,灵武市作为全国青少年校园足球试点县(区),在北京正式与教育部签署改革发展备忘录。自此,全国青少年校园足球工作领导小组办公室将与灵武市联合开展校园足球综合改革试点工作。将从经费支持、增加校园足球特色学校数量、引进外籍足球教练支持试点县足球发展、探索实施校园足球运动员注册定级、转会机制等7个方面支持灵武市青少年足球发展。

【教师节暨表彰大会】 9月8日,灵武市在体育馆举办庆祝第33个教师节暨表彰大会。灵武市优秀教师代表、优秀学生、优秀家长代表,以及各学校家委会成员、家长、教师代表近3000人参加了庆祝活动暨表彰大会。市委、市政府出台《关于表彰教育系统先进个人的决定》《关于表彰灵武市体育工作先进集体和先进个人的决定》两个决定,表彰奖励全市教育体育工作中的先进集体和先进个人。共表彰10名“十佳名师”、10名“十佳骨干”、120名优秀教师、70名优秀班主任、10名优秀教育工作者、10名优秀特岗教师、20名师德标兵、100优秀家长、10个体育工作先进集体、20名优秀体育教练员、15名优秀体育管理工作者,是灵武市历年来举办规模最大的一次教师节表彰活动。市教育体育还对1000名优秀学生进行了表彰奖励,并与各学校签订目标管理责任书。市人大、市政府相关领导出席了大会。

【教师岗前培训】 10月13日,银川市中小学(幼儿园)新聘特岗教师和新任教师岗前培训(灵武)开班仪式在灵武二中举行。银川市教育科学研究所所长芦苇,银川市师资培训中心主任张钏、副主任赖伟峰、师资培训中心教师袁建萍与参加此次培训的灵武市新聘特岗教师及新任教师一同参加了开班仪式。灵武市共有285名青年教师参加本期培训班。

【举办第十四届青少年科技创新大赛暨机器人竞赛】 11月17日,以“用创新点亮人生,让科技助飞梦想”为主题的“灵武市第十四届青少年科技创新大赛暨机器人竞赛”在灵武市第五中学举行。本次赛事由灵武市科协、市教育体育局主办,市教培教研中心承办。本届赛事分为青少年科技创新成果竞赛、青少年科技实践活动比赛、青少年科技创意比赛、少年儿童科学幻想绘画比赛、科技辅导员创新成果竞赛五个板块。小学生项目分为物质科学,生命科学,地球环境,宇宙科学、技术、行为和社会科学5个学科。中学生项目分为数学、物理与天文学、化学、动物学、植物学、微生物学、生物化学与分子生物学、医药与健康学、环境科学与工程、计算机科学与信息技术、工程学、能源科学、行为和社会科学14个学科,共收集各类作品800余件。

【中国足协“live your goals”女孩足球节】 11月,国际足联——中国足协“live your goals”女孩足球节活动在灵武五所学校开展。本次活动旨在鼓励女学生积极参加形式多样的趣味足球活动,让更多女同学体验足球生活、热爱足球运动、享受足球快乐、不断扩大女足运动基础,丰富校园文化生活,强身健体,培养团队精神。该活动由全国青少年校园足球工作领导小组和中国足球协会主办，由宁夏回族自治区青少年校园足球工作领导小组办公室、宁夏回族自治区教育厅体育卫生与艺术教育协办，灵武市作为全区活动的重要组成部分负责具体开展活动。分别在灵武市二中、三中、二小、五小和三小展开。

【"兴唐杯"灵武少年·国学派】 "兴唐杯"灵武少年·国学派是由灵武市教育体育局、团市委、灵武电视台联手打造的青少年国学益智电视真人秀节目，以大力弘扬中国传统诗词文化，激发广大学生对中华汉字的学习热情为宗旨，运用闯关、益智、综艺真人秀等多种电视化包装手段，通过寓教于乐的轻松形式，打造的一档备受社会各界关注、广大观众喜闻乐见的文化普及类电视节目。通过班级赛、校内赛、全市赛，层层比拼国学积累，让全市上万名学生参加到比赛中，在灵武市掀起一阵国学热潮。在国学知识的比拼中，全市32支小学代表队、16支初中代表队共240位少年才俊，以诗为伴，以文会友，在舞台上激烈角逐，切磋中互促互敬，共同分享汉字之美、感受诗词之趣。12月15日，灵武市第一小学、灵武市英才学校最终摘得小学组和初中组年度国学派桂冠，问鼎冠军宝座。本次大赛进行过程中，通过"美丽灵武"微信平台，超过12万人次观看了直播，微信平台投票参与人数达84万人次，用"小手拉大手"的形式在全社会形成了"诵国学经典、扬中华文化"的良好氛围。

【"能力提升工程"评估验收】 12月29日，自治区教育厅"能力提升工程"测评专家组对灵武市实施"全国中小学幼儿园教师信息技术应用能力提升工程"进行评估验收。灵武市下辖中小学幼儿园82所，专家组随机抽样确定灵武一中、狼皮子梁学校、市幼3所学校作为本次验收测评单位，并分别对这3所学校进行实地听课调研、课后测评、随机抽取相应比例教师进行达标测试等工作。对教师信息技术能力与学科能力进行评估，并对学校信息技术能力提升过程中形成的相关文件材料、培训教师名册、证书复印件等档案资料进行了检查。

学前教育

【概况】 2017年，灵武市共有各类幼儿园45所，其中：公办幼儿园17所，各类民办园28所；城区各类幼儿园28所，乡镇各类幼儿园17所；区级示范幼儿园1所，一类幼儿园7所，二类幼儿园24所，三类幼儿园13所。本年度新增民办幼儿园1所，新增学位120个。全市春秋两季在园幼儿9600人，(其中公办幼儿园在园幼儿3200人，占总人数的33.3%；各类民办幼儿园在园人数6400人，占总人数的66.7%)，三年毛入园率90.6%。各类公、民办幼儿园在职教职工997人，专任幼儿教师585人，其中在编公办教师71人；教师中大专及以上学历492人，占专任教师总人数的84.1%；园长100%持证上岗。

【学前幼儿资助】 学前两年幼儿资助。春季学期资助人数1112人，秋季学期资助人数892人，全年累计资助人数2004人，每生500元/学期，累计发放资金100.2万元。建档立卡"一免一补"资助。春季学期资助人数246人，秋季学期资助人数212人，全年资助人数458人，每生1200元/学期，累计发放资金54.96万元。

义务教育

【概况】 2017年，灵武市义务教育阶段学校39所，其中：完全中学1所，初级中学5所，九年一贯制学校2所，小学31所，在校学生29833人。适龄儿童入学率100%，巩固率100%；初中毛入学率117.7%，适龄少年入学率99.4%，巩固率99.1%；15周岁人口初等教育完成率100%，17周岁人口初等教育完成率94.3%；小学毕业人数为3201人，初中毕业人数为2958人。建立完善了保障适龄儿童就近免试入学的各项政策措施，城区规划建设第九小学、第十小学，力争2018年消除全市超大班额，有效缓解城区入学压力。

【灵武市第二中学参加第13届中国青少年创造力大赛获奖】 5月12—14日，第13届中国青少年创造力大赛总决赛暨世界三大发明展中国区选拔赛颁奖典礼在广东实验中学举行，灵武二中参赛选手获得五金五银。来自全国20余个省市500名选手的300件优秀作品参加比赛，灵武二中两件团体创意作品“晶草杯钟南山创新奖杯”获团体创意类金奖，两件学生发明作品《新型大树摘枣系统装置》《能画长线的小尺子》获发明类金奖，杨佳丽同学《我的发明梦想》获演讲类金奖。两件学生发明作品《新型纸盒手机投影仪》《同位量角器》获发明类银奖，三位同学《我的发明梦想》获演讲类银奖。由于成绩优异，灵武二中被组委会确定为“第13届中国青少年创造力大赛创新型学校”，中国科学院院士钟南山先生亲自为学校授牌。

【灵武学子获“宋庆龄少年儿童发明奖”】 8月10日，第十三届“宋庆龄少年儿童发明奖”颁奖典礼在中国宋庆龄青少年科技文化交流中心举行。灵武市3名学子获得两银一铜。灵武二中谢俊杰的作品《新型大树摘枣系统装置》获银奖，指导教师杜晓峰；灵武梧桐树学校史心灵的作品《免洗保湿护笔笔架》获银奖，指导教师朱占红；灵武英才中学张新昊的作品《色盲交通辅助信号灯》获铜奖，指导教师马建平。同时，灵武二中刘婉婷的《森林医生》和灵武三小雅帅的《未来学校图书馆》两幅优秀科学幻想绘画，获科技绘画奖。灵武二中王增知获优秀辅导教师专项奖。

【灵武小创客参加第二十二届全国发明展览会】 第二十二届全国发明展览会暨第二届世界发明创新论坛，是在科学技术部、国家知识产权局、中国科学技术协会、中华全国总工会、中国民主同盟中央委员会、科技日报社、国家科技评估中心、科技部科技人才交流开发服务中心等单位的指导和支持下，由中国发明协会主办、佛山市人民政府承办。全国各省市、自治区、港澳台地区及有关行业协会、解放军有关单位和央企等500余家机构组团参展，展示发明成果1700余项。40个国家和地区及4个国际组织派团出席论坛和展会活动。11月22日，梧桐树学校朱占红老师带着小创客代表王佳丽同学与入围的5项发明作品赴广东（潭州）国际会展中心参展。11月25日，获1枚银牌、2枚铜牌。

【参加银川市第十五届青少年科技创新大赛】 12月16日，银川市第十五届青少年科技创新大赛暨机器人竞赛在银川六中开幕。银川市三区两县一市共有100余所学校和10000余名中小学生、1500余名科技辅导员参加竞赛。灵武市选送作品382件，其中：荣获一等奖34项，二等奖43项，三等奖65项，获奖率为37.1%，所获得的奖项占银川市总奖项的31%，有4人分别获“创新达人成果奖”“创新达人人气奖”。

【灵武二中参加全国青年科普创新实验大赛获奖】 由中国科协科普部、共青团中央学校部主办，中国青少年科技活动中心与宁夏科学技术协会联合承办的“探知未来”2017年全国青年科普创新实验银川赛区（宁夏、甘肃）复赛，于12月2日，在宁夏科学技术馆落幕。来自甘肃、宁夏两省67支参赛队伍，134名选手参加比赛。灵武市第二中学的“梦想女孩队”的桥梁设计，荣获“未来出行”命题（中学组）冠军，将与兰州理工大学的“桥梁小分队”、北方民族大学的“机器人创新创业团队”一起晋级全国决赛。在科普实验赛中，灵武二中两位学生制作的逆风小车，分别以1秒71和1秒79的成绩获三等奖。

普通高中教育

【概况】 2017年，灵武市深入推进全国探索普及高中阶段教育措施和办法改革试点工作。全市参加全国普通高考共有2532人，比2016年的2386人增加146人。灵武辖区报名1966人，文史类852人，理工类1602人，高职类78人；其中：灵武一中报名1371人；灵武英才学校报名468人；灵武职业中学报名74人，高职类74人；宁夏长庆高级中学报名566人；社会考生报名53人，文史类26人，理工类23人，高职类4人。高中阶段毛入学率为93.5%，2017年二本以上上线546人，一榜二本以上上线率为28.86%，全市普通高考录取率为81.5%。

【普通高中学生资助】 春季学期：灵武一中享受国家助学金人数为877人，灵武英才学校享受国家助学金人数为46人，共资助923人，每生1000元/学期，发放金额92.3万元。秋季学期：灵武市一中享受国家助学金人数为960人，灵武英才学校享受国家助学金人数为46人，共资助1006人，每生1000元/学期，发放金额100.6万元。全年共资助学生 965 人，累计发放资金 192.9 万元。

中等职业教育

【概况】 2017 年，灵武市职业教育中心全年共招收学生 1186 人，其中灵武片区 650 人，占 55%；灵武以外片区 536 人，占 45%。函授站注册学员 2300 余人，现设机电、化工、计算机、建筑、学前教育、会计、法学、小学教育、汽修、工商企业管理等 18 个专本科专业。并成为宁夏大学继续教育学院、兰州理工大学继续教育学院两个学院的函授站。

【中职学校国家助学金】 灵武市职教中心春季学期享受国家助学金人数为 630 人，每生 1000 元 / 学期，累计发放资金 63 万元。秋季学期享受国家助学金人数为 780 人，每生 1000 元 / 学期，累计发放资金 78 万元。全年累计资助人数为 705 人，累计发放资金 141 万元。

【京银中等职业教育合作项目】 12 月 5 日，灵武市职业教育中心与北京市商业学校、北京昌平职业学校在合作框架内达成 8 项合作协议，并在银川举行合作签约仪式。八项合作协议包括：校际领导干部培训、中层领导及骨干教师培训、校企合作对接、对接的学校专业、师资培训、交流、开展国际交流合作及为新校区建设规划和实训车间布局做好指导。

【职业教育中心新校区建设】 2017 年，灵武市决定实施灵武市职业教育中心［含灵武市委党校（行政学校）］迁建项目。项目采用 PPP 模式建设。总投资 7.3 亿元，规划占地 277.1 亩，总建筑面积 12.9 万平方米，可容纳个 96 教学班，办学规模在 4000 人以上。项目设计单位为中国建筑西北设计研究院有限公司，项目建设单位为宁夏电力建设工程公司与山东电力进本建设集团联合体。

【成人高考工作】 2017 年，灵武市成人高考网上报名注册人数为 1412 人，实际确认注册人数 907 人，比 2016 年减少 32 人，考生主要来自宁东企业的员工及本市事业单位、羊绒工业园区的企业员工和医疗卫生部门，其中：具有宁夏户籍 822 名考生；在本区工作或经商、生活居住的外省（市区）户籍的有 85 名，分别来自内蒙古、陕西、甘肃等周边省区。考试时间为 10 月 28—29 日，共有 907 名考生参加成人高考，考点设在市二中，有 31 考场，考务人员达 200 余人。考试科目为语文、数学、英语三门。整个成考工作共成立了纪检监督、保密、考务、试卷管理、宣传、网络系统管理、后勤保障、安全保卫、现场指挥 9 个工作组。

其他教育

【民办教育】 2017 年，在册民办非学历教育机构共计 53 家。其中艺术类培训机构 7 家，外语培训机构 5 家，综合类教育培训机构 14 家，各类民办幼儿园 26 家。2017 年年底，各类培训机构在校学生 2896 人，教师 112 人，其中全职教师 78 人，占教师总数的 70%；兼职教师 34 人，占教师总数的 30%。取得教师资格证人数 61 人，占教师总数的 54%。民办幼儿园在园幼儿 7312 人，共 198 个班，在岗教职工 671 人，专职教师 533 人其中公派教师 18 人，有教师资格证人数 240 人，占教师总数的 45%。注册悟空教育培训中心、馨雅教育培训中心、欧硕教育培训中心、乐馨艺术教育培训中心等 4 家培训机构，全市共有教育培训机构 25 家。

【特殊教育】 2017 年，全市残疾儿童少年共接受资助 145 人，共发放资助金 9.1 万元。此项资金由市残联资助专项资金发放。8—15 周岁三类残疾儿童少年入学人数 59 人，三类残疾儿童少年入学率为 95.2%。

【移民教育】 全市中小学生态移民在校学生 1845 人，其中：小学 1308 人，初中学 474 人，高中 30 人，职业中学 33 人。

教师队伍建设

【教师资格认定】 对照国家和自治区教师资格认定相关法律法规，对 2017 年申请认定教师资格的人员进行了认真的审查。坚持标准，严格把关，保证质量。两批次共认定教师资格 294 名，修改历史数据，重新认定教师资格证书 1000 名，并及时为他们发放了教师资格证书。

【特岗教师录用】 认真贯彻落实国家和自治区有关特岗教师的招聘政策，做好 2017 年特岗教师的招录工作。网报审核通过 942 名，未通过的 196 名。8

月份由教育体育局人事部门牵头，市人社局，财政局，编办、外市县教育部门人员共同参与，通过笔试、面试和体检等环节，共招录特岗教师68名，充实教师队伍，并于8月25—29日，在灵武市二中对新录用的教师进行为期5天的岗前培训。

【特岗教师考核】 2014年，灵武市招聘的特岗教师三年服务期满并在岗的有68人。为贯彻执行自治区特岗教师转正政策，做好特岗教师转正工作，市教育体育局认真采集特岗教师信息、审核《新增人员信息采集表》，并对68名特岗档案进行审核验收，逐个询问往届生的工作情况，向特岗宣传有关工龄计算的相关政策。让特岗教师提供缴纳社会养老保险的台账；补办档案托管工龄证明；三支一扶等相关证明，使特岗教师的利益最大化，68名特岗教师顺利转为正式在编教师。

【教师职称评审】 完成2017年的职称评审工作，按照申报高级受岗位职数控制的原则，城区学校减二评一，农村学校减一评一；按照申报高级不受岗位职数控制的原则，对长期在农村学校任教且现仍在农村教学岗位，连续任教25年的只要硬件符合高级条件可直接申报高级教师，连续任教15年的可直接申报一级教师。2017年正常评审高级教师职称90人，中级教师职称116人，初级教师职称169人。

【教师年度考核】 2017年，应参加年度考核的人员为2106名教职工。实际考核2098名教职工，8名长期有重大精神疾病患者不予考核。考核结果为优秀317名、合格1778名、基本合格无、不合格无，不定等次3名。其中各学校的优秀等次比例严格控制在应考核人数的15%以内。

【教职工编制调整】 根据自治区编制委员会《关于调整中小学教职工编制标准及市、县(区)中小学教职工编制总量的通知》精神，市教育体育局与市编办一同对全市现有中小学的学校规模、学生数进行认真核查和预测评估。在此基础上，按照自治区新的中小学编制标准(高中师生比1：12.5、初中师生比1：13.5、小学师生比1：19、幼儿园1：9)，对全市41所中小学教职工编制进行了重新核定，完成教师编制调整工作。

【开展评优活动】 根据自治区、银川市及灵武市相关文件精神，经基层学校推荐，教育体育局等部门审核、公示，推荐银川市级优秀教师39名(其中优秀教师35名、优秀教育工作4名)；2017年教师节期间，灵武市委、市人民政府表彰先进集体、先进个人共295名(其中体育工作先进集体10个、优秀体育教练员20名、优秀体育管理工作者15名、“十佳名师”10名、“十佳骨干”10名、优秀教师120名、优秀班主任70名、优秀教育工作者10名、优秀特岗教师10名、师德标兵20名)，树立了教书育人典范，弘扬了人民教师爱岗敬业、无私奉献的精神。

【轮岗交流】 结合《灵武市中小学校长教师交流实施办法》，2017年共交流学校领导班子55名，其中，高中校长2名，中小学校长(园长)10名，副校长29名；党支部书记10名，党支部副书记4名，调整交流教师156名。

【落实乡村教师政策】 2017年，切实执行《自治区人民政府办公厅关于印发宁夏回族自治区乡村教师支持计划(2015年—2020年)实施办法的通知》(宁政办发〔2015〕183号)精神及《灵武市乡村教师支持计划(2015年—2020年)实施细则》，做好农村学校教师补贴。根据自治区教育厅办公室《关于组织2017全区从教30年以上乡村优秀教师短期疗养的通知》(宁教师办〔2017〕19号)精神，选派4名从教30年以上的优秀在职教师到成都进行短期疗养。

党建工作

【概况】 2017年，抓好学习型党组织建设。深入学习宣传贯彻党的十九大精神，推进“两学一做”学习教育常态化、制度化。制定《灵武市教育体育系统党组织书记抓党建工作考核办法》《灵武市教育体育系统党组织评星定级考核方案》，拟推荐灵武市四星级党支部10个、三星级党支部21个、二星级党支部18个、一星级党支部7个。组织开展全市中小学“党建亮点”观摩、“四比三优两满意”、争创“党员先锋示范岗”、青蓝结对工程、千名教师访千家万户等活动，参与人次达3500余人。市一中、回中被确定为自治区教育系统党建示范点，市三中被确定为银川市党建示范点，市三中、五小被自治区教育厅确定为“全区中小学党组织书记培训示范班”观摩点。创建银川市文明单位15个，灵武市文明单位18个，教育体育系统党组织争先创优、层递推进的格局逐步形成。不断提升党员队伍思想理论水平。组织参加自治区教育工委党建工作专题培训班，举办全市教育体育系统党组织书记、校长专题培训班、党务工作者培训班，参训人员2000余人次。建立全系统教育工作、党建工作、精准扶贫工作3个微信群，及时分享经验、交流心得，营造“比学赶帮超”的浓厚氛围。全面落实党风廉政建设责任制。严格落实党风廉政建设“两个责任”“一岗双责”要求，印发《灵武市教育体育局关于加强作风建设的规定》《教育体育系统作风建设年实施方案》，举办全系统廉政教育大会、“全面从严治党全面从严治教”专题讲座，参观廉政教育警示基地，坚决筑牢干部队伍作风防线。建立健全监督工作机制。建立纪检组长列席党工委会议、局长办公会议制度、全程监督人事调整、项目建设、评优选先制度、开展新提拔任用干部廉政谈话制度。

【全区中小学党组织书记观摩】 4月25日，自治区教育工委组织全区中小学党组织书记190人到市五小、三中观摩党建工作。此次活动由自治区教育厅党建部调研员张杰、党建部副调研员李国双带队，灵武市人大及教育部门负责人陪同观摩。在市五小，观摩团参观了主题雕塑、乒乓球训练基地、校园文化长廊、简易校史馆，书香苑、心理辅导室、中国汉字国学讲堂、魅力中文展厅、五彩美术坊、少队活动室、家庭教育工作坊、党员活动室以及教工之家。在市三中，观摩团参观了校园文化、党建工作展板，校训文化展厅、党员活动室、团队活动室、国防教育展厅、消防教育展厅、家校合作指导中心。观摩团成员灵武市的学校党建工作给予高度评价。

【党务工作者业务能力提升培训】 9月27—28日，灵武市教育体育举办了为期两天的党务工作者业务能力提升培训班。邀请5位区、市级党建相关业务领导与教授为全系统党务工作者进行授课。全市各中小学(幼儿园)党组织书记、校(园)长、专职副书记、政教主任、团队干部、党务干事近200人参加了培训。9月29日，全体参训人员对7所党建工作优秀学校进行实地观摩学习。观摩的7所学校涵盖职业中学、初中、小学、幼儿园等多个学段，层次多样，特色突出，主题鲜明，学习实践意义重大。

教学研究

【概况】 2017年，组织名师课堂展示、各级骨干教师课堂教学展示活动496节。采用省际间、城际间、县域内多元培训方式，全年教师参加培训4800人次、网络远程培训2270人次。完成2017“国培计划”西部项目示范县培训工作，采取“种子先行、骨干跟进、全员参与”的培训策略，培训校(园)长50人、培育者团队70人、乡村教师访名校(园)100人、送教下乡63人，组织全市994名特岗教师及青年教师参加课堂教学比武大赛及专业测试考试，切实加强青年教师规范化、科学化管理。先后选派100名课题组负责人参加自治区、银课题培训班学习，提升教科研能力，有77个课题被自治区教育、区教科及银川市教科所立项。

【“一师一优课　一课一名师”活动】 在2017年开展的“一师一优课　一课一名师”活动中，全市中小学教师共晒课886节。按照“层层选拔，公开公正”的原则，共评选出“优课”95节并推荐上报。其中：获银川市“优课”一等奖31节、二等奖64节；自治区“优课”5节；教育部“优课”7节。3月20日，在灵武市四中召开灵武市教学工作大会暨“一师一优课　一课一名师”活动推进会，进一步将此项活动推向深入，全市各中小学主管教学副校长、教务主任、教研员及获奖教师参加了推进会。

【中小学教师基本功大赛】 5月18日，由市教育体育局、市总工会联合主办，市教培教研中心承办的全市中小学教师基本功大赛，在市一中、二中两个赛场开赛，全市465名教师中小学参加比赛，比赛由初中、小学　“三字一化”(钢笔字、毛笔字、粉笔字)、教学演示文稿PPT设计制作、即兴演讲(我的教育故事)等3项内容组成。

【全国乡村青年教师社会支持公益计划】 由友成企业家扶贫基金会联合北京师范大学、沪江、21世纪教育研究院、西部阳光等30　多家联合发起了"乡村青年教师社会支持公益计划(青椒计划)",9月9日在北京师范大学启动。灵武市有343名青年教师参加了该公益计划的网络培训，坚持每周三晚19:00—20:00专业课程、每周六晚19:00—20:00师德课程网络学习培训。灵武市获青椒计划全国优秀组织奖,有68名教师获2017年度优秀学员。

【课堂教学评比活动】 为进一步推进课堂教学变革，提升课堂教学效率，促进教师专业发展,促进教育教学质量提升,促进课堂转型,打造有"品牌、品质、品味"的灵武特色课堂教学。灵武市开展了"推进课堂教学变革,提升教学效率"课堂展示评比活动。此次课堂教学评比展示活动，涉及全市中小学42门学科，分为3年以下特岗教师、45岁以上中年教师及3年以上44岁以下青年教师三个组别,经过学校、发展共同体初评上报,教培教研中心终评,共评选出一等奖221节,二等奖221节。推选出145节优课参加银川市级集中课堂教学展评活动。

体　育

【概况】 2017年，建成市体育运动场、1个体育公园、2个多功能运动场、完成10个村级体育设施改造升级，新增体育健身器材320件、健身步道4公里,实现市体育馆及学校、单位体育场地面向社会开放，为市民健身提供场地设施。落实灵武市全民健身计划，组织群众体育运动赛事12场次,培训社会体育指导员80人次,举办全民健身知识讲座1场。强化训练大力提升竞技体育水平,积极参加各类体育比赛。办好重点体育赛事，成功举办国家级体育赛事"亚太地区大学生五人制足球赛暨首届啦啦操比赛",营造魅力灵武知名度。

【群众体育运动】 2017年,灵武市组织群众体育运动赛事17场次,举办全民健身知识讲座1场，培训社会体育指导员129人，强化训练大力提升竞技体育水平。在全区县级市中率先承办国际级体育赛事，于9月18—25日在灵武体育馆举办"2017亚太大学生五人制足球赛暨首届啦啦操锦标赛"。获自治区2017年全民健身季一等奖,获2017年全国群众体育先进单位。参加全区青少年体育运动会,获第一名8个、第二名6个、第三名7个、名次奖52个。县市级表彰体育工作先进集体10个,优秀体育教练员20个、优秀体育管理工作者15人。

【第二届"白芨滩杯"沙滩足球邀请赛】 2017年7月29—31日，灵武市举办了为期三天的第二届"白芨滩杯"宁蒙陕甘毗邻地区沙滩足球邀请赛。宁蒙陕甘四省八支成人足球队参加了比赛，内蒙古磴口县纳林湖狼族联盟沙足队荣获冠军,宁夏银川市加贝阳光沙足队荣获亚军，甘肃兰州市麦斯力沙足队荣获季军。陕西定边县足协好兄弟沙足队、陕西志丹县足协老男孩沙足队、宁夏吴忠市德众沙足队、宁夏灵武市青少年活动中心沙足队、宁夏灵武市东方科萨沙足队分列四至八名;最佳射手、最佳守门员分别为内蒙古蹬口队的傅博和王子坤。与会的领导及嘉宾为获奖队伍及个人进行了颁奖。同时，组委会对在第十五届全国少儿足球邀请赛呼和浩特赛区夺得U8组冠军和U11组第8名的灵武市青少年活动中心足球队进行了表彰奖励。灵武足协为宁夏灵武白芨滩国家级自然保护区管理局赠送了致谢锦旗。

【"全国健身球操之乡"命名】 2017年12月,灵武市被中国老年人体育协会命名为第三批"全国健身球操之乡"。灵武市共有40个健身球操队伍常年进行健身球操锻炼和交流比赛，健身球操为推动全民健身事业发挥重要作用，灵武市也将开展健身球操展示、比赛、培训列为群众体育年度计划项目，体育部门为活动站点发放健身球3000个,每年举办两次全市健身球操骨干培训班,并开展多次健身球操展示和比赛，充分利用遍布灵武市城乡的健身活动站点和相应的社会体育指导员在全市普遍开展健身球操指导和活动，已经形成有广场活动的地方就有健身球操在开展。

【2017年校园足球教练员培训班】 12月11—15日，灵武市青少年活动中心承办了银川市

2017 年校园足球教练员培训班，银川市兴庆区、金凤区、西夏区、永宁县、贺兰县、灵武市的 76 所全国校园足球特色学校的近 100 名足球教师参加了培训。由宁夏 10 余名留英留法资深足球教练员对参训教师进行专业授课。肖锋、叶忠志、李智宇等从欧洲交流学习回来的足球讲师就青少年训练特点、训练计划的制订、校园足球基本技术教学训练等相关内容进行了专业理论讲解和实践示范。培训班所有足球教练员，于 12 月 14 日在灵武市台子小学开展了足球嘉年华活动。带领 100 余名小学生在操场上开展了丰富多彩的足球游戏，寓教于乐，快乐游戏，在足球游戏中让学生学到了足球知识，培养了足球兴趣。通过一周的理论学习和实践，为参训人员颁发足球教练员培训证书。

【“全民健身日”活动】 8 月 8 日是中国第九个“全民健身日”。灵武市在灵州广场开展群众体育活动项目大展示，与宁夏“全民健身日”活动遥相呼应。宁夏在五个地级市设设置了 7 个分会场，紧紧围绕“以人民为中心，以人民健康为目标”的活动主题开展各类全民健身系列活动及比赛。灵武市有 17 支健身活动站点的健身队伍参加此次活动，其中 6 支队伍参加了宁夏“全民健身日”活动主会场的展示。

【亚太大学生五人制足球暨啦啦操锦标赛】 2017 年，灵武市承办了“2017 亚太大学生五人制足球暨啦啦操锦标赛”。9 月 13 日上午，宁夏回族自治区新闻办公室在自治区体育局召开“2017 亚太大学生五人制足球暨啦啦操锦标赛”新闻发布会，新闻发布会由灵武市教育体育局局长马元福主持。亚洲大学生体育联合会，自治区体育局、教育厅等相关单位的领导及新华社、人民网、中国日报、宁夏电视台、新消息报、宁夏新闻网等 20 余家中央驻宁新闻单位和区内主流媒体出席了新闻发布会。本届锦标赛是亚洲大学生体育联合会与大洋洲大学生体育联合会携手举办的首个跨洲际合作的国际赛事。本届锦标赛共进行 27 场五人制足球赛，决出比赛的冠、亚、季军；啦啦操共进行花球冠军赛、爵士冠军赛、街舞冠军赛、才艺秀冠军赛、创意走秀冠军赛及团体赛等 6 个主题的啦啦操比赛，在锦标赛过程中，每天进行一个单项主题的比赛并决出一个冠军，颁发奖牌。9 月 18 日晚，2017 亚太大学生五人制足球暨啦啦操锦标赛，在宁夏回族自治区灵武市体育馆开幕。来自阿曼、哈萨克斯坦、吉尔吉斯斯坦、马来西亚、蒙古、新喀里多尼亚、伊朗、中国台北和中国的 9 支五人制足球队，以及来自蒙古、中国台北和中国的 4 支啦啦操队将同台竞技。本届锦标赛是亚洲大学生体育联合会与大洋洲大学生体育联合会签署谅解备忘录后所举办的首个活动，是开启跨洲际学生赛事项目的首次尝试，是在国际大学生竞赛舞台上实现两个体育项目交叉比赛的首次尝试，同时也是亚大体联举办的第三届大学生五人制足球锦标赛。9 月 25 日下午，为期 8 天的 2017 亚太大学生五人制足球暨啦啦操锦标赛在宁夏灵武落幕。25 场足球赛、5 个单项啦啦操和 1 个团体啦啦操赛，共产生花球、爵士等 5 个啦啦操单项冠军，4 个足球单项奖和足球、啦啦操团体前三甲。中国北京体育大学啦啦操代表队与河北师范大学啦啦操代表队包揽了啦啦操团体冠亚军，中国台北和蒙古啦啦操代表队并列季军；五人制足球方面，伊朗、阿曼、哈萨克斯坦分获前三名，中国代表队创历史最好成绩，挤进四强。

【灵武足球少年夺冠】 2017 年 11 月 2 日，灵武市参赛的 3 支足球队在 2017 全区青少年校园足球联赛获两项冠军和一项季军。该赛事历时 8 天，共分为初中、高中、大学三个组别，共有 44 支代表队 856 名运动员参加。其中，初中组 15 支，高中组 14 支，大学组 15 支，包括 7 支首次参加自治区联赛的女子足球代表队。灵武二中男子足球队夺得联赛初中男子组冠军，连续三年蝉联宁夏初中男子组冠军；灵武一中男子足球队夺得联赛高中男子组季军；灵武一中女子足球队夺得联赛高中女子组冠军。

【灵武足球少年赴英国学习】 英国当地时间 4 月 29 日上午 10 时，灵武市 24 名足球少年在北京大学“爱只因有你”基金会的安排下，到英超斯托克城俱乐部学习青少年足球训练工作。

【灵武足球刷新宁夏成绩】 2017年全国青少年男子足球超级联赛，是由中国足球协会与教育部全国青少年校园足球工作领导小组办公室联合主办、中国中学生体育协会足球分会承办的赛事，分为西部、东北、华北、华中、华南5个大区。有大区主客场赛、全国总决赛及后备力量选拔赛三个阶段，比赛横跨全国21个省市，共有41支队伍参赛，每个大区的前2名（专业组第一、校园组第一）将进入全国总决赛。8月，宁夏灵武二中足球队以U14组西部大区赛校园组第一名的成绩进入全国前10强，与专业组第一名重庆辅仁学校携手进入全国总决赛，创造了宁夏青少年校园足球历史最好成绩。9月29日—10月7日，在江苏海门市举行的2017年全国青少年男子足球超级联赛U14组全国总决赛中，灵武二中足球队获得2017年全国青少年男子足球超级联赛U14组第8名，校园组第4名的好成绩，再次刷新了宁夏青少年校园足球历史最好成绩。

【灵武足球参加全国总决赛】 8月9—16日，2016—2017年全国青少年校园足球联赛高中男子组总决赛在陕西榆林市举行。灵武一中足球队以西北四强的身份参加了全国总决赛。经过8天的角逐，最终宁夏灵武一中足球队夺得中国高中校园足球联赛第11名，保持了上年度全国总决赛的名次。

【竞技体育人才】 灵武市被自治区体育局确定为高水平体育后备人才基地和重点业余体校。开展青少年举重、摔跤、足球、跆拳道、排球、射击、田径、乒乓球、羽毛球9个项目的业余训练和游泳、武术2个交流项目的训练，运动员每年在200人以上。2017年，参加全区青少年比赛，田径、举重、摔跤、射击、乒乓球、武术、跆拳道、游泳、足球、篮球、排球、羽毛球等项目，共获得第一名8个、第二名10个、第三名8个、第四名至第八名49个，有1人达到国家一级运动员标准，有18人达到国家二级运动员标准。2017年，向自治区体校输送人才11人，向体育院校输送足球人才9人。

【体育设施建设】 2017年，体育中心积极争取区局资金100万元，用于乡镇、村、社区等健身路径、乒乓球台、象棋桌等器材配置共120处。建成枣博园体育公园，完成史壕社区、关渠社区社区多功能运动场。灵武市体育场、馆以及38所中小学定时向社会全部免费开放，国家法定节日和双休日每天开放不少于8小时，极大方便群众就近健身形成10分钟体育健身圈。

广播电视及广电网络

新闻广播电视

【概况】 2017 年，灵武广播电视事业在市委、市政府的高度重视及上级主管部门的正确领导与大力支持下，得到了跨越式发展，各项工作稳步推进，新闻宣传振奋人心，网络建设突飞猛进，系统改革不断深化，行业管理规范有序。在改革和发展的进程中，灵武市广播电视事业呈现出良好发展势头。

【灵武电视台】 重点围绕市委、政府中心工作、重点工程、全市优势特色产业开展新闻宣传报道，先后在《灵武新闻》中开办了“新年新希望”“落实进行时”“大干实干 100 天”“学习宣传贯彻十九大精神”“创建文明城市”“丝路古驿、羊绒之都热气球节”“砥砺奋进、中国百强”“劳动者风采”“非煤矿山整治”“春季植树”“综合治理在行动”“我看灵武城乡美”“环境整治、美化家园”“移风易俗”“我是科技特派员”“问政看整改”“问政面对面”“退役士兵风采”“巾帼风采”“教师风采”“代表委员风采”“我的 2017”等连续系列报道，对灵武市 2017 年重点工作进行集中、重点报道。指派专人对每周全市重点工程督查进行报道，并从中梳理出采访线索，定期、集中进行报道，全方位展示全市干部群众奋力拼搏的良好精神风貌，宣传灵武市在经济社会发展中取得的骄人成绩。紧紧抓住群众关注的难点热点和民生问题，播发新闻、编辑电视栏目。电视台共播发《灵武新闻》256 期稿件 2400 条，《灵州视点》《平安灵武》《健康灵武》、栏目各 48 期，《创业与就业》栏目 24 期。播出主题标语 7250 条次，公示、公告等 340 条次，公益广告 1630 条次。播出电视剧 1824 集、故事片 365 部、纪录片 730 部。农村电影放映 1470 场次。2017 年，电视台主办了 2017 年灵州百姓大联欢及 2017 年新春喜乐会《盛世欢歌闹灵州》两场晚会和由灵武市市场监督管理局主办的“荣昌杯”消费维权知识竞赛的节目录制，配合相关部门和单位录制了“和谐家园·幸福社区”文艺展演、2017 年“幸福灵武”社火大赛、“巾帼心向党·扬帆建新功”纪念“三八”国际劳动妇女节 107 周年颁奖盛典、中小学生国防知识电视大赛等活动，美丽灵武微信平台进行了宣传与轮播，总关注量达到 51 万余次。

【广电设备升级改造】 灵武市广播电视台新区广播电视塔占地 405 亩，高度 186 米，共花费 655 万元。2017 年 3 月发射塔与机房地基开始施工，到同年 4 月 26 日塔基与机房地基全部完成，同时组塔工作也在进行。2017 年 9 月组塔工作全部完成。2017 年 12 月新区发射台机房建造全部完工，并且原先搬迁设备也全部入驻到位，电视台调频广播、中央覆盖工程发射机等设备也基本投入使用。投入使用的新区电视塔信号有效辐射范围为 50 公里，并且信号更清晰，受众看到的电视画面更清晰。

【广电事业发展与行政审批管理】 截至 2017 年底，灵武市市文化经营单位共计 182 家，其中，网吧 56 家，出版物 14 家，歌舞娱乐场所 48 家，打字复印 47 家，印刷企业 10 家，游戏厅 10 家，电影放映 2 家。据统计，全市网吧、游戏厅、歌舞娱乐场所从业人员 453 人，经营面积 28168 平方米，资产总计 6866 万元，营业收入 4485.5 万元，利润总额 2386.8 万元。

广电网络

【概况】 2017年，灵武市广电网络公司稳步推进广播电视网络的建设、维护、经营与管理，与网络相关的技术及产品的开发、设备及产品的销售，信息咨询、远程信息传递服务，广播电视设备的销售，房屋场地出租等各项业务工作。灵武分公司现有员工39名（含2名退休人员、2名离岗退养人员,8名临聘人员），其中男21人，女18人；汉族25人，回族12人，满族2人；硕士学历1人，本科学历11人，专科学历20人，中专、高中学历7人；40岁以上20人，30—40岁9人，30岁以下10人。公司内设“办公室、用户部、财务部、运行维护部、工程技术部”五个部门。2017年，共完成营业收入1134.4万元，新增有线电视用户1495户，在册用户数41044户，受理故障投诉12193起，故障处理回访率为99%，用户满意率为98%。

【产业发展】 2017年，继续加大FTTH改造力度。截至2017年11月底，已完成福林小区、利民小区等67个老旧小区的光纤改造，完成明珠苑A、B、C区与水清苑、木华苑、和谐苑、绿地宝塔、盛世家苑、灵武农场北苑、南苑等10个小区的改造，覆盖用户约18000户。10月份启动FTTH平移整转，对农场二站3000户、健康小区600户开展光纤入户平移工作，截至2017年12月平移用户约400户。积极协调移动、联通、电信、宁煤信息中心杆路和管道资源，开展“宽带乡村”项目建设。基本完成8个乡镇的主干光缆通达任务。由于退耕还林等政策，灵武市74个行政村中有13个已经拆除并迁入宁东、临河和灵武城区新建小区，需要建设的行政村有61个。已完成8个乡镇和22个行政村的机房装修和供用电接入工作，具备设备安装条件。

【优质服务】 开展员工培训工作，提高服务技能水平。为贯彻落实集团公司2017年度培训工作计划，进一步加强分公司员工队伍建设，2月份，根据新BOSS系统运行及现行业务发展情况，系统上线半年，对业务员操作存在的问题进行梳理，利用下班时间多次对部门员工进行了实操培训。7月份，组织用户部员工参加了总公司举办的“BOSS”系统回头看培训班学习，对各项业务操作流程、用户信息查询、业务办理、刷新授权等业务操作中出现的问题进一步进行了交流学习。组织财务、库管工作人员参加了总公司举办的集团公司财务物资系统培训班，公司员工唐佳同志在考试中取得全区第一的优异成绩。组织部分员工参加了总公司举办的营销实战营培训活动，并将实战营中学到的实战技巧和经验，运用到日常工作中，带动部门员工做好了营销宣传工作。组织工程及设计院相关工作人员参加了在吴忠分公司举办的“宽带乡村”及中小城市（县）基础网络完善工程项目图纸设计和申报工程项目结算等相关要求的培训。组织分公司技术负责人及技术骨干参加了在总公司举办的OTDR技术培训。针对全区大客服的统一实施和规划要求，组织全体员工学习手机掌上运维APP及电脑客户端使用操作等相关知识的培训。通过组织各部门学习总公司的各类技术资料、营销活动等培训来提高基层员工自身的综合素质，以便更好地服务于广大用户。

【市场营销】 开拓业务宣传渠道，加大市场营销力度。组织开展各种形式的地推活动，2017年，分公司将业务宣传和网格营销相结合，抽调员工，进驻各小区，搭建帐篷，悬挂横幅，挨家逐户发放业务宣传单，介绍分公司各项业务。加强六盘云·智慧家庭云套餐业务的发展，灵武分公司认真组织，精心安排，协调物业公司，采取整片区发短信、楼道张贴通知等方式，安排工作人员利用中午及下午休息时间进行地推式宣传营销，在小区内搭建宣传帐篷，现场办理各项业务，现场安装，向前来咨询及过往的群众发放业务宣传彩页，并指导过往住户扫描、下载安装“睛彩宁夏”手机APP，体验式营销取得了明显成效。开展宁东镇新建小区的营销活动，做好业务宣传。在宁东镇新建的财富家园、金苹阁等小区搭建帐篷、悬挂横幅，挨家逐户发放业务宣传单，介绍分公司各项业务。开展老旧小区FTTH网络改造平移工作，有序做好业务宣传和上门地推。通过全体动员，试点推动，精细布置安排相关工作人员及施工安装人员到平移现场，正式开展光纤平移入户工作，采用地推营销和逐户安装相结合的方式,既提升了网络质量,又维系和发展了用户。努力开拓集客业务市场。通过加装宽带和无线WIFE的方式新发展6户,改造6户,使在网宾馆酒店巩固在41户。

【国省干线路维护】 2017年,灵武分公司加大巡线员考核力度,实行重奖重罚的考核机制,力促灵武分公司国省干线路安全。截至11月底,共计发生省干光缆阻断9次,阻断次数相比去年同期大幅下降。2017年,对307国道甜水河至古窑子段12公里国省干光缆进行了改迁,对103省道水洞沟黑山机站至宁东16公里省干光缆移入管道,对307国道灵武西平街至五干渠8公里省干光缆进行了改迁,将临河至陶乐203省道的14公里架空光缆迁改至滨河新区203省道管廊内,大大提高了国省干光缆的安全性传输质量。

文化 旅游

综 述

【公共文化服务】 2017年,基层文化中心、农民文化大院建设持续推进。大力推动灵武市文化事业发展,努力打通公共文化服务“最后一公里”,文化馆积极推进基层综合性文化服务中心、乡镇综合文化站、农民文化大院建设。2017年在文广局统一安排下,文化馆针对基层综合性文化服务中心、农民文化大院建设组织召开多次座谈会,与各乡镇、街道分管领导、文化站干密切交流,并先后十多次走进各乡镇进行摸底调查,获得反馈意见。2017年,灵武市成功打造了梧桐树乡、郝家桥镇2个银川市示范性乡镇文化站,并申报20个综合性文化服务中心,基层文化服务的效能进一步加强。在2017年银川市基层综合性文化服务中心中期督导暨乡镇综合性文化站评估定级中,灵武市各乡镇验收合格,梧桐树乡、郝家桥镇受到银川市考核小组好评。

【群众文化】 节日特色活动彰显灵州神韵。为丰富和活跃全市群众元旦、春节期间文化生活,营造欢乐、祥和、健康、向上的节日氛围,根据灵武市委、市人民政府及市文广局的安排,灵武市文化馆承办了“欢欢喜喜迎新年,文化惠民乐万家”为主题的元旦、春节期间系列活动。“盛世欢歌闹灵州”灵武首届春晚、“百姓大联欢”灵武百姓春晚、社区春晚的举办装点了节日期间文化氛围;幸福灵武2017年春节社火大赛邀请各乡镇、街道11支队伍参加,欢乐的秧歌,震天的锣鼓为市民朋友送去了喜庆、送去了祝福;正月初一至初三、正月十五、正月二十三的社火巡演,展现出全市人民高高兴兴迎新春的精气神;“灵武迎春”、庆“五一”“七一”“八一”、中国宁夏(灵武)热气球节等活动以及百场文艺下乡在高庙广场、各乡镇、学校、景区等演出共计207余场次(其中业余文艺团队全年演出165场次,湖城之夏广场文化季22场,高庙大戏台百姓周周乐20场次)。移风易俗、文明乡风系列活动推动社会新风尚树立。2017年灵武市积极推进移风易俗,文明乡风活动开展,引领全市人民形成良好社会新风尚。自3月起,灵武市文化馆组织了29场2017年自治区文化惠民,四送六进“送戏下乡”——推进移风易俗、树立文明乡风专场演出等系列活动,演出在各乡镇均受到群众的热烈欢迎,累计观看演出人数超过2万人次。灵州广场、梧桐树乡文化广场、梧桐树乡石壕村、城区街道镇河塔社区、崇兴镇民族文化广场、西湖社区龙凤佳苑广场、郝家桥镇胡家堡村等地演出。文化大集“火”起来,百姓生活乐起来,2017年文化馆继续启动以“文化育民、文化富民、文化惠民”为目标的文化大集活动。文化馆整合优秀、多元化的文化资源,把文化大餐送进了郝家桥镇泾灵新村、胡家堡村、梧桐树乡等7个乡镇,组织演出35余场,真正让当地群众感受到美丽灵武城乡美。

【文化人才队伍建设】 2017年,文化馆举办了社火鼓乐培训班2期、民歌传承培训班30余班次、戏曲文化进校园培训班2期、摄影培训班2期、回族舞蹈培训班、文化惠民四送六进进社区培训班、关爱留守儿童舞蹈培训班、文化馆暑期二胡培训班、暑期古筝培训班、广场舞、百姓健康舞培训班等35余班次,培训文艺骨干人才达7000人次,为灵武市文化“组织起来、活跃起来、繁荣起来”奠定了坚实的基础。

【非物质文化遗产保护】 文物保护工作扎实推进。完成第一次全国可移动文物普查工作，登录单位 6 家，登录文物 817 件，其中，一级文物 3 件，二级文物 19 件，三级文物 46 件；顺利完成由联合国地名专家组中国分部、国家民政部、中国地名研究所联合承办的“千年古县”申报工作，灵武有望列入全国“千年古县”名录；投资 1100 多万元实施灵武窑址基础设施建设项目和灵州古城修缮项目。非遗保护成效显著。完成非物质文化遗产申报共 23 项，传承基地 6 个；2017 年新申报银川市级传承人 3 个，分别是西夏瓷器制烧技艺传承人刘宏安、吴氏锻铁技艺传承人吴建云、邓氏中医正骨传承人邓鹏，西夏瓷复烧技艺被列为第四批银川市非物质文化遗产项目。此外，为加强非遗保护和传承力度，灵武市文广局在文化遗产日举办非遗展示、非遗项目进校园等活动；在各传承基地举办灵武民歌、剪纸、阿文书法、口弦等非遗培训班，完成非遗展厅布展及威龙舞狮的县级申报工作。

【文化市场监管】 坚持日常巡查、集中检查和专项整治相结合，面向社会公布了“12318”文化市场举报电话，开展文化市场各类检查、专项行动 300 余家次，共出动执法人员 1200 多人次，对 1 家网吧给予了吊销网络经营许可证处罚，责令停业整顿营业场所 13 家，对 40 多家存在安全隐患的娱乐场所下发《整改通知书》；在成人用品店查获淫秽光碟 16 盘。

旅　游

【概况】 2017 年，灵武市文化旅游广电局以创建全域旅游示范市为契机，根据“一核两带三廊”的全域旅游规划思路，深入挖掘文化、旅游特色资源优势，着力推进文体商旅融合发展，真正让旅游更具文化，使文化更有价值。全年开展的主要活动在 60 多家媒体报道，活动期间各类新闻、图片、视频等内容网络点击量超过 4 亿人次。

【生态文化旅游品牌】 2017 年，深入挖掘文化、旅游特色资源优势，着力推进文体商旅融合发展，真正让旅游更具文化，使文化更有价值。灵武市文化旅游广电局先后开展了“冬游灵武 享受阳光”长流水、大海子滑雪节，掀起了冬季旅游新高潮，让灵武旅游“热”起来；清明节“行走最美灵武——万人徒步穿越白芨滩沙漠”活动，让灵武旅游“活”起来；“逛灵州　登长城　摘长枣”采摘节、“鲜行天下　为爱而生”嘉年华，让灵武旅游“跳”起来；协办“丝路古驿　唐韵绒都”群星演唱会，丰富文化旅游融合发展内容；以“观治沙奇迹、学劳模精神、看空中盛花、赏大漠星空”为主题热气球飞行体验、热气球光雕表演、航空体育科技文化周、治沙体验、美食嘉年华等 20 多项活动。分别在中央 1 套、2 套、13 套及人民网、新华网等 60 多家媒体报道，活动期间各类新闻、图片、视频等内容网络点击量过 4 亿人次。同时举办了“我为灵武做代言”“十佳旅游形象大使”“灵武好味道”“十佳美食”以及“十佳旅游商品”的评选活动。先后荣获了“中国县域旅游品牌百强县”“中国优秀文化休闲旅游城市”“中国旅游投资最佳典范市”“旅游金樽奖”“全国生态特色旅游市”等称号，更是彰显了灵武旅游发展巨大潜力。2017 年，灵武市接待游客 188 万人次，实现旅游收入 1.6 亿元，同比增长 22%和 12%。其中，农家乐接待人次 38 万人次，实现旅游收入 3000 万，同比增长 26%和 30%。

【旅游服务】 开展“创优美环境、创优良秩序、创优质服务，让游客满意”的“三优一满意”活动。在景区、星级宾馆、旅行社等窗口行业实行规范化、标准化服务，确保做到“三有”(有意见箱、监督举报电话、便民服务台)、“三优”(优质服务、优良秩序、优美环境)、“三公开”(公开办理程序、公开收费标准、公开人员工号)，净化窗口行业环境。印制张贴文明旅游宣传画、文明旅游理性消费宣传单页，悬挂文明旅游条幅，制作文明就餐桌牌，设置雷锋志愿者服务岗。与辖区内景区、宾馆、农家乐签订《安全生产目标责任书》，联合自治区旅游执法总队、银川市旅游执法支队、灵武市市场监督局、安监局、消防大队等部门利用节庆、假日组织相关部门人员不定期对景区、旅行社、酒店、农家乐等人员密集场所和旅游经营场所进行安全监督检查，统一开展旅游综合执法。加强旅游特种设备设施安全管理，排除安全隐患，实现旅游安全无事故、旅游零投诉。聘请资深旅游专家对灵武市旅游从业人员进行培训，举办“2017灵武市旅游行业从业人员培训班”，着力提升从业人员素质和技能，改善服务水平、提高服务质量。

【实施项目带动工程】 依照灵武市全域旅游规划及三年行动计划，挖掘整合旅游资源，丰富旅游供给内容，重点推进灵州古城景区、梧桐湖台湾娱乐城、灵州府影视基地、银湖沙漠越野公园、白芨滩沙漠公园低空飞行营地、灵武窑址、长流水基础设施项目等7个项目。通过项目带动，周边区域经济发展，推动旅游业大提升、大发展。

【景区创A】 组织长流水、大海子景区（点）按照国家A级旅游景区标准，开展创建活动，全面提升景区档次。开展文明景区创建工作，根据文明景区创建标准，进一步完善景区软硬件，提高景区档次。2017年8月，灵武市长流水荣膺国家3A景区，大海子荣膺国家2A级景区。

【旅游产品】 2017年，采取企业自愿，文化旅游广电局推荐的方式，经过实地调研、踏查，筛选出独具灵武特色的大唐商业街、西湖不夜城特色餐饮街，打造特色旅游街区。指导鼓励培育灵武市名优特产展示中心创建灵武市特色旅游购物店。其中，“千枣红”枣酒系列荣获全国旅游商品铜奖，灵州黄河玉旅游商品研发中心被自治区旅发委确定为特色旅游商品研发示范中心。

【农家旅游】 充分发挥旅游业融合带动作用，积极实施乡村振兴计划，突出“一乡一业、一村一品”，重点开发一批现代农业、美丽乡村和乡村旅游相结合的农庄、鱼庄、枣庄，组织“最美十大农家乐”评选活动，改造提升特色农家乐10家、旅游特色村2个。鼓励支持大力发展农家乐旅游，指导银湖沙漠生态小镇、御膳坊休闲农庄等发展特色农家乐，规范农家乐经营，提升农家乐服务水平，打造特色农家乐品牌。灵武市共有3星级以上农家乐12家。

文物保护与考古

【西夏瓷窑遗址保护】 2017年2月，灵武市文物管理所编制完成全国重点文物保护单位“灵武窑基础设施保护项目”方案，项目通过国家发改委、国家文物局评审，争取国家投资480万元，地方配套120万元，对宁东镇西夏瓷窑遗址进行围栏保护，完善水、电、路等基础设施建设，同时修建看护用房180平方米。

【修缮灵武高庙】 2017年9月经灵武市委、政府批准打造灵州古城景区，灵武高庙修缮保护项目为其中一部分，改造总面积2350平方米。截至2017年12月已完成整体打磨，预计2018年6月完工。

【西夏制瓷技艺】 2017年4月，文物管理所刘宏安拍摄西夏瓷复烧技艺非物质文化遗产传承人申报片，经银川市非遗领导小组专家评审，西夏瓷复烧技艺被公布为第四批银川市非物质文化遗产代表性传承人。刘宏安多年从事西夏瓷器研究，成功复烧出西夏特色瓷制品，继承失传近千年的西夏古瓷生产技艺，填补国内该项技术空白。2017年，共复烧西夏瓷文创产品百余件，分别参加区、市非物质文化遗产展览，作品被西夏王陵博物馆、宁夏博物馆等文博机构收藏，被授予“灵武十大旅游商品”荣誉。

【提升博物馆接待管理】 2017年6月，投资3万余元，完成博物馆高清监控设备升级改造，杜绝监控死角。安装博物馆门头电子宣传屏一套，制作文物展品柜5件套，确保文物入柜安全。同时印制党员教育基地宣传折页5万份，提升对外宣传效果。据统计，2017年博物馆全年共接待民政部“申报千年古县”考察组、《灵州盛会》电视连续剧拍摄组及社会各界游客参观近10万人次。

【重点文物保护单位标识】 2017年6月，灵武市文物管理所投资5.7万元，制作镇河塔、清水营、磁窑堡等自治区级以上文物保单位标专碑15件套，建立健全文物“四有”档案。完成第一次全国可移动文物普查工作，共登录文物收藏单位6家，登录文物817件，其中，一级文物3件，二级文物19件，三级文物46件。

【“千年古县”申报】 2017年10月，灵武市文物管理所精心组织拍摄“千年灵武”专题片、制作PPT、撰写30万字《千年古县——灵武》书籍，配合市民政局提交国家民政部地名文化促进会。2017年11月，市人大常委会主任郑学文、市长马自忠、副市长马波等，带领民政、文物部门负责人先后两次赴北京现场答辩，经民政部组织专家评审，灵武县因始建于西汉元鼎三年(前114年)，至2017年已有2131年悠久历史，灵武市顺利通过评审，成为宁夏第一个取得“千年古县”荣誉的县市。

图　书

【概况】 2017年，在市委、政府的正确领导下，灵武市图书馆认真学习贯彻党的十九大精神，围绕各项目标任务抓落实，取得一定成效，荣获“银川市公共图书馆第二届馆员业务知识竞赛”二等奖，参加首届银川市乡村读书节活动，荣获优秀组织奖，申报并被自治区命名表彰的书香人家5家、银川市命名表彰的书香村(居)1个、阅读之星1人、全民阅读推广人1人。

【基础设施建设】 2017年3月开工新建灵武市图书馆，12月底竣工完成。新建图书馆位于灵武市新区灵州大道南侧、中山街西侧（公安局东侧)，用地13.2亩，建筑面积5063.80平方米（地上4677.25平方米，地下386.55平方米)，三层框架结构（局部地下一层)，建筑总高度15.45米。

【图书免费开放】 突出做好日常服务工作。年度流通人次113920，册次132166，开展活动16场次。春节前夕，在馆内举办了一场妙趣横生的“迎新春有奖猜谜活动”。活动以知识性、趣味性为主要内容，形式多样化，内容涵盖面广，受到读者们的欢迎。围绕第六次全国县级公共图书馆评估定级工作要求，灵武市图书馆积极申报参评活动，做好评估定级迎检工作顺利通过专家组初验考核。

【党组织建设】 根据《党章》、党风廉政建设“两个责任”等相关规定，认真落实“一岗双责”，坚持党建与业务工作“两手抓、两促进”，同部署、同检查、同考核、同落实。坚持“三会一课”、每周一干部学习制度，认真组织开展“两学一做”常态化制度化第一、第二、第三、第四专题学习研讨会，“学查改”干部作风整治活动，切实做好党员干部思想教育工作，注重日常教育学习和效果，组织干部职工参加业务培训30人次，上报简报36篇。全体干部职工人均撰写学习心得体会3篇以上，党员人均撰写发言提纲4篇，支部书记讲党课2次，提交区市调研报告1篇，组织开展法宣在线、干部网络培训、公需课及专业技术人员脱产学习培训，按要求全部完成学习考试任务。在一楼大厅制作社会主义核心价值观宣传墙，同时，在谢家井社区枣园湖畔B区制作、安装社会主义核心价值观、美丽灵武人文明公约等宣传栏，营造良好的创建文明城市宣传舆论氛围。认真开展“五送两带一帮”干部下基层活动。指定专人负责做好泾灵北村建档立卡户入户登记等工作，为贫困户介绍就业信息、送去米面油、学习用品等实物，帮助解决生产、生活困难和上学困难。积极参与社区联合党委工作，开展党员岗位在单位，服务在社区主题党日活动，通过讲党课、诵读经典、唱红歌、慰问清真寺、爱心捐款、缴纳党费、佩戴党徽、义务劳动等主题党日活动，进一步提高服务群众的主动性和时效性，受到基层群众的欢迎。

【农家书屋】 继续做好农家书屋的服务指导工作。召开乡镇农家书屋管理员会议，以会代训提高业务工作水平；印制《农家书屋管理员审批表》《农家书屋备案登记表》《农家书屋管理员信息表》《书香灵武全民阅读宣传员登记表》等表册进行填报，夯实工作基础；组织采编室工作人员不定期到各乡镇文化站进行图书分类、编号、贴签、上架、登记造册等指导工作，进一步规范乡镇综合文化站图书室管理工作；迎接自治区文化广电新闻出版局对农家书屋的检查工作和银川市文化广电新闻出版局对乡镇综合文化站的考核验收工作。

【阅读推广】 通过与水木灵州社区、谢家井社区开展经典诵读活动；与教育局、街道办、各乡镇等部门单位联系，开展全民阅读月系列活动宣传报道，书香校园、书香单位、书香村(居)、阅读推广人等推荐申报；4月23日世界读书日，组织开展了图书服务宣传活动，在灵州广场组织新华书店、三味书社、知音书店等实体书店开展服务宣传活动，联合水木灵州社区开展了以“阅读人生　香润心灵”为主题的全民朗诵会及图书漂流活动，积极推进图书馆“送书进校园”活动，联合杜木桥小学及新华书店组织开展了“全民阅读及经典美文诵读”活动。5月11日，灵武市2017年文化大集及乡村读书节活动在郝家桥镇泾灵新村小广场正式启动。6月21日，灵武市图书馆在马家滩镇马家滩村、大羊其村举办“重塑耕读文化，传承乡风良俗”乡村大讲堂下基层活动。灵武市图书馆与市二中、市一小、四小等学校对接联系，协调家委会，动员广大师生，定期（二中暑假）、不定期到图书馆开展亲子阅读活动；与市一中老师联系、对接，录制微阅读视频上传参至银川市全民阅读竞赛；与各乡镇文化站对接联系，组织农家书屋管理员参加银川市巡讲；在灵州广场、泾灵新村送文化下乡文艺演出活动中，开展经典诵读等活动，进一步扩大全民阅读推广力度。

电 影

【概况】 2017年，自治区新闻出版广播电视局下达灵武市农村电影放映任务市1451场。实际放映电影1483场，超额32场完成任务，观众人数达30.4万人次。其中枣博园广场、高庙广场固定点放映360场、移民村放映44场、农民工及广场放映240场，以最佳效果活跃了城乡人民群众的文化生活。

【监督检查】 继续实行放映员每放映一场电影其报表必须有生产队长签字，村委会务全部实行以监控为依据。局分管领导不定期地在办公室给现场放映的放映员打电话、查证放映情况。

【队伍建设】 文广系统领导签字后方可确认的行政监督制度。重视卫星监控，分管领导每天登陆检查。全市的8套电影放映设备监控全部正常，所属的8名放映员全部参加了国家广电网的远程教育培训并取得了通过认证。除了参加区市组织的各种业务培训外，市电视台还组织放映员举办培训讲座，并组织考试测验。组织放映员参加市人社局组织的技术职称评定，3名职工晋升了技术职称。每个放映员都做到了技术熟练，服务周到，架设银幕横平竖直、场地选择安全合适，技术操作认真负责。

地方志编纂

【概况】 2017年，灵武市地方志办公室业务人员2人，出版《灵武年鉴2017》。挖掘灵武地情资料，启动《嘉庆灵州志迹》译注工作；着手《灵武历史纪年》等相关地情书籍的编写。开展《灵武市地方志事业发展规划》的编制工作，谋划灵武地方志事业的出路。开拓地方志办公室工作职能，参与灵武经济社会发展特别是文化建设的各项活动，参与地名普查工作，提升地方志事业的新定位和认知度，努力开创灵武市市地方志事业发展新局面。

【编辑《灵武年鉴2017》】 灵武市地方志办公室通过积极争取，2016年底，以灵党办通〔2016〕41号行文，向全市各单位征集2016年的年鉴资料，要求各部门于1月20日前上报年鉴资料。由于要求上报资料的时间早，许多数据资料无法统一于2016年底，加大了志办业务人员在编辑过程中的工作量。多次反复核实，加之部分单位和部门的稿件多次催要，不能如期完成。年鉴工作相对滞后，与各单位撰稿人员及时对接，随时进行督导，对存在的问题进行反馈核实。于9月底完成初稿，10月下旬完成总纂，11月下旬送出版社编校，12月出版发行。

【拓展地方志业务】 开展旧志整理，启动《嘉庆灵州志迹译注》工作。2017年年初，与原《嘉庆灵州志迹校注》作者进行洽谈，继续由其对《嘉庆灵州志迹校注》进行译注编校，签订了合作协议。与此同时，地方志办公室以档案局的名义向市政府提交了关于出版《灵州志迹》译注本的计划及经费报告，5月得到市政府的批示，译注工作正在有序进行之中。挖掘地情资料，编写《灵武历史纪年》，完成初稿约20万字，报自治区地方志办公室及市领导进行审核，提出一些修改意见和建议，将其下限延至2017年，12月报出版社审核编校。

【编制《灵武市地方志事业发展规划》】 该规划的编制，是2017年《政府报告》中提到的一项中心工作，也是提升地方志工作的一个契机。为此，地方志办公室将此列为2017年的工作重点之一，年初安排人员进行调研编制。恰当地分析了灵武地方志工作存在的问题和将要努力奋斗的方向。规划内容多次调整，一是时间、二是规划任务、三是保障措施，多次进行反复论证。

通过借鉴地方志规划及相关领域的规划纲要，特别是结合十九大关于“文化自信”的阐述，对照灵武市地方志工作的具体实际，五易其稿，完成规划的编制初稿，上报市政府审核。

【志书交换与征集】 为加强交流、学习兄弟市县的志书经验，丰富地情资料积累。利用各地地情资料交流的电话、函件等信息，开展相关的地情资料交流。利用“5·18”地方志及各市县区学习交流的机会，加大与区内各市县区地方资料的交流。利用外出学习考察之机，注重所到地区的地方志资料交流。2017 年，交流的志书年鉴，涉及有 32 个市县区 70 余册。

【学习考察】 积极参加自治区志办及银川市志办举办的地方志年鉴培训班，尽可能多地安排相关人员参加学习培训，努力提高编辑业务能力，拓展编辑视野，做好地方志及年鉴工作。2017 年，先后有 10 余人次参加了地方志及年鉴工作的培训和学习。

【区市年鉴供稿和地方志宣传】 2017 年年初，指定专人为自治区及银川市两级年鉴上报灵武市资料，于 5 月底完成两级年鉴资料的初稿上报，对反馈意见进行补正和修改。2017 年 5 月 18 日，灵武档案局、市志办一行 6 人在银川太阳神宾馆参加全区“5·18 地方志宣传日”活动暨《宁夏通志》首发式，并参加了为期 3 天的业务培训。利用“6·9 国际档案日”，向市民发放第一、二轮《灵武市志》《灵武年鉴》《灵武史话连环画》等地方志书籍 200 余册。

科学技术

综述

【概况】 灵武市科学技术局是主管全市科技工作的政府组成部门。现有工作人员18名,其中在职副科级以上领导干部6人,下设副科级事业单位1个,即灵武市生产力促进中心。2009年,市地震局工作职能和工作人员整体划归科技局,挂灵武市地震局牌子。局机关内设局办公室、工业科技及知识产权办公室、农业及社会发展科技办公室、科技信息服务中心、地震应急救援及地震监测预报办公室、震害防御办公室、财务室7个职能科室,市科技特派员创业行动协调领导小组办公室设在科技局。灵武市科技局是灵武市级"文明单位"、三星级党支部,由于科技局工作成效突出,灵武市先后于2007—2008年度、2009—2010年度、2011—2012年度连续三届获全国科技进步考核先进市称号。2013年,灵武市顺利通过了自治区科技进步考核领导小组对灵武市2011—2012年度国家科技进步工作的考核,并以优异成绩被国家科技部评为2013年度全国(县)市科技进步考核先进(县)市,这也是灵武市连续三届获得该项荣誉;2014、2015、2016年灵武市连续三年被评为国家知识产权试点示范城市工作先进集体称号。

【技术创新平台】 实施高新技术企业培育工程、科技型企业倍增工程,加快建设各类技术创新平台。2017年灵武市科技局对灵武市具备申报资格的企业进行认真调查摸底,做好协调与服务工作,组织万殷机械、瑞银科技、成丰工贸申报高新技术企业。经评审,2017年,灵武市新增高新技术企业1家,为宁夏瑞银有色金属科技有限公司。指导灵武市15家企业申报自治区科技型中小企业,灵武市8家企业获批自治区科技型中小企业。昊王米业获批科技部"星创天地"。截至2017年年末,灵武市共有高新技术企业5家、自治区科技型中小企业39家。

【对外合作】 灵武市科技局依托成立的现代纺织产业等5个专家服务团,建立健全以市场为导向、企业为主体、高校和科研院所为支撑、以提高产业质量和效益为目标的产学研合作机制,攻克制约特色优势产业发展的关键技术4项;引进、转化科技成果6项;示范、推广应用先进适用技术15项。组织恒辉油气等6家工业企业、宁夏沃源犇牛农牧专业合作社等5家法人科技特派员申报灵武市特色产业高层次人才备案项目。瑞银科技、金太阳药业等15家企业与天津科技大学、西安工程大学、北方民族大学等高校院所签订合作协议,先后组织大型产学研对接、科技洽谈、合作、交流会议20多次,年内完成攻克制约特色优势产业发展的关键技术7项。

【科技扶贫】 灵武市科技局将科技扶贫作为脱贫攻坚的重要举措,利用科技特派员等资源,以泾灵新村、泾兴村奶牛养殖、蔬菜种植、黑枸杞种植产业为依托,聘请区市种养殖领域专家,开展适合移民群众生产发展的产业培训,通过培训让移民群众掌握农业实用技能。12名科技特派员围绕特色产业发展,先后引进新技术、新品种21个,实施马兴云、黄广霞肉牛养殖园区2个,史进、司春亮种植辣椒、黑枸杞等特色作物570亩,建立科技示范户68户,撬动其他各部门的项目资金达400万元。科技局为泾兴村13户扶贫户提供鸡苗720只,发放鸡笼3只、饲料500

斤,通过养殖增加收入;介绍3户青壮年到银川、平吉堡、红寺堡进行长期务工,4户到宁东、白土岗打零工,保证家家有事做,户户有活干,今年计划脱贫的8户贫困户家庭人均收入已超过4000元,最高达7000元。

【科技服务】 落实自治区科技管理改革,提升灵武市科技金融整体工作水平。按照自治区关于设立科技型中小微企业风险补偿资金文件要求,加快融入银川市科技与金融试点城市建设,科技局申请市政府设立400万元风险补偿专项资金,待资金运作模式建立完毕,将为中小微企业进一步拓宽融资渠道,助力灵武市中小微企业发展。同时,组织灵武市科技型中小微企业融资需求项目入库8家,为企业获批贷款额度10750万元;科技金融专项获批4项,企业实际贷款3500万元,贴息139万元。积极组织本单位职工和企业科技人员参加业务培训。组织科技局3名干部职工到电子科技大学、中国科学院大学进行业务培训,了解全国各地科技工作动态和科技发展方向,提高科技服务能力和水平;举办提升科技特派员创业能力培训班1期,培训科技特派员80人;强化知识产权工作,组织灵武市20家企业申报自治区知识产权专利补助项目;举办知识产权培训班2期;引进第三方科技服务机构1家,联合设立知识产权公共服务平台,为企业申报、挖掘、储备专利提供全程服务。截至2017年年末,灵武市共授权专利55件,其中发明专利8件,实用新型46件,外观设计1件。

【科技特派员创业行动】 对原有219名科技特派员进行动态调整,保留184名能够充分发挥科技特派员职责的专业技术人员及创新创业人员,同时增选29名纳入第十一批科技特派员队伍,经调整纳新后科技特派员人数共计213名。组织泉茗瓜果蔬菜种植专业合作社等8家法人科技特派员申报自治区科技特派员创业项目,获批项目资金40万元。年初,科技局、财政局经认真调查摸底研究,对灵武市临河滨河长枣专业合作社等20个投资较大,示范带动性强,效益明显的科技特派员创业项目进行备案,并于10月份组织专家组对备案项目进行考核验收,经专家组验收评定,2017年备案的20个科技特派员项目19个通过验收。加强科技特派员管理,选择15名社会影响大、服务效果好、带动能力强的优秀科技特派员推荐为自治区“三区”人才,示范带动全市特色优势产业发展;组织科技特派员开展送科技下乡、农民科技培训活动共培训农民40期2000人次;选派科技特派员入驻生态移民村,举办实用技术培训班2期,培训移民200人次,培育科技示范户10户;创新宣传方式,科技局联合灵武市文广局,在灵武电视台、美丽灵武微信公众平台开辟《我是科技特派员》《三区科技人才下基层》专栏,对10名科技特派员、8名三区人才创业成效、工作经验和典型事迹进行系列报道,以点带面,营造浓厚的全民创业氛围。

【科普宣传】 启动主题为“科技强国　创新圆梦”科技周活动,组织开展了集中科普宣传活动,科技(地震)、科协、农牧、卫生与计生、市场管理、安监、环保等16个部门和部分重点企业向广大市民展示了近年来灵武市在科技创新、经济社会发展、优势特色产业方面取得的成果。同时开展了空气质量、食品安全、医疗服务、生态环保、应急避险、低碳节能、健康生活、计划生育、节约用水、安全生产、法律法规等方面的咨询和服务活动,发放宣传彩页2600余份,发放现代农业科技知识宣传册1000余份,发送防震减灾围裙300个,开展技术咨询和法律、医疗服务700多人次。科技活动周期间结合灵武市开展的“五送两带一帮”主题实践活动,积极组织科技人员、科普志愿者和大学生科普服务队等深入学校、社区、企业和农村开展科普宣传活动,重点对泾兴村移民和各乡镇农民群众进行实用技术培训。通过一系列科普宣传活动,丰富群众的科普知识,宣传创新创业科技方针政策,营造加快自主创新,促进科学发展的良好氛围。

防震减灾

【震情短临跟踪】 坚持召开震情会商会。全年完成周会商24次、月会商12次,年中会商2次,按时收集、报送、分析数据,总结分析震情监测情况,结合宏、微观异常情况做出震情趋势判定意见。利用实用化攻关程序和GIS地震预报分析软件,对

2017年的地震预测、杨洪桥井水位和电磁波资料进行动态跟踪分析，全面分析研究吴灵地区地震活动特征，重点对吴灵地区及邻区的地震危险性进行专题分析研究。

【应急救援演习】 完善应急反应机制，提升地震应急处置能力。紧紧围绕"防灾减灾"主题，针对潜在的地震风险组织开展地震避险疏散应急检查和指导，在市五中开展地震应急演习，内容包括避险、疏散撤离、自救互救、震后应急预案启动程序、学校医疗救护、被困人员搜救等。通过集中检查指导，提高有关部门应对重大突发灾害事件的能力。

【地震安全示范创建】 以创建活动为抓手，与社区建立防震减灾协作机制，建立健全防震减灾知识宣传教育网络，开展防震减灾科普宣传进社区活动，使社区成为开展防震减灾知识宣传、直接服务居民的窗口。2017年完成创建谢家井社区为国家级地震安全示范社区。

【科普宣传】 开展防震减灾宣传活动，提高群众防震减灾意识和能力。以玉树地震纪念日、5·12汶川地震纪念日、7·28唐山大地震纪念日、12·16海原大地震纪念日、安全生产月为契机，开展宣传六进活动，利用播放地震科教片、发放宣传单、地震减灾报、地震科普知识小册子等形式，积极开展宣传教育活动。强化群众的防震减灾意识，提高了广大群众对地震避险、自救互救、心理承受和鉴别地震谣言的能力。

【防震减灾】 一是更新地震观测设备。引入电磁波观测地震，并与银川市基地电磁波地震观测点实现数据共享，将两个台网分散的地震观测信号，使用数据传输方法实时传输至记录处理中心，为在短时期内掌握地震前的前震活动情况、快速进行地震各项参数的速报、快速决策抗震救灾工作、余震监测、震后趋势判断和强余震预报等工作提供了基本数据和资料。二是抗震设防确认。开展区域内的新建、扩建、改建建设工程抗震设防确认，对重大建设工程、可能发生严重次生灾害的建设工程，进行地震安全性评价。2017年度，灵武地震局被评为自治区防震减灾工作县级先进单位。

气象服务

【概况】 宁夏回族自治区灵武市气象局成立于1951年12月，实行银川市气象局和灵武市委、政府双重领导的管理体制和双重计划财务体制，负责灵武市区域内气象业务服务和管理工作。内设办公室、防灾减灾科（政策法规科），下设气象台、气象服务中心、雷电防护技术中心3个直属事业单位。灵武市气象局有职工22人，其中：男16人、女6人，国家编制8人、部门编制7人、劳务派遣3人、"4050"人员1人、实习人员1人、离退休职工2人，本科以上学历9人，工程师3人，中共党员7名。

【工作职责】 负责灵武市气象事业发展规划的制定及气象工作的组织实施；对灵武市的气象活动进行指导、监督和行业管理。组织指导灵武市气象灾害防御工作；组织拟订和实施灵武市的气象灾害防御规划；组织气象灾害防御应急管理工作；管理灵武市人工影响天气工作，指导和组织人工影响天气作业；指导城乡气象工作，组织推进农村气象灾害防御体系和农业气象服务体系建设，组织指导乡（镇）、村、街道（社区）气象信息服务站（工作站）和气象协理员、信息员队伍建设。组织灵武市气候资源的综合调查、区划，指导气候资源的开发利用和保护，组织并审查重点建设工程、重大区域经济开发项目、城乡建设规划的气候可行性论证和气象灾害风险评估。负责灵武市的气象台站和气象设施的组织建设和维护管理；组织管理灵武市气象探测资料的采集、传输和汇交；依法保护气象设施和探测环境；负责审查建设项目大气环境影响评价所使用的气象资料。负责灵武市的气象监测、预报预警、公共气象服务管理工作；组织管理灵武市气象信息的发布和传播；组织重大活动、突发公共事件气象保障工作；承担重大突发公共事件预警信息发布系统建设及运行维护。组织管理灵武市雷电灾害防御工作，会同有关部门指导对可能遭受袭击的建筑物、构筑物和其他设施安装的雷电灾害防护装置的检测工作；负责管理灵武市的施放气球活动。组织开展气象法制宣传教育，负责监督有关气象法律法规的实施，对违反《中华人民共和国气象法》《宁夏回族自治区气象条例》和《宁夏回族自治气象灾害防御条例》等法律法规有关规定的行为依法进行处罚，承担有关行政诉讼；组织宣传、普及气象科学知识。

2017 年，在区、市气象局党组的正确领导和大力支持下，灵武市气象局紧密围绕全区、全市气象局长工作会议精神，进一步解放思想、优化环境、厚植优势、补齐短板，以新发展理念为统领，以发展的质量和效益为中心，全面提升气象综合防灾减灾和应对气候变化能力。通过不懈努力，在工作上取得了一定的成效。

【基础建设】 灵武市气象站业务用房建设项目有序推进。该项目于 2016 年 10 月 17 日业务用房主体结构封顶，2017 年已按照实施方案完成灵武市气象站业务用房建设全部任务，工程已顺利通过质量和消防验收，2017 年年底投入业务使用。灵武市郝家桥泾灵新村人工影响天气标准化作业点建设项目顺利完工。3 月 28 日该项目完成基础换填并通过验槽，5 月 3 日完成项目“三库两室两平台”建设等项目方案全部内容。谋划做好台站规划工作。向银川市气象局上报《灵武市气象局 2018—2025 年台站规划》，进一步满足灵武市气象业务现代化需求。优化探测环境，依法保护灵武市国家一般气象观测站探测环境。依法做好气象探测环境保护工作，与农户协商解决观测场南侧影响气象探测环境的树木，使气象探测环境得到进一步改善。

【气象服务】 做好重大灾害天气和重要活动等气象服务。“2·20”暴雪、“6·4”强降水、“6·6”冰雹天气等重大及灾害性天气过程服务及时、有效；圆满完成“丝路古驿·羊绒之都”中国·宁夏（灵武）热气球节和 2017 年亚太大学生五人制足球暨啦啦操锦标赛等 2 次重大活动保障工作，受到了灵武市委、政府领导的肯定，并得到了灵武市人民政府办公室表彰通报。2017 年，制作《气象信息专报》45 期、《农用天气预报》65 期，利用手机短信平台发布重大天气预报预警信息 104 条，服务 13.5 万人 / 次，市党政领导在决策服务材料上批示共计 13 次。扎实做好气象为农服务。申报《宁夏回族自治区灵武市“三农”服务专项》，开展“直通式”为农气象服务相应服务，其中专业合作社 120 户、家庭农场 43 户、设施农业大户 9 户、特色气象服务（长枣、水稻）11 户。提升专业专项服务支撑能力。借助微博、微信等媒体多渠道做好春运、森林防火关键期等专题气象服务。全力做好气象助力精准脱贫。制定《灵武市长枣精细化气象服务周年服务方案》，与林业、科技等部门合作，在灵武设施长枣产业园区安装农业小气候监测设备，并行观测长枣生长的物候期及气象要素，建立设施长枣不同生育阶段精准化农业气象指标，助力设施长枣特色优势产业实现生产效益最大化。

【气象综合防灾减灾】 完善气象综合防灾减灾体系。及时调整灵武市气象灾害防御领导小组成员，6 月 5 日，灵武市政府召开 2017 年防汛抗旱暨气象工作会议，与水利、国土、农牧、安监等 6 个重点部门签订了《气象灾害应急联动协议书》，联合开展灾害调查、会商研判、预警发布和绩效评估。通过灵武市人民政府印发了《灵武市气象灾害应急预案》，和安监局联合印发《关于切实做好大风、沙尘灾害性天气防范应对工作的紧急通知》，针对高温天气，灵武市人民政府印发了《关于做好高温天气防范应对工作的紧急通知》。拓宽气象防灾减灾服务渠道。借助新媒体平台，创建“灵武气象服务管理群”QQ 群和“灵武气象服务与应急联动管理群”微信群，实时发布气象监测预报预警信息，并第一时间了解灾情，最大限度减轻气象灾害损失。对全市 112 名气象信息员信息进行重新核实更新，并通过手机短信培训方式进行培训；与联通公司签订合作协议，实现面向各级党委、政府决策者，相关部门行业责任人和基层气象信息员的气象灾害预警服务全覆盖，实现信息 24 小时无间隙发布。提升人工影响天气能力。印发了《灵武市 2017 年度人工影响天气工作计划及作业公告》（灵人影办发〔2017〕1 号）。积极组织人影作业人员 4 人集中参加人影作业培训 1 次，作业人员 100%持证上岗。2017 年共开展人工作业 3 点次，发射火箭弹 21 枚。

【气象改革】 强化气象科技与人才的支撑作用。指派 2 名业务人员赴省外学习培训，同时邀请兄弟县局业务骨干进行业务交流，通过“走出去、请进来”的方式，提高其专业技术水平和气象服务能力。提高科学管理能力水平。推动灵武市政府将防雷安全工作纳入安全生产责任制，“指导全市雷电灾害公共安全防御工作、负责全市气象探空气球的统一规划与管理”等5项气象部门安全生产监督管理职责被纳入《灵武市安全生产行政责任规定》，联合安监局印发了《关于做好2017年全市防雷减灾工作的通知》（灵气发〔2017〕4号）。加快推进企业改革。巩固深化防雷减灾体制改革。坚持事企分开，配合市局推进宁夏新气象科技服务公司改革。加强气象立法和标准化工作。结合气象行政审批制度改革和防雷减灾体制改革，通过市机构编制委员会印发《关于将气象建设工程防雷许可转交市住房和城乡建设局、水务局、交通局的通知》（灵编办发〔2017〕2号），厘清与住建、公路、水利等各专业部门的许可范围，明晰监管职责，2017年3月6日顺利完成与相关部门建设工程防雷许可转交工作。同时，细化气象局负责的建设工程防雷装置设计审核和竣工验收许可范围、完善审批流程，并向社会公布。制定《灵武市乡镇人民政府行政权力和责任清单》（气象部分），并通过法制办审核、编办发文公布。

【党建工作】 抓好党的建设和系列专题教育活动。认真学习贯彻党的十九大和习近平总书记系列重要讲话精神，以“三会一课”为基本制度，融入日常、抓在经常，构建长效机制，落实两个责任，领导干部带头讲党课。积极参与市直机关“堡垒工程”星级服务型党组织评星晋级，2017年申请组织由二星晋级升为三星级党组织。认真组织开展灵武市第十一个“党建月”活动，制订活动方案，开展以“担当实干讲奉献”为主题的组织生活会1次。巩固“两学一做”学习教育成果，继续落实好“基础在学、关键在做”的根本要求，组织党组中心组学习会议5次，职工大会7次。加强党支部建设，把发展党员作为支部建设的一项重要工作，积极培养先进分子入党，现已将1名同志作为重点发展对象。大力加强精神文明和气象文化建设。认真落实离退休人员“两项待遇”，组织开展退休职工座谈会1次，探望退休老干部2次，引导退休干部继续支持事业发展。营造良好宣传教育氛围。截至2017年，组织新闻发布会、信息通报会或媒体联合采访4次。在社会媒体发布或被转载新闻报道或科普作品10篇，被《宁夏气象工作信息》采用信息6条，开展“3·23”世界气象日、“5·12”防灾减灾日等科普宣传活动4次，在CMA网站采稿4篇，中国气象报2篇，中国气象图片网5篇。

街道 乡镇

城区街道办事处

【概况】 灵武市城区街道办事处成立于2006年3月，是灵武市委、政府的派出机构，主要承接政府部门依法延伸到社区的公共事务管理、公共服务、公益服务。辖区内有住户34227户137364人。其中社区党支部13个，街道机关党支部1个，非公有制企业党支部1个，直管党员856名。街道机关设党政、党群、综治、计生、民政、劳动保障、人民武装、工会、物业管理等科室。

【基层组织建设】 社区阵地建设全面提升。高标准打造了朔方路社区“智慧党建五彩家园”党建示范点，提升创新社会管理服务水平，推进服务型党组织建设，引领社区建设新航标。智慧社区建设雏形已定。坚持以社区治理为重点，以便民服务为目标，利用“三化一满意”平台，坚持“政府主导、企业参与、社会协同、市场运作”的建设模式，启动与智慧社区试点建设，实现社区治理、政务服务、文化教育、社区党建、日间照料、便民缴费、智能快递、智能充电站等功能。

【民政救助】 现有低保户266户481人，发放高龄津贴510600元、孤儿养育津贴115992元。全面推进救灾救济工作，发放春荒粮大米3万斤，食用油400桶；动态管理低保户进出机制，2017年审核新增10户，停发低保58户，减员18人，增员8人。完善宁夏民政综合服务平台信息的准确性，对社会救助人员基础数据进行严格筛查和导入。发放残疾补贴448人、护理补贴482人、残油补贴70人，重度残疾人评定补贴12人。为67名精神残疾服药人员发放药品，登记假肢矫形器安装4人，发放残疾人轮椅12辆、辅助器具23个，完成残疾人辅助器具适配项目登记2人、低视力验配助视器9人。

【人口和计划生育】 加强全员人口信息系统质量建设，完整率和准确率指标全部达标。做好出生实名制核查工作，完成新生儿录入625人。依法进行计生证件审批，办理生育服务证356例，政策符合率、办结率均达100%。计生优先优惠政策全面落实，审核并发放独生子女医疗补贴2267人204030元，独生子女保健费374户181475元。申报新增特别扶助对象2户4人，退出1人。加强流动人口跟踪服务和动态管理工作。强化计生宣传教育，利用节假日开展孕期保健、关爱儿童和关爱流动人口系列宣传教育活动。做好避孕药具发放工作，保障育龄群众生殖健康。

【就业与社会保障】 实现失业人员就业2417人，困难人员就业632人，动态消除“零就业家庭”。审报小额贷款105万元，审核办理社保补贴384人。录入办理就业失业登记证共计37人。网上办结率100%。做好劳动力资源调查摸底工作，掌握就业意愿。实施全市城乡居民户均一人进厂工程，就业128人，登记购买外出务工意外保险714人。抓好劳务移民脱贫攻坚工作。依托附近园区企业，带动居民积极就业。开发拓宽就业渠道，举办使用技术培训班，培训劳务移民1360人次。

【精神文明建设】 开展了“移风易俗，文明乡风”专场演出和“全民阅读，书香灵武”等读书活动，举办了“告别陋习、争做美丽灵武人”知识竞赛及征文活动，提高群众对创城工作的知晓率和支持率，营造人人参与的良好风尚。开展群众性文体活动，丰富居民文化生活，不断提升居民的文明素质。开展“托举哥”孟军舍己救人宣传活动,并申报认定见义勇为先进个人。加强统战民族宗教工作,开展了民族宗教政策法规宣传活动,建设了同利家苑民族宗教政策宣传文化长廊,设立了北沙窝清真寺穆斯林书屋。深入推进社区创建活动,街道荣获银川民族团结示范先进单位;做好宗教场所安全隐患排查工作;组织宗教场所教职人员参加培训班3期,举办了“3·15”庙会。建立宗教场所教长考核制度,发放宗教人士生活补贴18000元。做好困难女职工申报及慰问工作,慰问人数51人,慰问金额41500元。关注“助残日”救助,救助人员19人,救助资金19000元。慰问贫困单亲母亲24人,发放母亲邮包3人。申报灵武市级“巾帼文明岗”2个,举办“巾帼脱贫行动”手工技能培训班,开展“庆三八”系列活动及“和谐婚姻家庭大讲堂”巡讲活动。做好武装和国防教育动员工作,实施城区街道基干民兵军训活动,完成城区适龄青年兵役登记工作,确定预征对象17名。

【社会管理综合治理】 完成街道综治中心架构建设任务,启动三中心一窗口运行机制,规范社区综治服务站建设。全面落实“六包一”责任机制和重大信访案件领导包案制度,着力化解信访积案。做好重点信访人员稳控工作,主动加强下访和重点人员约谈,防止造成非访,信访维稳得到有效管控。深化矛盾纠纷排查调处制度,解决西湖人家、龙辰华庭、花雨湖滨D区等小区物业及房屋质量等居民信访维稳工作。处理解决12345市长信箱转办单22件,排查矛盾纠纷50件,调解率达100%。继续推进禁毒专项整治。以戒毒(康复)工作站、娱乐场所禁毒宣传教育示范点为中心,加大禁毒宣传教育。继续深入开展禁毒排查管控,彻底扭转禁毒形势。扎实开展“七五”普法工作,强化《法治中国》宣传教育,推荐申报银川市“百名法治模范”2人。组织开展法律进小区、进学校、进企业、进工地、进商场、进家庭活动。深入开展安全检查活动加大,密集场所、水域安全及燃气使用隐患排查。解决了华府B区地下车库高压配电室水槽积水和消防控制室瘫痪问题。启动“消防安全社区”创建活动,开展了火灾隐患专项整治和电气火灾防范专项行动。开展消防安全“六个一”活动,在上元名城、灵州华府等小区建立了13个微型消防站,定期开展消防安全隐患排查整治工作,上传消防网格信息317条,排查整治各类小场所500多家,进行火灾隐患大扫除300多家,组织开展消防演练20次、消防培训10次,参训人员达1500多人。

【环境卫生整治及小区绿化改造】 实施居民小区绿化改造提升民生民心工程,按照“四季有绿、三季有花,绿化美化香化”的要求,先后完成103个小区绿化任务,栽植各类树木147071棵、花苗105970株,种植花籽1375公斤,完成绿化面积33.2万平方米。累计出动劳力3580余人次,居民1320人认领12610棵树。实施城市小区设施提升工程,针对居民小区缺少垃圾箱、无物业小区垃圾无法清理运输等问题,通过政府采购购置垃圾箱680个、垃圾车40辆。强化居民自治,指导小区成立枣园人家、西湖人家、佳乐苑、芙蓉苑一期7个业主委员会。推进实施老旧小区改造工程,主动接洽旧城改造包拆任务,完成印刷厂片区8户880平方米、原朔方路社区办公楼6户332平方米拆迁协议签定,圆满完成拆迁工作,拆迁户满意率达100%。深入开展小区环境综合治理行动。采取集中治理和长效管理相结合的方式,对建筑物杂乱、空地杂草、垃圾曝露随意堆放、小区种菜等严重影响小区容貌现象进行重点整治。先后开展环境卫生大整治活动30余次,清运各类垃圾60余吨。加大小区环境卫生检查力度,联合房管、城管对有物业、无物业小区的环境卫生情况进行了督导检查,有效促进小区环境卫生管理水平提升。

东塔镇

【概况】 东塔镇地域面积108.7平方千米,距市区东南约2.5千米处有一座始建于元代的阁楼式镇河塔,与银川西塔为姊妹塔而得名,故取名“东塔”。东塔镇以长枣、玉皇李子、口外杏子、大青葡萄等名特优水果而名扬区内外,被冠以“花果之乡”的美誉。全镇下辖9个行政村,镇党委下辖10个党支部,镇机关支部1个,村党支部9个(园艺村党支部、新园村党支部、果园村党支部、东塔村党支部、宋桥村党支部、黎明村党支部、安家湖村党支部、城一村党支部、城二村党支部）。

【经济发展】 发挥长枣社会化服务体系势能。不断完善长枣标准化建设服务体系，成功申报市级长枣示范园建设项目4个，面积共930亩，实行长枣种植管理“四统一”标准，统一定制包装箱2.3万个，统一品牌标识，不断提升产销一体化服务体系水平。全年长枣产量约2300万千克，覆盖枣农2000多户；区内销量1800万千克，区外销量50万千克。在甘肃兰州、庆阳、平凉、西峰，陕西延安，江苏徐州，湖北武汉，西藏拉萨等城市设立销售点，区外市场拓展工作富有成效。

【基础设施建设】 一是扎实推进河长制落实。综合治理小水水沟4.615公里，新开沟道1.38公里，清淤疏浚沟道3.325公里；防护衬砌沟道3.003公里。清淤治理纪家湖沟2.512公里，沟道防护衬砌2.429公里。实施灵武市环境整治沟道治理项目，采取格宾砌护加生物措施砌护东大沟3.076公里。改造园艺村1队扬水泵站进水渠1条。全面落实“河长制”工作，制定“河长制”实施方案，形成一河一策一沟一档，定期进行巡查整治。二是夯实安置小区基础设施建设。积极推进镇河塔A、B区物业用房配套设施建设，完成项目勘测设计、预算立项以及前期准备等工作。三是推动人大议案落实。完成宋桥村王家大户路段与铁路交叉口以东路段长800米、宽3.5米的道路硬化工作，受益群众700余人。

【城乡环境整治】 一是积极开展卫片执法行动。联合市相关部门对辖区内违章建筑进行依法拆除，出动车辆机械2630台（次），消除违章图斑28宗，面积85亩，依法拆除违章建筑4万多平方米，全部复耕。依法对宁夏聚富源工贸有限公司非法开采设施设备及生产生活用房进行强制拆除。强化综合执法巡查力度，对违章建筑，非法偷采、盗采等现象零容忍。二是开展环境综合治理“风暴行动”。完善环境整治考核评估机制，落实农村环境卫生“网格化”管理责任体系，加强保洁员考核管理，清查补充环卫设施设备，全面提升村民居住环境。开展主干沟渠道路整治纵深化行动，对灵白路、下白路、南二环连接线等主干道路进行综合治理，清理沟渠28条49公里，清理垃圾1.62万吨；清理巷道、道路81条110.4公里；清除乱堆放杂物83处垃圾3650吨；清理三乱广告、牌匾标识574处。开展农村环境卫生整治常态化行动，健全完善农村综合整治长效机制，整治取缔废品回收非法收购点，坚决禁止秸秆垃圾焚烧。对8个居民小区进行造林绿化，栽植花卉树木4.2万余株，小区整体形象大幅提升。

【土地管理】 2017年，东塔镇靠前服务，主动作为，及时保障重大项目用地需求，先后完成火车站至下白路连接线62亩土地、银西高铁东塔过境段21亩土地、生态纺织园电缆沟15亩土地等4项重点项目的征地拆迁工作。西平街东延伸段征地拆迁项目涉及147户群众，已签订协议130户。下白路北段拓宽改造项目涉及260户，已签订协议193户，完成率为74.2%。东山坡防洪治理项目征地拆迁涉及纪家湖沟、黄河路边沟和余家蒲滩等工段，其中，纪家湖沟工程段签订53户；黄河路边沟和余家蒲滩工段签订协议30户。

【安全生产】 加大安全隐患排查力度。强化安全生产队伍建设，增加专干人员至2人。狠抓安全生产监管，制订应急预案，与9个行政村和辖区7家企业签订了年度目标安全生产责任书，开展“安全生产月”及万里行活动，覆盖安置小区13个、危化品生产经营企业4家、非煤矿山1家、建筑施工企业5家、麻辣条厂1家、宗教场所9处。推进安全排查逐步由临时性、突击性向经常性、持续性转变，牢牢把握安全生产工作主动权。

【矛盾纠纷排查稳控调处工作】 完善综治中心建设，推行四级网格化综治维稳管理模式，建成四级网格112个，设立56名调解员、69名调解信息员。开展矛盾纠纷排查调处、铁路安全排查、禁毒康复、打击传销违法犯罪等活动，调解各类矛盾纠纷47件，建卷6件；受理信访案件20件，办结率100%，签定息诉罢访协议书6人，接待受理来访群众64批235人次。接收社区矫正人员19名，衔接刑满释放人员4名，无重新犯罪。吸毒人员109人，强戒10人，戒断三年未复吸24人。举办“七五”普法专题培训班、公益劳动等各类宣传活动35场次。

【全面深化改革】 一是积极推

进法治政府建设。推进乡镇级权责清单制度建设，完成乡镇级18项权责清单系统录入工作，进一步明了乡镇行政权力事项、责任事项总数和各类行政权力事项数和内容。完善执法证申领换证工作，申领执法证12人，换证4人。梳理乡镇行政处罚裁量基准，推动行政执法裁量基准规范化、科学化、法治化。二是推进乡镇体制机制改革。推进纪委规范化建设工作，全面改善软硬件设施，实现制度建设、“五规范”、阵地建设“六统一”以及业务建设“七明确”。坚持组织规范化和工作规范化并重，为监督执纪问责提供坚实保障。成立集派出所、司法所、综治、信访、禁毒为一体的综治中心，形成“上下协调联动、合理解决矛盾纠纷、服务人民群众”的大综治格局。三是夯实基层民主政治建设。完成第十届村民委员会换届选举工作，建立完善了村民代表会议制度，严格落实“五步工作法”、民主理财等各项制度，制定村民代表会议议定事项流程。推选出村民监督委员会成员27名，建立健全了村务监督委员会的各项职责和制度。各村修订完善村规民约，开展中国社区标示牌的更换工作。

【“两学一做” 学习教育】　多形式加强党员思想教育。搭建“互联网+”微信平台，开展交党费、唱国歌、重温入党誓词、诵读党章、学习党规党情“5+X”主题党日活动，组织党员进行专题讨论。制定《东塔镇入党积极分子积分制管理实施方案》，从源头上加强党员队伍管理。抓实党内组织生活，发挥党员先锋作用。推进党代表工作室规范化建设，及时对接区、市、镇163名党代表，畅通群众党员沟通渠道。

【党风廉政】　一是深化廉政风险防控工作。全面改善软硬件设施，实现制度建设、“五规范”、阵地建设“六统一”以及业务建设“七明确”，坚持组织规范化和工作规范化并重。坚持教育为先、预防为先的原则，组织镇、村干部112人赴宁夏女子监狱进行警示教育，组织党员干部集中学习32场次，讲党课18场次，先后15次邀请市党校老师专题辅导，编发廉政短信35条次。完善党风廉政建设责任清单，开展“守纪律　敢担当　有作为”作风建设活动，印发《东塔镇农村集体经济组织“三资”管理制度汇编》等，组织召开村委会主任、村监会成员业务培训会，提升村“两委” 班子成员与村监会成员业务能力。二是夯实党的基层组织建设。抓实党支部书记、第一书记党建工作责任人，不定期召开党建工作座谈会、推进会。用好为民服务“聚力工程”专项资金，推进村集体经济“三变”股份制改革工作。在东塔村开展资源变资产、资金变股金、农民变股民的“三变”改革试点工作，探索壮大村集体经济新模式，推进安家湖村集体经济股份制改革。三是进一步转变工作作风。严格按照“四公开”“六到户”的要求，强化公开监督，推进阳光政务。抽调8名干部组织开展查处涉农扶贫领域腐败问题专项行动。聚焦重点工作、热点问题，约谈4个站所19人，诫勉谈话22人。诫勉谈话包括村领导、村“两委”班子主要责任人12人次。开展机关效能督查13次，重点抽查16次，明察暗访13次，严防“四风”问题反弹。

崇兴镇

【概况】　崇兴镇位于灵武市南郊，总面积121平方公里。东与宁东镇为邻，西接黄河与青铜峡市陈袁滩镇相望，南与郝家桥镇接壤，北距灵武市区6.5公里。全镇辖12个行政村，1个居委会，121个村民小组，10698户47880人，其中，回族人数占80%以上。辖区内有各级学校13所，卫生院3所，村级卫生室12所，乡镇计划生育服务室1个，清真寺55座。横穿崇兴镇境内的交通主干线有7条，其中高速公路2条(银西高速、古青高)，其他主干道路5条（下白路、灵白路、灵吴路、灵湖路、211国道)。吴灵青、灵白路、灵吴路、灵湖路、211国道、古青高速、滨河大道等南北向纵贯全镇，杜新路、307国道东西向横贯镇域，大古铁路穿境而过。2017年，崇兴镇荣获“全区社区戒毒康复工作示范点”荣誉称号。镇武装部荣获“银川市警备区先进基层单位”、镇司法所荣获“全区优秀人民调解委员会”荣誉称号。韩渠村分别荣获“第五届全国文明村镇”“2017—2020年度自治区文明单位”“银川市移风易俗示范村”荣誉称号。

【人口和计划生育】　落实创建计划生育五星乡镇工作，提供优质服务。实施出生人口素质提升工程，推进流动人口计划生育公共服务均等化。继续深化“国家全员人口信息采集”工作，结合网格化建设进一步完善“全员人口信息平台”，提升人口信息应用水平和信息化便民服务能力。2017年，崇兴镇出生人口政策符合率达97.12%。落实各项计生优惠政策，全年共为57户独生子女发放独生子女保健费32125元，817人享受独生子女、农村双女户医疗补贴78930元，计划生育养老保险补贴惠及652人，三项制度各类奖扶惠及209人，奖扶资金30.84万元。慰问计划生育户29户，慰问资金8700元，落实帮扶10户，帮扶资金5000元。生育服务证办理418本，办理《独生子女父母光荣证》29本；办理《流动人口婚育证》9本；为全镇育龄妇女免费发放避孕套56000多盒；借助信息平台，协调派出所和卫生院核实新生儿入户1200人次。全年通过文艺演出、座谈会、义诊等诸多形式开展宣传教育和咨询帮助37余次，共印制不同形式的宣传品2万余册，大力推进生殖健康保健活动。

【农业与农村经济】 全面落实强农惠农政策，按照规定程序，实行“阳光操作”，做到公平、公正、公开。2017年收入各项补贴资金359.8万元，通过一卡通兑付303.8万元。2017年粮食直补面积67573.18亩（核减银西高铁征地59.72亩），良种补贴面积79558.28亩。争取财政局2017年村级公益事业一事一议财政奖补项目3个，项目总投资257.9万元，财政奖补资金152.78万元。其中，杜家滩村毛渠砌护项目总投资（审核控制价）79.1万元，财政奖补资金39.5万元；中渠村扬水泵站建设工程，项目总投资119.3万元，财政奖补资金71.6万元；郭碱滩村道路硬化及沟道整治工程，项目总投资59.5万元，财政奖补资金41.68万元。申报财政局2015—2017年农村公共运行维护机制财政奖补项目18个，奖补资金144万元，涉及12个村道路修建、小型水利工程、村部改造维修等项目。申报2017年扶持村集体经济发展试点项目3个，分别是郭碱滩村农业机械化全程服务项目，中渠村农业全程机械化生产项目，崇兴村股份合作经营设点项目。农村土地确权工作。12个行政村134个生产队开展农村土地承包经营权确权登记颁证工作，确权户数12223户，面积54199.18亩。12个村都已发证，发证户数10556户。全镇农村土地流转面积16433亩，占耕地总面积的37.3%，其中，2017年新增流转面积1203亩。共流转给本市内外28个经营大户，年租金1059.7万元。2017年，崇兴镇韩渠村被列为农村集体经济股份制改革试点村，并于7月份正式启动。截至2017年10月底，8个村集体经济收入27.625万元。2017年农作物播种总面积47491亩，较上年减少3359亩，播种面积再次呈现下降趋势。全镇猪出栏4492头，牛出栏9494头，羊出栏114060只，禽出栏26.46万只。第三次全国农业普查工作涉及农户12281户，农业生产单位118家。3月前完成全部入户登记工作，5月底前完成了数据质量检查审核、汇总，全部资料已上报。以促进农民增收为核心，推进农业产业转型升级，力促农业结构进一步优化。2017年推进粮食创高产工程，完成小麦13000亩，水稻25000亩，玉米28600亩，瓜菜种植15000亩，科技示范户180户。连片水稻示范方三片共20000亩。积极争取农业项目支持，打造崇兴镇农业特色园区建设。落实韩渠村、崇兴村产业园区内建设规范永久性蔬菜基地2片共2036亩。新建碱滩老鼠嘴、龙须滩村日光温室120亩，新建崇兴和新架桥村大跨度全钢架拱棚185亩，落实项目投资164.5万元。全市2017年小麦播种现场会在中渠村召开，有效推动全镇小麦精准播种水平和进度。狠抓农机安全联组建设，成立12个农机安全联组，组织大型的农机安全联组培训班5期共1200人次，签订了农机安全生产目标管理责任书，确保农机安全生产。在秋季三项工作中，完成秋翻地55000亩，机深翻33000亩，机深松20000亩，秋施肥28000亩，秸秆还田33000亩。在机械化深松、水稻精量穴直播等方面对农民进行互动式培训。全镇免费实施了2万亩机深松项目。

【农田水利建设】 坚持农田水利基本建设地位不动摇，完成骨干沟道治理工作，治理长度15.9公里，投资2224万元。完成人大议案浦滩子泵站工程，投资120万元（铺设管道1公里，新建86

平方米泵房1座,安装200千瓦变压器1台,30千瓦水泵2台套);完成人大建议35号、36号支渠的砌护改造工程,改造支渠2条1.5公里,农渠1公里,投资65万元。扎实做好河长制工作的推进,组建完成河长制队伍,完善阵地建设,建立档案。实行了汉渠、东干渠沿线农田灌溉委托管理制度,有效解决了郭碱滩、海子等5个村农田灌水难问题。

【劳务经济】 全力做强劳务产业,依托劳动力资源优势,积极发挥优势产业和能人带动作用,促进农村剩余劳动力向本地企业、工业园区、新兴产业转移就业。2017年,全镇转移输出农村劳动力5615人,实现劳务工资性收入3931万,促进了农民增收。完善创业就业服务体系建设,设立创业就业指导服务站,开设服务窗口,为各类创业人员提供创业服务。为城乡外出务工人员购买意外伤害保险19434人,参保缴费1218450元。审核上报享受社保补贴灵活就业人员新增60人,续补71人。全面做好创业贷款申请工作,健全完善就业创业各项政策,支持高校毕业生、困难群体、失地农民积极创业。新增小企业18家,创新岗位135个,带动就业人数137人。

【新农村建设】 2017年年初,邀请专业的设计公司对崇兴镇镇区及各村进行了系统的规划设计,并争取项目整合区市各类资金重点对龙须滩村、郭碱滩村、杜家滩村、榆木桥村、台子村进行美丽村庄改造建设。7月,自治区住建厅及银川市规划局对美丽村庄改造进行了验收。其中:郭碱滩村美丽村庄建设投资1590万元,已建排水4.2公里;围墙砌护施工1900米;已建成2处小微公园;完成污水处理设施1套;入户化粪池建成216个;铺设面包砖2000平方米;公厕、超市140平方米;墙体粉刷1000平方米;入户路硬化88条;天然气管道已铺设完毕,正在进行入户安装。9月27日,自治区"两处理、两改造"现场会在郭碱滩村举行。榆木桥村美丽村庄建设总投资达500余万元,争取到项目、资金重点对榆木桥大沟、道路进行砌护、绿化、硬化;对榆木桥村部进行装修改造等。杜家滩村美丽村庄建设投资187万元,重点对村部门前道路进行面包砖硬化、种植行道树,对杜家滩清真寺门前空地进行硬化、渠道砌护,对整个村庄进行硬化、绿化、亮化;龙徐滩村美丽村庄建设投资720万元,重点对村道路进行硬化、绿化、亮化,已完成面包砖硬化9000平方米,安装路灯150盏;完成村级老年饭桌建设、村部改造,对龙须沟等沟道进行砌护,争取专项资金对龙徐滩2公里沟道进行砌护、种植行道树,对支渠进行U形板砌护。争取银川市规划局对崇兴镇郭碱滩村、杜家滩村、龙徐滩村、榆木桥村、台子村美丽村庄项目补助40万元资金。道路亮化:对杜家滩村、海子村、中北村、崇兴村、韩渠村、龙徐滩村、新架桥村共计13公里安装太阳能路灯共420盏。道路硬化:完成台子村、杜家滩村、郭碱滩村道路硬化共计5公里。配合市交通部门完成新杜路道路拓宽项目的前期农户征地、房屋拆迁协议的签订。危房改造:完成落实好2013年、2015年、2016年农村危房改造农户认定及资金的落实。建立健全环境卫生长效机制,实行网格化管理制度,力争实现城乡环境治理一体化工作目标。结合河长制对重点沟渠、河道管理治理责任到人,争取落实资金对沟渠沿线的农户污水进行无害化处理,对农户家的厕所进行改造,杜绝污水流入河道;加大对主干道路及村级的环境卫生治理力度。严格按照市环境治理卫生保洁做到"五个三",环境达到"九无九净"的卫生要求,以"六化"为抓手,清理主干道路、村庄道路两侧的"六边六堆";加大日常的监管和督查力度,重点对主干道路、农贸市场、南二环、新华桥街面、胜利沟沿线、榆木桥大沟、秦渠等重点沿线的环境治理;配合镇执法大队、联合区域市场监管部门、派出所对镇区域的乱搭乱建、占道经营、焚烧电缆、电线、乱堆乱放乱排现象进行打击、清理。加强环境卫生综合治理的宣传工作。通过组织人员上街下村,以宣传车、发放资料等方式加强宣传,发动群众自觉遵守爱护环境,提高群众的环境保护意识。2017年,崇兴镇共购置垃圾箱300座,垃圾桶1680个;全年执法22次,拆除违法搭建850平方米,拆除乱堆乱放480处,拆除卫片30宗,清除渣土1800立方米,垃圾6205立方米,恢复耕地20.34亩;完成自治区住建厅下达的农村旱厕及污水进行处理改造任务1400套。完成污水处理站的续建项目。

【道路交通】 新杜路拓宽工程为2017年市政府重点项目工程,新杜路道路拓宽11.3公里,截至2017年年末,崇兴镇已完成前期征地380亩,房屋拆迁60户;完成前期土建工程和恢复沟渠路工程。

【植树造林】 2017年,对老鼠嘴长枣基地集中进行了长枣栽植及各个生长阶段的培训工作,开培训班2次,参加人数达200余人。在韩渠村及华一村栽植长红枣2050株。结合小城镇建设和美丽村庄建设及农田基本建设工作,围绕郭碱滩村南干沟两侧及村各生产路栽植林木共计18.7万株(其中乔木660株,花灌木18.6万株)。在新架桥民族文化广场共计栽植林木71930株(其中乔木120株,花灌木71810株)。各村、辖区学校周围实施绿化工程,共计栽植林木12130株。对2016年生态大会战绿化工程进行造林补植工程,共计补植林木1000株。新杜路拓宽工程,共计移栽新疆杨、白蜡共2100株。2017年栽植林木共计27.4万余株。完成林木间伐工作,严格按照林业局核发的林木采伐许可证采伐,重点对杜新路北侧(杜新路拓宽)、崇兴腰带路、杜木桥腰带路林木进行间伐,未发生无证采伐,超范围、超数量采伐,滥砍滥伐现象。结合春秋两季造林,组织群众对各个造林点林木进行涂红刷白、修枝、除草、灌水等,共计涂红刷白5万株,修枝6.2万株(其中春季修枝2.2万株、秋季修枝4万株),以确保林木的成活率。进一步完善林木管护职责,提高林木管护。不定期检查护林员上岗情况。2017年春季砌护沟道任务量大,涉及林木清理的沟渠多,崇兴镇认真调查摸底,申请上报清理,防止乱砍滥伐。完成2016年生态大会战项目工程(灵白路崇兴段,各辖区、小微广场、政府广场等)、王家大湖沟、15号渠两侧、龙须沟项目区、龙三项目区、黑儿沟项目区及新宽幅林带抚育管护工作。

【就业与社会保障】 完善创业就业服务体系建设,设立创业就业指导服务站,开设服务窗口,为各类创业人员提供创业服务。为城乡外出务工人员购买意外伤害保险惠及19434人,参保缴费1218450元。做好灵活就业人员社会保险补贴工作。通过摸底,对全镇男50—60岁、女40—50岁年龄段参加养老保险的非农业户口人员进行登记造册,共计131人。对符合标准的60人进行第一年申报,并对续补的71人(其中:第二年38人、第三年16人、第四年4人、第五年13人)进行申报。做好小额担保贷款工作;做好创业贷款申请工作,健全完善就业创业各项政策,创新岗位135个,带动就业人数137人;做好各类报表按时准确上报;做好就业与失业证登记上传及发放工作;城乡居民养老保险任务12936人,已参保935人;医疗保险任务42318人,已参保42451人,参保率103%;做好领取养老保险待遇的城镇企业离退休人员、城乡居民资格登记认证6085人(其中:职工3934人,居民2151人)。做好被征地农民参加养老保险工作的后续工作,对符合要求的被征地农民8人进行公示办理。抓好宣传,营造良好的社会氛围,发放各种信息宣传单、册10000余份。办理城乡居民社会养老保险到龄人员生活补贴及丧葬费补贴领取工作。做好城乡居民社会养老保险和医疗保险工作的档案整理工作。

【帮扶救助】 以保稳定促发展构和谐为目标,按照“以人为本,为民解愁,为民服务”的宗旨,开展各项工作。救灾:发放春荒救灾粮10万斤,油800桶,各类社会救助、保障金250余万元。慰问:元旦、春节慰问各类民政对象1100余户,发放慰问金71万余元。城乡低保:加强城乡低保和高龄核查、统计、审核审批,做好低保金核发,推进低保动态管理和低保标准自然调整机制建设。截至9月底,全镇城乡低保户数1147户1740人,月发低保金665190元,人均发放标准382元;低保人口占总人口的4%,受益群体重点是重度残疾人、重大疾病患者、孤寡老人、单亲家庭等贫困对象;城乡高龄:高龄津贴发放户数300户300人,月发高龄津贴137350元;优抚:现有各类重点优抚对象85名,分别按照有关政策落实优抚保障待遇;五保:全镇现有分散五保户77人,月发供养金75427余元;孤儿共47人,月发孤儿养育津贴24166元;老年证办理:全年通过镇民生服务大厅办理老年证300个;统计调查:圆满完成了重点优抚对象核查、五保户核查、失能老人排查、0—14岁先心病儿童排查、留守儿童人员摸底调查、第二次全国地名普查等工作；网上办公：全面完成民政云信息系统核对录入工作。慰问、救灾物资发放及低保、高龄、孤儿、特困人员供养待遇、大病医疗救助、临时救助等全部通过灵武市社会管理综合服务信息平台办理，并编制信息发送到群众手机进行公示，编制发送各类公示信息500余条。

【文教卫生】 切实推进文化教育事业发展，开展文化惠民活动。崇兴镇充分利用图书站、农家书屋阅读平台，开展了阅读服务活动。镇政府投资近4万余元新购置图书20000余册，共有藏书30000余册，订阅报刊10余种。12个村均建设了农家书屋，并有一名专职农家书屋管理员，藏书近万册，实施全部服务项目免费开放，每天开放8个小时。同时在中小学开展书香校园、经典诵读等活动。深入实施“文化惠民”工程，提升农村和农民文化活动内容和质量。12个行政村分别选定了12个艺术团队在各村进行巡演。全年完成数字电影放映60场。春节期间为深入落实“全民健身”国家战略，组织崇兴镇干部及以各村为单位开展了“百乡千村农民体育活动”运动会，有乒乓球、拔河、篮球、跳绳、猜谜语、绑腿跑、自行车慢骑等20多项群众喜爱的文体活动，参与群众人数3000余人。在“三八”妇女节期间，组织崇兴镇各学校的女教师参加了全市的妇女运动会。开展崇兴镇机关党支部冬季文化体育运动会，增强健身意识，提高身体素质。结合“全民健身”运动，为崇兴村、海子村、碱滩村、华一村申请健身器材。

【社会治安综合治理】 以构建社会主义和谐社会为目标，以化解人民内部矛盾为主线，开展综合治理宣传教育活动。做好“七五”普法宣传工作，利用崇兴集贸市场和宗教场所的便利，以道路交通、土地、禁毒、反邪教、信访条例等法律法规为主要内容进行集中宣传教育，切实提高群众自身法律素质和依法办事的能力。并适时邀请上级有关部门在镇、村、队三级干部大会上讲解相关的法律常识。对调解信息员、村级综治干部、综治特派员、治安信息员等进行培训，提高他们调处矛盾的水平和能力。坚持镇级每半月一次、村级每周一次、综治信息员一天一排查的矛盾纠纷排查调处工作机制，并做好矛盾纠纷排调系统的登记及办理。对排查出来的一般矛盾纠纷要及时调处，预防矛盾纠纷扩大化；对排查出来的重大矛盾纠纷严格落实领导包案责任制，对所包案的矛盾纠纷、重点人及相关矛盾纠纷紧盯不放，并尽快予以解决，不能解决的做好思想安抚工作。规范综治中心运行机制，严格按照市上试点要求加强了阵地建设，设立“三中心一窗口”：综治协调中心、矛盾纠纷调解中心、网格化管理中心和群众来访接待窗口，由综治办、派出所、派驻法庭、司法所、信访办和禁毒等综治成员单位派员集中办公。2017年，崇兴镇司法所和各村人民调解委员会共调处各类矛盾纠纷56起，调处成功率100%；接待群众来信来访62次，达185人次，梳理出19件重大矛盾纠纷，实行领导包案制，成功化解18件，剩余1件正在积极协调稳控中；紧紧围绕平安崇兴建设总目标，全年刑事案件30起，同比去年减少30起，治安案件133起，同比去年减少8起，未发生重大火灾事故及交通安全事故，全镇未发生“八大类”重大刑事案件。高度重视禁毒工作，成立由镇党委书记任组长的社区戒毒（康复）工作领导小组，将禁毒工作纳入村级年终考核范围，与各村签订责任书，使禁毒工作责任落实到人，加强对373名吸毒人员的管控力度。在全市率先建成崇兴镇社区戒毒（康复）中心，实行网格化管理。2017年增设禁毒预防教育宣传室和特色工作室。在安置就业方面，积极拓展吸毒人员就业渠道，采取集中与分散、鼓励与扶持等方式，现有252名吸毒人员实现自主就业，取得良好成效。进一步完善网上办公机制，规范各村网上办事流程，切实做到“三减少两提高”（减程序、减时效、减费用，提高办事效率、提高服务质量）。完善村务公开、网上办公等“三化一满意”工作制度，全镇群众信息平台业务受理率达100%。截至2017年12月，网上受理各类便民事项1238件，正在处理145件，已办结1093件，按时办结率91.60%，办结率100%。镇、村党务、村务信息公开5686条，村（居）公开率100%。

【精神文明建设】 以促进人的全面发展为目标，着眼于培养树立崇兴大寨子人新形象，深入开展"推动移风易俗，树立文明新风"活动，充分发挥道德模范的榜样作用，着力提升公民思想道德素质，组织开展美丽灵武人评选工作，上报最美银川人 11 人，有 3 人被灵武市委、政府命名为"美丽灵武人"，评选表彰"最美崇兴人"69 人。通过开展道德讲堂活动，加强社会公德、职业道德、家庭美德、个人品德建设。运用榜样的力量，普及道德规范，引领社会风尚，凝聚各方力量，弘扬传统美德，提高公民文明素质和社会文明程度，把公民道德建设提高到一个新水平。以创建全国文明城市为契机，按时上报创城资料，巩固崇兴镇、中北村、中渠村自治区文明镇（村）成果及龙徐滩村、榆木桥村灵武市级文明村成果，积极推进文明村镇建设。2017 年，中渠村成功申报全国文明村。元旦、春节等节日期间，崇兴镇组织开展了多样的文化体育活动，积极配合做好文艺下乡演出，丰富群众业余文化生活，大力推进精神文明建设。

郝家桥镇

【概况】 郝家桥镇位于灵武市城南 9 公里处，是吴忠—灵武经济核心区的中心地段，是个回汉群众共居的农业大镇。由老灌区、新灌区、移民开发区和生态移民区构成，区域面积 204 平方公里，辖 21 个行政村 147 个生产队，人口 4.62 万，其中回族 3.65 万人。党委下设党支部 23 个，有党员 1276 名。有 1 所中学，8 所小学，幼儿园 6 所；有卫生院 2 所，村级卫生服务室 20 个。2017 年，郝家桥镇先后获得中国农业普查先进集体、中国特色小镇之最佳特色物产奖、2016 年度平安乡镇等先进集体和个人荣誉 17 项。

【人口和计划生育】 全面实施出生人口素质提升工程，推进流动人口计划生育公共服务均等化。2017 年全镇出生 440 人，出生政策符合率为 97.27%，综合节育率为 98.6%；完成发放提前奖励扶助金 319200 元，特别扶助 28800 元，独生子女保健费 34200 元，发放医疗保险 1157 人，每人 90 元共计 104130 元。为提升村干部素质，举办镇、村、队三级计生干部培训班三期，与镇宗教、禁毒办联合办班三期，印制并发放宁夏回族自治区新条例摘要、免费优生孕前检查、协会、药具、流动人口等知识宣传单 18000 份、宣传手册 320 本，发放抽纸 1200 盒、毛巾 300 条、汤瓶 280 把。全年共办理一孩生育服务证 226 本，二孩生育证 254 本，计划内三孩 1 本，独生子女父母光荣证 13 本，流动人口婚育证 1 本。审核先进个人 2 名、美丽灵武人 2 名、从事村书记 15 年以上享受补助 1 人、从事村书记 3 年以上参加区公务员考试资格审核 1 人、各村党组织换届候选人 130 名。积极争取灵武市计生协第十六期"幸福工程"项目贷款 40 户（40 万元）；利用母亲节"5·29"协会纪念日开展了卫计有奖知识问答活动；同时对 50 户计划生育贫困户进行慰问，共计 10000 元。在上甘渠西寺、胡家堡西寺、杨家湾子、崔渠口 9 队、崔渠口 4–5 队、大泉南寺等计生工作项目点分别开展了知识讲座、宣传、咨询、义诊等服务活动，为胡家堡村等 13 个生殖健康项目点购置了体重秤、展示柜、档案柜、咨询台、床等设施。免费优生健康检查完成 298 对，两项查筛完成 334 人，宫颈癌筛查 1195 人。设立避孕药具免费发放点 43 个，使育龄人群免费获得率达到 98%以上，发放点实行专人专管，避孕药具随访率达到 100%。

【农业与农村经济】 全力推进农业产业结构性调整，不断加强农业基础设施建设。2017 年，郝家桥镇农民人均现金收入达到 12972 元，同比增长 8.1%。全镇汇总种粮农民，直接补各农资补贴农户 9830 户面积 78948.88 亩，较上年核减 153.85 亩。积极争取落实村级公益事业建设财政奖补项目，涉及 11 个村 12 个项目，预算投资 1728.71 万元，其中：财政奖补资金 1135.87 万元；落实公共服务运行项目 21 个村 23 个项目，每个项目 8 万元计 184 万元。对狼皮子吊庄区含新民、团结、狼皮子梁、永清、兴旺和漫水塘 6 个村，进行摸底调查统计，涉及 6 个村 28 个队有地有户 1591 户，需确权面积 32860 亩。2017 年，郝家桥镇确定崔渠口村为农村集体股份制改革试点村，21 个村集体经济收入 52 万元。新增设施农业面积 1100 亩，在大泉村、十里墩村新建钢结构柔性材料温室 40 栋，落实补助 660 万元；争取乡镇发展专项资金 180 万元，进一步完善设施农业生产基地水、电、路等基础设施；投资 600 万元，建成上滩村蔬菜交易市场；投资506万元，在大泉村、十里墩村和上滩村实施高效节水灌溉4600亩，“尚品上滩”品牌影响力不断增大。

【农田水利建设】 不断加强农田水利基础设施建设，以项目带动水利的大发展。2017年，对吴灵路边沟、沈二沟、灵白公路边沟、南干沟等沟道实施格宾砌护，总投资达到1840万元，总治理沟道长度达到11.9公里。对流经胡家堡村、崔渠口村、西渠村、王家嘴村的槽湖沟进行草图护坡砌护解决，总投资达到40万元。积极争取国家农业扶贫项目资金，对狼皮子梁6个村部分损毁的渠道等水利设施进行维修、砌护，投资40万元。对44#渠及以下近500米干渠进行重新维修、砌护下游沙江村和十里墩村群众5000亩的灌溉问题，对沈三沟、沈四沟、耙挡沟等面积16000亩渠系，清淤主干沟道22公里，农毛沟326条150公里，清理农毛渠336条298公里，机深翻55000亩，秋施肥39500亩，秸秆还田21400亩，出动义务工23965人次。

【劳务经济】 提高服务能力，促进劳动就业创业。2017年，全镇转移输出农村劳动力5812人，实现劳务工资性收入4967万，其中，有组织转移输出600人。

【新农村建设】 积极争取美丽小城镇建设项目，投资5050万元打造宜居美丽小城镇。大泉村、沈家湖村的“美丽村庄”项目顺利通过自治区住建厅验收。打造胡家堡村“美丽乡村+休闲旅游”模式，配套完善水、电、路等基础设施，建设宜居村庄，成功举办了“首届宁夏·灵武全国钓鱼大赛”。统筹规划加快城乡一体化进程，按照农村垃圾城市化管理模式，出台完善了郝家桥镇卫生保洁长效机制，在全镇范围内配置分类垃圾桶800个；改造提升了1个垃圾填埋场、3个垃圾中转站、5个污水处理站，使其全部正常运行。在西渠村新建成集中式日处理50方的污水处理站1座，已投入使用；胡家堡村新建成日处理100方的污水处理站1座，在全镇推广农村改厕3169户，其中集中式591户、分散式2277户，自治区“两处理，两改造”现场会到西渠村观摩。

【道路交通】 在泾灵新村投资120万元铺设砾石路150条，96.5公里；投资396万元，完成灵上路建设，全长5.6公里；投资390万元，完成中场路建设，全长4.5公里；投资45万元，完成建设团结村南三支一斗建设，全长0.83公里。

【植树造林】 2017年，郝家桥镇全力提升林业发展水平。全年共举办枣树、苹果等技术培训班15期，参训人数达1000多人；先后在镇政府大院、灵胡路西侧、胡家堡村渔湖周边、胡家堡村小薇公园、金勇等各大养殖场共计栽植桧柏、侧柏、垂柳、菊花、石竹等各类乔灌木三万多株，成活率都在95%以上；在灵白路、沈关路沿线、沙江村与吴忠交界沟北侧等地栽植垂柳、旱柳、金叶榆等各类乔木2600株；全面完成春、秋季修枝抚育、涂红刷白任务，对全镇各主要干道两侧，各主要方点的树木进行修枝抚育20万株，涂红刷白15万株；对长枣基地进行全面核查，对新民村、团结村、兴旺村等7个村的退耕还林地进行了详细核查，对人为毁掉和保存率不够的地块核销130亩；全年育植各类苗木6361.1亩。

【招商引资】 优化投资环境，加大引资力度。引进灵武市昊盛达农牧发展有限公司和金勇奶牛养殖专业合作社，总投资5000余万元，建成奶牛标准化规模养殖场2个，占地379亩，奶牛存栏4000头，年产优质鲜奶约2万吨；引进优思克生物能源利用项目，进一步健全设施农业产业链条，项目占地32亩，总投资4800万元，安装沼液泵、增压风机、3.5MW沼气锅炉等相关生产设备31台（套），700kW沼气发动机及余热回收系统2套。项目建成后，年处理畜禽粪便11万吨，年发电558万度，年生产有机肥13万吨，已完成建设任务，计划2018年开春正式生产。

【就业与社会保障】 构建社会保障体系，促进就业发展。2017年，“宁夏一卡通”劳动就业系统转移就业上传电子信息5310人，数据上传率91%，审核上报享受社保补贴灵活就业人员新增30人，续补31人。落实灵活就业社补资金17.7万元，登记办理就业失业证693本；上报新贷、续贷小额担保贷款户12户，争取创业贴息款60万元推进养老保险和医疗保险工作；审核失地农民20户93人，落实特殊人群身份确认及其社保补贴政策2029人，申报办理养老金待遇245人，落实丧补97人。全面完成2017年城乡居民基本医疗保险参保缴费工作，全镇医疗参保43628人，缴费总额395.15万元，参保率98%以上。

【帮扶救助】 积极做好救济救助，提高困难群体生活水平。对各村低保进行审核，停发农村低保89户150人，现全镇享受低保1693户2662人，发放低保金4228200元；发放高龄津贴354人966600元，特困津贴167人114954元，孤儿津贴47人198656元，优抚金100人151113元；争取市民政局划拨临时救助金95万元，救济粮20万斤，食用油1000桶，共救助6458户23883人；春节慰问1073户，发放慰问金643800元；冬季取暖1764户，发放取暖费1058400元；为全镇低保户、高龄老人、五保户及重点优抚对象3211人购买医疗保险288990元；办理大病救助和临时救助482人，救助金额95万元；申报审批廉租房23户。全区基层民政工作现场会在郝家桥镇顺利召开。咸辉主席到王家嘴村调研民族宗教工作。为1535名残疾人发放生活补助176410元，燃油补贴150人39000元，发放残疾人各类辅助器材2672件。

【文教卫生】 以文化建设为抓手，丰富农民群众的精神文化生活。在泾灵新村举行农民健身节系列活动，开展精彩的文艺演出和全镇广场舞比赛文化活动；以“迎新春”为主题，在春节期间积极举办各类文化活动，镇机关、崔渠口村、狼皮子梁子村、吴家湖村等举办群众广泛参与的趣味性文化竞赛、比赛等活动；组织6支社火表演队带着新春的问候和祝福，先后在灵武市政府广场，银川市政府广场、银川中阿之轴等参加“文化社火”表演并在2017年银川市新春社火大赛中，灵武市郝家桥镇王家嘴村威龙社火队获得“狮王”称号，郝家桥镇西渠村社火队获二等奖；组织团结村、西渠村广场舞队参加2017年“黄河银行杯”银川市社区健身广场舞大赛灵武分赛暨灵武市“灵武农商行杯”广场舞争霸赛；组织郝家桥镇联合广场舞队参加2017年宁夏迎新春全民健身季《谁是舞王——中国广场舞民间争霸赛》灵武海选赛，获优秀组织奖；组织参加2017年迎新春全民健身季灵武市干部职工健步行活动；组织沙江村刘存良农民文化大院参加灵武市建党90周年庆祝活动；组织参加灵武市黑曼巴杯篮球赛，获冠军。在关渠村、胡家堡村和泾灵新村，各争取5万元建设多功能运动场。

【社会治安综合治理】 抓实抓细治理工作，全力保障发展环境稳定。2017年共接收12345便民服务平台热线问题38件，处理38件，办结率100%；化解信访积案4件；共排查矛盾纠纷64起，调解60件，4件正在办理中，成功率为93%以上；防止矛盾激化率达100%；无民转刑案件和重大恶性事件发生，社会治安状况保持了平稳的态势。按照“三中心一窗口”建设标准要求，完善镇综治中心建设。在全镇辖区、各村、企事业单位及商铺全部建立四级网格化信息服务平台，设立网格266个；积极筹建上滩村“尚品上滩”行业调解工作室；规范化运行西渠村、吴家湖村“一村双警”社区警务助力站，完善了泾灵南北村综治中心，申报平安村16个。银川市“雪亮”工程现场推进会到郝家桥镇观摩。进一步完善了戒毒(康复)中心工作站规范化、标准化建设，强化禁毒宣传教育，出动宣传车50余次，发放法律、戒毒宣传材料15000余份，组织开展专项法制宣传教育5场次，深入推进戒毒“六进”活动19场次，配合灵武市司法局、市禁毒办举办法律培训班5次，受教育人数达8000余人，全镇安全生产形势总体平稳，辖区群众生命和财产安全得到保障。

【精神文明建设】 着力提升农村居民文明素质，努力打造生态宜居美丽城镇。顺利通过自治区级文明单位验收工作。在全镇开展“文明户”“五好家庭”评选活动，积极推荐“美丽灵武人”“美丽银川人”，树立文明标杆。全镇“十星级文明户”达300户，“五好”家庭400户，收集优秀家训30条，“美丽灵武人”3人，“美丽银川人”1人。成立农村志愿服务队21个，注册志愿者300余人，注册人数52人，占机关干部总人数63%。每年开展志愿活动30余次，联合银川新闻传媒集团、韩美林艺术馆为贫困学生捐赠爱心礼物236件；对接南京爱心团体开展了“聚沙成塔·为爱西行”爱心公益行动，募集“爱心礼包”201套；与灵武团市委、民政局在泾灵新村共同打造暑期“儿童之家”。郝家桥镇每季度举办一期道德讲堂，担任讲师的有全国劳模、机关领导干部、各村道德模范，授课内容以社会主义核心价值观为主题，授课对象包括党员干部、一般群众、在校学生，受教育群众300余人，并在各村开设道德讲堂，效果良好。在21个行政村均成立了红白理事会，建立了办事章程，制定了新的村规民约，先后发放宣传材料2000余份，制作展板24块，设置道路宣传牌200余块。

临河镇

【概况】 临河镇位于灵武市的东北端，北依兴庆区，西与首府银川隔河相望，东接磁窑堡镇，黄河流经全镇21公里，总占地面积95万亩，其中耕地面积1.35万亩，辖7个行政村（分别为上桥村、红柳湾、下桥村、二道沟村、临河村、石坝村、甜水河），27个村民小组，总人口7421人。2017年，认真贯彻落实党的十九大及自治区十二届党代会精神，坚持以绿色生态发展为统领，以特色小镇建设为契机，立足自身优势，扎实推进二道沟岩画民俗村建设步伐。2017年，获得了第十六批“自治区文明乡镇”荣誉称号。

【区位优势】 临河镇交通发达，位置优越，环境优美。银古高速公路、银青高速、滨河大道横贯全境，境内河东机场、银川黄河大桥、永宁黄河大桥构筑起临河四通八达的立体交通网络。临河镇距灵武市区40公里，距银川市区15公里，是银川滨河新区、银川综合保税区、河东国际机场所在地。

【卫生和人口计划生育】 农村卫生改厕普查登记工作全面完成，共登记录入1694户，其中：无害化卫生厕所录入1404户，非卫生厕所录入290户；精神卫生综合管理日渐规范，加强患者管理和治疗，临河镇应管患者33人，实际管理43人，检出率4.7‰，精神障碍患者43人，稳定率为 97.4%。2017年全镇总人口7421人，已婚育龄妇女1633人，出生108人，死亡24人，出生率14.55‰。计划生育宣传观念持续强化。举办镇村两级培训班，建立镇村队三级卫生和计划生育网络，开展宣传活动6次，制作宣传折页3500份，发放宣传材料280余份，受教育群众达280人次；优生优育稳步向好，开展临河镇孕前优生健康检查和两癌筛查，完成孕前优生检测任务64对，累计避孕药具发放860盒。继续稳定全镇生育率。认真排查超生、非婚生育等不良违法生育，加大对违法生育案件的处罚力度，累计立案7例，征收社会扶养费12000元；完善妇女信息动态管理，按照台账资料规范化建设的标准，分类建立了计生服务信息的微机管理系统和已婚育龄妇女数据库，确保了已婚育龄妇女的婚姻、怀孕、生育节育、保健及户籍等情况信息的完整和真实。

【经济社会发展】 2017年，完成地区生产总值42.4096亿元，同比增长8.79%，其中，第一产业总产值达到9389万元，同比增长7.55%；第二产业总产值达到35.8475亿元，同比增长9.09%；第三产业总产值为5.623亿万元，同比增长7.11%。预计农民人均可支配收入达到14925元，比去年同期增长1169元，增幅8.5%，其中务工性收入占41.2%。

【工业经济】 临河镇辖区内有宁夏恒有能源化工科技有限公司、宁夏庆达煤焦精细化工有限公司、宁夏金银街黄金珠宝文化产业园有限公司、宁夏如意生态纺织有限公司等资质良好的企业，企业的不断发展壮大有效促进了临河镇经济的飞速发展。2017年，临河镇共开工建设临港产业园棚户区改造、美丽乡村建设、村集体服务设施建设、节水灌溉等各类项目11个，项目总投资1.57亿元。

【农业与农村经济】 全镇行政区域土地面积60000公顷，种植小麦80亩、玉米797亩、水稻2468亩，种植苗圃5488亩，新建设施温棚10个。修枝抚育43560株；涂红刷白45600株；秋季植树35亩，共栽植树木3850株。完成退耕还林补植苗木60万株，购买柠条种子3吨，共补植柠条2727亩。

【特色农业】 2017年组织召开农业技术培训500余人次，加强指导和宣传，杜绝催红素等药物的使用，提升长红枣品质。共种植长枣18737亩，产量达435万公斤，实现收入960多万元。

【农田水利建设】 下桥村集体出资80万元新修水利灌渠2000米；确保了农业生产供水，清挖沟道127条52.2公里；清挖渠道144条64.2公里；秋翻地8000亩，机翻地3000亩；整修道路245条93公里。组织干部走村入户向农民宣传中央文件精神,深入田间地头向农民传授新品种、新技术,面对面地帮农民分析市场,调整产业结构;实施政府补贴惠农政策,按时发放补贴资金。做好野生动物疫情的检测及树木病虫害的预防工作,定期配合检疫站的工作人员对临河镇苗木进行病虫害的检验。

【第三产业】 临河镇以二道沟岩画民俗特色产业村为重点,融合周边有利资源,挖掘文化底蕴,开发并营销以农民家庭为接待单位的"一户一品"特色旅游服务,扩大农家乐、采摘、垂钓、住宿等游乐项目。以"公司+协会+农户=就业+增收"的模式,推进"资源变资产、资金变股金、农民变股东"的"三变"落地生根。改善人居环境,带动创业增收。

【新农村建设】 主动融入自治区全域旅游产业发展布局,以"美丽乡村"建设为契机,全力打造成二道沟特色产业(岩画民俗)村。全面完成了金色港湾二期、临河新村二期及横城花园二期3个棚户区改造项目上下水、电、道路硬化、绿化等外网工程,用于安置因各类项目征地动迁的983名群众。临河新村944平方米的村部、老年饭桌及物业用房等公共设施已基本建成;金色港湾共2748平方米的村公共基础设施及2900平方米二层商业用房正在建设当中;实施建设2410亩灵州滨河运动休闲森林公园。大力实施绿化、美化、亮化、净化、硬化、香化"六化"工程。对13个绿化点进行绿化、美化,栽植各类树木7万余株。在享通苑小区安装路灯23盏,安装小区门禁及监控系统,对27个单元楼楼梯间进行统一粉刷,对小区围墙进行整体修缮,小区面貌全面改善。

【生态建设与环境保护】 大力推进河长制工程,实施碧水蓝天行动,全面做好秸秆禁烧工作,成立秸秆禁烧工作领导小组,制定禁止秸秆禁烧制度,安排工作人员24小时值班,悬挂宣传条幅15个,张贴通告50份,发放宣传单3000份,圆满地完成了临河镇秸秆禁烧3000亩的工作任务。做好了封山禁牧工作,安排巡视员不间断地巡查非法放牧,严厉打击违规人员。2017年修枝抚育43560株;涂红刷白45600株;秋季植树35亩,共栽植侧柏和香花槐3850株,圆满完成了全年的工作任务。2017年完成退耕还林补植苗木60万株,购买柠条种子3吨,共补植柠条2727亩。对临河镇镇区进行绿化,共栽植各种树种16000株,绿化面积60亩。

【文化事业】 2017年,组织开展了"迎新春　促和谐"职工趣味运动会、"百乡千村"农民运动会、庆"三八"全镇妇女文艺演出等文体活动。加强农家书屋和村级公共文化设施建设,每村平均新增图书300册,各村健身路径、篮球场基本全覆盖。

【卫生医疗】 全镇累计建立纸质档案6720份,建档率为81.4%。学校、托幼机构预防接种证查验率、补种率均为100%。全镇高血压、糖尿病管理分别为452人、112人,管理率均为100%;定期随访稳定的严重精神障碍患者38人,稳定率97.4%。为全镇50岁以上1400多名老人开展免费体检活动。全面推进"健康灵武"行动,开展宣传21场次,发放资料8种9272份,举办健康讲座12次。健全镇、村两级出生人口监测网络,推进生育登记服务、孕产期保健服务、住院分娩105人、预防接种1741次,死亡在册登记29人。村医全部参加医疗责任保险和人身意外伤害保险,按时足额发放工作补助。

【旅游产业】 临河镇以"美丽乡村"建设和发展全域旅游为契机,依托二道沟新村独特的优势,主动融入自治区全域旅游产业发展布局。二道沟岩画民俗村的建设,采取政府引导、群众自愿、部门支持、社会参与的方式,乘农村产权制度改革的东风,以"公司+协会+农户=就业+增收"的模式,推进"资源变资产、资金变股金、农民变股东"的"三变"落地生根。吸引游客"吃农家饭、住农家屋、赏农家景、购农家物、享农家乐",开发并营销以农民家庭为接待单位的"一户一品"特色旅游服务。

【国土资源管理】 对辖区内非法储煤场进行排查,共关闭非法开采的石料场11家,制止偷采偷挖行为40次,有效保护国土资源安全,开展卫片拆除,辖区39处图斑现已消号或拆除36处。

【劳务经济】 把劳动力转移作为增加群众工资性收入的重要途径,与滨河如意纺织厂等大型企业对接输送劳动力,2017年,转移输出农村劳动力1639人,实现劳务工资性收入1013万元。

【安全生产监督管理】 举办现场咨询活动和宣传安全图片展览4次，张贴安全标语438张，悬挂横幅14幅，切实提高广大人民群众的安全防范意识。多次开展安全专项联合执法检查，加大打击非法力度，2017年深入危险化学品从业单位检查指导10余次，出动检查车辆人员30多台次，联合工商、派出所依法查处临河镇在下桥村四队非法土炼油厂，并捣毁土炼油炉2座，先后下达隐患整改通知单，建议书30余份，督促企业加快隐患整改力度。

【社会治安综合治理】 实行领导包案，确立责任追究制，以村支部书记为第一责任人，指定专门村干部负责信访维稳工作，对涉法涉诉及排查出的矛盾纠纷信访案件和对责任不落实，工作不主动的行政村予以严肃惩罚，对造成群访、越级访等不良后果的行政村实行综合治理一票否决，并追究单位及相关责任人。健全"四级网格化"管理机制，设有一级网格1个，二级网格11个，三级网格22个，四级网格22个，信息员22名。组成镇综治中心，各村建立村级综治中心，镇综治中心下设"三中心一大厅"，建立健全各项制度。在镇、村实行信访信息直报、月报制度，建立了信息网络，拓宽了信访信息渠道，有效制止越级访和群体访的发生。广泛开展矛盾纠纷排查调处工作，将排查调处不稳定因素的工作制度化。坚持定期排查与针对性排查、面上排查与重点排查、公开排查与秘密排查、党政牵头排查与各站所、各村专门排查"四结合"的方法。注重在特殊时期及重大节庆活动期间集中排查调处。在排查中发现的一些不稳定因素，采取分类方式进行稳抓，及时掌控临河镇不稳定因素，截至2017年，临河镇共排查出各类矛盾纠纷56起，调处成功55起，成功率达98.2%以上。2017年共接待来访群众27批300余人次，其中到市上的8批40人次，受理信访案件28余起，没有信访积案。认真落实领导干部接访制度。在镇综治中心周一到周五安排信访接待值班领导和干部坐班接访，对来访群众反映的问题登记，能解决的现场给予答复并解决，对无法解决的上报党委会议研究解决。切实加强"两类"人员的监控管理。2017年，临河镇在册社区服刑人员6人，建立一人一档，完成了交接、管理、监督、考察、解除等环节，登记率达100%，衔接率达100%。在册刑满释放人员32名，并逐个登记造册，做到情况明底数清，并与刑满释放人员签订了帮教协议，做到责任到人。强化禁毒宣传工作，在全镇范围内围绕"手拉手远离毒品、心连心造福社会""防毒反毒、人人有责"主题，学习宣传《禁毒法》，以6·26国际禁毒日为重点，发放宣传资料3500余份，受教育群众3000余人。扎实开展平安创建。引导广大党员深入学习平安创建工作，利用党员干部学习主题日活动，镇、村、队三级干部会议、"七一"建党节，以开展知识竞赛活动形式开展平安创建活动，在全镇形成知法、遵法、守法的良好局面。严厉打击各类犯罪活动。坚持"严打"方针，结合实际开展专项斗争和重点整治相结合，狠狠打击各类犯罪活动。扎实推进民族团结工作。在人流量较为集中的连片地区，对群众进行宣传教育，制作条幅宣传语进行宣传，并对重点宗教场所进行督察规范，对重点人员进行稳控，做到信息互联互通，为民族团结做好保障工作。

【就业与社会保障】 举办就业技能培训班SYB及电商培训等6期520余人，增强受训人员的市场竞争力，提高从业人员的就业能力和适应职业变化能力。带领300余名妇女到羊绒工业园、如意纺织厂、贺兰山景区星级农家乐等参观学习。转移输出农村劳动力1639人，实现劳务工资性收入1013万元。完成新农村合作医疗参保人数7634人，参保率为100%，新型农村社会养老保险参保人数2331人，参保率98%，完成职工领取待遇人员认定767人，城乡居民养老保险待遇领取187人。

【帮扶救助】 加强困难家庭、群众帮扶和救助，发放低保资金80.79万元，发放高龄老人津贴7.45万元；发放救灾粮1万公斤、食用油100桶；临时救助7户，发放资金是4820元；对196名残疾人进行入户核查，并完成信息录入；完成新农村合作医疗参保人数7634人，参保率为100%，新型农村社会养老保险参保人数2331人，参保率98%，完成职工领取待遇人员认定767人，城乡居民养老保险待遇领取187人。

【文明建设】 积极开展文明村、

文明乡镇创建活动。把文明村镇创建活动同农民增收、产业结构调整等紧密结合起来,以“生态文明村”“美丽灵武人”“乡村好青年”“五好文明家庭”等创建工作为重点,全镇“文明村”“平安村”创建覆盖面达85%以上;从人人参与共建和谐社会入手,深入开展“卫生村”“卫生家庭”评选活动,推选典型,树立榜样。加强精神文明建设,深入宣传社会主义核心价值观宣传,开展“三五”学雷锋等志愿服务活动,深入推进移风易俗,树文明乡风民风,促进全国文明城市创建工作。

【民主法制建设】 广泛发动,加强法制宣传力度。加强临河镇领导干部普法学习教育。结合临河镇实际,制订了《临河镇2017年普法计划》,建立和完善工作机制,紧紧抓住领导干部法制学习,完善领导干部学法用法制度,做好临河镇干部网络学法用法和无纸化考试工作。逐步建立和完善临河镇干部的学法考勤(积分)、学法电子档案和学法情况通报等制度,推动全镇法治宣传教育工作网络化、信息化、制度化,努力营造全民学法、遇事靠法、自觉守法的良好社会氛围。注重对临河学校学生的法制教育。集中开展青少年普法教育活动四次,发放法制宣传资料2000多份,受教育人数达1000多人次,增强了学生的自我保护意识和法制观念。重点加强对广大群众的法制教育。充分利用村村通广播、LED滚动显示屏、张贴标语等形式,在“国家安全教育日”“禁毒日”等节庆日发放宣传资料2000余份,解答法律咨询100余人次,使人民群众依法维权、依法办事的意识普遍得到增强。有针对性地运用法制专刊、法制展板、张贴标语等宣传工具,对广大群众特别是妇女、青少年宣传以宪法为核心的法律法规,预防吸毒、贩毒,预防家庭暴力和青少年犯罪,防止群体性冲突事件和重大刑事案件的发生。

【党的建设和党风廉政建设】 创新提出“1431”工作思路,“1”就是建强党支部这一个阵地,“4”就是运用党员积分制、党员帮扶共建机制、“一亮一评一承诺”机制和“三化一满意”服务机制这四项机制,切实做到“两委”班子服务水平、党员服务群众的能力、群众满意度这“3”个提高,从而实现“双增双减双富”这一目标,以此为抓手,切实推进党的建设工作。抓班子、带队伍,增强党员干部凝聚力、创造力和战斗力。定期组织班子成员和机关全体党员结合“三会一课”和“两学一做”学习教育制度化常态化,开展了8次主题党日活动、4次专题讨论会,并及时组织机关全体党员学习宣传自治区第十二次党代会及党的十九大精神,以高度的政治责任不断加强理论武装。理清思路,狠抓落实。定期组织召开支部会议,认真研究安排部署“两学一做”、党员组织关系排查、党费收缴、支部主题党日活动、“学、查、改”干部作风整治活动等,着力推进党建工作科学化、制度化和规范化。完善制度,规范管理。建立和完善支部党员干部学习教育机制,按照党员干部“三会一课”制度抓好党员学习教育,召开党员大会5次,支委会12次,邀请相关领导及党校老师为党员干部授课。建立和完善党支部工作的监督机制,把支部工作纳入党员群众的监督之下,以各项规章制度,来规范各项工作管人、管事。实行严格的党员管理机制,发展党员遵循“坚持标准、保证质量、改善结构、慎重发展”的方针,按照党员发展工作的程序,认真履行手续,将1名预备党员转为正式党员。带头抓好机关作风建设工作。不折不扣贯彻执行中央八项规定和区市有关要求,坚持以身作则、率先垂范。狠抓机关效能建设。坚持严管干部不动摇,针对群众反映强烈的“庸、懒、散、慢”“不作为,乱作为”等突出问题,对上班时间从事与工作无关的一些行为和落实上班签到制度不力的干部进行谈话提醒,对工作纪律松懈的干部进行集体谈话,通过督促检查和提醒谈话。扎实开展落实“中央八项规定”回头看工作,修订完善了干部管理、考勤、财务支出、公务接待、公车管理等的相关规定,对落实中央八项规定精神回头看中查找出的问题已全部整改到位。强化责任意识,认真落实党风廉政建设责任制。一是抓好学习。以镇党委理论中心组学习会、镇村干部会议和每周镇干部学习例会的形式,组织镇村干部认真学习“两准则四条例”等制度规定及区市纪委全会精神,及时通报区市纪委关于违纪典型案例。二是明确职责抓落实。党委和班子成员分别制定从严治党主体责任清单、问题清单和问责清单。制定《2017年全镇党风廉政建设和主要任务分工》，认真对市纪委全会征求反馈的意见进行整改。每半年镇党委召开一次专题会议研究部署全镇党风廉政建设工作。镇党委与各村、站（所、室）签订《党风廉政建设责任书》，并将党风廉政建设纳入目标管理之中，实行“一岗双责”，形成一级抓一级，一级带一级，层层抓落实的工作格局。三是注重廉政教育。组织党员群众观看《打铁还需自身硬》《界河》《蝇贪之害》《权力之殇》等警示片和《只有进行时》专题片，九月上旬组织镇村党员干部村监会主任到自治区廉政教育中心开展警示教育，使广大党员干部从反面教材中汲取教训，深刻反思、引以为戒，增强自身免疫力。

宁东镇

【概况】 宁东镇下辖中心区、梅苑、灵新、建安4个城市社区，以及马跑泉、回民巷、东湾、清水营、永利5个“村改居”社区。煤炭是宁东镇优势资源，煤层稳定，煤质好，具有低灰、特低磷、特低硫、高发热量、热稳定性好和化学活性高等特点，是优质的化工、动力用煤和环保煤炭，以此为核心区建成的宁东能源化工基地现已发展为全国14个亿吨级大型煤炭基地之一。宁东镇是宁夏回族自治区城乡一体化发展先行区和改革开放和经济发展的重要窗口

【政府工作】 宁东镇党政班子始终坚持民主与集中有效整合，注重发挥集体功能，全面增强班子驾驭能力。建立健全《宁东镇党委工作规则》《宁东镇政府工作规则》，严格按照议事规则和程序实行集体决策，落实集体领导下的个人分工负责制，班子内部坦诚相见、合作共事，多谈心、常沟通、勤商量，互相信任和支持，认真开展批评与自我批评，营造了团结共事的良好氛围。宁东镇党政班子将各项工作目标始终统一到宁东基地党工委、管委会的目标要求上来，全面推进作风效能建设，进一步增强抓落实促发展的能力。结合2017年年初制定的《综合执法局和宁东镇2017年三重一改方案》坚持定期督查与不定期检查相结合，加大对年初确定的工作目标的督促检查。宁东镇党政班子围绕建立健全惩治和预防不廉洁体系，修订完善《宁东镇纪委党风廉政建设和反腐败工作约谈办法（试行）》，全面落实党风廉政建设责任制。2017年共约谈问责处分6人（其中双开1人，开除党籍1人，诫勉谈话3人，书面检查1人）。

【经济指标】 推进重大项目落地，建立就业创业指导中心、扶持小微企业等方式，组织居民就业创业，并依托灵锐公司加强与各社区、辖区企业对接，开展物业管理、绿化养护等业务对接，形成一条龙产业链。促进居民增产增收，实现城镇居民人均可支配收入增长8%左右。这一重要经济指标，推进了全镇经济社会各项事业平稳快速发展。

【规划土地】 完成管委会下达的征地拆迁任务，累计征地9宗，共计706.997亩，确认征地补偿237万元。支付征地拆迁项目24宗，支付金额3010万元。共动员棚户区居民3217户签订改造协议，工作完成率达到95%；完成东湾、回民巷、清水营3个村724户居民整体搬迁补偿协议签订工作，合计2.1亿元；安置2254户居民到民惠苑居住。依法完成拆除违法建筑图斑98个，拆除面积12.5万平方米。宁东基地的城乡面貌焕然一新，为打造技术领先、行业领军世界一流能源化工基地提供环境支撑。完成垃圾中转站、宁东镇荣康肉制品有限公司配套基础设施项目立项、初步设计、建设方案、环评、用地审批等手续并移交宁东能化公司进行开工建设；完成生活垃圾填场建设用地变更手续和可研报告并取得批复；完成上沟湾、中石化长城能源、古窑子停车场项目立项及初步设计；完成东湾现代农业特色种养业示范基地高效节水灌溉暨人畜饮水工程水库、泵房建设和水田土地平整工作；完成马跑泉至清水营村道路工程立项及勘察设计工作；完成永利村到东湾村道路建设工程路段平整工作。

【创业就业】 建立了农企直销体系，有效促进了区域内高品质农产品与各大型企业销售无缝对接。大力发展清水营影视城，引导宁东灵锐创业园投资有限公司与清水营村加强合作，成立股份制有限公司，引进西安梦舟影视制作公司《霍去病》剧组，合作开发建设清水营影视城汉代新城。探索建立“1+5+N”农业转

移人口就业模式。以宁东灵锐创业园投资有限公司为平台，大力发展物业管理、市容环卫、绿化养护、劳务派遣、安全保卫、出租汽车、文化影视等业务。做实宁东镇就业创业指导中心，配全工作人员，建立工作机制，建立劳动人才信息库。积极拓展业务、做大做强灵锐公司，解决宁东当地农民就业、西吉移民就业问题。

【社会治安】 始终按照“稳定压倒一切”的原则，坚持软硬实力共同提升。建立“一站式”信访大厅，接待各类来访人员、登记各类来访事项，提高来访办结效率，提升服务质量；积极开展农民工工资拖欠治理工作，在建项目点设立农民工维权办公室及维权信息公示牌，案件数比2016年有所下降，结案率较上一年同期有所提高；开展劳动监察专项整治工作，下发《劳动保障监察调查询问通知书》与《劳动保障监察责令整改指令书》，监督用人单位开展相关整治工作。

【移民扶贫】 以邓小平理论和“三个代表”重要思想为指导，全面贯彻区市生态移民会议及文件精神，扎实推进生态建设和环境保护，实现生态改善和农民增收；进一步加强农业和农村基础设施建设，加快改善农民生产生活条件，大力调整产业结构，积极发展有特色的优势产业，促进社会经济全面协调发展。根据宁东镇辖区移民安置相关方案，安置了生态条件恶劣的西海固地区西吉移民300户，做好入住搬迁服务工作，确保异地移民能够在宁东镇度过第一个温暖、幸福的冬季。

【党建工作】 宁东镇人民政府、党委班子夯实基础，扎实工作，践行“两学一做”要求，深入贯彻十九大报告深刻内涵，组织学习新修订的《中国共产党章程》。一方面开展重走长征路教育活动。宁东镇党委班子成员、各社区班子成员、灵锐公司负责人、宁东执法局的负责人一行重走长征路，先后到西吉县将台堡、六盘山长征纪念馆、任山河烈士陵园、彭阳县城阳乡长城村乔家渠乔德雄家接受红色教育。另一方面号召党员响应打赢脱贫攻坚战略，联合彭阳县扶贫开发领导小组办公室，彭阳县新集乡党委、政府共同向宁东地区发起产业扶贫基金15万元，撬动金融扶贫基金150万元。与彭阳县城阳乡缔结友好乡镇，开展友好往来、对口支援扶持、经济协作和交流。同时修订完善了《宁东镇纪委党风廉政建设和反腐败工作约谈办法(试行)》，营造清正、清廉、清明的政治生态。

【平抑物价】 为保善宁东镇人民生活水平，提供平价优质农产品供群众选购，建立了农企直销体系，有效促进了区域内高品质农产品与各大型企业销售无缝对接。坚持公开申报的原则，择优选定投放点，遵循价格监测制度，开展肉、菜、蛋投放。2017年共投放平价肉品共37569斤(社会面25791斤，惠及居民6268户，企业11778斤，惠及企业职工20988人)。投放平价蔬菜总量为21787.56斤，共销售9027笔，平价鸡蛋总量为9457.37斤，共计补贴23.8万元。受政府投放肉、菜、蛋的影响，投放期间宁东镇范围内市场零售价格较投放前均有明显的下降趋势。广大居民对平价肉菜蛋投放工作也表现出极大热情，纷纷为平抑物价活动点赞。

【影视城建设】 清水营村位于宁东镇东北15公里处，全村总面积87平方公里，辖区内有古城池、明长城等人文古迹景观和河流、湿地等自然资源景观。前期因拍摄《画皮》《大话西游3》《锦衣卫》等影视作品成形，后期未发展且无人管理一直处于荒废状态，2016年至2017年借北京影视公司拍摄《霍去病》选景和后期计划拍摄《刘秀》选址需要，宁东灵锐创业园投资有限公司与清水营村加强合作，成立股份制有限公司，合作开发建设清水营影视城汉代新城，占地面积30亩，2017年年末已初具规模。2017年引进《萍踪侠影》《新龙门客栈》《女儿国》《扶摇》《八戒降魔》《萍踪侠影》《大圣伏妖》《绝色镖局》《大夏宝藏》等剧组拍摄影视剧，扩大影视城知名度，联合清水人家农家乐，形成集度假经营、休闲娱乐、民俗文化为一体的经济综合体。清水营影视产业已初具一定的规模，平均每日来访参观达80人次，未来计划建设一条小吃街道，并就经营管理的手段和方式进行不断尝试和探索，提供更优质的服务，带动周边相关产业的发展。

马家滩镇

【概况】 马家滩镇全镇下辖四个行政村，共有农户1513户，农业人口3308人。回族人口2120

人，占总人口的64.1%。其中：马家滩村461户1206人；大羊其村1302户1453人；西三村326户475人；杨圈湾村209户325人。已经建成枣泉、红柳、双马、麦垛山四座大型现代化煤矿和华电宁东风电场、尚德太阳能电场、国华矸石电厂三座现代环保型发电企业。

【经济社会发展】 2017年，实现农民人均纯收入8360元，比2016年增长12.1%。全镇呈现出经济发展、社会稳定、服务有力、农民增收的可喜局面。

【国土资源管理】 严厉打击各种非法盗采矿产资源和违法建设行为，对4家越界开采、盗采的砂石料场依法予以关停取缔。开展卫片拆违工作，先后拆除违法图斑22个，复垦土地90多亩。抓好镇区高污染无手续小煤厂清理整顿工作，先后清理镇区小煤场5家，关停3家。

【农业与农村经济】 在大羊其村大泉滩种植水稻、小麦、玉米等2100亩。为完善农田水利基本建设，镇村两级共投入资金45.6万元，劳动力3156人次，动挖掘用机械860台次，清淤扩整支斗沟8条8.84公里，农沟36条16.86公里；清淤支斗渠13条7.82公里，农渠36条20.08公里；整修生产路82条44.2公里，畦田建设0.3万亩。完成机深翻0.3万亩，秋施肥0.3亩，树木涂红刷白2.8万株，修枝抚育2.8万株，为2018年农业增产增收打下了坚实基础。规范发展现27家养殖合作社和家庭牧场。2017年共完成羊只饲养量45万只，大力发展养殖合作社，登记成立了国歧黑山羊专业养殖合作社；马家滩黑山羊特色养殖合作社，其中黑山羊饲养量达到2.5万只。积极做好畜禽防疫工作，全面完成春季畜牧防疫任务。

【生态建设与环境保护】 实施生态建设大会战。完成2015年度退耕还林补植补造3045亩，共栽植柠条苗67万株。抓好农村庄点绿化，在镇区及各村栽植新疆杨、刺槐、樟子松等树木26331株。配合林业局检疫站完成1万亩山沙区鼠害等有害生物监测防控和马家滩南湖候鸟监测工作。抓好禁牧封育工作，持续打击各种偷牧行为，有效巩固生态建设成果。完善环境整治工作长效机制。同各村、企业签订了目标责任书，修订完善了《马家滩镇农村环境综合治理工作考核细则》和《镇区环卫队人员考核管理办法》。发放《致广大农民群众的一封信》900份，在全镇范围内开展"最美庭院"创建评选活动，进一步提高广大群众爱护环境卫生、建设美丽家园的意识。综合治理环境卫生。以鸳冯公路和石马公路两条主干道线、居民庄点、企业周边为重点，定期开展清理整治，实现了农村环境清理的常态化。

【劳务经济】 2017年全镇共完成劳动力转移857人，实现工资性收入193.73万元。做好农民工工资清欠工作，受理举报"拖欠"农民工工资案件5件，追回被拖欠的工资450余万元。

【招商引资】 引进宁夏秦晟达生物科技有限公司，投资2.7亿元建设畜骨综合加工利用项目。前期镇党委、政府积极帮助企业协调解决用地、供电、供水、道路等设施，确保了项目最终落户马家滩镇。

【新农村建设】 争取美丽小城镇建设项目支持，着力完善镇区基础设施，提升镇区公共服务功能。一是建设占地100亩的生态公园，栽植各类树木6100余棵，配套建设1座蓄水池和2处停车场。二是铺设镇区绿化供水管线21.95公里，铺设镇区给水管道5.3公里，商业街排水管网改造2.3公里。三是实施镇区排水管网改造及污水处理站项目，改造排水管网2059米、清淤1854米，新建一座占地3亩日处理污水180立方米的污水处理站。四是实施镇区巷道人行道翻建及垃圾中转站(公厕)项目，翻建人行道1.6公里，安装路灯44盏，新建垃圾中转站1座，公厕1座。五是实施生态公园应急水源管线铺设项目，以保障镇区生态公园绿化用水。

【社会治安】 严把信访维稳关口。全力推行领导包村包案、"三化一满意"村队干部网格化管理、"五送两带一帮"工作组进村入户"三合一"和领导干部包村包案"一对一"工作模式，积极化解征地补偿、承揽工程等各类矛盾纠纷113件。2017年全镇没有一起群体访、进京访案件。

【帮扶救助】 一是抓好民政救助工作。2017年共争取市民政局救灾粮2万斤，食用油100桶，惠及209户445人。争取高龄津贴、冬季取暖用煤补贴等各类救灾救济补贴资金157.6万元，解决了348户494人的生产生活困难。二是做好访贫问苦工作。春节期间,组织慰问了75户各类困难群众,发放慰问金4.5万元,使他们感受到了党和政府的温暖。三是马家滩村、杨家圈湾村、西三村统一给群众购买人身意外保险1190户,受到群众好评。

【卫生医疗】 城乡居民医疗保险、养老保险参保率和缴费率均达到98%,实现了病有所医。积极配合马家滩镇卫生院建设工程,做好前期征地、后期服务工作,确保卫生院顺利建设,截至12月月底,该工程已完成主体建设部分。

【文化事业】 群众性文体活动经常性开展。先后举办了马家滩镇第五届农民运动会、灵武好声音选拔赛和2场文艺演出。此外加大投入,进一步完善镇综合文化站图书、电脑及其他健身娱乐器材,为广大群众提供一个对外开放、功能全面的文体活动场地。

【人口与计划生育】 截至2017年年底,全镇共有育龄妇女713人,全年共出生27人。采取节育手术2例,其中上环2例,已婚育龄妇女中落实各种节育措施共230人,综合避孕率达到85%;避孕节育知情选择率达到100%,计划生育手术并发症发生率低于0.5%。2017上半年共举办计生培训班2次,参训人员260人;开展健康知识讲座2次;制作发放各类计生宣传资料1350份。开展计生优质服务,建立居民健康档案3285份,建档率97%;建立电子档案3285份,电子档案建档率96.3%,建立老年人健康档案358人,建档率为100%,开展 "三查"服务1次,共为育龄群众免费做B超244人次,妇检102例,乳腺检查84例,完成孕前优生检测7对,两项筛查84人。严格计生行政执法,半年来立案1件,征收社会抚养费3000元,办理服务证15个,再生育审批办理11件,独生子女证办理14件。

【精神文明】 积极开展文明创建活动。积极落实灵武市创建全国文明城市各项目标任务,接受自治区文明乡镇复检,同时大羊其村、西三村和杨家圈湾村积极创建灵武市级文明村。深入推进移风易俗工作,指导各村修订完善《村规民约》,成立红白理事会,努力引导全社会形成勤俭节约、厚养薄葬的新风尚。号召辖区各单位干部职工开展共青团春季志愿植树活动。开展"好青年"评选活动,通过优秀典型引导广大群众树立争做文明人,建设美丽马家滩的理念。通过努力,马家滩村荣获灵武市"五四红旗团支部"称号。

【党组织建设】 顺利完成村委会换届选举,马家滩镇4个行政村全部一次性选举成功,当选人员均为正式候选人,实现了组织意图,体现了群众意愿。此外,村民代表、村监会和村级妇代会也顺利完成换届。实施"聚力工程"担保基金贷款,助力村集体"脱壳"、农民增收。通过组织生活共过、党员活动共办、综治维稳共调、社会事业共商等形式,在各村创新开展村企结对共建活动,实现企业和地方党建工作的共同提升。带好农村党员队伍。深化"两学一做"学习教育,开展3次专题讨论活动。积极开展支部主题党日活动,确保党员日常教育规范化、制度化。按照发展党员六项制度二十八项流程,认真开展发展党员工作,举办入党积极分子和发展对象培训班1期,转正党员1名,纳新预备党员2名。开展党员信息采集和网上登记工作,进一步规范了全镇党员管理工作。

【党风廉政建设】 一是抓廉政责任落实。狠抓以党委主体责任、纪委监督责任、领导干部"一岗双责"为核心的党风廉政建设责任制落实,认真开展年度述职述廉工作,形成一级抓一级、层层抓落实的廉政建设工作机制。坚持把纪律和规矩挺在前面,运用好监督执纪"四种形态",强化对党员干部的监督制约,使咬耳扯袖、红脸出汗成为常态。二是抓违规违纪查处。加强廉政教育和风险防控,严格执行"一案双查"制度,坚持有案必查,做到无禁区、零容忍、全覆盖。2017年镇纪委共收集问题线索4起,立案3起,给予党纪处分1人,提醒谈话6人,进一步端正了党员干部的工作作风。三是抓机制制度规范。健全规范项目管理、工作运行、信访接待、干部考勤等内部制度,严格执行财务管理审批制度,强化资金监管,提高资金使用效率。充分发挥村代会、村监会等村民自治组织的积极作用,全面推行村级事务民主管理"114222"工作法,确保农村工作公开透明,群众参与管理村级事务的主体作用得到有效发挥。

【安全生产监督管理】 结合安全生产月活动,在全镇范围内深入开展安全生产知识宣传教育，2017 年共开展安全生产检查 9 次，通过“三化一满意”信息平台发布防火、防煤烟安全信息 32 条，联合镇派出所在学校开展安全生产法律法规和消防安全知识宣讲活动 1 场次，进一步提升了广大企业（群众）的安全生产意识。配合公安、安监、市场监管等部门开展 3 次土炼油专项整治行动，先后依法取缔、炸毁炼土炼炉 39 座，清理土炼油炉及储油设备 272 个。

【民族宗教】 落实灵武市创建全国民族团结进步示范市各项目标任务，积极创建民族团结进步示范镇（村）。依法管理宗教事务，妥善处理民族宗教领域的矛盾和问题。利用“开斋节”“古尔邦节”等节假日，拿出资金对全镇 12 座清真寺进行慰问。加强同社会各阶层的协调与联系，实现了民族团结，社会稳定。

梧桐树乡

【概况】 梧桐树乡辖 8 行政村，81 个村民小组，总人口 28076 人，其中，少数民族 6886 人，占总人口的 24.5%；党员 800 名。全乡耕地面积 5348 公顷，人均耕地 3.3 亩，鱼池面积 603 公顷，主要以粮食种植加工、畜牧养殖、土地流转、劳务产业、适水产业等主导产业，盛产陆地瓜菜和水产品。

【经济建设】 梧桐树乡立足农业产业特色，集约化发展思路初见成效，农业现代化步伐日益加快。2017 年度，各类农作物产量达 147721 吨、产值 23632 万元；畜牧业产值 44219 万元。农业总产值较上年增加 1322 万元。2017 年上半年度，全乡人均可支配收入 6508 元，同比增幅 7.3%。

【种植业】 梧桐树乡积极调整种植业结构，适当压缩水稻种植面积，“压粮扩饲”，开展种植业内部供给侧结构调整。全乡共落实水稻播种面积 4.6 万亩；玉米播种面积 2.7 万亩；小麦 630 亩；种植露地西瓜面积 0.7 万亩；蔬菜 1.6 万亩。种植出口创汇农产品辣根 0.25 万亩；设施蔬菜 478 亩；优质牧草 0.6 万亩，种植业结构趋于合理。

【畜牧业渔业】 梧桐树乡畜牧业渔业产量及产值较 2016 年有小幅度的增长，全乡 2017 年畜牧产品产量达 24159 吨，产值 44219 万元，较 2016 年增加 1854 万元，增幅 3%。全乡鱼塘精养面积 800 亩，产量 80 多万公斤，产值 10000 万元。2017 年全乡生猪饲养量 13.96 万头，羊饲养量 6.5 万只；肉牛饲养量 4560 头；禽饲养量 5.4 万只。推广种植黑麦草、紫花苜蓿 6000 亩，青贮玉米 4000 亩，制作苜蓿半干青贮 6000 吨；玉米青贮、黄贮饲料 8000 吨。

【现代农业】 梧桐树乡依托宁夏兴唐米业集团在北滩村建设的有机稻基地辐射效应在全乡建设和推广种植有机稻基地 6 个，开展有机水稻产地（产品）认证 6 个。建设工厂化大棚育秧基地 4 个，面积 54 栋标准棚。实施粮食创高产工程 4 万亩，建设优质水稻全程机械化示范基地 3 万亩、有机水稻 3 万亩，建设水稻工厂化大棚育秧基地 9 个；完成标准化育秧大棚 138 栋。加快发展设施农业，新建现代化蔬菜育苗中心 1 座，2017 年育苗 3000 亩；全乡粮食作物机械化率达到 93%，实现农机作业直接增收 2000 万元以上。推广测土配方施肥技术 6 万亩次，亩均节本增效 30 元左右，进一步完善粮食作物科学施肥技术，更好地推动农田科学化种植进程。

【项目工程】 全面完成了环境整治项目西大沟治理工程，砌护治理 12.6 公里，投资 1220 万元。2017 年年末完成投资 1034 万元，沟道格宾砌石护坡 9.8 公里紧紧围绕市重点项目 344 连接线复沟复渠工程建设，概算投资 320 万元。争取市农发办 2017 年农业综合开发存量资金土地整理项目的落实，计划总投资 1350 万元，治理面积 0.9 万亩，完成砌护支斗渠 5.55 公里，砌护农渠 11.79 公里，配套建筑物 197 座，混凝土道路 1.34 公里，沟道铅丝笼 + 生物砖治理 5.19 公里。积极争取灵武市 2017 年农田水利设施配套（梧二支渠）改造工程，概算总投资 364 万元，已经完成的是斗渠砌护 10.35 公里，配套建筑物 179 座。积极配合市政府重点项目破四沟水系扩整连通工程建设，概算投资 820 万元，治理沟道 3.4 公里，已完成的是土方开挖，配套建筑物 13 座，两侧 3 米林带 1.5 公里，沟道格宾砌护 1.2 公里。配合水务局对张家沟沟道治理建设协调工作，概算投资 180 万元。全力做好 2017 年梧桐树乡秋季农田水利基本建设各项工作，顺利通过区市验收。全乡累计完成清淤支斗沟 27 条 54.5 公里，清淤农沟 275 条 169 公里，清理整治支斗渠 69 条 65 公里；农渠 227 条 175 公里，整修农路 465 条 317 公里，秋翻地 7.2 万亩，其中机深翻 4.4 万亩，秸秆还田 4 万亩，秋施肥 4 万亩。争取到自治区美丽小城镇建设和杨洪桥村美丽村庄项目 2 个，争取财政奖补资金、一事一议项目 14 个。争取到水利公共维修项目及抗旱补助项目 3 个，争取到农村道路及庄点巷道硬化项目 2 个，争取到农业补助项目 2 个，农村电网改造项目 1 个。累计争取项目资金 4800 万元。引进山东日照华美食品公司辣根种植项目，计划建成以保鲜或加工脱水出口为主的辣根特色种植基地，进一步增强现代农业产业实力。

【政治建设】 夯实基层党建工作，全面发挥基层党组织作用。紧紧围绕“1234”党建工作思路，坚持以夯实党的基层基础工作为核心，抓班子、带队伍，持续抓好“两学一做”学习教育常态化制度化，同时以“六化两提升”工作为抓手，打造了一批特色党建示范点，强化基层党组织服务功能，进一步发挥农村基层党组织凝聚人心、带动致富的战斗堡垒作用。

【党员学习教育】 强势推进“两学一做”常态化制度化，实现全乡党员学习教育全覆盖。通过科学制定学习方案，按照计划安排，稳步推进全乡“两学一做”学习教育常态化制度化，逐步形成了以乡党委中心组学习、支部主题党日、专题研讨的三级党员学习教育体系。一是建立健全乡党委中心组学习制度。按照学习计划，组织党委班子、村书记通过每月定期学习、到田间地头观摩学习等方式学习了党的十八大、十九大精神和习近平总书记系列重要讲话精神和相关法律法规，不断深入思想教育及理论学习，教育引导党员干部进一步增强党性修养，增强宗旨意识。二是建立健全村党组织书记述职述评制度。月初召集村党组织书记详细安排党建工作任务，月末由各村集中汇报落实情况，进一步压实村党组织书记党建工作责任。三是创新“5+X”模式，规范开展支部主题党日活动。形成了以“重温入党誓词、戴党徽、听党课、交党费、学党章 + 具体学习内容” 的主题党日活动模式。截至 2017 年 12 月底，全乡共开展主题党日活动 72 次，参与人次 9800 余人，有力调动了党员学习教育的积极性和参与度。四是以“四讲四有”为主题，开展党员专题学习研讨会。从党员行为规范着手，以专题研讨、集中学习、集体讨论的形式，教育引导广大党员做到“讲政治、有信念，讲规矩、有纪律，讲道德、有品行，讲奉献、有作为，”截至 12 月底，全乡共开展专题研讨 36 次，党员宗旨意识进一步加强，理论学习水平不断提升。五是积极落实“百场党课下基层”活动，掀起全乡党员学习热潮。着力提升党员学习的广度和深度，通过广泛宣传、主动对接，邀请专家学者到各党支部展开宣讲，为农村党员学习教育注入新活力，截至 12 月底，共邀请自治区、银川市、灵武市委党校专家教授 11 次，覆盖学习了涵盖中共党史、法律法规、民风民俗等 14 项学习内容，700 余名名党员参与其中，实现了“党课送到家门口，学习成果记心头”，打通了党员学习教育“最后一公里”。

【党建工作】 持续抓好党建基础性工作，加强严肃党内政治生活源头性建设。开展专项督查，指导村党组织规范落实“三会一课”制度，每月检查各支部“三会一课”、党员学习教育会议记录，每个季度对各支部工作档案进行抽查，建立健全各村党组织的工作痕迹管理和规范。抓好年度组织关系排查，建立全乡党员个人信息库。以党员信息采集工作为契机，对 9 个支部的党员基础信息进行排查，将全乡 800 余名党员纳入网络信息系统，实现党员去向全程动态管理、组织关系转接实时操控，进一步加强党员管理工作。抓好党员发展工作，提升纳新党员整体素质。严格按照市委组织部的五道发展程序、28 个步骤做好 2017 年度党员纳新转正工作。抓好 2017 年度评星定级工作，加大对后进村党组织的整顿转化力度。研判工作措施，按照“巩固四星，提升二星，整顿一星”的要求认真开展后进党组织整顿转化和年度评星定级工作，力争年底全乡 9 个党支部都在二星级以上。按照“六化两提升”工作标准，抓好村党组织阵地建设。建设村级党群活动服务站，按照“十个一”标准打造村级组织红色阵地。

【党组织服务性】 做精做强特

色党建项目工程，不断强化基层党组织服务性功能。突出组织服务性功能，打造梧桐树乡党群活动中心。建设集党建展览室、谈心谈话室、志愿服务室、读书室、群团工作室、健身运动室、党员宣誓室、红色影院室为一体的综合性党群活动中心，进一步满足全乡党员群众学习教育、文娱活动的各类需求。突出“党建＋田园”特色，打造自治区级党建示范点同德农机合作社。以“支部建在产业链，党旗飘在田野上”为主题，建设党建展示走廊，依托全景技术，制作梧桐树乡数字展览馆，全面展现合作社“支部＋产业链”发展模式。突出“党建＋产业”特色，打造沙坝头村党群共富联合体。形成了以沙坝头村党支部为核心，旗下西瓜合作社、同德农机、互利蔬菜合作社为代表的党群共富联合示范园区。突出“党建＋村企联合”特色，打造河忠＋昊王村企共建党建示范点。立足村内众多企业资源优势，联手昊王米业等多家企业，建立村企联合工作站，实现“双增双富”工作目标。强化跟踪督办，抓好已建成党建项目的后期运行管理。抓好银川市壮大村集体经济项目沙坝头村育苗温棚、杨洪桥村瓜果蔬菜物流中心的发包经营工作，顺利通过项目验收。

【党风廉政建设】 全面落实党委主体责任，持续深入推进党风廉政建设。一是加强制度建设。班子成员集体讨论修订了《梧桐树乡机关干部考勤制度》、《梧桐树乡会议学习制度》等抓好干部日常管理的一系列制度规范，切实抓好干部作风建设。二是健全沟通协调机制。通过党委会明确班子成员职责并督促工作落实，同时以村“两委”换届选举为契机，召开党风廉政建设专题会议，与各村负责人签订党风廉政建设责任书，组织和动员广大干部群众参与到党风廉政建设和反腐败工作中来。三是严格落实报告制度。在民主生活会和述职述廉时进行自查并接受评议，重点在家庭成员、住房资产等方面展开自查评议，做到信息公开，情况属实，共开展民主评议16人次，个人信息公开32条，收集自查报告12篇。四是推行责任清单管理。将重点工作一一细化，印发成册，明确班子成员各自任务，明确责任领导、责任部门和相关责任人，做到履职有的放矢，追责有迹可循。五是指导乡纪委抓好标准化建设。提供资金保障，利用专项经费，按照纪委标准化建设“六统一、五规范”的要求，为乡纪委专门购置了保密电脑、防磁柜、保密柜、碎纸机等硬件配套设施，腾出房间设置谈话室，谈话室内全部进行软包处理，设置录音录像设备，软硬件配置过硬，多次接受上级领导部门以及中央纪委副书记杨晓渡实地考察调研。

【文化建设】 梧桐树乡以美丽乡村建设为总抓手，以大力兴建农民文化广场、小微公园为突破口，农村文化基础设施不断完善。同时，广泛开展农民文化艺术节、社火巡演、趣味运动会、广场舞大赛、公益电影放映等一大批具有地方特色的文化活动，进一步丰富了全乡群众的精神文化生活。梧桐树乡现有文化活动中心1所，文化广场16处。文化中心设置民俗文化作品展示室、琴类演奏室、电子阅览室、图书报刊阅览室等活动室，面向全乡所有群众免费开放，每天开放时间不少于4小时。进一步巩固“农家书屋”建设，其中沙坝头村“农家书屋”管理员被评为“全国优秀农家书屋管理员”荣誉称号。沙坝头村和陶家圈村被评为文化示范村。2017年用于文体活动的经费6万多元，全乡文化活动形式多样，内容丰富。

【民生建设】 梧桐树乡保障和改善群众医疗、保险、救助、就业等民生工作，解决好群众关心的现实问题。坚持努力在抓好民生改善、发展民生事业上下功夫，开展了自查自纠清理整顿工作，126户287人，新增城乡低保72户117人；做好低保资金的核发管理和低保证的发放工作，现有城乡低保对象528户995人；新增高龄老人生活津贴12人、审核落实197名80岁以上老人享受低收入老年人生活津贴；发放最低生活保障及春节临时生活和教育补助5.96万元，城乡医疗救助217人次救助医疗费786400元；困难群众社会临时救助131人，救助资金57600元；春节慰问各类困难群众443户，发放临时救济粮油500桶、米1000袋、面1100袋；新增公共租赁(廉租)住房276户。发展养老服务事业，启动运行河忠村、杨洪桥村、沙坝头村、陶家圈村、梧桐树村、北滩村等6家居家养老服务站，为老年人提供集中供养、文化娱乐服务。实施农村阳光沐浴工程，争取为3000户安装太阳能热水器,改善农村农民生活条件。实施文化惠民工程，建设标准化乡文化活动中心,扶持文化大院、民间文艺团队,组织送戏进农村、社区等演出20场,开展广场文化演出20场，放映农村电影不少于120场。积极做好政策扶持,大力帮扶创业就业,发放创业贷款426万元,新增个体户21户,小老板35个,申报杨洪桥创业示范区1家；大力实施援助就业，做好“40”“50”公益性岗位申报8人,社保补贴137人。

【平安建设】 梧桐树乡建机制抓落实，凝心聚力建设平安梧桐。进一步加强综治(平安建设)工作,做好十九大期间的信访维稳工作,狠抓矛盾纠纷排查化解工作,加强对综治信访工作督办力度，认真开展实施“灵盾工程”,取得了明显的成效。一是规范乡综治中心建设。成立乡综治中心(矛盾纠纷调解中心)建设,完善综治中心各项规章制度,设置“三中心一窗口”(综治中心协调中心、矛盾纠纷调解中心、网格化管理中心、群众来访接待窗口);并协同法院、专业律师设置了法院立案、律师咨询等窗口；完善档案内页资料,外部有指示牌,配齐电脑、桌椅,落实综治中心人员。在辖区8个行政村规范建设村级综治中心,采取“三室一窗口”(综治工作室、矛盾纠纷调解室、“一村双警”警务室和公共服务窗口)逐步形成群众诉求一条龙、一站式办理、一揽子解决的运行机制。二是全面实施“一村双警”工作机制。在全市率先成立了4个中心警务室、8个警务助理站，配齐了包村民警、协警、村警务助理员、禁毒专干、网格化信息员。配备了相关办公用品,完善了相关制度。制作安装警务智慧门牌890个。做到警力接地气,打通了服务群众最后一公里。三是建立健全信访工作网络,及时办结信访件。通过“三化一满意信息平台”和“信访信息平台”细化矛盾纠纷排查;切实做好信访隐患排查工作,做到信访矛盾不出村,不出乡。乡综治办定期听取村级信访信息员的汇报，对排查出的信访隐患，及时组织人力进行处理,确保了矛盾不被激化。全乡共排查矛盾纠纷106起，已化解103起；“12345”智慧银川平台转办62起,化解60起,信访平台录入信访事件40件，乡级自主登记录入21件答复21件,规范完善了信访答复53件,销号非访2件，基本做到案结、事了、人和。四是落实安全生产责任制,建立健全“党政同责，一岗双责，失职追责”安全生产责任体系,实现了“五级五覆盖”和规模以上企业“五落实五到位”,确定了安全生产管理人员，健全台账档案,制定村安全生产制度职责,并顺利通过银川市的验收;共检查粮食加工企业23家，易燃易爆场所24家、人员密集场所28家、较大草场12家、个体工商户116家。

【妇女事业】 圆满完成了梧桐树乡妇联换届工作。做好妇女“两癌”免费筛查工作,共有200余人受益。扎实推进妇女小额担保贷款工作，共计发放贷款58户,累计贷款金额304万元。积极开展关爱留守儿童活动,乡妇联联合团委组织7次志愿服务活动。加强对村留守妇女开展技能培训，举办各类培训5次,参会人员250余人次。通过组织各村开展“乡级文明家庭”等评选活动，夯实了基层妇女组织建设,大力增强了妇女儿童事业发展后劲,彰显妇女同志的风采。

【环境治理】 2017年年初制定实施《梧桐树乡环境治理行动实施方案》,采取建立“美丽梧桐”微信、出动宣传车辆、悬挂横幅、发放倡议书等各种措施,以网络宣传、立体宣传的方式,加大宣传力度,建立了“美丽梧桐”微信群,乡村队三级干部对各村逐巷逐户进行排查，实行销号报告制,立查力改。逐村逐队逐户治理，共计清理庄点内乱堆乱放3165处,清理各类垃圾6100多立方,治理沟渠300多条326公里，主干路228条次420公里，共出义务工12230人次,动用各类机械368个小时。清理辖区乱搭乱建、乱停乱放、违章建筑56处385多平方米,治理巷道525条次363公里,清理街道私屠乱宰点5个。清理主干路两侧柴草杂物、乱涂乱画等行为,硬化道路3条2.7公里,对沿街商户更换门头76个,502.123平方米。抓好保洁员队伍管理，对不尽责、态度不端正的保洁员进行了调整，共调换不合格保洁员16名,全乡现有保洁员39名,全部实行网格化管理，责任片区制，责任到人，极大提高了保洁效率。全面贯彻落实河长制,成立梧桐树乡河长办,任命乡村两级河长,完善实施方案、一沟一策、日常巡河等制度，确保全乡“天蓝，地绿，水清，景美”。着力推进绿色发展，不断巩固“美丽梧桐”建设。牢固树立“既要绿水青山，也要金山银山，绿水青山就是金山银山”的理念，以解决生态环境突出问题为导向，坚持上下联动、乡村互动，突出重点、综合治理，立体覆盖、全民参与，全力打赢生态环境大会战。

【美丽村庄】 全力完成史家壕村美丽村庄项目建设，积极争取自治区住建局“美丽村庄”建设项目。投资1200万元在史家壕村五、六队建设了道路、排水、路灯、天然气、绿化、环卫、小微公园、多功能运动场、老年幸福苑等工程。2017年年末硬化道路总长度约1167米；下水改造工程四处，污水处理站1座；太阳能路灯80盏；铺设天然气主管道4公里；占地面积19150平方米小微公园1个；硬化多功能运动场1个；栽植乔木1900棵；购买垃圾箱95个，分类垃圾收集箱680个，全村面貌实现了大改善、大提升。

【生态绿化】 结合春秋农田水利基本建设，以史家壕村四、五、七队美丽村庄绿化，李家圈新村新修道路绿化、河忠村新修南二环延伸段绿化、秋季农田建设项目区绿化为主，2017年共完成造林11871株，在完成新林网植树的同时，不断加强农田林网树木的修枝抚育及涂红刷白工作共计完成树木涂红刷白8.5万株，修枝抚育14.5万株。

【大气防治】 贯彻落实自治区、银川市和灵武市相关文件精神，多次召开全乡各级大气污染防治专题会议，宣传相关法律法规及条例，制定实施梧桐树乡2017年大气污染防治工作方案，建立了梧桐树乡村队三级秸秆禁烧工作网格。通过短信、微信、巡防车喇叭等方式加大宣传力度，秸秆禁烧概念深入人心。并成立了由农业服务中心、乡村规划站和派出所大气污染防治联合巡查小组，坚持24小时巡回检查，对路边、地边、村边、渠边、坑边积存的农作物秸秆进行了全面清理，彻底消除焚烧隐患。组织乡村队三级网格，成立乡级巡查组5组15人，巡查280次，配备宣传喇叭5个，进入庄点开展宣传125次。村级巡查防火员31人，配备袖标31条，防火设备62件，每天按时片区巡查。宣传挂横幅34条。清理高速公路两侧、滨河大道、清河路、344连接线、李荀路、梧桐树中路两侧沟渠杂草159条，使用秸秆还田机械46台次，粉碎还田水稻、玉米秸秆等94亩。

白土岗乡

【概况】 白土岗乡辖区总面积637平方公里，其中，灌区面积约120平方公里，占总面积19%；山区面积517平方公里，占总面积81%，辖区耕地总面积2.8万亩(含石油农场8000亩)。全乡辖枣岗子、火城子、华新、新红、新立、长流水、海子井、新火、泾兴等9个行政村31个村民小组，全乡总人口11833人，总户数3025户，回族占全乡总人口的87.5%。辖区内小学3所，卫生院1所，银行1所。

【经济社会发展】 2017年，白土岗乡以自治区第十二次党代会精神为统领，围绕灵武市“11344”思路和“生态立乡、产业强乡、新能源富乡”目标，在市委、市政府的正确领导和广大干部群众的共同努力下，以党的十八大，十八届三中、四中、五中、六中全会精神及党的十九大精神为指导，紧盯重大项目、重要任务和重点工作，认真分析发展形势，克难攻坚，扎实苦干，荣获自治区卫生乡镇、银川市卫生乡镇称号，新火村、火城子村获得自治区卫生乡村、银川市卫生乡村称号，泾兴村获得银川市民族团结进步示范村称号，全乡呈现出经济发展、民族团结、宗教和顺、环境优美、社会和谐的良好态势。

【招商引资】 截至2017年年底，招商引资项目到位资金达4亿元，上争项目资金700万元。

【养殖业】 一是调整种养结构，优化产业布局。落实完成种植总面积20828亩，其中：小麦1250亩，水稻8950亩，玉米10628亩，瓜果蔬菜240亩。粮食产量连续十三连增。二是草畜产业蓬勃发展，扶持24户500只以上规模养殖户加大基础母羊的繁育，2017年底，全乡羊只饲养量达到77.5万只，存栏达27.5万只，牛饲养量达0.81万头，存栏0.45万头，家禽14万只；创建养羊节本增效示范养殖园6个，养牛节本增效示范养殖园区1个；建成6个肉羊标准化养殖场，47家专业合作社，16个家庭牧场；禁牧封育常抓不懈，山区生态效益得到了可持续发展。三是林业发展稳步提升。以镇区及下白路为重点片区，共栽种各类苗木84530株，其中乔木14462株、花灌木70068株，全年为苗木灌水12次，苗木成活率达到95%以上。结合“一事一议”项目，在枣岗子村七支沟下段栽植林带一条，建设新立村小微公园一个。秋季，结合秋季农田水利建设，对枣岗子、新火、新红三个重要建设方点及全乡主干道路两侧和火城子村等巩固片区林木进行修枝抚育和涂红刷白，其中修枝抚育4万株，涂红刷白4万株，林带整地除草320亩，秋季补植补造林木3500株。

【脱贫攻坚】 坚决打赢脱贫攻坚战。一是严格按照“四会议三公示”要求，逐户逐人筛查摸底，新增建档立卡贫困户30户165人，确定建档立卡贫困户239户1180人，严格按照程序进行登记留档，录入国家扶贫云系统。二是大力实施产业扶贫，继续实施宁夏兴源达农牧奶牛养殖园区后续工程建设。建成临街商铺17间，租金用于支持建档立卡户脱贫以及增加村集体收入。投资765万元建设泾兴村现代农业设施产业园，高标准建设35栋温棚，鼓励农户承租种植特色蔬菜，发展特色农业促进增收。三是落实好金融扶贫政策，积极对接金融机构开展创业贷款征信调查，争取贴息贷款注入企业分红。截至2017年年底，已完成泾兴村、海子井村272户建档立卡户征信授权书签订。四是组织实施好健康扶贫工程，确保实现因保尽保，尽最大努力减轻群众看病负担。全力推进脱贫保险项目，建档立卡贫困户家庭意外伤害险、大病补充医疗险完成均达到100%。五是精准抓好培训就业，结合市场需求和贫困户实际情况，开展手工刺绣、电子商务、电焊、创业技能等培训2000余人，实现建档立卡户劳动力培训全覆盖。通过依托辖区企业优势开展辖区企业帮扶活动、环境综合治理及绿化工作优先招收泾兴村工人，解决150余人就业问题。联合宁夏灵帼彩国际服饰有限公司建设扶贫工厂，泾兴村妇女在家门口实现就业。六是完善基础设施建设，美化泾兴村主干道路两侧，加固拓宽泾兴村进村入口主道路,硬化主道路两侧的裸露地6500平方米。新建泾兴村文化广场、小微公园、临街商铺、便民市场及配套设施，各项基础设施逐步完善实现了“五通八有”。七是强化社会保障兜底，对完全丧失劳动能力或者部分丧失劳动能力的，特别是五保户、残疾人和高龄老人进行社会保障兜底。协调解决37户多人多代户住房紧张问题。八是创新扶贫方式，将精准扶贫工作融入“智慧灵武”建设，设计开发简便易行的“二维码”脱贫信息填写平台。通过扫描二维码了解家庭情况基本信息、经济收入台账、帮扶责任人信息、帮扶措施及成效等内容，实现信息整合，开创智慧扶贫。

【新农村建设】 加快农村基础设施建设。一是加大环境卫生整治力度。坚持日常整治与集中整治相结合，做到全乡域内卫生无死角，垃圾无积存，水面无漂浮物。获得了“银川市卫生乡镇”和“自治区卫生乡镇”荣誉称号，同时火城子村、新火村被命名为“自治区卫生村”，火城子村还被住建部评为中国第四批“全国宜居村庄”。二是进一步优化人居环境。建设泾兴村小微公园1座，泾兴村、新立村文化广场2座，泾兴村便民市场1个；在枣岗子村安装路灯82盏；对泾兴村主干道路两侧及中心道路以北裸露地带全部进行了硬化；在新红村、长流水村、枣岗子村硬化道路4.2公里；乡大院绿化草坪749平方米。三是加大大沟大渠整治力度。争取项目资金，对307县道、枣岗子村七支沟下段及五斗渠7公里边沟进行了格宾砌护；对火城子沟下段、枣岗子七支沟和四支渠边沟进行了草坪砖砌护，同时将上述沟道日常保洁落实到了具体保洁人员；火城子村污水改厕及污水处理项目验收合格。

【环境卫生综合治理】 加大环境卫生整治力度。2017年共清理生活垃圾6200吨，做到卫生无死角，垃圾无积存，水面无漂浮物，保洁队伍精干高效，环境卫生始终走在全市前列。在污染防治十大专项行动中，制止秸秆焚烧225次，拆除违法木炭烧制点3处。覆盖裸露土地1万平方米，查处环境污染企业1家。

【改善民生】 着力改善民生，促进社会和谐发展。一是教育事业再上新台阶。全乡学前幼儿入学率达100%，小学适龄儿童入学率达到100%。二是农村社会保障有效实施。2017年共发放城乡低保391.5万元，救济救灾各类慰问款172.5万元，救灾粮30

万斤。三是妇女工作全面发展。积极组织妇女参加扶贫车间和编制刺绣等技能培训，充分发挥妇女“半边天”作用，发放妇女小额贷款共320户960万元。四是计划生育工作扎实开展。全面完成奖励扶助53人，足额兑现奖励资金63600元；独生子女父母奖励18户，发放资金4800元；计生医保244人，发放医保资金21960元。五是劳务输出稳步开展。共输出劳务2300余人次，实现劳务产业带动农民增收1650万元。

【创业就业】 推动劳动力转移，2017年在各村宣传就业创业贷款新政策，并支持高校毕业生、城乡困难群众、失地农民积极创业共5人，全乡灵活就业人数320人，新增公益性岗位6人，转移农村剩余劳动力2300人，全年户均一人进厂务工共208人。

【社会管理】 抓好社会管理创新，社会各项事业健康发展。“三化一满意”社会管理服务体系运行良好，网上办理工作在乡村两级有序进行，每个村都建立社会管理信息平台，统一配置电脑、打印机、扫描仪等设施，由村干部（村妇联）担任信息员。完成第三次全国农业普查。教育事业再上新台阶，教育转移支付37万余元，全乡儿童教育入学率和巩固率均达到100%。宗教、统战、工会、妇联、共青团等工作常抓不懈，健康发展。

【计生服务】 一是全面开展计生宣传工作。一年来为育龄妇女举办培训班7场次，发放计生宣传品720份，巩固提高穆斯林生殖健康点一个，创建计生文化大院一个。二是各类扶助、慰问资金落实到位100%。三是做好药具摸查、调查、造册。截至2017年年底，白土岗乡共有育龄妇女2392人，使用避孕药具361人，其中口服药13人，外用避孕药具352人，皮埋5人，发放避孕药具4825盒，随访322人次。群众满意率达95%以上。四是做好民生服务工作，2017年共办理生育证132人，做孕前检查98队，完成率100%，唐筛208人，新增独生子女户7户，发放独生子女保健费2150元。五是做好流动人口等重点人群管理互动工作，年初对流动人口进行了清理清查，流出95人，其中育龄妇女53人，省内44人，省外9人。流入30人。其中育龄妇女11人，省内5人，省外6人。流动人口服务管理综合覆盖率达85%，移民地区出生政策符合率不低于90%，完成流动人口公共卫生计生均等化服务示范街道（乡镇）的创建任务。六是健全财政投入保障机制，信息化建设投入市局划拨10000元设备经费，全家福照片6000元，信息员工资14600元，计生服务管理项目补助经费4710元。

【平安建设】 开展形式多样的法制宣传，增强群众法治意识。对境内3家砂石料厂、16家企业、3家在建项目进行“地毯式”安全生产隐患检查。信访维稳有序开展。召开信访专题会议14次，成功化解33件上访信访矛盾，化解12件因村民地界纠纷等一系列群体性矛盾；调解处理网络转办信访件21件，自录件11件。共计调解各类纠纷77起，调解率100%。截至2017年，没有发生到银川市级以上群体性非访事件。全乡无重大刑事案件、重大安全责任事故发生。

【基层服务型党组织】 一是推进“两学一做”学习教育常态化制度化。研究制定2017年白土岗乡“两学一做”学习教育工作方案，严格落实党员日常教育管理制度，以党支部为基本单位，以“两学一做”为基本内容，以“三会一课”为基本制度，抓好党员冬季轮训、远程教育。二是严格落实发展党员制度，新发展党员6名，转正党员4名。开展四个专题讨论和主题党日活动，严格落实“三会一课”、民主评议党员、设岗定责、评星定格等党员管理制度。通过党组织和党员基本信息采集，健全党员档案471名。三是认真抓好党员培训，突出党的十九大、自治区第十二次党代会和市委第五次党代会精神培训，抓好泾兴村党员夜校党员教育管理试点建设，逐步形成具有白土岗特色的党员教育培训模式。四是抓好星级服务型基层党组织创建，申报“三星级”服务型党组织7个，“四星级”服务型党组织1个。打造泾兴村抓党建促脱贫示范点和乡党群活动服务中心。通过“党支部+产业+农户”模式，成立兴源达农牧有限公司党支部、锦兴物业党小组，强化党支部战斗堡垒作用，示范引路带动群众脱贫致富。实施银川市壮大村集体经济项目暨泾兴村商业房建设，投入资金100万元，建成商业用房17间514平方米。项目建成投入使用后不断发展壮大村集体经济，每年增加村集体收入 6 万元。五是实施“聚力工程”担保贷款，发放贷款 260 万元，不断增加村经济发展活力。

【精神文明】 结合全国文明城市创建活动，制定完善乡规民约，在各行政村成立“红白理事会”，从村组干部、党员、人大代表、村民代表抓起，逐步纠正婚丧嫁娶大操大办、铺张浪费、互相攀比等不良风气，引导农民群众勤俭节约，移风易俗。开展“最美泾兴人”评比活动，在泾兴村选树文明卫生示范户、致富带头人等典型户、典型人物，用身边的事、身边的人引导带动群众树立文明向上的社会风气，引领带动家风、村风、民风新风尚。以“文化下乡”为契机，组织开展慰问演出、电影公映、送书下乡等活动，切实丰富群众文体生活，转变民风乡风，不断激发文化活力。

荣 誉

【2017年先进个人】

单位	姓 名	授奖时间	被授名称	授予单位
灵武市调查队	王玉龙	2017.12	第三次全国农业普查遥感测量工作先进个人	国家统计局宁夏调查总队
灵武市工商联	王建华	2017.01	银川市优秀驻村第一书记	银川市委员会
灵武市书法家协会	刘文静	2017.01	全区群众书法绘画摄影大赛书法获一等奖	宁夏回族自治区文化厅
灵武市书法家协会	路金明	2017.01	2017第三届“迎新春”全区群众书法绘画摄影大赛获二等奖	宁夏回族自治区文化厅
灵武市文化馆	朱 东	2017.01	全区群众书法绘画摄影大赛书法获一等奖	宁夏回族自治区文化厅
灵武市住房和城乡建设局	周福颖	2017.02	2016年度银川市住建系统先进工作者	银川市住建局
灵武市住房和城乡建设局	杨发军	2017.02	2016年度银川市住建系统先进工作者	银川市住建局
中国建设银行灵武分行	李莉华	2017.02	全区系统先进个人	宁夏区分行
中国建设银行灵武分行	赵继东	2017.02	全区系统先进个人	宁夏区分行
中国建设银行灵武分行	马晶晶	2017.02	全区系统先进个人	宁夏区分行
灵武市人民检察院	张金伏	2017.03	三等功	银川市人民检察院
灵武市公安局	韩 瑞	2017.05	2016年度银川市“青年岗位能手”称号	银川市人社局、团委
中共灵武市委员会	邬 鹏	2017.06	三等功	银川市委、市政府
中共灵武市委员会	杜 勇	2017.06	三等功	银川市委、市政府
中共灵武市委员会	李国强	2017.06	三等功	银川市委、市政府
中共灵武市委员会	赵灵平	2017.06	三等功	银川市委、市政府
中共灵武市委员会	朱立峰	2017.06	三等功	银川市委、市政府
灵武市民政局	史俊玲	2017.09	2011—2015年度银川市实施妇女儿童发展规划先进个人荣誉称号	银川市人民政府妇女儿童工作委员会
灵武市城市管理综合执法局	杨生芳	2017.10	银川市第十二个“环卫工人节”先进个人	银川市城管局

续表

单位	姓　名	授奖时间	被授名称	授予单位
灵武市城市管理综合执法局	吉灵红	2017.10	银川市第十二个“环卫工人节”先进个人	银川市城管局
灵武市城市管理综合执法局	候丽霞	2017.10	银川市第十二个“环卫工人节”先进个人	银川市城管局
灵武市城市管理综合执法局	柴玉春	2017.10	银川市第十二个“环卫工人节”先进个人	银川市城管局
灵武市城市管理综合执法局	杨丽娅	2017.10	银川市第十二个“环卫工人节”先进个人	银川市城管局
灵武市城市管理综合执法局	杨丽萍	2017.10	银川市第十二个“环卫工人节”先进个人	银川市城管局
灵武市城市管理综合执法局	杨淑花	2017.10	银川市第十二个“环卫工人节”先进个人	银川市城管局
灵武市城市管理综合执法局	李秀珍	2017.10	银川市第十二个“环卫工人节”先进个人	银川市城管局
灵武市城市管理综合执法局	李凤玲	2017.10	银川市第十二个“环卫工人节”先进个人	银川市城管局
灵武市城市管理综合执法局	马月萍	2017.10	银川市第十二个“环卫工人节”先进个人	银川市城管局
灵武市城市管理综合执法局	哈保灵	2017.10	银川市第十二个“环卫工人节”先进个人	银川市城管局
灵武市城市管理综合执法局	马立勤	2017.10	银川市第十二个“环卫工人节”先进个人	银川市城管局
灵武市城市管理综合执法局	李军军	2017.10	银川市第十二个“环卫工人节”先进个人	银川市城管局
灵武市城市管理综合执法局	杨晓伏	2017.10	银川市第十二个“环卫工人节”先进个人	银川市城管局
灵武市城市管理综合执法局	冯淑梅	2017.10	银川市第十二个“环卫工人节”先进个人	银川市城管局
灵武市城市管理综合执法局	陈焕忠	2017.10	银川市第十二个“环卫工人节”先进个人	银川市城管局
灵武市城市管理综合执法局	杨学萍	2017.10	银川市第十二个“环卫工人节”先进个人	银川市城管局
灵武市科学技术局	马作斌	2017.11	自治区防震减灾工作县级先进个人	宁夏回族自治区地震局
灵武市公安局	张文征	2017.12	全区党的十九大安保维稳工作先进个人	宁夏回族自治区社会治安综合治理委员会
灵武市公安局	李　海	2017.12	全区党的十九大安保维稳工作先进个人	宁夏回族自治区社会治安综合治理委员会
灵武市公安局	吴　鹏	2017.12	全区党的十九大安保维稳工作先进个人	宁夏回族自治区社会治安综合治理委员会
灵武市公安局	马建宁	2017.12	全区党的十九大安保维稳工作先进个人	宁夏回族自治区社会治安综合治理委员会
灵武市调查队	王晓乐	2017.12	优秀等次公务员	宁夏回族自治区统计局

续表

单位	姓　名	授奖时间	被授名称	授予单位
灵武市审计局	马丽娟	2017.12	审计局标兵	宁夏回族自治区审计厅、银川市审计局
崇兴镇中渠村	马跃武	2017.12	银川市深化全国文明城市建设工作先进个人	银川市委、市政府
灵武市委宣传部	胡志成	2017.12	银川市深化全国文明城市建设工作先进个人	银川市委、市政府
灵武市郝家桥镇吴家湖村书记	杨玉国	2017.12	2016—2017 政法工作先进个人	银川市委、市政府

【2017 年先进集体】

单 位	授予单位	授奖时间	被授予奖励名称
灵武市	宁夏回族自治区社区建设工作领导小组	2017.01	中国社区三星级和谐社区
灵武市	中国足球协会	2017.04	2017 年全国青少年男子足球 U14 超级联赛体育道德风尚奖
灵武市	共青团中央	2017.05	2016 年度全国五四红旗团委(团支部)
灵武市	国家质量监督检验检疫总局	2017.05	中华人民共和国生态原产地产品保护
灵武市	国家林业局人社部国家绿化委员会	2017.05	国家防沙治沙先进单位
灵武市	中国智慧工程研究会	2017.05	第十三届中国青少年创造力大赛创新型学校
灵武市	工业和信息化部办公厅	2017.06	2017 年国家级两化融合管理体系贯标试点企业
灵武市	全国青少年校园足球工作领导小组办公室	2017.06	全国青少年校园足球联赛高中男子组(西北赛区)第四名
灵武市	全国青少年校园足球工作领导小组办公室	2017.06	全国青少年校园足球联赛高中男子组(西北赛区)体育道德风尚奖
灵武市	工业和信息化部办公厅	2017.08	2017 年第一批全国绿色制造体系绿色园区
灵武市	中国地震局	2017.08	国家地震安全示范社区
灵武市	工业和信息化部办公厅	2017.08	2017 年全区“互联网与工业融合创新试点示范项目”
灵武市	亚洲都市景观奖颁奖礼暨银川市节组委员会	2017.09	“2017 中国(银川)都市景观大赛”中荣获“城市文明复兴优胜奖”第一名。
灵武市	中国再生资源回收利用协会	2017.09	再生资源转型升级示范单位
灵武市	国家工商局	2017.10	中国驰名商标
灵武市	国家体育总局	2017.11	2013-2016 年度群众体育先进单位
灵武市	2017 年中国国际商标品牌节	2017.11	中国国际商标品牌节金奖
灵武市	宁夏回族自治区统战部宁夏回族自治区民族事务委员会	2017.11	第七批全国民族团结进步创建活动示范单位
灵武市	宁夏回族自治区第三次农业普查领导小组办公室	2017.12	第三次全国农业普查国家级先进集体和先进个人

单位	授予单位	授奖时间	被授予奖励名称
灵武市	农业部	2017.12	全国第二批基本实现主要农作物生产全程机械化示范县
灵武市	共青团中央	2017.12	第三届中国青年志愿服务公益创业赛银奖
灵武市	中国老年人体育协会	2017.12	第三批“全国健身球操之乡”
灵武市	宁夏回族自治区政府办公厅	2017.01	宁夏回族自治区2016年度住房保障工作目标绩效考核二等奖
灵武市	宁夏回族自治区秋季农田水利建设指挥部	2017.01	宁夏回族自治区2016年度秋季农田水利建设“黄河杯”一等奖灵武市人民
灵武市	宁夏建筑业联合会	2017.02	宁夏回族自治区“建安杯”安全文明标准化示范工程
灵武市	银川市委员会银川市人民政府	2017.02	农民增收先进县二等奖
灵武市	宁夏回族自治区信访联席会议	2017.02	宁夏回族自治区信访积案化解先进单位
灵武市	宁夏回族自治区信访联席会议	2017.02	宁夏回族自治区信访工作责任目标管理考核先进县
灵武市	宁夏回族自治区铁路护路联防工作领导小组	2017.03	2016年度自治区级“平安铁路示范市”
灵武市	宁夏回族自治区党的建设领导小组	2017.03	2012—2016年全区机关干部下基层活动先进单位
灵武市	宁夏回族自治区精神文明建设指导委员会	2017.04	宁夏回族自治区文明村
灵武市	宁夏回族自治区精神文明建设指导委员会	2017.04	2017—2020年度自治区文明单位
灵武市	宁夏回族自治区质量和商标战略工作领导小组	2017.06	2016年度宁夏名牌服务企业和宁夏名牌产品生产企业
灵武市	宁夏回族自治区农村土地承包经营权确权登记颁证领导小组办公室	2017.09	全区农村承包地确权登记颁证工作三等奖
灵武市	宁夏乡镇企业经济发展服务中心、宁夏休闲农业协会	2017.09	全区休闲农业创意精品大赛银奖及优秀奖
灵武市	宁夏回族自治区精神文明建设指导委员会	2017.10	宁夏回族自治区美丽乡村文明创建工程示范村
灵武市司法局	司法部法律援助工作司司法部法律援助中心中国法律援助基金会	2017.01	国家彩票公益金法律援助项目示范单位
灵武市经济技术合作服务中心	宁夏回族自治区人民政府	2017.01	宁夏回族自治区招商引资指导性目标任务完成二等奖
灵武市果业开发有限责任公司	宁夏回族自治区人民政府	2017.01	宁夏回族自治区农业产业化重点龙头企业
灵武市东塔镇	国家体育总局社会体育指导中心宁夏回族自治区体育局	2017.01	2017年迎新春全民健身季中国广场舞民间争霸赛一等奖
灵武市体育中心	宁夏回族自治区体育局中国广场舞民间争霸赛宁夏赛区组委会	2017.01	中国广场舞民间争霸赛宁夏赛区优秀组织奖

续表

单 位	授予单位	授奖时间	被授予奖励名称
灵武市第三中学	教育部	2017.03	教育部国防教育特色学校
灵武市第二中学	国家体育总局教育部共青团中央 2017 年全国青少年未来之星阳光体育大会执委会	2017.07	2017 年全国青少年“未来之星”阳光体育大会文化交流展示活动优秀组织奖
灵武市妇联	中国妇女报社	2017.08	2017 年度“全国妇女新闻宣传阵地建设先进单位”
灵武市郝家桥镇	宁夏回族自治区精神文明建设指导委员会	2017.09	中国特色小镇之最佳特色物产奖
泾灵村扶贫车间	全国巾帼脱贫示范基地巧手致富基地	2017.09	中华全国妇女联合会
灵武市三园草制品专业合作社联合社	工业和信息化部	2017.09	第三批国家小型微型企业创业创新示范基地
灵武市人民检察院	最高人民检察院	2017.09	检察机关保障律师执业权利示范单位
灵武市人民检察院	最高人民检察院	2017.09	全国文明接待室
崇兴镇中渠村	宁夏回族自治区文明办	2017.09	第五届全国文明村镇
灵武市大地粮油食品有限公司	宁夏回族自治区人民政府	2017.10	宁夏中小企业 50 强
灵武市统计局	国家统计局宁夏调查总队	2017.11	2016—2017 年度规模以下工业调查工作先进单位
梧桐树学校	中国发明协会中小学创造教育分会	2017.11	第二十二届全国发明展览会暨第二届世界发明创新论坛荣获优秀组织奖
灵武市人民检察院	最高人民检察院	2017.11	全国检察机关“基层民事行政检察工作推进年”专项活动先进基层检察院优秀案件
灵武市郝家桥镇	中国农业普查先进集体	2017.12	国务院第三次全国农业普查领导小组
灵武市市场监督管理局	中国消费者协会	2017.12	2016—2017 年度全国消协组织先进集体
灵武市教育体育局	教育部基础教育质量监测中心	2017.12	国家义务教育质量监测实施优秀组织单位
灵武市工商联	中华全国工商业联合会	2017.12	2017 年全国“五好”县级工商联
灵武市大地粮油食品有限公司	宁夏回族自治区农牧厅	2017.01	宁夏回族自治区农业产业化重点龙头企业
灵武市公安局	宁夏回族自治区公安厅	2017.01	优秀县级公安局
灵武市公安局	宁夏回族自治区公安厅	2017.01	2016 年重大安保任务集体嘉奖
灵武市市场监督管理局	宁夏回族自治区食品药品监督管理局	2017.01	2016 年度全区重大活动食品安全保障工作先进集体
灵武市建设工程质量监督站	宁夏回族自治区住建厅	2017.01	2016 年全区建设工程质量安全监督机构第二名
灵武市东塔镇	银川市文化新闻出版广电局银川滨河新区社会事务和文化旅游局	2017.01	2017“银川滨河杯”全市新春社火联赛暨狮王·鼓王争霸赛优秀奖
灵武市崇兴镇	宁夏回族自治区禁毒委员会	2017.01	全区社区戒毒康复工作示范点

续表

单位	授予单位	授奖时间	被授予奖励名称
灵武市体育中心	宁夏回族自治区体育局	2017.01	中国广场舞民间争霸赛宁夏赛区最佳广场舞队
灵武市第一中学	宁夏回族自治区教育厅 宁夏回族自治区体育局	2017.01	2017 年宁夏学生排球锦标赛中学组道德风尚奖
灵武市第四中学	宁夏回族自治区教育厅	2017.01	宁夏青少年法制教育基地
灵武市第六小学	宁夏回族自治区教育厅	2017.01	全区中小学生毒品预防教育有奖知识竞赛
灵武市第一小学	宁夏回族自治区科学技术协会	2017.01	第四届全区中小学校科普剧竞赛展演一等奖
灵武市人民检察院反贪污贿赂局	银川市人民检察院	2017.02	反贪业务模拟案件评查竞赛第一名
灵武市人民检察院办公室	银川市人民检察院	2017.02	办公室综合业务知识技能竞赛第一名
灵武市人民检察院检委会	银川市人民检察院	2017.02	检委会工作技能竞赛第一名
灵武市人民检察院法警队	银川市人民检察院	2017.02	司法警察技能竞赛第一名
灵武市工信局	银川市商务局	2017.02	2016 年度银川市商务供销社工作先进单位
青少年活动中心	广西北海市体育局	2017.02	2017 年北海市全国青少年足球冬令营海浪阳光杯 U10 组优胜奖(第 5 名)
灵武市回民中学	宁夏回族自治区禁毒委员会	2017.02	宁夏回族自治区毒品预防教育示范学校
灵武市供销合作社联合社	银川市商务局(供销社)	2017.02	先进单位
中国建设银行灵武支行财务会计部	宁夏区分行	2017.02	全区系统先进单位
中国建设银行南环路支行	宁夏区分行	2017.02	全区系统先进单位
灵武市大绿叶家庭农场	“书香银川·银川书香”全民阅读活动领导小组	2017.02	2016 年银川市三星级家庭农场
郝家桥镇	银川市工业和信息化局	2017.02	银川市 2016 年度平安镇
灵武市住房和城乡建设局	银川市人民政府	2017.03	银川市 2016 年度安全生产工作先进集体
崇兴镇司法所	宁夏回族自治区司法厅	2017.03	全区优秀人民调解委员会
灵武市委组织部	宁夏回族自治区党的建设领导小组	2017.03	2012—2016 年全区机关干部“下基层”活动先进单位
灵武市委组织部	宁夏回族自治区党的建设研究会	2017.03	宁夏回族自治区党建研究会 2016 年度优秀会员单位
灵武市大绿叶家庭农场	银川市委员会农村工作领导小组	2017.03	宁夏回族自治区四星级示范家庭农场
灵武市经济技术合作服务中心	银川市委员会银川市人民政府	2017.04	银川市招商引资任务完成奖
灵武市经济技术合作服务中心	中共银川市委银川市人民政府	2017.04	银川市重大产业项目引进奖
灵武市经济技术合作服务中心	银川市委员会银川市人民政府	2017.04	2016 年银川市招商引资优秀基层单位二等奖

续表

单 位	授予单位	授奖时间	被授予奖励名称
灵武市农牧局团总支	共青团宁夏回族自治区委员会	2017.04	全区五四红旗团支部
崇兴镇中渠村	宁夏回族自治区精神文明建设指导委员会	2017.04	2017—2020年度自治区文明单位
灵武市教体局	共青团宁夏回族自治区委员会	2017.04	全区五四红旗团委
灵武市体育中心	宁夏体育局宁夏体育总会	2017.04	2017年宁夏迎新春全民健身季一等奖
灵武市第一中学	宁夏回族自治区精神文明建设指导委员会	2017.04	2017—2020年度自治区文明校园
灵武市职业教育中心	职教联盟运动会组委会	2017.04	职教联盟运动会团体总分一等奖
灵武市职业教育中心	职教联盟运动会组委会	2017.04	职教联盟田径赛男子4×400米
灵武市职业教育中心	职教联盟运动会组委会	2017.04	职教联盟田径赛女子4×400米
灵武市职业教育中心	职教联盟运动会组委会	2017.04	职教联盟田径赛女子4×100米
灵武市职业教育中心	职教联盟运动会组委会	2017.04	职教联盟田径赛男子4×100米
中国人寿保险股份有限公司灵武支公司	宁夏总工会	2017.04	金融系统“金融先锋号”
灵武市委党校	宁夏大学继续教育学院	2017.05	先进教学站
灵武市青少年活动中心	宁夏回族自治区校园足球工作领导小组宁夏回族自治区教育厅	2017.05	2017年宁夏青少年校园足球夏令营暨嘉年华活动团体第二名
灵武市第二小学	宁夏回族自治区教育厅宁夏回族自治区禁毒委员会宁夏日报	2017.06	全区中小学生毒品预防教育才艺大赛三等奖
灵武市大地粮油食品有限公司	宁夏中小企业50强评审委员会	2017.07	宁夏回族自治区专精特新中小企业
青少年活动中心	第十五届全国少儿足球邀请赛呼和浩特赛区组委会	2017.07	第十五届全国少儿足球邀请赛呼和浩特赛优秀组织奖
灵武市体育中心	宁夏回族自治区体育局	2017.07	2018年全区青少年排球锦标赛体育道德风尚奖
灵武市体育中心	宁夏回族自治区体育局	2017.07	2017年全区青少年羽毛球锦标赛女子乙组第七名
灵武市体育中心	宁夏回族自治区体育局	2017.07	2017年全区青少年羽毛球锦标赛男子乙组第五名
灵武市体育中心	宁夏回族自治区体育局	2017.07	2017年全区青少年排球锦标赛男子甲组第七名
灵武市体育中心	宁夏回族自治区体育局	2017.07	2017年全区青少年足球锦标赛男子甲组第四名
白土岗回民小学	姚基金组委会	2017.07	2017姚基金希望小学篮球季（西北赛区）优秀奖
灵武市体育中心	宁夏回族自治区体育局	2017.08	2017年全区青少年射击锦标赛体育道德风尚奖
灵武市泾灵青年劳务服务有限公司	银川市妇女联合会	2017.08	就业扶贫示范基地
宁夏灵帼彩国际服饰有限公司	宁夏回族自治区妇联	2017.09	宁夏回族自治区巾帼扶贫车间
灵武市妇联	银川市人民政府妇女儿童工作委员会	2017.09	银川市实施妇女儿童发展规划先进集体

续表

单 位	授予单位	授奖时间	被授予奖励名称
灵武市委组织部	银川市人民政府妇女儿童工作委员会	2017.09	2011—2015 年度银川市实施妇女儿童发展规划先进集体
灵武市委党校	宁夏回族自治区党委党史研究室 宁夏回族自治区党委老干部局 宁夏延安精神研究会	2017.09	课题组“大力弘扬延安精神，坚持全面从严治党”弘扬延安精神征文评选三等奖
灵武市委党校	着力打造全国民族团结进步示范区	2017.09	2015 年度继续教育“先进教学站”
灵武市农牧局农村合作经济经营管理站	宁夏回族自治区农村土地承包经营权确权登记颁证领导小组办公室	2017.09	全区农村承包地确权登记颁证工作三等奖
白土岗乡人民政府	宁夏回族自治区爱国卫生运动委员会办公室	2017.09	自治区卫生乡镇
灵武市体育中心	宁夏回族自治区体育局	2017.09	2017“沙坡头杯”首届全区大漠健身运动大赛沙漠足球二等奖
灵武市民政局（老龄办）	宁夏回族自治区民政厅宁夏回族自治区文明办宁夏回族自治区老龄办宁夏回族自治区文化厅宁夏回族自治区文联	2017.10	全区老年书画作品展征集活动优秀组织奖
灵武市委宣传部	宁夏日报报业集团	2017.10	2017 年度党报发行先进单位
郝家桥镇王家嘴村	宁夏回族自治区非公有制经济服务局 宁夏回族自治区中小企业发展局	2017.10	宁夏回族自治区美丽乡村文明创建工程示范村
灵武市科学技术局	宁夏回族自治区地震局	2017.11	宁夏回族自治区防震减灾工作县级先进单位
灵武市公安局消防中队	自治区党委统战部自治区民委	2017.11	第七批全区民族团结进步创建活动示范连队
灵武市科学技术局	宁夏回族自治区地震局	2017.11	宁夏回族自治区防震减灾工作县级先进单位
白土岗乡人民政府	宁夏回族自治区党委统战部、自治区民委	2017.11	第七批全区民族团结进步创建活动示范单位
灵武市第三中学	宁夏回族自治区教育厅	2017.11	百所优秀项目学校
灵武市第二中学	宁夏回族自治区教育厅	2017.11	2017 年宁夏青少年校园足球联赛初中男子组冠军
灵武市第二中学	宁夏回族自治区教育厅	2017.11	百所优秀项目学校
灵武市委宣传部	银川市委员会银川市人民政府	2017.12	银川市深化全国文明城市建设工作先进集体
灵武市城市管理综合执法局	银川市委员会银川市人民政府	2017.12	深化全国文明城市建设工作先进集体
灵武市果业开发有限责任公司	天津市人民政府	2017.12	天津科技进步一等奖
灵武市草原管理站	宁夏回族自治区森林草原防火指挥部草原防火办公室	2017.12	2017 年全区草原防火技能大比武集体第三名
梧桐树乡人民政府	宁夏回族自治区工商业联合会	2017.12	自治区“四好”商会
崇兴镇武装部	银川市警备区	2017.12	银川市警备区先进基层单位

续表

单 位	授予单位	授奖时间	被授予奖励名称
崇兴镇中渠村	银川市精神文明建设指导委员会	2017.12	银川市移风易俗示范村
白土岗乡人民政府	银川市人民政府办公厅	2017.12	市长信件办理优秀单位
灵武市第一小学	宁夏回族自治区教育厅	2017.12	全区毒品预防优秀课件评选优秀组织奖
灵武市伊协	宁夏回族自治区伊协	2017.12	伊协工作先进单位
灵武市伊协	宁夏回族自治区伊协	2017.12	信息调研工作先进单位
灵武市发改局	宁夏回族自治区物价局	2017.12	农本调查先进集体
灵武市发改局	宁夏回族自治区发改委	2017.12	发改工作优秀称号
郝家桥镇崔渠口村	银川市社会治安综合治理委员会	2017.12	全民阅读优秀示范村

文献选编

关于推进农业供给侧结构性改革加快培育农业发展新动能的实施意见

灵党发〔2017〕6号

为认真贯彻落实中央、自治区、银川市农业农村工作会议精神，深入推进我市农业供给侧结构性改革，加快培育农业发展新动能，结合我市农业发展实际，特制定如下实施意见：

一、总体要求

全面贯彻习近平总书记系列重要讲话，特别是来宁视察重要讲话精神和中央、自治区、银川市农业农村工作会议精神，按照市委五届三次全体会议决策部署，转变农业发展理念，以抓工业的理念发展现代农业，紧紧围绕抓龙头、抓品牌、抓基地、抓市场、抓改革，扩大农业招商引资和争取项目，培育壮大农业龙头企业，坚持稳粮增收、提质增效、创新推动的总要求，以市场需求为导向，以提高农产品供给质量为重点，坚定不移地实施特色优势产业带动战略，做精做优“四大”特色优势产业，实现农业生产集约化、规模化、标准化、品牌化，提高农业综合生产能力、市场竞争力和可持续发展能力，为建成开放富裕美丽和谐的美好新灵武，率先全面建成小康社会奠定坚实基础。

二、大力推进现代农业产业化发展，加快农业提质增效

1. 持续推进农业招商引资和项目争取。认真研究国家、区、市的产业政策和投资重点，挖掘农业发展的资源和优势条件，做好各类项目规划和储备，努力争取更多的项目投入全市农业农村发展。制定农业产业园规划，统筹布局生产、加工、物流、研发、示范、服务等功能板块，引导农业产业化企业向园区集中。全力扩大农业招商引资，引进大型农牧场、龙头企业投入全市农业生产，促进农业产业化、标准化、规模化、生态化经营和管理。

2. 实施农业龙头企业培育升级工程。以农业龙头企业为引领，培育发展壮大新型农业经营主体。支持和鼓励直接面向餐桌提供商品的农业龙头企业，构建以龙头企业为核心的新型经营主体带动专业大户和普通农户的联农带农机制。依托优势特色产业，开展合作社和家庭农场规范化建设，在瓜菜、水产、草畜产业、清真牛羊肉等条件成熟的产业发展产业联合体，提高农民组织化程度。

3. 做精增效粮食生产加工业。按照稳粮优经扩饲要求，推进粮食绿色优质高产创建，适度扩大优质水稻种植，加速有机水稻转换认证，稳定粮食产能。加快滨河粮食加工物流产业园建设，鼓励周边粮油加工企业入园，打造以粮食深加工为基础、食品加工为升级的国家级新型产业基地。健全完善全程机械化、生产标准化、服务社会化的现代农业服务体系。

4.保质提质长枣产业。开展长枣社会化服务，创新管理经营模式，鼓励龙头企业通过流转、租赁等方式进行长枣规模化经营、标准化生产，提升管理水平和附加值。巩固现有长枣种植面积，全面推行长枣标准化生产和规范化、集约化管理。完善灵武长枣地理标志保护机制，全面推行商标准用证制度，严抓流通监管和质量追溯体系建设，确保品质品牌和质量优势。健全促进鲜枣销售政策措施，鼓励支持电商营销、连锁经营、商超对接。争取建设长枣深加工企业示范点，加大长枣深加工科技攻关和龙头企业培育引进，延伸产业链，提高附加值。

5.转型增收草畜产业。深入推进草畜产业一体化发展，合理调减籽粒玉米，扩大青贮玉米、苜蓿等优质牧草种植，稳步扩充畜牧养殖规模，全面推广营养调控、精准饲喂、精细分割等技术，提升畜牧产业附加值。争取引进畜牧产业大型龙头企业，引领加快推进沿山草畜产业发展，巩固提升规模化养羊园区，新建一批肉牛奶牛养殖场；着力打造清真牛羊肉品牌，新增一批"灵武山草羊"直销店，建设清真牛羊肉屠宰加工交易中心，支持乳制品深加工企业技扩改，提高畜产品附加值，带动农民持续增收。

6. 提档升级以设施韭菜为代表的瓜菜产业。依托企业引领，探索"优质韭菜全产业链融合发展"模式，引导经营主体进行规模化种植和标准化生产，逐步建立起无公害、绿色、有机食品"三位一体"的高品质蔬菜标准化生产模式。建设以上滩村为核心，示范带动兴旺、十里墩、大泉等周边行政村的万亩精品设施农业示范基地，全力打造全区设施韭菜产业强县。建设农达兴旺现代农业综合服务中心，形成以韭菜为代表的瓜菜种植、农资供应、分拣加工、保鲜脱水、电商物流、销售配送、追溯查询一站式服务，拓宽农民节本增收渠道，提高种植户收入。通过有效发挥科技、人才等要素功能，引导从事瓜菜种植、加工、销售的经营主体向品牌化、规模化销售转变，提高优质瓜菜销售效益，促进产业深度发展。

7.做精做优适水产业。大力发展集约化生态循环养殖，推动渔业发展由数量增长为主向数量质量效益并重转变、由主要依靠生产要素投入向注重技术创新和经营方式创新转变。示范推广池塘工程化循环水养殖、轮捕轮放"双倍增"养殖技术；围绕黄河金岸沿线大力发展休闲垂钓、渔家乐、会展科普、生态旅游等多种休闲渔业，推动渔业"接二连三"发展，促进渔业增效、渔民增收。

8.强化农产品品牌建设。抓好富硒作物区域规划和农产品布局，打造一批富硒农产品，提高附加值，提升竞争力。对接自治区、银川市特色优质农产品品牌建设行动计划，围绕争创区域公共品牌、中国驰名商标，支持龙头企业推进产品认证和品牌建设，在全国范围内打造宁夏大米品牌亮点。突出灵武大米富硒保健特色，打造"灵硒"牌大米品牌。依托"灵武山草羊""灵武长枣"地理标志证明商标优势，严抓流通监管和质量追溯体系建设，确保品牌品质优势。支持新型农业经营主体开展"三品一标"认证。建设农业品牌目录和数据库，积极争取自治区、银川市品牌发展资金，建立政府组织、部门牵头、企业参与的宣传推介机制，完善品牌农产品推介促销平台，推进线上线下同步销售，打响灵武农产品品牌。

三、大力培育发展新产业新业态，推进农村一二三产业深度融合

1. 大力发展乡村休闲旅游产业。突出"亿年历史、万年文明、千年古都、百强新星"特色，创建国家全域旅游示范市。研究制定促进休闲农业和乡村旅游发展的政策措施，充分发挥乡村各类物质与非物质资源富集的独特优势，采取农业＋旅游、农业＋生态、农业＋文化等方式，推动休闲农业与乡村旅游发展，做靓沙漠公园、地质公园、水洞沟、长流水等精品旅游景区（点），打造黄河东岸生态文化旅游观光带，打响"贺兰山下果园成，塞北江南旧有名"旅游品牌。扩大旅游业招商引资，吸引社会资本参与农村集体经济组织开发乡村旅游项目，鼓励合作开发旅游资源，支持开发特色旅游产品、精品旅游线路，创办乡村旅游合作社。

2.推进农村电商发展。实施农业＋互联网行动计划，引导各类经营主体打造农产品、农业休闲旅游商品网上营销平台。深入推进我市全国电子商务进农村综合示范县建设，改造提升“县级运营中心＋乡镇便民站＋村级服务点”的三级电子商务基础设施体系，建设电子商务公共服务中心和农村电子商务仓储中心，构建新型“县—乡—村”三级农村商贸物流配送系统，实现城乡全面覆盖，基本实现“一村一店”。大力发展批零对接、基地直采直供、同城配送等产销对接电商，提升农产品流通效率。加快农村“新四通”工程建设，实现自然村4G网络全覆盖。

3.实施新市民培育工程。出台《关于加快新型城镇化建设及房地产去库存的意见》，推进农民购房、住房保障、养老保险等政策落实，鼓励农民进城落户后自愿退出承包地和宅基地，鼓励更多的农民变市民，农民转化为职业农民。加强新型农业经营主体带头人、家庭农场、专业技能型和专业服务型职业农民培训，探索“田间学校＋创业指导”培养方式，实施新生代农民工职业提升计划，引进发展就业层次高的产业项目，推动更高质量的农村劳动力转移就业，实现城乡居民户均1人务工就业。

四、强化科技创新驱动，加快培育农业发展新动能

1.强化科技支撑作用。依托灵武长枣产业、粮食生产加工产业、草畜产业等专家服务团，建立健全以市场为导向、企业为主体、高校和科研院所为支撑、以提高产业质量和效益为目标的产学研合作机制。积极争取自治区、银川市设施蔬菜优质高效生产、草畜一体化等重大农业科技项目。大力开展智慧农业园区建设。加快推进农业示范园区建设，重点完成马场湖长枣科技示范园、银湖公司万亩有机长枣生产基地规范化建设。鼓励科技特派员开展创业服务、技术培训、信息服务和新技术、新品种的示范推广以及成果的转化和应用，培育农业科技示范户，辐射带动更多的农民实现增收致富。

2.培育新型经营主体，推行农业全程社会化服务。支持农业龙头企业、合作社、专业服务公司、技术协会、农民经纪人，围绕产业产前产中产后服务和农机农艺结合，培育发展农业社会化综合服务组织，推进服务链和产业链协调配套。创建一批星级农业社会化综合服务站。深化农牧、水利、林业社会化综合服务试点，其他涉农部门围绕职能逐步开展为农综合服务。依托农业社会化服务组织开展农业科技、新型职业农民、农民实用技术培训。

五、深化农村改革，激发农业农村发展内生动力

1. 推进农村集体产权制度改革。深入推进农村“4+2”改革，将农村产权确权范围扩大到设施大棚、仓储、大型农机具、设施用地经营权等权种，2018年底前实现农村产权应确尽确。全面开展农村宅基地使用权、房屋所有权“两证合一”颁证工作。2017年全面开展农村资产清产核资，划清农村资源性资产、经营性资产、非经营性资产，力争用3年左右时间基本完成农村集体经营性资产所有权和使用权确权颁证。对农村集体经营性资产、资源登记清查核实，明晰产权，各行政村全部建立管理台账。由点及面开展集体经营性资产产权制度改革，加快推进“资源变资产、资金变股金、农民变股东”。抓好东塔镇东塔村农村集体经济股份制改革试点，对经营性资产达到一定规模、经济发展较好的村，开展农村集体经营性资产股份合作制改革。推广灵武市远航农牧专业合作社农村土地股份合作经验，扩大农民合作社、家庭农场等新型农业经营主体土地股份合作试点范围。

2. 发展多种形式适度规模经营。积极创新土地流转方式，开展土地入股分红。引导农户依法采取转包、出租、互换、转让等方式流转承包地，实现统一耕作和规模化生产。探索“土地托管”服务新模式，鼓励农户将土地经营权入股或委托“土地托管合作社”，提高农业综合生产能力，促进农业规模化发展。以发展连片高效节水农业为载体，建立适应统一作业、统一供水、统一植保、统一施肥的生产经营机制，促进耕地向家庭农场、农民专业合作社等新型经营主体流转，逐步构建适度规模经营主导农业生产的新局面。

3. 继续推进财政支农方式创新。把农业现代化建设作为财政扶持的优先保障领域，建立支持特色优势产业发展的资金稳定增长机制。发挥财政政策导向功能和支农资金杠杆作用，通过设立引导基金、贷款担保、风险补偿、贷款贴息、直接补贴等，撬动社会金融资本投资农业农村。严格执行涉农资金政策，积极争取自治区农业投资集团项目支持产业发展。

4.拓宽金融支农渠道。落实金融扶贫整村推进、农村妇女创业就业贷款、青年创业贷款、农产品动产质押等工作，进一步拓宽农民融资渠道。全面推行为民服务“聚力工程”担保基金贷款，撬动信贷资金，放大财政资金效应，推进农村产业发展，壮大村集体经济。推进新型经营主体信用体系和诚信建设，实现信用信息在金融机构间联网共享。鼓励发展农民合作社等新型经营主体间互助金融、合作经济。鼓励金融机构开展适合新型农业经营主体的订单融资和应收账款融资业务。加快建立农业保险大灾风险分散机制，推进农业保险扩面增品提标。支持龙头企业利用资本市场开展融资。

5. 统筹推进农业农村其他改革。加快推进供销社改革、四个国有林场改革工作，全面完成国有林场林木的确权颁证工作。加快推进以小型水利工程管理体制改革、水权交易和农业水价综合改革为重点的水利改革。建立县乡两级重点河湖湿地沟渠名录，全面推行河长制，推进水域保护和综合治理。

六、坚持绿色发展，增强农业可持续发展后劲

1.严守资源环境生态红线。划定基本农田、饮用水源地、森林、基本草原和湿地五条红线，将各类农业生产经营活动限制在资源环境承载范围之内，严格限制开发生态功能区、脆弱区。严格水资源开发利用总量控制、用水效率控制、水功能区限制纳污管理。坚持工程措施、生物措施和农艺措施相结合，整合各类节水示范、农业综合开发等项目资金，加快发展高效节水农业，发展喷灌、滴灌、微灌等高效节水灌溉和水肥一体化节水技术，优化资源利用方式，保障有效灌溉面积。推进高标准农田建设。统筹整合新增粮食产能、农业综合开发、节水灌溉等农田建设项目资金，继续建设高标准农田。实施东山坡防洪治理、中小河流治理、环境整治沟道治理等项目，夯实农业水利基础建设。

2.推进农业绿色生产。大力推行高效生态循环农业，加大秸秆还田、深松耕、增施有机肥、土壤调理剂等应用支持。开展土壤污染状况调查，深入开展农业面源污染综合治理，降低生产成本，减轻农业面源污染，实现化肥、农药使用量零增长。推进畜禽养殖污染防治，实现养殖废弃物的减量化、资源化、无害化利用，构建农牧循环的绿色生态发展模式。

3.提升生态保障功能。推进滨河大道绿化香化、沙漠公园美化改造提升，完成黄河三夏公园建设，打造滨河大道观光带。加大自然保护区和重要湿地等生态环境资源的保护和建设力度，积极开展湿地生态环境保护试点工作。加大禁牧封育力度，推广“六位一体”防沙治沙模式，抓好世行贷款防沙治沙等生态项目，加快防沙治沙示范区和国家生态文明教育基地建设。

七、强化农村公共服务发展，提升农村宜居宜业建设水平

1.扎实推进脱贫攻坚。坚持精准扶贫、精准脱贫基本方略，按照“三年集中攻坚、两年巩固提高，力争提前脱贫”要求，一对一、点对点做实产业扶贫、创业就业扶贫、教育扶贫、金融扶贫等各项精准脱贫措施，健全精准脱贫工作机制、社会帮扶机制、投入保障机制。实现贫困人口年人均可支配收入水平超同期国家确定的扶贫标准，将贫困发生率控制在3%以内。全面完成“十二五”移民搬迁任务及移民工程市级总体验收，完成“十三五”移民搬迁任务。做好精准识别、精准分类，对贫困人口落实动态管理，按照“脱贫出列、返贫入列”原则，及时更新调整。推进脱贫产业发展。推行“资源变资产、资金变股金、农民变股东、群众有分红”增收方式，使产业引领群众长期稳定增收的收入占比稳步提高，形成良性的、造血型的收入结构。加强转移就业脱贫力度，有效增加工资性收入。完善扶贫攻坚联动工作机制。乡镇和部门要各司其职、各负其责、协调联动、齐抓共管，积极参与扶贫攻坚，构建大扶贫格局，形成强大工作合力。改进脱贫考核评价奖惩机制，对各乡镇扶贫攻坚落实情况和市直有关部门帮扶工作进行综合考核。创新扶贫资金投入使用机制，抓好各

方面资金的整合和统筹使用，将脱贫攻坚部门帮扶和涉农专项资金整合起来，集中使用在重点脱贫项目上。加大扶贫项目争取和资金投入力度，加强贫困村基础设施建设，推进扶贫攻坚与农村低保制度有效衔接。发挥为民服务“聚力工程”担保基金、金融扶贫基金、农村妇女扶贫创业基金作用，降低门槛，全力扩贷增贷，支持脱贫户家家有项目、人人有事干。全面完成脱贫增收任务，到2018年，实现贫困人口全部脱贫、贫困村全部销号。

2.加快农村人居环境治理。推进城乡环卫一体化，完善农村供排水、垃圾处理、交通运输等基础设施，创建全国农村污水无害化处理示范县。巩固城乡环境综合整治成果，推行“以克论净”深度保洁工作模式，城乡环卫实现“五个三”目标。建成一批美丽村庄和美丽小城镇，打造产业融合、产村融合、产城融合、产旅融合的特色村镇，提升辐射带动能力。开展“碧水蓝天·绿色城乡”专项行动，加大秸秆焚烧与农业面源污染治理，建设“智慧环保”物联网系统，力争全市空气质量优良天数比例达76%以上。

3.提升农村公共服务水平。加强乡村教师队伍建设，继续实施县域内城乡校长和教师交流制度和普通高中学生免除学杂费。加快推进公立医院综合改革。完善城乡低保标准自然调整机制，全面实施城乡居民大病保险制度，完成养老保险和失业保险参保扩面，建立完善被征地农民“先保后征”机制，促进被征地农民应保尽保。加大人口综合治理，人口出生率控制在14‰以内，出生政策符合率达95%以上。推进文化惠民工程，健全完善公共文化服务网络，免费开放文化馆、博物馆、乡镇文化站，维修安装城乡健身设施。支持创作灵武文化精品，鼓励民间文艺团体健康发展。

八、落实全面从严治党要求，加强党对农业农村工作的领导

1.加强农村基层组织建设。实施《关于推进全面从严治党的实施意见》，将全面从严治党的要求落实到农村基层。继续深入实施基层服务型党组织建设“聚力工程”，扎实做好对各领域基层党组织的评星定级工作，建立责任、任务、问题、成绩“四个清单”，抓好整改落实，推动工作提升，打造富裕团结安定一方的战斗堡垒。深化巩固“双增双减双富”专项行动成果，建立村集体经济收入稳定增长机制，力促全市村集体经济积累逐步壮大，村级组织服务能力显著提高。全面推行为民服务“聚力工程”担保基金贷款，健全为民服务“聚力工程”担保基金贷款运行机制。全面落实、村级重大事项“114222”运行机制，发挥村民监督委员会和村民理财小组监督协调职能，重点抓好政务、村务、财务信息化公开，利用社会治理信息平台、微信等方式全面公开村务信息，实现全公开、真公开，切实保障群众的知情权。抓好“五送两带一帮”活动，开展干部下基层常态化，密切干群关系。创新“三会一课”等制度，注重用好微信、手机报等新载体，增强党员培训实效，抓实农村党员冬季轮训工作。建立健全党内激励关怀帮扶机制，落实好“三建四关心”、“五必访”等服务党员机制，管好用好农村党员“双带”帮扶资金。

2.加强农村“四支队伍”建设。出台《关于加强乡镇建设发展的实施意见》，加强乡镇干部队伍建设，转变乡镇工作职能，鼓励乡镇干事创业，建立乡镇加快发展的人员、资金保障机制。加强村“两委”班子建设，加强和改进大学生村官工作，全面推行“两个带头人”工程，注重把致富能手培养成党员，把优秀党员选入党组织班子，大力培育农村党组织带头人和农村致富带头人。完善第一书记和驻村工作队的选派管理奖惩召回制度。建立党政领导班子成员直接联系贫困村、贫困户制度，创新完善农村基层党组织设置，做好在农村新型经营主体中建立党组织工作。继续向非公经济组织和社会组织选派党建工作指导员。

3.完善乡村治理机制。推动村民代表会议制度规范运行，进一步细化议定事项清单，继续做实村民代表会议制度。加大软弱涣散党组织整顿力度。加强农村党风廉政建设，加大侵害群众利益违法行为查处力度，严格涉农资金监督管理，运用现代信息技术，落实农村各项公开制度，全面推进涉农资

金信息公开。进一步完善规章制度，提高强农惠农政策效果和资金使用效益。深化“平安灵武”建设，推进实施社会治理服务体系“灵盾工程”。加强农村社会治安管理、法律宣传教育服务和矛盾纠纷排查调处化解。

4.加强农村精神文明建设。培育与社会主义核心价值观相契合、与新农村建设相适应的优良家风、文明乡风。深化“星级文明户”、“最美家庭”等评选活动，大力推进农村民风建设，深入开展移风易俗，利用党课、道德讲堂、乡村文化大院等形式，加大农村文化建设，开展群众文化活动，培育农村文明乡风。依托党员干部等重点人群示范带动，倡导婚丧礼俗新理念，喜事新办、丧事俭办、厚养薄葬的理念，引导合理适度消费。整治农村黄赌毒，依法查处封建迷信、非法宗教等活动。

关于印发《灵武市全民法制宣传教育的第七个五年规划》的通知

灵党发〔2017〕14号

为认真贯彻落实《中共中央、国务院关于转发〈中央宣传部、司法部关于在公民中开展法制宣传教育的第七个五年规划（2016—2020年）〉的通知》及自治区、银川市“七五”普法规划精神，组织实施好我市第七个五年全民法制宣传教育工作（以下简称“七五”普法），特制定本规划。

一、指导思想和原则目标

（一）指导思想。高举中国特色社会主义伟大旗帜，全面贯彻落实党的十八大和十八届三中、四中、五中、六中全会决定，深入贯彻习近平总书记系列讲话精神，坚持“四个全面”战略布局，坚持创新、协调、绿色、开放、共享的发展理念，在维护宪法权威中推进普法，在公共法律服务中延伸普法，在法治实践中深化普法，深入推进依法治理，持续开展法治创建，充分发挥法治宣传教育在依法治市中的基础性作用，为全面推进我市开放内涵式发展，为全面建成小康社会，为建设“市强、民富、家美”的新灵武创造良好法治环境，提供有力法治保障。

（二）基本原则。坚持围绕中心，服务大局；坚持依靠群众，服务群众；坚持学用结合，普治并举；坚持突出重点，分类指导；坚持创新发展，注重实效。

（三）主要目标。紧扣全市的经济发展目标任务，在巩固“全国法制宣传教育先进县（市、区）”、“全国法治城市”和“全国社会管理创新先进城市”的基础上；进一步健全完善法治宣传教育领导体制和工作机制，提高社会治理法治化水平；进一步推进法治宣传教育与精神文明建设的融合，繁荣发展法治文化；广泛应用新媒体新技术开展法治宣传教育工作，使法治宣传教育网络全方位覆盖；进一步提高领导干部和国家工作人员运用法治思维和法治方式的能力，推动法治政府建设；进一步提高青少年法律素质，提高公民的法治观念和诚信意识，进一步增强全体党员党章党规意识，推进法治社会建设。通过普法教育使法制宣传教育普及率有新提高。全民普及率要达到95%以上，其中领导干部和公务员的普及率达到100%，在校青少年普及率达到100%。依法行政、公正司法水平有新提升。人民法院审限内结案率达100%，案件执结率达90%以上；基层依法治理活动有新拓展。新创建中央、自治区、银川市及本市级依法治理示范单位50个、民主法治示范村（社区）50个、“诚信守法企业”50家、“依法治校”示范单位30家；社会主义法治文化建设有新突破。

二、主要任务

（一）深入学习宣传习近平总书记关于全面依法治国的重要论述。要把习近平总书记关于全面依法治国的重要论述及习近平来宁重要讲话精神列入市委（政府党组）中心组学习内容，明确领导干部在推进依法治国中的重要责任，增强全社会厉行法治的积极性和主动性。要紧密结合银川市“十三五”规划，落实严格执法、公正司法、全民守法和党内法规建设的生动实践，使全社会了解和掌握全面依法治国的重大意义和总体要求，更好地发挥法治的引领和规范作用。

（二）突出学习宣传宪法。坚持把学习宣传宪法摆在首要位置，在全社会普遍开展宪法教育，弘扬宪法精神，树立宪法权威。深入宣传依宪治国、依宪执政等理念。宣传宪法的实施，实行宪法宣誓制度，认真组织好“12.4”国家宪法日宣传活动，提高我市全体公民特别是领导干部和机关工作人员的宪法意识，教育引导一切组织和个人都必须以宪法为根本活动准则，增强宪法观念，坚决维护宪法权威。

（三）深入宣传中国特色社会主义法律体系。坚持把宣传以宪法为核心的中国特色社会主义法律体系作为法治宣传教育的基本任务，大力宣传宪法、民商法、行政法、经济法、社会法、刑法、诉讼法与非诉讼程序法等方面的法律法规。大力宣传保障公民基本权利的法律法规，推动全社会树立尊重和保障人权意识，促进公民权利保障法治化。大力宣传依法行政领域的法律法规，明确政府“权力清单”，推动全市各级行政机关树立“法定职责必须为、法无授权不可为”的意识，促进法治政府建设。增强行政机关公务员特别是各级领导干部法治理念，有效推动以依法决策、依法行政、公正司法、依法管理为重点的各类法治实践。大力推动“民主和谐示范乡镇”、“民主法治村（社区）”和“诚信守法企业”、“平安法治学校”等创建活动，引导广大公民自觉有序地参与依法治校、治村、治企等法治实践活动。大力宣传市场经济领域的法律法规，推动全社会树立保护产权、平等交换、公平竞争、诚实信用等意识，促进经济在新常态下平稳健康运行。大力宣传教育、就业、收入分配、社会保障、医疗卫生、食品安全、扶贫、慈善、社会救助和妇女儿童、老年人、残疾人合法权益保护等方面法律法规，促进保障和改善民生。大力宣传国家安全和公共安全领域的法律法规，提高全民安全意识、风险意识和预防能力。大力宣传党的民族、宗教政策和相关法律法规，维护民族地区繁荣稳定，促进民族关系、宗教关系和谐。大力宣传城市管理、社会治安综合治理、流动人口服务和管理、突发事件应急管理等相关法律法规，推进平安灵武建设；大力宣传环境保护、资源能源节约利用等方面的法律法规，推动“市强、民富、家美”的新灵武建设。大力宣传互联网领域的法律法规，教育引导网民依法规范网络行为，促进形成网络空间良好秩序。大力宣传行政复议、仲裁、调解、信访等方面的法律法规，引导群众依法、合理表达诉求、维护合法权利，促进社会和谐稳定。大力宣传保障家庭成员合法权益，反家庭暴力等方面的法律法规，维护平等、和睦、文明的家庭关系。

（四）深入学习宣传党内法规。突出宣传党章，教育引导广大党员尊崇党章，以党章为根本遵循，坚决维护党章权威。大力宣传《中国共产党廉洁自律准则》、《中国共产党纪律处分条例》等各项党内法规，把纪律挺在前面，教育引导广大党员做党章党规党纪和国家法律的自觉尊崇者、模范遵守者、坚定捍卫者。

（五）深入推进社会主义法治文化建设。利用重大节日等节点开展法治文化宣传活动。把法治文化建设纳入现代公共文化服务体系，充分发挥区域资源优势，推动法治文化与社区文化、行业文化、企业文化、乡村（街区）文化融合发展。强化法治文化精品建设，强化法治文化阵地建设，发挥法治文化教育基地的功能作用，开展农民法治文化大院、法治文艺演出等形式多样的法治文化实践活动。充分利用现有博物院、图书馆、文化馆、法治公园、青少年法治教育基地、老年大学、宗教场所等公共文化服务设施和公共活动场所开展法治文化示范项目建设。鼓励、支持和引导各级各类文化艺术表演团体创作群众喜闻乐见的法治文化作品，形成法治文化建设的合力。

（六）围绕实现经济发展目标开展法制宣传。以服务加快转变经济发展方式和经济转型升级为主线，突出宣传有关宏观经济调控、产业结构调整、农村改革发展、资源环境保护、节能治污减排、低碳循环经济、推进科技进步、实施创新驱动、知识产权保护、财政税收金融管理等方面法律法规；以加强依法维权、依法信访和依法解决各种矛盾纠纷为重点，突出宣传刑法、治安管理处罚法、信访条例、人民调解法、法律援助条例等法律法规，预防和减少违法犯罪；以加强知识产权保护教育为引导，加大对灵武市羊绒产品的商标申请注册使用和灵武长枣原产地及注册商标标识的宣传力度，促进地方特色产业发展。以加强法律面前人人平等的理念教育为延伸，大力弘扬法治精神、维护公平正义、培育法治文化、推进法治实践，正确处理社会事务和人与人、人与组织之间的关系，引导公民自觉维护社会安定，逐步形成与实现经济发展目标相适应的良好社会氛围。

（七）围绕保障改善民生开展法制宣传。大力宣传倡导社会责任，规范公权运行、尊重和保障公民权利的法律法规。突出有关劳动就业、社会保障、住房改善、收入分配、教育医疗、社会救助等方面的法律法规的宣传，保障人民群众的根本利益。突出有关征地拆迁、土地经营权流转、用工合同、医患纠纷、城镇改造、食品药品农资质量、安全生产、人口计生、文体卫生、婚姻家庭等与群众生产生活密切相关的法律法规宣传，依法维护公民合法权益。突出对妇女儿童、老年人、残疾人等特定群体和社会弱势群体权益保护的法律法规宣传，在全社会形成尊老爱幼、济困助残的良好氛围。

（八）围绕培育公民意识，开展法制宣传。突出学习宣传宪法，通过基本法律的宣传教育，引导全市公民进一步增强宪法意识，进一步了解和掌握中国特色的法律体系和法律制度，自觉维护宪法和法律的权威，严格遵守宪法和法律的规定，加强《国防法》、《兵役法》国防教育和《保密法》宣传，牢固树立社会主义法治理念和国防意识。加强《消防法》安全宣传，提高全民消防安全意识，推动消防工作社会化的进程。继续深化以"学法律、明事理、守规矩、铸和谐"为主题的法治宣传教育活动，开展"推动移风易俗·树立文明乡风"主题活动和遴选"最美灵武人"、"守法好公民"活动，逐步形成文明进步、健康向上、遵纪守法、安居乐业的社会风尚。注重把学法用法与培养法治精神结合起来，把主张法律权利与履行法定义务结合起来，增强全市公民的大局意识、民主意识、法治意识、社会责任意识，积极开展基层民主自治观念的宣传教育，引导公民依法参与各项社会事务管理，依法主张和维护合法权益。

三、对象要求

（一）教育对象。全市一切有接受教育能力的公民，重点加强对领导干部、公务员、机关干部、青少年、企业经营管理人员和农民、流动人口的法制宣传教育。把各级领导干部、青少年和流动人口作为重中之重。

（二）具体要求。通过开展法律"十进"活动，构建普法新格局。

1.深化"法律进机关"活动。着力加强领导干部学法用法。继续坚持和完善党委（组）理论中心组集体学法、政府常务会会前学法以及法制讲座、法制培训等制度，创新办法，优化形式，不断提高领导干部学法用法的实效性。在坚持和完善人大任命领导干部任前法律知识考试制度的基础上，全面实施非人大任命领导干部任职前法律知识考试制度，积极推行领导干部年度述职述廉述法考核制度，通过严格的督察考核，评比检查，不断提高领导干部学法用法的积极性、主动性。着力提升公务员依法行政水平。进一步完善公务员、机关干部法律知识的培训、考试、考核长效机制，全面推广公务员和机关干部学法登记和学法用法通报制度，定期开展专门法律知识轮训和新法律法规专题培训。公务员及机关干部法律知识培训每年不少于40学时，坚持和完善法律知识考试考核制度，考试考核成绩作为公务员及干部任职、晋升、奖惩的依据之一。加大对行政执法部门和司法机关公务员的法律知识考核力度，坚持法律知识考试持证上岗制度，司法和行政执法人员每年法律专业培训教育不得少于20天。对新录用公务员由用人单位必须进行专门的岗前法律知识培训和测试。

2.深化"法律进乡村"活动。围绕社会主义新农村建设，广泛宣传与农村改革和发展，与农民生产生活密切相关的法律法规，使农民了解和掌握解决矛盾纠纷、维护合法权益的法律途径，培养和增强农民参与村民自治活动和其他社会管理的能力。乡、村干部每年的法制教育集中学习时间不少于30小时。其他村民不少于20小时。深入实施"法律书籍送农民、法律服务到农家、法律文化进农村"工程。充分利用农业合作社、农村党员现代远程教育网络、农家书屋、电影下乡等平台，开展有针对性的法制宣传教育，着力提高农村两委干部和农村党员法律素质。全面推行大学生村官担任法制宣传员，不断推进农村"法律明白人"的培养和"守法好公民"的评选活动。落实农村基层干部法制轮训制度，把法制宣传教育融入到创建“民主法治村(社区)”、“平安村(社区)”和“文明村(社区)”工作之中。

3.深化“法律进社区”活动。以社区居民为服务对象，突出抓好青少年、外来务工人员、经商人员和老年人（离退休)、下岗职工的法制宣传教育。做到“十个一”,即:(1)设置一个法制宣传栏(橱窗)。将与社区居民切身利益密切相关的法律知识、新颁布实施的法律法规定期载入专栏，运用通俗易懂的语言、漫画、结合具体事例“说”法。(2)建立一个法律图书角。配置法律书籍，定期对居民开放,做到有“法律明白人”进行讲解，使社区居民养成遇事找法,解决问题靠法的良好习惯。发挥“12348”法律服务电话作用。为居民提供多方面的法律咨询和法律服务。(3)建立一套居民学法制度。认真制定学习内容、计划、活动安排,针对社区居民不同特点,有计划、分层次组织社区居民学习法律知识。开展《反家庭暴力法》《老年人权益保障法》和《残疾人权益保障法》等法律法规的宣传,进一步提高妇女儿童、老年人、残疾人的法律意识和运用法律维护自身权益的能力。(4)设立每周法律“一题”。采取文字或漫画形式在社区居民进出比较集中的地方进行展示。(5)制作一张法律进社区时间表。(6)确定“每周一题”的具体内容,公布定期开展预约式法律的时间，公示与社区签约法律志愿者和义务法律服务工作者名单及专长。(7)坚持每季度上一堂法制课。为社区提供法律咨询、调解纠纷等便利及时的法律服务，为社区依法建章立制把关,为社区居民排忧解难。(8)建立一个普法广场。为法制宣传教育营造良好的社会氛围。(9)建立一个法制宣传教育志愿者队伍,服务社区(10)建立一套科学的法治考核制度，大力推进普法依法治理工作实效。

4.深化“法律进学校”活动。建立和完善学校、社会、家庭“三位一体”的法制宣传教育格局,深入开展“读法律书,做守法人”主题教育活动,充分发挥课堂主渠道作用，推动法制教育内容进学校、进课堂、进考卷，加大法制教育内容在各级各类学校考试的分量，在校青少年保证每学期法制教育时间不少于20课时。调整充实法制副校长、法制辅导员队伍,加强培训指导,健全完善制度,切实保证中小学校法制教育计划、课程、教材和师资的“四落实”。学校管理人员和教师每年的法制教育集中学习时间不少于40小时。积极开辟第二课堂,广泛组织适合青少年特点的法制宣传教育实践活动，形成青少年法制教育课堂教学与社会实践的良性互动，增强青少年法制教育的引导性、互动性和趣味性。加强校园及周边环境的安全整治,有效依托社区、村(居)委会加强对社会闲散青少年、流动、留守儿童等特殊群体的青少年法制宣传教育。

5.深化“法律进企业”活动。通过建立职工法制学校，设置法制宣传栏(橱窗)、标语,印制法制宣传手册、挂图、法律知识汇编等法律宣传资料，加强对与企业生产、经营、管理等有关的法律法规的宣传教育，把法律进企业工作目标落实到最基层。坚持学法与用法相结合,围绕企业生产经营管理的各个环节，积极组织开展依法治企活动，努力加强企业规章制度建设,完善和规范企业运行机制,促进企业法治化管理水平的不断提高。

6.深化“法律进单位”活动。建立健全领导干部法律知识任职资格制度、法制讲座制度、管理人员法制培训制度、自学法律知识制度，建立领导干部和管理人员学法档案，单位干部与管理者每年的法制教育集中学习时间不少于40小时,职工集中学法时间不少于20小时。加强单位法制宣传教育阵地和园地建设。通过建立和设置法制宣传栏(橱窗)、图书室、悬挂张贴标语、挂图,印刷法制宣传手册,建立职工法制学校、开设普法网站或网页等形式，大力宣传法律法规知识和与本单位管理等有关的法律法规知识。公园、车站等公共活动场所管理单位，应在人员流动密集的地点设立固定法制宣传栏。社会服务单位应通过公示牌、宣传册、宣传单向社会宣传与本职工作相关的行业规章和办事程序。建立健全重大事项决策法律咨询制度。各单位应设立法制机构或聘请法律顾问,在重大事项决策之前应进行法律咨询和论证，充分发挥法律专家在决策中的参谋作用。坚持法制教育与法治实践相结合。围绕单位管理和社会服务的各个环节，积极组织开展依法治理活动，建立健全单位管理制度，公开承诺制度和办事程序，完善和规范单位运行机制，促进单位法治化管理水平的不断提高。

7.深化“法律进市场”活动。延伸 12315 申诉举报网络。在较大规模的市场内设立消费者投诉站和 12315 联络站，及时受理申诉、举报，解答法律咨询，帮助解决消费过程中遇到的法律问题。在各类市场内配备法制宣传员。在进行市场巡查、征收市场管理费、履行市场监管职责的同时，向市场经营者和消费者宣传工商法律知识，受理消费者的申诉举报、调解处理各类消费纠纷。充分发挥各级消费者协会和有关行业协会的作用，利用法制宣传日、宣传周、宣传月等各种契机走进市场，发放普法宣传资料，进行法律咨询，为广大市场经营者和消费者提供面对面的法律服务。

8.深化“法律进宗教场所”活动。通过在宗教场设立法制阅览室，开办法制宣传专栏，设立展板、张贴标语、印发普法读物等形式，在宗教教职人员和信教群众中开展政策法规教育，促使信教群众学法、守法、用法。利用伊斯兰教“主麻日”聚礼，“瓦尔滋”演讲等方式，在信教群众中广泛宣讲与民族宗教、社会治安、禁毒、婚姻家庭、赡养抚养、生产经营、交通安全等相关的法律法规和党的民族政策，强调“爱国即是爱教、守国法就是遵教法”的要义，引导和教育信教群众遵法守法。

9.深化“法律进工地”活动。继续组织开展“农民工法制宣传周”活动，完善农民工输出地与输入地政府相关部门协作配合、有机衔接的法制宣传教育工作机制，明确用工单位法制宣传教育的责任，培养农民工依法维权的意识，开辟农民工维权绿色通道，为农民工发放《农民工法律援助服务手册》《法律法规知识汇编》《人民调解工作手册》《法律援助条例》等法律书籍以及印有“弘扬法治精神，维护公平正义”的环保购物袋和法律援助连心卡，使广大农民工不断增强法制观念和安全生产意识，知法守法，懂得如何运用法律手段来维护自己的合法权益。建立全方位、多层次的“建设者”法制教育格局。

10.深化“法律进军营”活动。安排市普法讲师团深入军营，举办法制报告会，宣讲与官兵生活、训练、工作密切相关的法律知识，为广大官兵提供法律咨询和法律服务，在军营内成立法律援助工作站。加强军营法制宣传阵地建设，建立法制宣传栏和法律图书角，明确一名法制宣讲员，并通过张贴法制宣传海报、悬挂普法标语、组织法律知识竞赛等形式，使法治文化渗透到军营每个角落，营造浓厚的法制宣传氛围。把普法依法治理工作纳入部队日常工作中，完善各项工作措施和考核标准，建立长效共建工作机制，积极开展军政、军民共建活动的新局面。

四、方法措施

（一）坚持理念创新。重视运用法律的手段调整各种社会关系，解决各种矛盾和问题。各乡镇、各部门特别是各级领导干部牢固确立抓法治就是抓生产力，抓法制宣传教育就是抓经济社会发展软环境的意识，使法制宣传工作始终符合科学发展观的要求。

（二）培育法治文化。逐步完善基层法治文化公共设施体系。大力推进优秀法治文化产品创作，推出一批思想性、艺术性、观赏性俱佳的法治文化品牌和精品。广泛开展各类法治文化活动，积极组织优秀法治文化作品的宣传、展演和展示，举办法治文艺调演、法治文化节。形成“舆论全覆盖、媒体全联动”的法治文化传播态势。

（三）开展主题教育。围绕市委、市政府的中心工作，以“加强普法教育，服务科学发展”为主题，适时开展灵活多样、实效突出的专题法制宣传教育活动。利用如“3·15”“4·15”“6·5”“6·26”“11·9”等各类法律法规的宣传月、宣传周等节点，广泛开展群众性宣传教育活动。以“12·4”宪法日为平台，将每年 12 月确定为全市宪法宣传月，在公民中广泛开展以宪法为核心的法制宣传教育。

（四）拓展法治文化阵地。加大法治文化宣传阵地建设的投入，继续开展“法治文化农家大院”创建活动、法治文化长廊、法治文化广场、法治街区等，覆盖市、乡镇（园区）和村（居）。鼓励法治文化创新，实行政策奖励扶持，有计划分步骤建设法制宣传教育示范基地、法治文化建设示范点。加强法律服务阵地建设，充分发挥律师事务所、公证处、基层法律服务所、法律援助中心(工作站)、社区矫正管理教育服务中心、普法驿站和法律服务热线等在法制宣传教育中的积极作用。

（五）打造媒体平台。加强电视、广播、报刊以及重点新闻网站法制宣传专栏、专版、专题建设，增加时段、扩大版面、优化栏目，提高质量。在巩固做强灵武电视台《平安灵武》、《周四视频》等媒体普法阵地的同时，重视运用互联网、手机移动终端等新兴媒体开展法制宣传教育。利用手机短信平台发送普法短信。构建以《灵武普法网》为核心的市、乡镇、村三级联动的普法网络。

五、组织领导

（一）健全工作机制。进一步强化党委领导、人大监督、政府实施、部门齐抓共管，全社会共同参与的领导体制和工作机制。坚持“属地管理，谁主管、谁负责”、“谁执法谁普法、谁管理谁普法、谁服务谁普法”的工作原则，建立和实行法制宣传教育工作责任制。强化各级法制宣传工作组织领导体系，调整充实成员单位，落实联席会议制度，明确职能任务。建立年度工作综合评价、绩效管理机制，年初分解落实任务，年中随机检查督促，年底抽样考核，责任部门定期报告工作计划和成效。市、乡镇两级人大加强对法制宣传教育工作的检查和督促，在执法检查及新法颁布实施过程中加强法制宣传教育。市政协通过视察、建议等参政议政途径，支持法制宣传教育工作。

（二）实施条块联动。建设社会化普法实施组织体系，整合普法职能部门作用，围绕市委、政府不同时期的中心工作，设计全局性、整体性的活动，通过年度计划、专项治理方案把市委、政府决策贯彻下去。实现普法主体多元化，由各部门、各行业提出普法宣传教育计划、专项活动方案，市普法办整合全市部门普法工作安排，提出全市性的普法计划，由部门按部就班实施，市普法办进行协调、指导、检查、考核。把法制宣传教育资源优化配置，实现普法效果最大化，降低工作成本，产生规模效应。

（三）科学考核评价。出台《灵武市第七个五年法制宣传教育实施情况考核验收办法》，完善指标体系，细化考核内容，强化重点工作过程控制，对规划实施情况进行年度考核、阶段性检查和专项督察。法制宣传工作开展情况纳入年度法治和平安创建考核内容。各级各部门应将法制宣传工作纳入年度整体工作考核内容，明确目标任务，督促检查落实，不断总结提高、推广典型经验，开展法制宣传教育表彰奖励工作，对做出显著成绩的先进单位和个人及时给予表彰奖励。

（四）落实经费保障。认真贯彻落实自治区和银川市文件精神，按照每人每年不少于1.5元的标准把法制宣传教育经费列入市财政预算，足额划拨、专款专用，并根据我市经济社会发展水平逐年予以增加。各乡镇、各部门和行业也要安排相应法制宣传教育专项经费，保证工作的正常开展。

（五）加强队伍建设。加强对专(兼)职法制宣传教育工作者学习培训，提高其政治素质、法律素质和业务能力；切实加强对普法讲师团、普法志愿者、法制新闻工作者、法制文艺团体、法制宣传队伍的培训、管理和工作指导。鼓励和支持法律职业者、大学生村官和立志于民主法治建设的人，积极参与法制宣传教育和法治实践，组建和加强普法讲师团。

（六）分步有序实施。“七五”普法规划从2016年下半年开始实施，到2020年结束，分3个阶段。

宣传发动。2016年下半年至2017年上半年。重点做好健全组织、制定规划、宣传发动、教材发行、阵地建设等方面的工作，建立完善各项保障措施，营造浓厚的社会氛围。

组织实施。2017年下半年至2020年上半年。各乡镇(园区)、各部门、各行业、各单位依据本规划确定的目标、任务和要求，结合实际，分别制定详细规划和年度工作计划，突出重点，强化措施，狠抓落实，确保“七五”普法规划全面贯彻落实。2018年组织开展中期督查和表彰。

考核验收。2020年下半年，由市依法治市领导小组办公室具体组织对“七五”普法规划实施情况进行总结验收，同时迎接国家、区、市的考核验收并做好表彰工作。

关于印发《关于加快灵武长枣产业发展的扶持政策(2017 修订)》的通知

灵党发〔2017〕29 号

为推进灵武长枣产业发展升级，创新灵武长枣产业现代化经营理念，落实提品质、建龙头、拓市场的产业化运行机制，促进灵武长枣产业向集约化、规模化、标准化和产业现代化发展，保障枣园增产，枣农增收，制定如下扶持政策：

1.支持经营单位(个人)对品种混杂枣园枣树，选择优系灵武长枣品种进行高接换种，自 2016 年起，对嫁接成活率达 85%以上验收合格的，一次性给予 5 元 / 株的补助。

2.鼓励灵武长枣协会会员、企业、合作社、大户流转、承包枣园并进行标准化生产，创建科技示范园区面积达到 200 亩以上的，每个园区一次性奖励 20 万元，并给予 50%的农业保险补助。

3.鼓励企业、合作社、大户、国营农林场发展设施长枣，严格按审批要求建设长枣日光温室或大中拱棚的，在享受自治区、银川市相关政策的同时，市财政按棚的面积，每新建 1 亩一次性补助 1—10 万元。

4.鼓励我市企业、大户、林场、合作社、枣农联合体按灵武长枣生产标准施用有机肥，且集中连片面积达到 100 亩以上的盛果期枣园，每亩每年一次性补助 500 元。

5.对我市境内企业、合作社、个人建设的合法冷藏库，冷库面积达 100 平方米以上储藏灵武长枣的，给予本年度 10、11 月份电费 50%的补助（凭电费发票）。

6.鼓励长枣协会、企业、合作社等经营主体在郝家桥镇、临港产业园区周边规划用地上新建灵武长枣储藏冷库，经审核验收后，给予总投资 20%的补助；购买冷藏车单价超过 10 万元的，每辆车补助 2 万元。

7.市财政年度安排预算专项资金 200 万元，鼓励灵武长枣协会会员，严格按照要求，建立灵武长枣综合信息平台和灵武长枣质量追溯系统，并规范使用。

8.鼓励引进长枣产业深加工项目，凡实际到位固定资产投资额在 2000 万元、3000 万元、5000 万元、1 亿元以上的企业，分别一次性给予 10 万元、20 万元、30 万元、50 万元补助；对引进落户的灵武长枣深加工招商引资项目，凡固定资产投资额在 2000 万元以上且当年投产的企业，一次性给予项目引荐人引进企业当年固定资产投资额 3‰的奖励；对企业投产后每年在灵武境内，以订单收购灵武长枣协会各支会灵武长枣的，按第 9 条补助标准执行。

9.鼓励企业、合作社、大户、林场通过长枣协会综合信息平台，以不低于当年长枣地方保护价，向枣农订单收购，利用冷链车，销往一线、二线城市的，销量达到 3 万公斤（含 3 万公斤）以上的，每公斤补助 1.0 元；销量达到 5 万公斤（含 5 万公斤）以上的，每公斤补助 1.2 元，销量达到 10 万公斤(含 10 万公斤)以上的，每公斤补助 1.4 元。销往宁夏周边省市，销量达 10 万公斤以上的每公斤补助 0.6 元。

2017 年保护价：一等果以上(一等果、特等果混装)每公斤 5 元；二等果以上(二等果、一等果、特等果混装)每公斤 4 元。

10.鼓励通过电商、微商网络、航空运输销售灵武长枣，经核实订单后，每公斤补助 1 元，并按全年物流销售单给予物流包裹基本费 30%的补助。

11.支持长枣协会、企业、公司、合作社自主在外省市选择大型商超，举办灵武长枣推介会或参加外省市举办的果品交易会，取得一定成效的，每场落实订单不低于 10 万公斤，依据规模大小给予 5—10 万元的推介费用补助；鼓励各企业、大户积极开展灵武长枣旅游采摘活动，根据采摘活动规模给予补助;对社会组织、企业、合作社、大户、新闻媒体销售和宣传灵武长枣作出突出贡献的，采取一事一议的办法给予奖励。

12.鼓励企业、合作社、大户在一二线城市举办大型推介试吃、预售活动,预售 1 万公斤以上,按照订单量的 5‰提供免费试吃的灵武长枣。

13.凡企业、合作社、大户在灵武长枣外销过程中，使用泡沫箱、专用二维码以及标识的，给予一定补助。

14.对于企业、合作社、大户在长枣收购期间贷款 50%用于长枣收购的给予贷款贴息扶持，按照贴息标准同档次贷款基准利率的 50%给予补助，免去贷款额度 1.2%的担保费，免去贷款额度 10%的质押金。

15.鼓励企业创建灵武长枣自主品牌，凡获得自治区著名商标的，一次性奖励 30 万元；获得中国驰名商标的，一次性奖励 100 万元。

16. 市财政预算每年安排 30 万元专项培训资金，由市林业局和科技局在全市范围内选拔专业性强、生产经验丰富的部门技术人员、枣农骨干，到科研院校、全国枣生产省市观摩培训学习。

17.市财政预算每年安排 300 万元长枣产业科研专项资金，与区内外院校、科研院所合作，聘请国内外专家联合成立专家服务团，修订灵武长枣质量标准体系，设立攻关课题，开展灵武长枣生产、贮藏保鲜及深加工等领域研究。

18. 鼓励开展科研技术攻关，取得银川市、自治区科技成果，并在生产、保鲜、加工中应用的，分别一次性给予 10 万元、20 万元补助。

19.凡将设施灵武长枣通过科学管理，达到优质丰产，且推广面积达 100 亩以上，对上市时间提前到 4 月初的，一次性给予研究人员 10 万元奖励；提前至 3 月份上市的，一次性给予研究人员 20 万元奖励；提前至春节上市的，一次性给予研究人员 30 万元奖励。

20.对于各企业、合作社在本年度，经灵武市林业局、灵武长枣协会报备批准外出推销灵武长枣的工作人员，参照灵武市机关工作人员差旅费补助标准给予补助。

21.针对灵武长枣销售加工企业、合作社、大户，特别是利用已有的冷链、仓储等设施和条件销售灵武长枣，根据销量对作出突出贡献的企业、合作社、大户，实行“一企一策”的方式，以奖代补给予奖励和补助。

22.鼓励北京、上海、广州、深圳等一线城市的大型超市、公司积极开展灵武长枣推介活动，采取“一事一议”方式，给予一定补助。

23.凡在灵武市境内，按照灵武长枣标准化技术规程生产，由灵武长枣协会授权使用灵武长枣“地理标志证明商标”和规范使用质量追溯系统（二维码）的，认定为灵武长枣，可享受本政策。本政策自发布之日起试行，《中共灵武市委　灵武市人民政府关于加快灵武长枣产业发展的扶持政策（试行）》（灵党发〔2016〕12 号）同时废止，最终解释权归市林业局。

文件选目（选录）

【2017 年灵党发文】

文件标题或内容摘要	发文编号	发文日期
关于兑现 2016 年度目标绩效考核奖励的决定	灵党发〔2017〕1 号	2017.02.14
关于兑现 2016 年度产业政策奖补及重点工作考核奖励的决定	灵党发〔2017〕2 号	2017.02.14
中共灵武市委 2017 年工作要点	灵党发〔2017〕3 号	2017.02.22
关于表彰全市政法综治信访维稳工作先进集体和先进个人的决定	灵党发〔2017〕4 号	2017.02.26
关于推进农业供给侧结构性改革加快培育农业发展新动能的实施意见	灵党发〔2017〕6 号	2017.03.10
关于兑现 2016 年秋冬季农田水利基本建设及农村环境综合治理奖补资金的决定	灵党发〔2017〕7 号	2017.03.10
关于对 2014—2016 连续三年获优秀等次公务员记三等功（奖励）的通报	灵党发〔2017〕8 号	2017.03.20
关于印发《灵武市 2017 年创建全国文明城市攻坚行动实施方案》的通知	灵党发〔2017〕9 号	2017.03.29
关于表彰第三届“美丽灵武人”的决定	灵党发〔2017〕10 号	2017.03.29
关于印发《灵武市贯彻落实中央第八环境督察组督察反馈意见整改方案》的通知	灵党发〔2017〕11 号	2017.03.31
关于印发灵武市环境综合治理实施方案的通知	灵党发〔2017〕12 号	2017.04.01
关于推进全面从严治党的实施意见	灵党发〔2017〕13 号	2017.04.17
关于印发《灵武市全民法制宣传教育的第七个五年规划》的通知	灵党发〔2017〕14 号	2017.05.02
关于印发《灵武市国有林场改革实施方案》的通知	灵党发〔2017〕15 号	2017.05.23
关于创建全国民族团结进步模范市的实施意见	灵党发〔2017〕16 号	2017.05.23
关于认真学习宣传贯彻落实自治区第十二次党代会精神的通知	灵党发〔2017〕17 号	2017.06.16
关于印发《灵武市法治政府建设实施方案（2016—2020）年》的通知	灵党发〔2017〕18 号	2017.07.19
关于灵武市与宁东能源化工基地行政管理体制不畅等问题的报告	灵党发〔2017〕19 号	2017.07.21
关于加强和改进新形势下市委党校工作的实施意见	灵党发〔2017〕20 号	2017.08.15
关于进一步做好自治区党委第二巡视组巡视灵武市反馈意见整改工作的安排	灵党发〔2017〕22 号	2017.08.17
关于印发《灵武市贯彻落实自治区第十二次党代会报告主要任务分工方案》的通知	灵党发〔2017〕23 号	2017.08.25
关于促进民办教育发展的意见（试行）	灵党发〔2017〕24 号	2017.08.28
关于印发《灵武市大干实干 100 天攻坚行动实施方案》的通知	灵党发〔2017〕25 号	2017.09.04
关于印发《灵武市贯彻落实自治区第十二次党代会报告主要任务分工方案》的通知	灵党发〔2017〕26 号	2017.09.05
关于表彰教育系统先进个人的决定	灵党发〔2017〕27 号	2017.09.07
关于表彰灵武市体育工作先进集体和先进个人的决定	灵党发〔2017〕28 号	2017.09.07
关于印发《关于加快灵武长枣产业发展的扶持政策（2017 修订）》的通知	灵党发〔2017〕29 号	2017.09.18
关于贯彻落实“绿色高端和谐宜居”发展理念的实施意见	灵党发〔2017〕30 号	2017.09.25
关于学习宣传贯彻党的十九大精神的通知	灵党发〔2017〕31 号	2017.11.01
关于深入学习宣传贯彻党的十九大精神的意见	灵党发〔2017〕32 号	2017.11.24
关于印发《灵武市巡察工作实施办法（试行）》的通知	灵党发〔2017〕34 号	2017.12.04
关于表彰 2017 年全市民族团结进步先进集体和先进个人的决定	灵党发〔2017〕35 号	2017.12.11
中共灵武市委 2018 年工作要点（中共灵武市委五届五次全体会议审议通过）	灵党发〔2017〕36 号	2017.12.28

【2017年灵政发文】

文件标题或内容摘要	发文编号	发文日期
关于授予马保荣等3名同志见义勇为先进个人荣誉称号的决定	灵政发〔2017〕3号	2017.01.09
关于印发《灵武市被征地农民参加养老保险实施办法(试行)》的通知	灵政发〔2017〕4号	2017.01.24
关于《宁夏广银铝业有限公司“10·21”坍塌事故调查报告》的批复	灵政发〔2017〕5号	2017.02.07
关于聘用市属国有公司人员的批复	灵政发〔2017〕7号	2017.02.10
关于协调解决宁夏中银绒业股份有限公司出口退税事宜的请示	灵政发〔2017〕8号	2017.02.10
关于表彰2016年度安全生产暨食品安全先进单位和先进个人的决定	灵政发〔2017〕9号	2017.02.10
关于印发《灵武市城乡特殊困难群众医疗救助暂行办法》的通知	灵政发〔2017〕10号	2017.02.10
关于申报创建“全域旅游示范县”的请示	灵政发〔2017〕11号	2017.02.14
关于灵武煤田磁窑堡碎石井矿区(大泉)水源地保护区划定工作情况的报告	灵政发〔2017〕13号	2017.02.15
关于更正《灵武市土地利用总体规划(2006—2020年)》数据库中国道344线北延伸段项目用地坐标的请示	灵政发〔2017〕14号	2017.02.16
关于印发《灵武市促进电子商务产业发展加快培育经济新动力的实施意见》的通知	灵政发〔2017〕15号	2017.02.20
关于协调成立新能源汽车生产基地建设项目推进工作组的请示	灵政发〔2017〕16号	2017.02.24
关于协调解决神华·灵武大物流通道建设问题的请示	灵政发〔2017〕17号	2017.03.03
灵武市2016年度粮食安全省长责任制落实情况自评报告	灵政发〔2017〕18号	2017.03.06
关于《自治区贯彻落实中央第八环境保护督察组督察反馈意见整改方案》涉及有关问题整改落实情况的报告	灵政发〔2017〕19号	2017.03.07
关于印发《灵武市违法建筑处置意见》的通知	灵政发〔2017〕20号	2017.03.10
关于申报全区村集体经济发展试点市的请示	灵政发〔2017〕21号	2017.03.16
关于呈报灵武市2017年地方财政预算表的报告	灵政发〔2017〕22号	2017.03.17
关于307国道南侧环境整治项目土地房屋征收决定	灵政发〔2017〕23号	2017.03.20
关于公布市政府部门(乡镇)行政职权事项保留和清理调整意见的决定	灵政发〔2017〕25号	2017.03.21
关于将银川智慧城市管理指挥中心服务平台终端前移的请示	灵政发〔2017〕27号	2017.03.29
关于印发《灵武市“碧水蓝天·美丽城乡”环境保护综合整治行动计划》的通知	灵政发〔2017〕28号	2017.03.31
关于同意分割宁夏中银绒业股份有限公司国有土地使用权的批复	灵政发〔2017〕29号	2017.04.01
关于印发《灵武市医疗卫生服务体系规划(2016—2020)》的通知	灵政发〔2017〕30号	2017.04.01
关于协调解决中银并购基金担保问题的请示	灵政发〔2017〕31号	2017.04.05
关于国务院安委会第八巡查组举报信件转办问题的核查报告	灵政发〔2017〕32号	2017.04.12
关于银川绿丰源生态科技有限公司土地收回补偿相关情况的专题报告	灵政发〔2017〕33号	2017.04.13
关于国务院安委会第八巡查组举报信件转办问题的核查报告	灵政发〔2017〕34号	2017.04.13
灵武市人民政府关于国务院安委会第八巡查组举报信转办问题的核查报告	灵政发〔2017〕35号	2017.04.15
关于报送2017年贯彻落实国家重大政策措施跟踪审计自查自纠情况的报告	灵政发〔2017〕36号	2017.04.18
关于《银西高铁甘宁段YXXQ-SG1标段192#门式墩“3·8”磕碰致死事故调查报告》的批复	灵政发〔2017〕37号	2017.04.19
关于银川绿丰源生态科技有限公司土地收回补偿相关情况的报告	灵政发〔2017〕39号	2017.04.19

续表

文件标题或内容摘要	发文编号	发文日期
关于将再生资源循环经济示范区和灵武临港产业园区并入银川高新技术产业开发区的请示	灵政发〔2017〕40 号	2017.04.20
关于印发《灵武市建筑材料类采矿权有偿出让实施方案》的通知	灵政发〔2017〕41 号	2017.04.20
关于同意出让 3 宗建筑材料类采矿权的批复	灵政发〔2017〕42 号	2017.04.20
关于申请解决羊绒产业金融风险防范基金的请示	灵政发〔2017〕43 号	2017.04.21
关于上报打击违法生产经营“地条钢”专项整治行动情况的报告	灵政发〔2017〕44 号	2017.04.21
关于上报打击违法生产经营“地条钢”专项整治行动情况的报告	灵政发〔2017〕45 号	2017.04.21
关于报送水生态文明建设工作情况的报告	灵政发〔2017〕46 号	2017.04.24
关于《灵武市 2017 年度安全生产监管监察行政执法工作计划》的批复	灵政发〔2017〕47 号	2017.04.25
关于国务院安委会第八巡查组举报信件转办问题的核查报告	灵政发〔2017〕48 号	2017.04.27
关于延长羊绒产业园污水处理环境违法行为挂牌督办期限的请示	灵政发〔2017〕49 号	2017.04.28
关于呈报 2016 年财政专项扶贫资金使用计划备案的报告	灵政发〔2017〕50 号	2017.05.04
关于高庙周边环境综合整治项目国有土地上房屋征收决定	灵政发〔2017〕51 号	2017.05.09
关于汽车检测中心建设项目土地房屋征收决定	灵政发〔2017〕52 号	2017.05.09
关于浙商服装产业园项目建设有关问题的批复	灵政发〔2017〕53 号	2017.05.19
关于上报灵武农场有限公司社会职能属地管理运行情况的报告	灵政发〔2017〕54 号	2017.05.23
关于报送 2016 年度保障性安居工程跟踪审计有关问题整改情况的报告	灵政发〔2017〕55 号	2017.05.23
关于成立宁夏中银现代纺织有限公司的批复	灵政发〔2017〕56 号	2017.05.27
关于调整银川市人大议案灵武市中医医院康复大楼建设项目的请示	灵政发〔2017〕57 号	2017.05.27
关于协调中银绒业重大资产重组有关问题的请示	灵政发〔2017〕58 号	2017.06.09
关于国务院第四次大督查相关工作进展情况的自查报告	灵政发〔2017〕59 号	2017.06.20
关于灵武市东沟人工湿地水质净化工程项目建设有关事项的批复	灵政发〔2017〕60 号	2017.06.23
关于临港经济区(临港产业园)棚户区改造项目金色港湾二期工程有关事项的批复	灵政发〔2017〕61 号	2017.06.23
关于灵武市黄河三夏公园建设有关事项的批复	灵政发〔2017〕62 号	2017.06.23
关于羊绒企业并购重组及企业帮扶工作情况的报告	灵政发〔2017〕63 号	2017.07.03
关于呈送《灵武市 2016 年财政总决算报表》的报告	灵政发〔2017〕64 号	2017.07.04
关于举办“丝路古驿　羊绒之都”中国·宁夏(灵武)国际热气球节的请示	灵政发〔2017〕65 号	2017.07.07
关于废除灵武市临港产业园区征地公告的通知	灵政发〔2017〕66 号	2017.07.20
关于废止灵武市临港产业园区征地协议的通知	灵政发〔2017〕67 号	2017.07.20
关于举办“丝路古驿　羊绒之都”中国·宁夏(灵武)热气球节的请示	灵政发〔2017〕68 号	2017.07.21
关于灵武市与宁东能源化工基地行政管理体制不畅等问题的报告	灵政发〔2017〕69 号	2017.07.21
关于进一步规范灵武市再生资源循环经济示范区再生资源回收加工企业税收管理工作的请示	灵政发〔2017〕70 号	2017.07.25
关于在“丝路古驿·羊绒之都”中国·宁夏(灵武)热气球节期间悬挂宣传彩旗的请示	灵政发〔2017〕71 号	2017.07.28

续表

文件标题或内容摘要	发文编号	发文日期
关于协调解决滨河石坝清真寺迁建用地的请示	灵政发〔2017〕72 号	2017.08.02
关于解除第二污水处理厂(羊绒产业园)挂牌督办的请示	灵政发〔2017〕73 号	2017.08.03
关于进一步规范灵武市再生资源循环经济示范区再生资源回收加工企业税收管理工作的请示	灵政发〔2017〕74 号	2017.08.07
关于协调暂停诉讼羊绒骨干企业逾期贷款的请示	灵政发〔2017〕75 号	2017.08.10
关于《武汉辛平能路桥钢结构工程有限公司灵武转运场“5·21”物体打击事故调查报告》的批复	灵政发〔2017〕76 号	2017.08.11
关于同意设置银西铁路银川机场黄河特大桥施工栈(浮)桥渡口的批复	灵政发〔2017〕77 号	2017.08.11
关于协调解决宁夏中银绒业股份有限公司出口退税的请示	灵政发〔2017〕78 号	2017.08.11
关于继续执行并兑现灵武羊绒企业民贷民品贷款贴息政策的请示	灵政发〔2017〕79 号	2017.08.11
关于上报《落实城镇化及城市工作会议精神督查发现问题整改方案》的报告	灵政发〔2017〕80 号	2017.08.15
关于取消调整一批行政职权事项的决定	灵政发〔2017〕81 号	2017.08.15
关于撤销梧桐树乡设立新华桥镇的请示	灵政发〔2017〕82 号	2017.08.22
关于设立兴灵乡的请示	灵政发〔2017〕83 号	2017.08.22
关于电子商务进农村综合示范项目建设整改情况的报告	灵政发〔2017〕84 号	2017.08.27
关于将美丽小城镇建设资金用于新华桥特色产业小镇建设项目的请示	灵政发〔2017〕85 号	2017.08.27
关于公布废止 修改和保留规范性文件的决定	灵政发〔2017〕86 号	2017.08.29
关于协调解决中银绒业重组有关问题的请示	灵政发〔2017〕87 号	2017.09.07
关于将中铁集团捐款用于脱贫攻坚项目建设的请示	灵政发〔2017〕88 号	2017.09.07
关于灵武羊绒产业有关情况的补充报告	灵政发〔2017〕91 号	2017.09.13
关于分割宁夏成美电器有限公司国有土地使用权的批复	灵政发〔2017〕92 号	2017.09.18
关于保留华电宁夏灵武发电有限公司排泥场黄河澄清水排放口的请示	灵政发〔2017〕93 号	2017.09.19
关于将马家滩镇地税所办公楼及附属资产移交灵武市管理的请示	灵政发〔2017〕94 号	2017.09.27
关于灵武市政府性债务偿还计划的报告	灵政发〔2017〕96 号	2017.10.18
关于成立灵武市政府性债务管理领导小组的通知	灵政发〔2017〕97 号	2017.10.18
关于印发灵武市政府性债务风险应急处置预案的通知	灵政发〔2017〕98 号	2017.10.18
关于协调解决申报国家级地质公园有关事项的请示	灵政发〔2017〕99 号	2017.10.19
关于调整白芨滩国家级自然保护区生态保护红线划定方案的请示	灵政发〔2017〕100 号	2017.10.20
关于呈报 2017 年财政专项扶贫资金使用计划备案的报告	灵政发〔2017〕101 号	2017.10.20
关于《南充天一建设劳务有限公司“9·4”磕碰死亡生产安全事故调查报告》的批复	灵政发〔2017〕102 号	2017.10.24
关于审计银青高速公路拓宽及两侧 200 米绿化带征地拆迁补偿资金的请示	灵政发〔2017〕103 号	2017.10.27
灵武市人民政府关于申请解决市政基础设施建设资金的请示	灵政发〔2017〕105 号	2017.10.30
关于灵武出口羊绒产品质量安全示范区续延复审的请示	灵政发〔2017〕106 号	2017.11.01
关于建设宁夏西部煤炭交易所的请示	灵政发〔2017〕108 号	2017.11.01

续表

文件标题或内容摘要	发文编号	发文日期
关于梧桐树乡史家壕村美丽村庄项目建设方案的批复	灵政发〔2017〕109 号	2017.11.07
关于报送化解羊绒行业风险进展情况的报告	灵政发〔2017〕111 号	2017.11.11
关于将宁东能源化工基地核心区临河综合项目区 A、B 区和宁东新能源产业园安全监管区域移交自治区宁东能源化工基地管委会的请示	灵政发〔2017〕112 号	2017.11.21
关于分割宁夏双兴再生资源有限公司国有土地使用权的批复	灵政发〔2017〕113 号	2017.11.21
关于王兴东同志评定正高职林业工程师的请示	灵政发〔2017〕114 号	2017.11.22
关于王才同志评定正高职林业工程师的请示	灵政发〔2017〕115 号	2017.11.22
关于延期拆除西部机场集团宁夏机场有限公司燃煤锅炉的请示	灵政发〔2017〕116 号	2017.11.29
关于调整灵武市城乡建设用地增减挂钩试点项目周转指标的请示	灵政发〔2017〕117 号	2017.12.01
关于解决灵武羊绒产业有关问题的请示	灵政发〔2017〕119 号	2017.12.07
关于创建全区农村人居环境综合整治示范村和达标村的请示	灵政发〔2017〕123 号	2017.12.08
关于《“8·24”事故调查报告》的批复	灵政发〔2017〕125 号	2017.12.12
关于延期拆除宁夏荣昌绒业集团公司等企业燃煤锅炉的请示	灵政发〔2017〕128 号	2017.12.19
关于印发《灵武市重大行政决策程序规定》的通知	灵政发〔2017〕130 号	2017.12.19
关于呈送灵武羊绒企业清息方案的报告	灵政发〔2017〕131 号	2017.12.19
关于呈送灵武羊绒产业风险化解方案的报告	灵政发〔2017〕132 号	2017.12.19
2017 年法治政府建设工作报告	灵政发〔2017〕133 号	2017.12.21
关于优思克生物能源科技有限公司农牧业废弃物综合利用规模化大型沼气项目建设问题整改情况的报告	灵政发〔2017〕134 号	2017.12.22
关于第三轮县级行政区域界线联合检查工作情况的报告	灵政发〔2017〕140 号	2017.12.28

【2017年灵党办发文】

文件标题或内容摘要	发文编号	发文日期
关于印发《2017年春节慰问工作方案》的通知	灵党办发〔2017〕1号	2017.01.12
关于部分单位迟报漏报工作材料的通报	灵党办发〔2017〕2号	2017.01.18
关于对崇兴镇、东塔镇信访维稳问题的通报	灵党办发〔2017〕3号	2017.01.18
关于印发《灵武市城区冰雪灾害天气应急预案》的通知	灵党办发〔2017〕4号	2017.01.26
关于落实全面建成小康社会进程目标任务及责任分工的通知	灵党办发〔2017〕5号	2017.02.07
关于召开市委五届三次全体会议和全市重点工作安排部署会议的通知	灵党办发〔2017〕6号	2017.02.14
关于召开中共灵武市纪委五届二次全体会议的通知	灵党办发〔2017〕7号	2017.02.14
灵武市二〇一七年民兵组织整顿工作实施方案	灵党办发〔2017〕8号	2017.02.23
关于实施社会治理服务体系"灵盾工程"的意见(试行)的通知	灵党办发〔2017〕9号	2017.02.27
关于印发《2016—2020年灵武市干部教育培训规划》的通知	灵党办发〔2017〕10号	2017.03.02
关于表彰全市妇女工作先进集体、先进个人的决定	灵党办发〔2017〕11号	2017.03.07
关于印发《灵武市信息调研工作量化考核办法》的通知	灵党办发〔2017〕12号	2017.03.07
印发《灵武市关于加强乡镇建设发展的实施意见(试行)》的通知	灵党办发〔2017〕13号	2017.03.10
关于2016年度全市科级领导干部实绩考核结果的通报	灵党办发〔2017〕17号	2017.03.16
关于成立2017年重点项目督查组、城乡环境整治及环保专项行动督查组的通知	灵党办发〔2017〕18号	2017.03.20
关于印发《灵武市民族工作联席会议制度》《灵武市宗教工作联席会议制度》的通知	灵党办发〔2017〕19号	2017.03.20
关于印发《灵武市2017年督查工作方案》的通知	灵党办发〔2017〕20号	2017.03.20
关于成立中银绒业并购重组工作领导小组的通知	灵党办发〔2017〕21号	2017.03.20
关于印发《中共灵武市委2017年工作要点责任分工》的通知	灵党办发〔2017〕22号	2017.03.20
关于印发《加快智慧灵武(智慧城市)建设实施方案》的通知	灵党办发〔2017〕23号	2017.03.23
关于印发《深化行政审批制度改革推进"互联网+政务服务"工作方案》的通知	灵党办发〔2017〕24号	2017.03.23
关于印发《2017年全民义务植树活动实施方案》的通知	灵党办发〔2017〕25号	2017.03.23
关于印发《关于开展"推动移风易俗　树立文明乡风"活动的实施方案》的通知	灵党办发〔2017〕26号	2017.03.29
关于调整市供销社综合改革领导小组的通知	灵党办发〔2017〕27号	2017.03.29
关于印发《灵武市领导包抓重点环保问题工作方案》的通知	灵党办发〔2017〕28号	2017.04.01
关于印发深入推进安全生产领域改革发展的实施意见	灵党办发〔2017〕29号	2017.04.10
关于调整议事协调机构组成人员的通知	灵党办发〔2017〕30号	2017.04.10
关于印发《灵武市党风廉政制度执行"回头看"活动方案》的通知	灵党办发〔2017〕31号	2017.04.11
关于转发《银川市党和国家机关工作人员不履行不担当不作为责任追究办法(试行)》的通知	灵党办发〔2017〕32号	2017.04.12
关于转发《银川市关于不履行党风廉政建设主体责任和监督责任追究办法(试行)》的通知	灵党办发〔2017〕33号	2017.04.12
关于印发灵武市新一轮相对后进党组织集中整顿转化工作方案的通知	灵党办发〔2017〕34号	2017.04.12
关于印发《灵武市党政机关差旅费管理办法》的通知	灵党办发〔2017〕35号	2017.04.13
关于认真做好2017年干部下基层"五送两带一帮"主题实践活动的通知	灵党办发〔2017〕36号	2017.04.28

续表

文件标题或内容摘要	发文编号	发文日期
转发银川市委办公厅　银川市人民政府办公厅关于《银川市环境保护监督管理责任暂行规定(修订版)》的通知	灵党办发〔2017〕37 号	2017.05.09
关于开展打击非法采矿"零点行动"的报告	灵党办发〔2017〕38 号	2017.05.15
关于落实 2017 年度自治区效能目标管理考核目标任务责任分工的通知	灵党办发〔2017〕39 号	2017.05.15
关于印发灵武市全面深化改革领导小组 2017 年工作要点	灵党办发〔2017〕40 号	2017.05.15
关于转发《宁夏回族自治区信访工作责任制实施细则》的通知	灵党办发〔2017〕41 号	2017.05.15
关于印发推进"两学一做"学习教育常态化制度化实施方案的通知	灵党办发〔2017〕42 号	2017.05.17
关于开展打击非法采矿"零点行动"的通报	灵党办发〔2017〕43 号	2017.05.17
关于印发《2016 年扶贫开发工作成效考核反馈问题整改落实任务清单》的通知	灵党办发〔2017〕44 号	2017.05.19
关于印发《灵武市创建全区禁毒示范县(市)工作方案》的通知	灵党办发〔2017〕45 号	2017.05.19
关于印发《灵武市创建全国民族团结进步模范市目标任务分工方案》的通知	灵党办发〔2017〕46 号	2017.05.23
关于印发《灵武市深入推进"一村(社区)双警"社区警务工作实施方案》的通知	灵党办发〔2017〕47 号	2017.05.26
关于南京金龙(宁夏)新能源汽车有限公司新能源大客车建设项目情况的报告	灵党办发〔2017〕48 号	2017.05.26
关于印发《灵武市东塔镇职能配置机构设置和人员编制方案》的通知	灵党办发〔2017〕49 号	2017.05.27
关于印发《2017 年灵武市党风廉政建设和反腐败主要任务分工》的通知	灵党办发〔2017〕53 号	2017.05.27
关于印发《中共灵武市委机要局机要值班补助方案》的通知	灵党办发〔2017〕54 号	2017.05.27
关于印发《贯彻落实全区宗教工作会议精神重点任务分工方案》的通知	灵党办发〔2017〕56 号	2017.06.06
关于印发《关于进一步加强和改进离退休干部工作的实施意见》的通知	灵党办发〔2017〕58 号	2017.06.15
关于成立全市"两学一做"学习教育协调小组的通知	灵党办发〔2017〕59 号	2017.06.29
关于转发《中共银川市委办公厅　银川市人民政府办公厅关于推行法律顾问制度和公职律师公司律师制度实施办法》的通知	灵党办发〔2017〕60 号	2017.07.03
关于成立乡镇(街道)纪(工)委规范化建设工作领导小组的通知	灵党办发〔2017〕61 号	2017.07.09
关于表彰城区街道办事处东塔镇基干民兵集训先进个人的通报	灵党办发〔2017〕62 号	2017.07.14
关于印发《灵武市关于国家、自治区脱贫攻坚督查反馈问题的整改方案》的通知	灵党办发〔2017〕63 号	2017.07.14
关于印发《"丝路古驿 羊绒之都"中国·宁夏(灵武)热气球节活动方案》的通知	灵党办发〔2017〕65 号	2017.07.18
关于成立灵武市国家土地例行督察问题整改工作领导小组的通知	灵党办发〔2017〕67 号	2017.07.19
关于举办"丝路古驿　羊绒之都"中国·宁夏(灵武)热气球节的报告	灵党办发〔2017〕68 号	2017.07.24
关于印发《灵武市乡镇(街道)综治工作(平安建设)考核奖惩办法(试行)》《灵武市部门(单位)综治工作(平安建设)考核奖惩办法(试行)》的通知	灵党办发〔2017〕69 号	2017.07.25
关于进一步贯彻落实中央"八项规定"精神加强和改进有关工作的通知	灵党办发〔2017〕70 号	2017.07.25
关于印发《灵武市全面推行河长制实施方案》的通知	灵党办发〔2017〕71 号	2017.07.28
关于举办"丝路古驿　羊绒之都"中国·宁夏(灵武)热气球节有关事宜的报告	灵党办发〔2017〕72 号	2017.07.31
关于印发《关于加快发展青少年校园足球运动的实施意见》的通知	灵党办发〔2017〕73 号	2017.08.02
关于印发《灵武市优化行政审批制度改革推进预审代办制的实施意见》的通知	灵党办发〔2017〕74 号	2017.08.04
关于印发《灵武市百日攻坚行动实施方案》的通知	灵党办发〔2017〕75 号	2017.08.14
关于印发《灵武市关于规范党和国家工作人员操办婚丧喜庆事宜的暂行规定》的通知	灵党办发〔2017〕76 号	2017.08.16
关于建立灵武市委领导同志联系民主党派、知联会及工商联工作机制的通知	灵党办发〔2017〕77 号	2017.08.22

续表

文件标题或内容摘要	发文编号	发文日期
关于印发《灵武市2017年民族团结月活动实施方案》的通知	灵党办发〔2017〕78号	2017.08.27
关于成立处置崇兴镇非访问题专项整治工作组的通知	灵党办发〔2017〕79号	2017.08.27
关于进一步加强“碧水蓝天·美丽城乡”环境保护综合整治工作的通知	灵党办发〔2017〕80号	2017.08.29
关于进一步落实河长制工作任务的通知	灵党办发〔2017〕82号	2017.08.29
关于印发《灵武市2017年秋季农田水利基本建设 农村环境综合整治及生态建设实施方案》的通知	灵党办发〔2017〕83号	2017.08.29
关于认真做好2018年项目资金争取工作的通知	灵党办发〔2017〕84号	2017.09.04
关于认真做好2018年基本建设项目申报工作的通知	灵党办发〔2017〕85号	2017.09.04
关于印发《灵武市2017年“十三五”易地扶贫移民搬迁安置工作方案》的通知	灵党办发〔2017〕86号	2017.09.05
关于印发《灵武市中小学教学教研成果奖励办法(试行)》等4个办法的通知	灵党办发〔2017〕87号	2017.09.05
关于印发《灵武市关于开展“百名干部进百企”活动实施方案》的通知	灵党办发〔2017〕88号	2017.09.12
关于印发《灵武市开展地名文化遗产保护工作实施方案》的通知	灵党办发〔2017〕89号	2017.09.15
关于在全市农村基层党组织开展“三大三强”行动推行“两个带头人”工程的通知	灵党办发〔2017〕90号	2017.09.25
关于转发《关于加快推进失信被执行人信用监督警示和惩戒体系建设支持人民法院解决执行难问题的实施意见》的通知	灵党办发〔2017〕92号	2017.09.29
关于印发《城市管理执法体制改革实施方案》的通知	灵党办发〔2017〕93号	2017.10.16
关于转发《关于深化“两个带头人”队伍建设实施“青苗工程”的办法》的通知	灵党办发〔2017〕94号	2017.10.27
关于转发《关于进一步加强农村基层党组织建设的实施办法》的通知	灵党办发〔2017〕95号	2017.10.27
关于成立灵武市委网络安全和信息化领导小组的通知	灵党办发〔2017〕98号	2017.11.09
关于开展学习宣传贯彻党的十九大精神主题宣讲活动的通知	灵党办发〔2017〕99号	2017.11.14
关于召开市委五届四次全体会议的通知	灵党办发〔2017〕100号	2017.11.15
关于开展污染防治十大专项行动的通知	灵党办发〔2017〕101号	2017.11.16
关于切实做好2018年度党报党刊订阅工作的通知	灵党办发〔2017〕102号	2017.11.20
关于印发灵武市总工会、共青团、妇联、科协系统等四个改革方案的通知	灵党办发〔2017〕103号	2017.12.01
关于成立灵武市深化监察体制改革试点工作小组的通知	灵党办发〔2017〕104号	2017.12.04
关于印发《灵武市学习贯彻党的十九大精神　开展“学、查、改”干部作风整治活动　实施方案》的通知	灵党办发〔2017〕105号	2017.12.06
关于印发《贯彻落实自治区党委 人民政府关于推进安全生产领域改革发展的实施意见工作方案》的通知	灵党办发〔2017〕106号	2017.12.06
关于召开中共灵武市委五届五次全体会议的通知	灵党办发〔2017〕107号	2017.12.18
关于印发《灵武市环境保护监督管理责任暂行规定》的通知	灵党办发〔2017〕108号	2017.12.20
关于成立2018年项目督查工作组及重点项目建设指挥部的通知	灵党办发〔2017〕109号	2017.12.21
关于启用“灵武市监察委员会”“灵武市监察委员会办公室”公章的通知	灵党办发〔2017〕111号	2017.12.25
关于印发市级领导包抓招商引资签约项目任务分工的通知	灵党办发〔2017〕112号	2017.12.24
关于印发2018年项目资金争取分解计划的通知	灵党办发〔2017〕113号	2017.12.24
关于印发百名干部进百企稳增长促转型活动实施方案的通知	灵党办发〔2017〕114号	2017.12.24
关于印发《灵武市2018年“两节”期间群众文化旅游系列活动方案》的通知	灵党办发〔2017〕115号	2017.12.29

【2017 年灵政办发文】

文件标题或内容摘要	发文编号	发文日期
关于印发《灵武市政府投资项目审计规程(试行)》的通知	灵政办发〔2017〕1 号	2017.01.03
关于组织全市公共机构开展节水型单位建设的通知	灵政办发〔2017〕2 号	2017.01.04
关于解决行政综合执法执勤用车平台审批服务项目资金的请示	灵政办发〔2017〕4 号	2017.01.10
关于贯彻落实美丽宁夏建设分工方案相关工作任务的通知	灵政办发〔2017〕5 号	2017.01.17
关于成立中银绒业公司资产重组协调工作组的通知	灵政办发〔2017〕6 号	2017.01.19
关于印发加强清真食品监管工作实施方案的通知	灵政办发〔2017〕7 号	2017.01.20
关于追加 2017 年春节慰问经费的请示	灵政办发〔2017〕8 号	2017.01.22
关于追加 2017 年春节慰问经费的请示	灵政办发〔2017〕9 号	2017.01.25
关于进一步加强规范性文件备案审查工作的通知	灵政办发〔2017〕10 号	2017.01.25
关于印发贯彻国务院"先照后证"改革后加强事中事后监管责任分工的通知	灵政办发〔2017〕11 号	2017.01.25
关于加强春节期间安全生产工作的紧急通知	灵政办发〔2017〕12 号	2017.01.27
关于召开市政府第一次全体(扩大)暨廉政工作会议的通知	灵政办发〔2017〕13 号	2017.02.03
关于印发《灵武市创建国家农产品质量安全县(市)实施方案》的通知	灵政办发〔2017〕14 号	2017.02.03
关于召开促进农业增效、农民增收暨春耕备耕工作现场观摩会的预通知	灵政办发〔2017〕15 号	2017.02.07
关于认真做好 2017 年度人大议案代表建议和政协提案办理工作的通知	灵政办发〔2017〕16 号	2017.02.10
关于开展退役士兵数据采集工作的通知	灵政办发〔2017〕17 号	2017.02.13
关于印发《灵武市健康 扶贫工程实施方案》的通知	灵政办发〔2017〕18 号	2017.02.13
关于印发《灵武市森林火灾应急预案》的通知	灵政办发〔2017〕19 号	2017.02.14
关于切实做好当前项目建设土地征收和国土规划执法的紧急通知	灵政办发〔2017〕20 号	2017.02.15
印发《关于加强农村留守儿童关爱保护工作实施方案》的通知	灵政办发〔2017〕21 号	2017.02.17
关于切实做好当前抗旱工作的紧急通知	灵政办发〔2017〕22 号	2017.02.20
关于维修改造党政大楼老化设施的请示	灵政办发〔2017〕23 号	2017.02.20
关于提高保安服务费标准的请示	灵政办发〔2017〕24 号	2017.02.20
灵武市 2016 年政府信息公开工作年度报告	灵政办发〔2017〕25 号	2017.02.21
关于成立新华桥特色小镇建设项目推进工作组的通知	灵政办发〔2017〕26 号	2017.02.22
关于印发市政府党组 2016 年度民主生活会整改方案的通知	灵政办发〔2017〕27 号	2017.02.22
关于全市网络建设运行统一归口管理的通知	灵政办发〔2017〕29 号	2017.02.24
灵武市应对 2·20 暴雪天气的总结评估报告	灵政办发〔2017〕30 号	2017.02.28
关于转发《灵武市 2017 年审计工作计划》的通知	灵政办发〔2017〕31 号	2017.02.28
关于成立全市困难群众基本生活保障工作领导小组的通知	灵政办发〔2017〕32 号	2017.02.28
关于建立灵武市大气、水和土壤防治工作联席会议制度的通知	灵政办发〔2017〕33 号	2017.02.28
关于印发灵武市 2017 年"碧水蓝天·美丽城乡"任务清单的通知	灵政办发〔2017〕34 号	2017.02.28
关于下达 2017 年春播备耕 春季植树造林农田水利基本建设及城乡环境整治任务的通知	灵政办发〔2017〕35 号	2017.03.01

续表

文件标题或内容摘要	发文编号	发文日期
关于灵武市清真概念泛化专项治理工作情况报告	灵政办发〔2017〕36号	2017.03.01
关于转发《灵武市2017年“3·15”国际消费者权益日宣传活动方案》的通知	灵政办发〔2017〕37号	2017.03.03
关于深刻汲取近期火灾事故教训立即组织开展消防安全大检查工作的紧急通知	灵政办发〔2017〕38号	2017.03.03
关于举办全市基层武装部干部集中培训暨民兵应急连点验誓师大会的通知	灵政办发〔2017〕39号	2017.03.03
关于鼓励和支持城乡居民户均一人进厂务工的通知	灵政办发〔2017〕40号	2017.03.07
关于做好为城乡外出务工人员购买意外伤害保险工作的通知	灵政办发〔2017〕41号	2017.03.07
关于2016年度政务信息任务完成情况的通报	灵政办发〔2017〕42号	2017.03.09
关于鼓励农民进城居住的通知	灵政办发〔2017〕43号	2017.03.13
关于成立深化水利改革工作领导小组的通知	灵政办发〔2017〕44号	2017.03.17
关于印发《灵武市2017年城乡生态建设实施方案》的通知	灵政办发〔2017〕45号	2017.03.18
关于报送“十二五”水污染防治资金审计问题整改情况的报告	灵政办发〔2017〕46号	2017.03.20
关于印发《灵武市土地矿产卫片执法监督检查工作实施方案》的通知	灵政办发〔2017〕47号	2017.03.20
关于成立银西高铁甘宁段YXXQ-SG1标段192#门式墩“3·8”磕碰致死事故调查组的通知	灵政办发〔2017〕48号	2017.03.21
关于改建机关干部食堂的请示	灵政办发〔2017〕49号	2017.03.22
关于调整灵武市人民政府办公室保密工作领导小组成员的请示	灵政办发〔2017〕50号	2017.03.22
关于成立灵武市住房制度改革领导小组的通知	灵政办发〔2017〕51号	2017.03.31
关于印发《灵武市县级公立医院综合改革相关配套文件》的通知	灵政办发〔2017〕52号	2017.04.01
关于调整灵武市县级公立医院综合改革医院管理委员会的通知	灵政办发〔2017〕53号	2017.04.01
关于印发《灵武市分级诊疗制度建设工作方案》的通知	灵政办发〔2017〕54号	2017.04.01
关于市政府领导班子成员工作分工的通知	灵政办发〔2017〕55号	2017.04.06
关于转发《银川市人民政府办公厅关于从严从实从细做好国务院安全生产巡查准备工作的紧急通知》的通知	灵政办发〔2017〕56号	2017.04.07
关于加快政府投资项目竣工验收的紧急通知	灵政办发〔2017〕57号	2017.04.07
关于印发《灵武市安全生产“十三五”规划》的通知	灵政办发〔2017〕58号	2017.04.08
关于印发《灵武市职业危害防治“十三五”规划》的通知	灵政办发〔2017〕59号	2017.04.08
关于成立灵武市迎接国务院安委会安全生产巡查工作领导小组的通知	灵政办发〔2017〕60号	2017.04.11
关于调整市行政复议委员会组成人员的通知	灵政办发〔2017〕61号	2017.04.11
关于成立政府和社会资本合作(PPP)项目工作领导小组的通知	灵政办发〔2017〕62号	2017.04.12
关于成立灵武市新华桥特色产业小镇建设管理领导小组的通知	灵政办发〔2017〕63号	2017.04.13
关于2017年4月份招商引资工作的安排	灵政办发〔2017〕64号	2017.04.17
关于落实《银川市国家食品安全示范城市创建方案》相关任务分工的通知	灵政办发〔2017〕65号	2017.04.18
关于调整市农民工工作领导小组的通知	灵政办发〔2017〕66号	2017.04.20
关于印发灵武市2017年夏季消防检查工作方案的通知	灵政办发〔2017〕67号	2017.04.26
关于印发《灵武市2017年打击传销工作实施方案》的通知	灵政办发〔2017〕68号	2017.04.28

续表

文件标题或内容摘要	发文编号	发文日期
关于统一启用行政审批等专用章的通知	灵政办发〔2017〕69 号	2017.05.08
关于提请研究《灵武市法治政府建设实施方案（2016—2020 年）》的请示	灵政办发〔2017〕70 号	2017.05.08
关于加强乡镇土地管理和非煤矿山整治的紧急通知	灵政办发〔2017〕72 号	2017.05.09
关于印发灵武市开展 50 岁以上城乡居民普惠性健康体检工作实施方案的通知	灵政办发〔2017〕73 号	2017.05.10
关于印发做好农村最低生活保障制度与扶贫开发政策有效衔接实施方案的通知	灵政办发〔2017〕74 号	2017.05.11
关于举办 2017 资本市场专题培训班暨园区企业融资对接活动的通知	灵政办发〔2017〕75 号	2017.05.11
关于成立灵武市新型城镇化工作领导小组的通知	灵政办发〔2017〕76 号	2017.05.12
关于成立晨洋水泥制品厂“4·15”死亡事故调查组的通知	灵政办发〔2017〕78 号	2017.05.17
关于转发招商引资参阅资料的通知	灵政办发〔2017〕79 号	2017.05.18
关于印发《2017 年全面治理拖欠职工（农民工）工资突出问题工作方案》的通知	灵政办发〔2017〕80 号	2017.05.18
关于建立健全灵武市国土资源村镇监管考核问责长效机制的通知	灵政办发〔2017〕81 号	2017.05.25
关于印发《灵武市调整公共租赁住房准入条件及租金标准补充意见》的通知	灵政办发〔2017〕83 号	2017.05.27
关于调整全市退伍军人和军队离退休干部安置工作领导小组的通知	灵政办发〔2017〕85 号	2017.05.27
关于印发灵武市电气火灾综合治理工作实施方案的通知	灵政办发〔2017〕86 号	2017.05.27
关于对三起不担当不作为不负责行为相关单位和个人进行通报批评的通知	灵政办发〔2017〕87 号	2017.05.27
关于调整灵武市防汛抗旱指挥部组成人员的通知	灵政办发〔2017〕88 号	2017.06.01
关于加强降水天气防范应对工作的紧急通知	灵政办发〔2017〕89 号	2017.06.04
关于印发《灵武市推进“互联网 + 政务服务”“三化一满意”模式改革实施方案》的通知	灵政办发〔2017〕90 号	2017.06.05
关于对信访维稳工作进行督查督办的通知	灵政办发〔2017〕91 号	2017.06.07
关于印发《灵武市精神卫生综合管理试点工作任务及责任分工》的通知	灵政办发〔2017〕92 号	2017.06.09
关于印发《灵武市精神卫生综合管理试点工作方案》的通知	灵政办发〔2017〕93 号	2017.06.09
关于印发《灵武市家庭医生签约服务工作实施方案》的通知	灵政办发〔2017〕94 号	2017.06.12
关于印发灵武市行政审批相关制度的通知	灵政办发〔2017〕95 号	2017.06.13
关于印发创建全国残疾预防综合试验区重点干预项目工作实施办法的通知	灵政办发〔2017〕96 号	2017.06.19
关于印发创建全国残疾预防综合试验区试点工作实施方案的通知	灵政办发〔2017〕97 号	2017.06.19
关于加快推进浙江泓源新能源汽车生产基地项目的通知	灵政办发〔2017〕98 号	2017.06.21
关于呈报《灵武市机关事务服务中心机构编制方案》的报告	灵政办发〔2017〕99 号	2017.06.22
关于印发《灵武市“散乱污”企业专项整治行动实施方案》的通知	灵政办发〔2017〕100 号	2017.06.22
“散乱污”企业专项整治行动实施方案》的通知	灵政办发〔2017〕101 号	2017.06.22
关于落实 2016 年政府购买学前教育奖补资金情况的报告	灵政办发〔2017〕102 号	2017.06.22
关于成立灵武市 2017 年水稻绿色高产高效创建年工作领导小组的通知	灵政办发〔2017〕103 号	2017.06.29

续表

文件标题或内容摘要	发文编号	发文日期
关于印发《灵武市2017年水污染防治工作实施方案》的通知	灵政办发〔2017〕104号	2017.06.30
关于印发《白芨滩国家级自然保护区人类活动整治方案》的通知	灵政办发〔2017〕105号	2017.07.01
关于成立武汉辛平能路桥钢结构工程公司灵武转运场"5·21"物体打击生产安全事故调查组的通知	灵政办发〔2017〕106号	2017.07.01
关于成立宁夏京能宁东发电有限责任公司"6·9"高空坠落生产安全事故调查组的通知	灵政办发〔2017〕107号	2017.07.01
关于印发发文工作制度(试行)的通知	灵政办发〔2017〕108号	2017.07.04
关于成立白芨滩国家级自然保护区人类活动整治工作领导小组的通知	灵政办发〔2017〕109号	2017.07.04
关于改造党政大楼供暖管网的请示	灵政办发〔2017〕110号	2017.07.06
关于印发《灵武市2017年扶持村集体经济发展工作方案》的通知	灵政办发〔2017〕111号	2017.07.10
关于印发《灵武市组建县域医疗联合体工作方案》的通知	灵政办发〔2017〕112号	2017.07.11
关于成立灵武市质量发展工作领导小组的通知	灵政办发〔2017〕113号	2017.07.12
关于印发《2017年行政规范性文件清理工作方案》的通知	灵政办发〔2017〕114号	2017.07.14
关于开展安全生产大检查的通知	灵政办发〔2017〕115号	2017.07.20
关于印发《贯彻落实国务院安委会第八巡查组安全生产巡查反馈意见整改方案》的通知	灵政办发〔2017〕116号	2017.07.20
关于做好迎接2017年法治政府建设督查工作有关事宜的通知	灵政办发〔2017〕117号	2017.07.20
关于成立政府和社会资本合作项目建设指挥部的通知	灵政办发〔2017〕118号	2017.07.20
关于印发《加强渣土运输管理实施方案》的通知	灵政办发〔2017〕119号	2017.07.25
关于成立高庙及周边环境整治工作领导小组的通知	灵政办发〔2017〕120号	2017.07.26
关于机关干部食堂对外承包经营的请示	灵政办发〔2017〕121号	2017.07.26
关于成立灵武市"城市双修"试点工作领导小组的通知	灵政办发〔2017〕122号	2017.07.26
关于成立保护发展森林资源目标责任制考核工作领导小组的通知	灵政办发〔2017〕123号	2017.07.28
关于成立森林资源目标责任制工作领导小组的通知	灵政办发〔2017〕124号	2017.07.28
关于印发灵武市2017年政务公开工作要点分工方案的通知	灵政办发〔2017〕126号	2017.08.01
关于印发灵武市不见面马上办审批(服务)改革实施方案的通知	灵政办发〔2017〕128号	2017.08.04
关于印发全市政务服务有关考核办法的通知	灵政办发〔2017〕129号	2017.08.10
关于启用灵武市全面推行河长制办公室印章的通知	灵政办发〔2017〕130号	2017.08.11
关于印发灵武市农村环境卫生长效管理考核奖惩办法(试行)的通知	灵政办发〔2017〕131号	2017.08.15
关于印发灵武市城市环境综合管理长效考核办法(试行)的通知	灵政办发〔2017〕132号	2017.08.15
关于做好重度残疾人享受城镇职工基本养老保险补贴工作的通知	灵政办发〔2017〕133号	2017.08.15
关于印发《灵武市农村污水无害化处理及改厕工作实施方案》的通知	灵政办发〔2017〕134号	2017.08.16
关于印发灵武市进一步深化医药卫生体制改革工作实施方案的通知	灵政办发〔2017〕135号	2017.08.16
关于调整灵武市人民政府有关领导同志工作分工的通知	灵政办发〔2017〕136号	2017.08.18
关于成立灵武市城市管理执法体制改革工作领导的通知	灵政办发〔2017〕137号	2017.08.21

续表

文件标题或内容摘要	发文编号	发文日期
关于印发灵武市水资源使用权确权登记分配方案的通知	灵政办发〔2017〕138 号	2017.08.22
关于印发《2017 亚太大学生五人制足球暨首届啦啦操锦标赛工作方案》的通知	灵政办发〔2017〕139 号	2017.08.25
关于印发 2017—2018 年灵武市本级政府采购目录及标准的通知	灵政办发〔2017〕140 号	2017.08.25
关于加强固定资产投资和项目前期工作调度的通知	灵政办发〔2017〕143 号	2017.08.27
关于转发宁夏回族自治区税收保障办发的通知	灵政办发〔2017〕144 号	2017.08.28
关于批转马家滩镇大羊其村采煤沉陷区搬迁安置补偿方案的通知	灵政办发〔2017〕145 号	2017.08.28
关于印发灵武市城乡电子阅报屏项目建设实施方案的通知	灵政办发〔2017〕146 号	2017.08.28
关于印发《灵武市项目推进考核办法(试行)》的通知	灵政办发〔2017〕147 号	2017.08.29
关于印发派驻乡镇人员管理办法(试行)的通知	灵政办发〔2017〕148 号	2017.08.29
关于解决机关食堂改建费用及运行经费的请示	灵政办发〔2017〕149 号	2017.09.05
关于印发灵武市重大林业有害生物突发事件应急预案的通知	灵政办发〔2017〕150 号	2017.09.07
关于推进农村生活污水处理和改厕试点示范工作的通知	灵政办发〔2017〕153 号	2017.09.11
关于成立“8·24”事故调查组的通知	灵政办发〔2017〕154 号	2017.09.13
关于印发《灵武市保降耗工作实施方案》的通知	灵政办发〔2017〕155 号	2017.09.13
关于印发电线电缆专项整治工作方案的通知	灵政办发〔2017〕156 号	2017.09.14
关于成立南充天一建设劳务有限公司“9·4”物体打击生产安全事故调查组的通知	灵政办发〔2017〕157 号	2017.09.14
关于选调信访工作人员的请示	灵政办发〔2017〕158 号	2017.09.15
关于建立环境保护税改革联合工作机制的通知	灵政办发〔2017〕159 号	2017.09.19
关于印发白芨滩国家级自然保护区绿盾 2017 专项行动工作方案的通知	灵政办发〔2017〕160 号	2017.09.21
关于对灵武市国土资源局办公楼进行节能改造的请示	灵政办发〔2017〕161 号	2017.09.26
关于印发灵武市政务公开工作整改方案的通知	灵政办发〔2017〕162 号	2017.09.30
关于印发落实发挥品牌引领作用推动供需结构升级实施方案的通知	灵政办发〔2017〕163 号	2017.10.10
关于印发落实消费品标准和质量提升规划(2017—2020 年)实施方案的通知	灵政办发〔2017〕164 号	2017.10.10
关于举办全市公共机构能源资源消耗统计培训班的通知	灵政办发〔2017〕165 号	2017.10.12
关于做好 2018 年民生实事征集工作的通知	灵政办发〔2017〕166 号	2017.10.19
关于成立东塔镇污水处理厂提标改造工程管理领导工作组的通知	灵政办发〔2017〕167 号	2017.10.23
关于实施行政规范性文件“三统一”和有效期制度的通知	灵政办发〔2017〕168 号	2017.10.25
关于调整灵武市领导干部经济责任审计领导小组成员的通知	灵政办发〔2017〕169 号	2017.10.27
关于追加办公经费的请示	灵政办发〔2017〕171 号	2017.11.01
关于印发《灵武市行政应诉案件报告备案暂行规定》的通知	灵政办发〔2017〕173 号	2017.11.07
关于调整市人民政府办公室工作分工的通知	灵政办发〔2017〕174 号	2017.11.07
关于印发《白芨滩国家级自然保护区绿盾 2017 专项行动推进方案》的通知	灵政办发〔2017〕177 号	2017.11.07
关于印发土壤污染防治工作实施方案的通知	灵政办发〔2017〕178 号	2017.11.07

续表

文件标题或内容摘要	发文编号	发文日期
关于印发灵武市农村产权流转服务管理暂行办法(试行)的通知	灵政办发〔2017〕179 号	2017.11.15
关于成立农村承包土地经营权抵押贷款试点工作领导小组的通知	灵政办发〔2017〕180 号	2017.11.15
关于印发灵武市农村承包土地经营权抵押贷款工作实施方案的通知	灵政办发〔2017〕181 号	2017.11.15
关于印发加快公共租赁住房分配入住实施方案的通知	灵政办发〔2017〕182 号	2017.11.16
关于印发灵武市自然资源统一确权登记(湿地产权确权)试点工作方案的通知	灵政办发〔2017〕183 号	2017.11.17
关于印发 2017 年今冬明春火灾防控工作方案的通知	灵政办发〔2017〕184 号	2017.11.21
关于印发《灵武市气象灾害应急预案》的通知	灵政办发〔2017〕185 号	2017.11.21
关于全面推行建设项目施工许可规程工作的通知	灵政办发〔2017〕186 号	2017.11.28
关于批转临河镇下桥村四队(横山小四队)搬迁安置工作方案的通知	灵政办发〔2017〕187 号	2017.11.29
关于进一步严格规范突发事件快报内容及行文格式的通知	灵政办发〔2017〕188 号	2017.12.01
关于转发自治区人民政府关于废止和修改部分政府规章的决定的通知	灵政办发〔2017〕189 号	2017.12.07
关于印发灵武市 2017 年粮食安全省长责任制考核方案的通知	灵政办发〔2017〕190 号	2017.12.08
关于安装党政大楼大屏显示系统视频综合平台的请示	灵政办发〔2017〕191 号	2017.12.11
关于启用“灵武市国土资源局(宁东)不动产登记专用章”的通知	灵政办发〔2017〕192 号	2017.12.14
关于印发灵武市安全生产工作考核暂行办法的通知	灵政办发〔2017〕193 号	2017.12.14
关于印发污染防治十大专项行动第二批任务清单的通知	灵政办发〔2017〕194 号	2017.12.15
关于灵武市 2017 年应急管理工作总结暨 2018 年工作计划的报告	灵政办发〔2017〕195 号	2017.12.15
灵武市 2017 年应急管理工作自查自评报告	灵政办发〔2017〕196 号	2017.12.15
关于加快推进今冬明春项目建设工作的通知	灵政办发〔2017〕197 号	2017.12.15
关于关停自然保护区范围内 2 家取土场的通知	灵政办发〔2017〕198 号	2017.12.17
关于转发银川市人民政府关于保留　废止　宣布失效市人民政府行政规范性文件的决定的通知	灵政办发〔2017〕200 号	2017.12.18
关于做好 2017 年政府信息公开年度报告编制发布和统计报送工作的通知	灵政办发〔2017〕201 号	2017.12.20
关于进一步规范政府信息依申请公开工作的通知	灵政办发〔2017〕202 号	2017.12.20
关于冬至期间安全文明祭扫的通知	灵政办发〔2017〕203 号	2017.12.21
关于转发宁夏回族自治区行政执法争议协调处理办法和宁夏回族自治区行政执法辅助人员管理办法的通知	灵政办发〔2017〕204 号	2017.12.26
关于规范网站信息发布工作的通知	灵政办发〔2017〕205 号	2017.12.26
关于进一步规范公文标识政府信息公开属性有关事项的通知	灵政办发〔2017〕206 号	2017.12.26
关于拨付党政大楼及附属二层楼供暖管网改造资金的请示	灵政办发〔2017〕207 号	2017.12.27
关于申报创建食品安全先进县(市)的请示	灵政办发〔2017〕208 号	2017.12.27
关于分解落实 2018 年政府工作报告任务的通知	灵政办发〔2017〕209 号	2017.12.27
关于加快推进农村沟道两侧污水处理及改厕工作的通知	灵政办发〔2017〕210 号	2017.12.28
关于印发灵武市洁净煤配送体系建设实施方案的通知	灵政办发〔2017〕211 号	2017.12.29
关于印发《灵武市落实健康扶贫若干政策实施方案》的通知	灵政办发〔2017〕212 号	2017.12.29